자연과
타협하기

자연과 타협하기

리오 패니치, 콜린 레이스 엮음

허남혁 외 옮김

필맥

43번째 〈소셜리스트 레지스터〉인 이 책은 오늘날 사회주의자들이 직면하고 있는 이슈들 가운데 가장 중요한 것으로 입증돼 온 환경위기를 다룬다. 그럼에도 불구하고, 그리고 바로 그렇기 때문에 이 책은 엮어내기가 아주 어려웠다. 이는 중대한 사안으로 보이는 환경위기를 이해하는 과정에서 복잡한 과학기술상의 문제에 부닥치기 때문만도 아니었고, 환경위기와 관련된 문제들이 너무 다양하기 때문만도 아니었다. 지난 10여 년 동안 〈소셜리스트 레지스터〉에는 환경에 관한 글이 모두 20편 실렸고, 그 가운데 몇 편은 널리 인용되기도 했다. 그런데 이번에 〈소셜리스트 레지스터〉 한 호 전체를 '자연과 타협하기'를 주제로 해서 만들기로 결정했을 때 우리가 직면한 가장 큰 문제는 강력한 생태사회주의 좌파가 없는 탓에 기존의 생태사회주의 이론에 일관성이 없다는 것이었다. 이 점에서 우리는 이 책이 현대 자본주의에 대한 생태사회주의적 이해를 증진시키고 인류를 민주적일 뿐 아니라 생태적으로 지속가능한 사회주의로 이끌어줄 정치를 발전시키는 데 기여하리라고 본다.

마르크스와 엥겔스, 그리고 그들과 같은 시대나 그 후의 사회주의자들 가운데 일부는 자본주의가 환경에 입힌 피해에 대해 어느 정도 관심을 가졌으며, 특히 마르크스는 자기가 살던 시대보다 한참 앞서서 사회와 자연 사이의 상호구성적 관계를 이해하고 있었다. 그러나 최근까지도 이러한 문제들은 사회주의 사상이나 실천의 주된 초점이 아니었다. 대개는 생산주의가 다른 관심들보다 우선되었고, 소련이나 중국의 지도자들만 그랬던 것도 결코 아니다. 사회주의 이론과 분석은 주로 자본주의의 논리와 역사적으로 이어진 그 구체적인 형태들의 논리를 이해하는 데 집중돼왔고, 계급적 권력관계 및 이에 저항하고 뭔가 더 나은 것으로 이를 대체하는 방법에 관심을 기울여 왔다. 환경문제가 인간의 삶으로 용인될 수 있는 그 어떤 것의 지속에도 위협이 될 정도로 심각해질 수 있다는 생각은 공유돼왔다. 그러나 대개는 그렇게 되는 것이 매우 머나먼 미래에나 가능하리라고 생각했다. 환경문제가 잠재적으로 절박한 것이어서 다급한 문제로 고려돼야 하는 것으로 다루어진 적은 거의 없었다. 또한 미래세대가 물려받게 될, 돌이킬 수 없는 생태적 피해의 유산은 미래의 그 어떤 사회주의 사회도 대처해야 할 문제들에 대한 우리의 생각 속에 진지하게 끼어들지 못했다.

　그러나 기후변화의 극적인 가속화가 상징적으로 보여주고 있는 세계화된 자본주의의 발전속도는 사회주의자들로 하여금 환경문제를 지금 당장 심각하게 다루어야 한다는 생각을 갖게 한다. 지구온난화를 일으키는 이산화탄소 배출의 증가속도에 대해 과학자들의 견해가 엇갈리는 것은 사실이다. 과학자들 가운데 일부는 변곡점이 이미 지났기 때문에 이제부터는 탄소배출량을 감축하는 극적인 조치로도 완화시킬 수 없을 만큼 기후변화의 가속화가 전개될 것이라고 생각한다. 그런가 하면 어떤 과학자들은 기후변화의 속도가 점차 떨어질 것이며, 교토의정서와 같은 조치나 아직 현실되지 않은 어떤 신기술이 그 속도를 더 떨어뜨릴 수도 있다고 생각한다. 그러나 이런 낙관적 견해를 밝히는 과학자들도 해수면의 상승, 심해 해수흐름의 변화, 고산지대의 눈이나 얼음이 녹아 흘러내리는 물인 빙하수의 감소, 세계 식량생산에 영향을 미치는 가뭄과 홍수로 인해 수억 명의 사람들에게 파괴적인 결과가 초래될 가능성이 있음을 암시한다. 또한 자본주의적 성장이 가져오는 가장 일반적인 환경영향 문제가 기후변화인 것은 맞지만, 이것만이 문제인 것은 아니다. 세계는 점점 더 물, 나무, 토양의 남용에 따른 심각한 지역적 재난, 특히 공장식 농축산업으로 인해 빠르게 돌연변이하는 바이러스와 항생제에 내성을 지닌 박테리아가 생겨나고, 이 때문에 초래되는 전염병, 먹이사슬 내 독성물질 축적 등으로 상처를 입고 있으며, 이런 피해의 목록은 끝없이 이어지고 있다. 이 모든 것의 영향은 전 세계 인구의 계속적인 도시집중으로 배가된다. 점점 더 많은 사람들이 가난하고 위험한 도시의 빈민촌으로 절박하게 몰려든다. 이 책의 첫 글은 아이티에서 중국, 그리고 북극에 이르기까지 폭넓은 지역들의 사례를 통해 그 실상을 선명하게 보여준다.

화석연료에 대한 자본주의의 의존(이는 엘마르 알트파터의 글에서 논의되며, 자본주의는 결코 이를 피할 수 없다)과 관련이 있는 석유정점(peak oil) 문제에 대한 우려는 기술적 타개를 위한 노력을 낳고 있지만, 이런 노력은 재생불가능한 자원을 추가적으로 소비해야 한다는 문제에 직면하게 된다. 수소를 연료로 공급하려면 그 생산에 수소에너지가 아닌 다른 에너지가 필요하고, 태양에너지를 포착해 전기로 변환시키는 장치에도 태양에너지가 아닌 다른 에너지가 필요하다. 최근 캘리포니아의 리버모어 실험실이 지구온난화를 줄이기 위해 제시한 구상, 즉 뉴욕 맨해튼의 면적보다 더 넓은 거울 5만5천 개를 우주에 설치하고 그것들을 이용해 지구로 오는 햇빛을 다른 방향으로 돌린다는 구상과 같은 기술적 해결책도 마찬가지다. 이런 구상을 실행하려면 재생불가능한 에너지와 물질이 대량으로 소비될 것이며, 분명 의도하지 않은 엄청난 결과가 초래될 것이다. 세계적으로 현재와 같은 성장률과 이로 인한 생태의 악화는 인류에게 이미 섬뜩한 결과를 가져오고 있는 전쟁은 물론이고 연료와 물을 비롯한 자원에 대한 접근을 둘러싼 갈등도 새로운 수준으로 증폭시키고 있다.

그렇다 하더라도 위기를 이유로 자본주의의 필연적인 종말을 선언하게 하는 '경제파국론'의 생각을 갖듯이, 걱정이 된다고 해서 '생태파국론'의 생각을 갖는 태도는 피하려고 노력하는 것이 중요하다. 위기나 모순의 역할과 성격에 대해서는 보다 복잡한 이해가 필요하다. "돌이 다 떨어져서 석기시대가 끝난 것은 아니다"라는 셰이크 야마니 석유수출국기구(OPEC) 전 의장의 말도 나름대로 일리가 있다. 그러나 이런 자기위안을 하기보다는 이 책에서 지적되는 대로 자본주의를 '지배적'인 것으로 만들어주는 '움직이는 가치'에 주목해 자본주의의 경쟁과 축적이 창출하는 역동성과 혁신성을 인식할 필요가 있다. 사실 자본은 교토의 정서 체제 아래서의 탄소거래와 폐기물산업의 녹색 상거래을 통해, 그리고 기존의 먹을거리 문화나 토지개혁을 중시하기보다 생명공학적 해법을 내세우는 기업농적 방식을 통해 이미 '환경위기'를 먹고 산다. 이 모두가 이 책에 실린 글들에서 분석될 것이다. 물에서부터 우리 몸의 DNA에 이르기까지, 더 나아가 정책형성 과정에 이르기까지 점점 더 많은 자연적, 사회적 삶의 영역들이 상품화되고 있다. 이는 곧 자본주의의 지배가 계속된다면 자본주의는 앞으로 점점 더 권위적인 것이 될 수밖에 없음을 뜻한다. 왜냐하면 자본주의가 빚어내는 불평등은 기본적인 생필품에 대한 접근을 위태롭게 만든다는 점에서 사람들이 자본주의에 저항할 것이고 자본주의는 그런 저항에 대응해야 할 것이기 때문이다.

이제는 어느 곳에서건 자본가와 정치인들이 생물권(Biosphere)에 대한 위협을 줄이기 위한 지구적 협력을 수사적으로나마 호소하고 있다. 그러나 자본가의 행동을 측정하는 데 가장 좋은 일반적인 방법은 성장률의 감소는 말할 것도 없고 성장률의 둔화만이라도 고려되는 순간에 금융시장이 얼마나 추락하는가를 보는 것이다. 그리고 정부의 행동을 측정하는 데 가장 좋은 일반적인 척도는 자본의 국내적, 지구적 이해관계와 선거정치가 성장 기반의 소비주의에 토대를 두는 방식을 보는 것이다. 예측가능한 미래에 지구온난화를 멈출 수 있는 진정한 지구적인 정책은 나오지 않을 것이다. 그리고 점점 더 많은 국가들이 미국식 신자유주의 모델에 따라 재구축되는 방향으로 나아가면서 국가 수준에서조차 합리적인 정책을 펴기 위해 효과적으로 계획수립을 할 능력을 점점 더 상실하고 있다. 이 점은 이 책에 실린 글들 가운데 영국의 재생가능에너지에 관한 바버라 해리스-화이트와 엘리너 해리스의 글이 고통스럽게도 분명하게 보여준다.

사회 전반에 대한 보호는 국민국가에서 작동하는 민중적 대중운동의 압력을 통해서만 확보돼왔다. 현대의 환경운동은 그 자체로 인상적이긴 하지만, 과거에 이루어진 많은 환경적 진보에서 열쇠의 역할을 한 계급운동의 힘(특히 도시의 위생과 인프라 공급에서)에 원천이 됐던 것들은 많은 부분 갖고 있지 못하다. 노동계급과 사회주의자들의 환경주의는 현재의 환경정의운동보다 한참 앞서부터 존재해왔다. 오늘날에도 과거와 마찬가지로 깨끗한 물과 교통, 그리고 위생과 주거의 확보가 생태적 과제의 일부가 되고 있다(다만 기후변화, 화석연료, 새로운 오염물질 등과 같은 가공할 만큼 새롭고 다양한 이슈들 때문에 오늘날에는 이 과제가 더욱 복잡해지긴 했다). 그리고 생태적 과제도 분배와 관련되는 계급적 측면을 갖고 있다. 그러나 이런 측면은 특히 서구 선진국들의 생태운동 가운데 상당 부분이 시장생태주의(market ecology)에 기대고 있는 현재의 흐름 속에서 무분별하게도 대부분 무시되고 있다.

이런 측면에서 볼 때 우리가 극복해야 할 문제가 존재하며, 그 문제는 우리가 이 책을 기획하면서 관심을 기울인 문제들 가운데 하나였다. 그 문제가 무엇인지에 대해서는 우리의 객원편집자들 가운데 한 명이자 인도네시아에서 환경주의 운동과 노동자 투쟁의 선봉에 서서 활동하고 있는 히다얏 그린필드(Hidayat Greenfield, 제러드 그린필드(Gerard Greenfield)로 불리기도 한다)가 다음과 같이 매우 간명하게 설명했다.

"우리는 주류의 NGO, 사회운동, 지역사회 조직들의 '기업의 탐욕을 통제해야 한다'는 패러다임과 급진좌파 대부분의 '새로운 것은 없다'는 패러다임

사이에 끼어있는 것처럼 보인다. '기업의 탐욕을 통제해야 한다'는 패러다임은 생태파괴를 탐욕스러운 거대기업이 저지르는 무책임한 행동의 결과로 본다. 그러나 기업의 그런 행동에 대한 체계적인 이해는 매우 드물고, 그 해법은 시장의 강요와 상품화의 강력한 힘을 무시한 채 규제, 책임성, 기업의 사회적 책임 등에 의존하는 경향을 갖고 있다. 이런 접근방식은 유니언카바이드(인도에서 보팔참사를 일으킨 기업), 몬샌토(유전자조작 종자를 생산하는 기업), 프리포트(자연을 파괴하며 광산을 개발하는 기업), 다우케미컬(고엽제의 하나인 에이전트 오렌지를 생산하는 기업) 등 주요 대기업들을 상대로 조직돼온 매우 중요한 운동을 뒷받침했고, 그 운동을 위한 지역사회의 동원과 주민의 행동을 지속적으로 이끌어냈다. 이에 비해 '새로운 것은 없다'는 접근방식을 취하는 사람들은 생태파괴를 자본주의의 떼어낼 수 없는 일부로 본다. 그러나 '자본주의가 문제이고 체제가 문제'라고만 말하는 것은 사람들로 하여금 행동에 나서게 하는 데 실패할 뿐만 아니라 체제 전체, 즉 모든 것에 맞서지만 사실상 그 체제에 압도당하면서 결국은 사람들을 좌절하게 만들 수 있다. 모든 것에 맞서 싸우려고 하다 보면 그 어떤 것과도 싸우지 못하게 되고 만다. '새로운 것은 없다'는 접근방식을 취하는 사람들이 하는 대답("문제는 자본주의야, 이 바보야!"라는 식의 대답)에는 독선과 오만이 들어있는 것으로도 보인다. 조직화된 계급투쟁 측면에서의 대응은 탐색되지 않거나 구호 속에서 사라져버린다. 그리고 '새로운 것은 없다'는 태도를 취하는 사람들은 그 이면에서 모든 환경 관련 시위들을 반자본주의적 저항(이제는 반세계화적 또는 반제국주의적이기도 한 저항)의 표출로 묘사한다. 이는 생태파괴에 반대하는 사람들의 지역적인 시위도 모두 자기네 운동의 일부인 것처럼 내세우며 과시하는 태도다. 여기서 다시 우리는 사회주의 좌파의 기여가 정확히 무엇인지에 대한 의아한 생각을 하지 않을 수 없다."

우리는 이 책이 이런 문제를 극복하는 데 기여하리라고 희망한다. 이 책은 적어도 생태계의 보전이 사회주의 기획의 일부가 돼야 한다고 주장함으로써, 또 관련 사안들을 충분히 깊이 있게 다룸으로써 독자들이 생태계 보전에 관해 생각하고 있는 것들에 대해 스스로 판단을 내리고 오늘날의 사건들에 대한 분석에 그 판단을 통합시킬 수 있도록 도움으로써 그런 기여를 할 수 있을 것이다. 전 세계 민중의 생활수준 향상과 해방을 위해 싸우는 좌파는 자연과 인류가 새로운 관계를 맺도록 하기 위해서도 싸워야 하며, 그 과정에서 '시장적 해법'을 수용해온 현대의 환경주의자들과는 극명하게 대비되는 태도로 민주적이고 참여적인 새로운 환경정치를 발전시켜야 한다. 우리는 대안적 의제의 개요를 제시하는 것과 같은 야심찬 무언가를 하기보다는 서로 경합하거나 심지어는 상반되기도 하는 입장들이 각각 반영된 여러 상이한 사회주의적 시각들을 소개하고자 했다. 그리고 오늘날 세계 전역에 걸쳐 광범위하게 빚어지는 환경갈등이 제기하고 있는 당장의 실천적인 문제들을 다루어야 할 필요성을 지적하고자 한다.

사회주의자들은 이와 같은 갈등 가운데 어떤 것에 전략적 우선순위를 두어야 하는가? 사회주의자들은 환경정의운동 내의 어떤 조류와 연대해야 하는가? 그 연대가 아프리카에 관한 이 책의 글이 보여주듯이 '자본주의적 경쟁의 압박 아래서는 대규모 생산과 마찬가지로 소상품 생산도 환경을 파괴할 수 있다'는 사실을 인식하지 못하는 종류의 생태포퓰리즘을 피할 수 있을까? 산업화 및 성장과 관련해 전통적인 사회주의가 기울여온 노력이 문제투성이였음을 이제는 우리가 알 수 있듯이 상상 속의 '자본주의 이전' 형태에 대한 생태포퓰리즘적 향수도 마찬가지로 문제투성이임을 알아야 하지 않을까? 보다 구체적인 질문들도 제기된다. 자본주의에서도 사회적으로 타당한 에너지 생산 또는 보전의 대안이 있다면 그것은 무엇인가? 이 책에 실린 한 글은 중국이 현재 보여주는 극적인 경제성장 궤적은 생태에 파괴적인 영향을 초래할 것임을 입증하고 있다. 그럼에도 우리가 중국의 그런 경제성장 궤적에 대해 무비판적인 접근태도를 취해야 하는가? 그래서는 안 된다면 과연 우리는 저소득 국가들의 생활수준이 향상돼야 한다는 주장을 어떻게 펴야 하는가? 사회주의자들은 전 세계 부의 광범위한 재분배를 요구해야 하고, 이를 위해 선진국들의 소비감축이 병행돼야 한다는 점을 분명히 해야 할까? 우리는 '더 많이 생산하고, 더 많이 팔고, 더 많이 소비하는' 악순환 속에서 노동계급이 겪는 소외와 좌절을 지적하는 것을 넘어 노동계급의 대안적인 생활방식에 대해 어떤 비전을 갖고 있는가?

이러한 질문들에 대해 대답하려면 가까운 미래에 대해 이야기해야 할 필요가 있고, 이 책의 마지막 부분에 실린 세 편의 글에서 다뤄지겠지만 우리가 요구해온 새로운 환경정치를 발전시켜야 한다. 그 세 편의 글에서 지적되겠지만 이러한 질문들에 대한 대답은 자본주의 이후의 세계를 위한 사회주의 전략과 양립될 수 있는 것이어야 한다는 점이 중요하다. 또한 사회주의 사회를 향한 생태적으로 실행가능한 계획이 반드시 필요하다는 점도 중요하다. 이제는 권위주의적 공산주의의 실패한 실천들로부터, 그리고 자본주의를 관리하기 위한 신자유주의의 포괄적인 계획에 사실상 의존하고 있는 거대기업들과 국가적 금융기구들로부터 '계획'을 되찾아야 할 때가 됐다. 또한 생태지역주의(eco-localism) 개념에 대한 그레고리 앨보의 비판적인 검토가 보여주는 것처럼 지금은 민주적인 계획을 가능케 하는 데 필요한 지역적 제도, 국가적 제도, 지구적 제도에 대해, 그리고 이런 세 가지 수준의 제도들이 서로 어떤 연관성을 갖는지에 대해 진지하게 생각해보고, 민주적인 계획에는 언제나 따르게 되는 여러 가지 어려움들에 대해 고민해야 할 시기이기도 하다.

'그곳에 어떻게 도달하는가'라는 문제가 여전히 남아있다. 1980년대에 널리 논의되면서 좌파에 새로운 시작으로 제안됐던 '적록동맹'은 생태사회주의(eco-socialism)라는 개념적 기획이 점차 기반을 넓혀가던 정치적 시기에 추진됐음에도 불구하고 대체로 사산되고 말았다. 민주적인 측면과 생태사회주의적인 측면 모두에서 가장 중요한 녹색당이었던 독일 녹색당의 실패 속에서 그 원인을 몇 가지 찾아볼 수 있다. 독일 녹색당 소속으로 유럽의회 의원을 지낸 프리더 오토 볼프가 이 책에서 주장하는 대로 독일 녹색당의 실패는 생태사회주의의 운동과 정당건설에 관한 몇 가지 핵심적인 교훈을 던져준다. 최근에는 반세계화 운동이 생태사회주의 비전이 재점화될 공간을 열어주는 것처럼 보인다. 그러나 그 공간에서도 효과적이고 민주적인 정치적 행동과 교육, 그리고 변혁을 실행할 기구를 만들어내는 데 수반되는 난점들은 여전히 풀어야 할 숙제로 남아있다.

이 책의 기획과 편집을 도와준 바버라 해리스-화이트, 엘마르 알트파터, 그레고리 앨보에게 감사하게 생각한다. 특히 〈소셜리스트 레지스터〉가 '자연과 타협하기'를 중요하게 생각해야 한다는 점을 우리에게 처음으로 강조해주었을 뿐 아니라 2006년 2월 옥스퍼드에서 열린 워크숍을 조직해준 바버라 해리스-화이트에게 매우 감사하게 생각한다. 그 덕분에 옥스퍼드에서 이 책의 필자들이 직접 만나 초고를 돌려보며 쟁점들에 대해 논의할 수 있었다. 이런 과정은 〈소셜리스트 레지스터〉가 만들어지는 데서 기고자들이나 객원편집자들이 수행하는 중요한 역할을 잘 보여준다. 헨리 번스타인이 이 책의 필자로 참여해준 데 대해 기쁘게 생각한다. 늘 그래왔듯이 이 책에 실린 글들에 들어있는 내용 모두에 대해 필자들과 우리가 반드시 동의하는 것은 아니지만, 필자들이 글을 쓰는 데 쏟아준 노력에 대해 우리는 감사를 드린다. 〈소셜리스트 레지스터〉의 편집보조자로서 이번에도 탁월한 능력을 발휘해준 앨런 주기에게 감사하며, 언제나 그랬던 것처럼 이번에도 애를 써준 멀린(Merlin) 출판사의 애드리언 하우와 토니 저브럭에게 감사를 드린다. 마지막으로 우리의 새로운 홈페이지(www.socialistregister.com)를 만들고, 1964년부터 간행돼온 〈소셜리스트 레지스터〉에 실린 글들을 거기에 일부 게시하는 과정을 감독해준 프레더릭 피터스에게 특별히 감사의 말을 전하고자 한다.

'자연과 타협하기'를 주제로 이 책을 만드는 과정에서 우리는 시장과 기술관료들이 정치와 민주주의를 고려하고 있지 않은데도 생태문제가 해결될 수 있는

12

것처럼 생각하는 주류 환경주의자들이 그토록 많다는 데 대해, 그리고 그들이 생태문제에 대한 분석과 사회적 세력들이 힘을 겨루는 정치적인 공간에 대한 분석을 분리시키려고 한다는 데 대해 거듭 놀라지 않을 수 없었다. 그들과 달리 우리는 생태적 딜레마와 〈소셜리스트 레지스터〉가 최근 몇 년 동안 관심을 집중해온 주제들, 특히 신자유주의 및 제국주의 문제를 연관시켜보려고 노력했다. 전 세계에서 이러한 주제들에 대한 관심을 공유하고 있는 사람들은 2006년 초에 세상을 떠난 해리 매그도프(Harry Magdoff)가 남긴 저작들을 떠올리며 늦게나마 그에게 경의를 표시하고 싶어 할 것이다. 그는 1965년에 발간된 〈소셜리스트 레지스터〉 2호에 처음으로 기고했고, 그 뒤 40여 년 동안 〈소셜리스트 레지스터〉와 〈먼슬리 리뷰〉가 긴밀하고도 중요한 관계를 유지하는 데 기여해왔으며, 환경주의를 〈먼슬리 리뷰〉의 핵심 관심사 중 하나로 부각시키는 데서 선도적인 역할을 했다. 앞으로도 우리는 그를 많이 그리워할 것이다.

2006년 6월
리오 패니치, 콜린 레이스

차례 ─────────────────────────────

01

날씨에 관한 보고_기후위기의 실상

브렌다 롱펠로

2004년 여름에 나는 서정적이고도 기발한 관점에서 캐나다 전역의 날씨와 관련된 이야기와 구전지식을 살펴보는 영상물을 만드는 작업에 들어갔다. 거기엔 분명히 기후변화, 즉 내가 '날씨의 정치'라고 부르는 것도 한 토막 포함될 예정이었지만, 당시 나는 그것이 그저 아마추어 기상관찰자들이 이야기하는 날씨 관련 속담이나 재치 있는 말이 섞인 한 토막이 될 것이라고만 생각했을 뿐이다. 대부분의 다른 사람들과 마찬가지로 나 또한 탄소순환(carbon cycle)에 대해서는 어렴풋한 생각밖에 갖고 있지 않았고, 교토의정서나 배출감축 문제의 복잡성에 대해서도 그저 어렴풋이 알고 있을 뿐이었다. 나는 종말론적인 시나리오에 대해서는 주의하고 경계했지만, 내가 사는 토론토 시내의 여름기온 상승과 스모그 일수 증가에 대해서는 말할 것도 없고 국제적인 기상재해가 꾸준히 늘어나는 현상에 대해서도 그다지 두려움을 느끼고 있지 않았다. 나는 늘 전등을 켜두었고, 드라이기를 사용했으며, 자가용으로 출근했다(나는 내 차를 사랑한다). 그러나 기후위기는 우리의 심기를 불편하게 만드는 문제다. 그 이유는 기후문제 활동가에게 한번 물어보라. 기후위기는 그 차원이 너무도 포괄적인 문제인데, 이 문제를 제대로 다루는 것이 너무도 다급한 일이 되고 있다. 기후위기는 지역적인 사안인 동시에 지정학적인 사안이다. 기후위기는 에너지제도, 발전모델과는 물론이고 도시와 교외, 교통체계와 공공시설, 민간기업이 어떻게 조직되는가와도 관련된 문제일 뿐 아니라 개개인의 신체가 지닌 일차적 물질성과도 관련된다. 기후위기는 남반구 개도국들에서의 사회정의 문제, 그리고 모든 곳에서 나타나고 있는 민주주의의 위기라는 문제를 가로지른다. 앤드류 로스[1]의 말을 빌리면 기후위기는 1930년대에 대중적 사회주의 운동이 전개됐을 때 이후로는 볼 수 없었던 방식으로 미래를 우리 모두의 의제에 올려놓았다.

하지만 1930년대와는 달리 21세기 초의 시점에서 상상해본 미래는 대단히 디스토피아적이며, 사회주의 유토피아는 향수를 불러일으키지만 한물간 고대유물의 잔해처럼 여겨진다. 그러나 기후위기는 생태의 파국적인 미래모습을 떠올리게 한다는 점에서, 그것이 엄청난 생태적, 지정학적 함의를 갖는 중국과 같은 옛 공산주의 국가들을 포함해 지구의 구석구석으로 확장되고 있는 시장의 패권, 무자비한 경제적 세계화, 탈규제, 시장화와는 선명하게 대비되는 대안의 미래를 우리로 하여금 상상하게 하는 잠재력을 갖고 있다고 나는 생각한다.

그러나 도대체 어떻게 해야 지나치게 단순화하지 않고, 또는 난해한 디테일의 연속으로 영화제작자나 관객을 압도하지 않고 이러한 모든 상호연관성을 한 편의 필름에 담을 수 있을 것인가? 나는 지난 2년 동안 영화제작 파트너들[2]과 함께 제작비를 모으고 영화의 초점을 다시 맞추는 데 몰두했다. 우리를 고무한 아이디어는 기후위기가 지역 층위에 미치는 사회적, 정치적 영향을 탐색하는 것이었다. 기후위기가 지구적인 차원을 가질 수는 있지만, 그것의 영향과 그 영향이 경험되는 방식은 복잡하고 특수한 사회적, 정치적, 경제적, 해석적 매개가 계급, 인종, 경제력, 사회적 취약성 등에 어떻게 작용하는가에 따라 달라진다. 이런 점은 뉴올리언스에 불어 닥친 엄청난 허리케인 카트리나의 여파에 의해 더욱 명백해졌다. 우리는 기후위기를 브뤼노 라투르가 말한 잡종적 객체(hybrid object, 사회적 성격과 자연적 성격을 함께 갖고 있는 객체―옮긴이)[3]의 전형으로 생각하기로 하고 '케냐에서 늘어나는 매매춘과 아프리카 북동부 지역에서 계속되는 가뭄', '지난 여름 뭄바이를 휩쓴 유례없는 몬순홍수와 광란의 부동산개발' 과 같이 놀라운 연관성을 드러내줄 이야기를 찾기 시작했다. 에스키모 이누이트족 지도자인 셰일라 와트-클루티어가 지적하고자 한 것, 즉 이누이트족 사냥꾼들이 깨진 얼음 틈으로 빠지는 현상과 미국 남부의 도시들에서 스포츠유틸리티차량(SUV)이 유행하는 현상 사이의 관계 같은 이야기를 찾았던 것이다.

지금까지 만들어진 거의 모든 지구온난화 관련 영화들을 다 보고 나서 우리는 '지구온난화는 인류가 야기한 문제' 라는 관점(앤드류 로스는 이런 관점을 '응보와 참회' 라는 말로 기독교화했다[4])을 가진 주류 언론이 기후위기에 대해 이야기할 때 자주 사용하는 틀인 지배적인 자유주의 담론에서 벗어나기 위한 노력을 기울이자고 다짐했다. '인류' 를 비난하는 것은 실제로는 인류 중에서 매우 적은 일부만이 대기라는 공유자산 속으로 온실가스를 오랫동안 배출해왔으므로 그들이 더 많은 역사적 책임을 지고 있다는 사실을 편리하게도 가려버린다. 인류 전체에 도덕적인 비난을 퍼붓는 것은 기독교인의 죄의식을 덜어줄지는 모르나 현존하는 정치체계, 부의 불평등한 분배, 매판정부들의 에너지정책 등에 영향을 미치는 국제 석유카르텔과 관련 채굴산업의 엄청난 힘에 실제로 맞서는 행동을 지연시킨다. 최근 석유카르텔이 거둔 엄청난 횡재나 타르샌드(모래와 석유가 아스팔트 상태로 뒤섞여 있는 석유대체 자원―옮긴이)에 대한 막대한 금융투자, 그리고 에너지의 기반을 재생가능에너지로 바꾸는 정부정책의 부재 사이의 연결고리들을 조합해보는 것이 이 사안과 관련된 현실정치의 복잡성과 맞대면하는 적어도 한 가지 방법은 될 것으로 보였다.

대부분의 기후문제 활동가들은 썰렁한 유머감각을 갖고 있고, 이와 같은 현실정치 아래서는 '인류 최후의 날 시나리오' 가 터무니없는 것만도 아니라는 사실을 냉소적으로 인식하고 있다. '위험한' 수준의 기후변화를 피할 수 있게 해줄 조치를 취할 수 있는 시간이 앞으로 10년 내지 15년밖에 남아있지 않다는 데 대해 분명한 과학적 합의가 이루어지고 있다. 이는 교토의정서가 정한 감축목표 5.2%를 훨씬 넘는 70~80%만큼 이산화탄소 배출량을 줄여야 한다는 뜻이다. 하지만 실제로는 단지 극소수의 국가들만 교토의정서의 감축목표를 달성할 것으로 보이는 것이 엄연한 현실이다. 2005년 12월 몬트리올에서 열린 유엔 기후변화협약 당사국총회 직전에 발표된 '주요 온실가스 데이터에 관한 보고서'[5]는 '부속서 1 국가(선진국)들'이 5.9%의 온실가스 배출 감축을 달성했다고 기뻐하는 어조로 밝혔다. 그러나 국가별 데이터를 살펴보면 그것은 동유럽 국가들의 온실가스 배출량이 대폭 감소한 덕분임을 알 수 있어 그들의 성공스토리가 무색해진다. 대표적인 예로 동유럽의 리투아니아의 경우 온실가스 배출량이 77%나 줄었다. 영국은 13% 감축을 달성해 의미심장한 성과를 올린 것처럼 보이지만, 이는 경제를 탈탄소화하기 위한 어떤 심대한 노력을 기울인 결과라기보다는 대처 총리가 석탄광부 노조를 무너뜨리기로 결정한데다가 북해에서 막대한 양의 천연가스 자원이 발견되고 특히 철강산업 같은 주요 오염유발 기업들이 문을 닫았기 때문이었다.[6] 전 세계 이산화탄소 배출량의 24%를 차지하는 미국은 1990년부터 지금까지 온실가스 배출량이 20% 증가했다. 같은 기간에 캐나다의 온실가스 배출량 증가율은 경악할 만한 수준인 57%로 가장 높았는데(부속서 1국가들 중에서—옮긴이), 이는 단일 온실가스 배출원으로는 세계 1위인 앨버타 주의 타르샌드 개발사업 때문이었다.

교토의정서의 '부속서 2 국가(2012년까지로 설정된 1차 감축기간에는 감축의무가 없는 인도나 중국 같은 개발도상 가맹국)들'로 화제를 돌리면, 이들 국가가 앞으로 요구받게 될 규모의 배출감축을 자발적으로 이행할 것이라는 생각은 망상이다. 세계은행의 〈녹색자료집(Green Data Book)〉에 따르면 1990년부터 2001년까지 인도는 57%, 중국은 33%나 이상화탄소 배출량이 늘어났다.[7] 이 두 나라의 관료들은 빈곤퇴치가 지구온난화에 대한 대응보다 더 긴급한 지상과제이며, 자신들의 관점에서 볼 때 이는 곧 화석연료 기반의 발전을 추구해야 한다는 의미라고 분명히 말했다. 과연 누가 이들을 심하게 비난할 수 있겠는가? 인도 인구의 35%가 하루에 1달러도 안 되는 돈으로 살고 있고, 중국의 7천만 농민들이 매우 가난하게 살고 있다. 또한 이 두 나라의 1인당 이산화탄소 배출량은 세계평균의 4분의 1도 안 되고 미국에 비해서는 22분의 1에 지나지 않는다. 이 모두는 규모의 문제다. 급격한 속도의 도시화와 산업화, 차량이용 증가, 낡고 비효율적인 석탄 화력 발전소의 계속적인 사용 등을 감안한 예측이 모두 들어맞는다면 중국은 머지않아 미국을 제치고 세계 최대의 온실가스 배출국이 될 것이다.

비록 우리가 내일 당장 이산화탄소 배출을 모두 중단한다 하더라도 지구 시스템은 여전히 돌이킬 수 없는 수준의 온난화에 묶여있을 것이다. 캐나다의 혹독한 겨울을 생각하면 지구온난화를 반겨야 하는지도 모르지만, 예상치 못한 기상이변과 재앙이 이미 빈발하는 상황이다. 분명한 것은 이로 인한 영향은 화석연료 자본주의와 연결된 형태의 부와 발전으로부터 가장 이득을 적게 보는 사람들과 가장 취약한 사람들에게 돌아갈 것이라는 점이다.

2004년 아이티

신이 뜻한 오묘한 섭리를 인간이 어찌 알 수 있으랴. 나는 신이 우리의 믿음을 시험하기 위해 허리케인을 보냈다고 확신한다. 그리고 우리의 믿음은 변함없이 강하다. 우리는 기적을 기다리고 있다.

―아이티 고나이브 시의 목사인 루이 생실.

2004년 9월에 전례 없이 강력한 허리케인(프랜시스, 찰리, 이반, 잔)이 잇달아 미국, 멕시코, 아이티가 접해 있는 멕시코만을 강타했다. 아이티에서 가장 가난한 도시로 인구의 80%가 비참한 빈곤 속에 살고 있는 고나이브가 특히 심각한 타격을 입었다. 3천 명의 사람들이 대홍수에 익사했고, 여기저기서 동네 전체가 떠내려갔다. 도시 외곽에서는 수천 명이 기거하던 쓰러질 듯한 오두막집들이 완전히 파괴됐다. 2주 뒤에 나는 카메라맨인 크리스 로메이케, 녹음 담당인 마르코 파니아와 함께 비행기를 타고 아이티로 갔다. 차창까지 차오르는 홍수를 헤치며 달리던 우리의 SUV 차가 멈춰버리는 바람에 우리는 국제구호단체인 케어(CARE)를 통해 다른 차를 빌려 타고 도시 곳곳을 돌아다니기 시작했다.

시체는 대부분 치워졌지만, 도시는 여전히 물에 잠겨 있었다. 오토바이로, 자전거로, 그리고 대부분은 맨발로 물을 헤치며 다니는 무질서한 군중이 우리의 눈에 들어왔다. 그 도시에서 케어의 구호활동 담당자로 일하는 주에 조세프가 우리를 이동 식량구호센터 중 한 곳으로 데리고 갔다. 그곳에는 수백 명의 여성과 어린이들이 줄을 서서 기름 한 통과 쌀과 콩이 든 자루 하나씩을 나눠주는 빈약한 유엔 구호식량 배급을 기다리고 있었다.

아이티는 수십 년 동안 빈곤, 부패, 독재, 군부쿠데타, 외국군대의 개입에 시달려왔다. 사회적 인프라라곤 말 그대로 찾아볼 수 없었다. 우리가 이야기를 나눈 많은 사람들이 허리케인 경보를 전혀 듣지 못했다고 했다. 대부분이 문맹자이고 라디오나 텔레비전을 접할 수 없는 마을들에 흩어져 살고 있었기 때문이었다. 한밤중에 허리케인이 불어 닥쳤을 때에도 그들은 그게 어떤 상황인지를 전혀 알지 못했다. 30분 만에 250mm나 되는 엄청난 폭우가 쏟아져 배수구가 막혀버리고 진흙과 각종 잔해가 뒤섞인 급류가 도시를 삼키면서 홍수와 산사태가 발생했다. 나무에 매달려 살아남은 사람들이 건물 꼭대기나 언덕 위로 모여들었다. 그렇게 하지 못한 사람들은 모두 목숨을 잃었고, 그 가운데는 어린이도 많았다.

고나이브는 기상재난에 극단적으로 취약하다는 것이 실제로 의미하는 바가 무엇인지를 잘 보여주었다. 쿠바도 가난한 나라이긴 하지만 지역사회 기반의 정교한 재난대비 네트워크를 갖추고 있었다. 피델 카스트로가 텔레비전을 통해 장 장 다섯 시간 동안 마라톤 방송을 하면서 쿠바인들에게 허리케인이 다가오고 있다고 경고했다. 쿠바에서는 사망자가 발생하지 않았다. 미국의 플로리다 주는 이해의 허리케인 계절을 통틀어 180억 달러의 피해를 입었고, 해안을 따라 광범위하게 진행된 부동산개발 탓에 재산피해가 많이 발생했지만 사망자는 극소수였다. 그러나 아이티는 자연재해에 의한 일종의 대량학살에 취약한 상태에 놓여 있었다.

'자연재해'에 자연적인 것은 물론 없다. 그 어떤 사회생태주의자도 재해는 침전된 계급적 현실과 사회적 불평등, 생태적 사건의 충돌이 빚어내는 복잡한 결과라고 이야기할 것이다. 가난으로 인해 점점 더 비참해지는 사람들이 숲을 대량으로 벌채하는(사실 가난한 사람들이 나무를 잘라 숯을 만드는 것 말고 다른 어떤 에너지원에 접근할 방법이 있겠는가) 나라에 4등급의 허리케인이 불어 닥치는 것, 그것은 대참사를 일으킬 수밖에 없다. 아이티에서는 그동안 국토의 98%에 해당하는 산림이 사라져 자연적인 완충장치가 없어진 탓에 물이 땅 속으로 스며들지 못했다.

시내에서 가장 큰 공립학교의 교사인 장 에데르 씨는 30대 후반의 호리호리하고 냉정한 사람이었다. 그는 맨손으로 벽에 묻은 진흙을 요령 있게 뜯어내고 있었다. 그는 이번 홍수로 여섯 살 난 아이를 잃었다. 그가 할 수 있는 일이라곤 계속 몸을 분주하게 움직여 집에 쌓여있는 진흙을 퍼내는 것과, 살아남은 아이들을 위해 학교의 복구를 돕는 것뿐이었다. 시 외곽의 지역목사 루이 생실은 무너진 교회의 잔해를 바라보며 서 있었다. 엄청난 양의 나뭇가지와 진흙, 쓰레기 위에 철제 아치의 골격이 그대로 서 있었다. 홍수가 일어난 날 밤에 십여 명의 신도들이 피난처를 찾아 교회로 왔다. 그들은 모두 죽었다. 그럼에도 목사는 여전히 낙관적이었다. 그는 "신이 무엇을 행하실지, 또 왜 그것을 행하시는지를 누가 과연 말할 수 있겠습니까?"라고 반문하고는 "기적을 기다리고 있습니다"라고 말했다. 그러나 이런 종교적 숙명론은 이 도시의 다른 한쪽 끝에서 열린 고나이브 시민위원회 회의에서 터져 나온 분노에 금세 압도당했다. 낮의 열기가 수그러들자 거대한 불도저들이 나와 도시를 파묻어버린 산더미 같은 진흙을 파내기 시작했다. 그때 시민위원회 위원장인 에고 파스퇴르는 회의실 옆에 서 있었다. 그는 유엔에 이번 사태를 조사해줄 것을 요구하겠다고 했다. 그는 이것은 누군가가 책임져야 할 살인이라고 주장했고, 이번 홍수로 죽은 모든 사람의 명단을 작성하겠다고 했다. 사람들 하나하나의 이름을 알아내는 것이 중요하다는 것이었다.

2005년 4월 중국

명령과 통제에 입각한 중국의 독재적인 권력구조는 한 가지 장점을 갖고 있다. 만약 권력집단이 중국을 강제적으로 탈탄소 사회로 이행시키기를 원한다면 하룻밤 사이에 명령으로 그렇게 할 수 있을 것이다. 그러나 그런 일이 실제로 일어날 것 같지는 않다.

　　　　　　　　　　　　　　　－베이징의 글로벌 그린그랜츠에서 일하는 환경운동가인 원보.

우리가 간쑤성의 성도인 란저우로 날아갔을 때는 봄이었다. 한때 비옥한 초지였던 이곳은 지금 고비사막의 모래로 덮여 있다. 우리는 지난 20여 년간 이 일대를 삼켜온 모래폭풍을 만날 수 있기를 바랐다. 하늘에서 내려다볼 때 녹색의 흔적이라고는 찾을 수 없으니 이곳이 반건조 지역인 것은 확실했다. 더 충격적인 것은 공항에서 도심으로 들어가는 도중에 본 광경이었다. 마치 영화 〈매드 맥스(Mad Max)〉에 나오는 것 같은 단조로운 베이지색 풍경과 산 사면에 규칙적으로 새겨진 홈들에 수만, 아니 수십만 그루의 관목들이 새로 심어져 있었다. 우리는 이 지역 일대에서 이처럼 나무들이 심어져 있는 모습을 수십 건 목격할 수 있었다. 그것은 마치 파괴적인 사막화의 맹위에 맞서 싸우는 전쟁의 중요한 방어선과 같았고, 국가 차원의 식목 열풍을 보여주는 것이기도 했다. 법에 따라 모든 시민이 해마다 세 그루의 나무를 심어야 한다는 것이었다. 국가가 정한 식목일도 있고, 지역별 식목행사가 열린다고 했다. 간쑤성에서 촬영을 시작한 날에 우리는 리앙종 지구의 지우동 마을에서 지우동 중학교 학생들을 만났다. 학생들은 오후에 학교 밖에서 포플러 묘목을 심을 구멍을 파고 있었다. 교사는 이렇게 나무를 심어도 물과 관개시설이 부족해 대부분 죽고 만다고 말했다. 다음으로 우리는 식목 시범 농장으로 스슈주 씨를 만나러 갔다. 그는 여든 살의 시범농장 식목일꾼이었다. 그의 얼굴은 인민들에게 식목운동에 동참할 것을 호소하는 도로변의 대형 입간판에도 볼 수 있었다.

중국 국가환경보호총국은 고비사막이 1994년에서 1999년까지 5만2400㎢나 넓어졌다고 보고했다. 그 뒤 5년 만에 사막화는 위험수위에 도달했다. 아이티에서처럼 여러 요인들이 복합되면서 재앙을 만들어내고 있는 것이다. 과잉방목과 땅 관리에 대한 의식 부족이 지구온도의 상승과 결합해 역사적인 규모의 황진지대를 만들어내고 있다. 이 지역의 경작지는 느린 속도이긴 하지만 확연하게 침식되고 있고, 이 때문에 수천 명의 농민들이 환경난민으로 전락하면서 자기 땅에서 밀려나 결국 저임금 일자리를 찾아 동부 대도시로 가지 않을 수 없다. 오아시스 도시인 우웨이에 있는 사막화센터에서 우리는 사막화와 싸우기 위한 중국정부의 거대한 행보를 말해주고 싶어 하는 과학자들을 만났다. 그곳에는 모래가 바람에 날리는 것을 막기 위한 조치인 듯 짚으로 만든 그물망이 촘촘히 설치돼 있었고, 그 그물망 사이로 가뭄에 강한 십여 종의 관목들이 자라고 있었다. 우리가 잘 가꾸어진 묘목장을 돌아보고 있을 때 그곳의 간부 한 사람이 촬영하지 않는다는 조건으로 사실을 털어놓았다. 중국은 오아시스를 지켜내는 싸움에서는 이겼을지 몰라도 사막과의 싸움에서는 지고 있다는 것이었다.

베이징 도심의 교통상황은 심각했고, 택시와 버스, 승용차, 그리고 이젠 얼마 남지 않은 자전거가 도로공간을 놓고 경쟁을 하면서 빚어내는 소음은 귀를 멀게 할 지경이었다. 회색 휘장 같은 스모그가 맵시 있는 미래형 사무실 건물도, 크롬과 철강으로 지어진 철옹성 같은 은행 건물도 뒤덮고 있었다. 서구에서 온 지원금을 중국 내 환경단체들에 나눠주는 역할을 하는 글로벌 그린그랜츠 기금에서 일하는 젊은 환경운동가 원보(Wen Bo)는 엄청난 개발열풍에 대해 낙관적이었다. 그는 역설적이지만 중국은 그런 방향으로 갈 수 밖에 없다는 생각을 내비쳤다.

그날 오후에 루톤진 씨와 연락이 닿았다. 은퇴한 사람이지만 아직 열정이 넘치는 그는 젊은 시절의 마오(나이 들어 살이 찌기 전의 마오)와 꼭 닮은 사람이었다. 루 씨는 1960년대의 문화혁명 시기에 탄광노동자였고, 그 뒤에 공산당원이 되어 당의 행사나 영웅적인 노동자들의 모습을 필름에 기록해두는 공식 사진사로 일했으며, 요즘에는 농촌지역의 환경파괴 현장을 사진에 담고 있다.

내몽골로의 짧은 비행 끝에 우리는 루 씨의 친구를 만나 그의 낡은 밴을 타고 내몽골에서 사막화가 가장 심각하다는 지역의 중심부로 향했다. 도중에 스산한 작은 공업촌과 말라붙은 강바닥을 볼 수 있었다. 갑자기 세찬 바람에 모래와 먼지가 휘몰아치기 시작하면서 하늘이 어두워졌다. 카메라맨인 크리스는 보안경과 카메라용 모래방지 커버를 손에 꽉 쥐고 사진촬영을 위해 길가에 자리 잡았다. 우리는 짙은 모래폭풍에 휩싸였다. 언덕 위에서 일을 하던 농부와 그의 아내가 보안경과 스카프로 얼굴을 가린 채 모래폭풍에 맞서 짐수레를 끌고 가느라 안간힘을 쓰는 모습이 보였다. 이런 모래폭풍은 며칠 동안 계속되기도 하며, 우주공간에서도 내려다보인다고 한다. 그러나 이때의 모래폭풍은 한 시간 만에 가라앉았다.

루 씨는 이 지역을 몇 년 만에 방문하는 것이라고 했고, 도로에는 표지판이 하나도 없었다. 그런데 신기하게도 그는 모래에 파묻힌 1차선 도로를 따라 저주받은 마을로 우리를 안내했다. 이 마을은 20년 전만 해도 무성한 초지로 덮여 있었다지만, 지금은 마을 뒤쪽으로 12미터 높이의 모래언덕이 생겨나 있었다. 예전에는 양떼에게 그늘과 먹이를 제공했던 관목숲이 지금은 모래언덕 위로 삐죽삐죽 나온 나무꼭대기 부분만 남겨놓고 모두 파묻혀버렸다. 그 나무꼭대기들이 검고 왜소한 숲을 이루고 있는 모습이 기묘해 보였다. 한 남자는 부모님이 살아계시던 시절에는 황허가 마을을 통과해 흘렀다는 이야기를 들었다고 했다. 이 마을의 촌 장과 그의 매부는 사막이 침범해오는 데 대해 절망하는 태도를 보였다. 그들은 방목하는 양의 수가 줄어든 상황에서 자기들이 지켜온 약간의 초지마저 모래로 뒤덮이게 되면 더 이상 미래에 대한 계획을 세울 수 없다고 했다. 그들은 하루하 루 살아갈 뿐이라며 체념한 태도를 보였다. 루 씨는 눈앞에 펼쳐진 어마어마한 불의에 대해 화를 냈다. "이 사람들이 다 어디로 간단 말입니까? 황허 속으로? 아 니면 이 사람들이 나무들처럼 모래 속에 파묻힐 때까지 방치돼야 한다는 겁니 까?" 그는 열을 올렸다.

오늘날 중국을 악마로 비난하거나 이 아시아의 인구대국에 대해 맬서스주의 적인 맹목적 공포를 불러일으키는 것이 유행이다. 15억 인구를 지닌 중국의 생태 발자국은 엄청나게 크다. 중국인들이 현재 물과 토지를 이용하는 속도만으로 중 국이 매년 9%씩의 성장을 계속할 수 있다고 생각하는 것은 상식 밖의 일이다. 게 다가 도시 주민과 농촌 주민 사이의 소득격차가 커지면서 그로 인한 분노도 커지 고 있어 정치현실이 경제발전의 발목을 잡게 될 수도 있다.

2005년 5월 미국 댈러스

에너지산업은 인류가 알고 있는 산업분야들 가운데 가장 크다. 게다가 에너지산업은 자동 차, 농업, 해운, 항공, 은행과는 물론 석유수입에 생존을 의존하는 정부들과도 불가분의 관 계를 맺고 있다. 연 매출액이 1조 달러를 넘고 하루 매출액만 해도 20억 달러 이상인 석유 산업이 중동의 경제 전체와 러시아, 멕시코, 베네수엘라, 나이지리아, 인도네시아, 노르웨이,

영국의 경제 중 상당부분을 떠받치고 있다.[8]

–《끓는점(Boiling Point)》[9] 《이제 본격화됐다(The Heat Is On)》의 저자인 로스 겔브스팬.

우리가 자동차로 댈러스 시내를 달리는데 라디오에서 기온이 화씨 75도(섭씨 24도)를 넘어 계절에 걸맞지 않은 날씨라고 전한다. 마이클 크로스비 목사는 엑손모빌의 연차총회 회의장으로 걸어가면서 휴대전화로 누군가와 통화하고 있다. 그와 그의 여동생 퍼트리셔 데일리는 소액주주운동 단체인 '캠페인 엑손모빌'의 주도적 인물이다. 캠페인 엑손모빌은 미국에서 가장 큰 연금펀드와 투자그룹들, 예를 들어 크리스천 브라더스 인베스트먼츠, 시리즈(CERES), 기업책임상호신뢰센터(ICCR, Interfaith Center on Corporate Responsibility) 등과 연결돼 있으며, 이들의 투자포트폴리오 총액은 수천 억 달러에 이른다. 캠페인 엑손모빌은 기후변화와 관련된 세 개의 주주결의서를 작성했다. 이 주주결의서는 엑손모빌 측에 과학적인 입장을 명확히 할 것, 교토체제 아래서 이행해야 할 의무에 대해 연구할 것, 이사진에 환경전문가를 적어도 몇 명은 선임할 것을 요구하는 내용이었다. 하지만 캠페인 엑손모빌 사람들은 승산이 별로 없다는 것을 알고 있었다.

메이어 센터의 휑뎅그렁한 로비에는 여러 개의 부스가 있고 거기에는 엑손의 성과를 과시하는 전시물이 가득했다. 이 로비에는 신원이 확인된 주주들만 입장할 수 있었다. 정장 차림의 신경질적인 여성 부사장은 엑손이 '기후변화를 부정'한다는 이야기는 사실과 다르며, 엑손은 지금 절대적으로 이 문제의 해결을 위해 노력하고 있다고 말했다. 그러면서 스탠포드대학에 재생가능에너지 연구를 위한 지원금을 제공했다고 덧붙였다(그러나 이 지원금은 엑손의 기록적인 순이익 중 0.9%에 불과하다. 사실 엑손은 에너지원의 다각화보다는 새로운 기업이미지 홍보에 더 많은 돈을 썼다). 우리는 총회를 촬영하기 위해 방청석으로 들어가려고 했으나 제지당한 뒤에 카메라 없이 몸만 살금살금 들어갔다. 방청석에는 '찬성'과 '반대'의 마이크가 각각 놓여 있었다. '찬성' 쪽에는 NGO 사람들과 환경수의자, 활동가 등이 총회 분위기에 맞춰 넥타이와 정장 차림으로 앉아 있었다. '반대' 쪽에는 충성심이 강한 주주들과 은퇴자, 회사 지지자 등이 자리 잡았다. 그 중간에는 잘 나가는 인물인 엑손의 CEO 리 레이먼드가 앉아 있었다. 총회 의장을 맡은 그는 '찬성' 쪽이 너무 오랫동안 발언한다며 마이크를 꺼버렸다. 아이러니한 노블레스 오블리주의 태도로 그 연극에서 자신이 맡은 역할을 한 것이었다. 결국 여기서는 결론이 내려지지 않았다.

메이어 센터 바깥에는 루이지애나 주의 샬메트에서 온 소규모 시위대가 커다란 플래카드를 높이 들고 서 있었다. 젊은 변호사인 앤 롤프스는 샬메트 지역의 암 발생률이 다른 곳들보다 훨씬 높으며, 이는 그곳에 있는 엑손의 정유시설 때문이라고 주장했다. 크로스비 목사가 밖으로 나와 총회가 정말로 흥미진진했다고 전했다. 주주의 28%가 엑손이 교토체제 아래서 져야 할 법적 책임에 대해 연구하라는 그의 결의안에 손을 들어주었다는 것이었다. 이것은 아주 작은 한걸음일지는 모르지만, 우리가 승리를 자축할 수 있는 곳에서는 자축해야 할 것이라고도 했다.

〈글로브 앤드 메일〉은 12월 15일 석유와 천연가스의 수출이 92억 달러에 이르러 캐나다의 수출품목 중 수위에 올랐으며, 그 모두가 미국 시장으로 수출된다고 보도했다. 엑손은 비OPEC 에너지 카르텔의 다른 회원사들과 마찬가지로 나이지리아의 해안, 알래스카의 북쪽 사면, 카스피해 연안 등에서 공격적으로 석유와 천연가스 탐사에 나서고 있으며, 화석연료의 채취와 판매를 위한 노력을 줄이는 조짐은 보이지 않고 있다.

2005년에 전 세계의 석유 생산량과 석유회사들의 이윤이 사상최고치를 기록했다. 미국에서 세 번째로 큰 석유회사인 코노코 필립스의 분기당 이익은 89% 증가했다. 브리티시석유(BP)의 이익증가율은 34%였고, 엑손의 이익증가율은 75%로 미국의 기업역사상 최고수준을 기록했다. 반면에 가난하고 버려진 뉴올리언스 사람들은 결국 찌는 듯한 휴스턴의 슈퍼돔에서 버스에 실려 나왔고, 유가는 배럴당 70달러에 거의 육박하고 있었다.

2005년 12월 캐나다 몬트리올

비즈니스 스타일의 정장을 입은 사람들로 붐비는 그곳이 기후협약 회의가 열리는 곳이라고
누가 생각했으랴. NGO 사람들까지도 기업의 용어를 사용하면서 대화를 나누고 있었다.
'애당초 시장이 만들어낸 문제를 해결하는 방법은 바로 시장'이라는 이데올로기가 국제수준
에서 이제 승리를 거두었기 때문이었다.

– '지속가능한 에너지와 경제 네트워크'의 공동사무국장인 다프네 위섬.

지구는 점점 더 따뜻해지는지 모르지만 12월 3일 몬트리올 시내는 영하 15도의
쌀쌀한 날씨였다. 수만 명의 시위대와 함께 발가락이 얼지 않도록 발을 동동 굴
러가면서 우리는 열광적인 젊은 드러머 집단이 이끄는 행렬 속에 끼어 생카테린
거리를 행진하고 있었다. 이곳의 시위도 전 세계의 다른 서른두 곳에서 벌어진
시위와 마찬가지로 유엔 기후변화협약 당사국총회 회기의 중간쯤에 시작됐다.
세계 각국의 대표 1만2천 명이 '팔레 데 콩그레' 국제회의장에 모인 가운데 열린
이 당사국총회는 교토합의를 조율하고 교토회의 이후의 의제에 관한 논의를 개
시하기 위한 회의였다. 시위에 나선 활동가들은 '세계가 지켜보고 있다', '시간이
다 되어간다' 등의 문구가 쓰인 플래카드를 내걸었다. 이들을 비롯한 거리의 군
중은 회의장에 모인 정장 차림의 협상가들(고위관료와 탄소거래자들)과 뚜렷한
대조를 이루었다.

우리는 이누이트 극지회의(Inuit Circumpolar Conference)의 셰일라 와트-클루
티에(Sheila Watt-Cloutier) 의장을 따라 그곳에 가 있었다. 그녀는 북극의 특수한
기후변화 상황을 인정하는 특별조항이 교토합의에 포함되도록 하기 위해 열렬한

활동을 벌여온 사람이었다. 전년의 회의에서 북극의 기후에 대한 평가보고서가 발표됐는데 그 내용이 놀라웠다. 북극의 기후변화는 낮은 위도 지역에서보다 거의 두 배나 빠른 속도로 진행되고 있으며, 2050년이 되면 영구빙하가 여름에 완전히 녹아버릴 것이라는 내용이었다. 그러나 이미 수십 년 전부터 기후와 자연의 가속적인 변화를 보고해온 이누이트 사람들에게는 그것이 새로운 사실은 아니었다.

와트-클루티에는 미주인권위원회(Inter American Human Rights Commission)의 청원서를 몬트리올 당사국총회에 전달할 예정이었다. 청원서는 미국 정부가 교토의정서에 서명하기를 거부한 것이 이누이트족의 인권을 침해했다고 고발하는 내용이었다. 이것은 기후운동의 패러다임을 바꾸어 기후위기 문제를 인권의 틀 속에 넣는 탁월한 정치적 전략이었고, 와트-클루티에의 변호사들은 기후운동의 다음 전선은 법적 소송이 될 것이라고 확신한다고 말했다. 주된 행사와는 별도로 열린 모임에서 와트-클루티에는 북극이 기후변화에 맞서 싸우는 데서 정치적 리더십을 발휘하는 모습을 관심을 갖고 지켜봐 달라는 내용의 감동적이고 열정적인 연설을 했다. 이것은 고도의 정치극이었고, 우리는 네 명의 다른 카메라맨들과 취재경쟁을 벌여야 했다.

한편 총회에서 진짜 소란은 교토의정서의 핵심적인 시장기제인 탄소거래 제도를 둘러싸고 일어났다. 이 제도는 부자 나라가 자국의 의무 배출감축 목표를 달성하기 위해 개발도상국들에게서 탄소배출권을 구입할 수 있게 해주는 제도다. 탄소거래는 기후변화 운동에서 논란의 근원이 되고 있다. 대부분의 주류 환경단체들은 이것이 불완전하긴 하지만 그래도 필요한 첫 단계라고 주장한다. 반면에 그 밖의 다른 단체들은 탄소거래는 명백하게 기업에 이로운 방식인데다 선진국들이 대기 중으로 계속 이산화탄소를 내뿜는 것을 허용해주는 것인 반면에 선진국들의 탄소배출권 구입이 중국이나 차드 같은 나라들의 지속가능한 발전에 도움이 될 것이라는 보장은 전혀 없다고 반박하고 있다. 당사국총회가 정한 '탄소의 날'이기도 한 2005년 12월 5일에 우리는 국제배출권거래협회(International Emissions Trading Association)의 안드레이 마르쿠 회장과 인터뷰했다. 그는 유럽의 탄소시장은 몇 년 안에 300억 달러 규모로 성장할 것이라고 말했고, 탄소거래가 마침내 자연에 가치를 매기는 것을 가능하게 해주었다는 사실에 대해 만족감을 드러냈다. 탄소거래가 자연을 그 어느 때보다 잘 보전할 수 있게 해줄 유일한 방법이라는 것이었다.

그 주가 끝나갈 무렵 미국은 동맹국인 사우디아라비아와 함께 2010년 이후의 의무적인 고도 배출감축 체제에 대한 그 어떠한 심각한 논의도 지연시키다가 결국은 이 문제에 대한 논의를 아예 중단시켰다. 또한 미국은 자발적인 목표가 아닌 한 그 어떤 목표의 설정이나 실행도 추구하지 않는다는 '아시아태평양 이니셔티브'의 약속을 내세웠고, 중국과 인도를 이 이니셔티브로 끌어들였다.

2005년 4월 북극

기후변화에는 좋은 면도 있다. 북서항로가 열리고 이를 통한 해상수송이 증가하면 북극은 21세기에 캐나다 경제부흥의 메카가 될 수도 있다. 누나부트에는 캐나다의 알려진 가스 매장량 중 30%가 있고, 이콸루이트 북쪽의 마리 강(Mary River)에는 엄청난 양의 철광석이 매장돼있다. 다이아몬드 광산과 우라늄도 있다. 심해항을 갖춘 이콸루이트는 신흥도시로 성장할 수 있을 것이다.

−누나부트 정부의 에너지교육 장관인 에드워드 피코.

4월에 우리는 이콸루이트에서 비행기로 한 시간 거리에 있는 인구 1600명의 작은 마을인 팡니르퉁에 가보았다. 그곳의 날씨는 점점 더 예측하기가 불가능해지고 있었다. 그곳 사람들은 이제는 그 어떠한 계획에도 '날씨가 허락하는 한'이라는 문구를 덧붙여야 하고, 그래 놓고도 계속해서 계획을 변경할 수밖에 없다고 투덜 댔다. 그때의 기온은 계절에 맞는 수준이었다. 그러나 그 전인 2월 말에 갑자기 날씨가 따뜻해져 기온이 예년평균보다 6도나 높아지면서 캐나다에서 가장 더운 지역 중 하나가 됐다. 또한 컴벌랜드 사운드 해역에서는 얼음이 녹기 시작했다. 팡니르퉁의 거리 곳곳에는 작은 웅덩이가 생겼고, 사람들이 집 안의 그늘에 저장 해둔 순록과 바다표범 고기가 썩기 시작했다.

자메시 마이크는 자그마하지만 놀랄 만큼 몸이 좋은 일흔일곱 살의 노인인데 장난기가 가득한 익살스러운 사람이었다. 그는 북극곰의 털로 만든 바지를 입고 카믹스(바다표범 가죽으로 만든 장화)를 신고 있었다. 그는 피오르드가 내려다보 이는 뒤뜰로 우리를 데리고 갔다. 피오르드를 내려다보면 구름의 생성과정을 분 석할 수 있다는 것이었다. 그는 날씨의 징후를 읽어내는 재주를 갖고 있어 지역 주민들로부터 '미스터 날씨'로 불리고 있었다. 그는 쌍안경과 시민밴드(CB) 라 디오만을 갖고서 사냥을 떠난 사람들과 계속 연락하면서 갑작스런 기상변화를 경고해주는 일을 하고 있었다. 그러나 최근에는 날씨예측이 점점 더 불가능해지 고 있고, 날씨의 징후를 읽어내기가 점점 더 어려워지고 있으며, 이제는 그 어떤 것도 더 이상 안정적이지 않다고 그는 말했다.

팡니르퉁에 머무는 동안 우리의 가장 큰 이벤트는 한 무리의 사냥꾼들 및 세 명의 이누이트족 감시원들과 함께 컴벌랜드 사운드의 빙원 가장자리로 여행을 간 것이었다. 햇볕이 내리쬐는 아름다운 날이었다. 스노모빌을 타고 마을에서 한 시간 반 정도 나가니 바다가 보였다. 셰일라 와트-클루티에는 얼음이 녹는 것은 이동성에 문제를 일으킨다고 늘 말했는데, 사실 나는 이번 여행을 하기 전에는 그 말의 의미를 알지 못했다. 겨울에 얼어있는 빙하는 땅이 확장된 것이나 다름 없다. 얼음이 얼어있어야 사냥꾼들이 바다표범, 순록, 고래, 바다코끼리를 찾아 수백 킬로미터를 다닐 수 있기 때문이다. 이런 동물을 찾지 못하면 식량조달에 문제가 발생한다.

15년 전만 해도 빙원의 가장자리는 70킬로미터 밖까지 뻗쳐 있었지만 지금은 그 거리가 15킬로미터밖에 안 된다고 하니 얼음이 얼마나 빨리 녹아내리고 있는지를 알 수 있다. 사냥꾼들은 막대기 끝에 사냥칼을 꽂아 직접 만든 '작살'로 끊임없이 얼음의 상태를 확인했다. 일행 가운데 나이가 가장 많은 축에 드는 조아나시 마니아피크가 가장 먼저 바다사자를 잡는 데 성공했다. 그는 1킬로미터 넘게 떨어진 곳에서 검은 머리를 치켜들곤 하던 바다사자를 총 한 발로 고통을 주지 않고 곧바로 즉사시켰다. 그는 자기가 젊었을 때는 7월에도 사람들이 컴벌랜드 사운드를 걸어다닐 수 있었다고 말했다. 요즘은 겨울에도 비가 내리고 번개까지 치지만 전에는 그런 날씨를 겨울에 한 번도 본 적이 없다고도 했다. 그는 과거에 자기보다 나이가 많은 사람들이 앞으로 날씨가 엄청나게 변할 것이라고 예언했다면서, 생각해보니 그 예측이 지금 와서 현실로 나타나고 있는 것이라고 말했다.

이콸루이트로 돌아온 날은 때마침 이 도시의 연례 봄축제인 투니크 타임(Toonik Tyme) 기간의 끝 무렵이었다. 우리는 누나부트 정부의 에너지 및 교육 담당 장관인 에드워드 피코를 만났다. 그는 기후변화가 전통적인 사냥문화에는 극적인 영향을 미치고 있지만, 기후변화의 긍정적인 부수효과로 영구빙산들이 녹아 북서항로가 열리면 경제적인 이익을 거둘 수 있을 것이라고 단언했다. 그러나 그런 결과는 역설적이게도 이누이트 사람들에게 식민지 경험과 기후변화 다음으로 세 번째로 닥칠 커다란 파도가 될 것이다. 우리가 이콸루이트에 도착하기 일주일 전에 캐나다의 교통부와 북극협의회(Arctic Council), 캐나다 해양보전협회(Canadian Marine Conservancy Council)가 앞으로 여름에 북서항로가 열리게 되면 그것이 해운산업에 미칠 영향에 대해 논의하는 회의를 그곳에서 열었다고 한다.

마지막 여정

방문해야 할 주요 행선지가 두 곳 남아 있었다. 우리는 몬순에 맞춰 인도에 가야 했고, 6년 동안 계속된 최악의 가뭄을 바로 2주 전까지 겪어온 케냐에도 가야 했다. 오랜 세월 인도 뭄바이의 몬순은 6월 10일에 정확하게 시작됐고, 사람들은 그 날짜에 맞춰 의식과 축제를 계획했다. 그러나 최근 그 패턴은 엄청나게 변해서 이제는 그 누구도 날씨가 어떻게 될지를 예측할 수 없게 됐다. 지난해 7월 26일에는 몬순으로 인해 뭄바이에 24시간 동안 940mm의 비가 쏟아졌다. 그때 주로 빈민촌에 거주하던 천여 명의 주민들이 익사하거나 물에 젖은 전선으로 인해 감전사했고, 도시는 몇 주 동안 교통과 전력공급이 끊어졌다. 시 공무원들은 오래된 우수관들이 비닐봉지에 막히는 바람에 홍수가 발생했다고 둘러댔다. 그러더니 단속반이 무방비 상태의 상인들을 급습해 금수물질을 사용했다는 이유로 잡아들이기 시작했다. 이에 시민위원회가 청문회를 조직하고 빈민촌 주민들로부터 수천 건의 증언을 확보한 다음에 그 증언을 토대로 홍수의 주범은 규제되지 않은 난개발이라는 결론을 내렸다. 난개발로 인해 미티강의 범람원이 포장돼버린 데다가 공항 활주로를 만드느라 강의 물줄기가 변경됐기 때문이라는 것이었다.

우리는 지금 촬영 중인 영화의 마지막 부분을 어떻게 마무리할지를 놓고 고심하고 있는데, 이것이 하루 종일 우리의 머릿속을 맴도는 가장 어려운 과제다. 우리는 지난 2년 동안 이 영화작업을 하는 과정에서 기후변화 문제를 둘러싼 정치적 관심과 움직임이 커지고 있음을 목격했다. 지역의 대중운동(내가 살고 있는 동네에서 가스화력발전소에 반대하기 위해 연대하는 움직임과 같은 운동)에서부터 현재 진행 중인 모든 국제적인 협상에 이르기까지 그런 양상이 나타나고 있다. 내 이메일 계정의 '받은 편지함'에는 기후변화와 관련된 회의, 업계모임, 출판물, 구인광고 등에 관한 정보들, 즉 기후변화와 관련된 사업이나 투쟁에 관한 정보들로 가득 차 있다. 이는 아마도 기후변화 문제가 대중문화의 주제로 선택되기 시작했음을 말해주는 것일 게다. 다큐멘터리 영화 〈불편한 진실(An Inconvenient Truth)〉은 기후변화에 관한 통계와 도표를 하이테크 기술로 인상적으로 보여주면서 설명하는 앨 고어의 강연을 담은 것이다. 〈롤링 스톤(Rolling Stone)〉 〈배니티 페어(Vanity Fair)〉 〈와이어드(WIRED)〉는 지난 6개월 사이에 각각 기후위기에 관한 기사를 실었다. 〈와이어드〉는 꿰뚫어보는 듯한 푸른 눈의 앨 고어를 표지에 싣고 '지구온난화를 멈추기 위한 친성장, 친기술의 싸움'이라는 제목의 사설을 실었다. 이 사설에서 〈와이어드〉는 대마를 원료로 하는 베옷 사업이나 한창 유행 중인 e비즈니스를 시작하고 있는 신세대의 '신녹색' 기업가들과 녹색자본주의가 흥미진진한 정치적 진보를 이뤄내고 있으며, 이것이 결국엔 문제를 해결할 것이라고 주장했다. 그런가 하면 〈배니티 페어〉는 녹색이 확실히 인기를 끌고 있다는 결론을 내렸다.

이 글을 나쁜 소식들로 끝낼 수는 없지만, 기후위기에 대한 시장지향적 해법의 승리는 과학자들이 말하는 '연착륙'을 달성하는 데 필요한 깊이 있는 변화를 가져오지 못할 것이다. 연착륙이 달성되려면 앞으로 10~15년 동안에 이산화탄소 배출량을 60~80% 줄여야 한다. 각국 정부가 기후변화 문제에 대해 책임성 있게 행동하지 않는 것(이런 태도는 특히 캐나다에서 새로 선출된 보수당 정부가 교토체제 아래서 약속한 것들을 어떻게든 회피하려고 하는 모습에서 가장 극명하게 드러난다)만을 우리가 지적하는 데 그친다면 사람들이 실망할 것이다.

희망적인 소식으로 이 글을 마무리해야 한다면, 우리가 말해야 할 것은 상황을 반전시킬 수 있는 시간이 아직은 남아있다는 사실일 것이다. 그 남아있는 시간에 국제적인 차원에서 탄소에서 벗어나고 교통과 에너지 체계를 혁신하기 위해 여러 전선들에서 정치적인 의지를 대대적으로 동원하는 노력이 기울여져야 한다. 세계야생보호연합(World Wildlife Federation)의 기후캠페인 담당자인 키스 스튜어트는 미국의 부시 행정부가 좋아하는 기술적 해결책들, 즉 청정석탄, 탄소 격리, 수소연료 같은 신기술의 발전을 기다릴 필요가 없다고 말한다. 풍력, 태양열, 지열의 이용을 확대시켜주고 가장 중요한 '에너지의 절약과 효율성'을 크게 개선시켜줄 기술을 우리는 선호하지만, 그에 앞서 행동을 해야 할 필요가 있고, 그것도 지금 바로 행동에 나서야 한다. 세계은행을 비롯한 국제 융자기관들이 '지속가능한 발전' 같은 캐치프레이즈를 내걸고 지속적인 자원채취와 부의 확산 효과(이런 효과는 결코 발생하지 않는다)를 합리화하고 있다. 그러나 이와 달리 지역의 민주주의와 평등의 원칙에 토대를 두면서 지역사회가 주도하고 통제하는 다른 발전모델들이 존재하며, 실제로 개도국들에서 활발하게 적용되고 있다.

2005년에 몬트리올에서 열린 기후변화협약 당사국총회의 행사장에서 기후변화 분야의 활동가이자 작가인 톰 아타나시우(Tom Athanasiou)는 새로운 컴퓨터 모델링 프로그램의 가장 흥미로운 특징은 사회적 가치를 고려하기 시작한 점이라고 우리에게 말했다. 알베도(albedo, 반사율. 지구가 우주로 반사하는 빛의 총량을 지구가 태양으로부터 받는 빛의 총량으로 나눈 비율—옮긴이), 구름의 형성, 수증기의 증발, 선순환 고리 같은 외생적 요인들을 고려하여 기후변화의 과정을 그려낼 수는 있지만, 그 결과를 좌우하는 데서 가장 결정적인 요인은 사회적 우선순위와 가치의 변화가능성일 것이다. 우리의 가치가 물질획득과 소비주의에 의해 결정되게 할 것인가, 아니면 사회정의, 형평성, 지역사회에 의해 결정되게 할 것인가? 우리가 이 질문에 어떻게 대답하는가가 기후의 미래를 좌우할 것이다. 그리고 이와 관련해 지금 예측할 수 있는 것은 아무것도 없다.

(이유진 옮김)

축적전략으로서의 자연

닐 스미스

고전적 정치경제학자들에 따르면 상품은 사용가치와 교환가치로 구성돼 있다. 그들은 가치를 인간노동의 산물로 인식한다. 마르크스는 가치를 사회적으로 필요한 노동시간으로 측정했다. 그는 자본은 '움직이는 가치'이며, 자본축적은 자본주의 사회가 노동착취를 통해 사회적 가치를 증대시켜가는 과정이라고 주장했다. 자본주의는 언제나 노동력을 활용해 자연에서 수확한 사용가치에 가치를 투여해왔다. 그렇다면 이 논문의 제목처럼 자연이 축적전략이 됐다고 말한다면 그 뜻은 무엇일까? 나는 지난 30여 년 동안 새로운 차원의 자본주의적 '자연생산(production of nature)'이 자연세계와의 사회적 관계를 상당부분 변혁시켜왔음이 점차 명백해지고 있다고 주장하고자 한다.

버지니아 울프는 "1910년 12월, 아니면 그즈음에 인간의 본성이 변했다"는 유명한 논평을 남겼다. 거의 같은 시기에 제임스 조이스는 자신이 공간의 파괴를 인식했다고 생각했다. 이런 그의 통찰은 반세기도 더 지난 뒤에 앙리 르페브르가 큐비즘의 탄생(르페브르는 1908년까지 거슬러 올라가 그해에 피카소가 그린 그림 '아비뇽의 처녀들'을 큐비즘의 효시로 보았다)을 새로운 '공간생산'의 계기로 부각시킬 때 되살아났다.[1] 1차대전 직전인 이 시기는 공간과 시간에 대한 새로운 개념이 탄생하는 시기였고, 그 새로운 개념이 예술적, 문화적 모더니즘으로만이 아니라 상대성이론과 양자역학 같은 과학적 혁신으로도 구현됐다고 생각하는 것이 이제는 당연시되고 있다. 그리고 그 과정은 자본주의의 역사적 지리에 일어난 변화와 동행했다. 그러나 적어도 정치적 담론에서는 시간이나 공간보다는 인간의 본성과 관련이 있는 울프의 관찰에 대한 진지한 성찰이 드물다. "인간의 본성이 변했다"는 울프의 말은 그동안 말 그대로의 주장이라기보다는 수수께끼 같고 은유적이며 문학적인 주장으로 간주돼왔고, 원래 런던의 블룸스버리 그룹에서 강렬하게 전개된 토론에서 비롯된 것으로 알려져 있다. 어쨌든 변할 수 없는 것처럼 보이는 것의 전형인 인간본성이 변했다고 한 울프의 말은 무슨 의미일까? 아무리 공상적인 예견이었다 하더라도 울프는 자연과의 사회적 관계에서 일어날 매우 현실적인 변화를 예견하면서(비록 그 뒤 반세기 동안에는 그 변화가 현실화되지 않을 것이라는 점은 놓쳤지만) 무언가를 감지하고 있었다. 이 글에서 탐구되는 핵심적인 명제도 현재 우리가 자연과의 핵심적인 사회적, 경제적 관계가 극적으로 변하는 시기를 살아가고 있다는 것이다.

자본화된 자연: 자연에 대한 금융적 거래

1980~90년대부터 놀랄 만큼 다양한 범위에 걸쳐 새로운 '생태상품'들이 등장하기 시작했다. 생태상품들이 생겨난 것은 1960~70년대 환경운동의 성공에 가장 크게 힘입었다는 점에서 역설적이다. 뒤이은 환경 관련 법률의 제정과 그런 법률에 의한 규제는 지역별, 국가별 맥락에 따라 아주 불균등하게 발전했지만 그 모두가 자본의 손에 의한 환경약탈을 제한하려는 것이었다. 그러나 그 과정에서

'용인될 수 있는 자연파괴'라는 특수한 희소성을 때로는 의도적으로 창출했고, 때로는 의도하지 않았는데도 그러한 희소성이 창출됐다. 그리고 그 희소성은 생태적 재화(특히 바람직하지 못한 생태적 재화)가 거래되는 완전히 새로운 시장을 발전시켰다. 전통적인 자연의 상품화는 일반적으로 자본주의 생산에 원료가 되는 사용가치를 수확하는 행위(식탁을 만들기 위한 목재의 생산, 에너지를 만들기 위한 석유의 생산, 철강을 만들기 위한 철광석의 생산, 빵을 만들기 위한 다양한 옥수수의 생산 등)를 수반했지만 새로운 생태상품의 경우는 이와 다르다. 생산에 원료가 되느냐의 여부는 생태상품의 생산에서 중요한 것이 아니다. 생태상품은 기존의 사회적, 자연적 관계로부터 동시에 발굴되며(교환가치의 측면에서), 그 생산의 일부 과정으로서 사회화된 자연 속에 다시 삽입되거나 내장된 채로 남아 있게 된다(이는 더 자연스러울수록 더 좋다는 식이다). 녹색자본주의는 자본주의적 자연착취의 환경적 영향을 완화하는 방법이라고 칭찬받을 수도 있고, 지속적인 자연착취를 위한 환경적 겉치장이라고 비판받을 수도 있다. 하지만 어느 쪽이 진실이든 간에 '녹색자본주의'가 갖는 의미는 이보다 훨씬 더 심대하다. 녹색자본주의는 자본의 자연 침투를 근본적으로 강화하고 심화하는 생태적 상품화, 시장화, 금융화의 주된 전략이 됐다.

습지의 사례를 살펴보자. 각국은 습지 서식지의 이로운 사회적, 생태적 가치와 작용을 인식하고 도시와 교외의 개발이나 자원과 농업의 개발에 직면해 습지가 사라질 위험을 고려해 습지 서식지 환경이 사라지는 현상을 완화하기 위한 법률을 제정해 시행하고 있다. 예컨대 미국에서는 1980년대 말에 전임자인 로널드 레이건과 차별화해 '환경대통령'이 되고자 했던 조지 부시 대통령(캘리포니아 출신인 레이건 전 대통령은 환경주의에 대한 경멸이 거의 신화적인 수준이었고, "한 그루의 삼나무를 보았다면 그건 삼나무 전부를 다 본 것"이라는 유명한 말을 남겼다)은 "습지의 순손실은 전혀 없을 것"이라는 입장을 고수했다. 그러나 새로운 환경법은 습지의 보전을 요구하고 이를 구체화하는 과정에서 '습지거래권

시장'을 급작스럽게 등장시켰다. 연방법률은 이에 대해 다음과 같이 정의했다.

"개발행위로 인해 불가피하게 발생할 습지의 손실에 대한 보상이 개발현장에서 이루어질 수 없을 때 손실을 보상하는 것을 명시적인 목적으로 해서 개발행위 이전에 특별히 취해지는 습지의 복원, 창출, 개선을 위한 조치 및 예외적인 경우 그 보전을 위한 조치."[2]

가장 간단하게 말하자면 습지 지역을 개발하고자 하는 개발자는 그에 상응하는 양의 다른 습지를 향후에 추진될 개발로부터 차단시키는 데 동의하는 지주에게서, 또는 이미 상태가 악화된 다른 습지를 재건하거나 확장하는 것을 사업으로 하는 기업에게서 습지거래권을 구입함으로써 습지보전 요건을 충족시킬 수 있다는 것이다. 이런 연방법률 규정은 1990년대에 미국에서 습지거래권의 창출, 교환 및 그 금융적 거래를 촉진하고 조율하고 관리하는 '습지거래 은행' 산업을 발전시켰다.[3]

이렇게 해서 만들어지는 상품은 가장 직접적인 의미에서 '복원되거나 보전된 습지'이며, 그 가치는 그것이 생산적으로 소비될 수 없다는 사실 속에 정확히 자리 잡고 있다. 마르크스주의의 용어로 말하자면 이러한 과정 전체는 과거에는 전혀 없었던 '훼손할 수 있는 습지'라는 이름의 새로운 경제적 희소성을 만들어낸다. 잉여가치는 이미 환경적으로 파괴된 장소에 잠복해 있던 죽은 노동(그러나 이제는 갑자기 자신과 연결시킬 수 있는 교환가치를 새로이 갖게 된 죽은 노동)에서, 또는 복원작업에서 창출된다. 하지만 무엇보다도 그 결과로 발생하는 습지거래권은 새로운 또는 보전된 서식환경에 의해 생겨난 지대를 끌어내는 것이라고 할 수 있다. 습지거래권은 그것을 만들어낸 특정한 노동과는 일시적이고 상징적인 연결관계만 가진 거래권이다. 따라서 물리적, 생태적 특성이야 어떻든 간에 복원된 습지가 갖게 되는 핵심적인 사용가치는 바로 창출된 희소성의 새로운 조건 아래서 교환가치를 획득할 수 있는 능력이다.

습지거래권과 습지의 금융적 거래에 대한 옹호론이 괴상한 것은 절대 아니다. 다만 생태상품 산업에서 후발주자일 뿐이다. 오염거래권이라는 아이디어는 1970년대에 처음으로 수면 위로 떠올랐고, 1980년대에는 이것이 채권과 자연의 교환이라는 형태의 초기 모형이 됐다. 여기에는 채무자인 정부들뿐만 아니라 NGO, 채권자인 은행과 정부, 그리고 국제통화기금과 세계은행 같은 국제기구 등이 두루 관련된다. 이는 대부분 개도국인 채무국들이 자연의 토지 가운데 일부를 보존하는 데 합의한다면 국가채무의 일부가 면제되는 방법이었다. 이런 모형은 곧 그 범위와 복잡성에서 엄청난 진전을 보였고, 급속하게 복제됐다. 미국에서는 1972년 법을 개정한 1990년 청정대기법(Clean Air Act)이 자연의 자본화에서 분수령을 이룬 조치였다.

오늘날 가장 잘 알려진 생태상품은 아마도 탄소격리 프로그램으로 만들어진 상품일 것이다. 이 상품은 지구온난화를 지연시키거나 최소화하기 위한 노력 속에서 습지거래권과 비슷한 방식으로 작동하고 있다. 한편으로는 대기로부터 이산화탄소를 흡수하는 산림을 보유하고 있는 지주들(보통은 가난한 열대 국가의 지주들)이 숲을 벌목하지 않는 대가로 돈을 받고, 다른 한편으로는 전 세계의 산업화된 지역에 있는 주요 오염행위자들이 계속해서 대기를 오염시키는 것을 허용 받는 수단으로 배출권을 구매한다. 또는 지역적, 국가적, 국제적 규제(국제적인 규제로는 교토의정서를 예로 들 수 있다)가 정한 수준 이상으로 배출량(탄소의 배출량뿐만 아니라 이산화황, 질소산화물을 비롯한 다른 오염물질들의 배출량도)을 감축하는 기업은 요구된 배출감축 의무를 이행하지 못한 생산자들과 시장에서 만나 그들에게 판매할 수 있는 배출권을 갖게 된다. 2006년 봄에 유럽의 탄소배출권은 공개시장에서 톤당 30유로가량의 가격에 판매되고 있었다(하지만 이런 새로운 상품의 엄청난 가격변동성이 금세 피해자들을 낳았다).[4] 여러 가지 다른 생태상품을 위한 자연거래권들(생물다양성 거래권, 어업 거래권, 대기나 물을 오염시킬 권리인 오염배출권, 희귀조 거래권 등)이 생겨나고 있다. 인터내셔널 페이퍼(International Paper)라는 기업은 그루지야의 멸종위기 종인 '붉은 꽃 무늬 딱따구리'를 자사의 소유지에서 육종하고 있다. 이 딱따구리 거래권은 이미 10만 달러에 거래되고 있으며, 인터내셔널 페이퍼는 미래에 이를 통해 거래권 단위당 25만 달러를 벌어들이게 될 것으로 기대하고 있다.[5] 자연은 점차 '생물다양성 은행'으로 바뀌어가고 있다. 신디 카츠가 말했듯이 이제는 자연이 몇몇 지구적 회계장부에 포괄적으로 자원으로 기재되게 됨으로써 자연의 지위와 시간구속성에 근본적인 변화가 일어나고 있다.[6]

이러한 방식으로 이루어지는 자연의 시장화는 시장친화적으로 환경파괴를 완화하는 방안이라고 옹호되고 있으나, 그 효과가 항상 긍정적이지는 않다는 점 또한 널리 이해되고 있다. 대체 습지의 장소가 그 혜택을 입는 장소에서 몇 킬로미터만 떨어져 있을 수도 있지만 다른 대륙에 위치해 있을 수도 있다는 점에서 이러한 시장화는 불균등한 발전과 빈곤을 심화시킬 가능성이 크다. 숲을 벌목하지 않아서 탄소배출권을 갖게 되는 코스타리카의 농민이 일시적인 횡재를 할지는 모르지만 그 가족의 생활수준이 영구적으로 개선되지는 못할 것이다. 반면 배출권을 구입하는 미국의 오염기업은 환경오염을 계속해나갈 수 있을 뿐만 아니라 자본축적도 가속화할 수 있을 것이다. 자연보호구역이 생태관광지가 될 경우에도 이와 마찬가지로 불균등한 발전이 생겨난다. '개발'을 통해 부를 축적하는 전 세계의 부자들은 자연이 원시적이고 개발되지 않은 상태로 남아있는 한 그 자연을 이용해 부를 축적할 수 있다. 이러한 거래권이 생태적 차원에서 효과가 있는지는 여전히 분명치 않다. 가령 생물다양성 거래권은 아마존의 다양한 생물서식지들을 손상되지 않게 할 수 있다(물론 그렇지 않을 수도 있다). 그러나 지역 원주민들의 빈곤 심화는 환경악화를 가속화시키기까지는 하지 않더라도 상당한 정도로 환경을 악화시킬 수 있다. 마찬가지 이유에서 북미에서 습지의 복원이 법률적으로 규율되고 있다지만 습지복원의 질이나 중기적 결과에 대해서는 어떠한 보장도 없으며, 습지손실의 규모가 전체적으로 감소되고 있다는 증거도 없다. 습지거래권에 대해 보다 폭넓은 지리적 시각을 가진 사람이 있다면 그는 분명 '주택문제'에 대해 엥겔스가 논평한 구절을 비틀어 "부르주아는 환경문제에 대한 어떠한 해결책도 갖고 있지 않으며, 단지 환경문제를 이리저리 옮길 뿐"이라고 말하고 싶은 충동을 느낄 법하다.[7]

생태상품 시장의 발전은 우연적인 것도 아니고 선의의 환경법령이 가져온 의도하지 않은 결과인 것도 아니다. 모건 로버트슨이 말했듯이 생태상품의 시장화와 그 금융적 거래는 '새로운 자본주의적 활동영역을 창출하고 안정화하는 데 필수적'[8]이다. 핵심은 자연의 시장화에 있다. 미국 국립과학원의 한 위원회는 1993년부터 2000년까지 10억 달러 이상이 약 2만4천 에이커(약 1만 헥타르—옮긴이)에 달하는 미국 습지거래권에 투자됐다고 추산했다.[9] 산업계는 연방정부의 입법과 규제정책을 촉진하기 위해 1998년에 전미거래권금융협회(National Mitigation Banking Association)를 창설했다. 이 협회가 보전개발업자들('보전'과 '개발'을 함께 이어 썼다고 해서 모순인 것은 아니다), 환경관리기업, 환경서비스 공급업자, 주와 연방의 규제당국자, 벤처자본가, 미 육군 공병단 대표 등이 참석한 가운데 연 2006년 총회의 주제는 '환경금융: 녹색의 신천지를 개척하기'였다.[10]

이들을 비롯한 환경자본가들에게 자연은 실로 '새로운 신천지'가 됐다. 새로운 신천지는 과거의 신천지와 마찬가지로 즉각 금융적인 것이 됐다. 환경파생상품 시장이 매우 빠르게 성장하고 있고, 그에 따라 생태적 거래권들이 무더기로 거래되면서 이미 확립된 거래권의 가격상승을 기대하는 투기적 금융가들에게 판매된다(이는 남의 나라 이야기만이 아니다. 한국에서도 주식투자의 활성화에 힘입어 환경 관련 펀드가 2007년 3월에 처음으로 출시됐고, 그 뒤 넉 달 만인 2007년 7월까지 1조2천억 원어치의 환경 관련 펀드(물펀드, 탄소펀드, 지구온난화펀드, 환경펀드 등)가 판매됐다. 이들 펀드는 주로 관련분야 기업의 주식이나 환경파생상품에 투자한다―옮긴이). 세계은행은 2004년에 자본금 3천만 달러로 시작하여 1억 달러 규모를 목표로 하는 '생물탄소펀드(BioCarbon Fund)'를 출범시켰다. 이 펀드는 거래권 판매로 창출되는 이득을 투자자들(최소 250만 달러 이상의 투자자들)에게 돌려주는 대신 그들로 하여금 탄소격리에 기여하도록 한다. 2005년 이후 유럽연합은 교토의정서의 목표치에 맞춰 탄소배출권 거래 제도를 출범시키고 관련 규제업무를 시작했다. 미국에서는 환경보호청(EPA)이 배출권 거래 제도를 관리하고 있지만 미국의 이 제도는 순전히 자발적인 것이며, 이 점에서 녹색자본가와 NGO들이 최근에 설립한 시카고 기후거래소(Chicago Climate Exchange)와 그 운영방식이 같다.

이처럼 심화된 자연의 상품화, 시장화, 금융화가 신자유주의라는 훨씬 더 큰 기획의 한 구성요소임은 물론이다.[11] 신자유주의는 사회적 계산을 민간 시장경제에 의한 측정으로 대체해야 하고, 사회적 부도 세계시장에서 거래될 수 있게 해야 한다고 주장한다. 이런 주장은 생태상품, 거래권 관련 금융상품, 환경파생상품 등이 거래되는 새로운 시장의 등장에 대해서도 그대로 되풀이된다. 이처럼 자연을 거래할 수 있도록 자본의 조각들을 묶어내는 신자유주의의 힘은 과소평가돼서는 안 되지만 그렇다고 그 힘이 과장돼서도 안 된다. 자연의 신자유주의화는 완성된 것도 아니고, 장애물이 없는 것도 아니며, 결코 순탄한 과정인 것도 아니다.[12] 또한 자연의 금융화가 아직은 맹아기에 있는 것인지도 모른다. 하지만 그 범위와 궤도는 이미 명확해지고 있다.

습지, 탄소, 산업계의 오염물질 배출, 야생 동식물 등에 대한 금융화된 거래권은 자연생산이 극적으로 가속화되고 규모가 커지는 더 큰 과정의 일부다. 육상 생물계의 식민지화 가운데 많은 부분이 바로 이러한 과정의 일부를 이루고 있다. 생명공학은 과학으로 하여금 특정한 생명체의 핵심을 뚫고 들어가 그것을 변형시킬 수 있게 해주고 있으며, 이는 무수한 결과를 가져오고 있다. 한편으로 유전자가 조작된 종자나 작물, 기타 생명체와 같은 새로운 상품들(그 자체가 완전히 새로운 규모로 상품화되고 있는, 실험실에서 제조되는 유전자 같은 아원자 상품들)이 생산되고 있다. 이는 해적기업들이 특허를 설정할 수 있는 유전물질을 찾아 자연세계를 훑고 다니는 생물탐사와 같은 광적인 사태를 불러왔다. 이로 인해 샘플을 채취하기 위해 박사급 과학탐사단이 아마존에 파견되는 일(미래의 자연에 대한 습격?)이 일어날 수도 있지만, 다른 한편으로는 유전적으로 변형된 포유동물을 실험실에서 제조하는 상황이 초래될 수도 있다. 도너 해러웨이는 하버드 대학이 만들어냈고 현재는 다우케미컬이 소유권과 상표권을 갖고 있는 최초의 유전자조작 포유류인 온코마우스(Oncomouse™)와 관련해 이와 같은 유전자조작 포유동물 제조가 가진 함의를 탐구했다.[13] 그는 다양한 새로운 유전적 상품들의 의학적, 약학적 응용은 인간과 비인간 자연 사이에 존재하던 확연한 경계를 해체시키는 사이보그 세계의 전망을 낳고 있다는 생각을 내비쳤다.

자연생산: 끝없이 아래로

자연적으로 공급되는 사용가치는 그것이 철광석이든 노동력이든 수송능력 같은 서비스든 생산적 소비를 위해 사용되고, 그 과정에서 자연의 형태가 변형된다. 대지는 파내어지거나 식민지화되고, 노동자들은 노동을 통해 육체적으로든 정신적으로든, 그리고 나아지는 방향으로든 나빠지는 방향으로든 변형되며, 수송기술은 공간적으로 서로 떨어진 장소들 사이의 시간거리를 단축시킨다. 이와 같은 의미에서 자본주의적 자연은 항상 상품화돼왔다고 할 수 있다. 그리고 생계수단의 사회적 공급은 항상 특정한 '자연생산(production of nature)'을 수반해왔다.[14] 하지만 자본주의 사회에서 자연생산은 우연적이고 분절적인 현실에서 체계적인 사회적 존재조건으로, 그리고 국지적으로 괴상한 현상에서 지구적인 야심으로 변이를 일으킨다. 자연이 사회적으로 생산되지도 않고 그렇게 생산될 수도 없음을 전형적으로 보여주는 것처럼 여겨지는 것과 관련해서는 자연생산(그 자연이 이미 인간의 노동으로 변형된 것인지의 여부와 상관없이 문자 그대로 주어져 있는 자연의 형태가 변형되는 것)이라는 개념이 정말로 괴상한 말로 들릴지도 모르겠다. 하지만 보편적으로 이루어지는 자연생산은 애초부터 자본주의적 야심의 DNA 속에 각인된 것이다. 신자유주의 세계화는 그러한 자본주의적 야심의 화신으로 가장 최근에 등장한 것일 뿐이다.

자본주의 아래서 자연생산은 특유의 이데올로기를 창출한다. 한편으로는 산업적 생산의 과정에서 급격하게 이루어지는 자연의 객체화가 사회와 인류, 그리고 사회적인 것들의 외부에 존재하는 실재로서의 자연이 그런 것들에 대해 갖는 위치를 정하고 그 위치를 재확인한다. 자연은 인간적인 인과관계나 인간적인 창조의 영역 바깥에 존재하는 생물학적 과정, 화학적 과정, 물리적 과정은 물론 그밖의 다른 과정들이 집적된 창고로, 그리고 또한 식별이 가능한 객체들이 들어있는 창고(아원자나 분자 수준의 객체, 특수한 생물체와 종, 지구상의 물체 등이 가득한)로 널리 인식되고 있다. 근대의 과학은 이러한 객체들을 개념상 도구적인 '사회적 노동의 대상'으로 다루어왔으며, 이와 동시에 착취될 수 있는 외부 자연세계에 대한 이러한 이해를 뒷받침해왔다. 서구 사회들은 일반적으로 인간 그 자체가 자연의 주체이자 자연세계를 구성하는 일부라고 본다. 하지만 자연에 대한 외재주의적 개념이 오늘날 아무리 당연시된다 하더라도 가까운 18세기의 유럽에서도 이런 개념이 일반적이지는 않았다. 무엇보다도 자연에 대한 신학적이고 절대주의적인 이데올로기가 외재적 자연이라는 개념에 대해 완전히 적대적이었다. 물론 겉으로만 보면 자연이 사회로부터 저 멀리 떨어져 있는 것이며 사회와 완전히 다른 것이라는 생각은 지지받을 수 없고, 문자 그대로 부조리하다. 또한 자연에 대한 외재주의적인 개념은 자신의 분신을 낳았는데, 그 분신은 자연이 실제로 사회의 외부에 있을 수도 있지만 이와 동시에 자연은 보편적인 존재라는 관념이다. 즉 인간과 인간이 아닌 존재를 포함한 세계 전체는 자연의 사건과 과정에 종속된다는 것이다. 이러한 외재주의적 개념과 보편주의적 개념 간의 모순이 자연에 대한 자본주의적 이데올로기의 특징으로 자리 잡았다.[15]

마르크스와 엥겔스는 《독일 이데올로기》의 주목할 만한 한 절에서 이러한 자본주의적 자연생산이 지닌 힘을 포착한 바 있다. 이들은 포이어바흐의 관념론에 대해 비판적으로 대응하면서 과학, 무역, 산업은 인간의 '감각적인 활동' 덕분에 원료를 공급받는다고 지적했다.

"지금 존재하는 감각적인 세계 전체의 토대가 되는 이러한 활동, 이처럼 그치지 않는 감각적인 노동과 창조, 이러한 생산은 너무도 큰 것이기 때문에 만약 그것이 한 해만이라도 방해받는다면 포이어바흐는 자연세계의 엄청난 변화를 보게 될 뿐 아니라 인간세계 전체와 자신의 인식기능(자신의 경험이 아니라)이 사라지는 상황을 즉각 보게 될 것이다."

이 모든 것에서 외재적인 자연의 우위는 공격받지 않고 그대로 유지된다고 마르크스와 엥겔스는 말한다.

"자연, 즉 인류의 역사보다 앞서는 자연은 포이어바흐가 살고 있는 자연이 절대로 아니고, 오늘날 그 어느 곳에도(아마도 최근에 생겨난 몇몇 호주의 산호섬들을 제외하고는) 더 이상 존재하지 않는 자연이며, 따라서 포이어바흐에게는 존재하지 않는 자연이다."[16]

마르크스가 이러한 비판을 더욱 포괄적으로 발전시킨 적은 없지만 그 함의는 분명하다. 외재적인 세계와 보편적인 세계 간의 해소되지 않는 모순이 자연에 대한 자본주의적 이데올로기의 특징을 이루는 한 단순히 그 이데올로기를 구성하는 두 요소 중 어느 하나나 둘 모두를 부정하는 것만으로 비판적인 대응이 되는 것이 아니다. 그 이데올로기는 단순히 틀린 것이 아니라 매우 특수한 계급적 관점에 근원을 두면서 세계에 대한 왜곡되고 거꾸로 된 시각을 제시하는 것이다. 자연의 외재성과 보편성은 실재하는 것이지만, 이것들을 존재론적으로 주어진 것으로 여겨서는 안 된다. 외재적이고도 보편적인 자연이라는 이데올로기는 그러한 이데올로기를 감각할 수 있게 해주는 외재화 과정 자체를 체계적으로 지워버리면서 에덴동산 시절 이전의 인간으로, 초인간적 세계로 되돌아간다(물론 이러한 추론의 논리적 귀결로, 자연에 대한 이같은 외재적 개념은 인종, 젠더, 계급, 섹슈얼리티 및 그 밖의 다른 사회적 차별의 형태와 불평등을 그 발생에서부터 사회적인 것이 아니라 '자연적'인 것으로 정당화하는 강력한 이데올로기적 도구가 된다). 여기서 핵심적인 것은 자본주의적 노동과정(이것을 통해서 자연이 상품화되고, 따라서 외재화된다)이 보이지 않게 가려진다는 점이다. 반면에 마르크스와 엥겔스는 사회적 노동을 자연과의 관계에서 핵심적인 것으로 만들며, 따라서 자연생산이 현재 존재하는, 그리고 우리에게 감각되는 세계 전체의 토대가 된다.

우리가 지금 '사회적 자연'[17] 속에서 살고 있다고 한다면 그 사회적 자연 가운데 어떤 것도 '자연적' 과정의 힘이나 그 존재를 부정하지 않는다. 중력, 생물학적 과정, 그리고 화학적, 지질학적 변화는 중단될 수 없으며, 그 근원이나 계속적인 작동이 사회적 노동 때문인 것도 절대 아니다. 다만 그 영향이 다양하고 제한된 방식으로 뒷받침되고 변경되고 재탐색되거나 다르게 조작될 수 있을 뿐이다. 비행기를 타고 하늘을 나는 것은 연료가 남아 있는 한 중력의 영향에서 벗어나는 강력한 방법이지만, 비행기를 만들고 그것이 날도록 하는 데 들어가는 노동은 이른바 자연의 법칙을 강력하게 확인시켜 준다. 자연과학이 자연이 어떻게 작동하는지를 해독하는 일찍이 없던 성취를 이루어왔다는 사실은 더 말할 필요도 없지만 그와 같은 세계적, 역사적 성취에는 비용이 따른다. 외재화와 객체화의 과정은 자연을 지배하는 데 맞춰진 무절제한 노력을 촉진해 왔지만 그에 따른 반응성의 결여, 즉 많은 부분 과학에 의해 주도된 인간의 노동 그 자체가 자연세계를 어떻게 변화시켜 왔는가에 대한 이해를 수용하기를 거부하는 태도는 매우 파괴적인 것이었다. 한편으로는 점점 더 작은 아원자 입자(컴퓨터 모니터 상의 신호나 이미지로만, 또는 추상적인 수학적 결과로만 표시되는)를 발견해가는 것으로 보이는 물리학자와 우주과학자들의 발견은 '자연 속에서' 일어날 수 있거나 일어나지 않을 수 있는 것을 반영한다기보다 아직 효력을 잃지 않은 과학적 논리를 점점 더 많이 반영하는 것처럼 보인다. 다른 한편으로는 자연과학의 이런 성찰력 부족은 자연의 거대한 산업적 변환을 가속화했을 뿐 아니라 대기와 물의 오염에서 핵무기와 지구온난화에 이르기까지 폭넓게 나타나는 파괴적인 결과에 대한 사회 전반적인 맹목성을 조장해왔다. 도너 해러웨이(Donna Haraway)의 저작이 가진 이론적인 힘은 노동의 중심성에 관한 이러한 통찰을 생명공학적 자연에 대한 재검토에 통합시킨 것이었다.

여기서 두 가지를 분명히 하는 게 중요하다. 첫째, 많은 마르크스주의자들과 비판가들은 일반적으로 인간사회는, 특정하게는 자본주의 사회는 '자연지배'를 시도한다고 주장해왔다. 정치적 스펙트럼의 한쪽에서 프랑크푸르트 학파가 이 점을 인간이 자연과 신진대사를 함에 있어서 피할 수 없는 조건으로 인식해왔다.[18] 다른 한쪽에서는 심층생태주의자(deep ecologist), 가이아 가설(Gaia hypothesis, 지구 전체를 하나의 유기체로 보는 가설―옮긴이) 신봉자, 기타 생태적 본질주의자와 같은 사람들 역시 인간의 자연지배 시도를 인식하고 있지만, 이들은 이를 피할 수 없는 것으로 보지 않고 파괴적인 사회적 선택으로 본다. 자본주의 사회에서 과학의 광범위한 의도는 명시적으로 자연지배에 맞춰져 있고, 그러한 기획은 우리가 살펴본 바와 같이 자연의 외재화를 공격적으로 구현하고 있으며, 다른 한편으로 이러한 자연의 외재화 또한 얼마나 탄식해야 할 일이든 간에 자연지배론 속에 구현돼 있다. 이와는 대조적으로 자연생산론은 그러한 포괄적인 지배를 가정하지 않을 뿐만 아니라 사회적 생산이 자연에 대해 우발적이고 의도하지 않은 효과, 더 나아가서는 역효과까지도 내는 결과로 이어지는 길을 열어놓는다. 정치적인 측면에서 보면 자연지배론은 퇴로가 없는 막다른 골목이다. 다시 말해 만약 그러한 지배가 사회적 삶의 필연적인 측면이라면 유일한 정치적 대안은 말 그대로 반사회적인 자연의 정치일 것이고, 그게 아니라면 보다 친절하고 부드러운 지배를 감수할 도리밖에 없다. 독일 녹색당은 1980년대에 정확히 이러한 균열로 인해 한쪽으로는 생태아나키즘을 지향하는 그룹으로, 다른 한쪽으로는 의회에 합류하는 그룹으로 나뉘었다.

두 번째로 분명히 해야 할 것은 앞에 설명한 첫 번째 것과 관련되어 있다. 자연생산론은 자연을 통제해야 한다는 듯한 태도를 취하지 않는다. 우리는 기껏해야 자연에 대한 그람시적인 헤게모니에 관해 생각하려고 할 수 있지만, 그런 식의 정식화조차도 너무나 극단적인 것일 수 있다. 자본가들이 생산과정과 그 결과, 또는 그것이 만들어내는 글로벌 자본주의를 결코 완전히 통제하지 못하는 것처럼 자본주의 사회는 자연을 완전히 통제하지 못한다. 지구온난화와 유전자조작 생물체는 분명 사회적으로 생산되지만 결코 완전히 통제되지는 않는다. 미래사회도 그 어떠한 자연통제의 환상을 품어선 안 된다.

마찬가지로 자연생산은 자연에 대한 사회구성주의적 견해와 결코 같지 않다는 점을 강조할 필요가 있다.[19] 가장 훌륭한 구성주의적 설명은 자연의 물질적 구성과 담론적 구성의 결합을 강조하지만,[20] 그리고 자연과 관련해 인종, 젠더, 섹슈얼리티 및 기타 사회적 차이의 형태들에 대한 논의를 받아들이지만 물질성과 담론 간의 연계성은 여전히 모호한 채로 남아있고, 담론의 사회적 기원은 구체성이 떨어지며, 주어진 자연의 사회적 구성 속에서의 변화의 원천은 모호하다. 자연은 그러한 구성물 속에서 어떤 하나의 형태로 보이게 되지만(수동적으로), 상이하게 '보이게' 되도록 하는 사회적 과정은 거의 다루어지지 않는다. 기껏해야 담론 자체가 종종 사회적 변화를 견인하는 것으로 보이게 되며, 담론적 구성주의가 자연의 사회적 생산 또는 정치사회적인 자연의 경제에 지속적으로 초점을 맞추는 것이 아니라 그것을 대체하게 된다. 반면에 자연생산론은 사회적 생산관행의 변화 속에서의 이데올로기적 담론의 역사적 생성을 표현한다. 예를 들어 자연의 상품화의 표현으로서의 '외재적' 자연이라는 담론이 그런 것이다.

생태의 상품화와 자본화가 폭발적으로 늘어나면서 자연생산이 크게 심화됐다. '자연은 모든 것이 담론적'이라는 것이 1990년대 구성주의의 모토였지만, 오늘날 '사회적 자연(socionature)'[21]의 극적인 변환은 자연에 대한 규제와 자연생산이야말로 모든 것에 침투하려고 하는 것임을 알려주고 있다. 환율과 이자율, 거래권시장과 주식시장은 원료채굴에 대한 규제에 늘 얼마간의 영향을 미쳐왔지만, 오늘날 자연생산의 심화는 완전히 새로운 차원을 이에 더하고 있다. 이러한 과정이 분명 맹아기에 있긴 하지만 급속하게 심화되고 있으며, 금융시장은 이제 점차 다양한 환경정책을 조율하기까지는 못하더라도 환경정책에 영향을 미치는 위치를 차지하고 있다. 즉 어떤 형태의 오염이 생산되고 어떤 형태의 오염이 근절되는지, 얼마만큼의 환경악화가 수용가능한 것인지, 어디에서 계속 더 가야하고 어디에서 더 가면 안 되는지, 누가 비용을 지불하는지 등에 금융시장이 영향을 미친다. 자연의 자본화는 금융시장에 의거하여 이와 같은 사회적 결정들을 명시적으로 규율한다. 생태적 거래권의 가격이 변할 때에는 투자의 우선순위 또한 변한다. 날씨가 변하면 전력 생산량이 늘어나거나 줄어들 것으로 거래자들이 예측하기 때문에 오염배출권의 가격 또한 변한다. 이자율과 환율이 변하면 환경정책은 자본의 유입이나 유출로부터 직접적인 영향을 받는다. 정확하게 이러한 논리에 따라 로렌스 서머스는 하버드대학교 총장으로 취임하기 전에 세계은행의 수석경제학자로 재직하던 때에 아프리카는 '과소오염'돼 있다고 주장했다. 선진국들에서 환경으로 인해 손실되는 생명이 아프리카의 저렴한 생명(손실된 임금)에 비해 세계경제에서 더욱 가치 있는 것이라는 이야기였다.

20세기 후반에 환경정치가 거둔 근본적인 승리는 바로 환경파괴를 자본주의적 생산 및 소비 패턴의 무시할 수 없는 결과로 부각시켰다는 점에 있다. 여전히 불완전하긴 하지만 시장은 이제 환경적 관행들을 복원하면서 다시 활용하고 있다. 격렬했던 상호적대는 금융 파트너십으로 대체되고 있다. '자연에 친절'한 것이 '이윤에 친절'한 것이기도 하다.[22] 이는 자본에게는 커다란 정치적 압승을, 환경주의와 사회주의 정치에게는 패배를 뜻한다. 가장 중요한 것은 자본에게는 이는 이데올로기적 승리를 뜻할 뿐만 아니라 완전히 새로운 자본축적의 영역을 열어준다는 점에서 경제적 기회를 뜻하는 것이기도 하다는 점이다. 어떤 종류의 환경과 경관이 어떤 목적에서 생산되어야 하는가에 대한 모든 선택이 폭넓은 사회적 논의에서 벗어나 시장을 통해 조율되는 협소한 계급적 통제로 넘어가고 있다.

전방위적인 자연의 상품화와 금융화가 자연생산의 새로운 국면이 지닌 특징이라고 본다면, 이와 유사한 다른 변화 또한 진행 중에 있다. 생명공학적인 자연 정복을 이끌고 있는 환상은 자본주의 자체가 선포했던 자연의 외재성 그 자체를 뛰어넘으려는 노력을 수반하고 있다. 생산의 모든 순환주기에서 외재적인 자연의 이용가능성에 의존해야 한다는 것은 자본에게 상당한 장애물과 불안정의 원천이 된다. 생물체들이 수확될 수 있고 계속해서 자기재생산을 할 수 있도록 조작된다면 외재적인 자연을 지속적으로 약탈해야 할 필요성이 약화된다. 실험실(대학의 연구공원에서든, 기업농의 농장에서든, 병원의 수술실에서든, 제약회사의 시험투약에서든)에서의 자연의 사회적 재생산은 외재적 자연의 힘이나 필요성을 분명 완전히 대체하지는 못한다. 오히려 이는 자연을 자본의 순환 속으로 더욱 완전하고 온전하게 흡수한다. 상품화할 수 있는 사용가치를 찾는 과정에서 외재하는 자연을 싹쓸이하는 데서 자본주의가 더욱 더 큰 식욕을 보이고 있다는 점에서 우리는 이용가능한 자연을 생산하는 임무가 소위 외재적인 자연으로부터 사회적인 자연으로 옮겨가는 새로운 자본주의 체제의 시작을 엿볼 수 있다.

점증하는 자연의 사회적 재생산은 외재적인 자연으로 인식되는 그 어떠한 것에도 침투한다. 헤겔이나 마르크스의 용어를 빌리면 오늘날 일차적 자연을 거스르면서, 그리고 그 일차적 자연으로부터 생산되는 '이차적 자연'의 양이 점점 줄어들고 있다. 오히려 이제 일차적 자연은 이차적 자연 안에서, 또는 이차적 자연의 일부로서 생산되기 시작했다.[23] 실험실에서 온코마우스를 생물학적으로 재생산하거나 기업농의 농장이나 공장에서 유전자조작 종자를 재생산하는 것과 같은 경우에 일어나는 가치의 자기재생산은 몇몇 생산부문들에서는 점차 현실화가 가능한 자본의 달콤한 꿈이 되고 있다. 이렇게 하여 자연이 개량될 뿐 아니라 개량된 자연이 아주 적은 양의 추가적인 노동만으로도 자기재생산을 할 수 있게 된다.

하지만 이러한 자연(하버드대학교 실험실 안에서 증식하려고 하는 자유로운 온코마우스나 캐나다 서스캐처원 주의 들판에 제멋대로 날려가서 자유롭게 증식하는 유전자조작 종자)이 어딘가 다른 곳으로 가버린다면 그것은 분명 추적되고, 다시 상품화되고, 사유화돼야 한다. 따라서 그것은 법정으로 가서 소유권자 누구인지에 대한 결정을 받아야 하고, 기존의 소유권이 허가받지 않은 것이었다고 판명되면 죽임을 당할 것이다.[24]

자연의 형식적 포섭에서 실질적 포섭으로

그렇다면 이러한 변화는 자연과의 사회적 관계에 대한 우리의 이론적, 정치적 이해를 어떻게 바꾸어 놓고 있는가? 많은 마르크스주의자와 비판가들은 교환가치를 상품 형태에 대한 사회적 기여로 바라보면서 마르크스의 자연 개념이 사용가치 영역과 등치될 수 있다고 가정한다. 《자본론》 1권의 일부가 이러한 방식으로 독해될 수도 있지만, 이 저작에서는 또한 이처럼 단순한 자연의 외부화를 포함하지 않는 훨씬 더 섬세한 주장을 발견할 수 있다. 마르크스는 자본주의의 발전이 포이어바흐의 자연뿐만 아니라 노동으로 파악된 인간본성 일반에 대해서도 그것을 강화하고 변형하는 방식을 매우 명쾌하게 설명하고 있다. 제조업은 마르크스가 자본의 '거대한 힘'이라고 부른 것으로 노동자를 짓밟는다. 자본의 손아귀에 쥐어져 있는 노동의 운명에 대한 마르크스의 논의 속에는 이제는 자연의 운명에도 적용되는 주장이 들어있다.

마르크스는 단순 제조업에서는 "사회적 노동과정의 조직이 순전히 주관적"이라고 말한다. 다시 말해 개별 노동자가 고용됐거나 고용되지 않았다면 그는 임금을 받고 자기 노동력을 파는 데 동의했거나 동의하지 않은 것이며, 따라서 노동자들은 생산과정에 대한 직접적인 통제력을 갖고 있다는 것이다. 또한 자본의 축적도 여전히 대체로 절대적 잉여가치의 확대를 통해 이루어진다. 이는 곧 점점 더 많은 수의 노동자들이 점점 더 많은 원료를 사용하는 점점 더 많은 생산의 장소에 고용된다는 것이다. 단순 제조업의 뒤를 이은 근대산업은 생산체계에 대한 노동자의 의존성을 심화시킬 뿐만 아니라 양극화된 권력관계를 뒤집는다고 마르크스는 말한다. 근대산업은 순수하게 객관적인 '생산의 유기체'를 형성하며, 거기서 노동자는 기존의 물질적 생산조건에 그저 부가되는 부속물이 된다는 것이다. 그리고 자본축적은 점차 기술혁신과 그 밖에 다른 형태의 노동통제를 통한 생산의 강화로 벌어들이는 상대적 잉여가치의 형태로 달성된다. 노동자는 점차 자신의 통제력과 개별성을 빼앗기고 '집합적 노동자'가 된다. 정교한 산업적 기계장치 체계는 '결합된 노동'에 의해서만 움직여지며, 그 속에서 노동과정의 협력적인 성격은 노동자가 기술적으로 필요로 하는 것이 아니라 노동의 도구가 기술적으로 필요로 하는 것이 된다.[25]

역사적으로도 논리적으로도 이러한 변화는 자본주의 및 그 진화에 대해 마르크스가 전개한 비판의 주요한 부분을 이룬다. 마르크스는 이를 노동이 자본에 형식적으로 포섭되는 것과 실질적으로 포섭되는 것의 구분을 통해 개념화한다. 노동의 형식적 포섭은 노동자들이 자본과 노동관계를 맺지만 여전히 일상적인 노동과정에 대한 직접적이고 창조적인 통제를 할 힘을 어느 정도 유지하는 경우에 발생한다. 이와 달리 노동의 실질적 포섭은 노동자들이 근대산업의 기계장치 속에서 톱니바퀴의 이빨로 전락하면서 권력관계가 역전될 때 발생한다. 노동자들은 직접적인 임금관계의 결과로 자본에 포섭될 뿐 아니라 자본주의적 기술과 사회조직의 다차원적인 그물망 속에 포섭된다. 마르크스가 현대의 조립라인이나 개입주의 국가를 거의 몰랐던 시대에 이론화 작업을 했음에도 그의 이러한 통찰은 산업화된 공장이라는 협소한 범위를 넘어 일반화될 수 있다. 사무실에서 일을 하건, 원료를 시장에 수송해주고 다시 시장에서 수송해오는 일을 하건, 원료채굴 작업을 하건, 글로벌 공장에서 일하건 간에 현대의 노동자들은 '사회적 공장'(이것은 자율주의 마르크스주의자들이 만들어낸 유용한 표현이다) 속으로 점점 더 긴밀하게 통합된다.

마르크스는 노동이 자본에 형식적으로 포섭된 상태에서 실질적으로 포섭된 상태로 이행하는 과정을 역사적, 분석적으로 파악했다. 이와 같이 역사적 측면과 분석적 측면에서 동시에 그 과정을 파악하는 것은 지금의 자연생산을 이해하는 데도 필수적이다. 자연이 자본에 형식적으로 포섭된 상태에서는 자본축적이 주로 채굴된 물질을 생산의 목표물로 전환하는 과정의 지속적인 확대에 의해 촉진된다. 따라서 생산을 위해 점점 더 많은 석유, 목재, 면화, 석탄이 채취된다. 식민주의는 다른 무엇보다도 이 같은 자연의 형식적 포섭을 위한 주된 전략으로 기능했다. 자본주의 생산의 중심부에 위치한 지배계급은 경제적 수단이나 군사적인 수단을 이용해, 더 흔하게는 두 가지 수단을 다 이용해 적절한 사용가치를 찾아 지구를 돌아다녔고, 이러한 과정의 일부로 노동을 고용하거나 이리저리 옮겼다. 아프리카, 아시아, 카리브해에서 공식적인 식민주의를 종식시키려는 투쟁은 1차대전이 끝난 뒤 성공을 거두기 시작해 2차대전이 끝난 뒤에는 더욱 강화되면서 많은 식민지 정부들에 대한 직접적인 외세의 통제를 끝낼 수 있었지만, 자원채취에 대한 유럽과 북미 기업들의 통제를 제한하는 데까지는 미치지 못했다.

실질적 포섭으로의 전환은 자연에 대한 자본축적의 의존 심화라는 특징만을 갖는 것은 아니다. 오히려 양면적인 이행이 발생한다. 첫째, 농업생산에서든 여러 가지 종류의 토지개량에서든 자본은 항상 '자연을 통한 순환'을 해왔는데 자연의 실질적 포섭은 이러한 순환을 강화시킬 뿐 아니라 이를 자본축적의 우연적 효과에서 의도된 전략으로 전환시킨다. 다시 말해 이전에는 의도하지 않은 상태에서 나타났던 결과들이 이제는 전략적인 목표가 되고, 자연생산이 '전방위적'으로 자본화된다.

둘째, 이와 반대의 과정, 즉 '자본을 통한 자연의 순환'도 마찬가지로 우연적인 것에서 전략적인 과정으로 변환된다. 이는 두 가지 방식으로 일어난다. 생명공학에 있어서는 온코마우스의 몸이든, 복제양 돌리의 자손이든, 종자나 그 밖의 다른 유기체적 생산물(식물이나 동물)이든, 유전자 지도든 간에 '생산된 자연'은 연구대상물에서부터 기증할 수 있는 신체의 체액이나 기관, 고기와 빵, 의약품과 우유에 이르기까지 모든 형태의 상품으로서 순환한다. 이러한 기술적 심화는 절대적 잉여가치의 전유보다는 상대적인 잉여가치의 전유를 새로운 수준으로 끌어올린다.

이와 동시에 생산된 자연은 일차산품선물, 생태거래권, 기업주식, 환경파생상품 등의 옷을 입고 금융적으로 순환한다. 이러한 금융적 '수단' 속에 들어있는 자연이 얼른 눈에 띄지 않을 수도 있지만 그게 중요한 것이 아니다. 애초부터 생산된 자연의 일부 측면에 교환가치가 부가되지 않는다면 금융화된 상품은 존재하지 않을 것이다. 습지의 한 구획이나 주택대지의 가격은 사회적 협상이 타결되기 전에는 가시화되지 않는 것처럼 대체거래권이나 환경파생상품에 자연이 기여한 몫은 그 밑바탕이 되는 사회적 상품의 형태를 투자자가 정당화하거나 그 상품이 어떤 것인지를 결정하도록 요구받기 전에는 숨겨진 상태로 있게 된다. 이때 투기자들이 자기가 갖고 있는 거래권과 파생상품의 추락하는 가격이 플로리다 늪지의 일부에 대한 권리를 보장해주지 않고 오히려 대기 중에 오래전에 흩어져 버렸거나 애초에 생산되지도 않은 탄소에 근거를 두고 있다는 것을 알게 된다면 자연의 금융화가 갖는 힘과 취약성 모두가 매우 명확해진다. 노동의 실질적 포섭이 노동자에게서 개별성을 빼앗는 것처럼, 자연의 실질적 포섭은 자연의 자본화와 금융화를 통해 자연에게서 그 구체성을 빼앗는다. 예를 들어 아직 생산되지도 않은 코스타리카의 탄소 가격이 톤당 40달러인데 휴스턴의 석유산업에 의해 생산된 탄소의 가격도 톤당 40달러라면, 이 두 가지는 완전히 동등한 등가상품인 것이다. 실물상품(생산된 탄소와 생산되지 않은 탄소)은 이제 금융화를 통해 자본주의 기술과 사회조직의 다차원 그물망, 즉 사회적 공장에 통합된다. 이때 탄소가 대기 중에 방출됐느냐의 여부는 말 그대로 자본주의적으로 얼버무려지는 문제가 된다.

자연의 형식적 포섭과 실질적 포섭 간의 이같은 구분은 윌리엄 보이드, 스코트 프루덤, 레이철 슈어먼이 탐구해왔다.[26] 이들은 상이한 형태의 자연은 상이한 산업생산 조직의 양식으로 변환된다는 매혹적인 주장을 내놓았다. 예컨대 부분적으로는 원료확보의 가능성, 변형의 가능성, 판매의 가능성 같이 자연적으로 주어진 상이한 조건으로 인해 다이아몬드 산업의 구조는 축산업의 구조와 완전히 다르게 된다. 자연의 실질적 포섭은 자원채취 부문과는 현저하게 대조적으로 특정한 '생물학적 체계'가 산업화되어 그 자체가 스스로 생산력으로서 작동하게 될 때 발생한다고 이들은 주장한다.[27] 이어지는 이들의 분석은 가령 자연기반 산업과 비 자연기반 산업과 같은 일련의 구분들을 만들어내지만, 결정적인 연관관계가 존재하므로 노동의 형식적 포섭과 실질적 포섭이 생물학적 산업과 비 생물학적 산업 간의 구분과 나란히 정렬된다. 자연의 형식적 포섭과 실질적 포섭 간의 차이를 이해하는 데 핵심이 되는 것은 생물학적 체계와 비생물학적 체계 간의 구분과 생물학적 생산성을 조작할 수 있는 능력에 있다고 이들은 주장한다.[28] 이들에 따르면 자연의 형식적 포섭 아래서는 자본가들이 자연을 물질적 속성의 외생적 조합으로 만나지만, 자연의 실질적 포섭 아래서는 자본가들이 자연생산을 제어하면서 이를 변형시킬 수 있다.[29]

이들은 생명공학적 변화에 초점을 맞추지만, 이들의 이론은 형식적 포섭과 실질적 포섭 간의 구분을 생물학적 산업과 비생물학적 산업 간의 구분으로 너무 빨리 환원시킨다. 아주 단순한 수준에서 농업과 어업은 항상 자연(흙, 길들여진 가축이나 길들여지지 않은 동물, 기후 등)을 경작하거나 생산력으로서 자연을 대해 왔다.[30] 그 논리적인 귀결로 마르크스는 자본에 의해 형식적으로 포섭된 경우에도 자연이 단순히 외생적인 것은 아니라고 보았다. 보이드, 프루덤, 슈어먼은 마르크스의 경우는 노동의 형식적 포섭과 실질적 포섭 간의 구분이 절대적 잉여가치와 상대적 잉여가치 간의 구분으로 나타났다고 지적했다. 그러나 이는 전체 이야기의 일부분일 뿐이다. 여기에는 마르크스에게 가장 심오한 의미에서 인간본성의 산물인 협력이 행하는 결정적인 역할에 대한 인식이 빠져 있다.[31] 협력적인 인간노동이 없이는, 다시 말해 함께 일할 수 있는 타고난 능력과 개별화된 노동자들과 비교했을 때 협력적인 노동자들이 보여주는 더 큰 창조적 능력이 없이는 절대적 잉여가치에 대한 상대적 잉여가치의 역사적 헤게모니는 불가능했을 것이다. 노동의 실질적 포섭과 상대적 잉여가치의 제도화를 가능하게 한 것은 바로 자연에 의해 주어진 이 같은 인간적 협력이라는 능력을 활용할 수 있는 기술적, 사회적 조직의 힘 덕분이었다.

이들 저자가 명시적으로 고수하고 있는 외재적 자연의 개념이 노동과 자연에 관련된 이러한 공백의 밑바탕에 깔려 있으며, 이러한 공백을 부분적으로 설명해 주기도 한다. 실제로 이들은 노동 속의 어떠한 '자연'에 대해서도, 그리고 마르크스가 이론화한 자연생산의 지주로서의 노동에 대해서도 아무런 여지도 인정하지 않으면서 자연을 '인간이 배제된 생물지리물리적 세계(the nonhuman, biogeophysical world)'라고 정의한다.[32] 중요한 것은 생물학적 자연 대 비생물학적 자연의 구도를 자연의 실질적 포섭 대 형식적 포섭의 구도와 상응시키는 것은 인간본성의 생물학을 무시하는 것일 뿐만 아니라 자연의 실질적 포섭을 생물학적 세계 속의 너무나 협소한 자리에 위치시키게 된다는 점이다. 자연의 형식적 포섭조차도 산업적 농업에서처럼 항상 생물학적 체계를 생산력으로서 배치하며, 오늘날 자연의 실질적 포섭이 결정적으로 생물학적이긴 하지만 완전히 그런 것은 아니다. 자연의 실질적 포섭 또한 예술적, 문화적 상품생산과 관련해 생성되고 있는 권리를 지탱해주면서 지적재산권의 폭발적인 성장을 통해 조율된다. 예를 들어 지적재산권은 자본의 등에 업혀 과학적 발견과 발명(생물학적인 발견과 발명이든 아니든 간에)을 통해 자연을 파고들고 있다. 마찬가지로 중요한 것은 마르크스가 의제자본(fictitious capital)[33]이라고 부른 것의 실제 사례인 생태거래권이나 환경파생상품 또한 핵심적인 역할을 수행한다는 점이다. 모기지와 연금이 20세기에 좁은 의미의 작업장을 넘어 노동의 실질적 포섭을 사회화하는 데서 중요한 역할을 하면서 노동자들의 일상생활 중 한 부분이 된 것과 마찬가지로 생태거래권과 환경파생상품 시장의 의제자본은 자연의 실질적 포섭을 사회화하는 데 필수적인 부분이다.

조절이론가인 미셸 아글리에타는 20세기가 시작될 무렵에, 즉 버지니아 울프가 인간본성이 변했다고 선언하고 앙리 르페브르가 공간이 변했다고 주장한 시기에 자본의 재생산 조건에 급격한 변화가 발생했다고 주장했다.[34] 아글리에타는 특히 미국을 살펴보면서 '압도적으로 외연적인 축적체제'가 자본의 지리적 지배력과 잉여가치 추구를 통해 수평적으로 확장됐으며, 산업적 혁신의 '연속적인 층위'들을 쌓아올림으로써 수직적으로도 확장됐다고 주장했다. 그러나 역사적으로 그 뒤를 잇는 '내포적 축적체제'는 이러한 우선순위를 뒤집는다. 내포적 축적체제는 새로운 사회적 소비의 규범과 국가적 조절의 형태를 변혁된 생산력과 통합하면서 새로운 생활양식을 창출한다.[35] 그 결과로 등장한 포드주의는 노동의 형식적 포섭에서 실질적 포섭(또는 아글리에타가 말한 '협력적 노동에 근거한 집합적 생산수단의 창출')으로의 역사적 변천에 근거한 것이었다.[36] 이러한 이행은 한 세기가 흐른 뒤인 지금 자연의 실질적 포섭으로 복제되고 있다. 자본주의의 맹아기 때부터 자본주의의 특징이었던 외연적 자연생산은 1970년대부터 도전을 받게 되면서 점차 내포적 자연생산으로 대체되고 있다.

결론: 축적전략으로서의 자연

도너 해러웨이는 온코마우스를 포함한 GMO(유전자조작 생물체)에 대한 자신의 연구를 토대로 1990년대 후반에 생물체의 몸이 자본의 축적전략이 됐다는 결론을 내렸다. 그는 "이제는 생명 자체가 하나의 자본축적 전략"이라고 말했다. 신디 카츠는 해러웨이의 이 결론을 확장시켜 자연 그 자체가 이제 자본축적 전략이 됐다고 말했다.[37] 아글리에타가 수행한 분석의 연장선에서 이제 자연은 자연생산 측면의 변화에서만이 아니라 자연의 소비 측면의 변화에서도 축적전략으로 등장하고 있다.

1960년대의 히피 환경주의에서 탄생한 자연식품 산업은 금세 수십억 달러 규모의 자본주의 산업이 됐다. 전 세계에서 가장 거대한 오염행위자인 석유기업들은 특히 탄소배출권 구매를 스스로 찬양함으로써 자신들의 자연살육이 마치 환경친화적인 것처럼 주기적으로 광고한다. 한때는 주변적인 환경주의자들의 어설픈 요구였던 재활용이 나름대로 장점을 갖고 있기는 하지만 이제는 상당한 국가 보조금의 혜택을 누리면서 미국의 몇몇 주에서는 마피아에 의해 운영되고 있을 뿐 아니라 소비자들의 노동(재활용 쓰레기의 분류, 보관은 물론 운반까지도 소비자들이 담당한다)을 강제적으로 동원하면서 일상생활까지도 자본에 실질적으로 포섭시키고 있다.[38] 2006년에 세계에서 가장 큰 소매체인이자 자본주의적 소비주의의 상징인 월마트는 유기적인 방법, 원료, 상품을 채택함으로써 "녹색으로 간다(going green)"고 선언했다. 주류 환경주의자들이 자유주의적 환경주의는 이제 죽었다는 명백한 인식을 뒤늦게나마 하게 됐다는 점도 놀랄 일이 아니다.[39] 사실 반자본주의 운동으로서의 자유주의적 환경주의만이 죽은 것이다. 자유주의적 환경주의는 한때 자신이 도전했던 자본가 권력의 이사회 회의실에서 수십억 달러 가치의 산업으로서 매우 활기 있게 살아있고, 번성하고 있으며, 이윤을 올리고 있다.

환경주의에 대해 아직 남아있는 보수주의의 반대가 이러한 주장과 상반된다고 생각해서는 안 된다. 예를 들어 습지의 경우 미국 대법원은 기존의 습지 관련 법률을 뒷받침해야 하는 자신의 처지를 역겨워하고 있는 것으로 보인다. 그러나 그러한 습지 관련 법률이 없다면 습지거래권 시장이 빠르게 팽창하지 못할 수도 있다. 전 세계 대부분의 국가들이 합의한 교토의정서의 수용을 거부한 미국의 행위는 편협한 보수주의의 태도이자 환경주의에 대한 노골적인 거부로 널리 비춰진다. 그러나 환경법규에 대한 이런 도전은 어떤 특정한 환경정치나 모든 환경정치를 거부하는 것이라기보다는(조지 부시 대통령은 '환경 대통령'의 아들이 아닌가) 다른 권리들보다 우위에 있는 자본가들의 일부 특권을 보호해주는 것이다. 습지 문제와 관련해 전개되는 이런 투쟁은 사유재산의 신성함과 직결되는 것이며, 그 과정에서 개별 재산소유자들을 거대한 정부에 대치시킨다. 미국이 교토의정서를 거부한 것은 보다 환경친화적인 에너지자본가들(BP의 광고를 생각해보라)과 환경시장에 기꺼이 투자하면서 팽창하는 시장을 겨냥한 직접적인 에너지 생산을 통해 즉각적인 이윤창출을 노리는 더욱 공격적인 카우보이 자본가들 사이에서 벌어지고 있는 지배계급 내의 격투를 보여주는 것이다. 교토의정서에 대한 미국의 이러한 거부는 새로운 환경의식으로부터 어떻게 이윤을 얻을 것이며 자연의 새로운 자본화를 통해 누가 어떻게 이윤을 얻을 것인지에 관한 세부사항을 놓고 지구적인 지배계급 내부에서 벌어질 분란의 전조다. 한편에서는 아직도 환경적 자본주의의 기회를 포착하지 못하고 있는 이른바 보수주의자들이 앞으로 역사 속으로 사라질 것이다. 다른 한편에서는 이들이 자신들을 환경주의자로 내세우면서, 기록적인 이윤을 거두고 있는 에너지산업의 편에 서있다.

노동의 포섭에서와 같이 자연의 포섭에서도 형식적 포섭과 실질적 포섭 사이에 역사적으로 확연한 구분은 존재하지 않는다. 아시아, 중남미, 아프리카의 많은 산업들에서 저임금 착취노동이 번성하는 것처럼 아마존에서의 생물탐사나 알래스카에서의 석유시추 등 자연을 향한 자본의 외연적 팽창은 여전히 강력한 자본축적의 전선으로 남아있다. 이 같은 외연적 팽창의 전선은 행성들까지 넘나든다. 그것은 곧 우리가 여전히 '외계'라고 부르는 것에 대한 식민지화, 과학적 탐사, 착취다. 오늘날의 새로운 현상은 이처럼 자연이 자본에 '수평적'으로 통합되는 과정(많은 원료들이 점점 더 희소해지고, 탐사하기 어려워지고, 채굴하는 데 비용이 점점 더 많이 들게 됨에 따라 일부 분야에는 이러한 통합에 대단히 큰 제약이 가해지고 있기는 하지만)이 중단되고 있다는 것이 아니다. 오히려 이러한 점증하는 제약에 대한 대응의 일부로서 자연생산에 있어서의 새로운 전선이 빠르게 열리고 있다. 그것은 곧 자연이 자본에 '수직적'으로 통합되는 것이다. 이 수직적 통합은 '아래로, 아래로 향하는' 자연생산만이 아니라 이와 동시에 '위로, 위로 향하는' 금융화도 수반한다. 자본은 더 이상 가용한 자연을 약탈하는 것만으로 만족하지 않으며, 오히려 새로운 생산과 축적의 부문들에 토대가 되는 '내재적으로 사회적인 자연'을 생산하는 방향으로 가고 있다. 자연은 점점 더, 그리고 선별적으로 그 자신의 시장으로 복제되고 있다.

1970년대 중반에 아글리에타는 자신의 저작에서 '집약적 축적체제의 위기'(오늘날 우리가 회고해 볼 때 신자유주의와 소위 세계화에 의해 지배되는 새로운 축적단계와 재구조화된 자본주의의 전령으로 인식되는 위기)를 감지했다.[40] 축적전략으로서의 자연전유의 증대는 1980년대에 이러한 체제위기의 해소에 기여했고, 오늘날에는 새로운 자본주의적 축적 국면의 신경체계를 제공할 것을 약속하고 있다. 물론 이 모든 것이 모순 없이 발생하지는 않는다. 무엇보다도 모순인 것은 자연의 새로운 수직적 자본화가 자본주의의 운명을 자연에 덜 의존하게 하는 것이 아니라 더욱 더 의존하게 하고 있다는 점이다. 경제불황과 공황은 전통적으로 자연전유의 속도를 늦추는 경향이 있었고, 이것이 바로 경제적 곤경 속에 존재하는 환경적 이득이라는 역설이었다. 하지만 축적전략으로서 자연이 집약적으로 이용됨에 따라 생태상품과 생태거래권에 따르는 가치파괴가 자본의 핵심부로 다가가면서 더욱 심각한 환경파괴를 가져올 수 있다. 습지나 숲을 보호한다던

거래권 시스템이 그 자체가 붕괴할 때에는 습지나 숲을 파괴할 수 있다.

　이러한 상황이 정치적인 반대를 불러일으키지 않는 것은 물론 아니다. 자연이 점점 더 축적전략이 되어 자본 속으로 깊숙이 통합돼 들어가면서 자본주의 아래서 이러한 사회적 자연생산의 포괄성이 점점 더 명백해지고 있으며, 광범위한 정치적 대응의 필요성이 그 어느 때보다 다급하게 제기되고 있다. 예컨대 유전자조작 작물이 인간을 포함한 생명체를 오염시키거나 영구히 변형시킬 수 있다는 점을 생각하면 유전자조작 작물에 맞서 싸우는 것은 중요하다. 하지만 이 글의 분석이 의미를 갖는다면, 자연의 사용가치에 이처럼 협소하게 초점을 맞추는 것은 자연의 전략적 생산 그 자체에 대한 정치적인 도전을 성공적으로 창출하는 것을 가로막을 뿐 아니라 왜곡시키고, 결국은 그러한 도전을 불가능하게 만들 가능성이 크다. 글로벌 자본가 계급이 자연생산에 대해 포괄적인 권력(시장, 사유재산, 자유무역의 언어로 가려진 권력)을 자신들의 것으로 돌린다는 점을 고려하면 이에 대한 적절한 대응 또한 야심찬 것이어야 한다. 요컨대 유전자조작 생물체와 생명공학, 노동 및 건강의 조건, 기타 자연의 자본화 수단에 대한 투쟁이 핵심적으로 중요하며 이 싸움에서 승리해야 하는 것은 분명하지만, 구성적인 사회관계에 대해 보다 장기적인 관점의 안목을 갖는 것도 마찬가지로 중요하다. 거칠게 말해 자연생산이 역사적인 현실이라면 진정으로 민주적인 자연생산은 어떤 것이 될 것인가? 버지니아 울프의 말을 과거의 방향이 아니라 미래의 방향에서 생각해 보는 데서, 그리고 자연이 어떻게 변화해야 하는지를 생각해보는 데서 그 답이 찾아질 가능성이 있다. 또한 어떠한 종류의 사회적 권력이 자연생산을 민주화하는 데 필요할 것인지를 생각해 보는 데서 그 답이 찾아질 가능성도 있다.

(허남혁 옮김)

화석자본주의의 사회적, 자연적 배경

엘마르 알트파터

세계의 '서구화'는 물질과 에너지를 거의 무제한으로 사용할 수 있다는 점, 정교한 기술이 존재한다는 점, 고체와 액체, 기체 형태의 폐기물을 내다버릴 수 있는 자연이라는 '하수구'가 존재한다는 점을 집약적으로 활용하는 생산양식과 소비양식을 가져왔다. 이런 서구화가 지역과 국가, 그리고 지구 전체의 자연환경에 미치는 영향은 대부분 부정적이다. 지구적인 수송은 막대한 양의 화석에너지를 소비하게 하여 이산화탄소 배출을 증가시키고 그 결과로 기후위기를 심화시키는 주범이다. 노동집약적 생산과정은 임금수준이 낮은 곳에 입지하고, 환경에 유해한 생산과정은 환경 관련 법과 규제가 엄격하지 않아 최소의 비용으로 운영될 수 있는 곳에 입지한다.

언뜻 보기에 서비스산업과 금융산업은 환경에 부정적인 영향을 미치지 않는 것 같다. 하지만 이제 우리는 비트와 바이트로 이루어진 '가상경제' 속에서 살아가기 때문에 경제성장이 에너지 소비와 상관없게 되어간다는 생각은 '신화'(해리 프랑크푸르트의 표현으로는 '헛소리')일 뿐이다.[1] 금융시장은 채무자로 하여금 채권자(은행과 펀드)에 대한 채무를 갚도록 강제함으로써 실물경제에 압력을 행사한다. 그러나 이러한 채무상환은 높은 실질성장률이 유지될 때에만 가능하다. 이 같은 압력의 부재가 과거 사회주의 나라들이 경제적으로 실패하게 된 주된 원인이었다고 지적되고 있는 데서 알 수 있듯이 우리는 이 같은 압력이 경쟁력 강화를 보장하는 효율적인 지렛대라고 생각하고 있다. 그러므로 금융은 간접적으로 성장을 촉진하며, 그러면 물질적 자원의 소비뿐만 아니라 에너지의 소비도 증가한다(물론 물질과 에너지 사용의 효율성 제고가 이러한 압력을 일부 상쇄할 수는 있다). 또한 금융의 불안정성과 최근의 위기들은 그로 인해 나쁜 영향을 입은 나라들에 사는 사람들 대부분을 불확실한 생활조건과 빈곤으로 밀어 넣음으로써 사회적 안정을 위협해왔다. 심지어 세계은행조차도 이러한 영향이 세계 대부분에서 진행되고 있는 생태악화에 책임이 있음을 인정한다.

자본주의가 환경에 커다란 경제적 충격을 미치는 이유는 자본주의의 이중적 성격에서 찾아야 한다. 자본주의 경제는 가치의 차원(국민총생산, 세계무역, 외국인직접투자, 금융흐름 등의 화폐가치)을 갖는 동시에 다른 한편으로는 생산과 소비, 수송과 유통에서의 물질과 에너지 흐름의 체계이기도 하다. 생산과 관련된 경제적 결정은 가치와 가격, 그리고 투자된 자본에 대한 이윤폭(마진)과 화폐수익을 우선적으로 고려하여 이루어진다. 이 영역에서 지배적인 원칙은 이윤을 극대화하려는 의사결정자의 경제적 합리성이다. 그러나 경제적 과정이 갖는 물질과 에너지의 차원 때문에 이들이 내리는 결정은 자연에 중대한 영향을 미친다.

자본주의 체제 아래서 환경은 점점 더 경쟁적인 인간탐욕의 대상으로 변형되어 간다. 인간은 자연자원을 착취하고 오염물질을 증가시켜 자연자원의 질을 저하시킴으로써 인위적으로 자원의 희소성을 증대시키고, 결국 희소한 자연자원에 대한 이용권을 둘러싼 갈등을 야기한다. 자원인 동시에 '하수구'이기도 한 자연은 불균등하고 불평등하게 이용되기 때문에 자연에 대한 인간이 사회적 관계는 갈등을 유발하는 성격을 가질 수밖에 없다. 세계 각국과 세계 여러 지역 사람들의 '생태발자국(ecological footprint)'은 그 크기가 서로 매우 다르며, 이는 소득과 부의 심한 불평등을 반영하는 것이다.[2] 그러므로 환경 부정의에 대한 논의는 사회적 계급모순과 자본축적의 과정에서 생산되는 불평등이 고려될 때에만 유용한 것이 될 수 있다.

환경은 에너지체계, 기후, 생물다양성, 토양, 물, 숲, 사막, 빙하 등을, 다시 말해 지구의 여러 영역과 그 역사적 진화과정을 포괄한다. 자연의 복합성과 시공간의 제약 속에서 환경의 여러 차원들 사이에 발생하는 긍정적, 부정적 환류기제 가운데 알려진 것은 일부에 불과하다. 따라서 환경정책은 고도의 불확실성이라는 그늘 속에서 수립될 수밖에 없다. 이러한 이유로 '사전예방의 원칙(principle of precaution)'이 환경정책의 기본원칙이 되는 것이다.[3] 인간의 활동, 그중에서도 특히 경제활동이 자연과정에 미치는 영향, 그리고 총체적인 사회적, 정치적, 경제적 체계 내의 환류기제는 이른바 자연에 대한 인간의 사회적 관계를 구성한다. 정치경제학, 정치학, 사회학, 문화연구 등의 담론에 환경적 측면을 통합시키려는 전일적인 시도만이 환경문제에 대한 일관성 있는 이해를 가능하게 하며, 현재 진행 중인 생태위기의 도전에 대한 적절한 정치적 대응을 만들어낼 수 있다.

자연적 풍요와 국가의 경제적 부

자연에 대한 자본주의의 관계를 분석할 때 그 핵심에는 자본주의가 화석연료, 그중에서도 특히 석유에 의존하고 있으며 이런 의존을 피할 수 없다는 사실이 놓여 있다.[4] 이 점을 적절히 이해하기 위해서는 우선 화석연료가 자본주의적 축적에 주는 이점을 간략하게나마 검토해야 한다. 일반적으로 석유는 '투입에너지 대비 산출에너지 비율(EROEI; Energy Return on Energy Input)'이 매우 높다. 석유의 엔트로피[5]매우 낮고 에너지 집중도는 매우 높아서 커다란 잉여에너지를 만들어내기 때문에 소량의 에너지만을 투입해서 다량의 에너지를 얻을 수 있는 것이다. 태양에너지의 흐름에 비해 화석에너지는 언뜻 보기에 자본주의 체제에서 생산되는 잉여가치의 원천인 것처럼 보일 정도로 '밀도 높은' 에너지원인 것 같다. 하지만 사실은 그렇지 않다. 물질적 잉여와 경제적 잉여가치는 사용가치와 교환가치의 차이만큼이나, 또는 한 배럴의 물리적 석유(액체상태의 석유)와 시카고 주식시장에서 거래되는 석유 한 배럴에 매겨지는 선물가격(종이상의 석유)의 차이만큼이나 서로 다른 것이다. 우리는 자본주의적 교환관계가 가지는 이중적 성격이 결정적으로 중요한 요인이라는 사실에 다시 한 번 마주치게 된다.

여기서 유의해야 할 중요한 단서를 이야기해야 할 것 같다. EROEI가 가장 높은 에너지는 물론 태양에너지다. 왜냐하면 복사에너지(빛과 열)의 형태로 지구에 도달하는 태양에너지의 흐름은 지구상의 살아있는 것으로부터 나오는 그 어떤 에너지의 투입도 필요로 하지 않으면서도 지구상의 모든 생명과정(식물, 동물, 인간)에 원동력이 되기 때문이다. 그러나 태양의 복사에너지를 전환시켜 인류에게 유용한 에너지 형태로 만들기 위해서는 에너지를 투입해야 한다. 농업의 역할이 적절한 사례다. 농부와 농부의 가족 및 노동자의 노력, 동물의 에너지 등을 투입하는 것은 식물과 가축 속에 담겨 있는 에너지에서 더 많은 에너지를 만들어내기 위해서다(이것이 화석연료 시대 이전의 경제와 사회에서 EROEI가 무한히 높아질 수 없었던 이유다).

화석에너지 체제 아래 유전에서 생산되는 석유의 EROEI는 처음에는 높지만 나중엔 하락한다. 그 이유는 대부분의 경우 더 이상의 석유채취가 에너지 측면에서, 그리고 나중에는 경제적 측면에서도 불합리하게 될 때까지 에너지 투입량은 증가하는 반면 석유 생산량은 감소한다는 데 있다. 결국 에너지원(유정-옮긴이)은 에너지 흡수원(energy sink)으로 전환되고 석유는 땅 속에 남아있게 된다. "따라서 기술적으로 전 세계의 석유가 바닥나는 일은 없을 것이다. 왜냐하면 궁극적으로는 질이 낮거나 지리적으로 접근이 가능하지 않은 석유를 채취하는 것이 오히려 매우 에너지 집약적인 일이 될 것이기 때문이다."[6] 하나의 유전에 대해 한 말을 석유채취 일반에 대해서도 그대로 할 수 있다. 석유의 EROEI는 전 세계 석유매장량이 고갈되어감에 따라 낮아진다. 이 말의 의미는 분명하다. 석유생산은 정점에 도달하고, 그 다음에는 하락하게 된다(이른바 '허버트 곡선(Hubbert-curve)'[7]이 바로 이 점을 보여준다).[8] 줄어드는 산출량을 얻기 위해 투입돼야 하는 에너지의 양은 증가해야 한다는 사실 역시 중요하다. 그러나 에너지 측면에서는 비합리적이라고 해도 가치 측면에서 계산할 때는 여전히 경제적으로 합리적인 것으로 보일 수 있다. 칼로리로 계산할 때는 반대가 되겠지만, 수력 등의 형태로 투입되는 에너지의 비용이 '비전통적 석유'[9]의 형태로 회수되는 에너지의 가치보다 낮을 수 있다.

물리적 과정과 가치의 과정을 혼동한 일부 생태학자들은 마르크스가 가치생산 과정에서 '자연의 가치'를 체계적으로 저평가했다고 비난한다.[10] 이런 비난은 오직 노동과정과 관련해서만 타당하다. 물질과 에너지를 사용가능한 형태로 변형시키는 데서 자연은 노동만큼이나 중요하다. 지구에서 역사적으로 전개된 종의 진화와 엄청난 종의 다양성이 입증하듯 자연은 대단히 생산적이긴 하지만 그렇다고 해서 자연이 가치생산적(value-productive)인 것은 아니다. 자연은 시장에서 팔릴 상품을 생산하지 않기 때문이다. 자연에는 시장이 존재하지 않는다. 신자유주의 경제학자들의 생각은 다를지 몰라도, 시장과 상품은 사회적이고 경제적인 구성물이지 자연의 유산이 아니다. 자연을 상품으로 변형시키는 것은 노동이다. 이 점이 왜 자원이 풍부한 나라는 가난하고 자원이 빈약한 나라가 부유해지는 경우가 많은가를 설명해준다. 자원이 빈약한데도 부유하게 된 나라들은 자본주의적인 가치부여 과정을 지배함으로써 자연적 풍요를 경제적 부로 전환시킬 수 있는 역량을 갖고 있었다.

에너지 분석의 관점에서 바라본 생산과정은 상품분석과 가치분석의 관점에서 바라본 생산과정과 그 모습이 매우 다를 수 있다. 후안 마르티네즈-알리에르는 이 점에 대해 이렇게 말한다. "에너지 분석의 관점에서는 농업생산성이 증가하기는커녕 감소"[11]해왔지만 농업에서의 상품생산과 투입자본 대비 수익의 측면에서 보면 농업생산성은 증가해왔다. 그렇기에 가지와 같은 작물의 북미시장을 놓고 네덜란드 농업생산자들이 멕시코 농업생산자들과 경쟁하는 일이 가능한 것이다. 화석에너지 투입량 전체가 고려되지 않기 때문에 에너지 측면의 생산성이 낮거나 심지어는 마이너스라 하더라도 가치 측면의 생산성은 높을 수 있는 것이다.

산업적 체제로의 전환, 그리고 화석에너지를 지배적으로 사용하는 체제로의 전환은 수렵채집 사회가 정착농경 체제의 사회질서로 전환된 것보다 훨씬 더 극적인 사건이었다. 이로써 생산체제의 필요와 인간의 필요를 충족시키기 위한 주된 에너지원으로 태양복사의 흐름(플로) 대신 지표가 함유하고 있던 광물화된 에너지 저장량(스톡)을 사용하게 됐다는 점에서 그것은 인류가 자연과 맺어온 사회적 관계의 역사에서 하나의 혁명적 단절이었다.

18세기 후반과 19세기 초반의 산업혁명 이후에 자연자원에 대한 인류의 수요가 가장 크게 확대됐다. 자본주의적 축적에서 화석에너지가 가진 주요 이점 중 하나는 그 물리적 속성이 자본주의적 발전의 사회경제적, 정치적 논리에 부합한다는 점이다.[12] 다른 에너지원과 비교했을 때 화석에너지는 자본주의적 축적과정이 요구하는 것들을 거의 완벽하게 충족시킨다. 화석에너지는 자연에 대한 자본주의의 사회적 관계에 꼭 들어맞는 것이다.

첫째, 화석에너지는 자본주의 이전의 공간과 장소의 패턴이 자본주의적인 것으로 전환되도록 해주었다. 에너지원을 지역적으로 조달할 수 있느냐의 여부는 이제 더 이상 제조업을 비롯한 산업의 입지를 결정하는 주된 이유가 아니다. 에너지 자원을 전 세계 어디에나 수송하는 일은 간단하며, 이는 오늘날 지구 전체를 덮는 물류망을 탄생시켰다. 그러므로 에너지 공급은 생산을 어디서 할 것인가를 결정하는 데 영향을 미치는 다른 여러 요인들 가운데 하나에 불과하게 됐다. 에너지원의 지역적 조달 가능성은 지구상에서 어느 곳에 투자할지를 놓고 벌어지는 경쟁에 아주 미미한 영향만을 미칠 뿐이다.

둘째, 밤과 낮의 주기나 계절변화에 따라 강도가 변하는 태양복사와 달리 화석에너지는 하루 24시간, 1년 365일 일정한 강도로 사용될 수 있어 생산과정을 사회적 시간표, 생물학적 주기, 그 밖의 다른 자연주기와는 무관하게 조직하는 것을 가능하게 해준다. 화석에너지는 저장이 가능하며, 자연적인 시간패턴과는 상관없이 오직 근대적 시간체제에 따라, 그리고 이윤을 극대화하는 시간표에 따라 소비될 수 있다. 그러므로 "시간은 돈"이라는 벤저민 프랭클린의 유명한 말은 정신 나간 말이 아니라 '근대'에 가장 부합하는 인간행동 규범을 표현한 말로 볼 수 있다. 나아가 화석에너지는 모든 과정을 극도로 가속화(즉 '시공간의 압축') 시킬 수 있게 해준다.[13] 바꿔 말하면 화석에너지는 일정한 양의 생산물 생산에 필요한 시간을 단축시킴으로써 생산성을 늘리는 것을 가능하게 해준다.

셋째, 화석에너지는 생산, 소비, 수송에서, 그리고 시공간의 활용에서 매우 신축적으로 사용될 수 있다. 전력망과 전동기의 개발, 밤에도 도시 전체를 환하게 밝히는 조명, 그리고 내연기관의 발명은 에너지 투입의 신축성을 증가시키면서 경제적 과정을 가동하고 가속화하는 데, 그리고 인류가 역사상 한 번도 경험하지 못했던 수준으로 사회생활을 개인화하는 데 결정적인 역할을 했다. 이제 기업경영자의 결정은 에너지의 제약이나 시공간의 제약을 고려할 필요 없이 수익성 논리만을 따를 수 있게 됐다. 축적과 경제성장(즉 '국부'의 증가)은 자연조건과 그 제약으로부터 점점 더 독립적인 것이 돼왔다. 화석에너지가 자본주의 체제에 주는 이러한 이점은 화석에너지를 자본주의에 고유하면서도 없어서는 안 될 것으로 만든다. 자본주의, 화석에너지, 합리주의, 산업주의 간의 조화는 완벽하다.

다음 네 가지 원동력의 총합이 역동적 발전 전체를 이끌어왔다. ① '세계지배의 유럽식 합리성'과 기술적 장치와 조직적 전문성을 통한 그 구현[14] ②사회로부터 탈구된 시장경제로의 '거대한 변환'(칼 폴라니의 연구주제)[15] ③자본의 사회적 형태로서 화폐가 지닌 역동성(마르크스가 《자본론》에서 분석했던 것)[16] ④화석에너지 사용. 인류가 정착농경 체계를 구축함으로써 태양에너지를 작물과 축산물로 체계적으로 변환시키는 방법을 발견했던 신석기 혁명에 비견되는 '프로메테우스 혁명'(이는 조제스쿠-뢰겐의 표현이다)[17]을 이루어낸 것은 바로 이 네가지 원동력이었다.

화석에너지 체제를 구성하는 이상과 같은 여러 차원들의 총체는 체제의 역동성을 구성하는 요소들이 무엇인지에 대해, 그리고 자연적 풍요가 경제적 부로 변환되는 데 작용하는 기제를 이해하기 위해 사회과학적 접근이 어느 정도나 필요한지를 인지하게 해준다. 화석에너지가 꾸준히 공급되고 대량으로 사용될 수 없다면 현대 자본주의는 생물에너지(풍력, 수력, 바이오매스, 근력 등)의 한계 속에 갇혀버릴 것이다. 고대사회에서도(유럽의 고대사회에서뿐만 아니라 중남미와 아시아의 고대사회에서도) 자본주의 사회형태와 비슷한 것이 있었음이 더러 확인되긴 했지만 그것들은 화석에너지가 없었기에 성장하고 번영할 수 없었다. 이용할 수 있는 에너지원의 엔트로피가 너무 높고 EROEI는 너무 낮아서 유의미한 수준의 잉여생산이 불가능했던 것이다. 그래서 성장이 제한됐고, 18세기 후반의 산업혁명 이전에는 세계의 연평균 경제성장률이 사실상 영에 가까웠다.

산업혁명을 거치면서 일 년에 0.2%였던 세계의 경제성장률이 2% 이상으로 껑충 뛰어올랐고, 이런 성장률이 20세기 말까지 계속됐다. 세계의 인구 또한 그 어느 때보다 빠르게 증가했다.[18] 자본주의 이전과 산업화 이전 시대에는 경제성장이 인구증가에 의존했고, 인구증가는 생계와 인구재생산을 위한 재화 및 서비스의 공급에 의존했다. 이것이 바로 맬서스 인구론의 이면에 있는 논리다. 그러나 산업혁명 이후에는 경제성장이 인구증가와 독립적이게 됐다. 생산성의 엄청난 증대와 그에 따른 상대적 잉여가치 생산의 증가 때문이었다. 따라서 맬서스의 예측과는 반대로, 그리고 애덤 스미스와 데이비드 리카도의 낙관적인 메시지에 맞게 시장이 확대되고 자유무역이 확립되면서 노동분업이 확대, 심화되고, 이와 더불어 1인당 소득도 증가했다. 기원 후 서기 1천 년까지는 서유럽, 일본, 중남미,

동유럽, 아프리카, 아시아 간의 소득격차가 매우 작았다는 흥미로운 사실에 주목하자. 그러나 화석연료가 이용되고 산업혁명을 거치면서 상황이 완전히 달라졌다. 부국과 빈국의 격차가 확대됐고, 불평등이 만연하게 됐다. 18세기 후반부터 평균 성장률은 현저히 높아졌지만 그러한 성장이 세계화돼가는 세계에서 나타난 민족 간, 지역 간 불평등을 줄이지는 못했다. 오히려 불평등이 확대됐다.[19]

엔트로피와 생명의 조건

위와 같은 수치들을 보면 의문이 생긴다. 성장이 영구히 가능할까? 성장은 '승리'한 것일까?[20] 정답은 '아니오'다. 한계에 부닥치지 않고 영구히 성장하는 것은 지구상에 존재하지 않으며, 이런 점은 자본주의 경제에도 적용되기 때문이다. '파티가 끝나는 때'가 올 것이다.[21] 지구상에서는 생명의 조건과 진화의 법칙 속에 성장의 한계가 존재한다. 그리고 이는 성장의 연료가 되는 자원, 특히 화석자원의 한계가 가져오는 직접적인 결과다. 자본축적과 성장은 거의 전적으로 화석에너지에 의해 작동되지만(따라서 유한한 자원을 지닌 고립계(isolated system)[22]에 의존한다), 일반적으로 인간과 자연의 생명은 거의 전적으로 태양복사(즉 개방계(open system)에 유입되는 태양에너지)에 의존한다. 낮의 햇빛, 대기와 물 및 토양의 온기, 생명체의 성장과 진화, 음식물의 공급은 태양복사의 결과물이며 화석에너지는 소량만 필요할 뿐이다. 인간이 산소에 의존한다는 점은 말할 필요도 없겠고, 유기물 음식(단백질, 지방, 탄수화물, 비타민, 무기질, 물을 함유하고 있는 음식)이라는 형태로 에너지를 사용하는 것만으로도 인간의 1차적인 필요가 충족될 수 있으며, 다른 유기물들은 의복과 주택 등으로 변환된다.

니콜라스 조제스쿠-뢰겐은 인류는 원칙적으로 두 가지 '부의 자원'을 사용한다고 지적한다.

"첫째로는 일정 한도 내에서 우리가 마음대로 흐름으로 바꿀 수 있는 유한한 광물자원의 저장량이 있는데, 이것은 지표면에 매장돼 있다. 둘째로는 태양복사의 흐름이 있는데, 이것은 우리가 통제할 수 없다. 엔트로피의 측면에서 광물자원의 저장량은 일 년 동안 지구가 받는 태양에너지에 비해 매우 소량에 불과하다. 보다 정확히 말해 지상 에너지자원의 양을 최대로 추정해도 나흘 동안 태양으로부터 받는 공짜 에너지의 양을 넘지 못한다! 게다가 태양복사의 흐름은 앞으로도 사실상 동일한 강도로 계속될 것이다. 이러한 이유에서, 그리고 태양에서 받는 낮은 엔트로피가 한꺼번에 물질로 전환될 수 없기에 태양에너지 저장량이 유한해서 인류의 생존기간이 짧아진다고 말할 수 없다. 오히려 얼마 되지 않는 지구의 자원 저장량이야말로 결정적인 희소성의 원인이 된다."[23]

화석에너지 소비는 인간과 자연의 관계에 영향을 준다. 역사는 엔트로피의 증가, 그리고 이와 관련된 '모든 과정의 비가역성'으로 이루어지는 반면에 자본은 가역성과 순환성의 논리 위에서 작동한다. 자본은 잉여를 전유해야 하고, 더 많은 잉여의 전유를 위해 전유한 잉여를 생산과정에 재투자해야 한다. 잉여를 생산해야 하는 것은 생산과정에 신용이 투입됐기에 부채를 상환해야 하기 때문이다. 자본의 성과지표는 자본흐름의 순환성과 가역성을 매우 분명하게 드러내준다. 자본은 '수익'을 창출해서 지출해야 하고, 그 수익은 투자된 것보다는 반드시 커야 한다. 수익성, 자본의 한계효율, 자본수익성, 주주가치 등의 용어는 수단(투자)과 목적(이윤)의 비교에 기초한 베버식의 도구적 합리성[24]이 자본주의를 움직이고 있음을 분명하게 입증한다. 반면 물질과 에너지를 변환시키는 자연의 과정과 동식물 같은 생명체의 자연적 성장과정은 비가역성을 특징으로 한다. 모든 생명체는 늙어간다. 이는 궁극적으로 엔트로피 법칙에서 비롯된다.

모든 생산과정은 또한 두 가지 측면을 지닌다. 생산은 바라던 산출물을 얻는 동시에 부수적 효과(대부분은 부정적인 효과)를 가져온다. 투입된 에너지와 물질을 인간의 필요를 충족시킬 수 있도록 설계된 산물로 100% 변환시키는 것은 불가능하다는 것이 자연법칙이다. 일리야 프리고진의 해석에 따르면 물질과 에너지의 변환은 자연적 진화과정 속에서(그리고 우리가 추가하자면 사회적 진화과정 속에서도) 엔트로피의 증가를 필연적으로 일으킨다. 즉 엔트로피의 증가 없는 진화는 없다.[25] 우리는 생명을 누리는 가운데 엔트로피를 증가시키며, 지구상 생명의 조건을 악화시킨다.[26] 마르크스는 인간의 필요 충족과 자연환경의 파괴라는 이러한 양면성을 완전히 인식하고 있었다.

"주어진 시간 안에 토양의 비옥도를 증대시키는 모든 진보는 그러한 비옥도를 오랫동안 지속시키는 원천을 망가뜨리는 과정이다. 나라의 발전을 뒷받침하는 대규모 산업을 발전시켜 나갈수록 … 이러한 파괴과정은 더욱 더 가속된다. 그러므로 자본주의적 생산은 모든 부의 근원인 토양과 노동자를 동시에 훼손함으로써 사회적 생산과정의 결합과 그 기법만을 발전시킬 뿐이다."[27]

엔트로피의 정도는 에너지 체제에 결정적으로 달려있다. 신석기 혁명은 태양에너지를 포획해 인간에게 유용한 집적에너지로 변환시키는 장치를 개발해 엔트로피의 수준을 끌어올렸다. 이것이 바로 농업이 달성한 혁명적인 업적이었다. 농업의 발전은 식량생산을 증대시켰고, 식량공급의 신뢰성을 크게 높였다. 18세기 중농주의자들이 유일한 '생산적 계급'으로 간주했던 농민들이 생산한 잉여는 장인, 사무원, 통치자 같은 '비생산적 계급'을 먹여 살리는 것을 가능케 했다. 그러나 태양에너지 흐름을 포획하는 것에 기초한 농업체계는 산업혁명과 화석혁명의 결과로 거의 다 사라져버렸다. 에릭 홉스봄은 저서 《극단의 시대(Age of Extremes)》에서 20세기 후반은 인류역사상 처음으로 농촌에 거주하면서 농민으로(즉 '태양에너지의 수확자'로서) 일하는 인구가 도시에서 제조업과 서비스업에 종사하는

인구보다 적어진 시대였다고 주장했다.[28]

　농업사회에서 산업사회로 이행하는 과정의 핵심에 자본주의, 합리주의, 산업주의, 화석에너지 간의 협동이 있었다. 그러나 이러한 협동에서 화석에너지가 수행한 중심적인 역할은 발전이 더 진전되는 데 화석에너지가 장애물이 되도록 한다. 첫째, 화석에너지는 결국 고갈될 것이다. 둘째, 화석연료의 연소는 유해물질을 많이 배출해 지구상 생명의 조건을 악화시킨다. 열역학 경제학의 용어로 말하면 자본주의적 산업체제로의 이행은 지구가 폐쇄계로, 심지어는 고립계로 다뤄지게 된다는 것을 뜻한다. 왜냐하면 우주에서 지구로 유입되는 태양복사(우주로의 열 방출도 포함해)가 지표면에서 끄집어낸 화석에너지원으로 대체되기 때문이다. 그러나 지구상의 생명체는 여전히 태양복사에 의존한다. 지구상 생명의 조건(개방계)과 경제의 조건(고립계) 사이에는 일종의 '방화벽'이 사회적, 정치적으로 구축돼왔다. 오늘날에는, 그리고 아마 앞으로도 영구히 '밀도가 낮은' 태양복사 에너지가 자본주의적 축적과 성장이라는 기계에 동력을 공급하는 것은 불가능하다. 태양에너지는 위에서 말한 장점들(즉 '밀도가 높은' 화석에너지가 제공하는 시공간 압축의 잠재력)을 갖고 있지 못하기 때문이다. 그런가 하면 자본주의 경제의 화석에너지 체제는 거의 전적으로 태양복사로부터 힘을 얻는 지구상의 모든 생명체들에 극히 파괴적인 영향을 미치고 있다. 온실효과, 오존층 고갈, 생물다양성 상실, 사막화, 열대우림 소멸 등과 같은 자연훼손은 불 보듯 뻔하다. 인류가 화석에너지 체제의 이점을 누리는 대가로 생태파괴가 발생하고 있다. 화석에너지의 이용에 존재하는 한계에 대한 해법을 찾아야 할 필요가 있다.

석유정점과 기후변화

온갖 형태의 화석에너지 중에서 특히 석유는 지난 백 년간의 자본주의 발전에서 핵심적인 에너지였다. 석유생산이 정점에 도달해 한계에 부닥치면 자본주의, 합리주의, 산업주의, 화석에너지 간의 협동체제가 막을 내린다는 점에서 자본주의 축적과정이 커다란 영향을 받는다. 자원의 '외부적 한계'는 자본주의의 '정상적'인 위기를 더욱 악화시킨다. 그리고 지질학자 매리언 킹 허버트(Marion King Hubbert)가 어느 누구도 석유의 풍부함을 의심하지 않았던 1950년대에 이미 예견한 대로 석유생산은 곧 정점에 도달할 것이다. 허버트는 미국의 석유생산이 1970년대 초에 정점에 이를 것이라고 예견했고, 정확히 그렇게 되었다. 그 뒤 미국은 석유수출국에서 석유수입국으로 전락했다.

1980년대 초까지는 석유소비량보다 전 세계적으로 발견되는 석유가 더 많았다. 그러나 그 뒤로는 소비량이 발견되는 양을 앞지르고 있고, 석유매장량이 줄어들고 있다. 석유의 매장량은 제한돼 있고, 40년 안에는 석유의 공급이 불가능해질 것으로 보인다.[29] 석유생산은 정점으로 치닫고 있다. 일부 지질학자들은 석유생산이 이미 정점에 도달했다고 말하고 있고,[30] 보다 신중한 입장을 취하는 다른 지질학자들도 앞으로 십 년 사이에 석유생산이 정점에 도달할 것이라고 내다본다. 그렇다면 그때에는 전 세계에 매장돼 있는 석유의 절반을 써버린 셈이 된다. 2004년까지 전 세계에서 소비된 석유의 누적총량은 9440억 배럴가량이었다. 남은 절반을 소비하는 데 걸리는 시간은 더 짧아질 것이다. 에너지 사용의 효율성을 높이고, 에너지 혼합기술을 개선하고, 재생가능에너지를 더 많이 사용하는 등의 에너지 절감 시도가 이루어진다 해도 석유수요는 증가할 것이기 때문이다.[31]

여기에는 서로 연관된 두 가지 이유가 있다. 우선 높은 실질금리 상태 아래서 높은 수익률을 요구하는 지구적 금융시장의 결정적인 역할은 고도의 실질 GNP 성장률을 강요한다. 현재의 지배적인 기술사용 패턴 아래서 그같이 높은 성장률은 화석에너지를 집약적으로 사용할 때에만 달성될 수 있다. 따라서 지구적 금융시장의 작동은 석유시장에 영향을 미친다.[32] 그 다음 이유는 극히 에너지 집약적인 서구적 생산 및 소비 패턴의 세계화에서 비롯된다. 경제협력개발기구(OECD) 나라들, 특히 전 세계 석유생산량의 4분의 1가량을 소비하는 미국(2006년에 미국은 전 세계 하루소비량 8천만 배럴 가운데 2천만 배럴을 소비했다)의 석유수요가 계속 늘어나는 가운데 새로 산업화된 국가들이 석유시장에 추가적인 수요세력으로 등장하고 있다.

그러나 석유정점만 문제인 것이 아니다. 알려진 매장분을 채굴하는 데도 갈수록 더 많은 비용이 든다. 압력이나 점도를 비롯한 유전의 물리적, 화학적 특성이 채굴과정에서 악화되기 때문이다. 석유를 지상으로 끌어올리는 데 필요한 압력을 유지하려면 물을 집어넣어야 한다. 굴착작업은 특히 연근해 지역이나 비전통적인 유전에서뿐만 아니라 '오래된 유전'에서도 점점 더 복잡해진다. 게다가 석유정점은 부분적으로만 객관적인 사실이다.[33] 석유정점에 관한 판단은 채굴기술과 석유매장량에 대한 지식과 평가에 달려있다. 매장량 계산에 영향을 주는 첫 번째 요인은 신고전파 경제학자들이 강조하는 것이다. 이들은 늘어나는 수요에 맞춰 석유공급을 늘리는 데 유전탐사, 석유수송, 정유시설에 대한 투자가 도움이 될 수 있다고 주장한다. 이는 석유생산을 하루 8천만 배럴에서 1억2천만 배럴로 늘리기 위해 탐사, 굴착, 송유관, 정유시설에 3조 달러가 투입돼야 한다고 말하는 국제에너지기구(IEA; International Energy Agency)의 주장과 같은 맥락이다. 두 번째 요인은 중유, 심해의 석유와 가스, 극지의 석유와 가스 등과 같은 비전통적 석유와 가스 탐사, 그리고 원유의 시장가격에 대한 채굴비용의 수준이다.[34]

매장량 계산에 영향을 주는 세 번째 요인은 알려진 매장량과 추정 매장량에 대한 평가다. 이는 석유시장에 참여하는 모든 당사자들(생산자, 소비자, 중개인, 판매업자)의 이해관계에 크게 의존한다. 이로 인해 전 세계 석유 매장량 추정치는 1조1490억 배럴(BP의 2003년도 추정)에서 7500억 배럴(석유정점연구협회(ASPO; Association for the Study of Peak Oil)의 추정)에 이르기까지 실로 다양하다. 국제에너지기구가 발표한 데이터는 민간 석유회사들이 제공한 정보에 근거한 것이다. 이러한 데이터는 관련 기업들이 채택하는 전략에 따라 편향을 갖게 된다. 2004년에 셸(Shell)이 보여준 행보가 극단적이긴 하지만 하나의 사례가 된다. 이 기업은 심하게 과대평가한 석유매장량 추정치를 발표했다가 주식시장 감독관들의 지적을 받고 20%도 넘는 39억 배럴만큼 추정치를 낮춰야 했다. 셸이 이같이 '오류'를 저질렀다가 결국 추정치를 수정하게 된 주된 이유는 '창조적 회계(creative book-keeping, 분식회계와 같은 말―옮긴이)'에 있었다. 셸은 자사의 시장가치를 올리기 위해(아울러 최고위 경영자들의 연봉을 올리기 위해) 연례보고서에서 석유매장량을 과장했던 것이다.

  석유수출국기구(OPEC) 회원국들도 매장량 수치를 높이는 데 관심을 갖고 있다. 이에는 두 가지 이유가 있다. 첫째, OPEC 회원국들은 생산할당량을 더 많이 받기 위해 매장량 추정치를 부풀린다. 1980년대 후반에 11개 OPEC 회원국들 가운데 6개국이 수출할당량을 늘리겠다는 이유만으로 자국의 매장량 추정치를 적게는 42%, 많게는 197%까지 부풀렸던 것이 그 전형적인 사례다.[35] 1983년에 이란과 전쟁 중이었던 이라크는 검증이 가능한 새로운 유전을 발견한 바가 없는데도 자국의 석유매장량을 110억 배럴 늘려 보고했다. 1985년에 쿠웨이트는 아무런 증거도 없이 50% 증가된 석유매장량을 공시했고, 2006년에도 이런 행동을 되풀이했다. OPEC 회원국들이 석유매장량을 부풀려 보고하는 두 번째 이유는 석유 소비자들에게 영향을 주려는 데 있다. 산유국의 석유매장량이 많다는 것은 장래에 석유가 고갈될 일이 없으며, 따라서 재생가능에너지와 같은 대안을 모색하는 일은 불필요한 비용지출을 하는 것이라고 생각하게 하는 신호가 된다. 다른 한편으로 석유회사가 은닉 매장량을 늘리기 위해, 또는 비전통적 석유(심해석유, 오일샌드, 극지석유, 중유 등) 탐사의 수지를 맞추고 돈이 많이 들어가는 새로운 기반시설(송유관, 유조선, 정유시설 등)에 투자할 자금을 확보하기 위해 유가를 끌어올릴 목적으로 석유매장량을 과소평가해 발표하기도 한다.

  따라서 앞에서 본 BP와 석유정점연구협회의 추정치 간 차이가 분명히 보여주듯이 실제 매장량과 관련된 불확실성은 매우 크다. 그러나 절대적으로 분명한 사실은 매장량이 줄어들고 있다는 것이다. 2005년 9월 남아프리카공화국의 요하네스버그에서 열린 산업계 회의에서 알리 알-나이미 사우디아라비아 석유장관이 자국의 추정 매장량이 기존의 2640억 배럴에서 2천억 배럴 늘어나 '확인된' 매장량이 곧 두 배가 될 것이라고 전 세계에 공표했지만 석유매장량이 전체적으로 줄어들고 있는 것이 사실이다. 사우디아라비아 석유장관과 달리 회의론자들은 사우디아라비아가 이미 석유정점을 향해 치닫고 있거나, 아니면 이미 석유정점을 지난 상태에서 석유가 고갈돼가고 있다고 본다. 게다가 사우디아라비아에서 가장 큰 유전인 가와르(Ghawar) 유전에서조차 채굴비용이 늘어나고 있다.[36] 매장량이 커질수록 석유생산자의 시장지배력이 커진다는 이유만으로도 사우디아라비아의 추정치는 왜곡된 것일 가능성이 매우 높다.[37]

석유를 소비하는 과정에서 배출되는 온실가스의 영향에 대한 논란도 분분하다. 자본가들의 계산법에 따르면 생산과 축적의 생태적 한계는 생산과 유통의 비용을 증가시키고 수익률을 압박하는 것으로만 인식된다. 독일경제조사연구소(DIW; Deutsches Institut für Wirtschaftsforschung)의 추정에 따르면 21세기 중반 이후에는 기후변화로 인해 발생하는 비용이 연간 2조 달러 정도 될 것이라고 한다.[38] 2005년 가을에 불어 닥친 허리케인(카트리나―옮긴이)은 인명피해나 사회조직이 입은 파괴적 영향을 산입하지 않고도 무려 2천억 달러의 피해를 야기했다.[39] 생산과 소비가 사회와 자연에 미치는 영향은 개별 기업의 비용계산 '바깥'에 머무르는 한 자본가들의 의사결정과 아무런 관계가 없다. 그러나 이는 자연과 사회체제의 수용능력과 회복능력이 발생된 오염을 견디기에 충분할 때에만 맞는 말이다. 그렇지 않을 때에는 그러한 영향들이 '일반적인 생산조건'의 일부가 되어 생산비용을 증가시키고 수익성과 축적에 부정적인 영향을 줄 것이며, 결과적으로는 위기가 발생할 것이다.[40]

배출권 거래 같은 형태로 이러한 비용을 내부화하려는 시도도 진정한 해결책이 되지는 못한다. 배출인증서(Emissions Certificate)나 청정개발체제(CDM; Clean Development Mechanism)는 금융산업에 봉사하는 금융수단으로 고안된 것이지 환경을 위한 것이 아니다.[41] 자연산 금 대신 인공적인 지폐를 사용하는 것은 가능하지만,[42] 특수한 증권시장에서 거래되는 증서나 채권이 대기 중의 이산화탄소 분자 증가나 평균기온 상승을 대체할 수는 없다. 여기서 다시 상품으로서 석유가 취하는 두 가지 형태가 분명해진다. 석유는 인간의 필요를 충족시키고 자연환경을 파괴하는 자연적 특성을 지닌 사용가치가 되기도 하고, 화폐의 형태를 띤 교환가치가 되기도 한다. 첫 번째 형태의 석유(액체석유)는 대부분 신보수주의 싱크탱크와 정치인들이 행하는 지정학적 계산의 대상이 된다. 두 번째 형태의 석유(종이석유)는 신자유주의 싱크탱크와 정치인들이 장려하는 시장기제의 규제에 맡겨진다. 화석에너지 체제가 종말에 가까워질수록 석유자원에 대한 접근을 둘러싼 투입의 측면과 석유연소의 환경적 영향을 둘러싼 산출의 측면 모두에서 점점 더 첨예한 갈등이 빚어질 것이다.

기후변화가 우리가 가정했던 것보다 훨씬 더 빠르게 진행되고 있는 게 분명하기 때문에 온실가스 배출을 상당량 감축하기 위한 조치와 같은 즉각적인 행동을 요구하는 압력이 증대되고 있다. 역설적이게도 미국 국방부의 요청으로 글로벌 비즈니스 네트워크(Global Business Network)의 피터 슈워츠와 더그 랜덜이 수행한 연구가 최악의 기후변화 시나리오를 제시했다.[43] 이에 따르면 전 세계 각 지역이 각기 다른 기후변화 패턴을 경험할 것이다. 지구 전체에 걸쳐 대기와 물의 순환패턴이 변하고 있기 때문에 몇몇 지역은 가까운 미래에 기후가 더욱 추워질 것이다. 글로벌 비즈니스 네트워크의 연구는 지구의 평균기온이 2100년까지 섭씨 5.8도 높아질 것이라는 국제기후변화패널(IPCC; International Panel of Climate Change)의 견해를 수용한다. 기온이 이 정도 상승하면 그린란드의 빙하가 녹아 북대서양 해수의 밀도와 염도가 낮아져 멕시코만류의 방향이 바뀔 수 있다. 이러한 과정은 매우 급속하게 진행될 것을 보이며, 그렇게 되면 "유럽이 누려온 온화한 기후가 교란되고 … 대양의 순환패턴이 변하면서 저온의 해수가 북쪽으로 유입되어 북유럽과 북미 동부의 날씨에 즉각적으로 변화가 나타난다"[44]고 한다. 또한 시간이 갈수록 유럽에서 "토양과 물의 이용을 둘러싼 갈등이 점점 더 심각해지고 폭력적으로 변해가면서 심각한 영향이 초래될 것이며, 국가들이 점점 더 절박해지면서 행동을 취하라는 압력을 점점 더 크게 받을 것"[45]이라고 한다.

기후변화가 이러한 분석이 제시하는 것만큼 극적으로 진행되지 않거나 미국 국방부의 시나리오에서 가정된 것처럼 갑작스럽게 일어나지 않는다고 해서 화석에너지 사용이 갈등을 유발하는 경향이 계속될 것이라는 사실이 부정되는 것은 아니다. 에너지 효율성을 개선하는 신기술 또는 탄소가스를 포획해 심해나 고갈된 유전의 지하에 저장하는 신기술이 개발되거나 '무생물에서 기원한(abiogenic)' 석유가 땅속에 존재하고 있다는 가설이 사실로 확인된다 해도 마찬가지다.[46] 갈등은 에너지 사슬의 시작점인 에너지 공급이라는 '투입의 측면'과 에너지 사슬의 종착점인 온실가스 배출이라는 '산출의 측면' 모두에서 발생할 수 있다.

에너지자원 분배의 과점과 석유제국주의

산업자본주의와 탈산업자본주의 논리의 제약을 받고 있는 모든 국가는 매장된 화석연료라는 공공재를 이용해야 할 필요가 있다.[47] 그러나 자연적 풍요(물질과 에너지)를 국부로 변환시키는 것이 모든 국가에 다 가능한 것은 아니다. '국부'는 지구적인 과점집단에 속한 소수를 위한 지위재, 과점재, 회원재다.[48] '그 나머지'는 다소의 차이는 있으나 '국부'에 접근하지 못하도록 배제된다.

사회적 배제과정은 어떻게 작동하는가? 지위재(부족한 상태인 석유)의 분배가 시장의 힘과 가격형성 과정에 맡겨진다면 석유소비자들 중에는 그 비용을 감당하지 못하는 경우도 나올 것이다. 이것은 강탈의 시장경제적 형태다. 그리고 이것은 '자유로운 시장사회'라는 제도적 질서나 신념체계에 완전히 부합한다. 석유자원을 분배하는 또 다른 양식은 정치적 권력과 군사적 폭력의 행사를 통해 무력으로 이루어지는 강탈이다. 이 두 가지 양식이 혼합된 방식이 '거대 게임(Great Game)', 다시 말해 희소한 석유자원의 통제를 둘러싼 21세기의 전투를 아마도 지배하게 될 것이다. 이러한 것들이 새로운 '석유전략'에서, 즉 지리경제적 측면과 지리정치적 측면이 결합되며 새로이 떠오르고 있는 '석유제국주의 및 온실제국주의'에서 작용하는 힘이다. 매장된 석유의 민주적이고 연대적인 할당을 통해 화석자원이 분배될 가능성은 매우 낮아 보인다.[49]

우리가 보아왔듯이 현대 자본주의의 역동성은 화석연료를 동력으로 삼은 생산성 증대에 기인한 것이다. 상대적 잉여가치의 생산은 이윤을 증대시키고 플러스의 금리수준을 유지하는 데, 그리고 경기가 고점에 있을 때에는 임금까지 상승시키는 데 핵심요건이 된다. 에너지가 부족해 그 가격이 상승하는 조건에서는 자본축적이 절대적 잉여가치의 생산에 의존하지 않을 수 없다. 축적은 강한 기업 및 국가가 약한 것들을 강탈하는 과정의 형태를 띠게 된다.[50] 국가나 국가 간 동맹체가 추구하는 '석유안보'는 경쟁적이고, 갈등을 유발하며, 인류의 안전을 저해한다. 힘이 약한 국가나 계급은 세계의 발전에 관한 중요한 의사결정에서 배제되며, 점점 더 비중이 커지는 성장의 부정적 외부효과에 의해 타격을 입는다. 자연환경이 점차 악화되면서 이들의 생활환경도 나빠진다.

고도로 발전한 나라들, 특히 미국은 석유자원을 둘러싼 갈등에 대처하고 기후변화로 인해 발생할 것으로 예견되는 갈등으로부터 나라를 방어하기 위해 시장력과 군사력 두 가지 모두를 사용한다. 지구적 지리경제 속에 존재하는 자유시장에 대한 신자유주의적 찬양과 국가의 군사력에 대한 지리정치적 의존이 미국 신보수주의자들의 이념을 구성하는 중심공리다. 토머스 프리드먼의 냉소적인 말을 빌리면 미국 군대의 '보이는 주먹'이 시장의 '보이지 않는 손'을 뒷받침해야 한다는 것이다. 하지만 이는 미국의 석유제국 전략이 지닌 오랜 전통의 반영일 뿐이다. 미국의 부와 권력, 패권은 19세기부터 '값싸고 풍부한 석유의 흐름'과 '록펠러-바쿠 커넥션(미국의 석유왕 록펠러(Rockefeller)와 옛 소련의 바쿠(Baku) 유전 사이의 커넥션—옮긴이)' 위에 구축돼온 것이다.[51]

석유안보는 미국을 비롯한 선진 석유소비국들이나 유럽연합 같은 블록의 최우선 정책목표다.[52] 이는 앞에서 언급했던 '사회형태, 경제적 역동성, 합리성, 그리고 자본주의 체제가 의존하는 에너지 공급 간 협동체제'의 유지를 위한 정치적 시도다. 석유안보에는 몇 가지 차원이 있다. 그것은 첫째 석유매장지에 대한 전략적 통제, 둘째 석유물류(송유관, 유조선 항로, 정유시설, 저장시설)에 대한 전략적 통제, 셋째 시장의 수요공급 통제를 통한 유가에 대한 영향력 행사, 넷째 유가가 결제되는 통화의 결정이다. 석유안보의 복잡한 전략과 석유제국주의의 여러 갈래들을 살피다보면 '석유를 위해 흘리는 피'라는 공식화된 표현은 본질적으로 맞는 말이긴 하지만 너무 단순해 보일 정도다.

석유매장지에 대한 전략적 통제는 걸프만 지역에서처럼 외교와 국가 간 우호관계 구축을 통해 확보될 수도 있고, 몇몇 중남미 및 아프리카 나라들의 경우처럼 정권전복을 통해 확보될 수도 있으며, 이라크나 정도는 덜하지만 중앙아시아에 대해 이루어졌고 앞으로는 이란과 베네수엘라에 대해서도 이루어질 가능성이 높은 대규모 군사력 동원을 통해 확보될 수도 있다. 이러한 전통은 오래된 것이다. 일찍이 애덤 스미스는 '문명국'과 맺는 외교관계와 '야만국'(오늘날에는 '악의 축'이라고 불린다)에 대한 군사력 동원을 구분했다.[53] 오늘날 '비문명국'을 상대로 '문명국'이 수행하는 군사적 개입의 전략적 목표는 옛 유고슬라비아나 아프가니스탄, 이라크 등에 대한 개입이 보여준 대로 문명화의 사명으로 포장된다. 이라크에서 일어난 전쟁은 비합리적인 것으로 보인다. 왜냐하면 적대적인 국민의 저항을 받으면서 이라크 전역을 군사적으로 점령하는 데 비용이 극도로 많이 들어가고 있고, 추정하기도 어려울 정도로 돈을 쏟아 붓다 보면 결과적으로 지구상 초강대국의 헤게모니가 심각하게 약화될 수도 있기 때문이다.[54] 그럼에도 2001년부터 미국은 석유매장 지역들을 통제하기 위한 준비를 차근차근 진행해왔다. 미국은 세계 각지에 700개 이상의 군사기지를 배치하고 있으며, 그 대부분은 카프카스, 중앙아시아, 걸프만, 아프리카 일부 지역 등에 대한 통제를 목적으로 한 것이다.[55]

석유물류에 대한 전략적 통제에 들어가는 비용도 막대하지만 전쟁을 수행하는 경우에 비해서는 적은 수준이다. 석유물류 통제를 위해서는 송유관이 거쳐 가는 나라들의 정부 및 유조선이 지나가는 해안 국가들의 정부와 협력해야 한다. 중앙아시아는 카스피해의 석유가 통과하는 국가들로 구성돼 있어서 '파이프라이니스탄(Pipelineistan)'으로 불리기도 한다. 이 지역 국가들은 권위주의적이고 부패한 정권에 기반을 두고 있다는 점에서 이들 국가에 대한 미국의 지배는 불안정하다. 실제로 미국은 '테러리스트'들의 도전뿐 아니라 해당 국가 국민 상당수의 도전에도 직면하고 있다. 이런 갈등에서 송유관이 결정적인 역할을 한다는 사실은 2005년과 2006년에 시베리아에서 서유럽으로 천연가스를 수송하는 문제를 놓고 러시아와 우크라이나 사이에 벌어진 분쟁[56]에서 극명하게 드러났다. 이 분쟁은 발트해 연안국이나 폴란드를 거치지 않고 러시아에서 발트해를 거쳐 독일로 직접 가는 송유관(북유럽 가스관)을 건설한다는 계획 때문에 일어났다. 중남미에서는 베네수엘라, 브라질, 아르헨티나, 볼리비아 등이 공동의 인프라를 건설해 중남미 통합을 강화한다는 목표 아래 대륙송유관 체계를 구축하려고 하고 있다. 이는 알래스카에서 '티에라 델 푸에고(남미 최남단의 섬—옮긴이)'에 이르는 개방시장을 창출하려는 미국의 미주자유무역지대(FTAA) 창설 의도에 대항하기 위한 것이기도 하다. 화석에너지 체제가 지구화되고 석유와 가스(석유에 비하면 가스는 사정이 나은 편이긴 하지만)가 점점 더 희소해지면서 송유관과 가스관망의 중요성이 갈수록 커지고 있다.

석유공급에 효과적으로 영향력을 미치려면 OPEC에 영향력을 행사해야 한다. 비OPEC 산유국들의 유전은 곧 고갈될 것으로 보이며, 가까운 미래에 석유의 대부분이 중동지역의 OPEC 회원국들에서 생산될 것이다. 석유정점연구협회는 2010년에는 전 세계에서 생산되는 석유의 절반 이상이 중동의 OPEC 회원국들에서 생산될 것이라고 예측했다. 미국이 사우디아라비아에 압력을 넣는 것과 같이 개별 석유생산국들에 외교적인 압력을 행사하고 미국이 지배하는 지구적 석유제국에 아직 완전히 포섭되지 않은 지역에서 석유탐사를 추진하는 것이 석유공급을 증대시키는 데 일조할 수도 있다. 미국은 이라크를 점령해서 '미국에 의존하고 형식적으로만 이라크 정부'인 현지정부를 수립함으로써 OPEC의 결정에 얼마간의 영향력을 행사할 수 있게 됐다. 이라크는 OPEC의 회원국이기 때문에 미국은 석유와 관련된 자국의 이익을 추구하기 위한 도구로 이라크를 이용할 수 있다. 그러나 중동의 석유생산 또한 정점을 향해 치닫고 있다는 점에서 이러한 조치나 도구의 효과가 얼마나 오래 갈 것인지는 의문이다.

석유를 둘러싼 분쟁에서 훨씬 더 중대한 차원의 문제는 금융이다. 고정환율제의 브레턴우즈 체제가 1970년대 초에 붕괴한 것은 미국이 이차대전 이후 약 20년간 누렸던 경쟁우위를 상실하고 베트남전쟁 비용으로 인해 미국 달러화가 다른 통화들에 대해 약화됐음을 보여준 것이었다. 이러한 상황에 직면했던 석유수출국들이 석유거래 계약의 결제통화인 미국 달러화의 가치하락으로 인해 입은 손실을 만회할 기회를 잡았다. 이들은 1973년 10월 이스라엘과 아랍 사이에 욤키푸르(Yom Kipur) 전쟁(제4차 중동전쟁을 가리킴—옮긴이)이 일어나자 이를 유가인상의 기회로 삼았다. 그 결과 배럴당 2달러도 안 되던 유가가 11달러 이상으로 치솟아 석유수입국들이 심각한 '쇼크'를 겪었다. 당시 석유생산국들은 미국 달러화 말고 다른 통화로 석유대금을 청구하는 선택을 할 여지가 없었다. 하지만 30년이 지난 지금은 상황이 근본적으로 변했다. 그 원인 중 하나는 선물시장을 통해 석유거래가 '금융화'되면서 석유가격 고시가 시카고 및 런던 증시로 집중된 데 있다. 유가의 형성에서 '종이석유'의 역할이 점차 커지고 있으며, 이는 지구화되고 자유화된 금융시장에서 일어나는 금융혁신 때문이다. 유가는 이제 '액체석유'에 의해서만이 아니라 '종이석유'에 의해서도 좌우된다. 이런 맥락에서 볼 때 이란이 대체통화, 특히 유로화로 석유를 거래하는 이란석유거래소를 설립해 '석유유로'가 '석유달러'와 경쟁하도록 만들겠다고 한 위협은 큰 의미가 있는 것일 수 있다.[57]

대규모 무역흑자을 내는 나라들이 미국 달러화 보유를 계속 늘려가는 한 유가가 달러화로 매겨지느냐 유로로 매겨지느냐 제3의 통화로 매겨지느냐는 중요하지 않다. 하지만 발행된 달러화 채권은 만기일에 미국으로 돌아가고, 이는 곧 채권자들이 상환을 요구하는 것과 같다. 채권자의 상환요구는 실물로(다시 말해 미국의 상품이나 서비스의 수출로), 또는 미국 내 실물자산의 매각으로 상쇄돼야 하고, 그렇지 않으면 채권자들이 갖고 있던 달러화 채권을 다른 통화나 금으로 교환해주어야 한다. 그러므로 1970년대 이래 구조적으로 수입국으로 전락한 미국은 수입을 줄이고 수출을 촉진해야 한다. 이는 오직 국내 저축률을 높이고 군비지출을 포함한 국내 소비를 줄여야만 가능하다. 따라서 다른 나라들이 자국의 보유외환을 달러화에서 다른 통화로 바꾸는 것은 화폐발권차익(세뇨리지)을 누리던 제국권력의 지위에 치명타를 가할 것이다.

자본주의가 석유, 천연가스, 석탄의 사용에 철저히 의존하는 에너지체제와 협동하던 시대는 지금 끝나고 있거나 곧 끝날 것이다. 새로운 석유매장지를 발견한다고 해도 늘어만 가는 석유수요를 따라잡을 수는 없을 것으로 보인다. 유가는 뛰고 있고, 고유가는 이미 많은 석유소비국들의 성장에 장애물이 되고 있다.[58] 석유생산국들에서는 자연적 풍요가 재앙이 되는 경우가 자주 발생한다. 힘이 센 석유수입국들이 석유를 갈망한 나머지 지리정치적 긴장과 위기를 야기하기 때문이다. '지구적 자원전쟁'은 석유의 부족과 석유가 기후에 미친 영향이 낳은 결과인 것만은 아니다. 이보다는 오히려 성장과 자본축적의 체계적인 협동관계라는 선결조건을 확보하려는 시도로 인해 주로 야기된다.[59]

태양혁명: 재생가능에너지 체제로의 이행

석유제국주의에 대한 현실적인 대안은 사실상 하나뿐인 것으로 보인다. 그것은 석유의존에서 벗어나 재생가능에너지, 태양이 방사하는 에너지 및 이로부터 파생되는 태양광에너지, 풍력에너지, 수력에너지, 조력에너지, 생체에너지 등과 화산 및 지열 에너지로 가는 것이다. 신석기 혁명은 태양에너지를 기반으로 노동과 자원의 생산성을 크게 증대시키는 것이 가능함을 보여주었고, 화석체제에서 '태양사회'로 이행할 때에도 그와 유사한 생산성 증대가 일어날 가능성을 배제할 수 없다. 기술적, 사회적 진보는 화석에너지 체제에서 끝나지 않을 것이며, 앞으로 새로운 비화석 및 비자본주의의 궤도로 올라서야 할 것이다.

재생가능한 비화석에너지로 이행하는 현재의 모든 조치는 에너지 부족에 대한 대응의 성격을 띠고 있고, 따라서 일시적인 해법이며 때로는 긴급처방이기도 하다. 1973년의 1차 석유파동 뒤에 브라질이 시도한 대책을 하나의 사례로 들 수 있다. 당시 브라질 군사정부는 사탕수수에서 에탄올을 생산하는 '알코올 프로그램'을 추진하기 시작했다. 그로부터 35년 뒤에 브라질 민주정부의 룰라 다 실바 대통령은 중남미의 다른 국가들에 에탄올 생산을 위한 기술인력을 지원해 그 국가들이 최근의 에너지 위기에 대처하는 데 도움을 주었다. 중미와 안데스의 화산지대에서는 화산에너지 및 지열에너지를 이용하는 것이 가능하다. 하지만 이러한 대안에너지는 화석자본주의의 기술과 자본주의적 사회형태 및 자본주의의 시공간 구조를 기반으로 구축된다는 점에서 인간적인 발전을 촉진하는 데는 극히 제한적인 자극만 줄 것으로 보인다.

재생가능에너지로 이행하는 데는 그에 적절한 기술도 필요하겠지만, 이보다는 적절한 사회제도와 경제형태가 훨씬 더 필요하다. 재생가능에너지에 기반을 둔 체제 또한 사회형태, 기술, 경제적 규제, 사용되는 에너지 간의 특정한 협동체제를 필요로 하며, 이 협동체제에는 '태양혁명'도 포함될 것이다. 그리고 태양혁

명에는 생산과 소비, 생활과 노동, 젠더 관계, 사회적 삶의 시공간적 조직 등의 급
진적인 형태변화가 포함될 것이다. 자본주의의 위기는 에너지 위기에만 국한되
지 않는다. 그리고 '연대의 경제(solidary economy)'와 같은 새로운 사회적 형태
를 실현하고 과거의 협동조합적 형태와 비슷한 '도덕적 경제(moral economy)'
를 부활시키는 것을 목적으로 하는 포괄적인 전망과 기획을 갖춘 사회운동이 등
장하고 있다. 또한 재생가능에너지에 기반을 둔 사회적 토대가 확산되고 있다.
이런 목표나 변화는 20세기에 사회주의 혁명이 달성한 것은 물론 사회주의 혁명
이 열망했던 그 어떤 것보다도 더 급진적인 것인 게 분명하다. 이런 사회운동은
오랜 기간에 걸쳐 추진될 수밖에 없는 총제적인 시도일 것이다. 왜 그런가는 분
명하다. 자본주의는 사회형태, 사회적 기제, 합리성, 에너지 공급이 협동하는 체
제라는 점에서 인류역사상 가장 역동적인 사회체제였다. 화석에너지 대신 재생
가능에너지에 기반을 두는 사회는 그에 적절한 기술과 함께 무엇보다 자본주의
를 넘어서는 사회형태들을 발전시켜야 한다. 자본주의의 동력을 뒷받침해온 연
료가 고갈되고 있으므로 자연과의 관계가 변하지 않고서는 사회가 그동안과 똑
같이 유지될 수 없을 것이다.

(추선영 옮김)

생태적 질문_자본주의는 살아남을 수 있을까?

대니얼 벅

오늘날 도처에서 우리는 물질적 상품경제에 투입물이 되는 자연자원이 그 자연자원을 만들어내는 물리적, 생화학적, 생태적 과정보다 더 빠른 속도로 소모되는 상황을 지켜보고 있다(석유가 대표적인 예이지만 석유뿐이겠는가). 전 세계 열대우림과 그것에 내포된 가치가 현재의 '사용가치'로 급속하게 전환되고 있고, 인류가 이미 '석유정점'에 도달했다는 우려의 목소리가 나오고 있다. 뿐만 아니라 세계의 수산자원은 급속히 고갈되고 있고, 금속과 광물의 가격은 꾸준히 상승하고 있으며, 인간이 야기한 지구온난화는 단지 사실이기만 한 게 아니라 '대재앙의 임계점' 가까이에 와있다는 합의가 과학계에서 점차 힘을 얻고 있다. 이런 점들을 종합해볼 때 현 상황을 자본주의의 거대한 불가항력이 파괴될 자본주의의 위기 국면으로 결론을 내리는 것이 쉽고 논리적일 뿐 아니라 정상적이다.

이것이 바로 '생태문제'다.[1] 그러나 자원고갈이 자본주의의 궁극적 위기를 재촉하고 있다는 종말론적 견해는 자연자원을 구성하고 있는 것들에 대한 지극히 협소한 이해에 근거하고 있다. 이런 이해에 따르면 자연자원은 저 바깥에 존재하는 것이며, 줍거나 자르거나 캐거나 모으거나 처리하거나 사용할 수 있는 자연의 물건이다. 또 자연자원은 유한하며, 쓰고 나면 사라진다(물론 예외가 있다. 숲은 다시 조림될 수 있고 양철 캔이나 병은 재활용될 수 있다). 이러한 관점은 자원을 자연적인 것인 만큼이나 사회적인 것이기도 하다고 생각하기보다 엄격하게 자연적인 것으로만 본다. 다시 말해 자연계에서 발견되는 것들은 특정한 사회적, 기술적 틀의 맥락 속에서만 인간사회에 유익한 것이 된다는 점을 간과하고 있다. 따라서 이러한 관점은 기술을 적절히 파악하지 못하며, 특히 자본주의에서 일어나는 기술적 혁신과 변화의 역동성을 적절히 파악하지 못한다. 게다가 궁극적인 위기에 대한 이러한 비전은 자본주의의 특수한 표출형태(특수한 역사적 사회구성체)를 자본주의 그 자체와 혼동하며, 따라서 자본주의의 융통성을 과소평가하는 경향이 있다.

이 짧은 글에서 나는 이러한 두 가지 의견을 분석하고, 자본주의가 '생태적인 도전'을 극복하고 살아남을 가능성이 매우 높음을 주장할 것이다. 물론 그렇다고 해서 미래가 장밋빛이고 유토피아적이라거나, 더 나아가 탈산업주의적인 주장처럼 미래가 일종의 탈자원적 정치경제에 기반을 두게 될 것이라고 주장하려는 것은 아니다. 덧붙여 지적해야 할 점은, 그동안 많은 논의들이 국가의 규율을 통해 자본주의가 해법을 채택하도록 강제하는 방식에만 거의 전적으로 초점을 맞추어왔지만 이보다는 오히려 자본주의가 해법을 향한 자신만의 방법(인류에 어떤 대가를 치르게 할 것인가는 상관없이)을 차곡차곡 강구해나가는 방식을 더 잘 설명하는 방향으로 논의의 초점이 옮겨져야 한다는 것이다.

시장 또는 가격에 의해 주도되는 기술변화

자본주의가 자원고갈 때문에 무너지지는 않을 것이라는 주장의 가장 단순하면서도 직관적인, 그러나 다른 한편으로는 매우 허술해 보이는 근거는 어떤 것이 상대적으로 희소해지면 그 가격이 올라가게 마련이라는 논리다. 바로 이런 논리에서 자원을 절약하고 소비를 줄이자는 단순한 주장에서부터 그동안에는 너무 멀리 있거나 채취하기가 어렵고 위험해 비용이 너무 많이 든다는 이유로 접근하지 않았던 자원의 채취를 늘리자는 주장까지 다양한 반응이 나올 수 있다. 이런 주장에 따른다면 도로변이나 더 가파른 경사면에서도 나무가 벌채될 것이고, 더 깊거나 생산성이 낮은 광산에서도 광물이 채굴될 것이다. 가격의 상승은 더 효율적이고 비용에 비해 효과가 큰 방식으로 자원을 채취하고 처리하는 방법을 개발하게 하는 인센티브를 새로이 창출함으로써 이미 존재하고 있었지만 비용 때문에 이용하지 못했던 대체자원이나 대체기술을 이용하도록 유도한다. 가령 최근 유가의 급격한 상승은 석유화학 기업들로 하여금 석유를 대체할 자원으로 석탄에 다시 눈을 돌리게 만들었다.[2] 또한 태양에너지와 풍력발전 기술은 유가가 배럴당 9달러에 불과했던 1998년에는 너무 비쌌지만 유가가 배럴당 70달러에 육박하게 되자 경제성이 있는 것으로 보이기 시작했다.

외생적인 가격충격에 대한 대응이라고 할 수 있는 이러한 종류의 변화들은 실제로 일어나고 있을 뿐만 아니라 앞으로 자원의 희소성 증대가 일으키는 경제적 충격을 완화시키는 데서 중요한 역할을 담당하게 될 것이다. 그러나 석유가 더 희소해져서 유가가 배럴당 100달러 이상, 더 나아가 400~500달러에까지 이르게 되면 엘마르 알트파터가 말한 것과 같은 '시공간의 급격한 탈압축'[3]은 위협을 받게 될 것이며 그와 함께 산업, 농업, 도시, 현대사회를 하나로 엮고 있는 거대한 시스템이 무너져 내릴 지도 모른다. 그렇다면 기존의 기술을 점진적으로 뜯어고치고 개선하는 것만으로는 충분하지 않을 게 분명하지 않은가? 이 지점에서 우리는 19세기 후반에 석탄의 매장량은 곧 고갈될 것이고 그렇게 되면 산업세계가 붕괴할 것이라는 예측이 나왔지만 그 직후에 석유가 발견됐던 사실을 떠올리게 된다. 그처럼 문명을 구원할 발견이 되풀이될까? 아니면 그런 발견은 그저 그때 한

번으로 끝난 것일까? 이번에는 어떤 기적적인 새로운 발견이 우리를 구원할 수 있을까?[4]

이러한 질문에 대한 보통의 대답은 과학적 타개와 기술적 진보가 우리를 구원하리라는 것이다. 그러나 석유가 발견되고 이용돼왔다는 사실 자체가 먼저 답변돼야 할 질문을 던진다. 왜 그 전에는 석유가 발견되지 않나? 석유는 오래전부터 존재해온 것이었지만 끈적끈적하고 좋지 않은 냄새가 나는 물질로만 여겨졌다. 그렇다면 석유가 발견되도록 한 구체적인 시간과 장소의 상황은 어떤 것이었는가? 가격변수의 변화에 따라 다른 기술이나 자원으로 갈아탄다는 개념 역시 갈아탈 기술이 이미 저 바깥에 존재하고 있어 우리가 원하면 언제든지 채택해 사용할 수 있다는 가정을 전제하고 있는 것 아닐까? 갈아탈 기술뿐 아니라 갈아탈 자원도 이미 존재하고 있다고, 즉 이미 '발견된 것'이라고 가정하는 것 아닌가? 우리가 사용하는 '발견'이라는 단어 자체가 문제의 일부일지도 모른다. 이러한 관점에서 보면 자연자원이라는 용어는 상당히 자가당착적인 것임이 명백하다. 결국 자연세계에 존재하는 사물은 그것을 이용할 수 있는 특정한 사회적, 기술적 틀이라는 맥락 속에서만 인간에게 유용한 것이 된다는 말이 되기 때문이다. 그렇다면 다시 기술변화에 대한 분석이 필요해진다.

축적에 의해 주도되는 기술변화

앞서 말한 역동성은 실제로 존재하는 변화의 주요 동인이지만, 다른 한편으로 그것은 자본주의적 생산양식에서 기술이 지닌 핵심성을 오해한 '약한' 버전의 기술변화를 가리킨다. 여기서 부분적으로 문제가 되는 것은 기술변화가 자본주의 자체의 내부적 역동성을 구성하는 본질적인 부분이 아닌 외부적이고 외생적인 것으로 가정된다는 점이다. 자본주에 대한 마르크스의 분석은 그 핵심에 노동이 있다. 노동은 "무엇보다도 인간과 자연 간의 과정이며, 인간이 자신의 행위를 통해 자신과 자연 간의 물질대사(metabolism)를 중재하고 조절하고 통제하는 과정이다."[5] 따라서 사회적으로나 역사적으로 결정된 소비수준이 어떠하든[6] 모든 장소와 시대의 모든 사회는 생존을 위해 자연을 인간이 소비할 수 있는 사용가치로 바꾸기 위해[7] 자연을 대상으로 노동을 수행한다는 공통점을 지닌다는 사실을 우리는 상기하게 된다. 결국 모든 노동은 사회적인 것이며, 궁극적으로 자연을 사용가치로 바꾸는 것과 얼마나 멀리 떨어져 있든 간에 관련성을 가질 수밖에 없다. 얼핏 보면 마르크스가 자연을 저 멀리 바깥에 있는 것으로, 즉 인간의 노동은 우리가 '이용'할 수 있고, 사용가치로 바꿀 수 있는 자원으로 상정한 것처럼 비칠지도 모른다. 그러나 여기서 말하는 인간의 노동은 순수하거나 '자연적'인 것이 아니다. 우리는 《자본론》의 뒷부분에서 "기술은 자연에 대한 인간의 능동적인 관계, 즉 인간의 삶이 직접적으로 생산되는 과정을 드러내며, 따라서 기술은 삶의 사회적 관계가 생산되는 과정과 그 사회적 관계에서 흘러나오는 정신적 개념들이 생산되는 과정을 드러낸다"라는 구절을 보게 된다.[8] 따라서 인간이 '자연력으로서의 자연의 물질과 대면'할 경우 그러한 대면이나 활동은 사회적인 것일 뿐만 아니라 언제나 기술을 통해 매개되고 수행되고 구성된다는 것이다.9) 더나아가 이 구절은 기술이 변증법적으로 관련된 사회구성체의 구성요소들(가장 확장된 의미에서의 기술, 인간과 자연의 관계, 생산력과 생산관계, 정신적 개념 등) 속에 어떻게 놓여있는지를 부각시킨다.

사회구성체는 항상 역사적인 것이며, 따라서 우리는 기술적 역동성이 자본주의의 심장부에 있음을 추가적으로, 그리고 더욱 강하게 느끼게 된다. 자본가들은 경쟁해야 한다. 마르크스가 《자본론》에서 입증하고 《공산당 선언》에서 시적으로 표현했듯이 무자비한 경쟁은 자본가들로 하여금 스스로 프롤레타리아의 처지로 전락하는 것을 피하기 위해 끊임없이 혁신하도록 강요한다. 부르주아는 생산수단을 끊임없이 혁신하지 않고는 생존할 수 없다.[10] 이러한 넓은 맥락에서 볼 때

위에서 말한 제한적인 변화의 개념은 시장의 가격신호 변동에 자본가들이 합리적으로 반응하는 완전경쟁 상태를 가정하는 주류 경제이론이 만들어낸 협소한 사고의 유물로 비춰진다.[11] 이런 사고방식에 따르면 자본가들은 주어진 경쟁의 틀 속에서 남에게 뒤처지지 않거나 남보다 앞서 나가려고 노력하며, 그 노력은 주로 비용을 낮추고 같은 일을 더 저렴하게 할 수 있는 방법을 개발하는 방식으로, 즉 기존의 자원을 보다 효율적으로 배분하는 방식으로 이루어진다. 이러한 행동의 변화는 반응적이고, 따라서 이상하리만큼 수동적이다. 그 변화는 또한 점증적이며, 경쟁의 틀 자체는 거의 변화시키지 않는다. 또한 그 결과로 이윤율의 하락이 초래되면 자본가들은 다시 비용을 낮추는 식으로 반응한다. 이런 사고방식이 지닌 한 가지 문제점은 자본가들이 '평평한 경기장에서의 경쟁'을 선호하며, 자유로운 시장경쟁에 대해 자신들이 과장하는 내용을 실제로 그대로 믿는다고 암묵적으로 가정하고 있다는 점이다. 그러나 어떠한 자본가라도 정말로 원하는 것은 독점, 즉 경쟁과 상반되는 견고하고도 불가침적인 시장지위다. 이런 시장지위에, 다시 말해 경쟁자들이 거의 없는 고지에 먼저 오를 수 있는 확실한 방법은 주어진 틀 속에서 점차로 경쟁자들을 꺾어나가는 것이 아니라 틀 자체를 바꾸거나, 완전히 새로운 틀로 옮겨가거나, 상대적인 우위보다는 절대적인 우위(다른 경쟁자가 따라잡기 전까지만 존속되는 일시적인 우위라 하더라도)를 차지하는 것이다. 그렇게 하는 데 성공하는 자본가에게 돌아갈 수 있는 엄청난 규모의 이윤은 자본가들로 하여금 무언가 새로운 것을 창조함으로써 새로운 형태의 절대적 우위를 추구하는 행동에 적극적으로 나서게 한다. 그 새로운 것은 새로운 제품일 수도 있고, 사업의 새로운 방식(새로운 형태의 조직)일 수도 있고, 새로운 생산공정이나 기계일 수도 있고, 새로운 재료일 수도 있고, 새로운 자원일 수도 있다.

따라서 이런 게임에서 정말로 중요한 것은 기존의 자원을 가장 효율적으로 배분하는 것이 아니라 새로운 자원을 창조하는 것이다. 무자비한 경쟁은 가장 강력한 의미에서 혁신을 이끌며, 혁신은 다시 현대생활의 다른 측면들을 변혁시키는 쪽으로 퍼져나간다. "부단한 생산혁명, 모든 사회적 관계의 연속적인 교란, 영속적인 불확실성과 동요가 부르주아 시대를 이전의 모든 시대와 구분 짓는 특징이다. 모든 고정되고 금세 고착되는 관계들은 일련의 존경할만한 아이디어나 의견들과 함께 모두 휩쓸려간다. 새롭게 형성되는 모든 것은 굳어지기 전에 낡은 것이 된다. 모든 견고한 것은 공기 속으로 녹아버린다."[12] 일종의 전체나 총체를 구성하는 관계망인 사회구성체는 언제나 역사적인 것일 뿐 아니라 부르주아의 혁신으로 인해 발생하여 그치지 않고 계속되는 창조적 파괴의 파도에 떠밀리며 끊임없이 움직인다. 그리고 어떠한 사회구성체도 그 중심에는 기술이 있다. 보다 엄밀히 말하면 사회구성체는 언제나 역사적인 것이기에 사회구성체의 중심에는 어떤 하나의 특수하고 특히 역사적인 기술의 틀이나 과학기술적 지식과 관행들의 묶음이 있다.

장기파동으로 본 발전의 틀

자본의 핵심에는 지속적인 자기팽창의 논리가 들어있으며, 사회구성체를 구성하는 상이한 요소들이 시너지를 일으킬 수 있는 방식으로 함께 작동하게 되면 그 구성체는 팽창한다.[13] 이러한 성장과 팽창은 특정한 영토 안에서 산업화의 장기파동이 물질적, 사회적 형태를 취하는 방식으로 일어난다. 마이클 스토퍼와 리처드 워커는 공동저서 《자본주의의 명령(The Capitalist Imperative)》에서 각각의 장기파동에는 그 중심에 기술적 틀이 되는 하나 이상의 '토대기술'이 존재한다고 주장한다. 대중적으로 알려진 바와 달리, 그리고 실험실에서 실험도구를 만지작거리는 괴짜 발명가나 대학교수를 상정하는 신화와도 달리 기술혁신은 많은 경우 과학적인 이해에 앞서 산업계에서 먼저 일어난다(그런 뒤에야 과학자들이 그 작동원리를 밝혀낸다). 맹렬하고 무자비한 경쟁으로 내몰린 자본가들이 일련의 발명들을 해내거나 활용해서 새로운 기술적 틀을 만들어내면서 완전히 새로운 산업이 창출되거나 기존의 산업에 새로운 가능성이 생겨난다. 자본가들은 이러한 새로운 기회를 이용하는 경주에 나서며, 경주는 산업들 사이에 불균등하게 확산된다. 지난 몇 세기에 걸친 발전의 장기파동 각각에서 우리는 주도적인 산업들의 군집을 확인할 수 있다. 그 산업들의 군집은 하나 이상의 토대기술이 발전될 가능성에 의해 추동되며, 이런 과정이 경제사의 모든 시대를 규정한다.[14]

역사는 복잡하고 중첩된다. 매우 간단한 예를 몇 가지만 들어보자. 방적기술, 직조기술, 철광을 제련하거나 주조하는 기술 등이 산업혁명의 도래에 기여했다. 기계제작의 진보는 19세기 후반에 산업기술을 변화시켰다. 전기, 화학, 내연기관은 20세기가 시작될 무렵에 모든 것을 완전히 바꿔놓았다. 2차대전 뒤에는 전자, 석유화학, 항공우주 등 몇몇 손꼽을 만한 영역들에서 진보가 이루어져 상황이 다시 바뀌었다. 지난 수십 년 동안 자본주의 발전에서 가장 중요했던 첨단의 기술 진보는 실리콘-디지털 혁명이다. 이 혁명은 지금도 계속 확산되고 있고, 그 새로운 틀 속에서 생겨나는 새로운 가능성과 역량을 중심으로 매우 일상적인 사물들조차 새롭게 개조되는 모습을 우리는 지켜보고 있다.[15] 우리는 19세기에 발전된 기계 및 도구의 원리가 구현된 금속부품과 전후의 석유화학 혁명이 만들어낸 플라스틱부품으로 만들어지고 20세기 후반에 발전된 프로그램 칩에 의해 제어되는 토스터를 조만간 볼 수 있게 될 것이다.

이처럼 사납고 무자비한 경쟁이 자본가들로 하여금 창조적 파괴의 물결을 일으켜 생산의 혁명을 이루고 사회적 관계를 뒤흔드는 신기원적 혁신을 하도록 강요하며, 이 때문에 자본주의가 끊임없이 교란되면서 전진하는 특수한 역사적 사회구성체의 모습으로 존재하게 된다고 보는 시각은 자본주의의 공간적, 유물론적 역사와 잘 들어맞는다. 대개는 주도적인 산업부문이 이전의 장기파동 과정에서 만들어진 지역경제를 넘어 새로운 다른 지역으로 개구리 뛰듯 옮겨가면서 말 그대로 많은 지역경제들을 만들어내며, 그러는 과정에서 획기적인 기술적 발전이 영토적 팽창의 국면을 이끌어간다.[16] 자본은 생산과 경쟁을 해나가기 위해 고정자본을 깔아놓고 대규모 투자를 해야 한다는 점에서 보면 기존의 틀 속에서 전개되는 생산과 경쟁의 장기파동이 한동안은 자본에 유리하게 작용하는 것이 틀림없다. 그러나 기술적 틀에 내재했던 새로운 가능성이 결국에는 수익체감을 일으키는 상태에 도달하거나 고갈되며, 이에 따라 평준화와 이윤율 감소 추세가 시작된다. 이렇게 되면 돈을 벌 수 있는 유일한 방법은 기존의 틀을 깨고 나아가는 것뿐이며(그렇다고 해서 자본가들이 하나의 틀이 고갈될 때까지 기다렸다가 새로운 돌파구를 찾는 시도를 하기 시작한다는 말은 아니다), 이런 과정이 반복되면서 대개는 완전히 새로운 공간적 궤도가 발전하게 된다. 이런 과정은 새로운 지역을 산업화하는 형태를 취하는 경우가 많지만, 이미 산업화된 지역을 재산업화하고 변형시키는 형태를 취하기도 한다.

자본주의의 생존

그렇다면 자본주의는 살아남을 것인가? 이에 대한 대답을 세 가지 측면으로 나누어 해보겠다. 첫째, 자본주의의 생존은 무엇을 의미하는가? 앞에서 간단히 묘사한 데서도 드러났듯이 자본주의는 특정한 기술적 환경이나 틀, 또는 어떤 특수한 동력에 의해 규정되거나 그런 것에 의존하는 것이 아니다. 궁극적으로 자본주의를 규정하는 것은 사회적 관계다. 마르크스는 기계를 만드는 기계가 자본주의의 전형적인 모습을 대표하지만 그 본질은 아니라고 보았다. 자본주의의 본질은 상품을 만들어내는 상품에 있다는 것이다. 따라서 프롤레타리아를 생산수단에서 분리하는 노동의 사회적 분업과 사회적 관계는 분석적으로 보건대 기계보다 앞서는 것이며, 따라서 기계화된 생산에 연료가 되는 그 어떠한 에너지원보다도 앞서는 것이다. 움직이는 가치인 자본은 무엇이 생산되는지, 그리고 어떤 기계나 에너지원이 사용되는지에는 관심이 없다. 자본은 오로지 자기팽창과 자기증식에만 관심이 있다. 탈석유 경제가 다시 동물, 인간, 물, 바람이 동력원이 되는 디스토피아적인 종말 이후 상황을 현실화한다 해도 생산수단에 대한 소유권이나 통제력을 갖고 있지 않은 산업예비군이 존재하는 한, 그리고 상품에 의한 상품생산이 지배적인 한 자본주의는 사라지지 않을 것이다. 우리는 자본주의의 특정한 역사적 구성체와 자본주 그 자체를 혼동하지 않도록 주의해야 한다.

둘째, 최후의 위기가 닥칠 것이라고 미래를 내다보는 종말론적 전망은 모든 곳에서 자본주의가 끝날 것이라고 가정한다. 그러나 자본주의는 단 한 번도 모든 곳에 존재한 적이 없다. 자본주의의 역사는 중심부에서 발전한 역사와 주변부였던 곳으로 팽창하면서 그 주변부를 편입한 역사로 나눌 수 있다. 중심부 안에서도 자본주의의 정복은 결코 전면적이지 않았고, 앞으로도 그렇지 않을 것이다. 《자본론》의 첫 줄은 "자본주의적 생산양식이 *우세한* 사회의 부는…"(강조 표시는 필자가 한 것임)이라는 말로 시작한다. 즉 발전된 중심부에서도 자본주의는 우세할 뿐이지 전면적이지는 않다는 것이다. 자본주의가 현대생활의 모든 측면을 식민화하고 상품화하는 내적인 경향을 갖고 있다고 하지만[17] 현대사회에서 가족의 재편에 따라 상품화의 양상이 어떻게 바뀌는지,[18] 그리고 자본주의가 먹잇감으로 삼는 비자본주의적 영역을 자신의 외부에, 더 나아가 자신의 내부에도 어떻게 창출하는지[19]를 엉성하게 살펴보는 것만으로도 우리는 그람시의 헤게모니처럼 자본주의적 생산양식도 결코 전면화될 수도 없고 완전해지지도 않을 것임을 알 수 있다. 그렇다면 자본주의가 얼마나 깊고 전면적이어야 우리가 그것을 자본주의라고 말할 수 있는가? 시공간의 근본적인 탈압축이 전개되는 국면이라고 해서 자본주의적 생산양식이 우세한 인간활동의 거대한 영역이 더 이상 존재하지 않으리라고 그 누가 말할 수 있을까? 단순히 상품이라는 형태에 팽창의 논리가 내재한다고 말한다고 해서 자본주의가 수축될 수 없다는 뜻은 아니다. 자본주의가 만일 수축된다면 그때의 자본주의는 자신의 바깥에 자신이 팽창할 영역을 더 크게 갖게 될 것이다. 그러나 이러한 팽창과 수축의 비유도 너무 허술해서 자본주의의 불균등한 발전궤도가 여러 지리적 장소들을 영역화, 재영역화하고 심지어는 탈영역화하기도 하는 훨씬 복잡한 과정을 제대로 드러내지 못한다.

　마지막으로 자본주의가 어떻게 해서 생태적인 위기로부터, 혹은 그런 위기를 통해 축적을 잘 해나갈 수 있는지 그 방식을 살펴보자. 자본주의가 생존하는 모습이 그 어디에서든 살아남은 한 줌의 사람들이 과거의 동력원을 사용하여 조악한 상품을 제한적인 범위에서만 생산하고 제한적으로 분배하는 절망적인 형태가 될 것이라고만 생각해서는 안 된다. 자본주의는 계속 움직이는 데 주저함이 없다. 자본주의는 끊임없이 스스로를 추동하여 새로운 기술적 틀로 옮겨가고 공간을 가로지른다. 새로운 틀은 새로운 발전의 장기파동을 가져오며, 기술적 변화는 그 고유한 방식으로 수요를 창출한다. 창조적 파괴가 기존에 구축돼 있던 상품들의 토대 전체를 휩쓸게 되면 모든 사람이 모든 것을 새로 바꾸어야 한다. 매우 조용하고 약간의 성가심만을 수반하며 이루어졌던 비디오에서 DVD로의 이행, 그리고 곧 다가올 브라운관 TV에서 디지털 TV로의 이행을 생각해보면 쉽게 이해가 될 것이다. 마찬가지로 나노기술, 생명공학기술, 유전공학 같은 분야의 획기적 기술발전은 단지 새로운 연료와 에너지효율적인 제품 및 산업공정을 가져오는 데 그치는 것이 아니라 우리가 아직 상상조차 할 수 없는 물질과 공정을 이용해 만들어지는 완전히 새로운 제품의 영역을 가져올 것이고, 그러한 신제품과 신공정은 그 나름의 수요와 새로운 산업을 창출할 것이다. 그리고 새로운 산업은 그것을 지원하는 각종 서비스와 기업들을 이끌고 나아갈 것이며, 그 과정에서 완전히 새로운 지역을 생산(혹은 기존의 지역을 재생산)할 것이다.[20]

　현재 고도로 분산돼 있는 서구의 공간적 주거분포[21]는 값싼 에너지에 전적으로 의존하고 있어 석유정점이 닥치면 지속될 수 없으므로 재편돼야 한다는 말을 우리는 이미 듣고 있다. 이는 마치 위기상황을 말하는 것처럼 들릴지 모르지만,

자본의 입장에서는 사실 기회가 오고 있다는 말이나 다름없다. 자본주의 아래에서 건설과 새로운 공간형성은 경제성장을 일으키는 거대한 원천이자 경제성장의 일부이기 때문이다.[22] 새로운 건물을 짓는 것은 새로운 수요를 만들어낸다. 새로운 건물은 새로운 재료와 기술을 이용하여 건설될 것이며, 따라서 새로운 재료와 기술을 공급하는 새로운 산업과 서비스들을 생성시킬 것이다. 새로운 공간형태는 새로운 종류의 상품들이 거래되는 완전히 새로운 시장을 창출한다. 2차대전 뒤에 미국에서 일어난 도시인들의 교외이주 현상이 전후세대가 강력하게 추진한 자동차, 가전, 식품 분야의 산업적 발전과 병행했다는 사실을 생각해보라.[23]

여기서 어떤 이들은 새로운 기술적 궤도로의 이행은 주택, 건물, 고속도로, 교통망 등의 형태로 물리적 경관에 고정돼 있는 엄청난 양의 자본에 그 가치의 감소나 소멸을 가져올 것이며, 자본주의 체제는 그에 따른 금융적 충격을 견디지 못할 것이라고 주장할 것이다. 그러나 경제적 경관은 주기적으로 발생하는 창조적 파괴에 의해 휩쓸려 나가며, 이러한 과정은 자본주의의 운동 그 자체 속에 들어있는 것임을 기억하는 것이 중요하다. 고정자본은 그 가치가 감소되는 속도라는 측면에서만 의미가 있다. 움직이는 가치로서의 자본은 사회적으로 결정된 특정한 시간지평 안에서 자기증식과 자기팽창을 할 수 있으면 그만이고 자신이 일시적으로 취하는 형태에는 상관하지 않는다.[24]

결론

우리는 대체에너지 개발에 대한 연구개발 투자가 부족하다는 말을 듣는 데 익숙해졌다. 하지만 이러한 상황은 곧 바뀔 것 같다. 온갖 기술변화를 위한 연구와 실험에 투자될 자금은 어디에서 올 것인가? 에너지 비용의 상승은 연구개발에 대한 새로운 투자의 공간을 열어줄 것이다. 그러나 더 중요하고 근본적인 점은 그러한 새로운 투자는 자본 그 자체에 의해 이루어진다는 것이다. 심지어 다국적 석유복합체로 대표되는 '축적된 가치의 거대한 집합'의 형태로 존재하는 자본조차도 궁극적으로는 석유에도, 어떤 특정한 생산라인에도, 장소에도, 산업에도 개의치 않는다. 자본은 오로지 자신의 확대재생산에만 관심이 있을 뿐이다.

그렇다고 모든 부담을 개별 자본가들이 지게 된다는 말은 아니다. 또 다른 투자의 원천이자 잠재적인 혁신을 조정하는 주체는 바로 국가다. 폴라니(Polanyi)는 사회가 부당한 시장화의 침탈에 맞서 싸워서 그것을 물리칠 수 있다고 주장했다. 우리는 보통 부르주아가 개별적으로 서로 경쟁하고 있다고 생각하지만, 마르크스가 보여주었듯이 부르주아는 때로는 노동법 제정이나 교육을 통해 하나의 계급으로서 스스로를 계속 재생산해 나가기 위해 집합적인 행동을 해왔음을 잊어서는 안 된다. 국가에 대한 이론, 또는 국가가 경제, 사회, 부르주아와 갖는 관계에 대한 이론에 어떠한 것이 있건 간에 이제는 석유자본마저도 대안을 발전시킬 필요성을 역설하기 시작했다(예를 들어 "우리가 처음 10억 배럴의 석유를 소모하는 데 125년이 걸렸습니다. 그 다음 10억 배럴의 석유를 쓰는 데는 35년이 걸릴 것입니다. 그 다음엔 … 모두 다 사라집니다"라는 셰브론의 광고문구나 자사의 이름을 '석유를 넘어(Beyond Petroleum)'로 풀이하고 그것을 새로운 브랜드로 선전하는 BP(British Petroleum)의 홍보기법을 보라). 대체 에너지원을 찾아내기 위한 경주(이 경주의 목표는 보다 청정한 에너지원을 찾아내는 것일 수도 있지만 그렇지 않을 수도 있다)와 그에 따른 후속 기술개발 경주는 이미 시작됐다.[25]

자본주의가 살아남을 것이라는 주장은 강력한 논거를 갖고 있다. 그러나 이 글의 요점은 이보다도 생태문제에 대한 분석은 자원과 기술에 대한 보다 정교한 이해에서 시작돼야 하며, 기술낙관론(과학, 기술, 인간의 창의성이 우리를 구원할 것이라는 견해)이나 환경비관론(자원이 고갈되고 있다는 식의 견해)이라는 단순한 양극단을 넘어서야 한다는 것이다.[26] 그리고 자본주의가 생존한다고 해서 우리가 종말론적인 디스토피아의 미래상을 버리고 유토피아적인 장밋빛 미래상을 받아들여도 된다는 말은 아니다. 앞으로 다가올 경이로운 발명들에 현혹되어 신기술의 어두운 면, 즉 새로운 통제, 감시, 배제의 기술과 우리가 아직은 상상하지도 못하는, 디스토피아적인 과학소설에나 나올 법한 새로운 모순, 외부성, 오염 등을 잊어서는 안 된다. 또한 이 글은 파격적인 새로운 기술 덕분에 에너지, 먹을거리, 물이 값싸고 풍부하게 생산되어 모두에게 어렵지 않게 공급되는 장밋빛의 민주적 미래상을 그리고자 하는 것도 아니다. 자본주의에 내재된 기술발전이 자본순환 회로의 외부에 새로운 영역을 창출하는 데 성공함에 따라 기술적 돌파는 완전히 새로운 활동 및 가능성의 영역을 만들어내고 새로운 장소와 공유자산을 창조하게 된다. 그러나 이는 다시 사유화, 인클로저, 본원적 축적, 독점의 국면들을 거치면서 내부화될 것이다. 고전적인 인클로저 이야기는 과거에 영국의 농민들이 공유지에서 쫓겨나는 과정에 관한 것이지만, 최근의 역사에도 그와 비슷한 사례들이 많다. 씨앗,[27] 물,[28] 인터넷, 유전자가 조작된 쥐,[29] 인간유전체 (genome)의 상품화 등에서 우리는 바로 그런 사례를 볼 수 있다. 탄소배출권이 거래되는 시장과 그 선물시장이 구축되는 상황 속에서 우리는 지금 우리가 들이마시는 공기(상품화되어 판매되는 깨끗한 공기를 구매할 능력이 없는 사람들이 들이마시는 공기는 점점 더 유독한 것이 되고 있다)가 최초로 상품화되는 과정을 지켜보고 있는 것인지도 모른다.[30]

(최영래 옮김)

05
지속불가능한 자본주의_
영국의 재생가능에너지 정치

바버라 해리스_화이트, 엘리너 해리스

모든 생명체와 사회제도는 물리적인 체계다. 자본주의도 예외가 아닌데도 우리는 이런 점을 위험을 무릅쓰면서까지 무시해왔다.[1] 자본의 물리적인 동력은 탄소와 메탄의 흡수원(sink, 산림이나 농지와 같이 대기 중의 온실가스를 흡수하는 것―옮긴이)을 가차 없이 파괴하며 온실가스를 배출한다. 이는 생태계와 생물다양성, 그리고 인류의 복지를 파멸로 몰아간다. 2006년 초에 기후변화 모형을 돌리는 몇몇 전문가들이 전 세계 이산화탄소 농도가 이미 위험한 수준을 넘어 기후변화를 멈출 수 없는 정도가 됐다고 추정했다. 사람들은 생태자본주의의 건설을 상상하고 있지만,[2] 이 책에 실린 엘마르 알트파터의 글에 설명돼 있듯이 물리적인 폐기물과 엔트로피의 증대 없이는 자본주의 아래서 어떠한 유형의 '재인간화된 자연'의 창조도 이루어질 수 없다.

알트파터는 영향력 있는 저서 《시장의 미래(The Future of the Market)》의 마지막 장에서 새로운 유형의 사회주의 프로젝트의 탄생을 '(시장도, 시장이 허용하는 '얄팍한' 민주주의도 허락하지 않는) 자본배분의 재도덕화'에서 찾는다.[3] 그는 이렇게 결론을 내린다. "오늘날 사회의 추가적인 진화는 시장절차의 경제적 합리성이 화폐와 자연에 대한 사회적이고 비시장적인 규제체제 속에 뿌리내리고 있을 때에만 가능하다."[4] 에너지는 반드시 이러한 기획에서 핵심이 돼야 한다. 그러나 에너지의 고정된 물리적 인프라가 갖는 시스템적 속성은 이러한 기획이 직면하게 될 커다란 장애물을 잘 보여준다. 여러 가지 정당한 이유에서 핵에너지는 수용불가능한 선택이다.[5] 그리고 만약 에너지 절약이, 또는 소위 '에너지 효율'이 불충분하다고 인식된다면 우리에게는 재생가능에너지라는 대안만 남게 된다.[6] 알트파터의 대안인 '충격이 적고 엔트로피를 최소화하며 민주적으로 규제되는 사회적 인프라'는 재생가능에너지로부터 발전될 수 있다.

어떠한 대안도 반드시 지금 우리가 서있는 곳에서부터 출발해야 한다. 이 글은 영국에서 시장주도적인 에너지정치(영국경제는 현재 석탄, 석유, 가스, 원자력으로 돌아가고 있다[7])가 재생가능에너지(이것의 물리적, 기술적 속성은 폐기물이 적게 나오는 새로운 자본주의 형태, 그리고 지속가능한 사회주의 경제에 부합한다)의 발전을 어떻게 가로막고 있는지를 설명한다.

재생가능에너지: 쟁점들

재생가능에너지는 생산에 투입됐을 때에 이전되는 에너지의 양이 적어 자원고갈을 일으킬 걱정이 없는 에너지다.[8] 재생가능에너지는 1970년대부터 개발되기 시작했다. 이는 레이철 카슨(Rachel Carson, 《침묵의 봄》이라는 책을 내면서 환경주의의 개막을 알린 미국의 자연과학자—옮긴이)이나 바버라 워드(Barbara Ward, 1960년대부터 '지속가능한 발전'이라는 개념을 옹호한 영국의 환경주의자이자 경제학자—옮긴이), 또는 로마클럽의 영향 때문이라기보다는 1차 석유위기와 에너지 안보를 확보해야 한다는 필요성 때문이었다. 양적으로 가장 중요한

'녹색' 에너지원은 수력이며, 수력발전이 재생가능에너지의 95%를 공급하고 있다. 수력발전은 재생가능에너지 정치가 등장하기 훨씬 전부터 개발됐지만 이산화탄소 배출을 줄일 목적으로 개발된 것은 아니었다(게다가 수력발전으로 얻어진 에너지가 진짜로 녹색자원인 것도 아니다. 저수지 속의 유기물질은 부패하면서 막대한 양의 메탄가스를 발생시킨다). 그 다음으로 중요한 것은 매립지, 오수, 폐기물에서 나오는 가스다. 이것은 폐기물을 상품화하는 기업들의 부차적인 수입원이 되고 있다. 그 가운데 도시에서 수거된 쓰레기에서 발생하는 가스가 대부분을 차지한다. 영국의 폐기물은 그다지 많은 양이 재활용되고 있지 않으며, 분해과정에서 작은 터빈을 돌릴 정도의 메탄과 이산화탄소를 발생시키는 유기물질을 포함하고 있다. 또한 분해과정에서 '그 외의 연소부산물', 즉 폐기물과 오염물질, 유해물질이 발생된다. 하지만 매립지 자체가 영국의 메탄가스 배출량 중 거의 절반을 배출하는 것으로 추정되고 있고, 따라서 매립지에서 배출되는 가스를 에너지로 전환하는 것이 이제는 '녹색'으로 간주되면서 국가의 인센티브와 판매시장을 보장받을 자격이 있는 것으로 취급된다.[9]

영국에서는 2000년이 돼서야 공공시설법(Utilities Act)이 제정되면서 일련의 재생가능 에너지원들이 공식으로 확인됐다(재생가능에너지의 범위에 대해서는 이 글의 끝에 있는 표를 보라). 수력과 폐기물에서 나오는 에너지 외에 다음과 같은 에너지원들이 목록에 올라 있다.[10] 먼저 풍력터빈의 경우는 소규모 전문기업들도 존재하지만 그 생산이 주로 독과점의 지배 아래 있으며 다른 산업들의 부차적 생산라인으로 형성돼 있다. 다음으로는 태양광 패널을 이용해 생산하는 태양에너지가 있다. 이는 소수의 주요 설치기업들과 소규모 건설업자들로 구성돼 있어 분산화된 축적이 이루어지는 분야다. 농림업 부산물과 바이오 연료(영국에서는 주로 포플러와 버드나무 품종에서 나온다)은 매우 작은 부문에 불과하며, 파력발전은 한 스코틀랜드 기업이 상업적인 파력발전소를 포르투갈에 세울 예정이긴 하지만 아직까지는 완전히 미개발 상태다. 지열 에너지 역시 미개척 상태다.

이들 에너지원 가운데 어떤 것도 최첨단 연구수준에 이르지 못했다. 일부는 축적의 분야로 확립된 것도 있지만, 대부분은 걸음마 단계이거나 개발 단계에 머물러 있다.[11] 게다가 '재생가능한 에너지원' 자체가 계속해서 임기응변으로 재규정되고 있다. 2005년 7월 환태평양 국가들 간에 맺어진 워싱턴 협정에서는 심지어 '더 청정한 석탄'에 녹색기술이라는 이름을 붙였지만, 이것은 사실은 가장 오염을 많이 발생시키는 산업 가운데 하나다.[12] 아울러 그동안 한 번도 검증가능한 정의를 부여받지 못했던 '지속가능성(sustainability)'이라는 단어는 '재생가능(renewable)'과 바꾸어 쓸 수 있는 것처럼 사용된다. '지속가능성'은 '지속적인 사용이 가능하도록 환경 속에 존재하는 자원'이라는 의미로 희석됐고, 심지어는 단순히 '성장'을 뜻하는 것이 되기도 했다.[13]

재생가능에너지를 사회적, 정치적으로 변혁적인 기술로 옹호하는 두 가지 강력한 주장이 있다. 그중 하나는 '지속가능한 지역사회'에 봉사하고 에너지에 대한 통제의 분산화, 민주화에 최적화된 소규모의 기술로서 재생가능에너지가 지닌 잠재력을 강조한다.[14] 이러한 주장은 에너지망이 부실하고 송전손실이 심하기 때문에 분산화된 에너지 생산을 필요로 할 뿐만 아니라 그러한 생산을 관리할 '농촌공동체'가 존재하는 '개발도상국'에 주로 빛을 던져주고 있다. 자립의 사회적 가치를 강조하는 또 다른 주장은 사회의 규모와는 상관없이 내세워진다. 자립은 사회주의와는 거리가 먼 구호이지만 기본적인 물자와 서비스의 공급을 보장하는 것이 사회주의적 안보의 요건 가운데 하나라는 점에서 다른 많은 자본주의 기술들과 달리 재생가능에너지 기술은 사회주의에 어떠한 장애도 되지 않는다.[15]

하지만 재생가능에너지의 경제적 효율성은 세 가지 근거에서 가차 없는 공격을 받아왔다. 그 첫째는 재생가능에너지의 운영비용이 현재도 그렇지만 앞으로도 본질적으로 화석에너지보다 높다는 것이다. 둘째는 재생가능에너지가 기저부하에서든 첨두부하에서든 생산의 안정성이 부족하고 신뢰성이 떨어진다는 것이다. 셋째는 기술적인 어려움, 그리고 전력망과 함께 사용할 수 있는 분산화된 발전을 위한 발전기를 제작해 설치하는 데 드는 비용의 문제다.[16]

비용에 관한 첫 번째 비판에 대해서는 모든 에너지 기술은 규모의 경제와 학습효과가 실현될 때까지는 보호를 필요로 해왔음을 말해줄 수 있다. 재생가능에너지의 연구개발에 지원되는 보조금은 역사적으로 화석에너지와 원자력 기술에 지원된 보조금에 비하면 미미한 수준에 지나지 않는다.[17] '자본비용'도 시간이 흐르면서 여러 이유들로 인해 변한다. 예를 들어 녹색기술은 현재 경제협력개발기구(OECD) 국가들에서 개발돼 개도국으로 이전되고 그곳에서 가공돼 원래 그것을 개발한 나라로 재수출된다.[18] 비용에 관한 논쟁은 최적규모에 대한 합리적인 가정 아래서 모든 발전의 전 과정에 들어가는 비용이 모두 계산되기 전에는 해소되지 않을 것이다.[19] 하지만 무엇보다도 은폐되고 있는 원자력 에너지의 비밀성 때문에 이러한 연구는 한 번도 명백하게 수행된 바가 없다.

두 번째 반대는 재생가능에너지가 어떠한 에너지 시나리오에서도 단역 밖에 맡을 수 없다는 것이다. 에너지의 수요공급 측면 모두의 변동에 대비하는 데 필요한 초과용량을 제공함과 동시에 유지 및 보수에 드는 비용까지 재생가능에너지가 감당하는 것은 물리적으로 불가능하기 때문(엄청나게 높은 자본비용은 말할 것도 없고)이라는 것이다. 이에 대해서는 재생가능에너지를 최적상태로 조합하게 되면 예측이 가능한 방식으로 변동성을 감당할 수 있으며, 일단 저장배터리의 기술적인 문제가 연구에서 개발의 단계로 넘어가면 특히 그렇다는 반론이 가능하다. 재생가능에너지의 물리적 잠재력이 고의적으로 저평가돼왔다는 주장도 가능하다. 재생가능에너지의 물리적 잠재력은 매우 크다. 예를 들어 "육상과 해상의 풍력을 결합하면 영국 전력생산량의 35%까지도 공급할 수 있을 것"[20]이라는 주장도 있다.

공학 인프라와 관련된 세 번째 의심은 매우 진지하게 다룰 필요가 있다. 영국의 자본은 처음부터 에너지 부문을 선별해 독점산업으로 발전시켜 왔다. 그런 다음에 영국 전역의 발전기에서 생산된 에너지를 모으고 수요공급의 변동에 맞춰 배분할 수 있는 전력망이 만들어졌다. 이 전력망은 '자연독점'적인 공공서비스로 간주되어 보조를 받았다. 반세기나 전에 만들어진 탓에 복제하지도 해체하지도 못하는 상태인 영국의 전력망은 분산화된 소규모 발전기를 연결하기가 쉽지 않은데다 유지 및 보수가 분산적으로 이루어져야 하는 여건에서 운영하기가 어렵게 설계돼 있다. 소규모 재생가능 에너지원의 수가 대폭 확대되고 그것이 모두 전력망에 연결되려면 비용효율적인 기술이 개발돼야 한다는 사실을 부정할 수 없다.

물론 재생가능에너지에 대한 옹호가 '사회정의' 개념을 토대로 삼을 수도 있다. 이 점은 자본주의 체제의 중심부보다는 주변부에서 더 잘 이해될 수 있을 것이다. '인도 숲거주민과 임업노동자 포럼(Indian National Forum of Forest People and Forest Workers)'에 따르면 금세기에 예견되는 기온상승의 영향은 주로 기후의 급변과 해수면의 상승으로 나타날 것이다. 사회적, 환경적, 지구적 위기를 피해가기 위해 필요한 일을 해야 할 책임은 환경파괴를 초래한 선진국들이 져야 하지만, 기온상승의 영향은 가장 열악한 물리적 생태계 속에 살고 있는 가장 가난한 노동자들에게 더 많이 닥칠 것으로 예측된다.[21] 세계 기후변화 협상은 그 과정이나 결과 모두 불평등하고 불공정하게 진행돼왔다. 오늘을 살고 있는 사람들은 생태적, 사회적 주변부에 살고 있는 현세대 사람들뿐만 아니라 모든 곳의 미래세대를 떠받치는 데 필요한 지구의 대기 및 생물계가 지닌 수용능력을 공격적으로 감퇴시키고 있다.[22] 자연정의(natural justice)의 측면에서 보면 대기오염을 유발할 수 있는 자들은 경제적 비용이 얼마나 들든 자신들의 온실가스 배출을 감축해 기후변화를 완화시키는 동시에 모든 사람이 변화된 기후에 적응하는 것도 가능하게 해야 할 의무를 지고 있다. 그런데 사람들은 이러한 의무를 얼마나 인식하고 있고, 얼마나 인정하고 있을까? 노동당 소속으로 영국 외무장관을 지낸 로빈 쿡(Robin Cook)은 2005년에 죽기 직전에 남긴 공식 논평에서 한편으로는 아프리카를 돕자는 쪽으로 대중정서가 일어나고 있지만 다른 한편으로는 "그동안 외채에 기반을 두고 이루어진 발전을 무효화하고 … 아프리카에 더 많은 고통을 가져다줄" 기후변화 문제는 제대로 다루어지지 않는 데 대해 당혹감을 표시했다.[23]

마지막으로 지적할 것은 중국과 인도 같은 인구대국의 석탄 기반 산업화로 인해 발생할 온실가스 위협에 초점을 맞추는 이기적인 지정학적 주장도 있다는 점이다. 이런 주장의 온건한 버전은 탄소흡수원을 보호하고 재생가능에너지를 발전시키기 위해서는 대기를 많이 오염시키는 구 산업국가(또는 구 산업국가에 본사를 둔 기업)들이 개발도상국들에게 보조금을 지급해야 할 것이라고 지적한다.[24] 이보다 강한 버전의 개발이론은 전시효과가 필요하다고 주장한다. 이에 따르면 경제협력개발기구(OECD)나 선진8개국(G8)이 먼저 나서지 않는 한 새로운 오염국가들이 국가의 지시와 보조금 지급을 상당한 수준으로 요구하는 비전통적 모델을 따르게 될 가능성이 거의 없다는 것이다. 오래전부터 대규모의 오염을 저지른 선진국들이 재생가능에너지를 개발하는 의무를 이행하고 있다는 증거가 없는 상태에서는 개도국 국민들이 자신들도 '대기를 오염시킬 권리'를 갖고 있다고 생각할 것이다.[25]

재생가능에너지는 덜 파괴적인 엔트로피를 의미하며, 앞으로 50년 안에 기후변화를 안정화시키는 데 시급하게 필요하다. 재생가능에너지는 소규모로 적용할 때에는 성공적일 수 있음이 입증됐고, 아직은 규모의 경제에 반하지 않으며, 기업자본에서부터 실험적인 공동소유에 이르기까지 다양한 소유형태들에 두루 부합하는 것으로 이미 증명됐다. 또한 스칸디나비아나 독일과 같은 곳에서는 재생가능에너지가 대규모로 개발돼왔다. 선진국이 재생가능에너지를 사용하는 것은 중국과 인도처럼 지구온난화를 가중시키는 역할이 점차 파국적인 수준이 될 국가들에 전시효과를 일으키는 데 필요하다.[26]

이런 고찰은 이 글의 주된 초점인 재생가능에너지 개발과 관련해 영국이 보여주고 있는 개탄스러운 실적으로 우리의 시선을 이끈다. 영국에서 재생가능 에너지의 발전을 지체시키는 조건들은 어떤 것인가? 그 조건들은 주로 정치적인 것이다. 아래에 이어지는 두 개의 절 가운데 첫 번째 절에서 우리는 국가와 그 정치에 초점을 둘 것이다. 그리고 두 번째 절에서는 시장과 시민사회의 정치를 다룰 것이다. 시장은 서로 연결돼 있다. 우리는 모든 재생가능에너지의 갑작스런 등장으로 위협을 받을 수도 있는 모든 주요 시장들의 정치에, 그리고 재생가능에너지의 발전에 저항할 수도 있는 이익집단들(노동자들을 포함해)에 주목해야 한다. 우리는 시장주도적인 상품화의 정치뿐만 아니라,[27] 그리고 '새로운' 기술과 에너지원의 정치뿐만 아니라 '경로의존'의 정치 역시 다뤄야 한다. 재생가능에너지의 더딘 발전에 의문을 제기하는 것은 간단해 보일지 모르지만 사실은 광범위한 파생효과를 불러올 가능성을 갖고 있다.[28]

영국의 에너지 정치 1: 정부의 개입과 규제[29]

자본주의 아래에서 국가는 에너지 생산에 개입하도록 강제된다. 국가는 여러 위험요인들을 차단하고, 전력의 생산 및 분배 네트워크를 관리하고, 바람직한 신기술의 연구개발 과정을 관리하고, 상충관계를 조율하고, 사회적 이해관계를 중재하고, 중요한 유권자들(예를 들어 연료가 부족한 연금생활자들)의 필요에 부응하라는, 그리고 이 모든 것을 위해 재원을 확보하라는 요구를 받는다. 국가는 에너지시장을 더 넓은 '국가와 시장 간 관계의 틀' 속에서 규제하고 조율해야 한다. 오늘날 대부분의 국가들은 이러한 복잡한 의무들을 챙겨 수행하고 있지만, 영국은 신자유주의 이데올로기에 완전히 발목이 잡힌 것은 아니라 하더라도 이러한 의무들을 떨어내고 있다. 지난 20년 동안 영국 정부는 적극적인 개입과 담론적인 열망의 정치 사이를 오갔다. 노동당은 야당 시절에는 전력부문을 민간자본의 손에 두는 것에 대해 양면적인 입장을 보였으나, 여당이 된 뒤에는 민간의 에너지 생산능력이 확대되는 과정을 관장하면서 에너지 효율이나 에너지 절약을 저해한 것은 말할 것도 없고 원자력뿐만 아니라 재생가능에너지도 훼손해왔다.

'신노동당'은 공식적으로는 증거에 기초해 정책수립을 하겠다는 태도를 취했다. 신노동당은 온실가스 배출 감축목표를 분명하게 설정했고, 그 지도부는 기후변화가 '최우선 순위'의 문제라고 거듭 주장했다.[30] 하지만 영국의 이산화탄소 배출량은 1997년에 노동당이 집권한 이후 적어도 5.5% 증가했고, 2005년 상반기에만 1997년 수준보다 2.5% 증가했다. 인구는 전 세계의 1%에 불과한 영국이 온실가스 배출량에서는 전 세계에서 2.2%를 차지하고 있다. 영국에서 생산되는 전력 가운데 재생가능에너지의 비중은 2.7%에 불과하다. 스페인(16%), 덴마크(20%), 핀란드(26%), 스웨덴(47%)과 비교해보면 이는 '개탄스러운 결과'다.[31] 영국의 재생가능에너지 부문은 벌써 여러 해 동안 '유치산업'의 단계에서 벗어나지 못하고 있다. 에너지정책 분야의 권위 있는 전문가인 디터 헬름(Dieter Helm)은 영국의 재생가능에너지 부문을 가리켜 "정치적 로비단체와 다름없는 수준"이라고 지적했다.[32] 2000년에 하원 감사위원회는 영국의 기후변화 대응전략에 대해 "심각하게 경로에서 이탈했다"고 기술했다.[33] 2004년에는 상원 과학기술위원회가 "재생가능에너지 관련 연구개발에 대한 정부의 미미한 투자"[34]에 대해 개탄했다. 그리고 2006년에는 환경감사특별위원회가 '녹색정책에 대한 제도적 타성'을 모호하게 가리는 재무부를 비난했다.[35]

하지만 환경보호에 대한 신노동당의 수사적인 약속은 엄격하고 일관되게 유지돼왔다.[36] 그렇다면 왜 그렇게 영국에서는 환경보호 분야의 발전이 느렸는가? 그리고 왜 이런 사실이 더 많은 관심을 끌지 못했는가?

관료정치의 구조

국방의 책임이 국방부에만 있는 것이 아닌 것처럼 핵심 경제부문에 대한 책임은 대개 어떤 하나의 정부부서에 국한되지 않고 여러 부서에 걸친다. 이런 점은 한편으로는 핵심 경제부문의 중요성을 반영하는 것일 뿐 아니라 그 자체가 합리적인 것으로서 정부의 모든 부서에 걸치게 되는 '정책 주류화(policy mainstreaming)'의 한 사례(젠더 부문이 특히 그러하다)로 해석될 수도 있다. 이런 경우에 개별 부서들의 목적이 서로 충돌해 비일관성이 생겨나는 것을 막기 위해서는 강력한 조율이 필요한데, 이것이 부족한 것이다.

영국의 에너지정책 시행구조를 보면 먼저 목표, 규제, 지구적으로 지속가능한 개발, 비상사태에 대한 대응 등은 환경식품농촌부(DEFRA)에서 관장한다. 통상산업부(DTI)는 에너지 생산, 공공설비에 대한 규제, 저탄소경제 정책을 관장한다. 지역사회지방정부부는 도시계획, 재생가능에너지 현장, 에너지 효율성을 관장한다. 교통부는 해상 및 육상의 환경위험, 연료 및 교통의 인프라, 지속가능한 관광을 관장한다. 부총리실은 근린지역 재활성화를 관장한다. 기후변화의 영향에 대응하는 데 이용되는 경제적 보상수단은 재무부에 집중돼 있다. 마지막으로, 그러나 역시 중요한 부서로 국제개발부를 들 수 있다. 이 부서는 재생가능에너지 및 재생불가능 에너지와 관련된 해외원조를 관장한다. 이 밖에 총리비서실과 두 개의 공식 부문기구(수석 과학자문관과 오프겜(Ofgem)으로 알려진 규제기구), 경제서비스국장(재무부와 내각 양쪽에 걸치면서 기후변화의 경제적 측면을 검토하는 일을 한다), 환경청(이는 영국의 독립적 정부기관(quango)의 대표 격이다), 그리고 여러 개의 정부출연 자문기구(예를 들어 재생가능에너지에 관해 권위 있는 자문을 제공하는 에너지산업계의 '탄소 트러스트(Carbon Trust)' 같은 것)도 에너지정책의 수립에 참여한다.

이러한 부서와 기구들 가운데 일부는 활동이 서로 조율되기는커녕 다투는 것으로 알려져 있다. 예를 들어 1997년에 시작된 '기후변화 관련 목표치에 관한 행동계획'에 대한 검토보고서의 발표가 목표달성 가능성을 놓고 낙관적인 입장인 환경식품농촌부와 비관적인 입장인 통상산업부 간의 의견차이로 인해 2005년 여름으로 1년이나 연기된 바 있다.[37] 그동안 정부부서들이 재조직되고 이름이 바뀌고 관할범위가 변경되는가 하면 각 부서 내부의 비일관성이 공익에 심각한 영향을 끼치기도 했다.[38] 예를 들어 국제개발부는 말로는 재생가능에너지 업무에 종사하는 것으로 돼 있지만 실제로는 2004년까지 10년간 재생가능에너지 연구에 360만 파운드(2007년 8월 말 환율로 환산하면 약 68억 원)를 투입하는 데 그쳤다. 이런 금액은 석유인프라와 기타 화석연료 관련 프로젝트에 대한 이 부서의 투자액과는 비교도 안 되는 수준이다.[39] 그럼에도 이 부서는 제3세계의 발전을 지원하는 책임을 지고 있다는 점에서 지구적 기후변화에 대한 영국인들의 대응을 이끄는 선봉으로 기대를 받았다. 하지만 이런 기대는 지구적 관점에서 보면 기후변화의 완화 및 기후변화에 대한 적응에 드는 비용이 제3세계에서 가장 적게 들기 때문일 뿐이었다. 게다가 경제적 이해관계의 갈등이 오래전부터 정치적으로 제도화돼 있다.[40] 산업계 단체들이 공공연하게 정부의 정책을 만들어내며(예컨대 '배출권 거래 그룹'은 공식 탄소거래 관련 정책을 만든다), 정부에 공평무사한 자문을 제공하는 역할을 해야 할 정부의 자문관들이 경제적 이해관계의 갈등을 표출하기도 한다(2005년 10월에는 한 자문관이 정부, 원자력산업계의 로비단체, 녹색에너지 기업 등에 동시에 자문을 제공한 사실이 발각됐다).[41] 그런가 하면 환경에 책임을 지는 정치인과 공무원의 임기는 대개 부적절할 정도로 짧다.

미궁과도 같은 에너지정책 생산구조는 정책실패의 지름길이다. 그리고 이런 구조는 통합되고 헌신적인 한 부서에 비해 기업의 이해관계가 침투하기가 더욱 쉬울 수 있다. 게다가 기업의 이해관계가 침투하는 데 대해 에너지정책 생산구조가 저항하고 있다는 증거가 많은 것도 아니다. 오히려 정반대다.

경성 생산기술에서 탈물질화된 시장으로[42]

새로운 에너지시장은 상당한 규모의 안정적인 공적 보조금을 필요로 한다. 재생가능에너지의 경우 이런 공적 보조금에는 자본 및 운영비용에 대한 보조금만이 아니라 재생가능에너지를 노후화된 기존의 전력 네트워크에 통합시키는 일을 관리하는 데 드는 비용까지 포함된다. 그러나 재생가능에너지에 대한 국가의 경제적 지원액은 넉넉히 잡아도 원자력산업에 대한 운영비 보조금에 비해 2.5%에 불과한 것으로 추산된다.

앞에서 주장한 관점에서 보면 영국 정부는 에너지 기술에 대해 불완전한 정보를 토대로 고도로 정치화된 의사결정을 내린 역사를 갖고 있다. 시장효율성이라는 미명 아래 공적 소유권과 정부의 위험부담 역할을 내버렸다. 저렴하고 풍부한 공급, 소비자 주권, 시장경쟁이라는 가정 위에서 돌이킬 수 없는 의사결정들이 에너지 분야에서 내려졌다. 기후변화 문제는 부문별로 다루어져 왔고, 정책변경이 거듭돼왔다. 그럼에도 국가가 시장실패를 보상해야 할 필요성, 시장점유율을 안정화해야 할 필요성, 정책을 시행하기 위한 재원을 안정적으로 조달해야 할 필요성에 근거를 둔 정책홍보가 이어지고 있다.[43] 재생가능에너지의 시장점유율 목표를 설정할 뿐만 아니라 재생가능에너지 사용에 대해 보조금을 지급하며 이를 위해 에너지세를 부과하는 등의 재생가능에너지 정책은 사실 그간 국가가 장려하고 찬양해온 시장기제가 실패한 데 대한 국가의 보상으로 간주될 수 있다. 게다가 국가는 석탄 및 원자력 산업의 장기적 비용(오염 제거, 폐기물 처리, 토지복구에 드는 비용)을 떠안아 왔다. 이런 것들은 결코 '잔여적인 것'으로 분류될 수 없다.

영국 정부는 '승리하는 기술'을 골라내고 '승자'를 만들어내는 정책을 명시적으로 시행하기를 주춤하는가 하면 더 나아가 인프라 제공에 따르는 핵심적인 장기비용과 위험을 감수하기를 회피하면서, 오히려 그러한 결정을 '시장의 힘'에 맡겼다. 이와 동시에 영국 정부는 반대방향으로 돌아섰다. 영국 정부는 결국 최소의 비용으로 오염감축 목표를 달성하기 위해 재생가능에너지를 폭넓게, 그리고 자의적으로 정의하기에 이른다(예를 들어 폐기물에서 뽑아내는 에너지도 '재생가능에너지'로 분류했다). 그러나 영국 정부는 그런 재생가능에너지를 불리하게 만드는 비환경적 시장실패(특히 연구개발 및 재원조달 측면에서)를 바로 잡는 일에는 여전히 내켜하지 않았다. 영국 정부는 논란이 됐던, 조력에너지 생산을 위한 세번(Severn) 방조제와 머지(Mersey) 방조제의 공사를 중단함으로써 조력에너지 기술을 개발단계에서 저지했다(최근 웨일즈 장관의 후원을 받는 컨소시엄에 의해 세번 방조제 계획이 되살아났지만 환경 로비단체들이 이에 적대적인 반응을 보이고 있다.[44]) 영국 정부는 재생가능에너지 관련 목표를 달성하기 위해 매립지 가스를 재생가능에너지에 포함시켰고, 태양에너지에 대한 보조금을 돌연 중단해 그 개발단계를 위태롭게 하고 있다.[45]

영국 정부는 에너지정책에 따르는 위험을 감수하지 않으려는 의지를 명백히 드러내는가 하면 영국의 산업경쟁력이 위협받아서는 안 된다고 완강하게 주장하면서 재생가능에너지 개발에 드는 비용을 소비자들에게 전가해왔다. 그리고 이렇게 비용을 전가하는 데 그치지 않고 이제는 소비자들의 도덕적인 책임을 강조하면서 탄소배출 감축의 책임을 개인들의 구매행위에 지우고 있다.[46]

석탄산업 보호를 위해서는 눈에 띄지 않는 은밀한 조치가 필요했다. 이 때문에 영국 정부는 기업인들의 시선을 집중시켰던 '탄소 발생에 대한 과세'가 아니라 '에너지에 대한 과세'를 시행해왔다. 이런 과세방식은 공급되는 에너지의 탄소함량에는 거의 영향을 미치지 못한다. 기후변화세(Climate Change Levy)라는 사람들을 오도하는 이름이 붙은 이 에너지세[47]는 2000년에 도입됐다. 이 세금에는 정치적인 감면과 '교섭된 합의'가 장식처럼 덧붙여졌다(그러나 인기가 없는 원자력 부문에 대해서는 세금감면이 이루어지지 않았다).

재생가능에너지로 생산된 전기의 일정 부분을 지역전기회사가 할증가격으로 구매하도록 하는, 그리고 재생가능에너지에 대한 교차보조금으로서 정당화되는 '비화석연료 의무(Non-Fossil Fuel Obligation)'의 이행실적은 목표에 턱없이 미치지 못했지만 통상산업부는 그 이유를 설명한 적이 없다. 생산계약이 체결된 재생가능에너지 3000메가와트 중에서 907메가와트만이 실제로 생산됐다. 이처럼 저조한 성과에 대해 유럽연합 집행위원회가 문제제기를 했지만, 이 문제는 여전히 미해결 상태다.[48] 세입 중 재생가능에너지 지원 비율이 가장 높았던 1995~96년에는 특별할증 가격으로 계산해 세입의 8%가 재생가능에너지를 지원하는 데 사용됐고, 이 자금은 경쟁입찰을 통해 배분되게 돼 있었다. 그러나 실제로는 그 대부분이 원자력 에너지를 구제하는 데 지출됐고, 여기에는 경쟁입찰이 적용되지 않았다. 비재생가능에너지를 생산하는 민간 전력회사들로 하여금 재생가능에너지의 생산비중을 서서히 높이도록 하는 '재생가능에너지 의무(Renewables Obligation)'도 저항에 직면하고 있는 게 분명하며, 그 목표가 제대로 달성되지 못하고 있다. 그런데도 2005년에 노동당 정부는 국가의 미약한 정책집행 권한을 강화할 초당적 기후변화 관련 법안을 폐기했다.[49]

대신에 영국 정부는 산업계 전문가 집단(영국항공(British Airways)의 마셜 경과 영국산업연합(Confederation of British Industry)이 주도하는 '에너지 태스크포스'와 재생가능에너지를 거부하는 '배출권 거래그룹(Emission Trading Group)')의 자문을 받아 교토의정서(이 의정서의 여러 가지 문제점은 이 책에 실린 아힘 브루넨그레버의 글에 분석돼 있다)의 운영에서 영국이 맡아야 할 역할을 줄였다. 배출규제는 탄소세에 비해 기후변화를 경감시키는 수단으로서 효율성이 떨어짐에도 불구하고 영국 정부는 탄소시장에서 거래될 수 있는 증서 형태의 재산권 창설을 지지했다. 이것이 이른바 '탄소배출권'이다(하지만 탄소부하가 큰 '석탄사용 발전기'는 적용대상에서 제외됐다). 이에 따르면 '어림대중으로 추산'된 1990년의 이산화탄소 배출량을 기준으로 설정된 배출량 억제목표를 달성하지 못한 기업들도 기존의 탄소 배출량을 유지할 수 있게 해줄 '권리'를 구매하거나 자사의 '초과' 오염행위에 상응하는 양의 에너지 절감을 이룬다고 간주되는 프로젝트의 지분을 매입하기만 하면 계속해서 더 많은 오염행위를 할 수 있다. 반대로 한도보다 대기오염을 덜 시킨 기업은 자사의 사용하지 않은 '권리', 즉 배출권을 다른 기업에 팔 수 있다.[50] 이와 관련해 탄소중개업과 탄소컨설팅이라는 새로운 분야가 최근 빠르게 떠오르고 있다. 이런 분야의 전문가들은 제3세계에서 탄소배출권이 사유화될 것이라는 전망을 갖고 있으며, 탄소배출권의 가격을 협상하는 일을 맡아 한다. 탄소배출권이 화석에너지 사용을 억제시키는 유인으로 작용하기에는 그 가격이 아직은 너무 낮다. 탄소에 대한 보상이 실질적으로 이루어지는 시장이 발전하는 데 필요한 제도적 선결조건들이 현재 갖춰지고 있다는 것이 탄소배출권 거래를 옹호하는 근거가 되고 있다. 그러나 탄소격리 기술이 물질적 실효성은 말할 것도 없고 수익성까지 갖추기 위해서는 탄소배출권의 가격이 지금보다 훨씬 더 높아져야 한다.

영국 노동당 정부는 이 글에서 다시 언급할 정치세력에 굴복한 것처럼 보인다. 정부는 재생가능에너지에 대한 규제의 틀을 고안하는 책임을 맡은 특별팀(이 특별팀은 국가기구를 대변하는 사람은 없고 에너지산업계를 대변하는 사람들과 '독립'적인 규제기구 사람들로만 구성됐다)의 자문을 받으면서 재생가능에너지에 대한 일련의 인센티브를 도입했지만, 이 인센티브는 체계적이지 못한데다가 그것을 뒷받침하는 재원도 빈약한 편이다(이 글의 끝에 실린 표를 볼 것). 이 특별팀은 이전의 에너지부가 1980년대 초반에 영국 원자력청(British Atomic Energy Authority) 자문단의 권고에 따라(이는 전형적인 절차다) 지지했던 풍력발전을 선호했다.[51] 정부는 승자를 골라내기는커녕 해상의 풍력발전에 60억 파운드를 투자한다는 계획을 만들어 발표하는 데에만 20년이 넘는 세월을 흘려보냈다. 그리고 이 계획에 따른 투자는 공적 투자도 아니고 정부의 보조금이 지원되는 투자도 아니다. 이 투자계획은 정부의 민간자본 유치 목표에 지나지 않는다.[52]

국가의 규제: 필요성의 정치와 '열망적 담론'의 정치

열성적인 시장 지지자들은 만약 독립된 규제기구가 적절한 강제력을 갖고 있다면 전기 같은 기본필수품의 보편적인 공급은 공적 소유권보다는 사적 소유권을 통해 더 잘 보장될 수 있다고 주장한다.[53] 그러나 독립된 규제기구가 적절한 강제력을 갖는다는 조건은 실제로는 결코 충족될 수 없다. 전 세계적으로 소위 독립된 규제기구는 그 권한에 따른 행동을 너무도 자주 방해하는 정부나 관료들에 의해 포섭된다. 영국의 규제문화는 유연성과 재량이라는 특징을 갖고 있다. 가스 및 전기 시장의 규제기구인 오프젬(Ofgem)이 신 노동당 정부에 의해 포섭되는 현상은 1998년에 석탄을 지원하고 복합가스터빈을 지연시키라는 요구가 오프젬에 들어가면서 나타나기 시작했다. 1990년대에 이미 규제비용이 증가하는 동시에 규제기구에 대한 정부의 통제도 크게 강화됐고, 이런 추세는 2000년에 제정된 공공시설법(Utilities Act)에 다수의 규칙과 규제가 포함되는 것으로 절정에 이르렀다.

그러나 국가는 다시 자본에 포섭됐고, 다음 절에서 자세히 살펴보겠지만 이산화탄소 배출량의 감축 및 안정화에 대한 책임을 포기했다. 공공시설법의 적용범위는 '산업계의 반란'으로 인해 크게 축소됐다. 이는 전력생산에서 석탄, 석유, 가스가 차지하는 비중의 변화가 잘 보여준다. 영국의 에너지 부문은 가스터빈과 수입된 민간의 석유 및 가스에 의해 점점 더 많이 지배되고 있다. 1999~2000년과 2005~2006년에 있었던 가스가격 폭등은 가스의 상대적 희소성과 위험, 그리고 장기계약에서 현물구매로의 전환으로 인한 시장의 교란 등에 기인한 것이었다. 가스의 가격이 높아지자 민간의 석탄 수입이 급증했다. 그 과정에서 기후변화나 재생가능에너지의 개발(이는 2000년부터 오프젬이 지원하기로 돼 있는 과제들이다)은 뒷전으로 밀려났다. 이런 상황은 유감스럽게도 2005년 후반에 '산업계의 격렬한 압력' 아래서 영국 정부가 유럽연합에 자국의 탄소배출권 할당량을 늘려달라는 법적 제소를 하는 결과로 이어졌다.[54]

바로 이즈음에 열망적 담론의 정치가 등장했다. 2004년에 환경부 장관인 휘티경은 "우리의 최우선 과제는 기후변화에 대한 대응"이라고 말했다. 2005년에 노동당은 "우리 생활양식의 중심에는 낮은 수준의 이산화탄소 배출이 있다"고 선언했고, 2006년 1월에는 환경식품농촌부 장관인 마거릿 베케트가 "다른 어떤 나라도 기후변화에 대한 대응이라는 대의를 증진하는 데 있어서 영국 노동당 정부만큼 하지 못했다"고 주장했다.[55] 영국 노동당 정부가 자신의 성취에 대해 늘어놓은 주장은 현장의 현실과 너무 동떨어진 것이어서 거기엔 뭔가 다른 목적이 있는 게 분명했다. 정부 관리가 완전히 비기술적인 발언을 하는 것은 그 나름대로의 정치적인 기능을 하는 동시에 실질적인 물적 결과를 낳는 경우가 종종 있다. 이와 관련해 다음 두 가지 점에 주목할 필요가 있다.

첫째로 '우선과제', '급박한 정치적 대의'와 같은 열망적 발언이 기후변화의 정치와 재생가능에너지에 관한 공적인 표현을 지배하기에 이르렀다. 1990년 이래로 정부의 이산화탄소 배출량 감축 목표는 불안정했다. 대체로 정부의 목표는 점점 더 거창해졌다. 1992년에는 1990년 수준으로 배출량을 감축하겠다던 것이 2000년부터는 1990년 수준보다 60% 더 감축하는 것으로 목표가 바뀌었다. 감축목표에 관한 새로운 공식 성명이 발표되는 데 걸리는 시간은 점점 더 짧아진 반면에 감축목표 달성 시기는 처음에는 5~10년이었던 것이 점점 더 미래로 늦추어져 지금은 45~99년에 이르고 있다. 게다가 감축목표를 달성하기 위한 기술적 수단과 정책도구들이 제대로 적시된 적은 전혀 없었다. 대중은 자의적인 구호와 이분법적 선택지(처음에는 천연가스로의 돌격이냐 석탄의 수입이냐, 그 다음에는 원자력이냐 천연가스냐, 그리고 지금은 청정석탄 또는 원자력이냐 재생가능에너지냐)에 압도당했다. 공표된 기술적 수단과 정책도구들 각각에 주어지는 비중도 필요한 투자기간과는 무관하게 변했고, 여전히 전략적으로 모호하다. 재생가능에너지와 관련된 목표와 그 달성 시기는 상당히 조심스러운 수준이 됐지만, 그것마저도 현재의 상태로 보아서는 지켜지기 어려울 것 같다.

에너지정책은 기후변화에 대응하는 정책이다. 그런데 이런 정책이 대중을 진정시키는 역할 말고 다른 어떤 역할을 하는지 알기 어렵다. 데이비드 카메론이 이끄는 '신보수당'도 "당의 위상 재정립의 핵심에 환경을 놓고" "정부에 대해 환경문제와 관련된 약속을 절대적으로 이행할 것이라고 재천명하도록 촉구"하는 열망적인 기후변화 대응정책이 가진 매력을 발견했다.[56] 2006년 중반에도 영국 정부는 여전히 기후변화의 위험성에 대한 평가결과를 담은 연구보고서의 발표를 여러 달째 연기하고 있었다. 정부의 수석경제학자인 닉 스턴 경은 기후변화의 경제적 측면에 대해 2006년 가을까지는 보고를 하지 않아도 되는 입장이 됐고, 기후변화 대응 정책에 관한 초당적 합의에 대한 그 어떠한 희망도 사라졌다.[57] 그 실질적인 결과는 이산화탄소의 총배출량으로 판단해볼 때 정계가 잠잠해지는 동안 기업들은 평상시대로 오염물질을 만들어내고 유통시키고 소비하고 있다는 것이다.

둘째로 열망적 담론은 하나의 정책이 시간이 지나면서 바뀌는 '다양한 목적'에 기여하게 한다. 영국의 에너지 부문에 만연해 있는 복잡하고 모순적이며 불안정한 규제체제 아래서 풍력에너지 및 태양에너지의 생산과 에너지 효율성 모두 '다양한 목적' 신드롬에 시달렸다. 재생가능에너지와 에너지 효율성 정책은 사회정책(연료빈곤층, 주택투자, 농촌개발, 소비자행동 변화, 사회통합, 삶의 질 개선 등과 관련된 정책)이라는 이름이 붙여져 인센티브도 거의 받지 못했다. 그리고 이런 정책들은 서로 조율될 것이라는 희망을 소멸시키면서 그 각각이 나름의 고유한 정치가 작동하는 정부 부서나 기구들에, 그리고 각 지역들에 떠넘겨진다.

2005년에 지방정부협회(Local Government Association)에서 300개 지자체를 조사한 결과 90% 이상이 재생가능에너지에서 아무런 진전이 없었다. 응답자의 3분의 2는 그 원인으로 정부의 지도력 부재 또는 중앙정부의 적극적인 정치적 방해를 꼽았다. 지역 수준에서 재생가능에너지 분야는 자금과 사람이 부족한 상태다. 재생가능에너지와 관련해 실적이 나쁜 지자체의 공무원 중 3분의 1은 유권자와 지방의원들의 저항에 책임을 돌렸다.[58] 복잡한 목적들과 분권화된 책임소재가 결합해 재생가능에너지 부문의 발전과 에너지 효율의 개선을 가로막는 기능을 하고 있다.

디터 헬름은 영국에는 전부터 에너지정책이 존재했고 지금도 백서는 정기적으로 나오지만 '새로운 환경문제'를 다루는 에너지정책은 없다고 조심스레 결론을 내렸다.[59] 정책이 점점 더 산만하고 근거 없는 방식으로 형성되고 있고, 영국 정부는 체계적이고 안정적인 정책을 고안하는 데 필요한 자체적인 기술적 지식의 기반을 적극적으로 파괴하거나 그것이 소실되도록 하는 데 소극적으로 동의해왔다. 그러한 지식기반과 정책과정의 모든 요소들은 체계적으로 상품화되고 있다. 또한 규제의 인프라나 '관리기술'을 고안할 수 있는 자체 능력도 점차 잃어가고 있다. 전략적인 권위를 잃어버리면서 영국의 국가 그 자체가 훼손되고 파편화되고 있다. 국가가 정치적으로 불구화되고 있는 것이다.[60]

이 모든 것을 감안할 때 재생가능에너지의 진보가 멈추게 된 것이 정말로 재생가능에너지가 비효율적이기 때문이라고 말할 수 있을까? 스웨덴이나 덴마크에서 재생가능에너지가 진보한 것은 적어도 재생가능에너지가 효율적일 수 있음을 시사한다. 재생가능에너지가 진지하게 장려되지 못했다는 것이 진실이다. 재생가능에너지는 정치적으로 주변화됨으로써 에너지 선택지로 진지하게 고려되지 못했다. 2006년에 재갈이 물린 상태로 대중적 논쟁이 벌어지기 3년 전에 이미 재생가능에너지는 담론 수준에서도 우선순위에서 밀려났다. 이는 원자력을 부활시키려는 영국 총리의 명백히 개인적인 바람 때문이었다.[61] 재생가능에너지의 정치는 산업계의 이해관계에 따라 좌우되는 약화된 국가의 모습을 보여준다. 아래에서는 이에 대해 살펴보도록 하겠다.

영국의 에너지 정치 2: 시장과 시민사회[62]

시장점유율 확보를 위한 갈등은 국가에 의해 시동되는 정치만큼이나 중요한 정치를 창출한다. 에너지정책을 부문별로 취급하는 관행은 기업 간, 그리고 개별 기업과 국가 간의 정치적 투쟁을 은폐한다. 재생가능에너지에도 하나의 부문이라는 이름이 붙여졌지만 이것은 두 가지의 극단적인 자본주의 조직 형태로 존재한다. 그중 하나는 어떤 논평가가 다양한 기업자본들의 '최신유행 과시(fashion statement)'라고 부른 형태이고, 다른 하나는 소규모 전문기업들의 집단이라는 형태다. 이 둘 사이에 연관성은 거의 없다. 기업자본들은 녹색의 수사를 구사하지만 실제로는 자신들이 통제하는 재생가능에너지의 발전 속도를 늦추기 위해 조용히 영향력을 행사했을지도 모른다. 반면에 소규모의 전문화된 재생가능에너지 자본은 서로 경합하는 재생가능 에너지원들로 나뉘어져서 일관적이지 않고 간헐적으로 국가지원을 받는다(이런 점이 재생가능에너지의 발전을 제약해온 것이 틀림없다).

게다가 매우 강력하지만 분열된 산업계의 이익집단들이 집단적인 조직화를 통해 에너지 부문 안팎에서 경쟁을 하기 위해 먼저 확보해야 할 광범위한 이권, 보조금, 중개활동, 인프라 공급 등을 놓고 쟁탈전을 벌인다. 지식기반 서비스 기관과 독립적 정부기관(quango)들에 대한 자금지원 및 영향력 행사를 통해 산업계의 이익집단들은 기후변화 관련 정책의 형성과정에 절대적으로 관여된다. 재생가능에너지와 관련된 집단적 조직들은 다양한 로비를 펼치고 있는 반면에 시민사회의 집단행동 정치는 전략적 중요성이 가장 큰 비공식적인 지리정치적 활동에서부터 영국 웨일즈 농촌(웨일즈는 풍력발전 기업들이 가장 많이 매력을 느끼는 지역이다)의 님비(NIMBY) 정치에 이르기까지 모든 수준에서 에너지를 중심으로 난관에 봉착해 있다. 재생가능에너지의 정치에는 이러한 모든 이해관계를 대변하는 전투적인 집단행동들뿐만 아니라 지적인 관심의 표명(이런 관심을 표명하는 사람들은 나름대로 이유를 갖고 그렇게 하겠지만 다른 의미는 거의 없다고 할 수 있는 '인식의 공동체'다)도 포함된다.

시장구조의 정치

분석가들이 정책을 탈정치화시키는 한 가지 방법은 에너지 구조를 부문별로 고려하는 것이다. 분석가들은 사유화와 그것이 가져오는 환경적 긴장(특히 매출의 최대화와 오염의 최소화)의 드라마를 분석하는 데 온 힘을 쏟는다.[63] 하지만 에너지 기업의 운영에는 다양한 에너지원과 시장들과의 관계가 뒤섞여 있다. 에너지 회사뿐만 아니라 산업자본 전체도 마찬가지다. 기업들은 에너지원을 다양한 조합으로 결합하며, 국가가 에너지정책을 조율하는 것보다 에너지 투자를 더 잘 조율한다. 주된 정치행위자들이 부문이 아니라 기업이라는 사실이 초래하는 영향은 무엇일까?

에너지 부문은 모든 단계에서 독점적으로 구조화돼왔다. 그 결과 지금은 에너지 부문이 모래시계와 같은 모양을 하고 있다. 전력생산은 일련의 기업들이 담당하고 있으며 강력한 독과점에 의해 지배되고 있다. 전력망은 심하게 규제를 받는 독립적 정부기관(quango)에 의해 독점돼 있다. 반면에 송전탑에서 각 가정에 이르기까지의 배전, 고지서 발부, 소매는 많은 기업들이 맡고 있다. 개별 기업들은 영국 에너지의 구조를 형성하면서 막대한 정치적 영향력을 휘두른다. 대중의 관심을 끄는 위기와 스캔들은 이들이 수행하는 매우 모순적인 역할에 사람들이 주목하지 못하게 한다.[64] 예컨대 셸(Shell)의 옥스버그 경은 기후변화 문제가 다급하다는 견해를 선명하게 지지하는 사람이다.[65] 하지만 '헨더슨 글로벌 인베스터스'(사회책임투자 펀드를 운영하는 회사)에 따르면 셸과 BP 두 기업이 런던 증시의 상장기업 목록에 올라 있는 100대 주요 기업들 전체의 이산화탄소 배출량 가운데 40%를 배출하고 있을 뿐 아니라 전력부문에 진출하겠다는 의지를 강력히 내비치고 있다. BP는 또한 탄소거래 정책을 형성하는 핵심부에 위치한 기업이다. 2001년 초에 BP는 영국 안에 있는 자사 시설의 이산화탄소 배출량을 1990년 수준 이하로 감축하는 데 성공했다고 한다. 하지만 이는 탄소상쇄 방식의 '지속가능한 효율성' 프로젝트에 의한 공장가동으로 발생하는 8200만 톤의 이산화탄소 가운데 10% 미만일 뿐이다. BP의 제품은 세계 화석연료 총배출량의 5%를 배출하면서 생산되고 있어 여전히 거대한 오염원으로 남아있다.[66]

제너럴 일렉트릭이 "기후변화는 새로운 사업기회의 중대한 추동요소"라고 주장하듯이[67] 셸은 자사를 '에너지 기업'으로 새롭게 홍보하고 있으며 "수요를 충족할 만큼 충분한 양의 태양광 패널을 만들지 못하고 있다"고 말한다. BP는 '석유를 넘어서(Beyond Petroleum)'라는 뜻으로 회사이름을 다시 풀이하고 해바라기 모양의 로고까지 새로 채택했다. 하지만 BP가 재생가능에너지에 들이는 돈은 연료의 탐사와 생산에 쓰는 돈 80억 달러에 비해 1%에 불과하며, 셸이 재생가능에너지에 들이는 '매우 작은 비중의 자본지출'보다도 더 적은 금액이다. BP는 또한 미국에서 온실가스 배출을 억제하는 법의 도입을 가로막으려는 로비를 벌이기도 했다. 이처럼 '거대기업'은 열망적인 정책담론을 내세우려는 정부의 강박적인 태도에서뿐만 아니라 증거의 선별적 사용을 수반하는 특유의 보완적인 담론의 사용에서부터도 이익을 얻는다.[68] 석유 메이저들에게 재생가능에너지는 현재 언변의 정치에 속아 넘어가는, 혹은 이에 관심을 갖는 사람들을 대상으로 한 광고의 수준을 넘지 못한다.

집단적 조직의 정치, 집단적 행동의 정치

개별 기업들이 계속해서 정치적 영향력을 발휘해야 하기에 에너지 부문은 집단적으로 조직된다. 에너지정책에 이해관계를 갖고 있는 자본의 집단적 조직은 사람들이 몰리고 활발하며 복잡하고도 비밀스러운 분야를 점령한다. 이 글에서는 그 분야 내부의 정치에 대한 분석은 물론이거니와 그에 대해 자세히 기술하기도 어렵다. 하지만 우리는 그 구조만큼은 기술할 수 있으며, 그 결과로부터 정치에 관해 추론할 수 있다. 거대한 행위주체로는 영국산업연합(Confederation of British Industry), 관리자협회(Institute of Directors), 제조업연맹(Engineering Employers' Federation), 공격적으로 활동하는 수송 및 연료 분야의 로비단체, 투자펀드 운영회사, 보험회사 등이 있다. 이들보다 규모가 작은 행위주체로는 에너지시장 규제당국, 취약가구에 지급되는 에너지 보조금과 관련이 있는 로비단체 등이 있으며, 나름대로 지켜야 할 자기영역을 갖고 있는 공무원 집단도 꼽을 수 있다. 극소수의 예외(원자력에 이해관계를 갖고 있는 노조를 예로 들 수 있다)가 있긴 하지만 일반적으로 노조는 이러한 종류의 정치에 관여하고 있지 않다.

원자력 로비단체의 성공적인 캠페인은 국가와 원자력산업 간의 경계를 흐리는 좋은 예가 됐다. 영국에서 영업하고 있는 프랑스의 주요 원자력회사인 EDF에서 언론과의 관계를 관리하는 책임을 맡고 있는 사람은 영국 재무부 장관인 고든 브라운(2007년에 총리가 됨―옮긴이)의 친형제다. 영국원자력연료(BNFL)라는 회사의 기업담당 대표는 원자력산업협회(NIA)의 의장이며, 이 협회의 대표는 영국 무역산업부에서 자리를 옮겨온 사람이다. 다른 로비스트들은 노동당에서 왔다. 이들의 적극적인 개입은 이전의 초당적인 원자력 반대 합의를 깨는 데 핵심적인 요인으로 작용했다.[69]

에너지에 관한 자본의 집단행동은 결코 단합돼 있지 않으며, 이들 집단이 전문화된 재생가능에너지 부문의 발전을 고의적으로 방해하는가의 여부와는 상관없이 기업의 로비활동이 교토의정서에 따른 이산화탄소 배출 목표에 저항하고, 기후변화세와 재생가능에너지 의무에 따른 녹색 에너지 사용 요건을 면제받고, 선별적이며 풍성한 '이행기' 보조금을 확보하기 위해 특별한 호소를 했다는 점은 주목할 만하다. 이들은 가장 에너지 집약적인 산업에 대한 지원을 도우면서 "기후변화 관련 정책을 뒤집었다"는 게 헬름(Helm)의 결론이다.[70] 건설산업 로비단체들은 에너지 효율성 요건이 신규주택 가격의 상승을 가져온다는 이유에서 늘 에너지 효율성 요건의 시행에 저항해왔다. 정부가 에너지 효율성 개선을 목표로 하는 종합적인 재정정책을 갖고서 적절하게 검사를 하고 강제를 했다면 이들의 반대는 분명 무력해질 수 있었다.

모순으로 가득 차있긴 하지만 심지어는 집단적인 기업의 사회적 책임 홍보에도 재생가능에너지와 관련된 내용이 들어간다. 영국항공, 세인스버리스(Sainsbury's, 영국 내 2위의 식료품 소매체인―옮긴이), 그리고 그 밖의 다른 주요 화석에너지 소비 기업들의 지원을 받는 트러스트와 재단이 돈을 대는 '재생가능에너지 애시든 상(Ashden Awards)'도 있다.[71] 더욱 의미심장한 것으로 '왕세자의 비즈니스 및 환경 프로그램(BEP; Prince of Wales' Business and the Environment Programme)' 산하의 '기후변화에 관한 기업지도자 그룹'이라는 조직이 2005년 6월 영국 총리에게 보낸 편지가 있는데 그 내용이 시사적이다. 영국에 본부를 둔 14개 다국적기업 최고경영자들의 서명이 첨부된(셸과 BP의 최고경영자 서명도 들어있다) 이 편지는 "정부는 지금 필요한 규모의 투자를 떠받치는 데 기여하는 투명하고 장기적인 틀을 만들어내는 데 실패하고 있다"고 비판했다.[72] 이 편지는 또한 신노동당이 '시장의 힘이 문제를 해결할 것'이라는 관념을 수용한 것에 대해서도 비판했다. 이는 신노동당이 1년 전에 영국 상원 과학기술위원회에서 나온 질의에 대한 노동당 정부의 답변이었다.[73] 한편 연금기금과 재보험사 같은 도시의 투자기관들은 우량 다국적기업들로 하여금 국가가 기후변화의 맥락에서 투자의 근간 규범을 투명하게 만들도록 로비를 벌이라는 압력을 가한다. 보험사는 기후변화 관련 재난을 자신들의 책임에서 제외시키고자 하기 때문에 기후변화에 첨예한 이해관계를 갖고 있다. 그리고 2006년 6월에 영국 산업계에서 가장 수익성이 좋은 보험산업은 블레어 총리에게 '생태 효율적인' 규제에 대한 요구를 반복하는 쪽으로 태도를 바꾸었다.[74]

이런 종류의 정치에서는 재생가능에너지 부문이 주변화되기만 하는 것이 아니다. 재생가능에너지 부문 자체의 집단적 조직들이 급격히 늘어나면서 그 조직들 사이에도 이해관계의 균열이 나타난다. 굳이 분할통치를 할 필요도 없다. 재생가능에너지 부문은 원래부터 자연적으로 분열돼 있다. 폐기물관리연구소(Chartered Institute of Waste Management)는 매립지 가스 부문을 옹호하고 있다. 재생가능에너지에 분명한 물질적 이해관계가 걸려있는 로비단체로는 재생가능발전협회(Renewable Power Association), 마이크로전력협의회(Micro Power Council), 재생가능발전회사컨소시엄(Renewable Generators Consortium), 영국풍력에너지협회(British Wind Energy Association)[75] 등이 있다(2005년에 개최된

두 번의 무역산업부 포럼은 민간자본이 이 부문의 '개발업자 및 계약자'와 연결 관계를 맺도록 해주었다).[76]

그 외 다른 조직들의 물질적 이해관계는 덜 분명하다. 녹색동맹(Green Alliance)과 미래포럼(Forum for the Future)이 다양한 주요 오염산업계, 정부부서, 환경시설기업, 독립적 정부기관, 민간 환경컨설턴트, 은행, 자선단체 등으로부터 자금을 지원받는 조직들을 대표하는 사례다. 이들은 자금지원자들의 이해관계를 반영하는 운영위원회를 두고 있고, 재생가능에너지와 에너지 효율성에 관한 정책의 형성과 그에 필요한 정보를 만들어내는 일을 서로 중복되면서도 공모하는 형태로 하고 있다. 또 다른 그러한 단체인 앨더스게이트 그룹(Aldersgate Group, 이 단체는 환경청, NGO, 싱크탱크, 산업계의 대표들로 구성된 광범위한 연합체로 영국의 경제성장과 환경을 비롯한 각 분야의 정책결정에 적극 참여한다—옮긴이)은 '생태 효율성'에서 나오는 '혁신의 지대(innovation rent)'를 취할 수 있게 해주는 '영리한 규제'를 주장한다.[77] 기후변화캐피털(Climate Change Capital, 저탄소 경제 전문 투자은행 그룹—옮긴이)은 에너지 집약적인 대기업 및 기후변화 관련 규제와 관련해 에너지 집약적인 대기업의 편을 들어주는 재정후원자들에게 자문을 제공한다. 자문의 분야는 유럽연합의 탄소배출권 할당에 관한 협상, 배출저감 프로젝트 등의 중개, 그리고 일부 재생가능에너지에 대한 투자 등이다.[78] '탄소 트러스트(Carbon Trust)'는 기후변화세 도입으로 다급해진 기업부문의 다양한 전문가들이 일하는 싱크탱크로 국가의 자금지원을 받는다. 마찬가지로 국가의 자금지원을 받는 '에너지 감시(Energy Watch)'는 산업계 및 규제기구와는 독립적인 단체를 자처하면서 언론을 상대로 홍보활동을 하는 동시에 소비자와 생산자들에게 유용한 시장정보를 제공한다. 그리고 '재생가능에너지재단(Renewable Energy Foundation)'은 육상 풍력발전 단지 건설에 반대하는 거의 100개에 이르는 지방단체들의 연합체로 부유한 개인들의 지원을 받고 있다.[79] 재생가능에너지 분야에서 양의 탈을 쓴 늑대를 골라내는 것은 쉬운 일이 아니다.

시민사회의 정치와 사회적 착근의 정치

에너지 정치는 거대한 에너지안보 네트워크, 관련 싱크탱크와 그들의 세계적 발간물 등이 뒤얽힌 워싱턴의 군사적, 정치적 안보의 네트워크에서부터 점점 더 강해지고 있는 지역의 님비(NIMBY)형 정치조직에 이르기까지 모든 층위에서 사회적으로 뿌리를 내리고 있다. 예를 들어 육상의 풍력발전에 반대하는 운동은 점점 더 전문화되고 과학에 기반을 두게 되면서 환경적 외부효과에 가격이 설정되도록 할 수도 있게 됐다(찰스 왕세자가 이 운동을 지원하고 있다.[80]) 경관(landscape)의 역사 중 한 순간을 보전하고자 하는 이 운동은 풍력발전에 상당한 장애물로 떠올랐다.

에너지 정치를 착근시키는 데서 이른바 '고급 언론'이 매우 모순적인 역할을 한다. 고급 언론은 스스로가 오염산업이며, 따라서 자신이 비판하는 대상들과 연루돼 있다. 게다가 평가적 정보의 주된 원천으로서 고급 언론이 수행하는 중대한 역할은 광고주인 기업들이 요구하는 고소비 생활양식(자가용 소유와 항공여행 등)의 홍보매체가 돼야 하는 입장과 갈등을 빚는다. 뉴스 코퍼레이션의 대변인은 "미디어 기업은 온실가스의 문제를 안고 있지 않다고 생각한다"고 선언했다. 이는 언론인들의 잦은 항공기 이용은 물론이고 신문용지 생산이 가져오는 오염효과를 명백히 부정한 발언이다.[81]

영국의 과학계는 기후변화 과학을 선도하고 있을 뿐 아니라 인간이 일으킨 기후변화 문제의 성격과 시급성에 대해 보편적인 과학적 합의를 이루고 있음에도 불구하고 기후변화에 대한 사회적 대응을 어떻게 해야 할 것인지를 놓고는 의견이 갈라진다. '2000 왕립 환경오염위원회'는 기후변화에 대한 대중의 인식에 큰 영향을 미쳐온 왕립학술원(Royal Society) 내 과학 엘리트들의 일반적인 입장을 드러냈다. 왕립학술원은 저탄소 경제로의 급진적 전환을 선호한다. 이런 왕립학술원의 입장은 선진 8개국의 과학학술원들이 중국, 인도, 브라질의 과학학술원과 함께 2005년에 전례 없이 함께 발표한 성명과도 일치한다. 이 성명은 기후과학의 예측에 아직 불확실성이 남아있다고 강조해온 사람들의 그나마 잔존하던 신뢰마저 무너뜨렸다.[82] 하지만 실제 과학계는 첨단 탄소격리 기술을 열광적으로 지지하는 과학자들, 원자력 및 핵융합 연구를 옹호하는 과학자들, 드물긴 하지만 비첨단 기술이자 널리 알려진 재생가능에너지 기술을 지지하는 과학자들, 생활양식의 단순화와 소비수준 낮추기에 동조하는 소수의 과학자들로 나뉘어 있다.

과학자들이 기후변화의 정치와 경제에 관한 전문적인 지식을 갖고 있고, 문제의 규모와 긴박성을 부인하는 방식의 행동을 하도록 유도하는 사적인 유혹에 넘어가지 않을 것이라고 가정해서는 안 된다. 국가적으로 실시되는 '연구기관별 실적평가(RAE; Research Assessment Exercise)'의 평가기준은 전 학문분야에 걸쳐 오염행위(예를 들어 학술회의 참석을 위한 항공여행 등)를 장려하고 정착시킨다. 그럼에도 외부로부터의 간섭을 우려하는 과학자들의 조직이 늘어나면서 관련 보고서도 증가하고 있다.[83] 왕립 국제문제연구소의 승인 아래 2005년 12월에 발표된 보고서도 그중 하나다. 이 보고서는 내용 면에서나 재정적 후원 면에서나 주목할 만하다. 이 보고서는 원자력 에너지에 대한 의사결정에 '숙의 민주주의(deliberative democracy)'나 실무전문가식 과학이 끼어드는 것에 대해 강하게 반대하면서 '인기 없는 결정'(이 표현은 '원자력으로 가자'는 함의를 지닌 것이다)을 내리는 데 단호해야 한다는 결론을 내렸다. 그런데 이 보고서는 영국원자력연료(British Nuclear Fuels Ltd.)와 프랑스전력(Electricite de France) 등의 기업들로부터 재정지원을 받아 작성된 것이었다.[84]

환경주의자들을 대변하는 로비단체도 급증했다. 영국에서 대중적 회원제도를 갖추고 지식기반의 활동을 펴는 것으로 가장 유명한 NGO로는 세계야생기금(World Wildlife Fund), 그린피스(Greenpeace), 지구의 친구들(Friends of the Earth), 탄소거래감시(Carbon Trade Watch), 영국 기후변화중단 캠페인(UK Stop Climate Change Campaign), 기후혼란중단(Stop Climate Chaos, 이 단체는 '빈곤을 역사 속으로(Make Poverty History)'라는 캠페인과 약간의 관계를 갖고 있다)

등이 있다. 이런 단체들은 환경정보를 확산시키고, 개인의 에너지 효율적 소비에 관한 조언을 제공하고, 대중적 행사를 열고, 의원이나 기업 CEO를 상대로 편지를 통한 설득작업(이 작업은 '거대한 청원(Big Ask)'이라고 불린다)을 벌이고, 불매 운동이나 사이버 행동, 때때는 직접행동에 나선다.[85] 그러나 이들 단체의 물적 토대를 정확히 확인하기가 어렵고, 이들 단체의 자금원이 모두 순수하지는 않다.[86] 이들 단체 사이의 정치적 입장 차이는 재생가능에너지를 어느 정도 지지하는가에 있다기보다는 탄소시장과 관련된 국제적 이해관계에 대해 어떤 입장을 취하고 있는가, 그리고 탄소흡수원을 탄소투기장으로 전환하는 것을 기후변화에 대한 '해법'으로 지지하는가 등에서 나타난다.[87] 암묵적으로만 자본주의에 반대하는 이들 단체에서는 사회주의라는 단어는 말할 것도 없고 자본주의라는 단어조차도 금기시된다. 정신적인 영향력을 발휘하지만 문제의 핵심은 건드리지 않는 조직이 늘어나는 것이 과연 국가의 정책에 실질적인 영향을 끼치는 '정치적으로 올바른 태도'를 창출할 수 있을지, 아니면 가지각색의 생각들이 전시된 시장에 또 다른 생각을 보태면서 국가정책을 지연시킬 뿐인지를 판단하기에는 아직 이르다.

결론: 청정한 에너지와 위험한 정치

영국에는 재생가능에너지 개발에 관한 정책이 존재하지 않으며, 더 나아가 에너지 부문 전반에 대한 일관된 정책도 존재하지 않는다. 재생가능에너지의 정치는 자본의 이해관계 속에 말려들어 있으며, 이런 이해관계의 대부분은 재생가능에너지와 대체재의 관계에 있는 에너지 기술에 대한 자본투자 측면에서 파악된다.

영국 정부는 기술, 수량, 가격에 대한 개입으로부터, 그리고 재정적인 기제 및 재생가능에너지로의 소극적인 이행으로부터 벗어나 똑같은 말의 반복과 점점 더 유토피아적인 목표로 나아가고 있다. 정부가 집단적 거부를 하는 것인가? 정부는 자본의 무기력한 포로인가? 정부는 새로운 에너지 백서 작성을 위해 2006년에 연 각종 협의에서 공중의 의견을 수렴했다고 강변했지만 사실은 천연가스의 수입을 늘릴 것이냐, 아니면 국내 원자력 발전을 확대할 것이냐 하는 양자택일의 선택을 제기했을 뿐이다. 공중의 의견 수렴은 총리가 "원자력 에너지가 복수를 하듯 다 시 의제에 올라왔다"는 발표로 인해 미리부터 차단돼 버렸다.[88] 그 뒤에 이어진 '논쟁'에서는 재생가능에너지가 영국이 세계의 다른 나라들에 남긴 에너지 발자 국(energy footprint)에 대한 대책이 된다는 점은 물론이고, 온실가스를 60% 감축 하겠다고 한 영국의 약속을 이행하는 데도 적절한 방책이 된다는 점이 인정되지 않았다.

에너지의 생산과 분배에서 국가가 철수하고 국가의 에너지정책 구조에 균열 이 생기면 재생가능에너지를 훼손하는 이해관계가 침투하게 된다. 하지만 이러 한 이해관계는 제 발등을 찍게 된다. 왜냐하면 현재의 관료적 정치제도가 일관성 있는 에너지정책의 형성과 시행을 방해하고 있기 때문이다. 국가규제의 자율성 은 독립적인 규제기구들이 국가의 포섭에 취약하다는 점과 국가가 자본에 포섭 된다는 점에 의해 이중으로 위협을 받는다. 게다가 자본은 저수익 활동과 고위험 활동을 중단하지만, 재생가능에너지는 규제를 받으면서 저수익이자 고위험의 분 야가 된다. 그 결과는 자본의 이익에 도움이 되는 것이 아니며, 그 와중에 재생가 능에너지는 주변화된다.

국가와 기업 모두의 담론은 그 냉소주의라는 측면에서뿐만 아니라 현재와 장 래의 주된 희생자들에 대한 멸시에 가까운 무관심이라는 측면에서도 심각하게 다루어져야 한다. 이편과 같은 담론의 역할을 고려하지 않고는 비민주적인 현대 의 정치를 이해할 수 없다. 정책의 형성과 시행 자체가 매우 잡음이 많고 비민주 적인 방식으로 바뀌어가면서 에너지정책이 파괴되고, 재생가능에너지는 정치의 영역으로 조심스럽게만 진입하는 현상이 빚어지고 있다.[89] 기후변화 관련 정책은 총 에너지 배출량의 증대, 무자비한 오염을 일으키는 에너지 사용, 그리고 폐기물의 증가를 보이지 않게 숨기는 역할을 한다. 국가와 기업의 담론은 비경제적 가치에 근거를 둔 논의를 평가절하하고 일축하는 태도와 병행해왔다. 이런 담론이 오래전부터 에너지 경제에 대한 통제권의 사유화를 옹호해 왔고, 지금은 정책의 모든 측면(의제 설정, 규제법규의 도입, 자원의 조달, 자원 이용의 체제 등)에서 나타나는 상품화 국면에서 활용되고 있다. 이에 따라 국가는 공적인 논쟁을 이끌어가는 일을 사적 이익집단들에 넘기게 되고, '공공재'의 사유화가 자연스러운 것이 되면서 누구도 이에 토를 달지 않게 된다.

영국 국가는 이제 시장 이데올로기로 거의 완전히 채워지면서 자본의 순한 먹잇감이 됐다. 에너지 분야에서는 시장주도적 정치와 국가의 항복이 결합되면서 체계적인 규제의 틀을 훼손하고, 자본의 투자에 필요한 장기계획을 수립할 능력을 국가에서 빼앗았다. 위기의 경향을 갖고 있는 기업들로 가득 찬 부문에서 자본이 활동하는 데 필요한 안정적 여건을 보장해줄 국가의 능력도 저해되고 있음은 두말할 나위도 없다. 이제 국가는 장기적인 정책에 대한 타당한 요구를 충족시키지도 못하고, 에너지 투자를 위해 자본이 요구하는 안정적인 인프라와 규제를 제공하지도 못한다. 국가는 또한 최후의 조정자, 이해관계의 중재자, 정책의 부문 간 연결자로서의 최소한의 역할(자본은 이런 역할을 일관되게 수행할 수 없다)마저도 자본에 하청을 주면서 포기한다. 국가는 일반적인 이익이나 공공재를 규정할 수 있는 능력도 빼앗기고 있다. 이런 상황에서 사회의 모든 측면에 없어서는 안 되는 '에너지 부문'은 대중이 상상하는 수준 이상으로, 그리고 위험스러울 정도로 취약해지고 있다. 현재 에너지의 소매가격이 상승하고 있는데도 에너지의 가격이나 관련 정보가 대규모 사회적 행동을 일으키지 못하고 있고, 에너지 경제는 50년 후에나(또는 영구히 먼 미래에나) 기후변화를 저지할 수 있을 만큼 느린 속도로만 재생가능에너지를 향해 움직이고 있을 뿐이다.

자본주의는 환경을 수리하고 있지 않다. 이는 이론적으로나 역사적 경험으로

나 불가능하다. 이론적으로는 자본주의 성장의 논리와 열역학 때문에 그렇고, 역사적 경험으로는 경로의존성, 물리적 체계의 동학, 세계경제의 변화속도 사이에 존재하는 모순 때문이다. 시장주도의 정치는 재생가능에너지가 어떠한 종류의 기술적 토대(영국 자본주의 발전의 대안모델을 위한 기술이든, 고도 오염의 산업화 국면에 접어들고 있는 대규모 개도국들에 개입하기 위한 기술이든 간에)도 애초에 형성하지 못하게 했다. 지속가능한 자본주의는 픽션이며, 재생가능에너지의 정치는 이러한 픽션의 반영일 뿐이다.

그리고 말하기 슬픈 일이지만, 적어도 에너지 분야에서는 돈과 자연에 대한 새로운 종류의 사회적이고 비시장적인 규제를 창출할 수 있는 정치의 조짐이 전혀 보이지 않는다. 노동자들도 자본주의의 파괴적인 성격이 가져오는 문제들을 해결할 수 없다. 노동자들은 시장의 상점에서 무기력해지도록 유도된다. 가처분소득의 증가는 노동자들이 현재의 정책표류에 공모자가 되도록 했고, 이러한 공모관계는 안전에 대한 심리적 욕구와 현실을 회피하거나 부정하게 하는 다양한 사회적 기제들에 의해 강화되고 있다. 게다가 대중동원(이라크 문제와 관련된 대중동원이나 '빈곤을 역사 속으로(Making Poverty History)' 캠페인과 같은 것)은 제도정치권의 무관심에 봉착한다는 점을 고려하면 적어도 전통적인 방식으로는 노동계가 스스로 동원되지 않는 것이 합리적으로 보인다.

물론 지구적 맥락에서는 노동자들의 관점이 매우 다르게 보일 수 있다. '인도숲거주민과 임업노동자 포럼'은 두 가지 중요한 질문을 던지고 스스로 답했다. 화석연료의 탄소가 대기로 방출되는 것을 멈추는 것은 누구에게 가장 이익이 되는가? 지상의 탄소 사용을 평등화하고 제한하는 것은 누구에게 물질적인 이익을 가져다주는가? 포럼은 기후변화와 관련된 재앙의 희생자들, 즉 화석연료 채굴, 송유관 건설, 청정개발체제(CDM, 탄소거래 체제를 구성하는 제3세계적 요소)의 이름으로 벌어지는 산림벌채와 숲의 상품화가 초래하는 갑작스런 환경파괴에 맞서 싸우는 사람들에게 가장 이익이 된다고 말한다. 이런 사람들은 환경정의와 에

재생가능 에너지원과 인센티브

에너지원	목표[1]	재생가능에너지 의무[2]	기후변화세 면제[3]	자본지원
매립지 가스	△	△	△	—
오수 가스	△	△	△	—
폐기물 에너지	△	—	△	—
설치 용량 10MW 이상 수력	△	—	—	—
설치 용량 10MW 미만 수력	△	△	△	—
육상 풍력	△	△	△	—
해상 풍력	△	△	△	△
농림업 부산물	△	△	△	—
에너지 작물	△	△	△	△
파력	△	△	△	—
태양광	△	△	△	—

출처: 'New and Renewable Energy: Prospect for the 21th Century – The Renewable Obligation Preliminary Consultation', Department of Trade and Industry, London: TSO, October, 2000. In Dieter Helm, 2004, Energy, the State and the Market: British Energy Policy since 1979, Oxford, OUP, 2004, p. 363
표 주석: 1 전력기업의 재생가능에너지 생산목표(10%)에 관한 규정에 의해 지원을 받을 수 있는 재생가능 에너지원 2 재생가능에너지 의무(Renewables Obligation)가 적용되는 재생가능 에너지원 3 기후변화세(Climate Change Levy)가 면제되는 재생가능 에너지원.

너지 효율성을 위한 단체들을 만들거나 그런 단체들을 지원하며, 화석에너지의 사용과 그에 따른 영향을 감시하는 단체들도 지원한다.[90] 그러나 재생가능에너지의 개발은 그들의 질문이나 대답 속에 포함돼 있지 않고, 그들이 발휘하는 힘은 매우 제한돼 있으며, 그들과 영국 내 기후변화 대항운동 사이의 연계는 매우 빈약하다고 말할 수 있다. 그러나 기후변화가 초래하는 환경파괴는 그들 각자가 사는 집에 점점 더 가까워질 것이며, 그에 따라 그들이 발휘하는 힘도 점점 더 강해질 것이 틀림없다.

(김희선 옮김)

06

신자유주의 허리케인_
누가 뉴올리언스 사태의 틀을 만들었나?

제이미 펙

2005년 8월 23일 카리브해의 바하마 상공에서 형성된 열대성 저기압 12호는 가장 비자연적인 도시위기로 이어지는 일련의 사건들을 촉발시켰다. 허리케인 카트리나가 루이지애나에 상륙한 지 엿새 후에야 비로소 뉴올리언스 시는 '우리 모두가 오래전부터 두려워해온 폭풍'(레이 내긴 뉴올리언스 시장이 한 말)[1]에 대응할 태세를 갖추고 있었다. 내긴 시장은 1급 소개명령을 내렸지만, 뉴올리언스에서 가장 빈곤하고 병약한 주민들 중 대다수는 피난 갈 여력도 없다는 점은 이미 잘 알려진 사실이었다. 폭풍의 눈은 이 도시를 살짝 비켜갔지만 8월 29일 제방에 발생한 심각한 균열로 인해 도심지역의 80%가 독성을 띤 홍수를 피하지 못하고 몇 피트 물 아래 잠겨버렸다.

오래전부터 예견된 재난에 대한 대비태세의 수준이 한탄스러웠다면, 그 뒤의 긴급사태에 대한 관리태세는 비극적이었다. 연방재난관리기구(FEMA; Federal Emergency Management Agency)의 치명적으로 느리고 제대로 조율되지 않은 대응으로 인해 그렇지 않아도 조직적 역량이 제한된 주정부와 지역기관들이 감당할 수 없을 정도로 문제가 커졌다. 취재경쟁에 나선 언론을 통해 주민소개 작전의 비참한 실패가 드러났고, 수만 명의 뉴올리언스 이재민들이 비위생적이고 위험한 환경 속에서 북적거리는 컨벤션센터와 슈퍼 돔 경기장에 수용되는 모습이 전해졌다. 물, 식량, 의료서비스가 제대로 지원되지 않는 가운데 이 '마지막 피난처' 두 곳의 이재민들은 각각 9월 3일과 6일까지도 그곳을 완전히 벗어나지 못했다. 많은 사람들의 증언에 따르면, 더욱 충격적인 사실은 폭풍이 지나간 후에 이 도시의 사회질서가 붕괴했다는 점이다. 경찰이 거리의 치안을 유지하는 데 실패하면서 약탈과 폭력이 발생했다. 이 모든 상황이 전 세계로 방송됐고, 그런 방송의 분위기는 종종 히스테리컬했다. 정치적 무관심과 정부의 실패로 인해 더욱 복잡해진 이 사회적 재난을 가리켜 〈이코노미스트(The Economist)〉는 "미국의 수치"라고 불렀다.

> "카트리나 사태 이후 미국을 바라보는 세계의 시선이 변했다. 이 재난은 미국의 충격적인 진실들(첨예한 인종격차의 엄혹함, 내팽개쳐진 빈곤층, 핵심 인프라의 취약함)을 드러냈다. 그러나 가장 놀랍고도 부끄러운 사실은 사람들이 정부의 구원을 가장 절실히 필요로 하는 때에 정부가 구원의 손길을 내밀지 못했다는 것이다."[2]

카트리나가 불러온 인적, 환경적, 사회적 재앙의 크기는 말 그대로 결코 다 헤아릴 수 없을 것이다. 지금까지 확인된 공식 사망자 수가 1800명을 넘어섰고, 아직 통계에 포함되지 않은 사망자도 많다. 150만 명이 폭풍으로 인해 이재민이 됐으며, 그 가운데 3분의 1은 멕시코만 지역으로 돌아가지 못할 것으로 추산된다. 피해액은 400억 달러에서 1200억 달러까지 추정되면서 금세 정치문제로 비화됐고, 복구에 드는 비용은 최대 2500억 달러에 이를 수도 있다. 이제 뉴올리언스의 인구가 다시 서서히 늘고 있지만 복구에는 앞으로도 여러 해가 더 걸릴 것으로 예상된다.

당연한 일이지만 카트리나와 그 여파에 대한 논평의 대부분은 부시 행정부의 명백히 부적절했던 대응과 무관심을 겨냥했다. 카트리나 이후의 뉴올리언스에 대해서도 많은 이야기가 나오고 있다. 하지만 이에 못지않게 중요한 또 하나의 이야기가 있다. 그것은 헤리티지재단(Heritage Foundation), 맨해튼연구소(Manhattan Institute), 카토(Cato), 미국기업연구소(AEI; American Enterprise Institute)와 같은 보수성향의 자유시장 싱크탱크들이 이 재난의 재정적, 정치적 파장에 대한 '관리작업'을 어떻게 했느냐에 관한 이야기다. 이들 싱크탱크의 대응은 확고했고, 그 결과로 나타난 영향은 컸다. 홍수가 일어난 직후에 부시 행정부가 제도적, 정치적으로 허둥대고 있을 때 보수적 싱크탱크들은 머뭇거리지 않고 바로 뛰어들었다. 다른 일에서도 흔히 최초의 이데올로기적 반응을 보이는 이들 보수적 싱크탱크의 첫 대응은 서로 엇박자였지만 곧 조화를 이루어 재난의 정치적, 금전적 비용을 억제시키는 동시에 보다 중요하게는 신자유주의 프로젝트의 노골적인 확장이 가능한 방향으로 재난을 다루는 틀을 형성해나갔다.

싱크탱크들은 평소에도 '상상할 수도 없을 정도'로 폭넓게 정책연구의 범위를 확장하는 것을 스스로 자랑스러워하곤 했지만,[3] 카트리나가 지나간 직후에는 말해서는 안 될 것을 말하는 데까지 나아갔다. 주류 정치인들은 뉴올리언스의 완벽한 재건에 못 미치는 대책은 수용될 수 없을 것임을 재빨리 알아차렸지만[4] 싱크탱크 연구자들은 뉴올리언스에 닥칠 수 있는 '불운한 운명', 이 도시의 오랜 전통인 죽음과의 문화적 관련성, '자연의 힘'에 의해 이 도시가 소멸될 가능성 등에 대해 훨씬 더 자유롭게 생각했다. 사실 도시가 형성되기 어려워 보이는 장소에 뉴올리언스가 자리 잡은 것은 베네치아의 경우와 마찬가지로 자연의 힘에 대한 저항의 결과였다.[5] 유럽을 비롯한 세계의 다른 곳에서는 카트리나의 비극에 대한 '왜곡'된 보도에 따라 다소 격렬한 반응도 나왔다. 그런 곳에서는 정치적 동기를 갖고 있는 사람들이 '어머니 자연'의 행동과 관련해 부시 대통령을 비난할 태세를 갖추고 있었다. 하지만 그들은 미국에서도 '홉스적인 세계'(만인이 만인에 대해 투쟁하는 상태—옮긴이)가 곧 터져 나올 것처럼 대기하고 있다는 사실을 비극적이게도 알아차리지 못하고 있었다.[6] 카트리나가 보여준 파괴력은 지구적 기후변화와 관계가 있을 수 있다는 주장은 영국 정부의 수석 과학자문관인 데이비드 킹 같은 '환경극단주의자'들이나 활용하는 '역겨운' 주장이라는 식으로 퇴짜를 맞았다.[7] 그리고 예상했던 대로 쿠바와 베네수엘라의 원조 제안에 대해서는 감정적인 반응이 나왔다. 헤리티지재단이 다급하게 밝혔듯이 미국은 '자기 잇속을 챙기려는 독재자'들의 자선은 받아들일 수 없다는 것이었다.[8]

그러나 보수적 싱크탱크들의 역할은 일상적인 정치적 논쟁의 격전을 훨씬 뛰어넘는다. 보수적 싱크탱크들의 역할은 보다 장기적인 차원의 우파적 정책의제라는 관점에서 정부의 정책에 어느 정도의 형태와 일관성을 제공해주는 한편, 종종 외길로 치닫기만 하는 정치계급(정치엘리트—옮긴이)을 달래고 지도하는 것이다.[9] 보수적 싱크탱크들은 이를 위해 '안'에서는 정부의 관리나 선출된 정치인들과 같이 일하고, '밖'에서는 기존 매체나 블로그 등을 통해 활동한다. 그리고 이들 싱크탱크들은 넓게 보아 공통의 이데올로기적 지향을 갖고 있으면서 서로 분업관계를 형성하고 있다. 예를 들어 맨해튼연구소는 복지나 치안 같은 분야에서 정책논쟁의 원칙과 전제를 형성하는 등의 '장기에 걸치는' 개입을 선호하는 반면에 헤리티지재단은 의회에 걸어갈 수 있는 거리에 위치해 있기도 하지만 단기적인 정책관리의 문제에 그 활동의 초점이 맞춰져 있다. 맨해튼연구소가 스스로 내건 구호대로 '지식을 영향력으로' 바꾸는 데 노력을 기울인다고 한다면, 헤리티지재단은 '영향력을 행동으로' 바꾸는 데 노력을 기울인다고 할 수 있다.[10]

보수적 싱크탱크들은 며칠 만에 잘 짜인 일련의 각본들을 완성한 다음 카트리나에 대한 '원칙 있는 대응방안'을 작성하기 시작했다. 그 내용은 워싱턴에서 재정지출을 억제하고 카트리나 관련 지출이 '상쇄'되도록 다른 예산을 삭감하는 동시에 뉴올리언스에 대한 대담한 신자유주의적 재건이라는 의제를 내세우는 것이었다. 여기에는 ①시장주도적 개발, 정부업무의 외주, 도시의 운영 등에서 민간기업의 역할을 확대하는 조치 ②사회보장을 비롯한 사회정책 관련 제도를 중심으로 기존 제도를 선별적으로 폐지하는 조치 ③뉴올리언스의 범죄단속을 강화해 이 도시를 관광객이나 재개발업자에게 안전한 곳으로 만드는 조치 ④폭풍으로 인해 피해를 입은 사람들을 대상으로 개입주의적인 '정신재무장' 프로그램을 실시하는 조치 등이 포함됐다.

뉴올리언스는 결국 이런 것들을 받아들여야 할 운명이었지만, 그 운명이 원래부터 정해져 있던 것은 아니었다. 그 운명은 카트리나가 보수적 싱크탱크들에게 급박하고도 어려운 문제를 제기했고, 그래서 그들이 그 문제에 대한 대응방안을 만들어내는 데 상당한 자원을 쏟아 부은 결과였다. 휴가를 예정대로 다 즐긴 부시 행정부의 관료들과 달리 보수적 싱크탱크의 주요 인사들은 멕시코만에서 벌어진 사태의 심각성을 인식했기에 카트리나가 지나간 직후에 곧바로 자기 자리로 돌아왔다. 보수적 싱크탱크들은 카트리나를 다루는 틀을 비교적 성공적으로 바꾸었고, 부시 행정부에 쓸모 있는 정책적 근거와 책략을 제공했다. 하지만 보수적 싱크탱크들이 이런 맹렬한 노력을 통해 만들어낸 방안은 날림은 아닐지 몰라도 '자유시장'적인 것이었고, 나름의 정치적 속성을 갖고 있다고 볼 수 있는 것이었다. 보수적 싱크탱크들이 내놓은 이런 대응방안의 특성과 내용(이것이 이 글에서 내가 초점을 맞추어 다루려는 주제다)은 네오콘의 신자유주의적 기획 그 자체 안에 존재하는 균열과 단층선을 드러내주기도 한다. 하지만 그보다 먼저 보수적 지식인들이 카트리나에 대해 어떤 말들을 했는지부터 살펴보도록 하자.[11]

카트리나 잊어버리기

맨해튼연구소의 분석가인 니콜 젤리나스는 치명적인 홍수의 와중에 "그동안 미국의 그 어떤 도시도 뉴올리언스가 앞으로 겪어야 할 일을 겪어본 적이 없었을 것이다. 뉴올리언스에서는 갑작스런 위기를 겪는 것은 말할 것도 없거니와 가장 부유하고 능력 있는 시민들이 탈출할 것이고, 남은 사람들은 사회의 붕괴를 보게 될 것이며, 그런 다음에는 이재민들이 경제적, 물리적 인프라를 완전히 다시 건설해야 할 것"이라는 내용의 글을 썼다. 예전에 뉴올리언스에 거주했던 적이 있고 이 도시에 있는 툴레인(Tulane) 대학의 졸업생이기도 한 그녀는 신문 〈뉴욕선〉에 게재된 칼럼에서 "사실 평소에도 뉴올리언스는 슬픈 도시였다"고 털어놓았다.

"뉴올리언스는 80%가 물에 잠기지 않았다 해도 스스로를 돌볼 수 없는 도시다. 그런데 지금은 물이 계속 차오르고 수천 명의 약탈자들이 그나마 카트리나가 비켜간 것들을 체계적으로 파괴하는 상황이다. 이런 상황에서 뉴올리언스가 무엇을 할 수 있겠는가? … 시 정부는 오래전부터 무능력과 부패에 찌들어왔다. … 이번 주에 시장은 텔레비전에 나왔지만, 9.11 사태 직후에 뉴욕의 줄리아니 시장이 했던 것처럼 사태에 대해 책임을 지고 시민들을 위해 사후 구조 및 복구 노력을 지휘하겠다는 의지를 보여주지 않았다. … 뉴올리언스는 범죄로 가득 차 있고, 시 경찰은 질서를 유지할 능력이 없다. … 사회적인 측면에서 볼 때 뉴올리언스는 미국에서 가장 무기력한 도시 가운데 하나다."[12]

여기서 '무기력한 도시'라는 표현은 뉴올리언스도 보수주의자들이 미국 도시의 특징으로 지적하는 비대증에 걸렸다는 뜻을 내포하고 있다. 그런 상태에서 사회적 통제가 붕괴하자 중산층의 이탈이 촉발되고 있고, 결국은 복지에 의존하는 하류계층만 남게 된다는 것이다. 그래서 하류계층의 문화적 역기능 및 경제적 단절로 치닫는 경향이 견제되지 못하고 확산되고 있으며, 부패한 시 행정당국은 스스로가 문제의 일부이기 때문에 문제의 원인을 읽어내지도 못하고 그 결과를 관리하지도 못한다는 것이다. 이러한 누적적인 붕괴의 나선을 누구보다도 깊이 파고든 젤리나스는 뉴올리언스가 스스로 위기를 극복할 능력을 갖고 있지 않다면서 다음과 같이 조언한다. "물론 연방정부 관료들은 구호와 복구에 필요한 현금과 자원을 지원해야 한다. 그런데 경제적, 사회적 인프라를 재건하기 위해 기반을 다시 닦는 일은 연방정부가 아닌 뉴올리언스 자신에게 맡겨져 있다." 하지만 뉴올리언스가 그와 같은 일을 해낸다면 그것은 기적이나 다름없다고 젤리나스는 지적했다. "지난 몇십 년에 걸쳐 돈 많은 기업들과 부유한 개인들이 떠나면서 뉴올리언스의 인적 자원과 재정이 계속 유출됐고, 지금은 정부에 의존하는 사람들만 많이 남아있다"는 것이다. 그녀는 뉴올리언스가 더 큰 위기에 봉착하지 않게 하려면 줄리아니가 보여준 것과 같은 지도력을 이 도시에 주입하는 것이 유일한 희망적 방안이라고 생각했다. 뉴올리언스의 내긴 시장은 도시의 파괴에 직면하자 눈에 띌 정도로 흔들리고 있었기에 우선 자신을 스스로 관리하는 것이 필요했고, 위기를 관리하는 것은 그 다음 일이었다. 젤리나스는 이렇게 지적했다. "내긴 시장은 흔들리지 말아야 한다. 그렇지 않으면 뉴올리언스는 홍수 때문에 1967년의 뉴어크(Newark)와 같은(1967년에 뉴어크에서 흑인폭동이 일어나 도시가 마비된 바 있다—옮긴이) 어처구니없는 도시가 될 것이다."[13]

다음날 언론들이 도시가 혼돈에 빠져드는 모습을 전하고 폭력과 약탈에 초점을 맞추어 보도하기 시작하자 젤리나스의 분석은 더욱 비관적으로 바뀌었다. "무법성의 거센 폭풍이 몰아치고 있다"든가 "뉴올리언스의 범죄계급이 상처 입은 도시를 접수했다"는 식이었다.

"카트리나가 무고한 시민들을 위험한 범죄자들로 바꾸어놓은 것이 아니었다. 이번 주에 우리가 본 약탈자들은 … 뉴올리언스의 살인범죄율을 이미 전국평균의 몇 배로 끌어올려온 타락한 개인들과 똑같은 사람들이다. … 뉴올리언스의 고질적인 범죄문제를 파고들기에는 오늘이 가장 적절한 날이 아닐 수 있다. 하지만 그렇게 하는 것은 필요한 일이다. 왜냐하면 그것이 이번 주에 우리가 본 통신과 치안의 공백이 어떻게 그렇게 빠르게 거센 폭풍처럼 되어 험악한 무법상태를 가져올 수 있었는지를 설명해주기 때문이다. … 평소에 뉴올리언스에서 위험한 범죄계급을 구성하고 있었던 사람들(그들은 지금 우리의 눈 앞에서 약탈행위를 저지르고 있는 바로 저 흑인들일 가능성이 높다)이 지역사회를 공포로 몰아넣고 있다. … 평화로운 시기에 폭력적 범죄자들을 격리시키지 않았던 결과로 이번에 재난 속에서 혼돈이 야기되고 있다. … 이제는 시의 그 어떤 당국도 뉴올리언스에 질서를 재확립할 수 없다. 무고한 희생자들이 말 그대로 굶어죽기까지 하고 있는 지금 바로 강제력을 동원해 뉴올리언스를 무장해제해야 한다." [14]

미국의 싱크탱크들은 미리 만들어진 정책처방만 내세우는 경향으로 인해 종종 비판받기도 했지만,[15] 이번에는 좀 다른 양상을 보여주는 것 같았다. 젤리나스는 신보수주의─신자유주의 정책가들에게 기본적인 개념적 자원을 제공하는 맨해튼연구소의 역할(이는 헤리티지재단이나 그 비슷한 부류의 싱크탱크들이 전문으로 하는 일종의 신속한 정책형성과는 반대되는 역할이다)을 반영하는 듯한 나름의 인과관계 분석을 내놓았다. 그는 하층계급에 대한 분석을 다시 시도하면서 자신 있게 '핵심 범죄계급'의 행동 및 동기와 무해한 의존자들(빈곤여성, 어린이, 노년층)의 불운한 집단, 즉 '정부가 돌봐줄 것으로 기대하면서' 슈퍼 돔과 컨벤션 센터로 떼 지어 걸어 들어간 사람들의 행동 및 동기를 구분했다.[16] 정부가 만들어낸 잘못된 인센티브 아래서 이런 하층계급의 일부는 합리적으로 행동하는 것으로 보였다(비록 그 행동이 역기능을 낳을 수는 있지만).[17] 이것은 의도되지 않은 사소한 무법상태도 본질적으로 퇴행적이며 도시의 범죄문화를 확대시킨다는 이른바 '깨진 창문 가설'[18]과 함께 맨해튼연구소가 1970년대 뉴욕의 도시문제에 대해 수행했던 표준적인 분석과 같았다. '신 도시우파'는 이런 고질적인 문제에 대한 대응방안(체계적인 복지개혁과 엄격한 치안행정으로 빈민의 태도를 개혁하고, 세금감면과 학교개조를 통해 중산계급을 다시 도시로 끌어들이는 방안)을 발전시켰지만, 이런 방안은 현실적으로 말해 단기적인 정책일 뿐이었다.[19] 그래서 맨해튼연구소 안에서 처음에 제시된 방안들의 밑바탕에는 무기력한 숙명론이 깔려 있었다. 시어도어 댈림플(Theodore Dalrymple)은 이런 정서를 반영해 '문명'과 '야만 및 폭민통치' 사이의 '가느다란 구분선'에 대해 이야기했고, 데이비드 브룩스(David Brooks)는 뉴올리언스가 '임계점'이라기보다 '폭발점'을 지나면서 아무도 통제하지 않는 '9.11사태 직후와 정반대되는 상태'가 됐다고 지적했다.[20]

카트리나가 지나간 후의 정책공백은 미국 도시의 상황(인종문제, 범죄, 의존적 태도가 일상적으로 혼재하는 상황)에 대해 보수파가 이미 내려놓은 진단으로 메워졌으나, 여론을 형성하는 역할을 하는 전문가들도 처음에는 단순한 수사적 대응 이상의 대응을 어떻게 해야 하는지를 알지 못해 우왕좌왕하는 모습을 보였다. 정부 시스템 자체가 일시적으로 견인력을 상실한 동안에는 잘못 개입하는 국가를 가장 끈질기게 비판하던 사람들도 잠시 인내심을 잃은 것처럼 보였다. 그리고 정책공백은 연방정부 수준에서 가장 심각했다. 백악관은 처음에는 무관심했고, 그 다음에는 사태를 제대로 파악하지 못하고 우유부단한 태도를 취하는 등 마비된 것처럼 보였다.[21] 부시 대통령은 텍사스에서 휴가를 다 보내고 백악관에 돌아온 다음에 직접 피해를 살펴보겠다며 비행기를 타고 홍수피해 지역으로 갔다. 부시 대통령은 뉴올리언스의 복구가 '어려운 길'임을 인정하면서 연방재난관리기구(FEMA)의 불운한 수장 마이클 브라운을 행정부의 피해지역 담당 대표로 재신임했고, 구호활동에 나선 시민들을 '구호군'이라고 칭송했고, 긴급구호 프로그램들 간의 조율을 어설프게 호소했다. 행정부가 '포괄적인 구호' 방안을 검토하고 있을 때 부시 대통령은 로즈 가든(백악관 안뜰—옮긴이)에 서서 적십자사의 긴급구조 요청 전화번호인 '1—800—HELPNOW'를 소리 내어 읽는 행동을 함으로써 오히려 연방정부가 뉴올리언스의 상황에 대해 통제력을 갖고 있지 못하다는 사실을 상징적으로 보여주었다.[22] 그날 행정부가 내린 몇 안 되는 단호한 조치들 가운데는 국내 휘발유 가격을 상승시키는 압력을 해소하기 위해 전략비축 석유를 방출하는 조치도 들어있었다.

적어도 처음에 워싱턴의 싱크탱크들이 내보인 반응은 '무대책'이었다. 일상적인 정치일정의 리듬에 가장 잘 맞춰져 있는 헤리티지재단마저도 위기가 시작될 때에는 관심을 다른 곳에 두고 있었다. 홍수에 시체들이 둥둥 떠내려가는 비참한 장면이 전국의 매체를 뒤덮자 헤리티지재단은 비로소 1970년대에 정부가 석유시장에 개입했다가 초래한 '재난'을 상기시키는 등 가격통제의 위험성을 경고하는 것으로 카트리나 이후 정책에 관한 논쟁의 포문을 열었다.[23] 이런 일관성 없는 태도는 다음날에도 이어져, 헤리티지재단의 연구자들이 카트리나 이후의 휘발유 가격 안정을 위해 북극의 유전 시추와 배출통제 규제의 완화를 주장하기도 했다. 이들은 경제가 다행스럽게도 좋은 상태에 있다고 재확인해서 사람들을 안심시키려고 했다. 미국노동총동맹산업별회의(AFL—CIO)가 계속 '분열'돼 있는데다가 '용감한' 의회가 7년 연속으로 최저임금 인상을 거부한 것이 경기가 유지되는 데 도움이 됐다는 것이었다. 그러나 이들은 멕시코만 재앙의 규모에 대해서는 결론을 내리지 못한 채 전전긍긍했다.[24] 재정 분야의 노련한 매파인 로널드 어트(Ronald Utt)가 논쟁에 합류하면서 헤리티지재단은 비로소 보다 세련되고 적절하며 자신감 있는 대응을 하기 시작했다. 어트는 사적이며 자선의 성격을 띤 재난대응 방식을 칭찬한 뒤 "의원들도 희생할 준비가 돼있느냐"는 수사적인 질문을 던졌다. 이는 최근에 제정된 고속도로법과 관련된 '선심성 예산지출'을 포기함으로써 '보다 고결한 목적'을 인정하는 행동을 보여 달라는 요구였다. 어트는 짓궂게도 '아무데도 못 가는 다리'로 알려진 악명 높은 알래스카의 다리를 건설하는 예산으로 책정된 자금을 멕시코만으로 돌릴 수 있을 것이라고 주장했다(이렇게 하는 것은 알래스카 사람들이 멕시코만 사람들에게 '다리 재건설 프로

젝트'를 선물하는 것일 수 있다는 것이었다).[25]

정치적으로 정당화될 수 없는 '아무데도 못 가는 다리'라는 비유는 이후 몇 주 동안 재정적 보수주의자들의 단골 문구가 됐다. 헤리티지재단은 보수 성향의 블로그와 신문 독자투고란에서 폭넓게 거론되던 주제를 정식화한 것이었다. 이 재단은 자체 홈페이지의 회원코너에 '논평을 써서 올리는 법'을 안내하는 글을 게시했다. 이는 카트리나 피해 복구를 위해 반드시 지출해야 하는 돈은 '재정적으로 무모'한 고속도로법 관련 예산을 줄여서 확보해야 한다는 메시지를 확산시키기 위한 것이었다.[26] 헤리티지재단의 이런 공격은 다른 자유시장 싱크탱크들 사이에 커다란 반향을 불러일으켜 그들도 비슷한 공격에 나섰다. 특히 카토와 AEI는 2005년 8월 초에 2440억 달러짜리 고속도로법안(거의 250억 달러에 달하는 총 6373개의 의원 지역구 개발사업들이 포함된 것으로 악명 높은 법안)이 통과된 것에 대해 분노하고 있었다.[27] 그러나 이제 딛고 설 발판을 회복한 이들 싱크탱크는 힘을 합쳐 공적 토론을 이끌기 시작했다.

카트리나가 뉴올리언스를 휩쓸고 지나간 지 2주도 채 지나기 전인 9월 12일까지 헤리티지재단은 재건이라는 과제에 대한 '원칙 있는 해법들'의 꾸러미를 발표할 준비를 갖추었다. 이 재단의 선임연구원들은 탄탄하게 짜인 '작은 정부 전략'을 제시하면서 아래와 같은 지침을 내놓았다.

- 연방정부는 주정부와 지방정부, 그리고 민간부문의 능력을 벗어나는 상황에 대해서만 지원과 보조를 제공해야 한다. 주정부와 지방정부는 재난에 대한 1차 대응자로서의 역할을 계속 책임지고 맡아야 한다.
- 필요할 경우 연방정부의 재정지원은 책임성, 유연성, 창의성을 진작시키는 방식으로 이루어져야 한다. 일반적으로 민간부문의 혁신과 개인의 필요와 선호에 대한 민감한 반응을 촉진하는 데에 세금공제나 바우처 프로그램처럼 개인과 가족에 대한 직접 자금지원을 허용하는 도구들을 활용해야 한다.

- 진정한 건강과 안전을 위해 관료적 절차를 축소하거나 폐지함으로써 민간부문의 투자와 시설의 재건 및 기업의 복구가 촉진되도록 해야 한다. 사람들이 일터로 돌아가는 데 장애가 되는 규제는 유보되거나 적어도 간소화돼야 한다.
- 의회는 그렇지 않아도 낭비되고 있는 예산을 더 늘리려고 하지 말고 지출의 우선순위를 다시 정해야 한다. 이제는 우선순위가 낮은 용도에서 재원을 빼내어 중요한 용도로 돌려야 할 때다. 시청, 구청, 주정부, 이해당사자 등의 요구사항을 들어주기보다는 파국적인 재난에 대처할 능력을 함양하는 데 초점을 맞추는 것이 대단히 중요하다.
- 관료적 정부가 아닌 민간의 기업가적 활동과 비전이 재건의 원동력이 돼야 한다. 공교육 분야의 선택권 개선과 같은 새로운 접근방식이 예외적 사례가 아닌 표준이 돼야 한다. 지금 반드시 필요한 것은 투자자와 기업가들을 북돋워 그들로 하여금 피해를 입은 도시에서 새로운 기회를 찾아내도록 하는 것이다. 관료들은 그렇게 할 수 없다. 민간부문의 창의성을 고양시키는 것이 가장 중요하다. 예를 들어 뉴올리언스와 같이 심각한 피해를 입은 지역을 '기회구역'으로 선포해 투자에 대한 자본이득세를 폐지하고 규제를 철폐하거나 간소화해야 한다.[28]

헤리티지재단이 발전시킨 종합계획에서 '상쇄(offset)'라는 말이 사용됐다. 이 말은 그 뒤에 이어진 재건논쟁에서 핵심적인 단어가 된다. "그 어떤 새로운 연방지출도 다른 지출의 감축에 의해 상쇄돼야 한다"고 헤리티지 팀은 주장했다. 왜냐하면 벌충되지 못할 지출, 새로운 프로그램, 더욱 나쁜 것으로는 '재난구호에 대한 수급권적 기대'의 충족 쪽으로 연방정부의 임무가 확장되는 일이 있어서는 결코 안 되기 때문이라는 것이었다. 부시 행정부는 연방정부가 재정을 부담하는 건설 프로젝트를 수행하는 사업자에게 일반적인 수준의 인건비를 지원함으로써 비용을 낮추고 일자리 창출을 촉진한다는 내용의 데이비스—베이컨 법안을 유예하는 '용기'를 보여주어 박수를 받았다.[29] 이와 함께 보수주의자들의 단골 요구사항이 쏟아져 나왔다. 그것은 청정대기법의 철회, 석유채굴에 대한 제한 완화, 관세의 철폐, 보건과 교육, 그리고 직업교육 관련 바우처 프로그램 도입, '기회구역'에 대한 세금감면 확대, 각종 정책분야의 민간기업과 종교단체들에 대한 인센티브 부여, 주 방위군의 확대 및 그 임무의 재조정, 메디케이드(미국 연방정부가 극빈층을 위해 운용하는 의료보장 제도—옮긴이)의 수급권에 대한 상한 설정, 연방재난관리기구의 간소화 및 향토안보를 위한 광역사무소 네트워크 구축, 유산세('사망세'라고도 한다)의 폐지 등이었다. 헤리티지재단의 부소장은 이런 광범위한 보수적 제안들을 뒷받침하는 한편 〈로스앤젤레스 타임스〉에 기고한 칼럼에서 "의회가 '수표책 선심'을 과시하며 멕시코만에 반사적으로 돈을 쏟아 붓는 것"에 대해 반대했다.[30]

한편 허리케인과 같은 '예상치 못한' 사건은 어떤 상황에서도 보수주의의 의제를 규정하는 정책요소(즉 감세)를 교란시켜서는 안 될 일이었다. 폭풍이 지나가고 2주 만에 맨해튼연구소의 스티븐 멀랭거는 '뉴올리언스 대 뉴욕?'이라는 노골적인 제목의 글을 통해 뉴욕 시민들은 카트리나 희생자들을 돕는 일에서 단기적인 자선기부의 형태로 "이미 자기 몫을 다 했다"고 주장했다. 그에게 더 심각한 걱정거리는 '카트리나 이후 워싱턴의 사고방식'으로 인해 월스트리트의 회복을 지속시키는 데 절실하게 필요한 '배당세와 자본이득세의 감면기간 연장' 조치가 예정과 달리 연기될지도 모른다는 것이었다.[31] '세제개혁을 지지하는 미국인들(Americans for Tax Reform)'이라는 단체의 그로버 노퀴스트는 논쟁거리를 앞에 두고 꽁무니를 뺄 사람이 아니었다. 그는 슈퍼 돔의 비극이 아직 끝나지 않은 상황에서 세금감면 조치의 연기를 주장하는 정치인들은 "비극을 악용"하고 있는 것이라고 주장했다. 그는 유산세의 폐지는 경제성장을 촉진할 것이라면서 그동안 오랜 기간 늦춰져온 유산세의 폐지를 즉각 단행할 것을 요구했다.[32] 노퀴스트는 당장의 정치적, 경제적 상황과 상관없이 원칙적으로 대폭적인 감세(이는 그날그날의 정치나 다음번 또는 그 다음번의 불황을 관리하는 데는 관심이 없는 보수주의 운동의 장기적인 관점에서 주장되는 정책수단이다)가 단행돼야 한다고 촉구해 '반세금 운동의 레닌'으로 묘사됐다.[33]

부시 대통령이 뉴올리언스에서 재건노력에 관한 중요한 연설을 하기 직전인 9월 중순에는 지출상쇄를 요구하는 요란한 주장이 공화당 지도부에 실질적인 압력이 될 정도로 강해졌다. "연방예산에는 더 잘라낼 군더더기가 없다"는 공화당의 톰 들레이 전 하원 원내대표의 발언은 싱크탱크의 재정보수파들을 당황하게 했다.[34] 헤리티지재단과 AEI는 '없어도 되는 연방정책'의 목록을 가장 길게, 그리고 가장 선동적인 내용으로 작성하는 '상쇄경쟁'에 뛰어들었다. AEI는 선심성 고속도로 예산을 줄이라고 요구하는 동시에 말라리아 예방을 위한 미국 국제개발처(USAID)의 프로그램 및 국립예술기금(NEA)과 국립인문학기금(NEH)의 사업을 종료시키고 항공관제, 나사(NASA), 우체국, 전미 철도여객공사(Amtrak) 등을 민영화할 것을 주장했다. 헤리티지재단은 '감축을 시작하기 쉬운 것들', 즉 아메리코어(Americorps, 자원봉사단체─옮긴이)와 공공방송공사(Corporation for Public Broadcasting)를 비롯해 지역개발 지원금, 130개의 장애인 대상 프로그램, 90개의 영유아 대상 프로그램, 342개의 경제개발 이니셔티브, 농가보조금(특히 데이비드 록펠러나 테드 터너와 같이 취미로 농업을 하는 유명인들에게 돌아가는 농가보조금) 등을 표적으로 삼았다.[35]

이런 요구사항들은 부시가 뉴올리언스 연설을 하기 전까지 자유시장 싱크탱크들이 몰두했던 주된 과제(원칙에 영향을 미치고, 대규모가 될 것이 분명한 재건지원 예산에도 영향을 미치는 것)에 비해서는 단지 부차적인 것이었다. 주된 과제에 대해서는 자유시장 싱크탱크들 사이에 높은 수준의 공명이 존재했다. 헤리티지재단과 마찬가지로 AEI도 긴급지원을 장소보다는 사람과 연결시키고, 단기융자와 바우처, 일시적 제공에 근거를 두고 지원이 이루어져야 한다고 주장했다. 손상된 인프라를 수리하기 위한 조율된 노력이 있어야 하는 건 맞지만, 궁극적으로는 '뉴올리언스가 얼마나 빨리 회복되는지를 결정하는 일은 시장에 맡기는 것이 중요하다'는 것이었다.[36] AEI의 제임스 글래스먼도 "회생은 가능한 한 자발적인 것이어야 한다"고 주장했다. 그러나 뉴올리언스는 애초부터 '잘 굴러가는' 도시였던 적이 없기 때문에(그는 이렇게 썼다. "폭풍이 불어 닥친 기간에 세계는 그 도시의 기능장애 상태를 눈치 챘다. … 부패, 불결, 멍청함은 매력과 다르다.") 근본적으로 새로운 접근이 요구된다는 것이었다.

> "앞으로 구성될 재건과정 감독위원회는 비교적 규제를 적게 해야만 세계 최고의 설계자, 개발자, 혁신가들이 그 도시에 갈 것이라는 점을 깨달아야 한다. 뉴올리언스는 면세 상업지구와 학교개혁 같은 아이디어들의 실험장이 될 수 있다. 뉴올리언스는 대단히 자유지상주의적인 도시이며, 그 도시에서 가장 필요가 없는 것이 바로 하향식 계획이다. … 나는 낙관한다. 뉴올리언스는 새로운 시작을 할 특별한 기회를 맞았고, 실제로 그 도시는 이미 자신의 신비함, 엉뚱함, 미적 감각, 분방함의 정신을 유지하면서도 잘 기능하는 다른 도시들(시카고와 애리조나 주의 피닉스가 생각난다)처럼 되고 있다고 본다."[37]

이런 보수적 낙관주의의 적어도 일부 요소들은 충분한 근거를 갖고 있다. 부시 대통령은 이틀 후 뉴올리언스의 잭슨광장에서 한 대국민 연설에서 소사업체에 대한 세금감면, 단기융자, 보증 등을 묶은 '멕시코만 기회구역 프로그램'이라는 종합지원을 통해 홍수 속에서 기업가 도시가 솟아오르게 하겠다고 약속했다. 임시적인 일자리가 제공되고 실업자수당 지급기간이 연장될 것이며, 이재민들이 지원의 혜택을 받기 위해 먼 거리를 움직이거나 관청을 찾아가지 않아도 될 것이라는 약속도 있었다. 또한 주택소유를 증대시키기 위한 도시정주장려법(Urban Homesteading Act)과 일자리로의 복귀를 지원하는 노동자회복계정(Worker Recovery Accounts)을 시행할 것이라고도 했다. 그리고 자선단체, 종교단체, 그리고 이상주의적 정신을 가진 사람들로 구성된 '구호군'의 재건노력에 연방정부가 힘을 보탤 것이고, 홍수방지 체계가 그 어느 때보다 강력하게 다시 구축될 것이며, 납세자의 세금이 올바르게 사용되도록 보장하기 위해 모든 지출을 점검하는 '일반감사팀'이 가동될 것이라는 약속도 이어졌다.[38]

무엇이든 필요한 일은 다 한다

자유시장 싱크탱크들은 행정부의 제안 가운데 많은 내용에 대해 은근히 만족했을 것이다(그 내용 가운데 일부는 자유시장 싱크탱크들 자신이 비공식적인 창안자였다). 그러나 부시의 연설 가운데 "무엇이든 필요한 일은 다 할 것이며, 얼마나 오래 걸리든 필요한 만큼 여기에 머무를 것"이라고 한 발언이 신문에 크게 실리면서 그들에게 상당히 불편한 상황이 벌어졌다. 무제한적 지출을 우려한 카토는 반사적으로 '예산재난'이 닥칠 수 있다고 경고했다.[39] 헤리티지재단의 연구자들은 공적인 채널은 적게 활용하면서도 행정부의 계획이 지닌 '위험성'을 강조하는 등 보다 용의주도한 태도를 보였다. 헤리티지재단의 연구자들은 사실상 자신들이 만들어낸 '기회구역' 아이디어를 행정부가 채택한 데 대해 환영한다는 성명을 발표했다. 그러면서도 이들은 '예산상쇄'(부시 대통령은 연설에서 이 용어를 한 번도 사용하지 않았다)를 다시 요구했고, 의회가 어려운 선택을 피하려 한다고 지적했으며,[40] "그 지역의 관리들이 자신들의 희망사항 목록을 포괄적으로 제시할 기회로 이번 행정부 대책을 바라볼 것"이라고 지적했다.[41] 그러면서 헤리티지재단 스스로가 희망사항 목록을 늘렸다. 헤리티지재단은 '교육 스마트카드'의 도입과 지역자립형 공립학교(Charter School, 미국의 공립학교 개혁방안 가운데 하나로 교육인가(Charter)에 따라 학부모, 교사, 지역사회 인사들이 공동으로 참여해 지역별 학교교육위원회와 함께 운영하는 방식의 공립학교—옮긴이)에 대한 지원확대를 요구했고, '비용폭증'을 우려하는 입장에서 응급보건의료 제공에 상한선을 설정할 것과 관료적 재정누수를 최소화하기 위한 응급규제경감위원회(Emergency Regulatory Relief Board)를 설치할 것을 촉구했다. 그런가 하면 AEI는 '관료주의의 폐해에 대한 감독기관'이 필요하다고 강조했고, 바우처와 민간재원 조달에 초점을 두어야 한다는 입장을 취했다. "일단 질서와 인프라를 복구하기 위한 책임성 있는 개입이 이루어진 뒤에는 연방자금을 써서 이전의 상태로 되돌아가기보다 개인의 욕구와 시장의 동력이 도시의 모양을 새로 만들어가도록 해야 한다"는 것이었다.[42]

자유시장 싱크탱크들은 주택, 교육, 노동시장, 보건, 국가안보, 교통정책 등에 대한 복잡한 재규제 계획을 제시했지만, 그러면서도 특수한 형태의 정부팽창('지면상 계획'의 남발, '광대한 관료체제'를 통한 명령통제형 의사결정의 증가, '통제불능'의 정부지출 등)에 대한 우려를 끝없이 내비쳤다. 에드워드 케네디 상원의원이 제안한 악몽 같은 '뉴딜식 멕시코만 연안지역 재개발 기구 설치' 방안은 심각한 위협으로 발전하지도 않았지만, 보수주의 싱크탱크들은 이것을 자주 도마에 올리고 싶어 했다. 그들은 적어도 일정한 효과를 노려 그렇게 했다.[43] 그러나 그런 것보다는 부시 방식의 '큰 정부 보수주의'가 모든 측면에서 매우 현실적이면서 당장의 위협이 되는 것이었다. 헤리티지재단의 에드 퓔너(Ed Feulner) 소장은 행정부의 멕시코만 계획이 발표된 직후에 다음과 같은 칼럼을 써서 발표했다.

"허리케인은 어느 시점에는 하나의 위기에서 하나의 문제로 격하된다. … 의원들은 이 문제에 돈을 쏟아 부으려 했지만, 최근의 몇 주 동안에는 어떤 수준의 정부도 눈에 띄지 않았다는 점을 상기해보자. … 정부를 더 크고 비대하게 만드는 식으로 정부실패에 대응해서는 안 된다. 뉴올리언스를 재건하는 최선의 길은 정부가 빠지는 것이다. 의회와 주정부는 규제를 완화하고 지역사회

스스로가 최선의 재건방향을 결정하도록 허용함으로써 재건을 이룰 수 있다. … 일시적인 카트리나 문제에 대응하다가 자칫 더 많은 관료제, 돈이 더 많이 드는 관료제라는 영구적인 문제를 만들지 않도록 조심하자."[44]

이와 비슷한 우려가 한동안 자유시장 싱크탱크들과 공생관계인 〈월스트리트 저널〉의 사설과 칼럼을 통해 증폭됐다. 이 신문은 '허리케인 부시'라는 제목의 글에서 "폭풍에서 빠져나오지 못한 사람들이 '작은 정부 보수주의'에 의해 무시 당한 것이 아니다. 그렇게 생각하는 것은 마치 그런 보수주의가 홍콩 밖에도 여전히 존재하고 있는 것처럼 생각하는 것이다. 그 도시의 가난한 사람들은 수십 년간의 부패와 온정주의적인 지방정부, 주정부, 연방정부 때문에 질식당해온 것"이라면서 "이번 사태는 분명 정부의 붕괴이지만, 더 정확하게 말한다면 관료 주의와 복지국가의 붕괴"라고 결론을 내렸다.[45] 이보다 일주일 전에는 이 신문 의 워싱턴 부편집장 데이비드 위셀이 "작은 정부의 시대는 끝났다. 9.11이 그것 에 도전했고, 카트리나가 그것을 죽였다"고 음울한 어조로 선언했다. 이 선언은 싱크탱크들 사이에 폭넓은 반향을 불러일으켰다.[46] 경제신문, 자유시장 싱크탱 크, 워싱턴의 재정보수주의자 간의 탄탄한 연결관계를 예시해주는 공화당연구위 원회(RSC; Republican Study Committee)[47]는 헤리티지재단에서 여러 차례 모임 을 가지면서 나름의 재건계획을 만들어냈다. 이것이 그 뒤에 〈월스트리트 저널〉 의 지면에 흘러넘치게 된 '보수적 아이디어의 바다'의 원천이었다. RSC의 의장 인 마이크 펜스 하원의원은 헤리티지재단이 내놓은 재건의 청사진을 모방해 "우 리는 멕시코만을 '자유기업들을 끌어당기는 자석'으로 바꾸고 싶다. 우리가 가 장 원하지 않는 것은 과거의 뉴올리언스와 같은 '연방도시'다. 우리는 뉴올리언 스를 낮은 단일세율의 자유기업지대로 만들고 싶다"[48]고 밝혔다.

그로부터 일주일 뒤에 RSC는 멕시코만 재건비용 조달방안으로 2006년도 연방 정부 예산에서 710억 달러 이상을 삭감하는 동시에 향후 10년간 광범위하고도 상당한 수준(총 5천억 달러 이상)의 '예산절감'을 해야 한다는 내용의 정책 프로그램을 내세워 연방정부를 압박하는 '상쇄작전'에 착수했다.[49] 헤리티지재단은 이 패키지 정책제안을 따뜻하게 환영하면서(그 내용 가운데 상당 부분은 바로 헤리티지재단의 사무실에서 나온 것이었으니 이 재단이 환영한 것은 사실 놀랄 일도 아니었다) 이 정책제안은 '풀뿌리 활력'의 산물이라고 주장했다.[50] 〈월스트리트 저널〉도 이 정책제안을 지지하는 태도를 취하면서 카트리나 관련 재정지출에 대한 백악관의 입장은 "무책임하며 심지어는 음험한 것"이라고 선언했다. 이어 이 신문은 의원들이 카트리나에 편승해 마치 자기들이 버번 스트리트(Bourbon Street, 뉴올리언스의 중심 번화가―옮긴이)에 돌아온 것처럼 마구 지출함으로써 "자연스러운 경제회복에 장애물이 되고 있다"고 비난했다.[51] 상원에서도 재정지출 분야의 매파인 존 맥케인 의원과 톰 코번 의원이 주도하는 가운데 비슷한 노력이 기반을 넓히기 시작했다. 맥케인 의원과 코번 의원은 대통령에게 지출계획의 상쇄 및 폐지에 관한 계획을 제시해줄 것을 요구했다.[52] 이런 상원의 움직임은 카트리나 관련 지출을 상쇄하기 위한 예산삭감을 목표로 내걸고 싸운다는 명분 아래 2005년 9월 18일 출범한 보수주의적이며 자유지상주의적인 블로그인 '선심예산 사냥꾼(Porkbusters)'에서 두드러진 환영을 받았다.[53]

그러는 동안에 싱크탱크들은 씀씀이가 헤픈 공화당 지도부에 대한 공격의 수위를 점차 높이고 있었다. 싱크탱크들은 하원의 민주당 원내대표인 낸시 펠로시가 자기 지역구에 배정된 '고속도로 예산' 7천만 달러를 빼내어 뉴올리언스의 복구노력을 지원하겠다고 대담하게 약속한 행동을 칭찬했다. 민주당 원내대표에 대한 싱크탱크들의 이런 짓궂은 칭찬은 언론에도 보도됐지만, 사실은 칭찬이라기보다는 나름의 계산이 바탕에 깔린 조롱이었다.[54] 10월 초에 루이지애나 대표단이 2500억 달러 규모의 재건대책안(부시가 잭슨광장에서 연설한 날에 헤리티지가 예상했던 '포괄적인 희망사항 목록')을 제시하기 전에 이미 워싱턴의 분위기는 변하기 시작했다. 대통령은 즉각 기자회견을 열어 미묘하고도 중대한 정책

변경을 선언했다. "미국인들의 마음은 관대한 동시에 책임감까지 가지기에 충분할 정도로 크다. ⋯ 연방정부가 책임을 다하고 있으니 멕시코만의 주민들은 연방정부의 한계를 인정해주어야 한다." 부시는 복구노력이 민간부문 주도로 이루어질 것이라고 강조하면서 "의원들과 함께 지출상쇄를 위해 삭감할 수 있는 예산항목을 찾아내어 재건노력에 드는 돈을 마련하는 작업에 나서겠다"고 말했다.[55] 공화당연구위원회(RSC)의 의장인 마이크 펜스 하원의원은 곧바로 이에 화답하는 보도자료를 내서 상쇄의 원칙에 대한 대통령의 새로운 결의에 주목할 것을 촉구했다.[56] 재정보수주의를 지키는 싱크탱크들도 충실하게 같은 말을 반복하면서 '멀리 내다보는 관점에서 예산상쇄를 수용하기로 한 행정부의 결정'을 높이 평가했다.

펠리컨(PELICAN; Protecting Essential Louisiana Infrastructure, Citizens, and Nature; 루이지애나의 기본적인 인프라, 시민, 자연을 보호하기)이라는 이름의 계획은 이제 포위공격을 당하게 됐다. 헤리티지재단은 이 계획을 "지역이기주의의 엄청난 표출"로 규정짓고, RSC의 강경파인 제프 플레이크 하원의원이 이 계획에 대해 비판적인 논조로 〈월스트리트 저널〉에 기고한 칼럼의 내용을 동조하는 태도로 인용했다. "자연재해로 인한 희생자들에게 완전한 복구를 보장하는 일은 연방정부의 책임이라는 지속불가능한 관념을 낳는 선례가 만들어질 위험이 있다"[57]는 것이었다. 펠리컨 계획은 AEI에 의해서도 '돼지고기(선심예산) 스튜'로 비난당했다. AEI의 상임연구원인 뉴트 깅그리치는 펠리컨 계획과 같은 재정지원 요구는 역사적으로 부패하기 일쑤였던 지방의원들의 뻔뻔함을 드러낸 것이자 재정적자를 확대시킬 것이라고 주장하면서 이 싸움에 끼어들었다.

"우리 모두가 루이지애나 주민들의 사정에 대해 안타까워하긴 하지만, 미국의 납세자들에게 이미 엄청나게 고지된 세금 외에 추가로 더 많은 돈을 내도록 요구할 수 있는, 또 요구해야 하는 범위에는 한계가 있다. 이보다 더 걱정스러운 것은 연방정부가 과도한 선물을 주는 것이 각 주체에게 부정적인 영향을 끼칠 수 있다는 점이다. 예컨대 연방정부가 모든 비용을 다 대줄 경우에 주정부와 지역정부의 관료들이 더 책임감 있게 행동하게 될 확률이 얼마나 될까? 그리고 잘못된 선택을 한 우리를 언제나 국가가 구제해준다고 한다면 개인과 기업이 과연 건전한 결정(가령 위험에 대한 보장을 해주는 보험을 구매하는 것과 같은 결정)을 내릴까?"[58]

이제 동정심의 피로 현상이 재정보수주의 활동가들의 탄탄한 네트워크를 넘어 널리 확장되기 시작한 것으로 보였다. 그러나 더욱 중요한 것은 브리핑, 블로그, 칼럼, 일일 정책메모 등을 통한 싱크탱크들의 주문 외우기에 힘입어 이제는 뉴올리언스에 대한 보수적인 관점이 자리를 잡게 됐다는 점이었다. 이리하여 책임성이 지배적인 주제가 되고 정책의 틀이 됐다. 워싱턴에서는 재정적 책임성, 뉴올리언스에서는 개인과 지방정부의 책임성이 필요하다는 것이었다. 새롭게 찾아진 이런 정책해법은 편리하게도 이데올로기적 목적(연방정부의 기능 확장을 억제하고 지역의 자력갱생 노력을 실현시키는 것)과 당파적 목적(문제의 주정부와 지역정부를 모두 장악하고 있는 민주당을 견제하는 것) 둘 다에 부합하는 것이었다.

헤리티지재단이 지적했듯이 하원의 지도부는 재정에 대해 책임을 지는 지출 상쇄 대책을 마련하자는 '대통령의 호소'(이제는 이렇게 표현될 수 있는 상황이었다)에 부응하려면 '정치적 용기'가 필요하다는 점을 인정하고 마침내 '조율된 압력'과 '가차 없는 이성적 판단'에 굴복했다.[59] 모래 위에 선이 그어질 수 있는 것이 아닌 이상 연방정부의 지출은 세금이 50% 증가해야 하는 정도까지 급증할 것이며, 그렇게 되면 "프랑스가 오히려 나아보일 것"이라고 에드 필너는 비꼬았다.[60] 헤리티지재단은 전국의 언론보도를 검토해보고 나서 이제는 우화가 된 '아무데도 못 가는 다리'가 재정적 무책임성의 강력한 상징인 동시에 실제로 '국가적으로 당황스러운 것'이 됐다고 선언했다.[61] 싱크탱크들이 자주 사용하는 비유를 빌리자면 이미 임계점에 도달한 것이 분명했고, 워싱턴 판의 '책임성 있는 행동'은 멕시코만에 더 많은 돈이 아닌 더 적은 돈만을 보내는 것으로 결정된 듯했다. 너가 말했듯이 "카트리나의 여파 속에 뜬 무지개(희망적인 징조—옮긴이)"가 이제 임계점에 도달해 "과도한 지출이 모두의 마음을 짓누르는 상황이 됐다"는 것이었다.[62]

더 나아가 카트리나 관련 지출과 알래스카 다리 건설계획이라는 쌍둥이 사례는 연방정부의 책임과 지출을 정당한 수준으로 결정하는 문제에 관한 객관적인 교훈을 제공했다. AEI가 지출상쇄에 대한 요구를 계속 더 강화하고 필수적이지 않은 모든 형태의 지출에 '선심예산'이라는 이름을 붙이면서 언급했듯이 "개인과 기업의 책임성 있는 행동을 증진시키기 위해서 연방정부가 재난구호 업무에서 빠지는 것"이 자유시장 싱크탱크들이 한 목소리로 요구하는 과제가 됐다.[63] 홍수보험을 제공하는 것, 또는 어떤 단서도 붙지 않은 복지급여를 제공하는 것은 AEI의 베로니크 드 뤼지가 말한 '사람들로 하여금 같은 실수를 반복하게 만드는 위험하고 무책임한 행동'을 조장할 뿐이라고 주장됐다. 뉴올리언스에 대해 노동의무 부과와 복지혜택기간 제한을 유보시킨 펠리컨 계획의 내용은 보수적 지식인들을 분노하게 했다. 이에 대해 헤리티지재단의 한 분석가는 "복지수혜자들이 복구에서 건설적인 역할을 할 것으로 기대할 수 없음을 뜻하는 것"이라는 결론을 내렸다.[64] 한편 헤리티지재단의 다른 연구자들은 행정부가 제안한 5천 달러짜리 '노동자회복계정'이 스스로 훈련의 필요성을 느끼지도 않는 요리사, 택시운전사, 바텐더 등으로 하여금 훈련에 돈을 쓰도록 장려함으로써 복지수급권에 의존하는 정신상태를 다시 일깨울 수 있다고 우려했고, 피해지역에 대한 실업보험 적용을 비롯한 연방의 각종 노동정책을 후퇴시킬 기회가 왔다고 생각했다.[65]

뉴올리언스의 도덕적 제방 재건

멕시코만 지역에 대한 공화당의 계획은 "그곳을 우파의 이데올로기를 실험하는 광대한 실험실로 바꾸면서…모든 실패한 보수주의 정책들을 끌어 모아 루이지애나로 보내 재활용하려는 것"이라고 한 존 케리 상원의원의 관찰은 그럴듯했다. 그러자 헤리티지재단은 즉각 복지, 주택, 교육, 직업훈련 분야의 '위대한 사회(Great Society)' 프로그램이 그 지역이 직면한 문제의 근원이며, 사실은 이 프로그램이 가난한 사람들을 무방비 상태에 빠뜨렸다고 반박했다.[66] 가난한 사람들을 폭풍이 지나가는 길에 놓아둔 것은 복지국가였으며, 이런 점에서 노동윤리를 파괴하고 불법을 조장하는 정책 프로그램에 돈을 쏟아 붓는 것은 잘못이라는 것이었다. 카토의 마이클 태너는 재난이 발생한 직후에 "뉴올리언스의 가난한 사람들은 두 번 희생당했다"고 지적하고 "그들을 세 번 죽이지는 말자"고 말했다.[67] 후버연구소(Hoover Institution)의 토머스 소웰도 가장 중요한 과제는 "뉴올리언스의 도덕적 제방을 재건하는 것"이라고 제안했다.[68] 〈아메리칸 스펙테이터〉의 편집장이자 최근에 후버연구소의 언론담당 연구원을 지낸 조지 노이메이어(George Neumayr)는 더욱 냉혹한 어조로 '떠날 의도가 없었던 뉴올리언스의 주민들'을 비난했다. 범죄에 경도된 자들은 '먹잇감이 풍부한 환경'을 예견하고 있었고, 수동적인 대다수는 '9월 초에 받게 돼있는 복지수표'만 기다리면서 그대로 그곳에 머물러 있다가 물에 빠져 죽었다는 것이었다. '만성적으로 소심하고 나태한' 그 지역의 지방관료들이 만약 다음번 복지수표는 배턴루지(루이지애나 주의 주도―옮긴이)에서 발행될 것이라고 재치 있게 발표만 했더라면 "사람들이 빠져나갈 길을 어떻게든 찾았을 것"이라고 그는 결론 내렸다.[69]

대통령이 잭슨광장 연설에서 '인종차별의 역사에 뿌리를 둔 깊고 영속적인 빈곤'을 인정하면서 이를 '불평등의 유산'이라고 규정하자 자유시장 싱크탱크 진영은 다소 불안해했다.[70] 그들은 복지개혁의 영역에서 그동안 부시 행정부가 보여준 업적도 명목적인 것만은 아니었다 하더라도 사실 별 볼일 없는 수준이었다고 생각했다. 부시 행정부는 예를 들어 온정적 보수주의 성향의 '결혼 인센티브' 프로그램에는 더 많은 재원을 투입하면서 다른 곳에는 재원투입을 거의 하지 않았다는 것이었다. 특히 헤리티지재단에서 복지분야를 담당하고 있는 원로 연구자 로버트 렉터는 '대담한 실험'을 해볼 때가 됐다고 생각했다. 그는 뉴올리언스의 의존적인 주민들을 상대로 '가난에 빠지지 않는 법'을 강의하면서 도시빈곤의 근원은 인종차별이나 일자리 기회의 부족에 있는 것이 아니라 부모가 해야 하는 역할을 덜 하게 되면서 핵가족이 붕괴하는 현상(이 두 가지 현상은 흑인들이 거주하는 지역에서 훨씬 더 두드러지게 나타난다)에 있다고 주장했다. 결혼율의 하락은 흑인들 사이에 복지의존증을 부채질하고 마약의 남용, 문란한 성생활, 폭력 등 '하층계급의 역기능적 문화'를 퍼뜨린다는 것이며, 따라서 적절한 대응방법은 '도덕재무장'이라는 것이었다.

"카트리나 이후의 논의가 일자리와 건설에 초점이 맞춰지는 가운데 주택이 무너지는 피해를 입은 가족을 이주시키거나 서비스 분야에 바우처 제도를 도입하는 것과 같은 제안들이 간헐적으로 제시됐다. 그러나 정말로 재건이 필요한 것은 주택이 아니라 가정이다. 빈곤의 사회적 원인을 계속 무시한다면 그러한 제안들은 단지 뉴올리언스에 원래 있던 빈민촌을 새롭게 다시 만드는 것이 될 뿐이다. 지금부터 20년 뒤에 또 다른 허리케인이 불어 닥쳐 도시를 쓸어버릴 때에 전문가들은 아마도 그 많은 가난한 사람들이 어디에서 또 생겨났는지를 궁금해 할 것이다."[71]

AEI의 연구자인 찰스 머레이는 〈월스트리트 저널〉의 독자들에게 특유의 논조로 "파괴적으로 행동하는 것이 특징인 하층계급에게는 기존의 정책대응 레퍼토리가 먹히지 않는다"고 주장했다. 그는 하층계급을 가난하지만 노동도 하고 결혼도 하는 책임감 있는 사람들과 혼동해서는 안 된다고 경고하면서 '약탈자와 살인자', '움직이기 싫어하는 여성' 등이 바로 그런 하층계급인데 이들에 대해서는 전통적인 정책은 실패하기만 할 것이라고 강변했다.

"우리는 이미 그 정책 프로그램이 하층계급의 특성에 부합하지 않는다는 것을 알고 있다. 직업훈련? 하층계급의 실업은 일자리나 직업기술이 없어서 발생하는 것이 아니라 매일 아침 침대에서 일어나 일터로 가는 능력이 없어서 발생하는 것이다. 도시정주장려법? 그들에게 집이 없는 것은 수입이 적어서 저축을 못 했기 때문이 아니라 절약이라는 개념이 생소하기 때문이다. 어떤 정책이든 말해보라. 그 정책은 이미 우리가 시도해본 것일 게다. 하층계급에게는 그 정책이 먹히지 않는다."[72]

사반세기도 더 전에 맨해튼연구소의 연구자였던 머레이에게 처음으로 명성을 가져다준 것도 바로 그가 내놓았던 이런 종류의 주장이었다. 이런 주장은 또한 그의 추종자들이 기꺼이 추구해온 것이기도 하다. 〈시티 저널〉의 기고자 겸 편집자인 케이 히모위츠는 "한동안은 허리케인 카트리나가 전미유색인종지위향상협회(NAACP)가 전혀 이루지 못했던 것(민권자유주의(civil rights liberalism)를 미국 정치의 주된 동력으로 부활시키는 것)을 이루게 해줄 것처럼 보였다"고 회고했다.[73] 에드워드 케네디 상원의원이 자신의 멕시코만 재건 구상이 '테네시강 유역개발공사(TVA, 대공황 직후에 생겼던 기관—옮긴이)'와 비교되기를 명시적으로 원했던 것과 비슷한 맥락에서 〈뉴스위크〉는 카트리나가 지나간 뒤에 내보낸 '또 다른 미국'이라는 표지기사에서 마이클 해링턴이 '빈곤과의 전쟁(린든 존슨 행정부(1963~69)의 정책 프로그램. 마이클 해링턴의 저서가 이 정책 프로그램에 영향을 준 것으로 알려져 있음—옮긴이)'에 기여한 바를 생생하게 회상해냈다.[74] 그러나 히모위츠가 말한 대로 복고적 자유주의의 순간은 "단지 5분 동안만 지속됐을 뿐"이었다. 이제 현실의 문제(핵가족의 붕괴와 그에 따라 인종적, 사회적으로 불균등하게 나타나는 결과)에 대한 대응은 보수주의자들의 손으로 넘어갔다. 히모위츠의 동료인 니콜 젤리나스는 허리케인의 여파 속에서 인종주의, 빈곤, 불평등을 환기시킨 대통령의 연설은 '실체 없는 말'이라고 일축했다. 젤리나스는 "부시가 남부 도시들의 빈곤을 한탄하며 불러들인 사회공학과 달리 토목공학은 실제로 잘 작동한다는 점에서 뉴올리언스에 진정으로 필요했던 것은 제방 보호의 개선이었다"고 주장했다. 물리적 인프라가 적절하게 수리된 상태였다면 '카트리나 이전에나 이후에나' 뉴올리언스의 수치인 '살인의 문화'에 대응하는 것이 얼마든지 가능했을 것이라는 얘기였다.[75]

젤리나스는 명백한 불법행위를 저지르다가 단속반에 검거된 흑인 남자들의 사진(그 가운데 하나는 한 백인 경찰의 총을 조준하고 있는 가운데 불법행위를 저지르고 있는 모습을 보여주고 있다)을 곁들여 카트리나 이전과 이후에 있었던 뉴올리언스의 '살인난동'에 대해 오싹할 정도로 자세히 기술한 다음에 이것은 공급측면의 문제라고 주장했다. "여성이 가장의 역할을 하는, 뉴올리언스의 수많은 힘없는 하층계급 흑인 가정들이 대를 이어 '부모의 보살핌을 제대로 받지 못한' 청년들을 공급해 살육을 뒷받침했다"는 것이다. 요컨대 그는 치안이 확보되지 않는 한 뉴올리언스의 부활은 없을 것이며, 뉴올리언스의 치안을 확보하기 위해서는 록펠러 식의 마약단속법과 뉴욕시경 식의 경찰을 도입해야 한다고 주장했다.

"날이면 날마다, 카트리나가 있건 없건 간에 뉴올리언스는 미국에서 가장 위험한 도시다. … 그러나 뉴올리언스 거리의 오랜 살육의 역사는 카트리나의 여파 속에서 우아하게 펼쳐지는 논의의 주제로 그쳐서는 안 된다. 여론조사 결과를 보거나 전문가의 의견을 들어보면 저렴한 주택을 건설하고, 학교의 개선을 보장하고, 국가의 '창조적 계급'을 위한 창업센터를 설치하고, 주민들의 재정착을 돕기 위한 세금우대 혜택을 제공하자는 등 수백만 가지 해법이 있다. 그러나 누구도 이 도시의 가장 명백하지만 다루기 어려운 문제이자 오랫동안 뉴올리언스의 번영을 가로막아온 문제를 다루지는 않는다. … 이재민들은, 그리고 기업들은 5급 폭풍에도 견딜 수 있는 제방이 건설된다 해도 그것이 뉴올리언스에서 살면서 느끼게 되는 일상화된 죽음의 공포로부터 자신들을 지켜주지 못할 것임을 알고 있다. … 오직 뉴올리언스에 안전이 보장될 때에만 그동안 여러 세대에 걸쳐 이 도시가 잘못 관리돼오면서 빚어진 손실의 일부가 메워지기 시작할 것이다. 그때에야 비로소 번성하는 중산층을 끌어들일 수 있는 진정한 민간경제와 강건한 공적 제도들을 건설할 수 있다."[76]

젤리나스는 휴스턴에서 2005년 후반기에 범죄율이 급상승한 사실에 주의를 환기시키면서 뉴올리언스의 상황은 이제 뉴올리언즈만의 문제로 끝나지 않게 됐다고 주장한다. "카트리나가 일으킨 홍수가 마약, 총기, 폭력에 의한 죽음이라는 뉴올리언스 고유의 하층계급 문화를 아직 대비태세가 돼있지 않은 남부지역 전체에 퍼뜨렸기 때문"이라는 것이다.[77]

조엘 코트킨(Joel Kotkin)은 AEI의 월간지인 〈아메리칸 엔터프라이즈〉에 실린 기고문에서 카트리나 이후의 도시정책에 대한 자신의 견해를 밝히면서 점차 굳어지는 위와 같은 보수주의의 정설을 더욱 견고하게 굳히고자 했다. 그는 카트리나가 자유주의적 환상이라는 가상 슈퍼돔의 뚜껑을 찢어버렸다고 선언한 다음에 자신의 생각으로는 뉴올리언스 식의 도시 복지주의가 작동한 결과인 주와 지방 수준의 '부패한 행정' 및 '책임성과 규율의 붕괴'에 대해 통렬한 공격을 가했다.

"많은 도시들이 미숙련 노동자들에게는 대대적인 복지혜택 제공처가 되고, 부유하고 세련된 사람들에게는 안전한 놀이터가 되고, 특별한 이익을 추구하는 사람들에게는 손쉬운 표적이 되는 한편 치안을 유지하고 주민과 기업들에게 효율적인 서비스를 제공하는 데는 서투른 존재가 됨으로써 중산층에게는 쓸모가 없어지고, 무질서한 빈민들에게는 중독을 일으키는 곳이 됐다. 오늘날 미국 전역에 걸쳐 자유주의적인 도시 지도층은 뉴올리언스의 폭풍을 단지 하나의 비극으로만 볼 것이 아니라 환상에서 깨어나게 해주고, 경악스러운 진실을 드러내주고, 자기 집의 뒷마당에서 일어날 것들을 미리 알려주는 전령사로 볼 필요가 있다. 관광지구 너머를 보라. 일자리의 증가나 중산층 편의시설이라는 측면에서 실제로 건강한 현대 도시는 거의 없다. 대부분의 도시들이 도덕적, 경제적 위기에 사로잡혀 있다. 우리가 운이 좋다면 카트리나로 인한 홍수는 오늘날의 도시가 드러내는 역기능을 키워온 1960년대의 환상들을 씻어내릴 것이다. 누구든 정직한 관찰자라면 온 나라를 뒤흔든 이번 자연재해가 반생산적인 복지국가로 인해 초래된 인재라는 사실을 인정할 것이다.”[78]

근본적으로 신 도시우파의 의제는 주로 중산층의 규범에 맞춰 ‘도시에서의 적절한 행동에 대한 기초적인 규칙’을 설정하는 것이다. 그 규칙은 공급측면의 최소주의적 개입(‘5급 폭풍에도 견딜 수 있는 제방’이라는 비유로 표현된 개입)을 통해 경제성장을 위한 선결조건을 확립하는 것, 그리고 관용 없는 치안으로 촉진되는 무자비한 법의 집행을 통해 사회질서를 유지하는 것 등이다. 이는 분명 비개입주의적인 프로그램과는 거리가 먼, 매우 선택적인 개입이다. 이는 개별 도시 전체 차원에서 시행되는 보복주의적 신자유주의의 형태다.[79] 이런 프로그램이 지닌 신자유주의적인 면모는 명시적으로 기업과 납세자, 그리고 중산층의 요구에 맞춰진 것이며, 이들에게는 그렇게 재구축된 도시가 수익성이 높고 안전하며 환영할 만한 것일 게다. 반면에 이런 프로그램이 지닌 보복주의적인 면모는 선택된 시민들은 어떤 비용을 들여서라도 보호하면서 우범계층, 무능력자, 도덕적 파산계급 같은 도시의 빈민들에 대한 침략적인 사회적 개입을 정당화한다. 이는 도시를 위한, 또는 도시의 이익을 위한 도시정책의 형태라기보다는 일종의 탈복지를 지향하는 정책수정을 통해 부르주아 도시주의를 회복시키는 정책이 도시에 부과되는 형태다.

카트리나로 인해 극적으로 뉴올리언스가 폭넓은 관심의 대상이 되기 전부터 보수주의자들이 이 도시를 '미국 도시'의 비전을 상실한 곳 중 하나로, 그리고 안에서부터 썩어 불구가 된 복지국가주의의 전초기지로 인식하고 있었다. 조지 노이메이어는 이렇게 이야기했다.

"뉴올리언스는 바깥에서부터 몰락한 것이 아니다. 내부에서부터 몰락한 것이다. 카트리나 이후의 혼돈이 문명의 붕괴를 초래한 것이 아니다. 그 혼돈은 이미 일어난 것들을 겉으로 드러내고 확대시켰을 뿐이다. … 상층계급의 타락과 하층계급의 병리가 기묘하게 혼합된 뉴올리언스는 오래전부터 무질서와 기능장애의 뒤범벅이었고, 이로 인해 많은 시민들이 카트리나가 닥치기 몇 년 전부터 이미 점점 더 살기 어려워지는 이 도시에서 탈출해야겠다고 작정하게 만들었다. … 슈퍼돔의 비참과 범죄는 원래부터 지옥과도 같았던 뉴올리언스의 주거지대에서 비롯된 비참과 범죄 그 이상이 아니며, 연방재난관리기구의 늑장대응보다는 아버지의 부재가 이 도시에 곤궁한 여성, 아이, 노인이 수없이 많은 현상을 더 잘 설명해준다."[80]

'뉴올리언스라는 도시의 몰락은 불가피한 것이었다'고 보는 이런 관점에서는 허리케인 이전에 존재하던 복지에 대한 의존, 범죄, 가정의 붕괴, 부패의 창궐 등이 가져온 예정된 결과물이 '자연과 인간본성이 날뛰기 전'에 이미 이 도시를 사회적, 경제적, 도덕적인 무방비 상태로 만든 것이다.[81] 뉴올리언스의 몰락은 보수적 지식인들에게는 정부의 보조 아래 일어난 문화적 내부붕괴였고, 허리케인은 단지 그것을 촉발시켰을 뿐이다. 보수적 지식인들은 뉴올리언스가 파괴되는 광경 속에서 '복지수급권의 허리케인'을 본 것이다.[82]

뉴올리언스의 재난과 그에 대한 대응의 틀은 누가 만들었나?

보수주의자들은 카트리나로 인해 처음에는 수세적인 입장(기본적인 안전보장과 보호의 조치를 제대로 취하지 않았음이 명백하게 드러나면서 그들이 서투름과 소홀함을 공공연히 과시한 셈이 됐으므로)으로 몰렸다. 하지만 래코프(Lakoff)와 핼핀(Halpin)이 이야기한 대로 그들은 "재난의 발생 및 그에 대한 대응의 틀에 생겨난 공백을 매우 신속하면서도 효과적으로 메운다면 오히려 자신들이 9.11 사태로부터 뽑아낸 권력보다 훨씬 더 큰 권력을 카트리나로부터 뽑아낼 수도 있었다."[83] 싱크탱크들을 필두로 여기저기서 홍수처럼 쏟아져 나온 보수적인 논평과 사설, 세부적인 정책제안 등은 뉴올리언스의 붕괴와 재건이라는 문제의 틀을 근본적으로 재구성하는 데 결정적인 역할을 했던 것으로 보인다. 이들의 영향력은 부시 행정부의 태도변화에서 읽을 수 있다. 2005년 9월 초에는 방어적이고 갈피를 잡지 못하던 부시 행정부가 이내 신중한 자세를 보이더니 연말께에는 '카트리나 문제'에 대해 마침내 확고한 봉쇄의 태도를 취하기 시작했다. 2006년 연두교서에서는 뉴올리언스가 거의 언급되지도 않았다. "무엇이든 필요한 것은 다 하겠다"던 부시가 새해 기자회견에서는 "850억 달러는 큰돈이라는 점을 그곳 사람들에게 상기시켜주고 싶다"고 퉁명스럽게 말했다.[84] 그런 가운데 행정부가 손을 빼려 하며 멕시코만 재건 프로그램에는 지켜지지도 않을 약속들이 포함돼 있음을 보여주는 증거가 점점 더 늘어났다.[85]

'명백히 인공적인 재난'(닐 스미스(Neil Smith)의 표현)으로 시작된 사태가 가장 취약한 희생자들을 비난하고 그들에 대해 다시 도덕적 규제를 가하는 기형적인 재건 프로그램으로 가차 없이 바뀌었다. 이와 동시에 '미국에서 일찍이 볼 수 없었던 규모의 전면적 재개발'[86]이 준비됐다. 이것은 생각해볼 수 있는 그 어떤 '민중적 재건'과도 거리가 먼 것이며,[87] 워싱턴과 뉴욕에서 입안된 외주계약 방식의 도시 구조조정 프로그램일 뿐이다. 가난한 사람과 노약자에게 더 큰 영향을 미치는 도시의 재난이 얄궂게도 정확히 그런 사람들을 위한 정책 프로그램을 깎아내는 결과로 이어진 것이다. 신자유주의의 각본에 따르면 뉴올리언스의 가장 빈곤한 사람들이 폭풍의 길목에 있게 된 것은 자원, 민간 운송수단, 외부로부터의 지원체계가 없었기 때문이 아니라 오랜 도시복지주의가 가져온 결과라는 것이다. 또한 그것은 도시복지주의가 무직자, 무능력자, 무법자, 가족을 돌보지 않는 아버지, 게으른 어머니, 범죄를 일삼는 청소년 등을 복지수혜자로 만들었기 때문에 나타난 결과라는 것이다.

카트리나가 미국식 신자유주의 운영모델과 그것에 내포된 불평등성 및 한계를 노출시킨 방식에는 하나의 비극적인 진실이 들어있다.[88] 게다가 길게 이어지는 허리케인의 여파에 대한 사후의 정치적 관리를 보면 미국식 신자유주의 기획의 장악력이 계속 유지되고 있음을 알 수 있으며, 이런 점은 조율된 이데올로기적 반발이 강력히 표출된 데서 분명히 드러난다. 싱크탱크의 주역들은 이런 '자유시장'적 대응을 만들어내는 일을 절반은 공공연하게, 그리고 열심히 했다. 새로운 유기적 지식인 집단인 이들은 단순한 '연설자'에 그치지 않고 국가의 기획을 지도하고, 만들고, 조직하기도 했다.[89] 이들이 그처럼 카트리나 이후에 전개한 열성적이고 조율된 활동은 '신자유주의 기획이 통일성을 보여준다면 그것은 계획적으로 만들어진 통일성일 가능성이 높다'는 중요한 진실을 다시 한 번 드러내주었다. 그러나 그것은 또한 모순적인 통일성이기도 하다. 공동의 목적이라는 껍데기 속을 들여다보면 거기에는 작은 정부를 지향하는 재정적 보수주의자들과 큰 정부를 지향하는 사회적 보수주의자들 사이의 수단과 목적상 차이가 존재하며 그 차이는 현저한데다가 자칫 치명적일 수도 있음을 알 수 있다.

카트리나가 닥쳤을 때 신 도시우파는 그와 같은 위기 때 내놓을 담론을 이미 만들어 갖고 있었지만, 그 뒤에 자유시장 싱크탱크들이 해낸 일들은 그러한 교조적인 탈복지 담론의 잠재력뿐만 아니라 그 초기적 한계도 노출시켰다. 도시에 대한 맨해튼연구소의 부르주아적 관점은 헤리티지재단의 작은 정부형 연방주의와 마찬가지로 어떤 단순한 역사적 승계과정을 거쳐 등장한 것이 아니다. 다시 말해 그것은 케인스주의적인 동시에 복지주의적인 도시관에 대응해 미리 준비된 단일의 대안으로 등장한 것이 아니다. 오히려 그것은 급진적이고 폭넓은 관점의 맥락에서이긴 하나 점진적으로 형성된 것이다. 즉 그것은 보수주의, 자유지상주의, 친기업주의, 반국가주의, 신자유주의, 후기 자유주의의 다양한 이데올로기적 주장, 요구, 제안, 그리고 재활용 목적으로 다시 채용된 아이디어 등이 일정한 경향을 갖고 서로 공명하는 방식으로 어우러진 혼합물인 것이다. 지금 와서 되돌아볼 때 신자유주의의 가공할 기획으로, 또는 패권적 '시장질서'로 규정될 수 있는 것이 있었고, 그것은 수십 년간에 걸쳐 유리한 정치적, 경제적 환경에 의해 촉진된 이데올로기적인 투자와 지적인 기업가정신의 산물이라는 점에서 물론 사회적으로 구성된 것이었다.

신자유주의라는 묘방이 카트리나 이후의 공백을 빠르고 강력하게 메운 것은 현대 미국의 현실정치와 이를 뒷받침하는 권력 및 설득의 회로에 대한 음울한 비평으로 독해될 수도 있지만, 그러는 동안에 노출된 갈등과 차이들은 시장혁명이 '혼합적 성격'의 문제점을 지니고 있음을 보여준다고 말할 수도 있다. 예를 들어 카트리나 이후의 논쟁은 재정적 제약조건을 실행하는 것은 그것을 설교하는 것보다 어렵다는 사실을 보여주었고, 온정적인 보수주의자들이 갖고 있는 도덕적 개입에의 충동은 예산 분야의 매파들을 놀라게 하는 만큼이나 자유주의자들의 인내심도 시험한다는 점을 보여주었다. 그것은 또한 민간에 모든 일을 외주하청으로 넘기는 것은 정부재정이 맡아야 하는 책임을 흐리게 할 위험이 있음을 보여주었고, 작은 정부를 지향하는 보수주의자들이 큰 정부를 지향하는 보수주의자들을 믿기가 점점 더 어려워진다고 인식하고 있음을 보여주었다. 따라서 원칙적으로 신자유주의 기획의 붕괴는 '외부적' 경쟁에서 비롯되는 만큼이나 '내부적' 이데올로기 균열에서도 쉽게 비롯될 수 있으며, 이는 곧 사회적, 정치적, 재정적으로 다양한 형태의 무리수를 두는 데서 신자유주의 기획이 붕괴할 수 있다는 말이다. 지금 뉴욕, 워싱턴, 뉴올리언스 사이에 빠른 속도로 이어지는 정책 릴레이가 우리에게 말해주는 것이 있다면 그것은 그 모든 기획의 토대가 불안정한데다 기획의 실현에도 흠이 있긴 하지만 신자유주의의 패권은 지속된다는 것일게다. 뉴올리언스에서 일어난 명백한 도시비극은 현대 미국에서 전례가 없는 종류의 비극이었지만 비교적 짧은 기간 동안에만 평소의 신자유주의를 방해했을 뿐이다. 몇 주 만에는 아니었지만 몇 달 만에 카트리나의 장기적인 결과가 신자유주의적 과정의 역전이 아닌 것은 물론이고 그 과정의 도중에 발생하는 조정 정도도 아닐 것이라는 사실이 분명해졌다. 오히려 사회적 퇴보와 시장을 통한 지배질서 구축을 지향하는 기존 정책 프로그램들의 가속화가 카트리나의 장기적 결과일 것이다. 마침내 신자유주의의 기나긴 내력이 역사로 씌어질 때[90] 뉴올리언스는 그 역사의 어디쯤에 위치하게 될까?

(서범석 옮김)

중국의 초고속 발전과 환경위기

데일 원, 민치 리

지난 사반세기에 걸친 중국의 경이로운 경제성장은 세계경제에서 가장 극적인 발전에 속한다. 1978년에서 2004년 사이에 중국 경제는 연평균 9.4%의 속도로 팽창했다. 세계경제의 역사상 다른 어떤 거대경제도 이렇게 오랫동안 급격하게 성장한 적은 없었다. 그 결과 구매력 평가(PPP) 기준으로 현재 중국은 세계 생산의 약 15%와 2000년 이후 이루어진 세계 경제성장의 약 3분의 1을 차지하고 있다.

하지만 중국의 경제성장은 엄청난 사회적, 환경적 비용을 유발했다. 사회적 불안의 확산뿐만 아니라 사회경제적 불평등의 급속한 증가, 환경의 악화, 농촌위기의 증대, 도시의 실업과 빈곤 증대, 만연하는 정부부패, 공공서비스(특히 기초교육과 보건 서비스)의 악화가 위험한 수준에 이르러 폭발적인 상황이 초래될 수도 있는 상황이다.[1]

이 글에서 우리는 중국의 축적과 이윤지향적 발전이 가져오는 환경영향에 초점을 맞춘다. 중국의 거대한 인구와 중국이 세계경제에서 차지하는 비중이 점점 더 커지고 있음을 감안하면 중국의 환경위기가 갖는 함의는 중국의 국경을 뛰어넘는다. 중국의 환경위기는 확대되고 있는 지구적 환경위기의 중요하고도 점점 더 커지는 요인이다.

중국의 환경위기나 지구적인 환경위기가 기존의 제도틀 안에서 효과적으로 다뤄지기는 힘들 것 같다. 환경적으로 지속가능한 사회를 건설하기 위해서는 생산과 소비의 활동이 이윤과 부의 축적을 추구하도록 놔두기보다는 일반 대중의 기본적 필요를 충족시키는 방향으로 경제체제를 근본적으로 변혁해야 한다.

국가사회주의에서 자본주의적 발전으로

1950년대부터 1970년대까지 중국은 국가사회주의 혹은 마오주의 모델을 토대로 성장했다. 마오주의 중국은 결코 이상적인 사회가 아니었다. 마오쩌둥의 통치가 저지른 과오나 월권은 논외로 하더라도 경제적 불평등과 관료집단의 특권이 지속됐다는 사실을 지적하지 않을 수 없다. 경제는 비효율과 불균형에 시달렸고, 환경적 지속가능성 문제에 대한 이해는 일천했다. 중공업 발전에 집중하다보니 많은 환경적 실수가 저질러졌다. 그러나 이러한 문제들은 역사적 맥락 속에 놓고 봐야 할 필요가 있다. 혁명 이전의 중국은 산업기반이 미약했고, 국제적으로는 억압받는 주변부 국가였다. 혁명으로 새로 태어난 중국은 강대국들의 적대적 태도에 직면했고, 세계체계가 가해오는 자본축적 및 군비경쟁의 압박에 대응하지 않을 수 없었다. 이러한 상황은 중국 국가가 취할 수 있는 선택의 여지를 엄청나게 제한했다. 그러나 이러한 역사적 제약에도 불구하고 마오주의 중국의 실천과 경험은 평등주의 원칙에 기반을 둔 사회경제체제에서 노동자 대중의 삶의 질이 크게 향상될 수 있음을 입증했다.

도시와 산업체의 생산수단은 대부분 '모든 인민', 즉 국가가 소유했다. '철밥통(鐵飯碗)'이라는 단어가 산업의 고용체제 및 이와 연관된 편익을 묘사하는 데 쓰였다. 임금은 매우 낮은 수준이었지만 노동자들은 평생고용을 누렸고, 연금과 보건, 부양가족을 위한 주택과 교육, 유급 출산휴가 등의 혜택을 제공받았고, 이런 혜택은 높은 수준의 사회적 평등과 사회보장을 이루었다. 농촌지역에서는 토지를 비롯한 생산수단이 집단농장, 즉 인민공사에 의해 소유됐다. 여러 가지 경제적 문제들과 낮은 수준의 물질적 소비에도 불구하고 인민공사 체제는 기초적인 보건의료와 교육을 비롯해 폭넓은 사회적 편익(일을 할 수 없거나 자기를 부양해줄 가족이 없는 마을주민들을 위한 '다섯 가지 보장', 즉 식량, 의복, 연료, 아동교육, 사망 시 정중한 장례의 보장)을 제공했다. 그래서 농촌인구의 대다수가 안전을 누리고 품위를 유지하며 살 수 있었다.

아마도 마오주의 중국의 가장 큰 업적은 1인당 소득과 소비가 아주 낮은 수준이었는데도 대다수 인구의 기본적인 필요를 충족시키는 데 성공했다는 점일 것이다. 1960년과 1980년 사이에 중국인들의 출생시 평균 기대수명은 36세에서 67세로 바뀌어 20년 만에 31세나 길어졌다. 이에 비해 같은 기간에 저소득 국가들 전체의 평균 기대수명은 44세에서 53세로 불과 9세 길어지는 데 그쳤다. 1970년과 1980년 사이에는 중국의 문맹률이 47%에서 33%로 29% 이상 낮아졌다. 이에 비해 같은 기간에 저소득 국가들 전체의 평균 문맹률은 61%에서 53%로 13% 낮아지는 데 그쳤다. 마오주의 시대의 끝 무렵에는 중국의 1인당 소득이 아직 매우 낮은 수준이었음에도 기초적인 보건의료와 교육 관련 지표에서 중국은 중간소득 국가들의 평균적인 실적에 필적하거나 오히려 더 나았다. 이에 비해 그 후의 시장지향적 개혁기에는 경이로운 경제성장에도 불구하고 기초적인 보건의료와 교육 관련 지표에서 중국의 개선 실적이 저소득 국가나 중간소득 국가들보다 저조했다.[2]

중국의 시장지향적 개혁은 공식적으로는 1979년에 시작됐다. 처음 10~15년 동안에 이루어진 개혁의 두드러진 특징은 농촌 인민공사의 해체, 외국인투자 유치와 자유시장 실험을 위한 경제특구 지정, 국영기업의 시장기제 도입이었다. 그 결과 노동자들이 누리는 혜택은 줄어들었고, 사회안전망은 점차 훼손되어 갔다.

1990년대에는 중국 지도부가 경제적 세계화와 자유화를 한층 더 많이 수용했다. 1990년대 말 무렵에는 대다수의 중소 국영기업과 거의 모든 집체기업이 사유화됐다. 현재는 국내외 자본이 아직 남아있는 대규모 국영기업들의 지분을 인수하라는 권유를 받고 있다. 또한 경제특구의 수가 폭발적으로 늘어나면서 중국에 진출한 외국 기업들이 중국의 거대한 저임 노동력, 규제의 허점, 관대한 세금감면 제도를 활용하며 갈수록 번창하고 있다. 그러나 수억 명의 중국 노동자들은 지금 매우 열악한 조건에서 일하고 있다.

중국은 2001년에 세계무역기구(WTO)에 가입했다. 가입조건으로 중국은 모든 수입쿼터를 폐지하고 산업용 수입품에 대한 관세를 상당히 낮출 것을 강요받았다. 이때 외국계 기업과 투자자들의 권익이 크게 신장됐다.

중국 지도부는 '사회주의 시장경제'의 건설이 개혁의 목표라고 계속 주장하고 있지만 실제 상황을 보면 중국은 이제 사회적, 환경적 기준이 낮은 '세계적인 기업피난처'가 돼있다. 중국은 지금 '중화인민공화국'이라는 국가이름만 빼고는 모든 것이 자본주의적이다.[3]

자본축적과 이윤추구, 그리고 환경

현재의 경제적 세계화 체제는 이윤을 위한 생산에 바탕을 두고 있다. 이윤동기와 시장경쟁이 지속적으로 가하는 강한 압박은 개별 기업가와 기업뿐만 아니라 국가도 점점 더 큰 규모의 자본축적을 추구하도록 강제한다. 끝없이 성장을 추구하는 것은 경제적 세계화의 필연적인 결과일 뿐 아니라 중국모델의 생존을 위해서도 필요불가결하다. 성장의 소득증대 효과가 확산될 것이라던 약속과 달리 신자유주의 세계화는 지난 30년 동안 각국 내부와 국가 간의 소득 및 부의 불평등한 분배를 더욱 심화시켰다. 불평등이 증대하는 경향이 경제성장을 통해 완화되지 않는다면 세계인구 중 절대다수의 생활수준이 절대적으로 하락하는 결과로 이어져 사회적으로 지속불가능한 상황이 초래될 수 있을 것이다. 중국의 경우 지난 20여 년간 연평균 9.4%의 성장을 이루었음에도 불구하고 상대적 빈곤은 물론이고 절대적 빈곤도 오히려 늘어나고 있다. 예를 들어 점점 더 많은 사람들이 일차적 의료와 교육 같은 기본적인 서비스의 비용을 부담할 수 없게 되고, 이로 인해 사회적 불안이 확대되고 있다. 점점 더 많은 사람들이 '밀물이 모든 배를 들어 올릴 것'이라는 허황된 약속에 대한 환상에서 깨어나고 있다.

경제성장은 물질적 자원의 소비가 증가함을 의미한다. 게다가 생산과 소비의 과정은 환경을 오염시키는 폐기물을 만들어낸다. 그러므로 제한 없는 경제성장은 자연자원을 고갈시키고 환경악화를 일으키는 경향이 있다. 그 결과는 인류문명 자체를 위험에 처하게 할 수 있을 정도로 극단적인 것일 수도 있다. 이론적으로는 만약 기술진보가 화폐가치로 환산한 경제성장 1단위당 환경영향을 줄일 수 있다면 원칙적으로 인구도 풍요도 무한히 증가할 수 있다. 하지만 물리학과 생태학의 기본법칙들이 유지되는 한 실제로는 자원사용과 환경영향 없이 생산 및 소비의 활동이 일어날 수 없다. 인간활동의 환경영향을 줄이는 데는 물리적으로 한계가 있다. 환경기술의 진보는 규모에 따른 수확체감을 겪는다(즉 일정한 양만큼 환경영향을 줄이기 위해 점점 더 많은 비용이 요구된다)는 점에서 경제적 한계도 존재한다.[4]

널리 인정되고 있듯이 마오주의 시대의 산업발전은 주로 사회적 형평의 체제를 구축하는 데 초점이 맞추어졌다. 그 당시에는 자연자원과 사회적 복지 사이의 연결고리에 대한 이해가 여러 측면에서 일천했다. 그러나 당시의 일부 산업적 관행들이 총체적인 관점에서 나쁜 것이었음에도 물질소비의 수준이 매우 낮았기 때문에 그런 관행들로 인한 자원고갈과 환경악화의 정도는 제한적이었다.

중국이 시장체제로 전환하고 세계의 경제 및 문화에 통합되기를 시도하면서,

그리고 중국 경제가 숨 막힐 정도의 속도로 팽창하면서 이제는 자원고갈과 환경 악화가 거대하고도 계속 증대하는 규모로 일어나고 있다. 중국은 제조업 분야의 중심적인 수출국가가 되면서 그와 동시에 자원고갈과 산업폐기물 발생의 중심국가가 됐다. 중국은 세계의 공장이 됐을 뿐 아니라 세계의 쓰레기 투기장도 됐다. 중국의 자연환경은 급속하게 붕괴 직전으로 내몰리고 있다.

중국 국가환경보호총국의 차관인 판웨(潘岳)는 독일의 〈슈피겔〉과 가진 인터뷰에서 환경위기에 대해 다음과 같이 솔직하게 말했다. "원료는 부족하고 충분한 토지도 없는데 인구는 꾸준히 증가하고 있다. … 도시들이 커져가는 동시에 사막지대도 확대되고 있다. 거주하기에 적합하고 이용이 가능한 토지는 지난 50년 동안 절반으로 줄어들었다. … 환경이 더 이상 보조를 맞출 수 없기 때문에 중국의 GDP 기적은 조만간 끝날 것이다."[5]

상황은 이처럼 긴박하며, 이는 중국만의 이야기가 아니다. 기후변화와 물의 오염과 부족, 산성비, 야생동식물의 멸종을 비롯한 여러 환경문제들이 지구 전체의 지속가능성에 영향을 미치고 있다.

농업의 사유화와 환경악화

농업은 환경과 가장 밀접한 관계를 맺고 있는 경제부문임에 틀림없다. 1979년 이전에는 대부분의 중국 농민이 집단적인 인민공사로 조직돼 있었다. 중국의 시장지향적 개혁은 농업생산을 사실상 사유화하는 것과 함께 시작됐다고 할 수 있다. 그 첫 번째 조치는 가족단위 계약체계의 시행이었다. 이에 따라 중국 정부는 인민공사를 해체하고 개별 가족과 토지계약을 맺었다. 처음에는 농업생산과 농촌소득이 상당히 증가했다. 그러나 1980년대 중반에 이르면 농촌지역의 경제성장이 상당히 저하됐다. 1980년대 말에서 1990년대 초에 걸쳐 대부분의 농촌지역은 정체되거나 심지어는 퇴보하는 상태가 됐다. 오늘날 중국의 농촌지역은 전례 없는 사회적, 환경적 위기에 봉착하고 있다.

1979년 이후에는 개혁 이전 시대의 산업적, 기술적 발전 덕분에 사용할 수 있게 된 화학비료와 농약, 교배종 종자가 실제로 대대적으로 사용되면서 중국의 농업이 변모했다. 처음에는 화학물질 사용에 기반을 둔 농업이 인민공사 시절에 건설된 수도시설 및 관개체계의 도움으로 경이적인 성공을 이루었다. 비료 사용량이 1978년부터 1984년까지 두 배 이상으로 늘어났고, 이에 따라 농민들은 기록적인 수확을 할 수 있게 됐다.

가계소득의 단기적 증대에 기여한 또 다른 요인은 공유자산 착취였다. 예를 들어 가족단위 계약체계가 시행된 직후에는 그 전의 30년 동안 인민공사가 토지의 침식을 막기 위해 길가에 방풍림으로 심어놓았던 가로수를 무차별적으로 벌목하는 행위에 대해 어떠한 통제도 가해지지 않았다. 이로 인해 1985년과 1989년 사이에 중국 전역에서 방풍림 식재면적이 48% 줄어들었다.[6]

중국의 공식 매체는 개혁 초기(1978~84) 농촌의 호황이 탈집체화 과정 덕택이라고 했다. 그러나 사실은 이 시기에 이루어진 농촌의 소득증가 중 3분의 2 이상은 대대적인 탈집체화가 시작된 1982년 이전에 이루어진 것이었다. 곡물가격 상승과 화학비료 사용과 같은 다른 요인들이 단기간의 소득증가에 훨씬 더 크게 기여했다. 그러나 똑같은 기술적 요인들이 그 뒤에 농촌소득이 정체하는 데도 원인으로 작용했다. 농업 투입물에 대한 국가의 가격통제가 1980년대 중반에 철폐되자 그 가격이 치솟았다. 불과 2년 사이에 비료 가격은 43%, 농약 가격은 82.3%나 올랐고, 그 뒤 1990년대에도 이들 농업 투입물의 가격은 매년 10% 이상씩 계속 올랐다. 그럼에도 농민들은 지금도 여전히 토양 속의 유기물질 감소에 대항해 수확량을 유지하기 위해서는 더 많은 화학물질을 뿌리지 않으면 안 되는 악순환에서 벗어나지 못하고 있다.

사실상의 농업 사유화가 환경과 경제에 심대하고 장기적인 영향을 미쳤다. 높은 인구밀도를 감안하면 중국 가족농의 규모는 보통 1헥타르 미만이고, 0.5헥타르 정도의 규모인 경우도 많다. 이 정도로는 규모의 경제 효과를 얻을 가능성이 전혀 없다. 트랙터나 탈곡기 등 많은 기술적 투입물들은 개별 농가에게는 너무 비쌌다. 그래서 많은 마을들이 사유화의 초기에 탈기계화의 과정을 거쳤다. 이전에는 기계가 했던 일에 농민의 노동이 더 많이 투입돼야 했다. 이 때문에 농민들은 유기질 퇴비와 녹비의 활용 같은 유익한 환경적 실천을 비롯한 다른 형태의 노동을 줄여야만 했다.

인민공사와 비교하면 가족농은 자연재해와 시장변동에 훨씬 더 취약하며, 이런 점은 농민들로 하여금 환경을 혹사시키게 한다. 또한 농가의 규모가 작아 통합적인 환경관리가 어렵다. 한 농부는 이렇게 말했다. "내가 농약을 치면 해충들은 이웃의 밭으로 도망갈 뿐이다. 다음날 이웃이 농약을 치면 해충들이 모두 내 땅으로 다시 돌아온다. 결국 우리는 엄청난 양의 화학물질만 허비했을 뿐 그렇게 해서 얻은 것은 전혀 없는 꼴이 됐다." 많은 마을들에서 가족농의 얼마 안 되는 농지마저 공간적으로 쪼개져 있다. 농민들은 공정하고 평등한 토지분배를 요구했다. 그러나 한 가구가 마을의 한 귀퉁이의 좋은 필지 약간, 다른 한 귀퉁이의 하급 필지 약간, 그리고 또 다른 곳의 중간 토질의 필지 약간을 얻는 결과가 초래되어 농지에 대한 통합적인 관리가 더욱 어려워졌다. 일부 마을들은 다른 방안을 시도했다. 그것은 각 가구에 일정한 양의 토지를 분배한 뒤에 해마다 땅을 서로 바꾸도록 하는 것이었다. 그러나 이런 방안은 또다른 문제를 낳았다. 농민들이 자신의 장기적인 이익을 위해 땅과 흙에 투자해야겠다는 유인을 느끼지 못하게 된 것이다.[7]

〈그림〉은 1978년부터 2003년까지 중국의 총 곡물 생산량과 1인당 곡물 생산량이 어떻게 변했는지를 보여준다. 총 곡물 생산량은 1980년대와 1990년대 대부분에 걸쳐 꾸준히 증가했다. 하지만 1998년부터 2003년까지는 곡물 생산량이 급격하게 떨어졌다. 마지막 2년 동안에 총 곡물 생산량이 어느 정도 회복됐지만, 1

중국의 곡물 생산량(1978~2005)

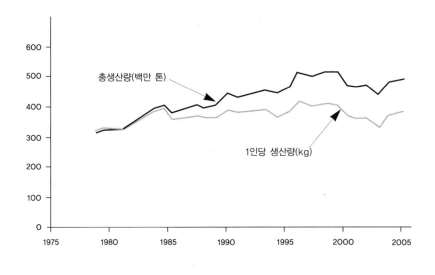

인당 곡물 생산량은 그 뒤에 다시 1980년대 초반 수준으로 되돌아갔다. 곡물 생산의 감소는 중국의 장기적인 식량안보에 심각한 문제가 되고 있다.[8]

중국의 환경위기: 대기, 물, 토지

대략 13억 명에 달하는 거대한 인구 때문에 중국의 1인당 자연자원 부존량은 적은 편이다. 현재 중국의 1인당 경작가능 토지 면적은 전 세계 평균의 3분의 1 수준에 불과하고 1인당 수자원은 4분의 1, 1인당 석유 매장량은 8분의 1에 지나지 않는다. 세계자연보호기금(WWF)의 2002년도 〈살아있는 지구 보고서(Living

Planet Report)〉에 따르면 중국의 생물학적 수용능력은 1인당 1.04글로벌헥타르[9]로 세계평균의 55%에 지나지 않았다.[10] 그러나 이렇게 부존량이 한정된 자연자원마저도 제대로 관리되지 않고 있다. 중국은 경제호황의 대가로 커다란 환경적 비용을 지불하고 있다.

대기오염

세계보건기구(WHO)의 보고서에 따르면 세계에서 가장 많이 오염된 도시 10개 가운데 7개가 중국에 있다. 중국에서는 대기오염으로 인해 매년 30만 명이 일찍 사망한다. 이는 개도국 전체에서 대기오염으로 인해 일찍 사망하는 사람들 가운데 40% 이상을 차지하는 수치이며, 사망률로 보면 인구가 비슷한 남아시아 전체에 비해 2배 이상 높은 수준이다. 산성비는 중국의 국토 전체에서 약 3분의 1에 해당하는 지역에 영향을 주고 있다.[11]

석탄에서 석유와 천연가스로 옮겨간 것이 도시의 대기오염을 완화시켰지만, 최근에 자전거와 대중교통에서 자가용으로의 대규모 전환이 일어나 그와 같은 대기오염 완화의 이익을 모두 상쇄하며 문제를 악화시키고 있다. 많은 다국적 자동차기업들은 최근의 이런 상황을 '중국에 청정 자동차 기술을 판매할 기회'로 여기고 있다. 하지만 자동차 지향적인 성장 및 도시계획이라는 전제 전반에 대해 의문을 제기해볼 필요가 있다. 여전히 자전거와 대중교통에 의존하는 대다수의 도시주민은 자동차의 폭발적인 증가로 인해 더러워진 공기와 교통체증이 주는 고통을 감수해야 한다. 예를 들어 베이징 시내를 돌아다니는 버스의 평균 운행속도는 1980년대에는 시속 16km였지만 1990년대에는 시속 8km로 떨어졌고 지금은 시속 4km로 더 떨어진 상태다. 2004년에 중국은 세계 4위의 자동차 생산국이자 세계 3위의 자동차 소비국이 됐다. 중국의 자동차 수는 매년 19%씩 증가하고 있다. 이러한 추세가 꺾이지 않는다면 제 아무리 청정기술이라고 한들 깨끗한 공기를 가져다줄 수 없다.

물부족과 물오염

중국은 세계에서 가장 극심한 수준의 물부족 현상에 직면해 있다. 중국은 양쯔강 북쪽 전역의 '건조한 북부'와 양쯔강 유역 및 그 남쪽 전역의 '습윤한 남부'로 나뉜다. 북부는 인구가 5억5천만 명이며 중국 전체의 농경지 중 3분의 2와 수량의 5분의 1을 차지하고 있다. 남부는 인구가 7억 명이며 중국 전체의 농경지 중 3분의 1과 수량의 5분의 4를 차지하고 있다.

물부족은 일반적으로 중국문명의 발상지로 여겨지는 북부의 황허 유역에서 가장 심각하다. 황허는 지구상에서 가장 광범위한 토양침식이 관측되고 있는 황토고원을 가로질러 흐른다. 황토고원은 수천 년 동안 경작이 계속되면서 자연적 식생의 대부분이 벗겨져나간 곳이다. 황토고원의 토양 자체가 지구상에서 가장 침식에 취약하다보니 식생의 훼손이 더 심하다. 황허는 이름 그대로 황토로 채워져 있다.

지난 수십 년에 걸쳐 이 지역 식생의 물 보전능력이 저하되고 사람들이 지하수를 과도하게 퍼내게 되면서 강의 수량이 줄어들었다. 1972년에 사상 처음으로 황허는 바다에 도달하지 못했다. 심각한 가뭄이 든 1997년에는 황허가 연중 226일 동안 하류의 마지막 700㎞를 흐르지 못했고, 그중 마지막 136㎞ 구간에서는 황허가 말라붙은 기간이 연중 330일이나 됐다. 강물의 고갈은 중하류지역 주민들의 일상생활과 생산에 심각한 타격을 가했고, 지역 생태계를 더욱 악화시켰다. 주로 농업지대인 상류지역의 성(省)들과 산업화된 해안지역의 성들 사이에 물을 놓고 격렬하고도 모진 경합을 벌이고 있다.

물부족과 지표수의 광범위한 오염으로 인해 지하 대수층으로 관정을 뚫는 도시와 마을이 갈수록 늘어나고 있다. 중국 곡물의 40%를 생산하는 북부 평원의 지하수위(water table)는 연평균 1.5m씩 낮아지고 있다. 수도 베이징의 지하수위는 1999년에 2.5m 낮아졌고, 1965년 이후로는 총 59m가량 낮아졌다. 지하 대수층이 고갈되면 사람들은 어떻게 해야 할까?[12]

양쯔강(揚子江)과 황허(黃河), 그리고 화이허(淮河, 양쯔강과 황허 사이를 흐르는 강―옮긴이), 쑹화강(松花江, 만주지역을 흐르는 강―옮긴이), 하이허(海河, 베이징과 톈진을 거쳐 황해로 흘러나가는 강―옮긴이), 랴오허(遼河, 만주 서부를 흘러 발해만으로 흘러나가는 강―옮긴이), 주강(珠江, 중국 남부에서 남중국해로 흘러나가는 강―옮긴이) 등 중국 7대 강의 수계에 속하는 물 가운데 대략 60%가량이 인간이 이용하기에 적합하지 않은 4등급이거나 이보다 수질이 더 나쁜 것으로 분류된다. 호수의 75%는 정도의 차이는 있지만 부영영화를 겪고 있다. 그 주범은 대개 농업유출수와 도시나 산업체에서 나오는 미처리 폐수다. 중국 농민은 미국 농민에 비해 2.3배나 되는 화학물질(비료와 농약)을 사용한다. 산업폐수의 3분의 1과 도시폐수의 3분의 2는 어떠한 처리과정도 없이 그대로 배출된다.[13]

1994년에 중국 정부는 중국에서 가장 오염된 강 가운데 하나인 화이허에 대한 대규모 정화 캠페인을 시작했다. 중국 정부는 이 캠페인에 수십억 달러를 쏟아 부었다. 하지만 수질개선은 여전히 환상으로만 남아있다. 국가환경보호총국은 권위가 약하고 이 부서가 부과하는 벌금은 수처리 시설을 운영하는 데 들어가는 비용보다 적은 경우가 많다. 이 때문에 많은 제조업체들이 수처리 시설을 운영하느니 차라리 벌금을 내는 쪽을 선택한다. 정부의 명령에 따라 대부분의 주요 산업시설에는 수처리 시설이 설치돼 있다. 하지만 정부의 추정에 따르면 그 가운데 3분의 1은 전혀 가동되지 않고 있고, 3분의 1은 가끔씩만 가동되고 있다.[14]

오염은 물부족 문제를 더욱 악화시키고 있다. 이전에 물이 풍부했던 주강과 양쯔강의 삼각주 지역에서도 최근에 물부족 현상이 나타나는가 하면 오염이 심각해 사용할 수 없게 되는 물이 늘어나고 있다. 오염은 지하 대수층으로도 확산되고 있다. 현재 지하 대수층의 25%가 오염되고 있는 것으로 추정된다.

토질의 저하와 토양오염

1999년에 중국 국가임업국이 모니터한 결과에 따르면 중국의 사막지역은 그 면적이 267만㎢로 영토 전체의 27.9%를 차지하고 있으며, 연평균 1만400㎢의 속도로 확대되고 있다. 그리고 총 영토의 37%인 356만㎢가 정도의 차이는 있지만 토양침식을 겪고 있다.[15]

토양의 침식, 염화, 오염 등으로 인해 전체 경작가능 토지 가운데 40%의 토질이 나빠지고 있다. 최근에는 급속한 산업화와 도시화가 놀라운 속도로 농경지를 잠식하고 있다. 정부는 이미 부족한 농경지가 더 잠식되지 않도록 하기 위한 농지 관련법을 통과시켰다. 이 법은 농지를 산업, 상업, 건설의 용도로 전용하려는 책임당사자에게 다른 곳에 동일한 면적의 농지를 조성하는 데 드는 비용을 부담하는 금전적 의무를 지도록 규정하고 있다. 이 법은 무토지 농민들의 출현을 둔화시키긴 했지만, 비옥한 농지가 다른 용도로 전용되면서 한계토지가 경작을 위해 점점 더 많이 개간되게 하는 결과를 가져왔다.

살아남은 농지는 농업용 화학물질, 채굴, 산업활동으로 인한 오염에 시달리고 있다. 화학농약은 1300만~1600만 헥타르에 달하는 농지를 오염시켰다. 경작가능 토지의 약 5분의 1에 해당하는 2천만 헥타르의 농지가 카드뮴, 비소, 납, 크롬 등의 중금속에 의해 오염되고 있다. 이로 인해 연간 약 1200만 톤의 곡물이 오염되어 인간이 먹기에 유해한 것으로 추정되며, 오염으로 인해 곡물생산이 1천만 톤 이상 감소한 것으로 추정된다.[16]

최근의 급속한 수출지향적 성장 덕분에 번영하고 있는 두 지역, 즉 양쯔강 삼각주 지역과 주강 삼각주 지역을 예로 들어보자. 몇 세기에 걸쳐 땅이 비옥하고 물이 풍부했던 이 두 삼각주 지역은 중국의 쌀 곡창이자 어류 공급처였다. 이 두 지역은 지금도 여전히 상당량의 농산물을 공급한다. 그러나 아마 대부분의 소비자들에게, 심지어는 해당 지역 생산자들 자신에게도 잘 알려지지 않은 사실이지만, 이 두 지역의 농지는 중금속과 난분해성 유기 오염물질에 의해 광범위하게 오염돼 있다. 이런 오염물질의 대부분은 선진 자본주의 국가들의 아웃소싱으로 이곳으로 온 오염산업에서 배출된 것이며, 미국에서 불법으로 수입된 전자제품

폐기물이 농지를 오염시키는 원인이 되기도 한다.

1999년부터 2002년까지 광둥성은 주강 삼각주 지역의 농지 10,000㎢에 대해 지질조사를 수행했다. 그 결과 10.6%의 농지만이 청정한 것으로 분류될 수 있었고, 35.9%는 상당히 혹은 심각하게 오염된 상태였으며, 그 나머지는 약간 오염된 것으로 밝혀졌다. 농지의 46%는 카드뮴으로, 12.6%는 수은으로 오염돼 있었다.[17]

양쯔강 삼각주 지역도 비슷한 상황이다. 과학자들은 이곳에서 16종의 다환방향족탄화수소(PAH)와 100종 이상의 폴리염화비페닐(PCB)을 발견했다.[18] 둘 다 발암성이 매우 높은 난분해성 유기 오염물질이다. 2002년에 실시된 난징 농업대학의 조사에서는 토양샘플의 70% 이상에서 기준치 이상의 중금속이 검출됐다. 수은쌀, 납쌀, 카드뮴쌀 등 고도로 오염된 곡물이 시장에서 발견되기도 했다.[19]

중국, 세계 에너지위기, 기후변화

국제에너지기구(IEA)에 따르면 전 세계의 일차에너지(primary energy, 변환과정을 거치지 않고 자연에서 추출된 그대로 사용되는 석유, 석탄 등의 에너지—옮긴이) 소비에서 중국이 차지하는 비중은 1973년에 7.2%였으나 2003년에는 13.5%로 높아졌다. 1973년에서 2003년 사이에 전 세계 에너지 소비는 연평균 1.9% 증가했으나 중국의 에너지 소비는 연평균 4.0% 증가했다.[20] 이런 속도로 계속 증가한다면 중국의 에너지 소비량은 20년 안에 두 배가 될 것이다. 최근 중국의 에너지 수요는 실로 빠르게 증가하고 있다. 2000년부터 2004년까지 전 세계의 에너지 소비 증가의 40%는 중국의 에너지 소비 증가였다.

중국의 일차에너지 소비에서 석탄은 약 4분의 3, 석유와 천연가스는 약 5분의 1을 차지하고 있다. 원자력과 재생가능에너지는 모두 합쳐도 6% 미만이며, 최근에도 그 비중이 그다지 늘어나지 않았다. 최근 자가용의 폭증(연간 19% 증가)은 석유소비의 급속한 증가를 가져왔다. 중국은 현재 소비하는 석유의 32%를 수입하고 있으며 수입석유에 대한 수요는 2010년까지 2배로 늘어날 것으로 예상된다. 2020년까지 중국의 수입석유 의존도는 50%를 초과할 수 있고, 2050년에 이르면 80%를 넘어설 수 있다.[21]

경제협력개발기구(OECD) 국가들보다 에너지를 훨씬 더 낭비적으로 사용하고 있다는 점에서 중국은 에너지 소비를 증가시키기보다는 에너지 효율성을 개선하는 것을 통해 급속한 경제성장을 계속 추구할 여력을 만들어낼 수 있다는 주장도 나올 수 있다. 그러나 이러한 주장은 잘못된 통계에 근거를 둔 것이다. 시장환율로 측정한 국내총생산(GDP) 수치를 이용해 계산하면 중국의 에너지 효율성은 아주 낮게 나온다. 그러나 재화와 서비스의 물질적 흐름을 보다 잘 반영하는 구매력평가(PPP) 방식으로 측정한 GDP를 이용해 계산하면 중국의 GDP 1달러당 에너지 소비는 세계평균보다 단지 10% 높고 OECD 국가들보다도 20%가량 높을 뿐이다. 이는 중국이 장래에 에너지 효율성을 개선할 수 있는 여지가 제한돼

〈표〉

에너지 소비, 인구, 경제적 산출 (2003)

지역	TPES / 인구	TPES / GDP	TPES / GDP(PPP)	CO_2 / TPES
중국	1.10	0.92	0.23	2.64
OECD	4.67	0.20	0.19	2.37
중동	2.52	0.66	0.38	2.48
옛 소련	3.36	2.12	0.51	2.38
비OECD 유럽	1.89	0.76	0.27	2.56
아시아(중국 제외)	0.61	0.72	0.19	1.91
중남미	1.07	0.32	0.16	1.83
아프리카	0.66	0.87	0.30	1.36
세계 전체	1.69	0.32	0.21	2.36

TPES(Total Primary Energy Supplies)는 표준적인 석유의 양(단위: 톤)으로 측정한 총 일차에너지 공급량을 뜻하며 소비량과도 같다. CO_2는 배출된 이산화탄소의 양(단위: 톤)을 가리킨다. PPP는 구매력평가를 의미하며, 이는 상이한 통화들 사이의 장기균형환율에 가깝다.
출처: International Energy Agency, Key World Energy Statistics, 2005.

있음을 시사한다. 〈표〉는 인구, 경제적 산출, 온실가스 배출과 관련해 중국의 에너지 소비를 세계의 다른 지역들과 비교해 보여준다.

중국의 증가하는 에너지 수요, 그중에서도 특히 석유에 대한 갈증은 점점 고조되는 세계 에너지위기의 맥락 속에서 봐야 한다. 현재 세계는 총 일차에너지 소비의 56%를 석유와 가스에, 이를 포함해 80%를 모든 형태의 화석연료에 의존하고 있다. 전 세계 석유와 가스 생산이 2010년대에 정점에 도달한 뒤 감소하기 시작할 수 있음을 보여주는 증거가 늘어나고 있다. 그렇다고 석탄에 대한 의존성이 커지면 석탄의 고갈을 가속화시키고 지구온난화의 충격을 더욱 심화시킬 수 있다. 예측이 가능한 미래에 다양한 형태의 재생가능에너지가 화석연료를 대체하면서 현 수준의 전 세계의 에너지 소비와 장래의 경제성장을 떠받치게 될 가능성은 별로 없어 보인다. 중국의 현 성장패턴은 세계 에너지위기를 더욱 앞당길 수 있을 뿐 아니라 매우 위험한 지정학적 상황을 야기할 수도 있다.[22]

중국의 1인당 온실가스 배출량은 미국의 10분의 1가량에 불과하다. 그러나 13억 명이라는 거대한 인구를 감안하면 중국의 총 온실가스 배출량은 상당한 규모에 이른다. 중국은 세계에서 미국에 이어 2위의 온실가스 배출국이다. 현재의 GDP 성장 추세로 미루어 2020년이면 중국이 미국을 제치고 세계 최대의 온실가스 배출국이 될 것으로 보인다.

지구온난화로 인해 중국 북부에서는 강수량이 줄어들고 남부에서는 강수량이 늘어날 것이라는 게 기후모델의 예측이다. 이런 예측은 최근의 패턴과 일치한다. 중국 북부의 평원에서는 1980년대 이래로 가뭄이 계속돼온 반면에 남부지역에서는 홍수로 인한 재해가 빈번하게 발생했다. 기후변화의 영향으로 나타나는 이런 현상은 특히 1990년대 이후에 심해졌다. 중국 정부와 영국 정부가 2004년 9월에 함께 발표한 보고서에 따르면 기후변화는 향후 20~80년 사이에 중국의 쌀, 밀, 옥수수 수확량을 20~37% 감소시킬 수 있다고 한다. 요컨대 기후변화는 중국의 물위기를 크게 악화시키고 식량안보를 위협할 수 있다.[23]

환경적 부정의와 환경적 소요: 환경위기 속의 계급문제

최근 중국의 도시민들 사이에 환경의식이 높아지고 있다. 중국사회조사사무소 (SSIC; Social Survey Institute of China)는 1999년에 베이징, 상하이, 톈진, 광저우, 충칭, 우한 등의 도시가구들을 대상으로 도시민이 가장 관심을 갖는 사안이 무엇인지에 대해 조사했다. 그 결과 환경문제가 부패문제 바로 다음으로 도시민이 많은 관심을 가진 사안인 것으로 나타났다. 수도인 베이징을 비롯한 몇몇 대도시에서는 대중의 압력이 커짐에 따라 환경문제가 부분적으로 개선되고 있다. 예를 들어 베이징 시는 거의 130개에 달하는 공장들을 도시 밖으로 이전시켰다. 또한 오염물질을 덜 배출하는 가스화력발전소가 세워지고 있고, 낡은 발전소들에는 오염물질 배출 저감시설이 설치되고 있다. 이런 과정에는 베이징의 많은 환경 NGO들이 도움이 되고 있다.[24]

그러나 이에 대해 중국의 한 진보적인 학자는 "내가 보기에는 그 단체들이 환경주의를 실천하고 있는 것인지, 환경제국주의를 실천하고 있는 것인지 불분명하다"고 논평했다. 이런 논평이 가혹하게 들릴 수도 있고, 환경 NGO들에게만 모든 비난을 퍼붓는 것이 불공평하게 들릴 수도 있다. 하지만 이런 비판이 완전히 근거가 없는 것은 아니다. 오염을 유발하는 공장들이 오염유발을 덜 하도록 개조되기보다는 가난한 지역으로 이전되고 있을 뿐이다. 많은 도시들이 폐수를 제대로 처리하기보다는 폐수를 그대로 멀리 보내기 위해 긴 수로를 파고 있다. 베이징과 상하이는 중국 서부지역으로부터 점점 더 많은 천연가스를 공급받고 있지만, 정작 천연가스가 생산되는 지역의 많은 사람들과 공장들은 자신들이 필요로 하는 에너지를 얻기 위해 석탄을 구입해야 하며 이들이 구입하는 석탄은 다른 먼 지역에서 온 것인 경우가 많다. 석탄보다 청정한 연료로 간주되는 천연가스는 그 대부분이 대도시로 보내게 돼있는 것이다. 이러한 불공정한 일들로 인해 도시민들보다는 농촌주민들이 환경악화에 따른 고통을 훨씬 더 많이 겪게 된다.

그 한 가지 예가 중금속 오염이다. 농민들은 중금속 오염과 관련해서는 아무런 역할도 하지 않는다. 중금속 오염은 이윤을 추구하는 자본주의 산업이 일으킨 것이다. 그렇지만 농민들은 보통 그 어떤 형태의 보상도 받지 않으면서 중금속 오염의 결과를 감수하고 있다. 대략 2천만 헥타르의 농지가 중금속에 오염돼 있다. 가족농의 평균적인 규모를 감안하면 중금속에 오염된 농지로부터 부정적인 영향을 받는 농민 수는 대략 1억3천만 명인 것으로 추정된다. 최악의 지역 몇 군데에서는 중금속 오염이 생사가 걸린 문제가 되고 있다. 주민 수가 154명뿐인 산시성의 한 작은 마을에서는 지난 27년 동안에 30명이 암으로 사망했다.[25] 2400명가량의 주민이 사는 허난성의 후앙멍잉 마을에서는 지난 14년 동안 114명이 암으로 사망했다. 그 인근의 강인 샤잉허(沙穎河)는 산업폐기물에 의해 오염된 탓에 강물이 종종 간장처럼 시커멓게 된다. 정부로부터 독립적인 환경주의자인 후오다이샨에 따르면 선치우(沈邱) 현만 해도 강을 따라 20곳 이상의 마을에서 다른 곳보다 더 높은 암 발생률이 확인됐다고 한다.[26] 이처럼 화이허의 몇몇 지류들 주변 지역은 사망률이 성(省) 전체의 평균 사망률보다 3분의 1가량 더 높고, 암 발병률도 2배나 된다.

농민들은 처음에는 오염유발 산업이 환경에 미치는 영향에 대해 무지할 수도 있지만, 시커먼 강물이 흐르거나 어린 아이들이 하나둘 암으로 죽어 가면 무언가 잘못됐다는 사실을 분명히 알게 된다. 그러나 지방관리들은 피해자인 농촌 주민들의 절규와 탄원에 귀를 닫고 있는 경우가 많다. 지방관리들의 업무실적 평가는 GDP 수치에 근거해 이루어지며, 환경이 얼마나 악화됐는지는 전혀 고려되지 않는다. 게다가 지방정부는 공장에서 발생하는 세금에 의존한다. 어떤 경우에는 지방관리들 자신이 오염유발 공장의 대주주여서 가능하면 낮은 비용으로 공장이 운영되는 것이 그들 자신에게 이익이 되기도 한다.

피해자들이 불만을 표출하고 문제를 해결하는 데 사용할 수 있는 합법적 수단이 없다면 사회적 소요의 발생이 불가피하다. 중국 동부의 서장성(浙江省)에서는

2005년 4월 이래로 환경오염과 관련된 시위가 세 차례 있었다. 각각의 시위에 수천 명 내지 수만 명이 참가했다. 2005년 4월에는 '화시'라는 마을에서 2만 명 이상의 주민들이 산업단지 건설에 반대하는 시위에 나섰다가 3천 명의 경찰과 대치한 끝에 경찰을 몰아내는 일이 벌어졌다. 2005년 8월에는 납 중독을 일으킨 것으로 보이는 배터리 공장의 건물에 시위자들이 불을 지르는 사건이 일어났다. 저장성은 번영하고 있는 해안지역의 성이자 최근 가장 높은 경제성장률을 보이고 있는 성들 가운데 하나라는 사실에 유의할 필요가 있다. 하지만 지역 주민들은 점점 더 그러한 발전모델에 반대한다고 말하고 있다.

결론

현재와 같은 중국의 경제성장 모델은 지속불가능하다. 현재의 성장패턴이 계속된다면 머지않은 장래에 중국은 파국적인 자연재해뿐만 아니라 중대한 에너지위기, 식량생산의 급격한 감소, 이용가능한 수자원의 고갈, 걷잡을 수 없는 공중보건 위기와 싸워야 할 것이다. 중국 경제가 성장을 멈추게 될 수도 있고, 지금의 사회구조가 붕괴할 수도 있다. 그럴 경우에 중국 국민에게 초래될 수 있는 결과는 너무도 끔찍해서 상상해보기도 꺼려진다.

　다른 한편으로 중국이나 세계의 환경문제가 경제적 세계화와 초고속 성장에 맞추어진 현재의 제도적 틀 속에서 효과적으로 다뤄질 가능성은 거의 없어 보인다. 글로벌 금융시장의 작동과 더불어 이윤과 자본축적에 대한 추구가 중국을 환경적인 자기파괴의 길로 가차 없이 내몰고 있다.

　위와 같은 일이 일어나는 것을 막기 위해서는 현재의 사회적, 경제적 구조 전체를 근본적으로 변혁하는 것이 필요하다. 경제는 이윤과 자본축적이 아니라 대중의 기본적인 필요를 충족시키는 방향으로 재정립돼야 한다. 중국은 자국의 환경적 조건을 안정시키고 개선하기 위해 우선 에너지, 물, 토지와 같은 자원의 소비를 안정시킨 다음에 점진적으로 이들 자원의 소비를 지속가능한 수준까지 줄일 필요가 있다.

이런 필요성은 에너지 및 자원의 소비 수준이 낮은 상태에서 대중의 기본적인 필요를 어떻게 충족시킬 것이냐는 질문을 제기한다. 역사적인 증거와 이론적인 논거 모두 시장근본주의적인 체제에서는 이것이 달성될 수 없음을 보여준다. 유일한 희망은 경제적 민주주의와 공유자산의 회복 및 함양에 기초한 보다 형평성 있는 경제를 실현하는 데 있다. 이러한 관점에서 보면 이 글의 앞부분에서 지적한 마오주의 중국이 온갖 문제에도 불구하고 한정된 물질적 자원만 갖고도 인민의 기본적인 필요를 해결하는 데 성공한 경험은 중국이 나아가야 할 방향을 놓고 앞으로 일어날 갈등과 관련해 소중한 교훈을 준다고 많은 사람들이 생각하게 될 것 같다.

(홍덕화 옮김)

아프리카의 생태포퓰리즘적 유토피아와 자본주의적 현실

헨리 번스타인, 필립 우드하우스

오늘날 세계에서 '재난'과 '비극'의 가장 대표적인 곳으로 여겨지는 지역은 바로 사하라 이남 아프리카다. 인간의 조건 중 잘못될 수 있는 모든 것이 이곳에 처절한 모습으로 모여 있는 듯하다. 여기서는 최악의 자연과 최악의 사회가 가져오는 결과들이 명백하게 결합돼 있다. 최악의 자연은 과도한 가축방목, 건조지역의 사막화, 광범위한 땔감위기, 급속한 인구증가로 한때 원시림이었던 숲의 급격한 소실, 토양의 침식, 자연자원의 고갈이라는 모습으로 나타난다.[1] 이러한 모습은 사회의 붕괴 및 절망적 상태, 다시 말해 빈곤과 불안정의 심화, 에이즈의 참상, 전체 주민의 터전 박탈을 비롯한 야만적인 결과를 불러오는 고질적이고 격렬한 부족 간 갈등과 이름 없는 대중을 희생시키는 데서 이익을 얻는 정권과 군벌의 탐욕 등의 모습과 연결된다.

 이 글은 하나같이 부정적이고 대개는 경멸조이며 이 지역의 불행한 인간조건은 자초한 것이라는 인상을 주는 식으로 폭넓게 일반화된 묘사에 가려진 현실의 일부를 탐색해보는 것을 목적으로 한다. 우선 아프리카의 환경변화와 관련된 몇 가지 사안들과 그로 인해 야기된 논쟁들에서 나타난 관점들을 개관할 것이다. 아프리카 환경에 대한 '새로운 생태학적 관점'과 아프리카 농민들이 환경을 이용하는 방식에는 칭찬할 점이 많지만, 그러한 관점과 방식은 또한 현존하는 아프리카 자본주의의 작동논리와 그 영향을 무시하는 생태포퓰리즘을 지지할 것을 요구받고 있기도 하다. 아프리카의 자본주의적 현실에는 농촌의 상품관계, 그리고 이와 매우 밀접한 연관성을 갖는 도시지역의 상품관계 및 그로 인해 발생하는 계급 간 불평등을 비롯한 사회적 불평등이 포함된다. 특히 우리는 사바나 환경에서의 소생산(petty production)을 중점적으로 다룰 것이다. 그 이유는 아프리카의 환경변화에 영향을 미치는 몇 가지 지구적 힘들을 먼저 개관한 다음에 이야기하겠다.

지구적인 힘들

오늘날 지구적 환경문제의 주된 근원은 자본주의적 생산과 소비의 선진중심지(중국처럼 급속히 산업화되고 있는 지역들도 포함)에 집중돼 있고, 이런 점은 '환경등식의 양변' 모두와 관련된다. 환경등식의 양변이란 재생불가능한 자원의 고갈과 재생가능한 자원의 악화, 또는 대규모의 오염과 발생된 폐기물의 처리 여부이며, 이런 양변의 어느 쪽이든 세계의 다른 지역들에 영향을 미친다. 아프리카 농민들의 소생산에 초점을 맞추기로 했으니 우선 지구적 환경동학과 그 정치경제학적, 정치적 작용이 아프리카 주민의 삶을 구석구석 운명지우고 제약하는 몇 가지 방식들을 개략적으로 지적해야 할 것이다.[2]

첫 번째로 지적해야 할 것은 수출을 위해 아프리카의 광물자원, 경질목재, 어류, 농산물, 원예물의 대규모 채취가 지속되거나 가속화되고 있다는 점이다. 세계경제는 아프리카에서 다이아몬드, 백금, 코발트, 크롬의 전체 조달량 중 절반 이상, 그리고 바나듐, 지르코늄, 망간 같은 희귀한 전략금속을 비롯한 여러 가지 광물의 필요량 중 3분의 1 이상을 뽑아낸다.[3] 원료의 채취는 환경에 재앙적인 결과를 가져오곤 한다. 예를 들어 어족자원이 풍부했던 대서양의 동쪽 세네갈 연안의 경우 1990년대 말에 어획노력 시간당 어획량이 1980년대 초반에 비해 절반 이하로 줄어들었고, 특히 가치가 큰 어종의 어획량은 10분의 1 이하로 줄어들었다.[4] 대규모 수출형 원예농업이 환경에 가하는 압박을 보여주는 사례로는 수익성이 짭짤하다는 케냐의 절화 무역을 들 수 있다. 케냐의 절화는 항공편으로 북유럽의 슈퍼마켓으로 운송되며, 1998년에 수출액이 8천만 달러를 넘었다. 절화의 생산은 농장 세 곳에 의해 지배되고 있고, 그 가운데 두 곳은 각각 5천 명 이상의 인력을 고용하고 있다. 이들 농장의 집약적 원예는 나이바샤 호수의 수자원을 고갈시키고 있다. 동아프리카 농업의 또 다른 사례로는 '그늘재배'[5]와 대비되는 방식으로 재배되는 '태양커피(sun coffee)'의 생산에 종사하는 한 대기업을 들 수 있다. 이 대기업은 커피 재배를 하다가 벌채와 토양영양분 고갈로 인해 기존 농장의 지력이 소진되면 그 기존 농장을 포기하고 농지를 개간해 커피 농장을 새로 만들며, 이런 과정을 5~7년마다 되풀이한다.[6]

두 번째로 지적해야 할 것은 세계의 다른 지역 곳곳에서 산업생산과 소비의 집중이 진행됨에 따라 지구 전체에 초래된 생태동학이 아프리카에 미치는 영향이다. 지구온난화의 과학이 여전히 논쟁거리로 남아있긴 하지만 아프리카의 특정 지역, 특히 남부와 동부에서 강수량의 변동성이 커지고 이로 인해 가뭄의 발생이 잦아지는 현상은 지구온난화가 가져온 결과일 수 있다.

세 번째로 지적해야 할 것은 탄소거래다. 유럽과 북미의 탄소배출량을 상쇄할 목적으로 대기권에서 탄소를 '격리'하기 위해 광대한 지역에 나무를 심는 등 '경감효과'를 겨냥한 활동을 펴기에 아프리카는 적합한 장소로 선호되고 있다. 그 과정에서 아프리카의 주민들과 해당 토지를 다른 용도로 사용하려는 그들의 필요는 필연적으로 배제된다. 또한 이같은 '탄소배출 감축'은 교토의정서를 비롯한 유엔 기후변화 관련 조약에서 인정되는 일종의 상품이며, 이같은 프로젝트에 투자한 사람들은 이 상품을 판매할 수 있다. 실제로 탄소격리용 숲을 조성하기 위해 사용되는 토지는 '탄소거래자들'의 재산이 된다.

네 번째로 지적해야 할 것은 '녹색제국주의'다. 원조기구들이 '환경이행조건 (environmental conditionality, 이는 후안 마르티네즈-알리에르가 붙인 이름이다)'을 원조수혜국에 적용하는 것도 녹색제국주의에 포함된다.[7] 마치 '멸종위기에 처한 덩치 큰 동물'이 환경보호 활동의 대상으로서 효과적인 상징이 되는 것과 비슷하게 아프리카는 거대한 지역이면서도 산업화 수준이 낮고 전반적으로 소규모 농업이 지배적이라는 점에서 '원시환경' 보전을 위한 국제적 노력에 매력적인 대상지가 된다. 식민지 시대가 막을 내릴 당시에 사하라 이남 아프리카는 전 세계에 걸쳐 자연환경이 보존되고 있다고 공식적으로 인정되는 면적의 거의 절반을 차지하고 있었고, 1970년 이후에도 사하라 이남 아프리카의 '보호지역'이 63%(150만 ㎢) 확대됐다. 최근의 사례로는 남아프리카공화국에서 모잠비크와 짐바브웨까지 걸치는 크루거 공원처럼 국경을 넘나드는 야생공원을 확장하자는 제안이나 '희망봉에서 카이로를 잇는 녹색회랑'을 만들자는 제안도 나왔다. 아프리카의 동부와 남부에서 '보호지역'으로 분류된 땅의 비율은 현재 16%를 넘으며, 이는 북미의 15%, 유럽의 13%, 호주의 10%보다 높은 비율이다.[8] 주요 국제 자연보전기구들이 직접 주도하고 있는 이같은 인클로저는 지구환경 전체의 보호를 위해 필요하다고 해서 이루어지는 것이지만 그 과정에서 지역주민들의 이주가 수반된다. 게다가 자연보전지구 같은 '보호지역'의 확장속도는 신자유주의의 지배력이 점차 커져가는 것과 동시에 가속화됐다. 이는 '보호된 자연'이 새로운 구매자 집단(자사 홍보를 목적으로 사람들의 이목을 집중시키는 친환경적 이미지를 창출하고자 하는 기업, 관광산업에 사용허가를 내줄 수 있는 자산을 늘리고자 하는 정부, 자금조달을 위해 업무실적을 높이고 자산을 늘리고자 하는 국제 자연보전기구 등)에게 판매할 수 있는 상품으로 인식되고 있다는 뜻일 수 있다.

마지막 다섯째로 지적해야 할 것은, 그러나 앞의 네 가지 못지않게 중요한 것은 아프리카 농업의 생산성 제고를 목표로 하는 '농촌개발' 정책 및 관련 프로젝트의 오랜 역사, 그리고 세계은행으로 대표되는 '보살피는 신자유주의(caring neoliberalism)'의 현재 담론에 의하면 농촌의 가난한 사람들을 더 많이 시장에 참여하게 함으로써 그들의 역량을 강화하는 동시에 환경적 지속가능성도 달성하려는 사업의 오랜 역사다. 여기서는 그러한 개입이 지역의 수준 또는 그 이상의 수준에서 토지에 대한 통제권을 둘러싸고 전개되는 전형적으로 경합적이고 복잡한 정치에 영향을 미치는 동시에 섞여 들어가며, 그 결과로 애초 그러한 개입을 설계한 사람들과 소요자금을 공급한 사람들이 공공연히 천명한 '선한 의도'를 무색하게 만들게 된다는 점만 말하고 넘어가겠다.[9]

식민통치 시대와 그 이후에 아프리카에서는 대부분의 자연자원에 대한 재산권이 국가에 있었다. 그러나 오늘날에는 국제자본이 아프리카 각국 정부에 비해 더 큰 힘을 갖고 있다는 사실이 아프리카에서 이루어지는 거대한 규모의 자원착취와 아프리카에 요구되는 환경서비스(즉 산업폐기물을 버릴 하수구로서, 기후변화 완화를 위한 역할을 하는 지역으로서, 그리고 생물다양성 보존에 도움이 되는 장소로서의 환경서비스)에서 나오는 이익의 분배에서 명백히 드러난다. 몇몇 사례를 보면 아프리카의 국가재산권(그 국가재산권이 '공공적'으로나 '국민적'으로 의미 있는 수준에는 훨씬 못 미치는 정도이긴 하지만)이 유지될 수 있느냐의 여부는 경작이나 가축방목을 위한 토지를 찾아다니는 아프리카 각국의 농민들이 특정한 광물이나 산림자원, 또는 광대한 '보호지역'을 침해하지 않도록 그런 것들을 보호할 수 있는 국제자본의 능력에 달려있는 것 같다. 이와 비슷하게 아프리카의 각국 정부가 허약할 뿐 아니라 정부에 대한 민주적 압력도 존재하지 않는다는 사실은 원조 공여자들과 그들이 인정하는 NGO의 개입이 이 지역의 토지제도에, 그리고 점점 더 이 지역의 토지제도와 연관되어가는 갈등에 종종 주요한 영향(비록 의도한 영향은 아니라 하더라도)을 미치고 있음을 의미한다. 이에 대해서는 뒤에서 다시 다룰 것이다.

사바나 생태의 과학

개도국들의 환경변화에 대한 국제적인 관심은 흔히 다습한 열대지방에서 이루어
지는 산림벌채에 집중되는 경향이 있다. 많은 강수량과 높은 기온 때문에 열대우
림 지대의 기반암과 그 위에 형성되는 토양은 그 자체의 유실률이 높고 식물영양
분이 손실되는 속도도 빠르다. 사실 나무 자체가 영양분의 주된 저장고다. 따라
서 나무를 제거하는 일, 즉 벌채는 분명하고도 가시적으로 환경을 빈약하게 만든
다. 카카오, 기름야자, 바나나 같은 나무작물을 더 심거나 숲이 재생할 수 있을 만
큼 비교적 긴 기간의 회복기(또는 휴경기)를 둔다면 토양이나 식물영양분이 소실
되는 현상이 일부 완화될 수 있다.

　적도 부근의 아프리카에도 벌채율이 세계에서 가장 높을 정도로 위협받는 숲
이 있지만,[10] 우리가 여기서 주목하고자 하는 것은 사하라 이남 적도 부근 우림의
북부, 남부, 동부를 아우르며 아프리카 대륙의 3분의 2를 차지하고 있는 사바나
의 환경이다. 사바나 지역이 이렇게 광대한 것은 사바나가 다음과 같이 폭넓게
정의되기 때문이기도 하다. "물의 양에 따라 계절적 변화를 보이고, 하늘을 가릴
정도는 아닌 목본류가 두드러지게 많으며, 초본류로 뒤덮여 있는 것이 특징인 열
대 및 아열대 생태계…"[11] 이런 정의는 주로 강수량의 영향으로 나무의 밀집도
가 사뭇 다른 여러 가지 형태의 초지들을 폭넓게 포괄하게 된다. 강수량이 상대
적으로 많은 지역(연간 800~1200밀리미터)의 경우 적도 이북에 있는 수단의 식
생이 '사바나 숲'의 특징을 보이며, 적도 이남에서는 탄자니아, 잠비아, 짐바브
웨와 모잠비크 북부의 미옴보(miombo) 지대와 나미비아 및 림포포강 유역(보츠
나와, 짐바브웨 남부, 남아프리카공화국)의 모파네(mopane) 숲도 사바나에 포함

된다. 강수량이 상대적으로 적은 지역은 나무가 더 드문드문하게 자라는 경향을 보이며 아카시아 종이 지배적이다. 예를 들어 강수량이 600~800밀리미터인 서아프리카의 '수단-사헬 지역' 같은 '사바나 공원지대'나 강수량이 400~600밀리미터인 '사헬 지역' 같은 '낮은 키 나무 사바나'가 그런 지역에 속한다. 강수량에 근거한 이러한 포괄적인 분류는 다시 기반의 지질과 그에 따른 토양비옥도, 그리고 고도가 기후에 미치는 영향에 따라 세분된다. 세분되는 내용을 보면 지형의 차이가 배수와 물 축적의 차이를 발생시키면서 상이한 생산성 수준을 보이는 지역들이 모자이크처럼 식별된다. 저지대의 풍부한 물이 가져오는 효과는 다양하다. 어떤 경우에는 강둑을 따라 빽빽한 회랑형 숲이 형성되기도 하지만, 어떤 경우에는 나무의 성장이 모두 억제되는 초지가 형성되기도 한다.

기상에 관한 기록을 보거나 기록되기 이전의 기후변화(이는 특히 아프리카에 있는 큰 호수들의 수위와 침전물을 통해 알 수 있다)에 관한 증거를 보면 습한 시기와 건조한 시기가 번갈아 나타났던 역사적 변천과 그 주기를 알 수 있다. 그러한 장기적인 기후변화가 진행되는 가운데 사바나 생태계는 연간으로도 극단적인 강수량 변화를 보인다. 이는 무엇보다 바이오매스 전체의 생산성이 해마다 크게 달라짐을 뜻한다. 그 차이가 워낙 크기 때문에 학자들은 지역 생태계가 '평형상태'가 되기보다는 가뭄, 홍수, 산불, 폭풍 등 '극한적' 사건들의 주기적인 발생으로 인해 지역 동식물의 식생이 광범위하고도 변칙적으로 변화하는 동시에 건조한 조건과 습한 조건 사이에서 늘 조금씩 조정되는 과정이 자연적으로 계속돼왔을 것으로 본다. 또한 강수량의 변동은 사바나를 구성하는 상이한 지역들의 상대적인 생산성에 영향을 미친다. 예를 들어 건조한 해에는 저지대보다 고지대에 가뭄이 들기가 쉽고, 습한 해에는 고지대보다 저지대에 홍수가 일어나기가 쉽다. 하지만 사바나에서 식물의 생산성을 제약하는 주된 요인은 물의 양인데 비가 내리는 달은 일 년에 넉 달이나 다섯 달로 제한돼 있기 때문에 바이오매스의 연간 잠재 생산량은 습윤한 지역에서 더 높은 경향을 보인다.

이 모든 것은 사바나 환경에서 강수량에 의존해 작물을 재배하고 가축을 사육하는 일은 생산의 불확실성이 크다는 것을 뜻한다. 아프리카의 경작지역에서 환경의 변화 및 악화가 정의되고, 확인되고, 측정되는 방식에 대해 문제제기를 하는 것이 '새로운 생태학'의 긍정적 기여가 되고 있다. 아프리카 사바나 환경에 대한 과학적 지식, 특히 그 환경이 시간의 흐름에 따라 어떻게 변해왔고 그 이유가 무엇인지에 대한 과학적 지식은 여전히 매우 불완전하고 상당한 논쟁거리가되고 있긴 하지만, 역사적 관점에서 행위주체로서의 인간을 아프리카 사바나 환경에 대한 설명에 도입한 최근의 연구들이 그러한 과학적 지식을 진전시켜온 것도 사실이다.

사바나 환경 관리하기

경작을 하거나 목축을 하는 사람들의 활동이 사바나 자연경관 속에서 목본류와 초본류가 균형을 이루는 데 상당부분 기여해온 게 분명하다. 이들에 의한 관리는 다양한 형태로 어떤 상황에서는 나무의 비율을 높이고, 또 어떤 상황에서는 나무의 비율을 낮추는 식으로 이루어졌다. 19세기에는 목축을 하는 사람들이 몰고 다니는 가축 떼가 동아프리카 사바나에서 나무의 성장을 억제하는 데(그리고 그 결과로 체체파리의 창궐을 억제하는 데) 중요한 역할을 했다. 반면 서아프리카 사바나의 일부 지역에서 정착과 경작이 늘어난 것은 나무가 자라는 숲의 면적이 확대된 현상과 관련이 있다. 남아프리카와 동아프리카의 보다 건조한 사바나 지역에서는 과도한 방목으로 인해 초지가 관목숲이나 잡목숲으로 더 많이 바뀌었다고 한다.

최근의 연구는 아프리카 사바나에서 경작이나 목축을 하던 사람들이 위험을 최소화하고 그때그때의 조건에 맞게 적절히 환경을 관리하는 전략을 구사함으로써 환경상의 불확실성을 통제할 수 있었다는 점을 조명한 바 있다. 사람들이 해마다 같은 곳에서 생산수준을 일정하게 유지하려고 하기보다는 강수량에 의해 좌우되는 잠재적 생산력의 변화를 감안해 경작이나 방목의 방식을 수정할 필요가 있음을 깨달았다는 것이다. 아프리카 사바나에서 목축을 하는 사람들에게 이는 습윤한 해와 건조한 해가 교대하는 주기에 따라 가축 떼의 규모가 달라진다는 사실을 받아들여야 한다는 의미였다. 기존의 농학은 아프리카의 소규모 농사는 토양에서 상실되는 식물영양분을 다시 채워 넣기에 충분한 정도로 비료를 사용하지 않아 토양의 질을 떨어뜨린다고 주장해왔지만, '토착지식'을 옹호하는 사람들은 이런 주장에 이의를 제기한다. 기존의 농학적 측정은 그 자체가 적절하게 이루어지지 않았을 뿐만 아니라 아프리카의 여러 자연경관에 나타나는 변덕스러운 환경조건(특히 강수량의 변화)과 환경의 국지적 다양성에 적응하고 위험을 분산시키는 아프리카 소농민들의 복잡한 관행을 고려하지 않았다는 것이다. 그러한 소농민적 관행의 예로는 경작지별, 수확시기별로 최적인 수확량을 포기하고서라도 전체적인 수확의 안정성과 가족의 식량 확보를 위해 여러 종의 작물들을 간작하거나 상이한 장소들(고지와 저지, 국지적 습지와 건조지, 토양이 두터운 곳과 얇은 곳 등)로 경작을 분산시키는 것 등이 널리 알려져 있다.

사회적으로 생산되고 발전되고 전수되는 '토착지식'에 대한 올바른 이해는 현재 많은 관심을 끌고 있는 또 다른 주제와 연결된다. 그것은 곧 다양한 관습적 체제들이 '공유자원', 즉 사적 재산권이 부재한 상태의 자원인 경지, 방목지, 물, 숲 등에 대한 접근과 그 이용을 어떻게 규율했는가 하는 것이다. 공유의 체제와 관할구역에 대한 권한의 정당성 및 실효성이라는 개념은 협력, 상호성, 이해관계의 끈으로 묶여 있어 결속력이 강한 아프리카 농촌공동체라는 개념과는 물론 '공유지의 상속'이나 '공유지역'이라는 관용어에서 드러나는 정체성과도 밀접하게 연결된다.

아프리카에서 경작이나 목축을 하는 사람들이 환경적 불확실성을 다루기 위해 발전시켜온 기술적, 사회적 지식과 기법은 최근에야 인정을 받게 됐다. 이러한 인정은 그동안 그들이 절실히 필요했던 것이며, 사바나와 숲의 환경이 늘 균형상태에 있는 것은 아니라는 점에 대한 일부 과학자들의 이해를 발전시키는 데 기여했다. 한때 토착지식과 자체적인 혁신, 그리고 공유재산 체제와 결속력 있는 농촌공동체에 대한 효과적인 자율적 관리를 가능하게 했던 사회적 조건들이 지금은 아프리카에 얼마나 많이 남아있는지는 좀 더 까다로운 문제다. 이 문제에 대해서는 나중에 다시 다루게 될 것이다.

오늘날의 환경변화에 대한 논쟁: 맬서스의 망령

1990년대까지는 아프리카 소생산자들의 자연자원 이용이 환경에 미치는 영향에 대한 이해가 그때까지 지배적이었던 '성장의 한계'라는 관점을 반영하고 있었고, 주로 자연자원(토지, 토지의 비옥도, 물, 숲)에 '인구압력'이 미치는 총체적인 영향에 맞춰져 있었다. 1970년대와 1980년대에 아프리카에서 발생한 가뭄과 기근에 대한 대부분의 국제적 논평에서 명확히 드러났던 이러한 이해는 두 가지 기본가정에 바탕을 두고 있었다. 그것은 ①농업기술은 '원시적'이었고 농민들은 변화에 저항했다는 가정과 ②'공동의 재산'으로 간주되는 땅에서 가족의 수를 늘리고 자신의 경작지 면적이나 가축 수를 늘리려는 개별적으로 합리적인 전략을 사회제도가 통제할 수 없었다는 가정이다. 이런 점을 가리키는 하딘(Hardin)의 유명하고도 영향력 있는 표현이 바로 '공유지의 비극(Tragedy of the Commons)'이다. 그는 '공유재산' 혹은 '공동체재산'의 체제 아래서는 공동의 재산으로 활용할 수 있는 자원을 가능한 많이 사용하는 것이 모든 개개인의 이익에는 물론 최대한 많은 사람들의 이익에도 부합하기 때문에 자원의 고갈과 악화가 불가피하게 발생한다고 주장했다.[12] 반면에 사유재산권은 토지 및 기타 자원의 소유자에게 자원을 효율적으로 관리하도록 동기를 부여하기 때문에 소유자가 자원의 경제적 가치를 보존하고 증진시키게 되며, 그 결과 개인적 합리성과 사회적 합리성이 조화를 이루게 된다는 것이 그의 주장이었다. 그러나 이런 주장은 부르주아의 백일몽에 불과할 뿐이다. 주류의 정책의제와 관련해 '공유재산의 비극'을 피하기 위해 제안된 해결책은 자연자원 이용에 대한 중앙집중적인 국가의 규제 또는 사유재산권이 시장기제를 통해 보다 '효율적'인 자원이용자들에게 배분되도록 보장하기 위한 사회제도 개혁이었다. 이 가운데 후자의 해결책이 1980년대부터 시작된 신자유주의 시대에 점점 더 많이 주장돼왔다.

토지, 야생 동식물, 숲, 목초지, 어류 등의 자연자원이 생산성을 유지하는 능력이 인구증가에 의해 감소된다는 맬서스주의의 입장에 맞서는 논의가 여러 갈래로 전개됐다. 그 가운데 한 갈래는 역사적으로 볼 때 인구증가는 농업의 생산성을 증대시키는 기술변화를 추동한 요인이었다는 이스터 보스럽(Ester Boserup)의 영향력 있는 가설에 근거를 둔 논의다.[13] 보스럽의 가설에 내재된 논리는 아프리카의 농업과 환경에 대한 최근의 가장 영향력 있는 반맬서스주의적 진술이라고 할 수 있는 티펜(Tiffen), 모티모어(Mortimore), 기추키(Gichuki)의 공동 연구보고서에 근거가 됐다. 티펜 등이 케냐의 인구과밀 지역인 마차코스에 대해 연구한 결과를 담은 이 연구보고서는 보스럽의 가설과 달리 '시장친화적'인 틀 속에서 작성됐음에도 보스럽의 가설을 근거로 삼았다. 이에 대해서도 나중에 다시 다루겠다.[14]

또 다른 갈래의 논의는 앞서 언급한 것처럼 토착 기술지식의 정교함과 적응성을 아프리카 농민의 기술적 '후진성'과 '보수주의'라는 기존의 가정(이는 '전통', '전통문화'와 같은 매우 정적인 개념들에 뿌리를 두고 있고, 최악의 식민지 인류학을 상기시킨다)에 대치시킨다.

세 번째 갈래의 대응은 다소 모호하다. '공유재산' 체제를 선호하는 사람들은 하딘의 '공유재산' 개념은 공유재산 체제에 대한 오해의 결과이며, 따라서 사바나 환경을 관리하는 데 있어서 공유재산 체제가 담당했던 역사적 역할을 평가절하하거나 간단히 부정해버린다고 주장한다. 공유재산 체제는 현재의 상황에서 자원의 상태가 악화되는 것을 막을 수 있는 능력이라는 측면에서 명백히 쇠퇴하고 있으며, 그 이유는 국가와 시장, 그리고 특히 농촌의 생산자들과 그들의 공동체와는 이질적이고 그 공동체의 외부에 존재하는 모든 것을 상징하는 '도시', '엘리트', '외국기업'의 이해관계에 의해 통제력을 박탈당했기 때문이라는 것이다. 이런 관점에서는 소농, 숲 이용자, 기타 소생산자들이 유발한 환경악화가 지역 사회제도의 붕괴와 함께 이전에는 사회적으로 규율되던 경작지, 방목지, 숲의 공유재산 체제가 이제는 누구나 공짜로 접근할 수 있는 '개방적 접근' 체제로의 변화를 초래한 것이 된다. 이러한 해석은 자연에 대한 정당한 관리자로 여겨지는 소규모 자연이용자와 농촌공동체를 위해 자원에 대한 공동의 재산권을 되찾거나 재구축해야 한다는 주장을 내세우는 포퓰리즘적 환경주의를 탄생시켰다.

오늘날의 환경변화: 증거의 문제

환경적 영향이나 결과를 분명하게 식별하는 것이 그렇게 어려울 수밖에 없는 한 가지 이유는 환경에 대한 사고는 가치관을 담고 있으며, 따라서 논쟁에 휩싸이게 되기 쉽다는 데 있다. 예를 들면 야생 동식물 서식지를 농지로 전환하는 것이 환경을 악화시키는 행위로 간주될 수도 있다. 야생 동식물과 그들의 복지에 별로 관심이 없는 사람들에게 환경적 지속가능성의 기준은 현재 경작 중이거나 가축을 방목 중인 토지의 생산성이 계속 유지될 수 있느냐는 것일 수 있다. 그러나 아프리카의 환경악화에 대한 우려 가운데 많은 부분은 '국제사회'의 환경기구들에서 제기된 것으로, 단순히 야생 동식물의 수나 서식지가 줄어드는 문제와 연결돼 있다. 이는 현대의 환경논의들이 자연에 대한 '소유권'이라는 개념에 의존하고 있고, 따라서 구체적인 역사적, 사회적 조건 속에서의 상품화 동학에 의존하고 있다는 점을 좀 더 확고하게 인식할 필요가 있음을 시사한다.

이런 논의는 소생산이 당대의 환경에 미치는 영향을 고려하는 데도 똑같이 적용된다. 환경에 대한 소생산의 영향에 대해서는 논란의 여지 없이 부정적인 것부터 고도로 논쟁적인 것에 이르기까지 일련의 단편적인 증거들이 존재한다. 예를 들어 수공업적으로 금을 캐는 사람들은 투자수준이 낮기 때문에 대규모 금광에 비해 강물을 수은으로 오염시키는 정도가 더 크다는 사실은 논란의 여지가 가장 적은 증거다. 또한 많은 수의 소규모 산업단위들이 유발하는 오염을 규제하는 것이 소수의 대기업들(인도의 피혁 대기업, 중국의 탄광 대기업, 중남미와 아프리카의 금광 대기업)이 유발하는 오염을 규제하는 것보다 더 큰 문제일 수도 있다. 이와 반대로 수공업적 토착지식이나 토착기술은 자연자원을 채굴하거나 처리하는 활동에 종사하는 소생산자들로 하여금 생산단위당 환경비용을 낮출 수 있게 해준다는 관념이 있다. 이런 관념은 '빈곤하지만 효율적인' 소농의 토지이용 모델과 유사하다.

위와 같은 경우들을 넘어서 다양하고 불안정한 사바나 환경에서 광범위한 소생산이 미치는 영향을 규정하고 측정하는 일과 그 영향이 과연 환경악화를 가져오는지, 가져온다면 누구에게 가져오는지를 평가하는 일은 불가피하게 논란을 불러일으킨다. 유엔 기구들이 으레 내세우는 주장, 즉 "아프리카의 45% 이상이 사막화의 영향을 받고 있다"[15]는 주장은 위에서 개관한 아프리카 사바나의 다양성을 반영하는 증거나 분석틀에 의해 뒷받침되지 못한다. 환경악화, 그중에서도 특히 토양침식의 일반적인 추세에 대한 명백한 증거가 없다는 점은 우리를 맥 빠지게 한다. 그럼에도 우리는 아래에서 보다 국지화된 경우의 사례 몇 가지를 들고 몇 가지 설명을 제시해보겠다. 더 나아가 적절하고 믿을 만한 지식이 어떤 것이냐는 문제는 환경변화의 패턴에 대한 지식에만 해당되는 것이 아니다. 이러한 논의와 관련된 또다른 사례로는 의미 있는 모든 집계치 수준에서 측정된 아프리카의 식량생산에 대한 통계적 증거(추정치)가 서로 극단적인 편차를 보인다는 것이다. 식량생산에 관한 자료의 이와 같은 극단적인 편차와 이에 따른 '수정'은 단순히 사고이거나 무지의 결과가 아니다. 몇몇 경우에는 뚜렷한 젠더적 편향을 숨기고 있기도 하다. 게다가 식량부족 가능성에 대한 선정적인 '위기론'은 원조 자금을 놓고 서로 경쟁하는 원조기구와 NGO의 개입주의적 이익뿐만 아니라 외국의 원조를 바라는 아프리카의 국가엘리트나 자본축적자들의 욕구를 충족시킨다.[16] 식량생산 통계의 경우와 마찬가지로 환경평가를 어렵게 하는 요인이 또 있다. 그것은 유동적이고 모순적인 아프리카의 사회현실이 과학적 증거가 구성되고 조직되는 틀인 분명한 분류범주에 의해 파악되기가 어렵다는 점이다. 또한 토양의 악화와 보전과 같은 상이한 결과가 서로 연관된 형태로 동시에 일어날 수 있을 뿐 아니라 실제로도 일어나고 있지만, 맬서스주의적 논쟁의 양편 모두가 이런 사실을 소홀히 하는 경향을 보인다. 그런 상이한 결과의 동시발생은 부분적으로는 소상품 생산자들 사이의 사회적 분화 때문이기도 하다. 다음으로 우리는 아직 분화되지 않은 농민들 및 공동체의 편에 서 있는 생태포퓰리스트들과 총량적 측면에서 '인구압력'을 바라보는 환경과학자들 양쪽 모두가 다루기에는 버거운 유동적이고 모순적인 사회동학을 분석하는 과제를 다룰 것이다.[17]

사회적 동학: 마르크스의 유령

어떤 이들은 식민지 정복에서부터 후기 식민주의의 국가주의적 개발론과 정치적 독립을 거쳐 지구적 신자유주의의 현재 의제들에 이르기까지 외세개입의 궤적 속에 각인돼 있는, 토착 아프리카에 대한 거대한 '타자'인 자본주의의 공격(또는 단순히 '근대성'의 공격)에 문제의 근원이 있다고 본다. 오늘날 사하라 이남 아프리카에 존재하는 사회관계의 모호성을 보여주는 예로는 소농에 대한 완선한 강탈이 이루어지지 않은 상태에서의 상품화와 혈통 또는 지역에 근거를 둔 공동체 개념이 정치담론에 스며드는 방식을 들 수 있다. 이러한 모호성은 다음 중 하나나 둘 모두를 찬양하는 다양한 생태적 포퓰리즘이 번성할 수 있는 이데올로기적 공간을 제공한다. ①농업의 소규모성과 그것이 갖는 일반적인 저투입의 특성. ②공동재산으로 구성된 자연자원을 보호하고 관리하는 농촌공동체의 결속, 지혜 및 역량. 이 가운데 두 번째 것은 아프리카의 토착적인 사회와 문화를 미덕으로 보는 관점을 다소 명시적으로 반영하고 있다. 여기에는 식민주의, 자본주의, 개발주의의 약탈에 저항하면서 다양한 수준으로 살아남은 환경적 가치와 지식이 포함된다.

여러 다양한 이데올로기적 입장들에 걸쳐 있는 또 다른 논자들은 현재 아프리카가 겪는 문제들에 대한 묘사의 밑바탕에 '충분한', '완전한', 혹은 '적절한' 자본주의가 부재한 결과로 아프리카 대륙이 발전에 실패했다는 관념이 깔려있다고 본다. 예를 들어 경험 많은 진보적 아프리카 학자 두 명은 "아프리카의 지배적인 사회관계는 여전히 자본주의적이지 않으며, 지배적인 생산의 논리 또한 자본주의적이지 않다. 사하라 이남 아프리카는 주민들의 생활을 매순간 규정하고 제약하는 자본주의 세계 안에 존재하지만 그 세계에 속해 있지는 않다"는 의견을 제시하고, 이를테면 '자본주의적 생산의 발전이 아니라 그 발전의 불완전성 때문에 고통을 받는다'라는 지역에 대한 마르크스의 금언을 상기시켜준다.[18]

이와 동시에 존 사울(John Saul)과 콜린 레이스(Colin Leys)는 아프리카의 취약성이 '아프리카를 담론에 의한 모욕이 잔뜩 쌓이는 일종의 이데올로기적 무차별 사격 지대'로 만드는 동시에 물질적 생존에 대한 침해의 재생산을 돕는다는 점을 처음으로 인정했다. 아프리카는 구조조정, 시장주도적 '빈곤퇴치', 국가개혁, 열대환경 관리를 놓고 벌어지는 최신식 신자유주의 실험을 위한 실험실이자 놀이터로서 가장 많이 노출돼 있는 저개발 지역이다. 아프리카를 자유주의적 자본주의의 노선을 따라 '개발'하고, '민주화'하고, 그 환경을 '지속'시키려는 세계는 행 등의 의제가 이념적 환상을 노정하고 있다면, 이에 대한 민족주의와 포퓰리즘의 대응은 거의 적절치 않다고 할 수 있다. 민족주의는 현재의 정치체제가 대표하는 아프리카의 주권 방어라는 특유의 환상을 만들어낼 수 있고, 포퓰리즘은 농민 고유의 평등주의적 '공동체성'과 민중의 지혜라는 관념을 떠받드는 중 농민 계층을 이상화하는 경향이 있다.

소상품 생산과 이것이 아프리카 노동계급의 사회적 재생산에서 수행하는 역할을 이해하는 데 있어서 우리가 가장 관심을 갖게 되는 점은 그러한 이해가 환경변화의 패턴을 분석하고 평가하는 데서 어떤 효과를 발휘하는가 하는 것이다. 대부분의 아프리카인들에게는 소생산 또는 소상품생산의 일부 형태와 그 정도는 직접적인 자연전유(이는 농업에서 현저하게 나타나지만 어업, 수공업적 광업, 임업에서도 나타난다)를 포함하며, 그들 자신의 재생산(생계유지)을 위해 하는 임금노동을 비롯한 일련의 활동들에서 핵심적인 요소다. 더 나아가 사울과 레이스에게는 미안하지만, 우리는 현대 아프리카의 특징은 상품관계가 사회적 재생산의 회로 속에 일반화되고 내부화되는, 나름대로 고유한 형태의 '현존 자본주의'로 볼 수 있다고 주장하고자 한다. 다만 아프리카가 국민경제 수준에서든 아니든 자본주의 생산의 '논리'가 요구하는 규모로 생산력을 축적하고 발전시키지 못한 것은 사실이다. 하지만 대부분의 아프리카인들이 '현존 자본주의'를 마이크 데이비스가 말한 '무자비한 미시자본주의(relentless micro-capitalism)'로 경험하고 있다고 하더라도 어쨌든 그것은 자본주의다.[19] 그리고 특히 농촌에서도 나타나는 현상이지만, 상품관계가 '전통문화'의 형식에 의해, 그리고 토지가 할당되고 노동이 동원되고 착취되는 경로인 '관습적' 권위에 의해 매개되더라도 그것이 여전히 자본주의인 것은 분명하다.

아프리카의 사회와 사바나 환경은 너무도 다양해서 어떠한 단순한 일반화도 허용하지 않는다. 그리고 우리는 생태포퓰리스트들처럼 환경의 악화나 보전, 환경적 악덕이나 미덕의 포괄적 '모형'을 제시하려는 야심을 전혀 갖고 있지 않다.

나아가 우리가 위에서 언급한 대로 환경변화 과정에 관한 증거가 너무도 불완전하고 불확정적이며 논란의 여지가 있기 때문에 그러한 것들이 허용되지 않는다. 동시에 노동의 파편화, 노동의 재생산에 대한 압박, 강화된 상품화, 사회적 불평등, 재산권이 서로 경합하는 상황에서 토지를 둘러싸고 벌어지는 경쟁 등은 오늘날 사하라 이남 아프리카의 환경변화에 대한 그 어떤 만족스러운 설명과 이해에도 반드시 내포돼야 할 핵심적인 동학이다.

사회적 동학: 현대 아프리카의 현존 자본주의

우리는 프롤레타리아화와 프롤레타리아, 그리고 반(半)프롤레타리아화와 반프롤레타리아라는 용어보다는 '노동계급'이라는 용어를 선호한다. 왜냐하면 노동계급이라는 용어가 역사적, 이데올로기적으로 문제가 있는 가정과 연상에 의한 방해를 덜 받기 때문이다.[20] 노동계급은 '자신의 일상적인 재생산을 자신의 노동력 판매에 현재 직접적, 간접적으로 의존하는, 점점 더 많아지는 사람들'로 구성돼 있다.[21] 여기서 '간접적으로 의존'한다는 부분이 우리가 제시하는 '노동의 파편화'라는 개념과 연결된다. 우리는 이 개념을 지구적 자본주의 아래서 노동계급, 특히 개발도상지역의 노동계급이 그들 자신의 재생산을 추구하는 방식이 초래하는 영향을 한마디로 표현하기 위해 사용한다. 노동계급의 자기재생산은 보통 불안정하고 억압적이며 많은 곳에서 갈수록 드물어지는 임금고용을 통해 이루어지며, 마찬가지로 위태위태한 소규모 농업과 불안정한 비공식부문 활동(생존활동)과도 흔히 결합된다. 그리고 노동계급의 이러한 활동은 계급, 젠더, 세대, 카스트, 인종이 교차하는 선에 따라 고유한 형태로 나타나는 분화와 억압에 종속된다. 요컨대 대부분의 사람들은 도시와 농촌, 농업과 비농업, 임금고용과 자영업 등 상이한 여러 사회적 노동분업의 장소들에서 생계의 수단, 즉 자기재생산의 수단을 구해야 한다.

이런 점은 계급관계의 동학, 형태, 영향을 이해하는 데 필요한 함의를 갖고 있다. 첫째, 농업이나 그 밖의 다른 활동(비공식부문의 활동)에서의 소상품 생산은 언제나 사회적 분화의 가능성을 안고 있다. 왜냐하면 자본주의에서 소상품 생산의 사회적 토대는 모순되게 결합된 자본과 노동의 계급적 위치에 있기 때문이다. 소생산자들은 생산수단(자본)에 접근할 수 있기에 스스로를 고용(즉 노동)할 수 있을 뿐이며, 따라서 스스로를 노동과 자본으로 재생산해야만 한다. 이런 노력의 일환으로 소생산자들이 선택하는 전략적 방식은 소생산과 자신의 노동력 판매를 결합시키는 것이다. 이는 중요한 의미에서 추가적인 파편화를 보여주는 지표다. 왜냐하면 노동시장과 임금고용에서의 상대적인 성공이나 실패가 농업이나 그 밖의 다른 활동에서 소상품 생산을 지속(재생산)할 능력을 좌우하는 핵심적인 요인이 되기 때문이다.[22] 이 경우 소생산과 임금노동은 서로 교차하면서도 각각 자기만의 재생산 회로와 규율을 갖는다.

둘째, 노동의 파편화와 그로 인해 오늘날 사하라 이남 아프리카 주민의 대다수가 겪는 빈곤의 심화는 주로 농업이나 그 밖의 다른 소생산에서, 또는 둘 다에서 존속가능한 생계기반을 확보하는 데 충분한 정도로 자본을 축적함으로써 '자기 자신을 노동자로 재생산하도록 강요하는 압박'을 극복하는 데 성공하는 경우는 비교적 소수에 불과하다는 사실을 말해준다.

셋째, 상품화는 농업에서 특정한 시기의 특정한 장소에서 비교적 안정적인 소상품 생산을 창출할 수 있는 방식이다(이는 이상화된 중산층 농민 모형 혹은 자유농민 모형이다). 그 사례로는 특히 1920년대부터 1970년대까지 서아프리카 산림지대에서 재배되던 코코아와 기름야자, 대륙을 가로지르는 사바나 지역에서 재배되던 땅콩이나 면화, 담배, 그리고 커피에 적합한 고지대 환경을 갖춘 곳에서 재배되던 커피 등 몇몇 환금작물의 경우를 들 수 있다. 또한 쌀과 바나나, 그리고 특히 두드러진 것으로 옥수수와 같은 주식작물에 특화해 그것을 상품으로 생산하는 사례도 있었다. 하지만 다른 곳의 농업과 마찬가지로 아프리카의 농업에서도 비교적 안정적인 형태의 상품생산은 사회적 분화를 반영한 것이거나 그러한 분화과정을 일으킨다는 점은 대체로 간과되고 있다.[23] 상품생산의 개시나 지속을 위해 필요한 비용은 족장이나 '마을어른'이 '관습적'인 수단을 통해 토지와 노동을 동원하는 방식으로 충당될 수도 있고, 임금을 상대적으로 많이 받는 타지이주 노동자들이 송금해오는 돈이나 그들의 저축으로 충당될 수도 있다. 또한 식민지 후기와 독립 초기의 농업개발 계획은 대개 환금작물 재배를 권장하고 지원했다.

넷째, 아프리카에서 생계를 위해 수행되는 노동의 물질적, 사회적 조건은 매우 불안정하며, 이로 인해 삶에 구조적 제약 외에 매우 특이하거나 우연적인 요인들도 작용하게 되므로 '농사일과 임금노동'을 결합해 자기재생산을 해나가는 사람들이 농업에서나 노동시장에서 급격한 운명의 변화를 겪게 될 수 있다. 삶이 고도로 예측불가능한 것이 되는 것이다.

이러한 과정들 가운데 최근의 아프리카 역사에서만 나타난 새로운 것은 없지만, 지난 30여 년에 걸쳐 그러한 과정들로 인한 압박이 강화됐다는 사실은 의심할 여지가 없다. 그 배경에는 세계화의 조직적 습격과 국가주의적 개발 프로젝트의 내부적 파열이 있었다. 특히 구조조정이라는 신자유주의의 습격은 농업에서 다양한 종류의 소상품 생산, 특히 수출작물 생산이 의존하는 재정적, 제도적 토대[24]를 훼손해왔다.

빈곤과 불안정의 증대, 그리고 세계화가 아프리카 경제를 약화시키는 방식을 보여주는 증거는 그동안 많이 쌓여왔으며, 이에 더해 노동계급의 재생산에 가해지는 압박이 몇 가지 역설적인 효과를 낳고 있다. 그러한 효과의 일부는 어떠한 생계수단이라도 확보하려는 아프리카 사람들의 필사적인 노력으로 설명되고, 또 일부는 각기 다른 상황과 지역에서 각기 다른 범주의 사람들(즉 여성과 남성, 원주민과 이방인, 노인과 젊은이 등)이 겪는 경험으로 설명된다. 첫째, 데보라 브라이세슨(Deborah Bryceson)이 말한 '탈농민화' 혹은 '탈농업화'의 경향이 두드러지게 나타나고 있다. 농촌 가구들이 농사 이외의 외부 수입원에 점점 더 많이 의존하게 된다는 것이다.[25] 이는 또한 도시화(보다 정확하게 말하면 도시로의 이주)의 규모와 연결된다. 많은 아프리카인들이 생존을 위해 기울이는 노력은 농촌과 도시 간, 여러 농촌지역 간, 아프리카 안의 국가 간 인구이동을 가져오고, 더 나아가 아프리카 밖으로 나가는(예를 들어 이주노동을 위해 남유럽의 원예농업 지역으로 가는) 인구이동도 가져온다.

둘째, 농업으로 생계를 확보하기 어려워지면 농촌 주민들이 임금노동과 비공식부문 활동으로 더 많이 밀려나는 가위효과(scissors effect)가 나타난다. 하지만 도시에서 공식부문의 임금노동 일자리를 얻을 수 있는 기회는 실질임금이 하락하는 속도만큼이나 급격하게 감소해왔고, 반면에 비공식부문은 '노동력 과잉 상태'여서 취업이 매우 경쟁적이며 대다수에게 매우 불확실하고 빈약한 정도의 생계원천만 될 뿐이다.[26]

셋째, 이같은 가위효과로 인해 '탈농업화'가 아프리카 대부분의 지역에서 토지에 대한 권리와 토지에 대한 접근을 둘러싼 투쟁과 갈등을 심화시키는 모순적인 결과가 초래된다.[27] '다양한 상황들' 속에서 서로 대치하는 광범위하고 서로 뒤섞인 사회적 행위주체들이 이러한 투쟁에 말려든다. 여기서 다양한 상황들이란 국제자본과 원조기구들을 대리해 아프리카 국가가 개발과 자연보전 목적으로 공식 허가한 토지전유, 토지에 대한 지배계급이나 그 하수인들의 개인적인 전유나 인클로저 행위, 일반적인 경제위기 속에서 노동력 재생산을 위협하는 가혹한 경제적 압박을 경험한 산업노동자, 광부, 도시 기반 중간계급 등의 토지확보 시도, 흔히 내전과 가뭄을 피해 살던 곳을 떠나 이주해온 난민인 이민족들이나 인근 농촌공동체, 같은 마을의 이웃, 혈족 등의 토지에 대한 욕구, 자생적인 지역적 토지시장에서 특히 좋은 토지를 중심으로 점점 더 늘어나는 토지거래와 이를 통한 토지의 재분배 등이다. 농촌지역에서 벌어지는 경쟁과 갈등의 복잡한 동학 속에서 '전통적 권위자(족장)'가 자신의 토지분배권을 재천명하는 현상도 일부 지역에서 눈에 띄게 나타나고 있다. 가나의 산림지역에서는 코조 아마노르(Kojo Amanor)가 '야밤의 추수자', '숲의 도적이자 파괴자'라고 부른 사람들이 족장과 지방정부에 저항하고 있다.[28] 나미비아와 남아프리카공화국에서는 전통적 지도자들에게 공동체의 토지를 관리하고 분배하는 핵심적인 역할을 부여하는 입법조치가 최근 상당한 논란을 일으켰다.[29]

이러한 현상의 밑바탕에는 다음과 같은 사실이 깔려 있다. 첫째, 유동적이고 모순적인 사회적 범주들이 병존하고 있다. 생계를 위해 노동하는 사람들은 바로 이러한 범주들 속에서 살아가고, 그 범주들을 결합시키고, 그 범주들 사이를 넘나든다. 그리고 그 범주들은 '노동자', '농민', '목축자', '상인', '수공업자', '농촌', '도시' 등의 고정되고 획일화된 개념들에 대한 대물림된 가정과 관습에 도전한다. 둘째, 사회적 범주와 활동이 이처럼 매우 유동적이고 범주 간 이동성이 매우 높다는 점은 사회계급의 분명한 분화를 저해하며, 사회적 재생산은 상품화에 내재된 계급동학의 효과로 형성된다. 예를 들어 개발담론에서 요즘 유행하는 개념 중 하나인 '생계의 다각화'가 실제로는 계급에 따라 유형화되는 양상을 강하게 띤다. 가난한 노동자에게 '생계의 다각화'란 광부나 건설노동자의 노동과 같은 위험하고 임금이 낮은 노동을 비롯한 다양한 생계원천과 생계수단의 조합을 포착하거나 창출하거나 개발하는 것을 의미한다. 더 많은 자원(자본)을 가진, 따라서 다른 사람의 노동을 부릴 수 있는 능력을 가진 농촌사람들에게는 축적이 개량된 농사를 토대로 이루어지는 것이 아니라 작물가공, 무역 및 운송, 기타 상업적 사업에 대한 투자, 도시의 주택 구입, 자기의 아들에 대한 교육투자(요즈음에는 딸에 대한 교육투자도 포함해)를 토대로 이루어진다. 아프리카를 포퓰리즘적 관점에서 보는 이들 사이에서는 친족이나 공동체에 뿌리를 둔 활발한 '사회적 네트워크'가 가난한 사회구성원들을 지원하고 있다고 말하는 게 유행이다. 그러나 이와 같은 '사회적 네트워크'가 창출되고 재창출되는 것도 만연한 불평등을 그대로 드러내는 방식으로 이루어지는 경우가 많다. 따라서 그것은 위계적인 후원자-피후원자 관계로 귀결되곤 한다. 이러한 사회적 네트워크는 축적의 수단이며, 권력을 가진 자들이 노동과 토지, 정치적 자원을 축적하고 동원하는 수단이 되기도 한다. 권위를 유지하거나 '매수'하고 추종자들을 부리는 데는 돈이 들어간다. 이러한 사회적 네트워크는 다른 사람들을 배제하는 권력자들의 능력에 의존해 작동한다. 이런 모든 것은 공동의 혈통과 정체성을 표현하는 가부장적 관용어들에서 확인된다.[30]

셋째, 심화된 상품화가 누구에게나 같은 방식으로 영향을 미치는 것은 아니다. 가령 도시인구의 급속한 증가는 주식작물에 대한 수요의 증가를 의미하며, 입지가 좋고 도시의 시장을 겨냥해 생산을 하기에 충분한 자원을 동원할 수 있는 농민들에게는 기회가 된다. 실제로 수출작물 생산의 감소는 농민들이 적절한 때에 보다 정기적으로 현금소득원이 돼주는 국내 먹을거리 시장에 공급할 '빨리 자라는 작물'을 재배하는 쪽으로 돌아서는 현실을 반영하는 것일 수 있다.[31]

마지막으로, 상품화가 강화되고 그것이 가져오는 계급적 불평등을 비롯한 사회적 불평등이 만연한 조건에서는 사람들 대부분의 자포자기가 일부 사람들에게는 기회가 된다. 1980년대 초반에 우간다 북부에 있는 한 마을의 지역자본가가 이런 점을 적절하게 표현한 바 있다. "우리를 도운 것(즉 축적을 도운 것)은 1980년의 기근이었다. 사람들은 굶주렸고, 그래서 토지와 소를 비롯해 자기가 갖고 있던 것들을 우리에게 싸게 팔았다. 그것이 우리의 최초 구매였다."[32]

우리가 간략하고 선별적으로 개관해본 사회적 재생산, 상품화, 사회적 분화의 동학, 그리고 이런 것들이 토지와 농업에 대해 갖는 연관성은 앞서 제시했던 환경변화, 환경의 악화와 보전, 생태관리라는 사안들에 대해 중요한 함의를 갖는다.

마무드 맘다니(Mahmood Mamdani)는 1980년대 초반에 현장조사를 바탕으로 '극단적이지만 예외적이지는 않은' 우간다 농업문제의 성격에 대해 쓴 주목할 만한 이론적 에세이에서 개인적 합리성과 사회적 비합리성이라는 주제를 앞에서 소개한 하딘(Hardin)과는 매우 다른 방식으로 다루었다.[33] 그는 재산권의 형태로 발생한 문제(공유재산의 비극)를 바라보는 대신에 일종의 맬서스주의적 효과를 계급적 측면에서 제시했다. 즉 재생산 위기에 직면한 농촌의 가난한 사람들은 자신들이 뜻대로 이용할 수 있는 유일한 자산을 과잉착취하는 방식으로 대응한다는 것이다. 그래서 농촌의 가난한 사람들이 이용할 수 있는 토지를 과잉착취하게 되면 토질의 악화가 초래되지만 그들의 출산능력은 감퇴되지 않고 그대로 유지되기 때문에 상대적 잉여인구(과잉인구)가 창출된다는 것이다. 맘다니는 이러한 주장을 식민지 시기와 독립 이후에 걸친 사회동학과 국가의 확대에 의해 구축되고 계승돼온 계급구조 속에 위치시켰다. 그는 특히 국가의 지배계급과 그 지역동맹자들에 의한 공유토지 및 공유수자원의 인클로저(이런 과정은 노출되기도 하고 은닉되기도 한다)는 농민층의 분화라는 '정상적인 자본주의적 경제과정에서 발생하는 아래로부터의 축적'과 구분되는 '경제외적 강압을 통한 위로부터의 축적'이 갖는 한 측면이라고 지적했다. 우리는 현재 인클로저가 증가하고 있으며, 이것이 앞서 언급한 토지에 대한 갈등이 늘어나고 심화되는 이유를 일부 설명해준다고 주장할 수 있다. 맘다니는 또한 가난한 농민들이 중간계급의 부유한 농민들이 경작하는 토지에 비견되는 규모의 토지에서 농사를 지을 수 있는 상황이라 하더라도 그들은 경작에 필요한 적절한 수단(마르크스의 표현을 빌면 '노동수단')을 갖고 있지 않기 때문에 그 땅의 대부분을 경작하지 못한다는 사실을 발견했다. 일을 할 수 있는 '손'을 더 많이 갖는다는 것은 어떤 의미에서는 다른 경작수단을 대체(즉 자본을 노동으로 대체)하는 것과 같다. 이런 사실은 가난한 농민들은 자신의 출산능력을 착취하게 된다는 주장으로 연결된다. 그리고 농민 가구가 농업에 아동노동을 활용하면서 성인 남자들은 임금노동 일자리를 찾아 이주할 수 있게 된다.

이런 점은 또한 자주 간과되는 사회적 증후군, 다시 말해 '너무 가난해서 농사를 지을 수 없다'거나 양질의 토지가 부족해서든 적절한 도구와 투입물 또는 노동이 부족해서든 '농사를 더 많이, 또는 더 잘 지을 수 없다'는 사회적 증상과의 관련성에서 더욱 폭넓은 의미를 갖는다. 맘다니는 이런 증후군의 원인으로 거론되는 조건들 가운데 투입물의 부족이 그가 당시에 연구했던 우간다 지역의 가난한 마을 주민들에게 핵심적으로 중요한 조건이었다고 밝혔다. 오늘날 아프리카의 여러 상황들 속에서, 그리고 많은 지역들에서 토지, 도구, 투입물, 노동 가운데 하나 또는 둘 이상의 요인이 농사를 통해 재생산 필요의 일부를 충족하고자 노력하는 사람들에게 공통적으로 문제가 된다. 토지에 대한 접근은 봉쇄와 '지역토지시장'을 통한 인클로저 및 상품화 과정에 의해 제한되기 일쑤다. 노동의 도구에 대한 접근은 그것을 사는 데 필요한 돈이 없다는 점 때문에 제한된다. 노동에 대한 접근은 일자리를 찾아 다른 곳으로 가는 성인 남자가 없다는 점, 농촌에서 많은 젊은이들이 '탈출'하고 있다는 점, 다른 사람들의 노동을 관리하는 일을 맡는 여성들에 대한 사회적 성차별에 의해 제한된다.

귀중한 것으로 평가되는 말리, 보츠와나, 남아프리카공화국, 케냐의 '건조지역 내 습지'에 대한 우리의 연구는 물 관리가 아프리카 사바나의 생산잠재력 확대를 제약하는 결정적인 요소로 보고 그 중요성에 초점을 맞추었다. 이 연구는 또한 ①토지에 대한 인구압력 증가 ②경작과 방목이 가능한 양질의 토지, 물, 숲 같은 희소한 자원의 상품화 심화 ③사회적 불평등이라는 세 가지 요인의 결합이 몇몇 사례에서 환경악화의 경향을 만들어낸다는 우리의 견해를 뒷받침해준다. 또한 이런 요인들은 도시의 빈민촌으로 떠나거나 불확실한 수확을 바라고 대개 부적절한 노동도구(생화학적 투입물도 포함해)를 사용해 비옥도가 낮은 소규모 필지의 토지를 경작하는 노력을 강화하지 않을 수 없는 가난한 농민들의 체력소모와 건강악화도 초래한다. '문제는 상이한 장소의 상이한 사람들 간에 상이한 형태를 취한다'는 관찰에서처럼 지리학적 다양성을 내세우는 것으로 무책임한 '위기론'에 대응하는 것만으로는 불충분하다.[34] 오히려 사회적 분화와 불평등의 동학은 문제가 '같은 장소'의 다른 사람들 간에 상이한 형태를 취한다는 사실을 보여준다.

이상이 맘다니가 제시한 사회적 분석의 논리이며, 이에 대해 우리는 앞에서 언급했던 티펜, 모티모어, 기추키의 영향력 있는 반맬서스주의적 연구와 관련된 마지막 설명을 덧붙이고자 한다. 티펜 등은 과거에 환경악화의 역사를 겪었던 반건조 환경의 마차코스에서 1930년에 25만 명이던 인구가 1990년에 150만 명으로 증가한 것을 토양보전 및 농업생산성 개선과 연관시켰다. 이 기간 동안 1인당 농업생산량은 4배로, 경작지 1헥타르당 수확량은 11배로 증가했다. 티펜 등은 생산력을 증대시킬 수 있는 아프리카 농민들의 능력을 입증한다. 이 사례에서는 농민들이 비탈진 땅을 계단 모양으로 만들어 빗물의 활용도를 높이고 계단식 경지에 커피나 원예상품 등 고부가가치 작물을 재배했다. 또한 이들은 50킬로미터 북쪽에 있는 나이로비의 도시근로자로 고용돼 일해서 농외소득을 벌어들였으며, 이런 농외소득이 농업에 투자할 자금을 조달하는 데서 핵심적인 역할을 했다. 인구가 점점 더 많아진 마차코스에서 모든 주민이 과연 동등하게 혜택을 누렸던가? 존 머턴(John Murton)은 이 지역에 대한 후속연구를 하면서 농외소득, 자연보전과 농업에 대한 투자, 토지의 분배 등에 대해 조사했다. 그는 티펜 등이 놓쳤거나 무시했던 사회적 분화라는 측면을 부각시켰다. 머턴은 전체 가구의 57%가 환금작물 생산에 투자할 수단을 갖고 있지 못했고, 농외소득이 상위 20%에 속하는 가구들은 상속받은 토지 외에 토지를 더 구입했으며, 토지보유량이 하위 40%에 속하는 가구들의 토지가 전체 토지에서 차지하는 비중은 지난 30년간 21%에서 11%로 줄어들었지만 같은 기간에 토지보유량이 상위 20%에 속하는 가구들의 토지가 전체 토지에서 차지하는 비중은 40%에서 55%로 확대됐다는 사실을 파악했다. 이에 따라 우리는 가난한 사람들의 맬서스적 위기와 더불어 지역의 부유한 사람들에 의한 투자 및 생산성의 보스럽 식 증대를 동시에 들여다볼 수 있게 됐다. 특히 가난한 사람들은 '역사적인 자연보전과 생산성의 이득이 인구증가에 의해 압도되면서 수확의 감소, 토양비옥도의 저하, 노동생산성의 하락이 나타나는 치명적이고 퇴보적인 순환'을 경험하게 된다.[35]

아프리카의 재생산 위기와 녹색포퓰리즘

아프리카와 관련된 다른 사안들에서도 그렇듯이 아프리카의 환경문제에 대한 진단과 그 치료를 위한 처방이 다른 데서 비롯된 이해관계와 우선순위에 의해 지배당하는 경우가 많다. 최근 아프리카의 생태에 대한 이해를 재평가하는 과정에서 이러한 처방을 뒷받침하는 환경과학적 논거들과 지구적인 환경적 선이라는 미명 아래 아프리카의 경관을 통제하자는 주장들에 대해 의문이 제기되기 시작했다. 특히 아프리카에서 두드러지는 사바나 생태의 악화에 대한 진단에서 관념상의 '원시환경' 보전에 우선권이 부여될 필요는 없다. 자연의 전유에 근거한 활동이 어떻게 해야 다른 사람들에게 생태적으로 매개된 부정적 영향(이를테면 수자원의 고갈이나 오염, 또는 땔감용 나무의 소실 등)을 미치지 않으면서 장기적인 측면에서 생산성을 유지할 수 있느냐는 문제에 더 많은 관심을 기울일 필요가 있다.

우리는 녹색제국주의에 대한 녹색포퓰리즘의 혐오에는 공감하지만, 환경적 구원을 달성하는 수단으로 아프리카의 전통적(평등주의적)인 제도들에 대한 신뢰를 앞세우는 대안은 그게 무엇이든 부적절함을 이미 시사했다. 기나긴 역사에 걸쳐 아프리카 농민들이 발전시켜온 생태적 기술이 무엇이든 간에, 그리고 통제당국의 승인 없이는 이방인이 자원에 접근하지 못하도록 했다는 점과는 별도로 식민지 이전의 토지체제가 숲, 목초지, 물의 보전에 신경을 썼음을 보여주는 확실한 증거는 거의 없다. 자본가와 노동자라는 자명한 계급과 같은 '자본주의적 생산관계'의 보다 익숙한 형태는 결여돼있지만, 상품화가 만들어낸 사회적 분화와 불평등의 과정과 패턴은 오늘날 아프리카에서 일상생활의 조건들에 널리 퍼져 있다. 그래서 우리는 관습적인 재산권 체계나 공유자원 관리체계를 회복하자는, 또는 재창출하자는 그 어떠한 계획에 대해서도 회의적일 수밖에 없다. 그것은 '관습'과 '농촌공동체'가 이미 상품관계의 계급동학에 의해 만연되어 있다는 사실을 직시하지 못한 계획이기 때문이다.

우리는 또한 '시장에서 퇴출당한' 소농과 농촌빈민 문제에 대한 포퓰리즘적 만병통치 처방의 가정과 타당성에 대해서도 회의적이다. 아프리카의 토지생산성에 대해 접근가능한 연구 중 하나는 강수량과 토양비옥도의 조건이 농업생산성의 증대와 인구의 증가를 실현하기에 적합한 데도 불구하고 농업 및 노동시장에의 접근성이 없는 에티오피아 고원, 르완다, 말라위의 일부 같은 여러 지역들을 확인했다. 우리는 시장접근성, 그리고 기존 농업노동 대신의 대안적 고용기회가 결여돼 있기 때문에 "이러한 영농체계는 주민들에게 앞으로도 계속 낮은 소득수준과 생계만을 제공할 것이고, 식량부족 사태에 대한 취약성은 지속될 것이며, 토양의 노출로 인한 고갈의 정도는 점점 더 심해질 것"이라는 결론을 내렸다.[36]

환경적 측면에서는 오직 투자만이 아프리카의 생산성을 안정시킬 것이다. 사바나의 대부분 지역에서 이는 물 공급에 대한 관리를 의미한다. 이를 위해서는 대부분의 개인적 소유토지 규모를 넘어서는 집단적인 행동이 필요하다. 하지만 소수만이 아니라 보다 많은 사람들에게 이득이 되는 방식으로 이런 것들을 성취하기 위해서는 관습적인 제도의 위계질서와 불평등한 권력관계 및 그 속에 잠겨 있는 계급적 동학과 목적들에 대해, 토지와 권위를 둘러싼 지역적 갈등에 대해서 더욱 효과적으로 도전해야 한다. 이러한 상황은 우리에게 일련의 질문들에 대한 답변을 요구한다.

국가적 자원관리와 관련된 약속을 비롯해 아프리카 대부분의 헌법들에 약속의 형태로 담겨있는 정부의 책임을 고려할 때 어떻게 하면 정부를 설득해 그러한 책임을 이행하도록 할 수 있으며, 특히 아래로부터의 운동에서 어떤 종류의 압력이 있을 수 있을까? 국제자본의 채취활동에 의해서든, 아프리카의 잠재적 자본축적가의 활동에 의해서든, 노동계급의 매우 제한적인 소생산에 의해서든 토지를 비롯한 자연자원의 과잉착취가 일어나고 있다면 그에 따른 환경악화를 잠재적 혹은 실제적으로 억제할 수 있는 민주적인 집단행동은 어떤 형태를 취할 수 있을까? 생계수단과 환경규제 수단에 대한 접근과의 관련성이라는 맥락 속에서 개편되거나 창출될 수 있고, 생존의 개별화에 저항하는 집단적, 민주적 행동을 발전시킬 수 있는 전통적인 사고, 제도, 실천형태는 존재하는가?[37] 아프리카 농촌에서 상품화의 사회생태적 모순을 다룰 수 있는 대안적인 농업 및 환경 관리방식의 전망은 어떠한가?

최근 존 아일리프(John Iliffe)는 아프리카에서 에이즈 환자들이 행동에 나선 것은 "의료체계에 환자의 힘이 작용하게 했을 뿐만 아니라 일당지배에 따른 오랜 정체 후에 아프리카 정치의 회복으로 나아가는 중요한 한 걸음을 내딛은 것"이었다고 밝혔다.[38] 이와 유사하게 토지에 대한 접근을 놓고 벌어지는 투쟁은 더욱 광범위한 사회적 재생산 조건을 둘러싸고 아프리카의 노동계급이 벌이는 다른 투쟁들과 연결되는 '공유재산의 정치'를 탄생시킬 수 있다.[39]

(추선영 옮김)

09

세계를 먹여 살리기_농업, 발전, 생태

필립 맥마이클

현재의 정치제도 아래서 세계를 먹여 살린다는 것은 헛된 꿈이다. 전 세계 인구를 다 먹이고도 남을 만큼 식량이 충분하게 생산되지만 그 분배는 놀랄 만큼 불균등하다. 여기에는 세 가지 중요한 이유가 있다. ①산업적이고 생명공학적인 농업이 가난한 사람들에게 먹을거리를 공급하는 농민들을 체계적으로 대체하고 있다. ②시장이 사람 자체에 반응하지 않고 돈을 가진 사람에 반응한다. ③국가체제의 구조적 지상과제인 농업수출이 이러한 경향을 더욱 악화시킨다. 역설적으로 말하면 기술, 시장, 무역은 발전과 번영의 필수조건으로 강조되지만 이러한 힘들은 결합되어 '발전'의 깃발 아래 '풍요 속의 기아'를 만들어낸다.[1] 이런 역설은 기술, 시장, 무역이 미래 식량생산의 생태적 조건들을 훼손하는 방식 때문에 더욱 심화된다.

'발전'이 어떻게, 그리고 왜 사회적 한계를 지니며 생태적으로 불안정한 글로벌 농업체계에 특권을 부여하는가? 이 글은 세계를 먹여 살리는 과업을 수행하는 데서 발전이 응용되고 표출되는 방식과 그것이 가져오는 생태적 결과를 검토할 것이다. 보편적인 호소력을 지닌 개념인 '발전'은 자본주의적 발전의 이데올로기적 표현으로 이용돼왔다.[2] 발전은 사실 글로벌 자본주의의 정치적 관계를 나타내는데, 물론 이에 대해 아무런 논란이 없는 것은 아니다. 이 글은 자본주의 발전을 식민주의, 발전, 세계화라는 연속적인 세 개의 역사적 기획틀 속에서 고찰할 것이다.[3] 오늘날 위기를 내포한 세계화 기획이 '불안정한 제국적 기획'(이 기획은 미국의 군사력 및 소수계급의 지구적 소비관계를 떠받치기 위한 자원의 확보에 집중한다)을 만들어내고 있는 것처럼 각각의 기획에 내재된 모순은 그 다음에 등장하는 기획의 조건이 된다.[4]

식민주의 기획은 유럽 자본주의의 발전에 봉사하는 식민지 단작농업을 창출함으로써 오랜 역사를 지닌 농업과 생태 체계에 균열을 초래했고, 이후의 후속기획들은 그 균열의 규모와 범위를 더욱 확대시켰다. 20세기 초반의 위기(세계대전, 보호주의, 노동의 동원)와 2차대전 이후의 전 세계적 탈식민화 투쟁은 식민주의 기획을 해체했다. 그러고 나서 미국이 국제적인 '발전기획'의 깃발 아래 세계 경제를 재구성했는데, 이는 신흥독립국들에게 자본주의적 조절 모델인 '내부지향적' 성장을 장려하는 것이었다. 산업노동자와 농산업화가 정치적으로 동원되는 데 대응하기 위한 포드주의-케인스주의적 타협이었던 이 모델은 '발전'을 국민적, 공공적 책무로, 무역을 국가의 종복으로 내세웠고, 소련과 그 제국에서 추구되던 국가 중심의 축적체제를 모방했다.

발전기획의 국제적 차원은 미국 자본주의가 해외원조와 군사적 보호라는 탈을 쓰고 식민시대 이후의 세계로부터 자원을 확보하고 그 세계로 자신의 영향력을 확장해가는 수단이었던 냉전시대의 봉쇄정책이라는 조건에 의해 제약을 받았다. 미제국의 성숙화(초국적기업에 의한 지구적 공급사슬의 심화, 이와 연관된 역외 금융시장의 급증, 그리고 이란, 인도네시아, 칠레와 같은 주요 국가들에 대한 개입 등)는 결국 경제적 민족주의의 이념과 실천을 짓밟기에 이르렀고, 이는 그 승계자인 '세계화 기획'을 예비하는 것이었다. 세계화 기획은 발전을 사적인 결과물로 재규정했다. 국가들은 이제 무역, 국경을 넘는 투자, 농업수출의 확대, 그리고 생태적으로 침략적인 성격을 지닌 '세계농업'이 건설되는 데 기여하는 종복이 된다.

이 모든 시기에 걸쳐 자본주의적 농업은 식민지 플랜테이션에서부터 생명공학 농업에 이르기까지 각각의 정치적 관계집합에 고유한 사회적, 생태적 관계를 통해 성숙해왔다. 즉 자연과정을 가치관계로 변환시켜야 하는 자본의 필요는 정치적으로 실현되며, 각각의 경우에 이는 추가적인 발전을 저해하는 특정한 사회적, 생태적 장애물을 새로이 창출해낸다. 자본은 특유의 농산업적 담론이 지닌 한계 안에서나마 이러한 장애물을 극복하기 위해 끊임없이 발전의 위기를 심화시키며, 그 위기 속에서 대안이 등장한다. 최근 농업생태적 대안들이 점점 더 많이 시도되는 현상은 현대성이 생태적 지식에 기반을 둔 농업을 반드시 주변화[5]시킬 이유가 없으며, 현대의 후기 자본주의 사회가 사회적, 환경적으로 지속가능하고 세계를 공평하게 먹여 살릴 수 있는 농업양식을 되살릴 수 있음을 보여준다.[6]

세계를 먹여 살리기?

'세계를 먹여 살리기'라는 목표는 공산주의 운동이 서구의 이익을 위협하자 봉쇄의 정치를 통해 식민지 및 전후의 빈곤 문제를 논의하게 된 냉전적 맥락 속에서 등장했다. 1940년대 초반에 식량부족과 기근의 상황에서 세계 농업의 안정과 세계 식량안보의 확립이라는 사명을 띠고 유엔 식량농업기구(FAO)가 설립됐다. FAO의 역할은 이러한 목적을 위해 식품의 국제무역을 증진하고 관리하는 것이었다. 1946년에 열린 2차 회의에서 FAO는 다음과 같은 비전을 제시했다.

"농촌인구의 생활수준을 향상시키기 위해서는 농업, 농촌산업화, 대규모 공공사업, 농촌의 사회서비스 및 교육서비스 등의 개선, 다양한 인종과 민족의 생활수준 향상이 요구된다. 이와 함께 먹을거리가 상품이 아니라 삶의 필수적인 요소로 간주되도록 세계의 농업과 무역의 방향을 바꾸는 작업이 요구된다."[7]

이러한 비전은 유럽으로 수출할 목적으로 이루어지던 식민지 시대의 식량 수탈을 넘어서기 위한 국제적인 노력으로 '세계를 먹여 살리기'를 해석한 것이었다. 이는 '발전기획'의 틀을 제공하는 동시에 소비수준 향상에 대한 조직화된 노동자들의 요구[8]를 반영하는 내용의 유엔 세계인권선언(1948년)[9]과도 부합하는 것이었다. 동시에 이 비전은 "인간, 장소, 그리고 먹을거리에 대한 새로운 상상력 발휘는 상이한 상황들 사이의 비교를 가능하게 해주는 동시에 지역적인 지식을 먹을거리와 농업에 대한 과학적 파악 및 보편적 요구의 우월성에 굴복하게 한 과학적 접근을 수용해야 가능하다"는 농업현대화에 대한 환원주의 과학을 대변하는 것이었다.[10]

이러한 주장들은 농업기술과 식품영양학 등에서 표출됐다.[11] 이런 과학은 세계 먹을거리 시장의 작동을 통해 실현되는 계급 기반의 먹을거리 생산 및 소비의 관계가 지속되는 것을 전제로 하는 것이었다. 그리고 그 전제는 FAO의 '탈상품화된 먹을거리'라는 비전과는 배치되는 것이었다.[12] '세계를 먹여 살리기'가 '과학농업'에 보편적으로 통용되는 면허를 내준 것처럼 '발전'은 탈식민사회를 '저발전'과 '가난'으로 표현하는 것을 정당화해주고 냉전의 맥락에서 전략적 자원과 시장에 접근하기 위한 모든 형태의 신식민주의적 개입을 합리화해주었다.[13] 그 결과 FAO와 그 모기관인 유엔은 미 자본주의 제국의 팽창을 촉진시켰고, 그 과정에서 먹을거리가 "상품이 아니라 삶의 필수적인 요소로 간주"돼야 한다는 그 자신의 공적인 비전의 실천에 태만했다.

처음부터 자국의 쌍무적 원조 프로그램의 망을 구축하기를 선호한 미국은 세계식량위원회(World Food Board)를 설립하자는 FAO와 UNRRA(유엔 구제부흥 사무국)의 1946년도 제안을 저지했다. 미국 정부는 이어 1954년에 '공법 480(PL-480) 식량원조 프로그램'을 제도화했다. 이것은 미국 국내의 '일차산품 가격안정화 프로그램'에서 발생한 잉여농산물을 냉전체제의 주변부에 있는 아시아(점령국 일본도 포함), 중동, 중남미 지역에서 선정된 국가들에 싼 값으로 공급함으로써 잉여농산물을 식량원조용으로 재활용하는 것이었다. 이로써 공법 480 프로그램은 '식량원조 체제'를 정착시켰다.[14] 이 식량원조 체제는 제3세계 국가들에 값싼 농산물을 공급해 산업발전을 지원함으로써 '석유의존 농업'[15]의 과잉생산 경향이 낳는 폐해를 해소했으며, 집약농업 기술인 '녹색혁명' 기술을 멕시코, 브라질, 아르헨티나, 베네수엘라, 필리핀, 인도네시아, 인도 등 주요 제3세계 국가들에 수출해 농산업의 생산지역 범위를 확장시켰다.

전후의 식량원조 프로그램은 소련제국을 봉쇄하면서 비공식적인 미제국 내부에 있는 국가들을 재구성하는 것을 통해 새로운 자본주의 세계질서를 확립하기 위한 미국의 정책을 강화시켰다.[16] 그 정치적 정당화의 방법에는 군사적, 경제적 원조를 통한 국가건설(state-building)이 포함돼 있었다. 이 방법의 대표적인 실례는 마셜 플랜을 통해 유럽에 석유의존 농업이 도입된 것과 미국의 소비모델을 발전의 기준으로 삼은 제3세계의 '녹색혁명'을 들 수 있다. 그리고 이런 조치는 다시 냉전적 경쟁을 심화시켰다. 이때 육류집약적인 농업과 식습관의 확산이 어떤 국제적 체제가 정치적으로 정당화되느냐에 어느 정도는 영향을 미쳤다. 미국은 공법 480을 비롯한 다양한 원조 프로그램을 통해 신식민지 예속국가들에 육류집약적인 농업과 식습관을 수출했다. 그리고 이런 원조 프로그램 아래서 수혜국 정부가 조성한 '대충자금(counterpart fund)'은 농산업 프로젝트들에 투입됐고, 이에 따라 생태적 집약도가 높은 '축산 혁명'의 토대가 마련됐다.[17]

전후 식량원조 체제가 지속되는 동안에 식료품 무역이 공적으로 규제됐기 때문에 농산물 가격은 비교적 안정적으로 유지됐다.[18] 그러나 이 체제는 1972년과

1973년에 걸쳐 미국과 소련이 '화해무드'에 접어들면서 전후 처음으로 잉여곡물 재고가 해소되자 무너졌다. 이때 유지작물 종자와 곡물의 가격이 세 배로 폭등함으로써 1974년에 세계적인 식량위기가 초래됐다.[19] 미국의 잉여곡물 재고가 사라지고 곡물의 국제가격이 급등하면서 수십 억 인구가 '식량불안 상태'로 규정됐고, 이에 FAO는 1974년에 '세계 식량정상회담'을 개최했다.[20] 이제 '식량안보'는 유엔의 명시적인 정책목표가 됐다. 유엔은 회원국들을 통해 먹을거리의 생산과 분배를 연결하는 것을 통해 이 정책목표를 추구해야 했다. 식량원조 체제 시절의 중상주의적 관행은 이제 이중적인 접근방법으로 대체됐다. 즉 식량무역은 '관세와 무역에 관한 일반협정(GATT)'의 우루과이라운드를 통해 제도화됐고, 식량원조는 특혜적 조건의 판매에서 무상지원이라는 명시적으로 '인도주의적'인 형태로 바뀌었다. 이는 석유의존 농업에 의해 창출된 잉여식량을 판매할 시장을 놓고 미국과 유럽연합이 벌이게 된 경쟁을 완화시키기 위한 것이었다.[21] 그러나 공적이고 인도주의적인 식량원조를 상업적 식량판매와 분리시킨 조치는 '식량안보'를 식량시장의 원활한 작동과 동일시하게 하는 결과를 낳았고, 이런 점은 1980년대에 '발전'이 '세계시장에의 참여'로 재규정되도록 하는 데 기여했다.[22] 이는 '세계화 기획'의 도래를 암시하는 것이었다. 발전은 마침내 글로벌 시장을 통한 사적 활동의 사안으로 바뀌게 됐다.

사실 1980년대는 1990년대의 대규모 기업세계화를 위한 정치적 최종연습이 이루어진 시기였다. 구조조정 프로그램을 통한 국제통화기금(IMF)과 세계은행의 외채위기 관리방식은 남반구 개도국들로 하여금 자국의 시장과 자원을 북반구 선진국 기업들에게 개방하고 주식용 작물 생산보다 수출을 위한 농업에 훨씬 높은 우선순위를 두도록 강제했다. 한편 긴축조치와 더불어 그동안 공공적인 차원에서 운영되던 식량보조금과 식량분배의 체계가 민영화되면서 1990년대 10년 동안 개발도상국들에서 'IMF 폭동'의 물결이 일어났다.[23] 식량위기에 대한 기업적인 해결책은 수출농업이었고, 이는 과일, 채소, 해산물의 교역 증가와 함께 국제적인 사료의 사슬을 통해 공급되는 글로벌 축산복합체의 등장을 가져왔다. 그 결과로 지구적 규모로 확대되고 에너지집약적인 성격을 띠게 된 먹을거리 순환체제가 1995년에 세계무역기구(WTO)의 농업협정에 의해 제도화됐다. 이 농업협정은 "기본적으로 단 하나의 차원, 즉 수출을 위한 농업생산을 늘리고 관세에 의한 보호나 생산자에 대한 보조금 지급 없이는 생산될 수 없는 농산물은 수입하는 것을 골자로 하는 농업모델을 처방"[24]한 것이었다. 인도의 정책분석가인 데빈다르 샤르마(Devindar Sharma)는 "소농들에 대한 보조금은 사라졌지만 산업계 농기업들에게는 막대한 지원이 이루어지고 있다. … 그 결과로 그동안 주식작물을 생산하던 우량농지 지역이 수출작물 재배로 돌아서고 있어 앞으로 우리는 주식작물을 수입해야 할 처지가 될 것"[25]이라고 지적했다. 이와 동시에 WTO의 '무역관련 투자조치(TRIMs) 의정서'는 식료품 부문에서 국경을 넘는 투자와 합병을 촉진해왔고, 그 결과로 전 세계의 농업이 기업들의 관계망에 점점 더 많이 포섭되고 있다. 중남미와 아시아의 '슈퍼마켓 혁명'[26]도 이런 포섭의 하나다.

　미국은 우루과이라운드를 통해 자국 농산업의 비교우위를 확보할 목적으로 식량안보를 '매끄럽게 작동하는 세계시장을 통해 가장 잘 보장될 수 있는 것'으로 재규정했다.[27] 식량안보에 대한 이러한 정의는 1995년 농업협정의 조직원리가 됐고, 이 협정의 여러 조항들에 따라 특히 남반구 개도국들은 국내시장을 값싼 수입농산물에 개방하도록, 그리하여 '식량안보'라는 미명 아래 식량의 대외의존도를 높이도록 강요당하고 있다. 선진국 농기업들에 대한 간접보조금은 보호하면서 개도국들의 식량시장은 개방시키는 WTO의 정치적 비대칭성[28]은 세계무역에서 인위적으로 낮추어진 농산품 가격의 파급영향을 극대화시킨다. 농산물 가격은 20세기의 마지막 몇 년 동안에 30% 이상 급락했고, 1999년에는 150년 만의 최저수준을 기록했다.[29] 낮은 농산물 가격은 자본주의적 관계에 대한 농업의 복속을 더욱 심화시키고 식량 덤핑은 소농들의 생산기반을 침해한다. 그 결과로 땅에서 내몰린 농민들은 불안정한 계약영농을 해야 하는 처지로 전락하거나 플랜테이션의 농업노동자가 되거나 도시의 빈민가로 쫓겨나야 한다.

1997년에 FAO가 수행한 한 연구는 자유화의 전반적인 영향으로 농업이 집중화되고 소생산자는 주변화되거나 퇴출당하고 있다고 지적했다.[30] 예를 들어 서부 아프리카에서는 유럽에서 수입된 값싼 토마토 농축액 제품이 이 지역의 토마토 생산과 가공을 침해한다. 자메이카와 메르코수르(Mercosur) 회원국인 우루과이, 브라질, 아르헨티나, 파라과이에서는 낙농가와 협동조합이 집중되는 현상을 보이는 가운데 네슬레(스위스)나 파르말라트(이탈리아) 같은 초국적기업들이 유가공산업을 재조직하고 있으며, 그 결과 보조금을 받아 생산된 유럽연합의 낙농 제품들이 이 지역의 낙농가와 협동조합에서 생산한 제품보다 값싸게 공급되고 있다.[31] 멕시코에서는 북미자유무역협정(NAFTA)이 체결된 뒤로 엄청난 양의 미국 옥수수가 홍수처럼 수입된 탓에 거의 200만 명에 이르는 농민들이 농지에서 쫓겨났다.[32] FAO의 연구는 농민들의 농지상실 규모를 직접 측정하지 않았다. 하지만 추정컨대 2천만 명에서 3천만 명 사이의 농민들이 무역자유화의 영향으로 농지를 상실한 것으로 보인다.[33] 이와 관련된 또 하나의 현상이 농민의 '반(半)프롤레타리아화'다. 1990년대 후반의 일부 증거들을 보면 아프리카에서는 농가소득의 60~80%가 비농업 소득이었으며,[34] 특히 극빈층 농가들이 농업 이외의 비공식 삯일에 가장 많이 의존하고 있는 것으로 나타났다.[35] 아시아에서는 농가소득의 30~40%가 농외소득에 의해 보전된다.[36] 그런가 하면 중남미에서는 대부분의 농민층이 반프롤레타리아화되면서 가족농의 수준에 미달하는 농민들의 경우 농촌의 비농업 고용노동을 통해 소득의 60%를 벌고 있으며, 이 비중은 점점 더 높아지고 있다.[37]

요약하자면 선진국의 중상주의와 개도국의 농업부문 및 먹을거리 시장의 자유화가 결합되면서 전 세계의 농업생산자들이 위협적일 정도로 낮은 세계가격에 종속되고 있다. 그 결과 국가적으로 먹을거리의 대외의존이 제도화되고, 예전에는 스스로 자기의 먹을거리를 생산하던 농민들을 배제하고 굶기는 먹을거리 시장이 만들어지고 있다.[38] 값싼 먹을거리로 세계를 먹여 살린다는 신자유주의의 슬로건은 선진국의 기업농을 우대하고 개도국의 농업을 불안정하게 만드는 불평 등한 보조금 구조를 보이지 않게 가리고 있다.

개발시대의 생태학

식민주의 기획은 선진국 대도시들에 원료와 식료품을 수출하기 위한 특화된 농업을 식민지들에 구축했다. 열대지방의 설탕 플랜테이션은 토양을 고갈시키는 현대 단작농업의 원형이었다. 이는 19세기에 점점 더 많은 양의 주식작물을 필요로 하는 유럽의 프롤레타리아들에게 식량을 공급하기 위해 온대농업(곡물재배와 목축업 등)을 전 세계의 유럽인 정착지들로 재배치하는 과정과 병행됐다.[39] 이 같은 온대농업의 재배치는 유럽에 값싼 식량을 공급할 수 있게 했고, 이에 따라 유럽에서 자본의 노동비용을 낮추는 것을 가능하게 했다. 그러나 재배치된 온대 농업은 갈수록 복잡한 농기계를 이용해 단작을 하는 방식이어서 결국은 신대륙의 새로 개척된 농지를 집약적으로 착취하는 데 의존하는 것이었다. 생태제국주의(이는 나중에 미국식 농기업 모델이 세계화되면서 부활되고 일반화된다)가 전개되는 과정에서 기존의 초지는 개간과 외래종 풀의 유입에 따라 체계적으로 제거됐다. 초본류는 약 1만 종가량이 존재하지만 사람의 손으로 가꾸어진 목초지의 99%는 겨우 40종의 풀들로 구성돼있고, 목초지의 개발은 지난 수세기에 걸친 동물의 가축화와 깊은 관련성이 있다.[40] 영국이 곡물 조달처를 해외로 돌린 것과 쇠고기를 먹는 이 나라의 문화는 오늘날까지도 농업과 식료품의 세계적인 관계망을 지배하고 있는 이중의 균열을 통해 실현됐다. 그중 하나는 '물질순환의 단절'이고, 다른 하나는 '세계농업'의 일반화와 이로 인해 식습관이 거주지역 기반의 음식에서 멀어진 것이다.

생태적 균열: 물질순환의 단절

첫 번째 균열은 빅토리아 시대(1840~70년대—옮긴이)의 '고도농법'이 폐기되는 형태로 시작됐다. 빅토리아 시대의 고도농법에서는 생산수준이 아무리 높아지더라도 윤작이라는 생태적으로 지속가능한 생물학적 경작방식과 가축에 대한 적절한 관리가 "농지의 상태를 무한히 유지시켰다"[41]고 한다. 그러나 미국 대평원의 농민들은 엄청난 면적의 초지를 벗겨냈고,[42] 작물이 '지표면 바로 밑에 축적돼 있는 대규모의 유기물'을 흡수함으로써 농민들이 고수확을 누렸다. 이 유기물 자원이 고갈되면 개척지가 더 먼 곳으로 확장됐고, 이런 과정은 1930년대의 '황진지대 위기(dustbowl crisis)'로 인해 생태적 한계에 도달할 때까지 계속됐다. 앞에서 언급한 대로 이 위기에 대한미국의 해법은 1차산품 가격안정화 프로그램을 중심으로 공적 지원이 이루어지는 자본집약적 농산업화였다. 이때의 1차산품 가격안정화 프로그램은 농촌지역을 정치적 지지기반으로 확보했고, 이에 활용된 집약적 영농방식 역시 정치적 기원을 가진 것이었다. 1950년대의 농화학혁명은 전쟁 때 폭탄 제조를 위해 운영됐던 질소 생산시설이 비유기질 비료 생산시설로 전환된 데 토대를 둔 것이었고, 이렇게 생산된 비유기질 비료가 질소고정작용을 하는 콩과 작물과 퇴비 대신 사용되기 시작했다. 기계화와 더불어 비유기질 비료가 사용됨에 따라 연료용 석유, 휘발유, 전기에 대한 농가의 수요가 늘어났고, 이에 따라 "에너지 부문에 대한 농업의 의존도가 높아지면서 농업이 그 어느 때보다 더 많이 농산업의 일부로 전환되어 갔다."[43] 이어 FAO는 '기아로부터의 해방'이라는 유엔의 캠페인(1960년)을 통해 잉여 비유기질 비료를 제3세계 곳곳에 공급하는 일을 맡았다. 이는 에너지 부문에 대한 농업의 의존성을 더욱 폭넓게 심화시켰다.[44]

미국은 자국의 농산업 모델을 처음에는 마셜플랜을 통해 유럽으로, 그 다음에는 공법 480과 '녹색혁명' 사업을 통해 제3세계로 수출했다. 이 모델은 부분적으로는 제3세계 곳곳에서 발생한 계급 기반의 봉기에 대항하기 위한 것이기도 했다. 발전기획의 이데올로기는 국가적인 농산업복합체를 통해 도시민들에게 '임금식량(wage foods)'을 안정적으로 공급하는 방식을 장려했지만[45] '녹색기술'에 대한 의존은 농업생태적 영농이 주변화되는 장기적인 과정의 토대가 됐다.

'물질순환의 단절'[46]은 농산업의 영농방법이 농업의 자연적이고 생물학적인 기반을 포기함으로써 토양과 물 속 영양분의 재순환 가능성을 감소시키는 과정을 가리킨다. 따라서 농업이 자본주의적 생산관계에 점점 더 예속되는 현상은 농촌과 도시 사이에 물질순환이 단절되는 것으로 볼 수도 있다.[47] 자본이 악화되는 생태적 기반 위에서 생산성을 유지하고자 노력하는 과정에서 석유가 농업을 산업화하는 동시에 비유기질 비료, 농약, 제초제, 종자 코팅제 등의 생산에 주요 투입물이 됨으로써 물질순환이 단절되는 데서 핵심적인 역할을 한다. 자본에 대한 농업의 예속은 농업을 '생물다양성 유지를 통해 토양을 재생시키는 지역적, 생물학적 순환에 포함된 하나의 복합적 과정'으로 보기보다는 '시작과 끝이 있는 투입과 산출의 과정'[48]으로 추상화하는 관점을 강화시킨다. 이런 관점에서는 농업이 적절한 화학적 투입물과 생명공학적으로 처리된 종자를 사용하면서 특화된 지역들에 작목별로 재배치될 수 있는 것으로 간주된다. "농장 밖에서 들여오는 인공 투입물이 점점 더 중요해지면서 예전과 달리 토지의 본질적인 속성은 점점 덜 중요하게 된다."[49] 콜린 던컨(Colin Duncan)은 산업형 농업의 폐단을 증폭시키는 데서 자본주의 정치가 중요한 역할을 한다는 점을 다음과 같이 강조한다.

"서구는 지금 만성적으로 과잉생산을 하는 산업형 농업에 의존하고 있다. 이는 정치적으로는 편리한지 모르겠지만 경제적인 근거는 거의 없다. … 왜냐하면 일단 산업형 농업이 기술적 규범이 되고 나면, 애초에는 농민들을 빈곤에서 구하기 위해 만들어진 가격지지 체계가 실제로는 산업적으로 생산된 투입물을 과도하게 사용하도록 조장하기 때문이다(이전에는 가격지지 체계가 경작면적이 과도하게 늘어나는 데 기여한 원인이었다)."[50]

마크 레이스너(Mark Reisner)는 저서 《캐딜락 사막: 미국 서부와 물의 실종(Cadillac Desert: The American West and Its Disappearing Water)》에서 토양의 침식, 염화, 변형, 그리고 독성 화학물질에 의한 오염, 지속가능하지 않은 물 사용 관행 등 산업적 농업의 문제점을 지적하고 있다. "서구인들은 여기에 자신들이 세운 것을 문명이라고 부르지만, 실은 교두보라고 부르는 것이 더 정확할 것이다. … 그리고 역사가 지침이 된다면, 우리가 그것을 지탱할 수 있는 가능성은 낮다고 봐야 할 것이다."[51] 미국에서는 해마다 약 40만 헥타르(100만 에이커)의 농지가 도시화로 인해 사라지고 있으며, 지하수가 자연적으로 보충되는 속도보다 160% 더 빠르게 지하수를 사용하는 집약농업으로 인한 토양의 침식과 염화, 홍수 때문에 해마다 약 80만 헥타르(200만 에이커)의 농지가 사라지고 있다.[52] 이에 따라 농산물을 해외에서 생산해 국내로 들여오는 방식이 빠르게 확대될 것이다.

농업이 악화된 환경에서 탈출해 값싼 토지와 노동을 이용하기 위해 해외로 이동하게 되면서 기업에 의한 먹을거리 생산 체제의 동학이 결정적인 힘을 갖게 된다. 19세기 중엽에 영국 자본주의가 '임금식량'의 가격을 낮추기 위해 농업을 해외생산으로 돌렸다면, 21세기에는 식품기업들이 TRIMs와 관련된 자유화 기제를 통해 생산을 해외로 돌리고 있다. 예를 들어 프랑스에서는 물론이고 유럽연합 전체에서도 대표적인 가금류 생산업체로 꼽히는 두(Doux) 그룹은 임금이 낮고 환경규제가 적은 브라질에서 네 번째로 큰 가금류 생산업체인 프랑고술(Frangosul)을 인수하고 가금류 생산을 브라질로 옮기는 것을 통해 생산비용을 3분의 2나 줄였다.[53] 미국에서는 지난 수십 년 동안 농업에 대한 투자의 수익률이 1.5%로 매우 낮은 상태가 계속됨에 따라 농업생산의 집중이 일어났다.[54] 그 결과 중소규모 농민들이 대규모로 농업에서 이탈했고,[55] 물질순환의 단절을 심화시키는 생산기술의 이용이 늘어났으며, 상업적인 먹을거리 생산이 해외로 이전했다.

먹을거리의 아웃소싱(생산지의 해외이전―옮긴이)은 개도국의 값싼 토지와 노동을 이용할 수 있어야 가능하다. 그리고 개도국의 값싼 토지와 노동은 저절로 이용가능한 상태로 존재하는 것이 아니라 개도국이 선진국으로부터 농업기술과 값싼 식량을 수입함으로써 농민들을 농업에서 퇴출시키는 것을 통해 이용가능한 상태로 만들어지는 것이다. 예를 들어 인도 정부의 농업부는 수천만 명의 소농들을 위협하는 신자유주의 정책이 실시된 지 10년 만인 2000년에 "1990년대에 농업의 성장이 둔화됐다. 이제 농업은 가격과 부가가치가 낮아 상대적으로 보상이 적은 직업이 됐고, 이에 따라 농촌지역에서 농업포기와 이주가 속출하고 있다"고 밝혔다.[56] 그 결과 중 하나가 인도의 안드라프라데시 주에서 진행되고 있는 '비전 2020'이라는 사회적 실험이다. 이것은 유전자조작 종자를 사용해 수출용 채소 및 화훼류를 기업과의 계약재배로 생산하고 있는 농산업 단지들을 합병하는 것으로, 2천만 명 이상의 소농들에게 농지에서 퇴출할 것을 요구하고 있다.[57]

이런 영향들이 WTO가 주도하는 농산업 자본의 초국적 투자와 결합되고 개도국들에게 외채를 상환하기 위해 농업수출을 증가시키도록 요구하는 구조조정조건과도 결합되면서 산업형 농업이 개도국들로 점차 재배치될 수 있는 여건이 무르익었다. 그리고 이렇게 재배치되는 산업형 농업에서 유전자조작 농업이 차지하는 비중이 점점 더 확대되고 있다. 최근 인공위성이 찍은 지표사진은 지표면의 40% 가량이 경지나 목초지임을 보여주고 있는데, 1700년에는 이 비중이 약 7%였다. 집약적 농업이 미국과 유럽에서 경지면적을 약간 감소시켰지만, 특히 브라질과 아르헨티나에서 중국과 유럽연합으로 수출할 목적으로 대두를 생산하기 위한 대두 경지가 확장되면서 열대우림 지역이 집중적으로 농지로 전환되고 있다.[58]

농업의 재배치는 '먹을거리 이동거리(food mile)'를 극적으로 늘린다. 먹을거리 운송비용은 해상운송의 경우 1980년대부터 2000년까지 70%나 낮아졌고, 항공운송의 경우에는 매년 3~4%씩 낮아지고 있다. 먹을거리 운송은 가장 빠르게 증가하는 온실가스 배출원 가운데 하나다. 그러나 이 온실가스 배출원은 국가회계 체계에 포함되지 않으며, 교토의정서의 적용대상에서도 빠져 있다. 그 결과로 먹을거리 무역이 엄청난 규모로 늘어나면서 '먹을거리 이동거리' 문제를 악화시키고 있으며, 이런 점은 우유 무역의 사례가 잘 보여준다. 밀스톤(Millstone)과 랭(Lang)이 지적했듯이 "최근까지도 대부분의 사람들은 자기가 사는 지역에서 생산된 우유를 마셨다. 그러나 많은 나라들이 대량의 우유를 수출하고 수입하게 되면서 1961년부터 1999년까지 우유 수출량이 다섯 배로 늘어났고, 이에 따라 먹을거리 이동거리는 수백만 마일이나 더 늘어났다."[59] 선진국의 먹을거리 해외생산으로 인해 개도국들에서 열대우림 등이 농지로 전환되는 현상이 확산되는 것과 유사한 형태로 전 세계의 수산업에서 화석연료 소비량이 늘어나고 있다. 어족자원이 감소하면서 어선들이 더 먼 바다로 나가게 되고, 이에 따라 물고기가 사람에게 공급해주는 에너지의 총량에 비해 12.5배나 되는 에너지가 물고기를 잡는 데 사용된다. 한 생태학자는 "연료사용의 확대와 더불어 어선의 수가 늘어나 물고기를 지나치게 많이 잡게 됨으로써 해양생태계의 악화가 초래됐다"고 지적했다.[60]

생태적 단절의 심화: 세계농업

두 번째 균열은 첫 번째 균열 위에 덧씌워져 있다. 이 두 번째 균열은 영국이 아메리카 대륙으로 자본주의적으로 팽창한 결과로 생겨난 쇠고기 문화(이것은 21세기에 들어서면서 환경에 대한 핵심적인 부담이 되고 있다)로 상징된다. 국제적인 소사육복합체는 19세기 후반에 영국과 스코틀랜드의 기업들이 새로 투자진출을 하면서 형성됐고, 그 뒤 남미의 토지를 소사육을 위한 역외 목초지로 전환시켰다. 이에 따라 쇠고기를 먹는 것을 현대적 식습관과 동일시하는 20세기 발전기획의 토대가 놓여졌다. 이와 함께 쇠고기 문화가 계급별로 분화되어 "아르헨티나의 쇠고기는 대부분 영국의 귀족과 중간계급에게 공급되고 우루과이의 쇠고기는 영국의 노동자들이 주로 사먹는 저렴한 쇠고기 스프레드 제품인 '리비히 익스트랙트(Liebig Extract)'를 만드는 데 사용되게 된다." 이 익스트랙트 제품은 많은 영국인들에게 중요한 동물성 단백질 공급원이었고, 오늘날의 비프스테이크와 햄버거 간 계급격차를 미리 보여준 것이었다고 할 수 있다.[61] 중미는 햄버거 고기의 공급지가 됐고, 남미의 전 지역은 슈퍼마켓 조직을 통해 유럽과 중동으로 수출되는 쇠고기의 생산기지로 전환됐다. 또한 남미는 소비계급 면에서 북미와 유럽을 합친 것보다 규모가 더 크고 지구적 축산혁명의 선두에 서게 된 아시아로 콩을 수출하는 지역이 됐다.[62] 쇠고기 소비 증가의 3분의 2는 남반구 개도국들에서 일어나고 있으며, 이런 개도국들의 쇠고기 수요를 충족시키기 위해 사육되는 소에게 먹이는 사료는 주로 브라질산 콩이다. 한때 콩의 순수출국이었던 중국이 이제는 세계 최대의 콩과 유지류 수입국이 됐다.[63]

특상품을 찾는 고소득자들과 가공육을 찾는 저소득자들로 양분된 전 세계 소비자들의 동물성 단백질(쇠고기, 닭고기, 돼지고기, 생선, 새우 등) 소비 증가는 생태환경에 다층적인 영향을 미친다. 소 사육은 남미의 토지와 숲에 돌이킬 수 없는 생태적 영향을 미치고, 새우 양식은 맹그로브(mangrove)로 불리는 동남아시아의 해안지역 숲에 생태적 영향을 미친다. 새우 양식의 영향을 보면 맹그로브가 축소되면서 그렇지 않아도 취약한 생물다양성이 훼손되고 있다. 이로 인해 해당 지역 어민들의 어장 상황이 악화되고 있고, 그 자리에 대신 새우 양식업이 번성하고 있다. 이처럼 새우 양식은 민물의 오염과 고갈을 가져올 뿐만 아니라 산업적 형태의 축산과 비슷하게 질병의 창궐을 초래하는 등 다양한 형태의 생태적 취약성을 새로이 가져오고 있다.[64]

축산업은 직접적인 환경영향뿐 아니라 식습관을 변화시키는 작용을 통해서도 계급별 자원이용을 편향되게 한다. 소는 전 세계 곡물의 3분의 1 이상을 소비하며, 동물성 단백질 소비는 일반적으로 세계 인구의 대다수로부터 곡물과 토지를 앗아간다. 전 세계에서 생산되는 대두의 약 95%와 상업적인 수산업 어획량의 3분의 1이 인간이 아닌 동물에 의해 소비된다. 또한 "지구상의 땅 중 4분의 1은 가축을 기르기 위한 목초지로 사용되고 있고, 미국의 농지 중 절반은 직간접적으로 쇠고기 생산과 관련해 이용되고 있으며, 유럽연합에서는 농지의 75%가 동물사료를 재배하는 데 이용되고 있다."[65] 그린피스는 최근에 '아마존 먹어치우기 (Eating Up the Amazon)'라는 제목으로 발표한 보고서에서 "열대우림 대두의 90%가 생산되는 아마존의 마투그로수 주에서 수출되는 콩의 절반은 유럽이 구매하며, 이 열대우림 대두로 사육된 소로 생산된 쇠고기 제품은 유럽 전역의 패스트푸드 매장과 슈퍼마켓으로 팔려나간다"고 지적했다.[66]

각국 정부는 전 세계 소비자들이 이런 식으로 곡물을 간접적으로 소비하는 것을 장려하며, 무역이나 외환 상의 제약만이 각국의 이런 태도에 제약을 가할 뿐이다.[67] 미국의 가축이 소비하는 곡물의 양은 인도와 중국에서 사람들이 소비하는 식량의 총량과 비슷한 수준이다.[68] 식량작물 대신 사료작물을 재배하는 것이 '2차 녹색혁명'이라고도 불린다. 2차 녹색혁명은 고부가가치 농업생산이 세계화되는 현상의 일부로 단작을 확대시키고, 저소득층에서 고소득층으로 먹을거리를 재분배함으로써 세계인구 중 다수가 의존해온 주식체계를 위협한다.[69] 국제식량정책연구소(IFPRI; International Food Policy Research Institute)는 전 세계의 가난한 농민들에게 뿌리채소나 덩이뿌리 작물이 핵심적인 주식으로 얼마나 중요한지를 지적하고 특히 최근에 감자와 얌의 생산이 늘어난 사실을 거론하면서 "가축사료로 쓰기 위해 뿌리채소와 덩이뿌리를 찾는 수요가 급격히 증가하는 추세가 특히 아시아에서 상당 기간 이어져왔으며, 육류제품에 대한 수요가 가파르게 증가할 것으로 예상됨에 따라 앞으로도 이런 추세가 지속될 것으로 보인다"고 보고했다. 이 연구소는 또 개발도상국들의 옥수수 수요가 쌀과 보리 수요를 따라잡을 것이라며 "2020년이 되면 밀은 8%, 쌀은 3%가 사료로 쓰이는 데 비해 옥수수는 64%가 사료로 이용될 것"이라고 예측했다.[70] 1990년대에도 브라질과 중국의 식용 곡물 생산은 답보상태였으나 사료용 곡물 생산은 거의 2배 가까이로 증가했다.[71]

기업이 주도하는 공장식 농업은 먹을거리의 생산과 소비를 변화시키면서 환경과 인간의 몸을 상대로 생물학전쟁을 시작했다고 말할 수 있다. 예를 들어 미국에서는 "매년 '동물공장' 에서 13억 톤의 분뇨가 나오고 화학물질, 항생제, 호르몬으로 범벅이 된 축산분뇨는 강과 지하수로 흘러들어가 식수를 오염시킬 뿐 아니라 수천만 마리의 물고기를 죽이고 있다"[72]고 한다. 생태위기는 자연환경을 오염시킬 뿐 아니라 인간의 건강에도 직접적인 영향을 끼친다. 밀스톤과 랭의 말을 다시 인용하면 "사육이 조밀하게 이루어지는 조건에서는 동물이 박테리아에 취약할 뿐 아니라 박테리아를 잘 전파시키므로 박테리아가 사람에게까지 전달될 수 있다. 농민들은 전염병에 대항해 항생제를 일상적으로 사용하며, 이로 인해 인간의 항생제 내성이 더욱 커질 수 있다."[73] 세계적인 조류독감의 위협은 도시의 인구밀도 상승과 공장식 농업체제의 생태적 영향 및 국가 간 인간의 이동 증가와 관련이 있다. 마이크 데이비스는 《우리 문 앞의 괴물(The Monster at Our Door)》이라는 저서에서 동아시아와 동남아시아 정부들이 기업형 닭공장을 건드리기보다 뒤뜰에서 노는 닭들을 도살하는 것을 통해 바이러스의 창궐을 억제하려고 한 탓에 공장식 농업이 어떻게 더 확산됐는가를 추적하고 있다. 가금류 농장을 운영하는 대기업들은 자사의 산업형 농장에는 바이러스가 창궐하거나 전염병이 유입될 수 없다고 주장하고 있다. 하지만 데이비스는 공장식 농업이 "바이러스 부하의 축적과 그에 따른 항원의 변이를 극대화시킬" 가능성이 더 크며 "역학적인 의미에서 야외의 조류는 도화선이고 고밀도의 공장식 닭장 속의 닭들은 폭발성을 지닌 화약"이라고 말한다.[74] 그레인(GRAIN, 국제유전자원행동)이라는 단체는 기업적인 먹을거리 체제의 정치가 존재함을 인정하고, FAO 역시 WHO와 마찬가지로 수년 동안 홍보해오던 소규모 양계농장을 이제 와서는 공격대상으로 삼고 있다고 비판한다. "베트남에 파견된 FAO의 조류독감 기술자문관은 가족형 양계업을 대규모 공장식 양계농장으로 전환하는 것이 사업적으로 보나 공공보건의 입장에서 보나 더 낫다고 말했다"고 최근 AFP 통신이 보도했다. 이같이 생각하는 것은 FAO의 최고위층도 마찬가지다. FAO 동물생산보건국의 국장인 사무엘 유치(Samuel Jutzi)는 조류독감 확산의 배후에는 그 자신이 "고도로 보호된다”고 했던 대규모의 공장식 농장이 아니라 소규모 농가들이 있다고 말했다고 스위스의 한 신문이 보도했다.”[75]

아마도 동물성 단백질의 소비 증가가 곡물과 콩류의 소비 감소 및 육류, 유가공 지방, 소금, 설탕의 소비 증가를 비롯한 ‘영양섭취의 변화’를 알려주는 핵심 지표일 것이다.[76] 이러한 변화는 진화적인 과정이 아니다. 이는 인위적으로 가격이 낮추어진 저가의 옥수수가 패스트푸드 산업의 ‘슈퍼사이즈화’를 떠받쳐온 것처럼 다양한 형태의 동물성 단백질 제품의 생산과 식량의 과잉생산을 촉진한 일련의 연속적 식량체제들이 갖고 있는 권력관계를 드러낸다.[77] 선진국과 개도국을 막론하고 전 세계에 걸쳐 진행되고 있는 영양섭취의 변화는 WHO가 “우리 시대에 최고로 간과되고 있는 공공보건 문제 가운데 하나”라고 묘사한 비만의 증가에 기여하고 있다. WHO는 세계인구의 50%가 어떤 종류이든 영양장애에 시달리고 있다고 추정한다. “유엔의 지원 아래 실시된 조사에 의하면 기아가 적어도 12억 명을 괴롭히고 있으나, 또 다른 12억 명은 필요한 정도보다 더 많은 음식을 먹기 때문에 여러 모로 해로운 결과를 가져오는 과체중 상태가 되고 있다.” 이렇게 굶주리는 12억 명과 비만인 12억 명을 합쳐 모두 24억 명의 대부분이 필수적인 비타민과 미네랄의 결핍을 겪고 있다. 필수적인 비타민과 미네랄은 궁핍한 식단에는 물론이고 풍요로운 식단에도 부족한데, 이는 지구 전체에 걸친 ‘동물성 단백질 복합체’의 영향과 상당히 큰 관련성이 있다.[78] 축산에 기반을 둔 먹을거리 체계에 봉사하도록 자연계를 전환시키는 것은 환경과 인간의 몸 모두에 스트레스를 준다. 이러한 전환은 예방보다 치료를 우선시하는 태도로 공공보건 문제를 사적으로 해결하는 상황에서는 환경과 인간의 몸에 주는 영향을 완화하려고 하더라도 실제로는 더 심화시키는 과학적, 제도적 복합체를 구축하게 된다.

이와 동시에 훼손되고 있는 생태계가 예측불가능한 방식으로 상호작용하면서 ‘네메시스 효과(nemesis effect, 연쇄반응으로 인해 예기치 못한 결과가 초래되는 효과—옮긴이)’가 발생하게 된다. 유엔의 세계환경발전위원회(World Commission on Environment and Development)는 "의도하지 않은 커다란 변화가 대기, 토양, 물, 동식물에, 그리고 이들 사이의 관계에 발생하고 있다. … 그 변화의 속도는 과학의 각 학문분과가 지닌 역량을 넘어서고 있고, 그것에 대해 평가하고 조언할 수 있는 우리의 능력도 넘어서고 있다"고 지적했다.[79] 이런 변화는 자외선에 의한 면역체계의 억눌림, 기후변화가 먹을거리의 생산이나 전염병 전파에 미치는 건강과 관련된 악영향, 의약품 생산에 필요한 생물자원이나 유전자원의 상실 등으로 지구적 공공보건이 위협받게 될 것임을 예고한다. 이 모든 것은 "우리에게 익숙한 국지적인 환경오염 문제와는 질적으로 다른 상황을 낳게 될 지구의 과부하에서 비롯되고 있다."[80] 인류문화의 진화는 생태적 관계를 왜곡시키면서 대략 네 가지 종류의 건강상 위험을 발생시켰다. "첫째는 전염병이다. 다음은 산업화와 독성 화학물질에 의한 환경오염과 관련된 질병이다. 이와 동시에 부유한 계층에서는 심장병, 각종 암, 당뇨병 등 풍요한 생활양식으로 인한 각종의 질병들이 등장했다. 오늘날 우리는 전 세계의 자연계 파괴로 인해 초래되는 건강상의 결과들을 겪고 있다."[81]

그러한 자연계 파괴의 한 가지 형태는 유전공학이다. 자본은 유전공학을 이용해 자연을 '가치관계가 확대재생산되는 체계'로 전환시키려는 노력을 강화하고 있다. 유전자조작 종자는 상업적 투입물, 즉 현재의 사용가치가 주로 화학농업의 장애물을 제거하는 데 맞춰진 투입물이 되고 있다. 상업적 특허에 의한 종자의 상품화는 "생물다양성을 파괴하고, 제초제와 농약의 사용을 늘리며, 돌이킬 수 없는 유전자 오염의 위험을 확산시킴으로써 자연의 수확물을 도둑질한다."[82] 유전자조작으로 만들어진 먹을거리는 지구적 식량안보를 실현하는 데 반드시 필요한 것으로 합리화되고 있지만 WTO의 틀 안에서 제도화된 기업적 지적재산권을 활용하고, 경작되는 종들의 생물학적 원리에 대한 통제에 기반을 둔 획일성으로 생물다양성을 대체함으로써 물질순환의 단절을 심화시킨다.[83] 이로 인한 유전적 훼손은 생태위기에 기여한다. "전 세계 대두의 75%를 차지하는 미국의 대두는 미국에서 재배돼온 콩류나 채소류 75종 가운데 하나이며 중국에서 들여온 단여섯 그루에서 시작된 단작용 종이다. 97%에 달하는 다른 종들은 80년도 채 안되는 기간에 다 멸종됐다."[84] 반다나 시바(Vandana Shiva)는 "먹을거리 공급의 유전적 토대가 명백하게 협소해지는 현상"을 다음과 같이 지적하며 경종을 울렸다. "현재 상업화된 주식작물은 단 두 종류밖에 없다. 전 세계에서 소비되던 수백 종의 콩류를 대두가 대체하고 있고, 다양한 종류의 기장, 밀, 쌀을 옥수수가 대체하고 있다. 또 다양한 유지작물들은 카놀라 하나에 의해 대체되고 있다."[85]

'녹색혁명'이 쌀, 밀, 옥수수의 단작을 통해 주식작물의 수확량을 늘렸다면, 현재의 '유전자혁명'은 제초제에 대한 저항성을 강화하는 데 집중하고 있다. 유전자조작 작물의 재배규모의 확대 가운데 54%는 식량증산을 목표로 한 것이 아니라 제초제에 대한 저항성의 개선을 목표로 한 것이다.[86] 다시 말해 '거대 유전자기업'인 아스트라-제네카, 듀퐁, 몬샌토/파마시아, 노바티스, 아벤티스 등은 먹을거리 사슬에 대한 통제를 강화하고, 녹색혁명형 단작으로 인해 악화된 문제점들(작물의 질병, 토양의 고갈, 해충과 잡초의 만연 등)을 해결하고,[87] 전 세계적인 기아의 이면에 존재하는 분배문제를 건드리기보다는 유전자조작이라는 새로운 개척지에서 비교우위를 차지하기 위해 각기 자사의 독점적 기술을 휘두르고 있다.[88] 리먼브라더스의 한 저명한 화학산업 분석가는 이렇게 지적한다. "식량부족 문제에 봉착한 척하는 짓은 이제 그만 두자. 기아는 있지만 식량부족은 없다. 유전자조작 먹을거리는 부유한 국가들을 위한 것이다. 유전자조작 먹을거리에 지출될 돈은 선진국에 있다."[89] 현재 '거대 유전자기업'들이 '기능성 식품'의 개발에 집중하고 있는 것은 바로 이 점을 확인시켜준다. 신세대 '농업생명공학'에는 비만, 신체발육 부진, 암, 당뇨, 위장기능 이상 등과 같은 다양한 건강문제를 다루는 데 맞춰진 '영양의약품(nutriceutical)'도 포함된다.

신세대 농업생명공학을 구성하는 또 다른 부문인 '터미네이터 기술'은 전통적인 종자비축의 관행을 없애기 위한 것으로, 농민들로 하여금 번식이 불가능한 상업적 종자를 해마다 새로 구입하도록 강제한다. 이를 위해 생명공학 산업은 개도국의 지역 종자회사들을 인수하고 대두, 카놀라, 옥수수, 면화 같은 유전자조작 작물 생산의 60% 이상을 개도국으로 재배치하는 등 개도국에서 작물개발에 대한 투자를 확대하고 있다(일례로 2005년에 몬샌토가 세계 최대의 채소종자 기업인 세미니스(Seminis)를 인수함에 따라 세미니스가 과거 IMF 시절에 인수한 우리나라의 주요 채소종자 기업들이 점유했던 시장을 지금은 몬샌토가 장악하고 있다—옮긴이). 최근의 연구는 개도국이 원산지이면서 전 세계적으로 재배되는 작물에 대한 유전적 특허가 132개(이 가운데 68개는 옥수수, 25개는 콩, 22개는 밀, 17개는 감자에 대한 유전적 특허임)에 달한다고 지적하고, 생명공학 기업들이 주식작물과 사료를 통제하는 것을 목표로 삼고 있음을 시사하고 있다.[90] 유전자조작 기술은 전 세계적으로 널리 재배되는 종자의 다양성에 토대가 되는 생물다양성을 위협하고, 농민들에게서 종자와 토지에 대한 통제권을 빼앗으며, 농민들을 '생물농노(bioserf)'로 전락시킨다. 유전자 축소주의는 '세계농업'을 운영하는 기업제국을 제도화함으로써 농업생태적인 미래의 가능성을 차단해 버린다.

결론: 농업생태의 미래?

21세기의 기업농업은 물질순환의 단절을 심화시키고, 따라서 생태위기를 심화시키는 데 더해 기아문제 해결을 위해 민주적인 형태의 사회적 재생산을 통해 토지관계를 개혁하거나 먹을거리 문화를 지속시킬 수 있는 방법보다는 생명공학적 해법을 선호한다. 바로 이러한 맥락에서 고전적인 토지 및 빵의 문제와 녹색의 문제가 결합된 사회적 저항이 등장한다.[91] 기업농업의 확대재생산은 기존의 농업생태를 제거하거나 흡수하는 데 의존하며, 이 때문에 비아 캄페시나(Via Campesina)로 대표되는 '토지회복과 식량주권을 주장하는 운동'을 비롯한 활발한 저항을 낳는다.[92] 비아 캄페시나는 사회적 배제와 탈자연화를 강요하는 기업 농업의 영향력에 대항해 지구적 투쟁을 전개하고 있다. 1992년에 결성된 비아 캄페시나는 아프리카, 유럽, 아시아, 아메리카 등 여러 대륙의 56개국에 사는 수백만 명의 땅 없는 농민, 가족농, 농업노동자, 농촌여성 및 토착민 공동체들로 구성된 140여 개의 지역지부 또는 광역지부를 거느리고 있다. 1994년에 로마에서 열린 세계 식량정상회담에서 비아 캄페시나는 '식량주권'이라는 개념을 다음과 같이 정의하고 이를 지구적 담론에 도입했다.

"식량주권은 지속가능한 발전이라는 목표를 달성하기 위해 민중이 농업과 먹을거리에 대한 정책을 스스로 수립하고, 국내 농업의 생산 및 무역을 스스로 보호하거나 규제하고, 자신들이 얼마나 자립적이어야 하는가를 스스로 결정하고, 농산물을 시장에 저가로 쏟아내는 덤핑을 제한할 권리다. 식량주권은 무역을 부정하지 않으며, 오히려 민중이 안전하고 건강에 이로우며 생태적으로 지속가능한 농업생산물을 먹을 권리를 존중하는 무역정책 및 무역관행의 공식화를 지지한다."[93]

이처럼 비아 캄페시나의 비전에서 무역은 배제되지 않는다. 오히려 비아 캄페시나는 무역을 규제할 수 있는 대안적인 다자간 기구, 예를 들어 '식량주권과 무역에 관한 회의(Convention of Food Sovereignty and Trade)'와 같은 기구를 설립하자고 주장한다. 비아 캄페시나로 대표되는 반자본주의적 저항은 '지역'으로 퇴각하려는 것이 아니라 식량생산 및 식량소비의 민주적 조건들을 지지하는 방식으로 '글로벌한 것들'을 다시 정치적 쟁점으로 부각시키려고 한다. 예를 들어 1999년 프랑스농민연맹과 맥도날드 사이에 갈등이 빚어졌을 때 조제 보베와 그의 동료들은 글로벌 기업들이 생산한 유전자조작 옥수수를 파괴했다. "그 종자가 '다른 나라'에서 생산됐기 때문이 아니라 생산방식의 문제점 때문"이었다.[94]

보베와 비아 캄페시나는 두 가지 핵심적인 전제를 강조한다. 첫째, 먹을거리의 정치를 둘러싼 국제적인 긴장은 국가들 사이의 갈등에서 발생하는 것이 아니라 궁극적으로 생산 및 농촌개발 모델들 사이의 갈등에서 비롯된다. "갈등은 선진국과 개도국 모두에 존재한다"[95]는 것이다. 둘째, 투쟁은 지구적이지만 그 내용과 지도력은 탈집중화돼 있다. "이러한 글로벌 운동의 강점은 그것이 장소마다 다르다는, 바로 그 점에 있다. … 이 세계는 복잡하다. 복잡하고 상이한 현상들에 대해 하나의 답을 찾는 것은 오류일 것이다. 우리는 상이한 수준들에서, 즉 국제적 수준뿐 아니라 지역적, 국가적 수준에서도 해답을 제시해야 한다."[96]

사실 해답 자체는 지극히 간단하다. 지속가능한 먹을거리 체계를 건설하는 것은 '먹을거리 이동거리'와 '먹을거리 교역'을 대폭 줄이고, 풍력과 태양열, 바이오연료 등의 대안 에너지원을 이용해 화석연료에 대한 의존도를 낮추며, 판매된 먹을거리의 부가가치 가운데 더 많은 부분이 농민들에게 돌아가도록 농업을 민주화하는 것을 의미한다. 지속가능한 농업이 부족한 물을 아끼면서도 헥타르 당 생산성을 거의 두 배로 높일 수 있게 해주며 단작농업보다 몇 배나 더 생산적일 수 있다는 점을 우리는 알고 있다.[97] 그러나 문제는 어떻게 탈자본주의적 농업으로 옮겨갈 것인가 하는 점이다. 농산업복합체의 권력은 선진국들의 비타협적인 태도와 실패한 WTO 각료회의에서 명백히 드러난 것처럼 의심의 여지 없이 강력할 뿐 아니라, 민주적이고 생태적으로 지속가능한 농업에 필요한 '적절한 대안기술'(유기농 식품[98])에서 바이오연료에 이르기까지)을 전유하겠다고 위협하고 있다.[99] 적절한 대안기술이 환경이나 건강의 측면에서 어느 정도 이익이 될 수는 있겠지만, 그러한 해결책은 농민과 빈곤한 소비자들을 희생시키면서 계급적 구매력에 맞추는 과정에서 사회적 불평등을 전 세계적으로 더욱 심화시킬 가능성이 크다.[100] 이런 점은 예를 들어 바이오연료를 만드는 데 이용될 수 있는 작물을 자동차 연료용으로 돌릴 것인가, 아니면 기아문제를 해결하기 위는 데 돌릴 것인가 하는 문제를 생각해보면 알 수 있다.

탈자본주의적 농업으로 가는 경로는 아마도 서로 관련된 다음 세 가지 정도일 것이다. ①새로운 생태적, 공공적 보건의 패러다임[101]을 통해 먹을거리의 문제를 다시 생각해보도록 하는 공교육. 이는 생태발자국에 대한 인식과 산업적 먹을거리가 인간과 환경의 건강에 미치는 영향에 대한 인식을 제고하고 대안에너지와 탈도시화 또는 재지역화, 그리고 먹을거리의 탈상품화를 위한 장기적인 전략을 개발하는 것을 포함한다. ②토지와 먹을거리에 대한 권리를 중심으로 한 계급운동과 농민운동. 이는 새로운 공정무역 협약을 창출하고, '미주 볼리바르 동맹(Bolivarian Alliance for the Americas)'[102]의 원칙에서 보듯 비교우위가 아닌 협동우위 원칙에 입각해 기업형 먹을거리 체제를 극복할 대안을 만들어내는 운동을 말한다. ③식원성 질병, 물부족, 집약농업에 필요한 비옥한 농지의 부족, 석유정점, 기후변화 등의 형태로 나타나는 산업적 먹을거리 체계의 위기와 그 궁극적인 붕괴를 활용해 먹을거리 공급에 대한 정치적 규제 및 농업 발전의 대안적 모델을 촉진하는 것.

물론 한 방으로 모든 문제를 해결하는 '마법의 총알' 같은 것은 없으며, 산업적 먹을거리 체계와 생태적 먹을거리 체계가 한동안은 불편한 긴장 속에서 공존할 가능성이 매우 크다. 그러는 동안에 실질적으로 필요한 것은 농민들이 대규모로 농지에서 퇴출되는 경향을 역전시키는 일이다. '식량주권' 운동은 이 문제를 직접적으로 건드린다. 이는 민영화된 식량안보 체제가 초래하는 환경적, 문화적, 사회적 폐해를 없애기 위한 매우 장기적인 전략이다. MST(무토지농민운동) 같은 운동은 전략적으로 도시세력과 연대하면서도 사회적 기획으로 '토지에 대한 투쟁'을 강화하는 태도를 유지한다. 지속가능한 협동적 농업모델을 도시에 대한 대규모 먹을거리 공급과 연결시키는 보다 장기적인 과제가 앞으로 해결해야 할 문제로 남아 있지만 적절한 정치적 환경이 형성된다면 그 해결이 불가능한 것도 아니다.[103] 게다가 '자본주의 사회에서 유일하게 식량안보를 시민의 권리로 규정한 도시'인 브라질의 벨로리존테에서와 같이 도시에 대한 소규모 공급모델이 존재하고 있다. 산업적인 유전자조작 농업이 초래하는 위기를 극복하기 위해서는 '도시텃밭(urban garden, 이는 미국에서만 이미 3500만 명에게 먹을거리를 공급하고 있다)'이나 '지역사회가 지원하는 농업(CSA; Community-supported Agriculture)'과 같은 유망한 실험[104]도 중요하고 '농민적 공간'의 정당성을 확보하는 것도 매우 중요하다.[105]

이런 의미에서 초국적 농민운동은 다양한 조직들을 통해 미래의 가능성을 확대하는 전략적 개입을 대표한다. 조제 보베는 '유럽농민연맹'의 사업 가운데 하나로 프랑스에서 특산품 치즈의 장인적 생산모델을 시도하고 있다. 그런가 하면 지구의 반대쪽에 있는 브라질에서는 비아 캄페시나의 지부이기도 한 무토지농민운동(MST, 이 운동에 참여한 무토지 농민들은 1500만 헥타르 이상의 농지를 점거하고 있다)은 브라질의 가난한 노동자들을 위한 주식작물 생산을 유기농 및 공정무역과 결합시킴으로써 경제투쟁을 정치적, 이념적 투쟁으로 전환시키고 있다. MST의 대표인 주앙 페드로 스테딜레는 이렇게 천명했다. "우리는 이제 농업을 새로운 사회적 기반 위에서 재조직하고, 자본에 대한 접근을 민주화하고, 농산업적 과정을 민주화하고(이는 토지소유만큼이나 중요하다), 노하우, 즉 제도교육에 대한 접근을 민주화할 필요가 있다고 확신한다."[106] 식량주권 운동은 기업형 농산업의 미래에 굴복하거나 토지재분배를 잉여노동 문제에 대한 해결책으로 보지 않고 먹을거리의 생산과 자연을 대안적인 현대성의 문화 속으로 재통합하는 농업의 경로를 내세운다.

기업체제의 주변 혹은 틈새에서 농업생태학적 실천과 종자보호 등 지속가능한 관행을 실천하는 의미 있는 운동들이 많이 존재한다. 이탈리아에서 시작됐지만 이제는 전 세계적으로 확산된 슬로푸드 운동은 공정무역과 유사한 원칙, 즉 먹을거리의 생산과 소비를 지역화하고, 지역 고유의 음식을 유지하며, 유산으로 넘겨받은 먹을거리를 모두 보호한다는 입장에 서있다. 2003년에 이탈리아에서 설립된 '생물다양성을 위한 슬로푸드 재단(Slow Food Foundation for Biodiversity)'

은 "고품질의 먹을거리를 공급하는 소생산자들을 파악하고, 그들에 대한 목록을 만들고, 그들을 보호하고, 그들에게 경제적, 상업적 미래를 보장해주기 위해" 활동한다. 이와 관련해 200개 이상의 소비자협동조합들의 컨소시엄인 '코오프 이탈리아(COOP-Italia)'는 사회적, 공간적 연원을 가진 질 좋은 먹을거리의 생산과 판매를 조율한다. 이들은 공정무역 운동을 지지하고, 아프리카인들에게 물을 공급하고, 유전자조작 생물체(GMO)의 확산을 저지하는 등의 광범위한 윤리적 개입을 통해 생산자와 소비자 사이의 연결고리를 보호하는 것을 목표로 한다.[107] '대안적 먹을거리 네트워크(alternative food network)'들도 농업관광, 에너지생산, 경관관리 등과 같은 새로운 실천적 농촌개발 방식의 활성화에 기여하고 있다.

지구적인 네트워크를 형성하고 있는 비아 캄페시나나 슬로푸드 운동 등은 그계급적 구성에서 서로 큰 차이가 있음에도 불구하고 하나의 전략적 관점을 갖고 기업적인 '식량안보'에 '식량주권'으로 도전하고 기업적인 '패스트푸드'를 '슬로푸드'로 비판하는 한편 전 세계가 축적에 대한 집착을 넘어서는 데 필요한 다면적 관점의 정치와 실천을 구체화하고 있다는 점에서 모범이 될 만하다.[108] 두 운동 중 어느 것도 '세계를 먹여 살리기'에 특별히 초점을 맞추고 있지는 않다. 그러나 농민이 농사지을 권리를 박탈당하는 것을 중단시키고 오히려 농민에게 그러한 권리를 되찾게 해주는 것은 기업적 먹을거리 체제 속에서 굶주리고 있는 25억~30억 명에 이르는 농촌의 가난한 사람들이 먹을거리를 확보하게 하는 데 결정적으로 중요하다. 아울러 프랑스, 이탈리아, 브라질, 인도를 비롯한 그 어디에서든 도시의 소비자와 농촌의 생산자를 생태적 체제 속에서 다시 연결시키는 것이 앞으로 대안적 방법으로 전 세계를 먹여 살리기 위해 필요한 전제조건이다. 그러한 운동들의 국제적 윤리는 또한 국가경제 회계의 차원이 아니라 지구적인 사회적 필요를 중심으로 대안적 방법을 실현해 나가는 데 중요한 전제조건이다 (이것은 물론 발전을 요구한다). 이러한 개입은 생물다양성과 함께 산업적이고 생명공학적인 단작농업의 재앙과도 같은 생태적 영향을 역전시키는 것을 옹호한다. 이는 통제되지 않는 축적의 중앙집중화된 획일적 동학에 반대하는 입장에서 '발전'의 개념을 민주적 자립의 방도로 재정립한다. 이러한 개입은 구매력을 지닌 소수의 지구적 소비자들을 먹여 살리는 기업적 방식보다 본질적으로 더 지속가능한 방식으로 전 세계의 다양한 사람들을 먹여 살리는 방법들의 표본이 되고 있다.

(김철규 옮김)

10
물, 돈, 권력

에릭 스윈거두

우리가 자연에 대한 인간의 지배력이라고 부르고 있는 것은 실은 일부 인간들이 자연을 도구로 이용해 다른 인간들에게 행사하는 권력임이 밝혀지고 있다.

–C. S. 루이스1

우리는 전례 없는 현상을 목격하고 있다. 물은 이제 더 이상 아래로 흐르지 않는다. 돈을 향해 흐를 뿐이다.

–로버트 케네디 2세2

안전하고 깨끗한 물을 지역사회에 공급하는 것이 로켓과학처럼 어려운 일은 아니다. 기초적인 기술과 공학의 원리들은 이미 알려져 있고 우리에게 숙달돼 있으며, 물에 대한 관리체계도 잘 이해돼 있다. 물의 생화학적, 물리적 작용도 꽤나 잘 파악돼 있다. 모든 사람에게 깨끗한 물을 공급하는 것과 폐수를 따로 빼내어 처리하는 것은 기술이나 관리의 측면에서 비교적으로 쉬운 일임에도 불구하고 전 세계에서 10억 명이 넘는 사람들이 여전히 깨끗한 물에 대한 접근이 불충분한데다 양적, 질적으로 믿을 만하지 못해 고통을 받고 있으며, 20억 명에 가까운 사람들은 불만족스러운 위생을 인해 고통을 받고 있다는 사실은 주목할 만하다. 물과 위생 서비스가 불충분한 탓에 발생하는 인도주의적, 사회경제적 비용은 이미 잘 알려져 있으나 물 문제를 해소하는 일의 진전은 형편없이 느리게 진행되고 있다. 불충분한 물 공급으로 인해 발생하는 연간 조기사망자 수와 전 세계의 가난한 사람들이 실제로 겪고 있는 피폐한 삶의 정도는 지구온난화로 인한 인간의 희생에 대해 현재 가장 비관적으로 제시된 추정을 훨씬 능가한다. 세계보건기구(WHO)

는 매년 180만 명이 수인성 질병으로 인해 기대수명을 채우지 못하고 빨리 죽는다고 추정하고 있다. 매일 5세 미만의 어린이 4500명 이상이 불충분한 물과 위생 서비스 때문에 죽어간다.[3] 기후변화로 인한 연간 사망자 수가 15만 명이라는 그린피스의 추정에 비교하면 물 문제로 인한 조기 사망자 수가 결코 적은 게 아님을 알 수 있다.[4]

이러한 물 문제를 치유하는 것은 대단히 쉬운 일일 수 있다. 매우 건조한 일부 지역들만 제외하면 물에 대한 접근성이라는 문제의 여건은 물의 이용가능성, 즉 절대적인 부족과는 거의 아무런 관련이 없다. 이는 주로 이용가능한 자원에 대한 접근성, 그리고 그러한 자원의 공평한 분배에 관한 문제다. 따라서 우리가 더 잘 파악해야 할 것은 물을 사람들에게 어떻게 공급할 것인가가 아니라 왜 일부 사회집단들은 물과 위생에 대한 적절한 접근을 보장받지 못하는데 다른 사회집단들은 그런 접근을 보장받고 있는가다. '밀레니엄 발전목표(Millennium Development Goals)'는 깨끗한 물과 충분한 위생에 접근할 수 있는 사람들의 수를 크게 늘리겠다는 내용을 포함하고 있지만, 실제로는 2015년까지는 개선이 이루어지더라도 일부의 개선에 그칠 것이라고 자신 있게 예견할 수 있다. 수사적인 약속과 정치적인 지원에도 불구하고 물부족 문제를 뿌리 뽑는 데는 상당한 장애와 난관이 가로놓여 있다.

물부족 상태로 사는 사람이 11억 명, 기초적인 위생이 부족한 상태로 사는 사람이 25억 명이라는 WHO의 수치는 거의 분명하게 실제보다 과소추정된 것으로 볼 수 있으며, 특히 도시지역의 경우에는 더욱 그렇다. 도시 거주자의 상당수는 집 안까지 들어오는 수도관을 통한 물 공급을 받지 못해 배수탑, 우물, 그리고 가장 많게는 비공식적인 민간 물 판매업자에 의존하고 있다. 이로 인해 도시의 물 문제는 더 심각해지고 있다. 도시에 공급되는 물의 질과 양이 모두 제한되고 있고, 가격뿐만 아니라 시간의 측면에서도 물 이용에 드는 비용이 매우 높기 때문이다. 그러나 물에 대한 접근성이 신뢰할 만하지 않거나 접근 자체가 어렵다는 점은 물의 절대적인 부족과는 거의 아무런 관련이 없다. 이 점은 도시지역의 경우에도 대단히 명백하다. 몇 가지 예외로 볼 수 있는 경우가 있긴 하지만, 주요 도시들에서는 시민들의 건강과 위생 상 필요를 충족시킬 수 있을 정도로 충분한 양의 식수가 생산된다. 그리고 예를 들어 중남미 도시의 1인당 평균 물 소비량은 선진국 도시의 1인당 평균 물 소비량에 비견될 수 있을 정도다.[5] 하지만 중남미에서는 상대적으로 낮은 비중의 집단이 이용가능한 물의 대부분을 소비한다. 민간 물 판매업자에 의존하는 대다수의 가난한 사람들이 물을 소비하는 비중은 매우 낮다. 게다가 보통 물을 도시의 상수시설에서 가져다가 판매하는 민간 물 판매업자들은 언제나 지역의 영세한 사업자들이기 마련이어서 이들이 책정하는 물 가격은 언제나 공적 물회사의 요금보다 상당히 더 높다.

물론 농촌사람들도 생활용수와 농업용수에 대한 접근이 대단히 어렵고 불평등하기는 마찬가지다. 여기에는 다양한 이유가 있다. 특정한 지리적, 기후적 조건 아래서 지역적, 광역적으로 물부족 문제가 발생할 수도 있다. 하지만 가장 일반적인 문제는 띄엄띄엄 자리 잡은 마을들에 깨끗한 물을 공급하기 위한 인프라가 부족하고 공급가격이 터무니없이 높다는 점이다. 이는 물이 공공부문을 통해 공급되든 민간부문을 통해 공급되든 마찬가지다. 물 공급 인프라 사업은 고정자본 투자비용이 많이 들지만 그 잠재적인 수익성은 낮고 불확실하며 신뢰할 수 없기 때문이다. 따라서 물에 대한 접근과 통제는 구매력과 가용자본, 그리고 자본투자 방향과 관련된 문제다. 달리 말해 물에 대한 접근성은 돈과 자본이 전유되고 조직되고 분배되는 사회적 권력관계를 반영한다.

사회적 권력과 물에 대한 접근성 간의 관계는 수력인프라와 관개시설에 의존하는 농업체계에서 훨씬 더 뚜렷하다. 대규모 수력인프라는 주로 국가가 계획하고 조직한다는 점에서 수력 인프라에 대한 자본투자와 국가권력, 그리고 관개용수의 분배 및 그에 대한 접근성 사이에는 밀접한 관련이 있다. 물의 다양한 용도들 사이에 명백하게 존재하는 갈등과 댐 건설이 주민의 이주를 불가피하게 초래하기 때문에 지역주민과 댐 건설 사이에 발생하는 갈등뿐만 아니라 댐 건설 이후의 관개용수 분배에도 사회적 권력관계가 반영된다. 댐과 관개수로는 물의 흐름과 그 사용방식을 근본적으로 변화시킬 뿐 아니라 물의 새로운 용도, 물에 대한 새로운 접근구조, 물 분배의 새로운 패턴을 만들어낸다. 물에 대한 접근성이 일부 사람들에게는 엄청나게 개선되지만 그 밖의 다른 사람들에게는 악화되곤 한다. 20세기에 미국 캘리포니아에서 농업의 성공을 가져온 거대한 수력시설 공사가 바로 그러했고, 20세기 후반에 이루어진 스페인의 급속한 경제발전에서 특징적인 요소였던 수력시설 근대화도 마찬가지다.[6] 이러한 변화 가운데 그 어떤 것도 권력에 중립적이지 않다.

물과 국가

권력을 가진 사회집단이 물에 접근하지 못하는 것은 예기치 못한 사건으로 초래된 대단히 예외적인 상황에서일 뿐이다. 일반적으로 물에 대한 소유권이나 통제, 분배, 할당의 권리는 사회적 권력의 가공할만한 원천이다. 사회적 권력과 물의 관계에 대한 최초의 정교한 이론적 분석은 칼 비트포겔의 독창적인 저서인《동양적 전제주의(Oriental Despotism)》에 실린 '수력사회 내부의 정치적 권력위계'에 관한 가설이다.[7] 비트포겔은 중국이나 이집트 같은 고대 제국에서는 정교한 관개체제에 기반을 둔 사회는 대단한 안정성을 보이면서 발전했다고 주장했다. 그러한 사회에는 전제적 황제로 상징되는 엄격하고 위계적인 사회정치적 조직이 있었고, 그 주위에 관료와 과학자 같은 엘리트층, 영토의 통일성을 유지하거나 영토를 확장하는 일을 하는 군대, 비교적 작은 규모의 조세징수 담당관 집단, 그리고 농민들이 있었다. 농민들은 중앙집권적 통제와 조직을 필요로 하는 복잡하고도 정교한 관개체계와 잘 규율되는 물 분배 체계에 자신들의 사회생태적 삶을 의존했다. 물론 비트포겔은 건조기후 혹은 반건조기후를 가진 모든 사회가 막강한 정치엘리트와 무력화되고 정치에서 배제된 농민집단으로 구성된 전제적 사회조직 형태를 필연적으로 발전시키는 것은 아니라는 점을 인식하고 있었다. 하지만 그의 분석은 물 관리와 권위주의적 정치체제 사이의 필연적인 연관관계를 설명하는 데 폭넓게 이용됐다. 그리고 물론 몇몇 고대 정치체제뿐만 아니라 옛 소련과 현대 중국 같은 몇몇 '근대적' 정치체제에도 특징적인 요소가 된 전제적인 형태의 수리공학 및 통제행정 또한 비트포겔의 주장과 맞아떨어졌던 것으로 보인다.

그의 분석은 또한 자본주의적 형태의 발전에서 나타나는 물과 연관된 사회적 권력관계를 이론화하고 이해하는 데에도 이용됐다. 예를 들어 환경사학자인 도널드 워스터는 《제국의 강(Rivers of Empire)》에서 명시적으로 비트포겔의 관점을 이용해 미국의 '서부정복'에 대한 분석을 이론화했다.[8] 워스터에 따르면 미국의 공병부대와 연방정부 개간국은 물과 관련된 사회적 프로젝트 및 이와 연관된 발전모델을 밀어붙이고 실행하기 위해 정치권력과 기술권력을 결합함으로써 스스로 '전제적'인 관료제를 갖춘 권력엘리트가 됐다. "미국 서부는 건조환경 속에서 물 및 물에서 나는 것들을 집약적이고도 대규모로 통제하고 이용하는 데 기반을 둔 근대적 수력사회였다고 보는 것이 가장 적절할 것이다. … 미국 서부는 점점 더 권력엘리트들이 자신들이 동원할 수 있는 자본과 전문지식을 토대로 지배력을 행사하는 강압적이고 획일적이며 위계적인 체계로 변해갔다."[9]

캘리포니아의 '물 경관(waterscape)'에 일어난 변형, 특히 로스앤젤레스로 충분한 양의 물을 흘려보내 이 도시의 지속적인 성장과 확장을 가능하게 한 변형과 관련된 정치경제적 권력투쟁과 갈등도 이와 비슷한 방식으로 분석됐다. 그 결과 캘리포니아의 물 경관에 일어난 변형은 물에 대한 통제와 소유, 물 흐름의 동원, 그리고 정치적, 경제적 권력이 서로 어떻게 결합되어 상이한 사회집단 간의 불평등한 권력관계가 형성되는지를 보여주는 전형적인 사례가 됐다. 20세기 로스앤젤레스의 역사에서는 땅투기꾼, 도시개발자, 토지관리자, 그리고 물을 관리하는 관료들의 이해관계가 하나로 융합되면서(이런 과정은 로만 폴란스키 감독의 영화 〈차이나타운(Chinatown)〉에 영구히 기록됐다) 점점 더 넓은 수역을 동원하고 통제하고 변형시켜 갔고, 이를 통해 그들은 자신들의 경제권력과 정치권력을 확고하게 하거나 강화했다. 물론 그 과정에서 물에 대한 접근, 권리, 통제는 재할당되거나 재분배됐다.[10] 로스앤젤레스의 급속한 도시화도, 캘리포니아의 거대한 수리농업적 발전도[11] 물 분배와 물에 대한 접근, 그리고 사회생태적 권력관계의 변화가 없었다면 불가능했을 것이다. 스페인의 지식인 호아킨 코스타(Joaquin Costa)가 20세기 초에 이미 말했듯이 '관개가 곧 통치'인 것이다.

이제는 건조함, 즉 용수의 상대적 부족과 정치적, 경제적 권위주의 권력관계 사이에 필연적인 연관성이 있는 시대는 아니라는 견해가 일반적으로 받아들여지고 있다. 그러나 다양한 사회적 권력관계들이 도처에서 권력과 물의 연결고리를 중심으로 작동하는 것은 여전하다. 예를 들어 세세한 기술적, 사회적 노동분업과 강 유역 전체 차원의 정교한 관리구조를 필요로 하는 복잡한 수리공학 체계는 위계적으로 조직된 대규모 관료조직을 수반하게 된다. 그리고 그 관리조직의 최고위 간부들은 상당한 정치적, 사회적, 문화적 권력을 갖고 있으며, 보통 민간이나 국가의 권력핵심부와 잘 연결돼 있다.

일반화해 말하자면, 내가 선진국의 제도와 개도국의 제도가 동일한 패턴을 따른다고 주장하는 것은 아니지만 물에 대한 권리의 자격조건과 기본 틀뿐만 아니라 물과 관련된 접근과 배제의 체계도 만들어내는 수리사회적 구조는 주로 정치적, 사회적 권력과의 갈등을 통해 형성된다. 공학적 관행과 기술체계, 그리고 정치체제는 사회적으로 중립적이지 않으며, 특정한 사회엘리트 집단과 연관된 특정한 사회적, 경제적 전망을 구현하고 사회적 권력을 획득하거나 유지하는 데에 결정적으로 중요한 영역이다.

하지만 물에 대한 접근이나 물 분배의 양식을 고려하는 경우에는 국가발전 모델과 수자원 동원의 관계가 늘 무시됐다. 수리기술적 조직체계를 건설하고 유지하고 구성하는 위계적 국가관료 조직은 또한 물과 관련된 접근과 배제의 층위를 만들어낸다. 이런 점은 전 세계 대부분의 국가에서 나타나는 국가권력, 정치적 기획, 수자원에 대한 개입과 그 변형 사이의 관계를 규정하며, 물과 관련된 이런 근본적인 연결 축은 동원할 수 있는 자본이 있는가의 여부와 있을 경우 그 자본에 접근할 수 있는가의 여부다. 그리고 이런 측면은 자연의 상품화 과정과 긴밀하게 연관된다. 자연의 상품화 과정은 지난 몇십 년간에 걸쳐 사회환경적 사안들에 대한 신자유주의적 해법들이 점점 더 두드러지게 부각되면서 급속도로 진행돼왔다.

물, 돈, 도시

세계의 많은 도시화 과정들이 도시경관의 형성에서부터 저수지 주변의 생태계에 이르기까지 물과 관련된 사안을 둘러싼 격렬한 사회적, 정치적 갈등으로 점철돼왔다는 것은 그리 놀라운 일이 아니다. 물은 항상 강력한 도시적 함의와 중요한 상징적 메시지를 갖고 있었다. 자연스러움, 처녀성, 치유, 정화 등은 흔히 물과 함께 연상돼왔고, 물이 만들어내는 장관은 다양한 도시엘리트들의 권력과 영광을 증언해주는 것이었다.[12] 이와 동시에 물은 상품이 됐고, 불균등한 사회적 권력관계는 수리사회적 순환구조 속에 새겨졌다. 예를 들어 멕시코시티의 경우 전체 가구의 3%가 이 도시 식수의 60%를 소비하고, 전체 가구의 50%는 5%만으로 살아간다. 에콰도르의 과야킬에서는 시민 전체의 65%가 상수도망과 연결돼 있는 일부 사람들이 내는 수도요금에 비해 최소 200배(2만%)나 되는 가격을 지불하고도 전체 식수의 3%만을 공급받는다. 중상계층은 일반적으로 보조금이 지원되는 저렴한 식수에 무제한으로 접근할 수 있는 반면에 가난한 사람들은 민간업자들이 판매하는, 건강에 좋지 않으면서도 대개는 매우 비싼 물을 제한적으로만 공급받으며 살아가야 하는 처지인 것이다.[13]

물의 도시화는 생태대사적 변환(물을 지하 대수층에서 뽑아 올리거나 멀리 떨어진 강에서 끌어오는 데 필요한 시설을 설치하고, 물과 관련된 지리정치적 관계에 대해 협상하고, 물의 화학적, 생물학적 성질을 바꾸는 것)도 촉진하고 사회적 변환도 촉진했다. '마실 수 있는 물'이 법적으로 규정되고 표준화됐다. 구속력 있는 법률이자 정치적, 사회문화적 규정인 '과학적 규범'이 성립되자 그 규범에 따라 물을 균질화하기 위한 생화학적, 물리적 처리(어떤 물질을 첨가하거나 제거하는 것)가 필요하게 됐다. 균질화, 표준화, 법률적 성문화는 상품화의 필수적인 과정이다.

물의 상품화와 관련된 '현대적' 공학체계는 흔히 특정 지역 전체를 아우를 정도로 폭넓게 관을 연결해 물을 순환시키기 위해 긴 수명(때로는 50년에서 100년까지도)을 가진 시설을 설치해야 하기 때문에 대규모 자본투자와 엄청난 인프라의 건설을 요구한다.[14] 이런 체계는 분명 얼마간의 중앙집중식 통제와 조율된 세부적 노동분업을 필요로 할 것이다. 게다가 순환되는 물의 양과 질, 그리고 순환의 규칙성은 세부적인 기술적, 사회적 노동분업의 가장 약한 고리에 의해 좌우된다. 자본회전 기간이 길고 수익률은 상대적으로 낮은 고정적인 인프라 체계를 건설하려면 대규모의 자본이 조달되고 투자돼야 한다. 물 이용가능성의 확대는 사회적 재생산을 보장하는 동시에 자본축적 과정에 핵심적인 생산수단이 되는 물의 공급을 원활하게 한다는 점에서 결정적으로 중요했다. 이 때문에 초기에는 민간자본에 기반을 둔 도시급수 계획이 추진되기도 했다. 하지만 이는 점차로 주로 정부자금으로 이루어지는 공공 수도사업 투자로 대체됐고, 이와 같은 투자사업은 거대 공기업이나 민관복합 기업이 관리하게 됐다.[15]

물을 생산하고 공급하는 것은 본질적, 필연적으로 대단히 국지적인 일이지만 대량의 물을 멀리 수송하는 것은 어렵고 비용도 많이 드는 일이다. 현대적 물체계의 이러한 양면성, 즉 한편으로는 중앙집중적인 통제가 필요하지만 다른 한편으로는 필연적으로 국지적인 순환과정이 필요하다는 양면성은 대단히 모순적이며 갈등하는 방식으로 작동한다. 자연적인 수자원의 이용가능성과 그 형태, 강우의 형태, 사람들의 정착 패턴과 같은 지리기후적 조건들은 물 관리체계를 조직하는 데 대단히 중요하지만, 이러한 물리적 특성들이 인적 관계의 조직과 분리될 수는 없다.[16]

요약하자면 물에 대한 접근은 물의 도시화 및 이와 관련된 사회적, 경제적, 문화적 과정을 통해 계급, 젠더, 문화의 차이 및 다양한 형태의 협동, 경쟁, 갈등과 얽히게 됐다고 말할 수 있다. 이어 물의 상품화는 물의 순환을 화폐의 순환과 얽히게 했고, 그 결과로 물에 대한 접근이 사회적 권력의 높고 낮음에 의존하게 됐다. 팽창하는 도시에서는 급수체계를 성공적으로 구축하고 운영하기 위한 기반으로서의 물리적, 영토적 토대가 점점 더 확장될 필요가 있다. 그동안 이용되지 않던 새로운 수자원을 도시의 물 순환체계에 통합시키거나 공급되는 물을 보다 집약적으로 사용하는 것이 필요해지는 것이다. 지하수의 경우에는 지하수층의 자연적인 재충전 능력을 넘어서는 과도한 취수가 일반화되는 문제가 발생할 수도 있고, 멕시코시티의 경우처럼[17] 지하수의 질이 점점 더 떨어지는 결과가 초래될 수도 있다. 도시용수의 '생태발자국'이 지리적으로 확대되면 도시에서 멀리 떨어진 장소와 환경을 변형시킬 뿐 아니라 제한적으로 공급되는 물을 놓고 이용자들 간에 갈등이 심화된다. 21세기 초의 관점에서 돌아보면, 그동안 도시개발이 지속될 수 있었던 것은 이용되는 수자원이 늘어나고 도시의 물 순환이 영향을 미치는 범위가 지리적으로 확대되는 과정이 초래하는 희생을 치른 덕분이다. 하지만 이로 인해 자원채취가 증대하면서 사회적 갈등이 빚어지고 사회생태적으로 지속가능하지 못한 관행들이 생겨나는가 하면 자원에 대한 통제권이나 접근성을 확보하기 위한 갈등이 심화되기도 한다.

위험한 내통: 유한한 자원과 '희소성'의 생산

인간사회의 발전에 물이 핵심적으로 중요하다는 인식이 높아짐에 따라 이제 물 문제는 환경의제 목록에서 앞자리를 차지하고 있고, 이와 동시에 갈수록 시장논리에 종속돼가고 있다. 사실 이 두 가지 추세는 서로 연관된 것이다. 환경의식이 높아지고 수자원의 감소가 초래할 수 있는 위험이 인식되면서 수요관리에 대한 관심이 커지고 있다.[18] 그리고 이런 관심으로 인해 물의 '희소성'에 대한 정치적, 사회적 논쟁이 격화되고 있다.[19] 마리아 카이카(Maria Kaika)가 지적한 대로 물에 대한 특정한 서술과 이데올로기가 담론적으로 구축되는 것(이런 현상은 1980년대 초반에 아테네에서 가뭄으로 위기상황이 전개되는 동안에 두드러졌다)은 어떤 정치적, 경제적 목적과 정책을 위한 것이다.[20] 2002년 여름에 이탈리아의 시칠리아에서도 국지적인 가뭄이 발생한 상황에서 이와 유사한 전술이 펼쳐졌다. 인프라가 더 필요한지를 둘러싸고 논쟁이 격화됐다. 이는 기존의 지역적 권력구조를 더 강화하기 위한 정치적 과정이었다. 그리고 그런 과정에서는 조직범죄가 중요한 역할을 맡기도 한다.[21]

물 위기가 실제로 발생했거나 임박한 분위기, 또는 상상에 의해 만들어진(즉 수리적, 사회적, 생태적인 재난의 절박성이 담론에 의해 생산된) 분위기는 물 공급의 확대를 위한 추가적인 투자를 촉진(그리스의 아테네, 에콰도르의 과야킬, 인도의 델리, 스페인의 세비야에서와 같이)할 뿐 아니라 민영화 드라이브를 자극하거나 뒷받침한다.[22] 가격신호가 '희소성'을 관리하는 주된 기제로서 각광을 받고 시장이 모든 '희소한' 재화를 할당하는 기제로서 선호되면서 담론에 의해 물을 '희소한' 재화로 만드는 것이 물의 상품화와 민영화를 위한 중요한 전략이 되고 있다.

이러한 맥락 속에서 시장옹호자들과 일부 환경운동가들 사이에 기이하고 때로는 불경스럽기도 한 정치적 동맹이 형성되고 있다.[23] 실제로 점점 더 심각해지는 동시에 사회적으로 조작되기도 하는 '물의 희소성'에 대한 환경운동가들의 우려가 광범위한 대중에게 먹혀들게 되면서 대중이 물을 공급받는 데 대한 대가로 더 많은 돈을 지불할 의사를 갖게 되고, 시장이 물 배분을 위한 유일한 기제는 아니라 하더라도 가장 좋은 기제라는 생각을 하게 된다. 환경주의자들이 물은 희소하고 유한한 재화이며 따라서 주의 깊게 다루어야 한다는 주장을 계속하는 가운데 민간 물산업과 정부(지방정부와 중앙정부)들도 '희소성' 담론을 수용하게 됐다. 시장경제는 '희소성'의 작동을 필요로 한다. 따라서 필요하다면 '희소성'은 효과적으로 '생산'될 것이다. 다시 말해 '희소성'이 사회적으로 만들어진다는 것이다.[24] 게다가 이렇게 만들어진 '희소성'은 원래부터 자연 속에 존재해온 것으로 제시되며, 이 때문에 심지어는 물 때문에 발생하는 사회적 갈등에 대해 자연을 '비난'하는 상황까지 벌어진다. 그러나 물은 지구상에서 가장 '유한하지 않은' 자원 가운데 하나다. 물은 풍부하게 존재하며 사실상 고갈되지 않는다. 지역이나 광역 수준에서 물 공급에 한계가 있을 수 있고 질적인 측면(이런 측면의 문제도 대개는 인간이 물을 이용하거나 오염시키는 과정이 부정적인 영향을 끼친 결과다)과 공급의 신뢰도에 문제가 있을 수도 있지만, 전 세계적으로 볼 때 물이 부족하다는 증거는 어디에도 없다.

수리사회적 순환에 대한 관리, 그중에서도 특히 수요관리는 물 절약에 대한 대중의 의식을 고양시킬 목적으로 펼쳐지는 캠페인과 다양한 기술적 대책으로 물 소비를 줄이려는 시도가 결합되는 방식으로 이루어진다.[25] 일반적으로 물 절약 장치의 비용 대비 효과는 관련 기술의 가격과 물값에 달려있다. 물값이 낮으면 물 절약 장치는 비용 대비 효과가 낮은 경우가 많다. 물 절약의 총체적인 효과가 어떠한지에 대해서는 여전히 논쟁이 진행되고 있지만(대부분의 연구는 물 수요의 증가세가 둔화되고 있음을 보여주지만, 그렇다고 해서 물 수요의 증가세가 감소세로 반전되지는 않았다), 물 문제를 기술적으로 해결하는 데는 상당한 투자가 필요하다. 민간 물기업들은 주로 비용문제 때문에 여전히 그런 기술에 대한 투자를 꺼린다. 반면에 그런 기술에 대한 공적 보조금은 민간부문에 대한 지원으로 비춰지거나(민영화된 물 부문의 경우) '비용의 완전회수'라는 지배이데올로기에 반하는 것일 수도 있다(공기업의 경우). 이 때문에 물 절약을 위해 이용할 수 있는 장치와 기술이 이미 많이 존재하고 있음에도 불구하고 그러한 장치와 기술은 여전히 제한적으로만 실제로 이용되고 있고, 가까운 미래에 의미 있는 효과를 내줄 것 같지도 않다. 더욱 중요한 것은, 새로운 기술의 개발 및 그 기술을 이용한 생산이 환경에 미치는 영향이라는 측면에서 발생하는 대체효과는 거의 언제나 완벽하게 무시되며 환경영향 감시의 대상조차 되지 않고 있다는 점이다. 하지만 한 부문에 적용된 환경친화적인 기술이 관련 생산공정에서 발생하는 역효과를 다른 부문에 끼칠 수 있음은 너무도 명백한 사실이다. 그러므로 기술적인 해결책의 환경적 순편익을 올바로 평가하기 위해서는 총체적인 환경영향 감시가 요구된다.

지구 전체에 걸친 물의 연계

물 공급은 점차 경제세계화 과정에 편입되고 있다(이러한 경향은 우리나라도 예외가 아니다. 정부는 2007년 7월 '물산업 육성 5개년 세부 추진계획'을 발표했다. 그 핵심 내용은 국내 물산업의 민영화, 외국 물 관련 기업의 국내진출 허용, 국내 물 관련 기업의 세계진출 지원 등이다. 또한 물 관련 기업에만 투자하는 물펀드는 2007년에 환경 관련 펀드 가운데 가장 많이 팔린 펀드 중 하나였다. 한 증권사는 '글로벌 북청물장수 펀드'라는 이름의 물펀드를 판매했다—옮긴이). 공적 소유건 사적 소유건 간에 물기업이 지리적으로 영업범위를 확대해 나가고 있고, 국제적인 경쟁에 휘말리게 됐다. 더욱이 민영화된 물서비스 기업의 경우에는 자본구조도 점차 국제화돼가고 있다. 일례로 영국 정부는 1994년 12월에 영국 물

기업들에 대한 '황금지분(golden share, 기간산업에 속하는 기업이 외국자본의 손으로 넘어가는 것을 막기 위해 정부가 보유하고 있는 지분—옮긴이)'을 매각함으로써 합병 및 국제적 인수의 광풍에 문호를 열어주었다. 세계 곳곳에서 왕성하게 물사업권을 인수하고 있는 영국의 물기업들이 스스로는 외국의 경쟁기업들로부터 인수위협을 받고 있다. 예를 들어 템스워터(Thames Water)는 2000년 9월에 독일의 복합 유틸리티 기업인 RWE에 인수됐다. 그리스에서도 아테네의 물기업이 부분적으로 민영화되면서 '아테네 수도공사'가 상장회사로 전환됐고 그 결과로 국내외 자본시장의 변동에 종속되게 됐다.

지구적 규모에서 집중과 합병의 과정이 가속적으로 진행됨에 따라 물산업의 구조가 상당히 과점적인 성격을 띠기에 이르렀다.[26] 〈표〉에서 보듯이 프랑스의 온데오(수에즈의 물 관련 자회사)와 비방디 단 두 기업이 세계 물 시장에서 압도적인 점유율을 기록하고 있고, 템스워터와 소르(SAUR)가 이 두 기업과 큰 격차를 보이며 각각 3위와 4위의 점유율을 기록하고 있다. 이처럼 프랑스 기업들이 세계 물 시장을 지배하는 것은 이들이 오랫동안 프랑스 국내 물 시장에 대한 특혜적 접근을 보장받았던 사실과 관련이 있다. 그 덕분에 온데오와 비방디는 규제가 완화된 세계시장에서 경쟁력의 우위를 차지하게 된 것이다. 게다가 프랑스는 전통적으로 인프라에 대한 국가의 투자와 물 공급 서비스에 대한 민간의 관리를 늘 결합시키는 정책을 펴왔다. 이런 정책은 분명 민간부문에 더 높은 수익성을 보장해주는 것이었고, 프랑스 기업들은 그동안 이런 모델을 해외에 성공적으로 수출해왔다. 반면에 영미식 모델은 물의 공급뿐만 아니라 물 관련 인프라까지 민간에 넘기는 완전한 민영화를 토대로 삼았다. 이 때문에 영미식 모델의 수출은 몇 번에 걸쳐 실패했고, 수출에 성공한 경우에도 그 성과가 좋지 않았다. 게다가 물산업에서 상위에 속하는 기업들의 경우 물 관련 사업은 그들이 영위하는 사업 전체에서 비교적 작은 비중만을 차지하고 있다. 이런 기업들의 물사업 분야는 보통 컨설팅이나 엔지니어링을 비롯한 보다 광범위한 유틸리티 서비스 사업에 통합되

세계적 물기업들(2001)

기업 (물관련 자회사)	국적	물공급 대상 고객수 (백만 명)	물사업 매출 (10억 유로)	총매출 (10억 유로)
비방디(비방디워터)	프랑스	110	12.8	26.48
수에즈(온데오)	프랑스	115	10.1	42.36
RWE(템스워터)	독일	43	1.69	62.9
부이그(소르)	프랑스	30	2.5	20.5
아메리칸 워터 웍스	미국	10	1.44	1.44
앵글리언 워터 그룹	영국	4.1	0.892	1.29
세번 트렌트	영국	8	0.887	1.68
켈다 그룹(요크셔 워터)	영국	4.5	0.62	0.775
유나이티드 유틸리티스	영국	7	0.2	1.78

출처: Public Services International Reserch Unit (http://www.world-psi.org), Corporate Reports 2001, 각 기업의 홈페이지 등. 비방디의 자료는 2000년의 것이며 앵글리언 워터 그룹의 자료는 1999년의 것이다.

어 그 일부로 운영되고 있다.

전 세계 거의 모든 도시의 물 관련 사업 민영화 계획에 이들 상위 4개 기업 가운데 적어도 하나는 참여하고 있다. 큰 프로젝트의 경우에는 4~5개의 거대기업들이 지분을 나눠 갖고 물 공급 체계를 합작으로 운영하기도 하고, 사업 운영권을 두 개의 지역으로 쪼개서 두 개의 다국적기업이 하나씩 맡는 경우도 드물지 않다. 예를 들어 헝가리의 부다페스트에서는 비방디가 'RWE 아쿠아'와 함께 합작사업을 벌이고 있고, 인도네시아의 시도아르고에서는 비방디와 RWE가 각각 절반의 지역을 맡는 방식을 취하고 있다. 이런 식의 합작사업이나 공동입찰을 통한 계약은 시장의 '경쟁'을 훼손하는 결과까지 낳는다. 도시의 물 민영화 시장은 신자유주의 학자들이 병들어가는 제3세계 경제를 구원할 것이라고 칭송하는 경쟁적 환경에서 멀찌감치 떨어져 있다. 기업이 이같은 과점적 통제권을 확보하면 그 통제권은 해당 기업이 사업지역의 지방정부나 중앙정부와 사업과 관련된 조건을 협상할 때 그 기업이 무시할 수 없는 힘을 갖게 해준다는 점은 더 말할 나위도 없다.

도시 주민에게 믿을 만한 식수 서비스를 제공하는 것은 복잡한 사업이다. 이런 사업은 상당한 장기간의 투자와 정교한 조직 및 관리체제를 필요로 한다. 게다가 이런 사업은 수익성이 절대 보장되지 않으며, 특히 많은 사람들의 지불능력이 모자라고 물에 대한 접근성에도 문제가 있는 도시환경에서는 더욱 그렇다. 요약하자면 몇몇 도시의 물체계만이 장기적으로 수익을 내줄 것으로 보이며, 그 밖의 다른 물체계들은 지속적으로 서비스를 개선하고자 한다면 보조금을 비롯한 정부의 지원을 필요로 하게 될 것이다. 실제로 최근의 경험을 보면, 세계적인 민간 물기업들은 뼈에 붙어 있는 고기처럼 쉽게 뜯어먹을 수 있는 것에만 몰려들고 있다. 이는 곧 거대도시의 물사업만이 민영화할 만한 가치를 지니고 있다는 뜻이다. 물론 거대도시 안에서도 지불능력이 입증된 고소득자들이 거주하는 지역이 물기업들에게 가장 가치 있는 고객집단을 제공해준다. 이 때문에 전략적 선별이 이루어진다.[27] 이윤창출의 전망이라는 측면에서 유망한 물 관련 시설은 민영화를 통해 공공부문에서 민간부문으로 넘어간다. 반면에 규모가 작고 수익성이 떨어지는 시설은 계속 공공부문에 남아 있으면서 정부에 보조금 지원을 요구하게 된다. 민영화가 된다고 해도 빈곤지역에 대한 물 공급 서비스 확대를 해당 기업에 강제할 수 있도록 사업허가 계약에 관련 의무사항이 명기돼야 한다. 하지만 그렇게 했다 해도 민간기업이 계약상의 의무사항을 그대로 다 이행하는 경우는 거의 없다.

이와 같은 전략적 선별은 자본주의에서 이미 오래전부터 성공적인 것으로 입증돼온 수법의 변형일 뿐이다. 전략적 선별을 통해 수익성 있는 사업부문만이 민영화되고, 수익성은 없지만 필수적인 서비스(가장 가난한 사람들이 의존하는 서비스)는 납세자들로부터 보조를 받게 된다. 게다가 민영화와 관련해 정부와 민간부문 간에 필연적으로 맺어지는 강력한 연결고리는 모든 형태의 부패한 관행을 야기한다. 그 관행은 불법적인 것일 수도 있지만, 대개는 합의된 관행이나 용인된 절차에 속하는 표준적인 것이다. 뇌물에 의한 매수, 이면거래, 특정한 내용의 계약을 촉진하기 위한 '기름칠', 정치적 동맹자에 대한 금품제공 등이 모두 민영화된 물사업을 인수한 기업의 표준적인 도구상자 속에 들어있다. 자카르타에서 템스워터(지금은 RWE의 자회사)가 공적 당국과 체결한 사업권 계약은 부패혐의가 제기되어 결국 다시 협상돼야 했다. 프랑스의 그르노블, 에스토니아의 탈린, 아프리카의 레소토, 카자흐스탄 등에서도 이권과 관련된 뇌물공여 스캔들이 발생했다. 비방디와 수에즈, 그리고 지금은 파산한 엔론도 특혜에 대한 대가로 정당에 돈을 건넸다는 혐의를 받았다.

민영화 계획에 민간기업들을 유인하기 위한 미묘하면서도 완전히 합법적인 미끼는 각국 정부와 국제기구들에 의해 제공된다. 예를 들어 물 부문의 세계은행 차관은 일반적으로 차관자금의 상당부분을 민영화를 위한 사전 정지작업으로 공기업의 경영진 개편 및 구조조정을 하는 데 투입하는 것을 조건으로 한다. 예를 들어 에콰도르의 과야킬 시가 미주개발은행(IDB)으로부터 받은 4천만 달러의 차관은 그 가운데 거의 절반을 공공 물 공급시설의 민영화를 준비하는 데 투입하는 것을 조건으로 제공된 것이었다.[28] 2006년 3월 멕시코시티에서 열린 4차 '세계물포럼'에서 세계은행 측은 완전한 민영화가 물에 대한 접근성을 가장 확실하게 개선할 수 있는 길이라고 계속해서 주장한 반면에 주요 물기업들은 최근의 경험에 따르면 그런 주장과는 다른 상황이 벌어지고 있다고 반박했다. 기업들이 공적 당국의 개입, 공공투자, 중단기적 수익성을 보장하는 규제 등이 전제돼야 물산업의 민영화에 참여할 수 있다는 입장으로 점점 더 기울어지고 있는 것은 어쩌면 당연한 일이다.

상품화와 민영화: 공공과 민간

H_2O를 유용한 물질로 전환시키기 위해서는 수리사회적 순환을 재편성하고 재조

직해서 특정한 사회물리적 목적(관개, 휴양, 위생 등)에 기여하도록 해야 한다. 그 결과로 발생하는 수리사회적 순환은 물의 상품화를 통해 자리를 잡고 조직된다. 여기서 다음 세 가지를 중심으로 논의해야 할 쟁점이 생긴다. 첫째는 투자자본의 할당과 그 통제이고, 둘째는 인프라와 물에 대한 소유권이며, 셋째는 자본의 분배 및 분배된 자본으로 생산되고 사회화된 물의 분배다.

지난 20여 년 동안 상품화와 소유권 구조라는 문제를 둘러싸고 상당한 논의가 전개됐다. 이런 논의에서 일반적으로 발생하는 오해는 공적 소유권을 공짜 재화나 상품화되지 않은 상태로 공급되는 서비스와 동일시하는 것이다. 관개나 도시의 물 공급체계를 통해 대규모로 이루어지는 물 배분은 그 성격이 공적인 서비스건 사적인 서비스건 간에 완전히 상품화돼 있으며, 이미 오래전부터 그랬다. 그러므로 결정적으로 중요한 것은 물의 상품화(물이 돈과 교환되는 것)가 아니라 누가 투자비용을 지불하고 누가 물 사용료를 내는가, 그리고 누가 물의 할당과 배분을 조직하느냐다. 이는 물론 정치적인 질문인 게 분명하다. 도시의 대규모 물 인프라는 대규모 자본투자를 필요로 한다. 그런 자본을 어떻게 조달하느냐가 핵심적인 관심사가 돼야 하는 것이다. 투자결정은 자본의 원천 및 그 자본의 투자에서 나오는 수익을 어떻게 분배하느냐와 직결되며, 이러한 사안들은 소유권 관련 법규, 물의 배분에 관한 결정, 의사결정권의 정치적 분배와 분리해서는 다루어질 수 없다.

바로 이 지점에서 민간부문의 참여와 공공부문의 개입 사이에 존재하는 중대한 차이가 겉으로 드러난다. 완전히 민영화된 환경에서는 수익성이 고려된 투자결정이 내려진다. 이런 투자는 물을 전유하고 배분할 배타적인 권리를 요구하고, 자본투자에서 적어도 평균수익은 거둘 수 있도록 물값을 정할 권리를 요구한다. 이에 따라 필연적으로 민간투자의 선택범위가 직접적으로 수익이 발생하는 것에만 국한된다. 반면에 공공조직이 물의 공급을 담당하는 경우에는 그 공공조직이 투자의 비용과 수익을 정치적, 사회적 동기에 따라 배분할 수 있으며, 대개는 실제로 그렇게 배분하고 있다. 그 과정에서 누가 돈을 내고 누가 이익을 보는지는 국가의 구조와 계급 간 역관계에 따라 달라진다. 이와 같은 재분배 과정은 항상 특정 사회집단에서 다른 사회집단으로, 그리고 특정 장소에서 다른 장소로의 사회적, 공간적 흐름을 수반한다.

덧붙여 말하자면, 카렌 바커(Karen Bakker)가 지적한 대로 물은 '비협력적인 상품(uncooperative commodity)'이다.[29] 이는 아주 명백한 여러 이유들(물은 부피가 크고, 대체재가 없고, 무겁고, 사회경제적으로 경합재이며, 물산업은 원래 독점적인 성격을 갖고 있는데다가 장기적인 고정투자를 필요로 한다) 때문에 물을 순수한 시장논리에 종속시키는 것은 사리에 맞지 않는다는 뜻이다. 물을 공식으로 자본축적 논리에 종속시키는 방향으로 진행돼온 물 민영화 실험의 최근 경험은 물서비스를 수익성 있고 사회적으로 용인될 만한 사업으로 바꾸는 것이 쉬운 일이 아님을 충분히 보여준다. 더욱이 물 관련 활동에서 '비용의 완전회수'를 요구하는 것은 다른 부문으로부터의 재원조달이나 보조의 가능성을 축소시킨다. 모든 자본투자 비용이 누군가를 통해 어딘가에서는 회수돼야 할 필요가 있는 것은 분명하다. 핵심적으로 제기돼야 할 질문은 누가 어떤 종류의 비용이 회수되도록 해야 할 책임을 져야 하는가라는 정치적인 질문이다.

물 프로젝트의 맥락에서 '비용의 완전회수'가 논의될 때면 언제나 변함없이 '소비자가 투자비용을 완전히 부담해야 한다'는 관점이 거론된다. 이 관점은 보조금을 배제하며, 따라서 지역이나 광역, 국가의 세수로, 또는 개발원조(이것 역시 다른 곳에서 거두어진 세수나 다른 곳에서 조달된 자본에서 나온 것이다)를 통해 프로젝트의 재원을 조달하는 것도 배제한다. 하지만 그동안 선진국들에서 대규모의 포괄적인 물 프로젝트를 성공적으로 추진하거나 대규모 관개계획을 실행할 때에는 세금수입을 사용하는 것이 유일한 방법이었다. 개도국이라고 해서 세금수입 사용 이외의 다른 방법으로 대규모 물 프로젝트나 관개계획이 실행될 수 있음을 입증해주는 증거는 전혀 없다. 따라서 '비용의 완전회수'라는 원칙은 물 공급이 다양한 형태의 재정 재분배에 바탕을 둘 수 있도록 해주는 다른 원칙으로 대체돼야 할 필요가 있다. 그래서 밀레니엄 발전목표(2000년 9월 뉴욕 유엔 본부에서 열린 '밀레니엄 정상회의'에서 채택된 '유엔 밀레니엄 선언(UN Millennium Declaration)'을 기반으로 하고 빈곤타파를 지향하는 내용으로 작성된 범세계적인 발전목표. 8개 부문목표와 15개 세부목표로 구성된 이 발전목표 가운데 물과 관련된 세부목표는 '안전한 식수를 지속적으로 공급받지 못하는 사람의 비율을 반으로 줄인다'는 것이다―옮긴이) 중 물 관련 목표를 달성하려면 필연적으로 자본의 원천을 대대적으로 재분배하는 것이 필요하다. 깨끗하고 안전한 물에 접근하지 못하는 13억 명의 사람들에게 그런 접근을 보장하는 일은 매우 큰 금액의 자본투자를 요구할 것이며, 그렇게 투자되는 자본의 비용은 전 세계 인구 중 보다 부유한 사람들이 부담할 수밖에 없다.

이런 논의는 물 공급에 대한 관리체계가 공적인 조직이어야 하느냐 사적인 조직이어야 하느냐는 질문과는 무관하다. 효과적인 관리에 대한 문제라면 전 세계의 공기업과 민간기업, 또는 양자가 혼합된 형태의 조직 모두가 효과적일 수도, 효율적일 수도 있음이 이미 입증됐다. 하지만 최근 몇십 년 동안처럼 공적으로 해야 하느냐 민간에 맡겨야 하느냐는 논쟁 때문에 사람들에게 물에 대한 접근을 보장하기 위해 투자할 자본을 어디서 조달해야 하느냐에 관한 질문이 가려져서는 안 된다. 민간부문은 적어도 투자에 대한 정상적인 수익을 보장해달라고 요구한다. 이러한 점에서 민간부문은 충분한 유효구매력(또는 지불의사)을 갖고 있지 못한 사회집단에게는 물에 대한 접근을 보장할 수도 없고 실제로 보장하지도 않을 것이며, 수익이 불확실한 프로젝트에는 투자할 수도 없고 실제로 투자하지도 않을 것이다. 결국 대중적인 해법을 가능하게 하는 유일한 방법은 보조금에 기반을 두는 것이며, 이는 곧 자본과 소득의 재분배에 기반을 두어야 한다는 말과 같다.

그러나 밀레니엄 발전목표를 진지하게 받아들인다면 지리적 공간 간, 그리고 사회 간 교차보조는 절대적으로 필요하다고 할 수 있다. 이런 교차보조는 협의의 물서비스 관리가 사적으로 운영돼야 하는가, 아니면 공적으로 운영돼야 하는가 와는 별도의 문제로 따로 고려돼야 한다(물론 공적인 조직이 물 관련 사업에 대한 투자에서는 물론 물의 배분에서도 기술, 조직, 생태, 관리의 측면에서 보다 다양한 방식을 선택할 수 있다). 하지만 보조금 지급이나 교차보조의 문제는 분명히 사회적, 정치적, 생태적, 경제적 선택을 요구하는 정치적인 문제다. 이러한 사안은 지역, 국가, 국제사회의 수준에서 민주적이고 개방적인 논의를 가능하게 하는 적절한 제도적 틀 속에서 다루어져야 한다. 그 누구도 사람들로 하여금 목이 말라 죽게 하는 방안에는 표를 던지지 않을 것이다. 따라서 보다 공평하고 지속가능한 방식으로 물이 분배되도록 하려면 정치적인 권리의 보장이 결정적으로 중요하다.

물과 자본: 밀레니엄 발전목표를 위한 재원조달

밀레니엄 발전목표를 달성하기 위해서는 실로 큰 금액의 돈이 필요하다. '의제 21(Agenda 21, 환경과 발전에 관한 1992년도 리우회의 보고서)'은 지구적인 물 보장을 실현하려면 매년 560억 달러가 투자돼야 한다고 추정했다.[30] 좀 더 최근의 추정치들은 이보다 훨씬 더 큰 노력이 요구됨을 보여준다. 세계물회의(World Water Council)는 〈세계 물 전망 보고서〉에서 모든 사람이 양질의 물에 접근할 수 있게 하려면 2025년까지 매년 1800억 달러가 필요하다고 추정했다.[31] 이 보고서에 따르면 2025년까지 세계의 식량생산량이 40% 증가하고 세계의 인구는 15억 명 늘어나며 그 절반이 도시에 살게 된다는 가정 아래 댐과 관개시설에 5500억 달러를 투자해야 한다는 것이다. 현재 물에 대한 접근성이 불충분한 사람들 15억 명과 앞으로 농촌에서 도시로 이주하는 사람들 5억 명을 합치면 물을 추가로 공급해줘야 할 사람 수는 30억 명이 된다. 그리고 도시의 물 공급과 위생을 위해 1인당 600달러가 든다고 보수적으로 추정하면 총 비용은 1조8천억 달러가 된다. 게다가 앞으로 산업용수 사용량이 증가할 것이고, 다른 한편으로는 선진국과 옛 사회주의 국가들에서 긴급한 설비교체를 위한 투자가 요구되고 있다.

이처럼 필요한 투자의 규모가 당황스러울 정도로 막대하다는 문제 외에 세계 물회의의 보고서가 필요한 전체 투자액 중 70%가 민간부문에서 조달되기를 기대하고 있다는 문제도 있다. 이 보고서는 "민간주체들이 인프라 투자의 주요 자금공급원이 될 수 있다"고 주장한다. 세계은행 또한 이런 견해를 받아들여, 민간부문의 참여를 이끌어내는 주된 수단으로 민영화의 추진을 지지하고 있다.[32] 하지만 미국의 애틀랜타, 볼리비아의 코차밤바, 인도네시아의 자카르타, 필리핀의 마닐라에서 벌어진 사태가 보여주었듯이 많은 수의 국제적 기업들이 상당히 심각한 곤경을 겪고 난 뒤에 물과 관련된 주요 투자사업에서 전략적으로 철수하고 있다(이런 상황을 가장 최근에 보여준 곳은 아르헨티나의 부에노스아이레스다).[33]

'물 인프라 재원조달 세계패널(World Panel on Financing Water Infrastructure)'이 최근에 발간한 보고서(캉드쉬 보고서)는 그동안 민간부문이 물 프로젝트에 투자자금 공급을 그다지 많이 하지 않았음을 지적하면서 "다자간 금융기구들이 물 분야의 새로운 재원조달 구조에 기둥이 될 것이다. 다자간 금융기구들은 물 관련 차관이 줄어드는 최근의 추세를 반전시키기 위해 무엇이든 해야 하며, 스스로도 보증 및 보험의 이용을 확대하는 데 모든 노력을 다해야 한다"는 결론을 내렸다.[34] 이 보고서는 다자간 금융기구의 보증 및 보험 이용을 확대하는 방안으로 '평가절하 유동성 방어기구(Devaluation Liquidity Backstop Facility)'라는 공상적인 이름의 기구를 설치할 것을 제안했다. '국가 간 융자에 대해 효과적인 보증을 해주고, 화폐의 평가절하로 인한 채무증가분에 대해 금융지원을 해주되 그 상환은 해당 국가의 관세당국이 부담하도록 하는' 국제 공적기구를 창설하자는 것이다.[35] 직설적으로 말한다면 이 제안은 민간의 투자리스크를 국제 공공부문으로 넘기고, 관련 개도국의 화폐가 평가절하될 경우 발생하는 손실은 해당 국가의 공공부문에서 떠안게 하자는 뜻이다. 다시 말해 공공부문이 불리한 국내적, 국제적 정치경제 조건이 가하는 타격을 감당해야 한다는 것이다. 실제로 그렇게 된다면 공공부문은 가난하고 힘이 약한 사람들의 상황을 거의 개선하지 못할 것이다. 아만-블레이크(Amann-Blake)가 증언한 대로 "역사적 기록을 검토해 보면 인프라가 주로 민간부문에서 조달된 자금으로 건설된 것이 아님을 알 수 있다." 그는 "개도국들이 급속한 도시화와 불안정한 경제, 인구증가에 직면하고 있는 오늘날 왜 이것이 다르게 돼야 하는지 의문"이라고 지적한다.[36]

사실 민영화가 진행되고 있는 상황에서도 물 부문에 대한 민간부문의 참여는 제한적이며, 향후 민간투자의 전망도 불투명한 상태다. 유일한 대안은 필요한 투자의 대부분을 공공부문에서 투입하는 것뿐이다. 물 부문에 대한 민간부문의 투자를 대폭 늘리면 밀레니엄 발전목표가 달성될 수 있다고 믿거나 주장하는 것은 기껏해야 환상에 기대는 것에 지나지 않는다. 국내적, 국제적으로 공공부문의 지원을 크게 강화하지 않는 한 밀레니엄 발전목표는 공허한 약속에 불과할 것이다. 세계가 직면한 근본적인 정책적 문제는 이러한 공적 투자가 공공시설에 대한 직접투자의 형태를 취해야 하느냐, 아니면 민간부문이 관련 사업을 안전하고 수익성 있게 해나갈 수 있도록 지원하는 금융 메커니즘의 형태를 취해야 하느냐일 뿐이다.

그러나 이 문제는 '정책' 이상의 것과도 관련이 있다. 사회생태적 지속가능성은 오직 민주적으로 조직되고 통제되는 사회환경적 구조를 구축하는 과정을 통해서만 달성될 수 있다. 이는 다시 이 논문에서 확인된 노선을 따라 돈과 국가를 연결해주는 권력지형의 근본적인 변화(이런 변화는 다양한 계급, 젠더, 민족 등과 관련된 투쟁에 의해서만 일어날 수 있다)를 통해서만 실현될 수 있다. 사회적 권력의 보다 공평한 분배를 보다 포괄적인 자연생산의 양식과 어떻게 전략적으

로 연결할 것인가가 사회환경적 구조의 민주적 내용을 강화하고자 하는 정치생
태적 프로그램이 떠맡아 해결해야 할 핵심적 과제다.

(황성원 옮김)

11
교토의정서의 정치경제학

아힘 브루넨그레버

기후변화는 인류가 '환경의 세기'에 풀어내야만 하는 핵심문제 중 하나로 간주된다.[1] 지구환경 문제에 대해 말할 때 우리는 보통 부정적으로 말한다. 하지만 대기에 대해서만은 지구적으로 보호돼야 하는 '지구적 공공재'라는 식으로 긍정적으로 말할 수 있다.[2] 자원의 과도한 사용과 오염물질의 과도한 배출 때문에 사회가 직면하게 된 자연적 한계를 설명하기 위해 부퍼탈연구소(Wuppertal Institute)는 한정된 '지구환경공간'을 이야기한다.[3] 이 공간과 관련해 '안전, 경제사회적 발전, 지구환경 정책에 있어서 서로 엇갈리는 이해관계'는 '모든 사회에 영향을 미치는 위험의 증가'에서 비롯된다고 한다.[4] 이러한 문제인식에 토대를 둔 부퍼탈연구소의 메시지는 '새로운' 전략을 지향하려는 의도를 갖고 있다. 즉 그 메시지는 급속한 자원집약적 세계화 과정에서 발생하는 심각한 생태파괴에 대항해 '국가들의 공동체'가 공동의 행동에 나설 것을 명백히 요구하고 있다.[5]

그러나 분석적으로 보면 기후문제에 대한 이같은 관점과 종종 전략적인 목표와 연결되는 문제해결 방식은 초점에서 벗어나 있다. 그러한 관점과 방식은 문제에 대해 통일된 정의를 내리고, 문제를 다루는 방법으로 국제정치에 초점을 두며, 문제에 대한 인식이 자동적으로 구조적인 변화와 지속가능성의 실현을 가져올 것이라고 가정한다. 기후보호를 위한 국제적 규제의 실현은 어느 한 나라 정부에만 의존하는 것이 아니다. 필요한 것이 무엇인가는 지구 전체에 걸쳐 경험되면서 점점 더 빈번해지는 극단적 기후상태에 의해 규정된다. 이러한 관점에서 보면 교토의정서는 거의 불가피한 결과이며, 기후변화에 대한 '올바른' 해답은 어떤 것이어야 하는지도 더 이상 의문의 여지가 없다. 배출권거래(ET; Emission Trading), 청정개발체제(CDM; Clean Development Mechanism), 공동이행(JI; Joint Implementation)과 같이 주로 경제적이고 '신축적'인 수단들이 온실효과의 증대 추세를 막아줘야 한다는 것이다. 이러한 방식으로 생태위기를 규율하는 방식의 여러 가능한 형태들 가운데 하나(이것이 지배적인 형태인 것은 분명하지만)가 확립됐다는 것은 더 이상 의심의 여지가 없는 사실이다.

그러나 실제 문제는 첫눈에 보이는 것보다 훨씬 복잡하다. 첫째, 사회 안에서 일어나는 반응과 여러 가지 기회의 형성은 '자연'에 의해 결정되는 것이 분명 아니다. 기후변화와 그 영향과 관련해 존재하는 과학적 불확실성도 작용한다. 빙하가 녹거나 해수면이 상승하는 것에 대해서는 확실성을 가지고 인과적 고리를 밝혀내는 것이 가능하지만, 가뭄이나 홍수에 대해서는 그렇지 않다. 그러므로 기후변화에 대한 논의는 자연에 대한 사회적 의사소통의 일부가 되는 동시에 자연 속에 있는 것 가운데 보호할 만한 가치가 있거나 이용돼야 할 것에 대한 사회적 의사소통의 일부도 된다. 이 사안에 대한 다양한 접근은 그 자체로 권력을 형성하는 담론이며, 이러한 접근의 방식은 미디어가 위기로 규정된 것을 다루는 방식과 기후변화에 대한 인식을 좌우하는 결정적인 요소다.[6] 기후변화에 대한 논의는 우리의 인식에서 무엇보다 중요한 문제는 자본주의의 위기가 아니라 생태의 위기임을 분명히 확인하게 해준다.

둘째, 기후변화와 기후재난은 순수한 자연현상이 아니라 인간이 유발한 현상이다.[7] 기후변화는 화석에너지와 사회적 행동, 그로 인한 생태적(즉 물질적) 변화를 자본의 가치증식에 활용하는 것과 관련된 경제적 과정에 기인한다. 기후변화는 개인, 제도, 사회, 자연 간에 갈등하고 대립하는 관계망과 행동양태를 낳는다. 따라서 온실효과는 자연과 사회 간의 분리를 없앤다.

셋째, 기후정책은 에너지, 수송, 무역, 금융 등의 정책부문 각각에 매우 구체적으로 각인돼 있는 강력한 이해관계에 의존한다. 기후정책은 지구적인 에너지 체제인 화석에너지 체제 전반을 의문시하게 한다는 점에서 다면적인 정책영역이다. 그 주제는 자본주의의 영속적인 위기다. 하지만 이 위기는 화석에너지원의 유한성과 온실가스 배출의 부정적 영향에도 불구하고 계속 작동하는 형태로 유지되도록 규제된다.

요약해서 적절히 정식화한다면, 기후변화는 사회와 자본주의 생산양식에 심대한 위기요인이 되고 있고, 이 문제에 대해 적합하거나 모순적이지 않으면서도 간단한 대응방법은 있을 수 없다. 그러나 신자유주의의 정치적 개념에 부합하는 헤게모니적 형태의 위기대응 규제 방식이 등장하고 있다. 기존의 경제체제에 들어맞는 조치들이 기존의 화석에너지 체제에 대해 문제를 제기하는 내용의 조치들보다 더 성공적이다. 기후정책에서 이러한 조치들의 기제는 외교적 협상, 기술과 통제에 대한 낙관주의, '윈-윈'의 논리를 따르는 정치경제적 전략의 결과물이다. 잘 만들어진 이산화탄소 대차대조표의 틀 속에서 가동되는 이러한 기제는 실제로는 이산화탄소의 절대적인 감축이 전혀 이루어지지 않았는데도 감축이 일어난 것처럼 보이게 하는 '유연한' 행태로 구축돼 있다.[8]

평가와 논란

기후변화에 대한 국제적 대응에 대한 평가는 그동안 열린 연례 유엔기후회의(당사국총회, COP; Conference of the Parties)가 보여준 대로 상당히 다양하다. 국제적 대응의 일부 결과는 '기후의 승리' 혹은 '다자주의의 성공'으로 찬양된다. 당사국총회가 끝날 때마다 이런 반응이 곧바로 나오는 것은 주로 늘어지는 협상과 저지전술과 이해관계의 상반으로 인해 미미한 합의조차도 커다란 성공으로 간주되기 때문이다. 이와는 대조적으로 부분적인 성과를 두고 '피루스의 승리(Pyrric Victory: 희생을 많이 치르고 얻은 승리—옮긴이)' 또는 '눈가림'으로 비판하는 목소리도 있다. 비판하는 사람들은 협상의 지지부진함, 배출감축 목표의 미흡함, 이행실적의 부진을 지적한다. 그러나 이 두 가지 입장 모두 그것만으로는 충분하지 않다.

국제 기후정책에서 기후보호를 위한 진실로 획기적인 '거대한 신기원'을 달성하지는 못했다 하더라도 위기에 대한 규율은 분명히 달성했다. 이 점은 왜 다들 교토의정서에 목매달고 있는지와 1995년의 1차 기후변화 당사국총회 이래 기후정책에 수반돼온 다양한 해체의 시도들에 대항해 교토의정서를 왜 방어해야 하는지를 설명해준다. 그 이유는 비록 국제사회의 부분적인 합의에 근거를 둔 것이기는 하나 교토의정서는 지난하고도 갈등으로 점철된 과정을 거쳐 확립된 것이고, 가까운 미래에 '지구촌'이 온실효과와 이에 따른 인위적 재난을 다루는 데 필요한 국제적인 수단을 이것 말고 달리 갖게 되기는 어려울 것이라는 데 있다. 새로운 시작이나 근본적인 방향전환을 시도하는 것은 이러한 배경을 거스르는 것이어서 정치적으로 위험천만하고 전술적으로도 서투른 행동이 될 것이다. 그러나 교토의정서는 사람들로 하여금 위기에 대한 해답인 것처럼 보이는 것을 찾아내는 일이 가능하다는 생각을 갖게 하며, 이 때문에 화석연료에 의존하는 형태의 자본주의가 위기로 치닫는 경향을 갖고 있음에도 불구하고 정당화되기도 하고 안정화되기도 한다는 문제점이 있다. 교토의정서가 앞으로 유지되더라도 상당한 기간 동안은 언제든 깨지기 쉬운 계약일 것이라는 사실에도 불구하고 사람들은 교토의정서에 기대를 걸고 있다.

교토의정서가 얼마나 깨지기 쉬운 계약인가는 조지 부시 미국 대통령이 선거가 끝난 지 얼마 되지도 않아 온실효과가 실제로 존재하는 것이냐는 의문을 제기했을 때 드러났다. 과학적으로 논쟁의 여지가 없는 것으로 보였던 이 사안에 대한 국제사회의 명백한 동의는 이렇게 무력화돼 버렸다. 부시 행정부 스스로가 설립한 미국 국립과학원 전문가위원회가 온실효과는 한창 진행 중이며 인류에 의해 야기된 것[9]이라고 연달아 확인했지만, 이것도 부시가 "나는 교토의정서에 반대한다"는 입장을 매우 분명하게 공식화하는 것을 막지 못했다.[10]

미국 행정부와 그 배후에 있는 화석연료 산업은 그동안 당사국총회에서 힘들게 이루어진 합의를 훼손하려는 노력을 지속적으로 기울여왔다. 이와 동시에 부시는 미국 이외의 당사국들을 상대로 교토 방식을 포기하는 합의를 이루도록 설득하는 양자간 노력도 기울여왔다. 미국과 호주는 2005년에 일본, 중국, 인도, 한국과 함께 교토의정서의 틀 밖에서 자발적인 기후조치를 채택하고 이를 위해 민간 산업계와 긴밀히 협력하는 것을 목표로 하는 '청정개발과 기후를 위한 아시아태평양 파트너십(AP6)'를 결성했다. 이 연합의 중요성이 과소평가돼서는 안 된다. 이들 국가는 전 세계 에너지 생산량의 거의 절반을 소비하고, 전 세계 온실가스 배출량의 절반가량을 배출한다. 이 조치가 교토의정서의 대안으로 제시된 것은 아니지만, 이로 인해 다자간 접근방식과 양자간 접근방식 사이에 심각한 긴장이 야기되고 있다.

미국의 탈퇴와 일부 국가들의 주저하는 태도에도 불구하고 교토의정서는 2005년에 발효됐다.[11] 합의에 따르면 2012년까지 선진국들은 온실가스 배출량을 1990년 수준에 비해 평균 5.2% 감축해야 한다. 그러나 선진국들은 이러한 목표를 달성할 가능성이 없는 상태다. 1990년대에 경제협력개발기구(OECD) 국가들의 CO_2 배출은 평균 8~9% 증가했고,[12] 몇몇 국가들의 CO_2 배출은 이보다 더 극적으로 증가했다. 1990년부터 2003년까지의 CO_2 배출 증가율을 나라별로 보면 캐나다는 24.2%, 스페인은 41.7%, 포르투갈과 핀란드는 21.5%, 오스트리아는

16.5%였고, 심지어 의정서 이름의 앞부분을 제공한 일본도 12.8%였다. 다만 프랑스는 1.9%, 독일은 18.2%만큼 CO_2 배출을 감축시켰다.[13] 대부분의 선진국들은 배출이 증가하는 문제를 안고 있을 뿐 아니라 탄소흡수원과 탄소거래를 이용해 감축목표 자체를 훼손하기까지 한다.[14] 어떠한 예측도 개선의 조짐을 보여주지 못하고 있다. 미국 에너지정보청(EIA)은 2025년까지 세계의 CO_2 배출이 1990년에 비해 75% 증가할 것으로 예상했다.[15] 독일 경제조사연구소(DIW)는 같은 기간에 OECD 국가들의 CO_2 배출이 53% 증가하고, 개도국들의 CO_2 배출은 세 배로 증가할 것으로 예측했다.[16]

이런 배출증가는 화석에너지원의 사용이 늘어나고 있기 때문이다. 매해 1.8%에 달하는 화석연료 수요 증가율과 미래의 화석연료 수요 예측(2030년까지 최대 70% 증가)은 기후정책의 관점에서 볼 때 심상치 않다. 세계 에너지 생산 중 화석에너지원의 비중은 지난 수십 년 동안 80%를 넘었고, 유럽위원회(European Commission)에 따르면 2030년까지는 88%에 이를 것으로 예상된다(석유는 지속적으로 34%를 차지해 화석에너지원의 최대 구성요소로 남을 것이라고 한다).

점점 더 희소해지는 자원에 대한 수요가 계속 증가하고 있다는 사실이 석유생산 지역들에 대한 석유수입국들(특히 미국)의 장기적인 지정학적 계산과 군사적 주둔을 설명해준다. 이라크 전쟁과 석유확보 노력의 군사화는 이러한 배경에 비추어 살펴봐야 한다. 하지만 가스와 석탄에 대한 수요 또한 빠르게 증가하고 있다. 주로 전력생산과 난방에 쓰이는 가스 소비는 2030년까지 매년 2~3%씩, 석탄 소비는 같은 기간에 매년 2~2.5%씩 증가할 것으로 예상된다. 이와 동시에 유럽위원회는 2030년까지 총 에너지 소비에서 재생가능 에너지원의 비중이 8%로 증가하는 데 그칠 것으로 예상한다.[17] 이러한 수치들은 가까운 미래에 화석에너지원에 대한 에너지산업의 의존도에 어떠한 의미 있는 변화가 일어날 것이라고 기대할 수 없음을 분명히 보여준다.

이 모든 것이 교토의정서가 왜 깨지기 쉬운 상태로 존재할 수밖에 없는가를 설명해준다. 공식 협상을 벌이는 관리들은 고위 외교의 영역에서 국제적인 기후정책 결정과정이 유지돼야 한다고 주장하는 반면에 외부 관찰자들은 그런 과정이 기후보호와 어느 정도나 관계가 있느냐고 묻는다. 교토의정서는 자본주의의 생태적 위기에 대한 해법이라기보다는 그런 위기에 대한 조율일 뿐인가? 이 질문에 대답하기 위해 우리는 먼저 기후변화가 해결에 특수한 전략을 필요로 하며, 명확히 정의된 지구적 환경문제가 아니라 문제의 해석과 해결을 위한 '올바른' 계획을 둘러싸고 사회적 쟁투가 벌어지는 갈등의 영역임을 보일 것이다.

임박한 위험

1960~70년대에 선진국들에서 등장한 환경보호 움직임과 환경정책은 자연보전이 필요한 지역의 식별, 위기에 처한 조류의 구호, 폐수통제의 기술, 인간이 숲과 강, 토양과 같은 물리적인 환경에 일으킨 피해의 복구나 제한 등을 목표로 했다. 적어도 부분적으로는 위험에 대한 통제가 가능했다. 그 위험은 어느 정도 통제가 가능한 환경의 바깥에 존재하는 '외부적인 위험'으로 해석될 수도 있었다. 그것은 근대성이 주체인 인간과 객체인 외부세계 간의 관계를 합리적으로 형성한다고 생각하는 자만심의 허점을 드러내는 것이었다. 기술적 통제의 가능성에 대한 그러한 자만심은 어느 때보다도 요즈음에 그 타당성이 적다. 이는 인간이 만들어낸 기후변화를 예로 들어 입증할 수 있다.[18]

어디에서나 감지되는 온실효과는 이제 더 이상 환경과 사회라는 두 개념 간의 구분을 허락하지 않는다. 인간은 제 손으로, 특히 부유한 선진국들의 화석에너지원 사용을 통해 온실효과를 심화시켰다. 그래서 홍수, 폭풍, 가뭄이 이제는 체제 안에 존재하는 위험, 즉 '내부적인' 위험이 됐다. 이를 좀 더 극적으로 표현한다면, 인간과 사회가 스스로 불러낸 유령으로부터 위협을 받고 있다고 할 수 있다.

인간이 일으킨 생태문제는 인간생명의 토대와 인간의 건강에 초래되는 피해나 추가적인 비용부담의 형태로 인간에게 되돌아온다.[19]

자연과 사회의 모순적인 상호관계는 생태위기의 핵심적인 측면으로 이해돼야 한다. 자연보호의 필요성을 역설하는 인간들 스스로가 자신들의 생산과 소비 양식을 통해 지속적으로 자연을 변화시키고 파괴하고 있다. 하지만 피해를 일으키는 사람들과 그 피해를 입는 사람들 간에 심각한 불평등이 존재한다. 1인당 연간 CO_2 배출량을 보면 독일은 약 10톤, 미국은 20톤인 데 비해 중국은 2.7톤, 인도는 1.2톤이다. 그러므로 기후변화의 효과가 사회적, 경제적으로 나타나는 모습은 결코 지구 전체에 걸쳐 고르지 않다. 개도국의 가난한 사람들은 기후변화의 주된 희생자인 반면에 선진국의 국민들은 다양한 조정수단으로 아직은 상대적으로 스스로를 보호할 수 있다. 그렇지만 선진국들의 상황 또한 허리케인 카트리나가 극적으로 보여주었던 것처럼 날이 갈수록 위태로워지고 있다.

제한된 환경공간?

기후에 손상을 가하는 인간의 배출은 지구 전체의 해양, 식물, 산림이 지닌 흡수능력을 넘어섰다. 수백만 년 동안 변함없이 유지돼온 대기의 물질구성상 '자연적'인 평형상태가 교란되고 있다. 기후를 손상시키는 기체의 배출량이 그것을 흡수하는 자연의 능력을 초과한 결과로 전 세계의 평균기온이 상승하고 있다. '기후변화에 관한 정부간 협의체(IPCC)'는 21세기에 전 세계의 평균기온이 1.4~5.8℃ 올라갈 것으로 내다보고 있다.[20] 하지만 IPCC는 기후에 손상을 입히는 기체의 대기 중 농도의 상승을 막기 위한 한계선을 아직 정하지 않고 있다. 앞으로 수십 년간에 걸쳐 수백만 톤의 CO_2를 비롯해 기후에 손상을 입히는 기체들이 대기 속에 '쌓일' 것이다. 순수하게 과학적인 의미에서는 '제한된 환경공간

(limited environmental space)' 접근법이 가정하는 것 같은 한계는 존재하지 않는다.[21] '한계'는 인류가 자기들의 삶의 토대를 자기들 스스로에게서 빼앗는 과정(상이한 방식과 상이한 정도로)에 있음을 명확히 하는 데 사용될 수 있는 상징으로 이해해야 한다.

절대적인 한계가 주어져 있지 않기에, 아니 정확히 말하면 한계라는 것은 담론을 통해 설정돼야 하는 것이기에 '독일 기후변화자문위원회(WBGU)', 세계자연보호기금(WWF), 기후행동네트워크(Climate Action Network) 등은 기후변화를 더 이상 감내할 수 없게 되는 '한계'를 설정하는 전략을 따르고 있다. 이들 조직은 앞으로 세계 평균기온이 2℃ 이상 상승하는 것은 감내할 수 없다고 본다.[22] 그러나 점차 해수면 밑으로 가라앉고 있는 산호초 섬들로 이루어진 남태평양의 섬나라 투발루의 국민들은 말할 것도 없고, 개도국의 도시 빈민촌을 휩쓸고 있는 비정상적으로 강력한 폭풍이나 농촌 사람들을 더욱 궁핍하게 만드는 식생대의 지리적 이동을 겪고 있는 사람들에게는 이미 발생한 기후변화의 효과도 감내할 수 없는 수준이다.[23] 그러나 환경공간의 한계를 정의하는 것은 환경문제에 대한 관점을 축소시킨다. "왜냐하면 그러한 한계를 정의하는 것은 자연을 다루는 모든 일을 내포하는 동시에 그 틀이 되는 사회(제도, 권력, 의미가 서로 얽힌 현실)에서 우리가 벗어나게 됨으로써 환경문제가 사회의 위기가 아니라 자연의 위기로 보이게 하기 때문이다."[24]

기후변화는 사실은 자본주의적 생산양식의 위기와 관련이 있는 사회적 위기다. 이 위기는 사회화된 형태로 다루어지고, 인식되고, 상징화된다. 즉 이 위기는 사회적, 정치적, 경제적, 문화적 위기라는 특징을 갖는다.[25] 그러나 화석에너지 사용과 자본주의 사이의 조화는 아직 기후라는 자원의 유한성이나 세계기온 상승의 한계에 의해 깨지지 않았다. 적어도 당분간은 이 책에 실린 엘마르 알트파터의 글이 보여주듯 그러한 조화가 경제적인 힘, 지정학적 전략, 군사적인 수단 등에 의해 유지될 것이다.

신자유주의적 기후

'기후문제'의 발견과 온실효과의 원인을 설명하거나 널리 알리려는 시도는 자연과학자나 환경단체에 의해 이루어졌지만, 한동안은 이런 발견이나 시도가 특별히 심각하게 받아들여지지 않았다. 1980년대 후반에야 비로소 기후변화 현상을 정치적으로 쟁점화하려는 움직임이 강력하게 일어났다. 초기에는 선진국과 후진국 사이의 공정한 관계, 1인당 온실가스 배출량의 세계적인 평등분배, 빈곤과 부 및 환경파괴 사이의 연관성, 기후변화에 대한 역사적 책임, 선진국에서 개도국으로의 실질적 자금이전 등을 중심으로 논의가 이루어졌다.[26] 따라서 이 국면에서의 기후정책은 분명 자연과의 사회적 관계에 관심을 두었다. 그러나 이 국면은 1997년에 기후변화협약 당사국들이 교토의정서에 합의하고 이에 따라 선진국들에 대해 배출감축 목표가 설정됨으로써 종결됐다. 화석연료 산업이 갑작스럽게 자신의 사업이익에 대해 의정서가 갖는 중요성 혹은 위험성을 인식하게 됨으로써 기후협상의 초점이 경제적 사안으로 좁혀진 것이다.

이제는 경제정책 조치, 새로운 기술, 금융수단 등이 협상을 지배하고 있다. 교토의정서는 그동안 유엔의 후원 아래 조인된 국제 경제협약 중 가장 광범위한 범위에 걸치는 협약에 속한다.[27] 유엔의 후원 아래 패권주의적 성격을 가진 처리방식이 모습을 갖추었다. 각국 정부의 이해관계와 기업의 로비가 지배적인 영향력을 발휘하게 되면서 특수한 자본주의적 형태의 규제체제가 만들어졌다. 결국 해법은 새로운 시장을 개척하는 데서 찾아져야 했다. NGO들이 모든 개별 조치의 세부적인 내용에 동의한 것은 아니지만 이들이 참여함으로써 세부적인 내용 전체에 대한 광범위한 사회적 합의가 달성됐다. 자연과의 사회적 관계에 대한 광범위한 규제의 필요성과 대안적인 해결책의 모색, 정의로움과 관련된 질문은 이제 더 이상 국제 기후협상을 구성하는 일부가 아니다.

면죄부 판매

교토의정서의 공동이행(JI) 조항과 청정개발체제(CDM)는 현대판 면죄부 판매라고 해야 할 것이다. 이 두 가지 수단에 배경이 된 생각은 단순하다. 즉 배출량을 감축하도록 강요되는 정부나 기업은 다른 나라에서 기후보호 조치를 수행하는 것을 통해 자신의 배출감축 관련 의무를 충족시킬 수 있다는 것이다. JI는 선진국에 하나 또는 복수의 다른 선진국이 투자하는 프로젝트를 가리키며, CDM은 개도국에 선진국이나 다른 개도국이 투자하는 프로젝트를 가리킨다. 예를 들어 발전소 건설, 풍력발전기 설치, 조림사업 등에 대한 투자가 이런 방식으로 이루어진다. 그 결과로 감축된 배출량(조림사업의 경우에는 가두어진 배출량)은 투자국 계좌의 대변에 기입되어 그 나라의 국제적인 감축의무에서 공제된다. 이런 방식에 의해 선진국들로서는 비용이 많이 들지 않는 기후보호가 가능하다. 왜냐하면 이런 방식은 어느 나라에서 온실가스가 배출되거나 감축되느냐는 따지지 않기 때문이다. 따라서 일정한 비용으로 가장 많은 배출감축을 달성할 수 있는 나라나 지역에 가서 필요한 조치를 취하는 것이 경제적으로 효율적이라고 간주된다.

처음의 시험단계에는 이런 식의 감축량 산입을 하지 않는다는 합의가 이루어졌다. 시험단계에 대해서는 어떤 명시적인 목표치도, 다른 프로젝트와의 비교를 가능하게 하는 구체적인 보고기준도 마련되지 않았다. 단순히 보고를 위한 공통의 양식만 정해져 있었을 뿐 실적을 측정하는 분명한 수단은 없었다.[28] 많은 과학적, 기술적, 절차적 세부사항 또한 불명확한 채로 남아 있었다. 예를 들어 계산법도 표준화되지 않았으며, 이로 인해 특정 프로젝트를 통해 배출량이 얼마나 많이 줄어들었는지가 명확하게 판정될 수 없었다.

그 뒤에 적어도 원자력 발전은 CDM과 JI의 대상에 넣지 말아야 한다는 주장이 오랫동안의 논란 끝에 수용돼 그렇게 결정됐다. 이에 더해 CDM 프로젝트의 개시를 위해 CDM 집행위원회가 구성됐다. 이 위원회가 프로젝트의 지침과 방법을 결정하는 일과 프로젝트 신청서를 등록받고 검토하는 일을 맡았다. JI의 경우에는 투자국이 보고서를 제출해야 하는 의무를 이행하지 않았을 때에만 감독기구가 가동되도록 했다. 그렇지 않은 경우에는 투자국이 직접 등록과 검토 과정을 수행할 수 있다. 2006년 6월 현재 190개의 CDM 프로젝트가 등록돼 있고, 860개의 프로젝트가 신청과정에 있으며, 112개의 JI 프로젝트가 수정과정에 있다. CDM과 JI 프로젝트들은 규제의 부실함과 신축성 때문만이 아니라 기대되는 배출감축량이 예상 배출총량에 비해 너무 작기 때문에도 회의를 불러일으킨다. CDM은 배출량 감축보다는 해외무역 증진에 더 많이 기여한다. CDM 프로젝트의 31%는 인도에서, 20%는 브라질에서, 7%는 멕시코에서 추진되고 있다. 아프리카나 중남미, 또는 아시아태평양 지역의 다른 국가들은 CDM 프로젝트를 추진하기에 매력적인 곳으로 여겨지지 않고 있다.

대기의 거래

만약 배출권의 국제거래를 원칙적으로 가능하게 한 배출거래 조항이 없었다면 미국은 교토에서 열린 기후협상에서 7%의 배출감축을 약속(이것도 이제는 옛날 이야기가 돼버렸지만)하지 않았을 것이다. 1998년에 부에노스아이레스에서 열린 회의에서 미국 협상단 대표는 배출거래 조항이 없다면 미국의 교토의정서 비준은 불가능할 것임을 분명히 했다. 다른 선진국들은 배출거래 조항을 의정서에 넣자는 미국의 요구를 받아들일 준비가 돼있었다. 그들로서도 배출거래 조항이 있다면 적어도 서류상으로는 배출감축 목표 달성이 가능하게 될 것이기 때문이었다.

기본적으로 배출권 거래는 모든 국가가 자국에 할당된 배출량에 상응하는 배출권을 갖게 됨을 뜻한다. 거래는 의정서에 따라 2008년부터 정식으로 실시된다.

사용하지 않은 배출권을 갖고 있는 국가는 할당된 배출량을 초과해 배출을 한 국가에 그 배출권을 팔 수 있다. 구매국은 애초에 자국에 할당된 배출권 외에 구입한 배출권으로도 스스로 감축하지 못한 배출량을 메울 수 있다. 배출권 거래는 특히 중동부 유럽의 '이행기 국가'들에게 편리하다. 러시아와 우크라이나는 2012년까지 1990년 수준으로 배출량이 안정시키면 되는 것으로 교토에서 합의됐다. 하지만 경제가 붕괴되면서 이 두 나라에서는 배출량이 안정되는 정도에 그치지 않고 감축이 발생했고, 이에 따라 배출권 시장에서 초과 배출권을 경매로 팔 수 있게 됐다(이런 경우의 거래를 자연감축량 거래(trade in hot air)라고 한다). 러시아는 더 나아가 2001년에 몇 달 간격으로 독일의 본과 모로코의 마라케시에서 잇달아 열린 기후회의에서 잠재흡수원(러시아 국내 산림의 공기)을 확보하는 데 성공함으로써 이것을 자연감축량에 더해 거래할 수 있게 됐다. 러시아는 이렇게 하기 위한 자국의 요구가 수용되도록 하기 위해 오랫동안 애쓸 필요가 없었다. 미국이 교토의정서 탈퇴를 선언함에 따라 의정서가 발효되려면 러시아의 비준이 반드시 필요하게 됐기 때문이다. 2004년 말 러시아의 의정서 비준은 이렇게 해서 이루어졌으니 매우 값비싼 대가가 치러진 것이었다.

교토의정서는 배출권 거래가 국내적 수단에 추가되는 것으로서 이용돼야 한다고 모호하게 기술하고 있으며, 배출권 거래의 상한(최고한도 또는 구체적인 상한선)에 대한 논의가 있긴 했지만 적어도 의무적인 배출감축의 50%는 국내에서 이루어져야 한다는 요구(이는 주로 개도국의 요구로 유럽연합의 지지를 받았다)는 수용되지 못했다. 이 문제에 대해서도 미국은 강경한 입장을 취하면서 다른 선진국들과 협력해 협상을 압도했다. 그 결과 의정서에는 단지 '상당한 비중'의 감축이 국내에서 이루어져야 한다고만 씌어졌다.

영국, 네덜란드, 덴마크는 곧 배출권 거래 시범사업을 시작했다. 반면 독일에서는 성장에 장애가 되고 추가적인 금융부담이 따른다는 우려 때문에 배출권 거래에 대한 산업계의 저항이 있었고, 결국 국내에서 자발적인 배출감축 노력을 기울인다는 쪽으로 기울었다. 유럽연합에서 배출권 거래에 관한 교섭이 오랫동안 집중적으로 진행될 때에도 독일 국내에서는 이러한 입장이 유지됐다. 미국과는 대조적으로 기후보호의 수단으로 배출권 거래 제도를 도입하는 데 대해 드러내 놓고 반대했던 유럽연합(특히 독일)은 2005년 1월에 합법적인 배출권 거래 제도를 수립한 반면에 미국은 의정서를 비준하지 않았다는 사실은 역사의 아이러니다.

현재 총 1만2천 개에 이르는 유럽연합의 발전소나 산업체 공장은 배출하는 CO_2에 대해 톤당 배출권을 미리 확보해야 한다. 배출권 거래가 시작될 때(교토 의정서는 배출권 거래를 2008년에 시작한다고 결정했으나 유럽연합(EU)는 이에 앞서 2005년부터 이미 배출권 거래를 시작했다—옮긴이) 총 21억9천만 톤 상당의 배출권이 거의 무료로 산업계에 배분됐다. 이런 양은 대략 현재의 배출수준에 상응하는데다 배출권 배분 자체가 정부에 의해 후하게 이루어졌기 때문에 배출권 가격이 톤당 30유로에서 2006년 5월에는 그 절반 이하로 떨어졌다. 그러나 배출감축은 배출권이 희소하고 가격이 높을 때에만 기대할 수 있다. 따라서 배출권 거래 제도가 기후보호라는 측면에서 목표를 상실하는 것이 시장경제 속에 이미 내재된 결과라고 할 수 있다. 배출권 거래와 CDM, JI를 조합해 대차대조표 상에서 속임수를 부릴 수 있는 문은 활짝 열려 있다. 이런 속임수를 부리는 것은 이제부터 살펴보게 될 흡수원을 이용하면 더욱 쉬워진다.

흡수원: 거대한 미지수

흡수원(sink)이라는 용어에서 '흡수'는 CO_2가 나무, 산림, 바다에 의해 '가두어지는(trapped)' 것을 의미한다. 예를 들어 조림사업에 의해 CO_2는 목재에 갇힌다. 거꾸로 바이오매스의 연소로 CO_2가 풀려져 나온다면 그 바이오매스는 배출원(source)으로 불린다. 불을 질러 산림을 제거하는 것은 CO_2 배출로 이어지는 반면에 산림 자체는 CO_2를 흡수함으로써 기후보호에 기여한다. 이런 개념에 입각한 흡수원 제도가 기업들에게 어떤 이점을 주는지는 명백하다. 조림이나 산림 유지 사업은 가령 기술이전을 토대로 하는 사업과 같은 다른 많은 사업들에 비해 상대적으로 비용이 적게 들고 홍보목적에 특히 적합하다. 프랑스의 자동차기업인 푸조는 브라질의 열대우림을 보호한다고 하고, 독일의 화학기업인 헨켈은 아르헨티나의 산림을 보호한다고 한다. 그런가 하면 뉴질랜드는 조림으로 배출감축 목표의 80%를 달성하겠다고 한다.[29]

무엇보다도 미국, 뉴질랜드, 호주, 노르웨이 등의 압력으로 인해 1997년에 교토의정서가 채택될 때 '제한적인 흡수원(limited sinks)'에 관한 조항이 의정서에 들어갔다. 그로부터 4년 뒤에 독일의 본에서는 지리적 영토가 넓은 국가들과 일본이 기후보호 수단으로 흡수원을 폭넓게 인정해줄 것을 요구해 원하던 바를 대부분 얻어냈다. 이로써 산림 흡수원에 상한이 설정됐음에도 일본은 다른 몇몇 국가들과 마찬가지로 배출감축 목표의 상당부분을 흡수원 활동을 통해 달성할 수 있게 됐다. 그 비상구는 흡수원으로 무제한 사용할 수 있는 농경지다. 그러나 CDM에서는 조림과 재조림만 허용된다. 용어 정의와 관련된 기술적인 문제와 계산법 및 측정법에 대해서는 공식적인 합의가 이루어졌지만 흡수 잠재력의 계산이라는 근본적인 문제는 아직 해결되지 않은 채 남아있다. 우선 CO_2가 실제로 식생에 의해 흡수되는지를 판정하기 위해 믿고 이용할 만한 방법이 없다. 하지만 본에서 내려진 결정에 따르면 황무지에 파종하는 것뿐만 아니라 경지나 초지에서 농사를 짓는 것도 이제는 기후보호 조치로 간주될 수 있다. 둘째, 흡수원이라는 접근법은 목재 플랜테이션(예컨대 유칼립투스 플랜테이션)을 조성하도록 하는 유인을 제공하게 되는데, 이런 유인은 생태적으로 매우 의문시될 뿐 아니라 생물다양성 협약의 목적에도 배치될 수 있다. 나중에 목재의 사용으로 인해 배출되거나 목재 플랜테이션의 조성 과정에서 배출될 이산화탄소의 양이 그 목재 플랜테이션에 의해 흡수되는 이산화탄소의 양과 과연 균형을 이룰지도 분명하지 않다. 셋째, 흡수원의 도입은 또 하나의 값싼 대안을 제공함으로써 선진국들이 에너지의 생산 및 이용과 관련해 이산화탄소 배출을 줄이는 기술의 개발이나 활용을 지연시키거나 가로막게 될 위험성이 있다.[30]

개도국들이 JI에 대해 제기했던 비판이 흡수원에 대해서도 그대로 제기된다. 특히 토착민 대표자들은 흡수원 활동이 주로 개도국에서 이루어지고 선진국에서는 활발하게 이루어지지 않을 것이라는 점에서 흡수원 제도는 '이산화탄소 식민주의'라고 말한다. 게다가 이런 비판을 하는 사람들은 흡수원과 같은 신축적인 수단에 초점이 맞추어지면 무역과 투자의 구조 변화에 관심이 집중되기보다는 개도국과 선진국 간 관계와 관련해 오래전부터 비판돼온 개발 프로젝트에 다시 관심이 집중될 것이라는 점을 지적한다. 생태위기를 배경으로 이제 국제협상에서 개도국들이 자신들의 이익을 증진할 수 있는 힘이 예전보다 커졌다고 여겨진 지 오래됐다. 선진국들은 높은 CO_2 배출수준에 비추어 '과잉발전'된 것으로 진단됐고, 그렇다면 생태적 관점에서 세계의 추가적인 성장은 개도국들에서 이루어져야 하는 게 당연했다. 게다가 개도국들의 온실가스 배출 증가율이 지구 생태계에 심각한 영향을 미친다는 점을 고려하면 개도국들의 적극적인 지지가 없이는 환경위기도 제대로 다루기 어려운 일이었다. 그러나 이러한 논리가 기후협상에서 개도국들에게 더 큰 힘을 줄 것이라고 개도국들이 스스로 품었던 희망은 모두 근거가 없는 것으로 드러났다. 개도국들은 국제 환경정책에서 자신들의 이익을 확보할 수 없었다.[31]

세부내용에 숨어있는 악마

교토의정서의 기후정책 목표는 낮게 설정됐고, 그 목표를 달성하기 위한 수단들은 허약했으며, 재원조달 문제도 결코 만족스럽게 해결되지 못했다. 선진국과 개도국 간의 불공정한 관계도 변하지 않았다. 무엇보다 모두가 승리하는 해법에 대한 약속과 함께 내세워진 수단들이라는 것이 알고 보면 이산화탄소 회계의 조작일 뿐이다. 그런 수단들이 기후보호를 위해 무엇을 얼마나 할 수 있을지 의심스럽다. IPCC의 톰 위글리(Tom Wigley)와 미국 상원의 자문위원인 패트릭 마이클스(Patrick Michaels)를 비롯해 많은 유명한 기후전문가들이 이러한 의견을 공유하고 있다. 의정서가 시행된다 해도 그 효과로 대기의 온난화가 멈추지도, 뚜렷한 변화를 보이지도 않을 것이다.[32] 그렇게 되도록 하려면 당사국총회에서 현재까지 합의된 수단이나 금지사항보다 훨씬 더 광범위하고 야심적인 조치가 필요하다. 어떤 국가가 의정서에 따른 의무를 이행하지 않을 경우에 대비해 의사결정을 위한 자세한 절차적 규정을 담은 이행강제 규칙이 마라케시에서 합의(2001년 11월)되고 2006년 3월에 확정된 것도 이러한 맥락 속에서 보아야 한다.

교토의정서와 관련해 작성된 공식적인 문서들만 수천 쪽이나 된다. 악마는 세세한 부분들에, 또는 경제적인 수단들의 설계구조 속에 숨어있다. 이런 식으로 기후보호에 대한 논의는 점점 더 일상세계에서 벗어나 '지구자원 관리자들'의 손아귀에 들어가고 있다.[33] 문서들이 열어놓은 비상구는 전문가들도 거의 식별해내기 어렵고, 하물며 일반 대중이야 말할 나위도 없다. 이것은 교토의정서가 WTO 협정이나 생물다양성 협약에 부합하느냐와는 별개의 문제다. 국제적으로 합의된 기후관련 법규가 제정되기 위해서는 기후협상을 다른 사안들에 대한 협상과 분리하는 것이 필요하다고 종종 주장된다. 다양한 국제기구들 간에 갈등이 발생하는 것을 막거나 적어도 그런 갈등을 완화하기 위한 영역구분이 필요하기도 했다.

경제적 수단과 정부 간 협상으로만 초점을 좁히는 '통제 낙관주의(control optimism)'는 의정서의 이행 및 효과에 관련된 불확실성을 보이지 않게 가리는 동시에 기후문제의 특유한 자본주의적 측면도 가려버린다. 이로 인해 이차적인 지구적 논쟁의 무대가 열리고 있지만 거기에서는 기후변화로 인한 위험의 원인과 자본주의가 자연과 맺는 파괴적 관계는 더 이상 거론되지 않는다. 해법에 대한 탐색이 체제에 특유하게 내재된 관점과 개념, 방법들로 좁혀지는 것이다. 달리 말하면 교토의정서와 관련해 정말로 중요한 것은 "일련의 회의가 진행돼오는 과정에서 도외시되고, 연기되고, 배제되고, 누락되고, 상실된 것들"[34]이라고 할 수 있다.

만약 경제적 합리성이 고려되고 규제적 개입이 가능한 낮게 유지되는 수단으로 통제라는 것을 정의한다면 현재의 기후정책은 지속가능성에 기여하는 것이라고 말할 수 있을지 모른다. 그러나 만약 인간이 야기한 기후변화를 역전시키거나 피하는 것을 기후정책의 목표로 설정한다면 상황이 다르다. 계속 증가하는 지속불가능한 자원소비 및 이와 연결된 CO_2 배출 증가라는 관점에서 보면 우리는 지속가능한 기후보호 정책으로 나아가고 있다기보다는 기후붕괴를 향해 나아가고 있는 것이다.

교토의정서의 기후정책은 석탄, 가스, 석유 분야에서 로비활동을 하는 막강한 이익집단들에 의해 뒷받침되고 있다. 어쨌든 기후와 관련되는 가스배출의 80%가 그러한 에너지원들(여기에 소량의 우라늄이 추가된다)에서 나온다. 시장경제에 영향을 미치고 손상을 가하는 것으로 여겨지는 조치는 채택되지 않을 것이다. 시장에 대한 접근과 시장의 효율성, '생태적 근대화(ecological modernization, 경제사회적 발전과 생태보전의 조화가 가능하다는 입장에서 이 둘을 동시에 추구하는 것—옮긴이)'는 보장될 것이다. 국제적 경쟁력을 가장 우선시하는 국가들은 바로 그러한 목표를 지향하는 정책결정을 내린다. 따라서 시장에 먹히는 수단을 개발, 시험, 실행하는 민간 경제부문 행위자들에게 활동의 장이 열리게 된다. 배출권 거래에 관한 독일과 유럽연합의 논의가 보여주었듯이, 물론 의견의 차이는 있지만 오늘날 각국 정부에게는 자국 에너지산업계의 이익 증진과 경제성장이 우선이며,[35] 이런 목표는 특히 국제적 수준에서 '전략적 우회'를 하는 방식으로 추구된다. 심지어 대부분의 선진국 NGO들은 근본적으로는 교토의정서의 수단들에 대해 반대하는 입장을 취하지 않는다. 그들은 자신들의 임무가 무엇보다도 세부적인 실용적 해법(CO_2의 지하격리와 같은 것)을 제시하는 데 있다고 생각한다. 그런가 하면 대부분의 개도국 NGO들은 좀 더 비판적이긴 하지만 국제기후협상에서는 발언력이 떨어지는 것이 보통이다.[36]

결론

기후협상의 주역들은 오늘날의 이른바 '지속가능한 세계화'가 많든 적든 야기하는 기후재난에 필연적으로 따르는 사회생태적 결과에 의해 좌우되지 않는 것이 분명하다. 오히려 '두 개의 서로 모순되면서도 겹치는 경향'이 기후정책에 스며들어 있다. 두 개의 경향 가운데 하나는 자연과의 관계에서 그 이용형태가 정치화되는 것이고, 다른 하나는 권력과 지배의 관계가 생태문제에 대한 정의를 과도하게 좌우한다는 것이다.[37] 이런 점과 관련해 기후정책과 생물다양성정책 사이에 존재하는 주된 차이점이 지적돼야 한다. 생물다양성정책에서는 경쟁조건 아래서 자연의 경제적 이용이라는 형태로 이루어지는 직접적인 자연전유가 논쟁의 전면에 놓인다.[38] 반면에 기후정책에서는 직접적인 경제적 이용이란 있을 수 없기 때문에 인위적인 조치가 필요하다. 즉 배출권 거래를 통해 대기에 가치가 부여되는 것이다. 이러한 방식으로 사회의 미래에 대한 결정들이 내려진다. 다시 말해 특정한 발전경로는 열리게 되지만 그것과 다른 경로들은 지지되지 못하거나(이런 경우에 해당하는 두드러진 사례는 재생가능에너지다) 닫힌 상태로 남게 된다.

기후정책은 생태위기를 규율하는 조치들로 이어지지만, 그 조치들은 다음과 같은 세 가지 본질적인 결점을 갖는다는 특징이 있다. 그것은 첫째 에너지 생산과 사용의 광범위한 구조적 변화와 같은 대안적인 문제해결 접근법을 거의 다 배제해버리는 경제적인 수단을 강조한다는 것, 둘째 겉보기에 '객관적'인 과학용어로 문제를 정의하고 이를 통해 문제해결 방안을 도출하고자 한다는 것, 셋째 행동을 위해 요구되는 국제적 수준의 합의가 미약해 매우 한정된 합의만을 이룰 수 있음에도 불구하고 국제적 수준의 정책결정에 집중한다는 것이다. 절대적인 수치로 측정되는 CO_2 감축을 확실하게 실현시키는 온실가스 감축 기제를 구체화하고 가동하는 것은 아직 가능하지 않다. 게다가 유엔 안에서 기후보호 정책이 부문별로 쪼개지는 현상이 두드러지게 나타나고 있다. 이런 현상은 강력한 선진국들이 석유자원을 신자유주의적으로 전유하고 있다는 훨씬 더 중요한 사실의 배후에서 발생하고 있다.

그러는 사이에 브라질, 인도, 중국 같은 신흥개도국들은 건너뛰라는 충고를 받고 있다. 이런 국가들은 기후파괴적인 20세기식 발전경로를 뛰어넘어 재생가능에너지에 곧바로 승부를 걸어야 한다는 것이다. 그러나 이들 국가의 막대한 에너지 수요가 재생가능에너지를 통해 충족될 수 없는 게 사실인데다가 재생가능에너지는 이미 자본가들이 투자와 국제경쟁력을 추구하는 영역이 됐다는 점에서 알 수 있듯이 재생가능에너지와 자본주의는 서로 모순되는 관계가 아니다. 있어야 하는데 없는 것은 지구적 정의와 선진국 대 개도국의 갈등이 다시 논의의 중심이 되도록 하는, '교토를 넘어서는'('2012년 이후에 대해서'가 아니라) 공적 토론이다. 또한 국가적, 지역적 이해관계와 그에 대한 저항을 기후논의 안으로 끌어들이고 기후문제를 보다 포괄적인 사회생태 위기의 일부로 다루는 것이 필요하다. 그리고 이를 위해서는 기후문제를 논의의 주제로 내걸고 재정치화하는 것이 선결조건이다.

(윤순진 옮김)

12
쓰레기 자본주의의 녹색상업

헤더 로저스

그 어느 때보다 오늘날 미국 자본주의에서 상품의 대량소비가 사회생활과 경제 성장의 핵심에 놓여 있으며, 그러한 소비가 쓰레기 문제를 낳고 있다. 지난 30년 동안 미국의 쓰레기 배출량은 두 배로 늘었다.[1] 오늘날 미국에서 생산되는 것의 80%가량이 한 번만 쓰이고 버려진다.[2] 지구 전체 인구에서 4%의 비중밖에 안 되는 미국이 세계에서 가장 발전된 OECD 국가들이 배출하는 쓰레기의 거의 30%를 배출한다.[3] 불행하게도 이같은 쓰레기 더미는 국경 안에만 있는 것이 아니다. 태평양에는 플라스틱 쓰레기가 동물성 플랑크톤보다 6배나 더 많다.[4] 이러한 전례 없는 쓰레기 배출 수준은 인간의 본성과 연결된 어떤 유기적 과정의 결과가 아니다. 쓰레기와 파괴는 소비자 사회에 필수적으로 수반되는 것이기에 선진국들은 쓰레기를 봇물 같이 내쏟고 있다. 사실 자본주의가 지속적으로 성장하기 위해서는 소비자들이 구매행위를 계속하지 않으면 안 된다. 이는 곧 소비자들은 쓰레기 더미 위에 더 많은 쓰레기를 내버려야 하는 운명을 타고 났음을 뜻한다.

미국의 산업계는 미국이 대량생산과 대량소비를 본격적으로 시작한 2차대전 직후부터 쓰레기에 대한 대중의 인식을 관리하는 데, 그리고 1960년대 후반부터는 고도 쓰레기 체계의 광범위한 생태적 영향에 대한 대중의 인식을 관리하는 데 엄청난 노력을 기울여왔다. 쓰레기는 생산의 파괴적인 결과를 축소판으로 보여주며, 그 결과는 필연적으로 각 개인에게 돌아간다. 이는 곧 모든 것이 다 잘 굴러가지는 않음을 보여주는 증거다. 쓰레기는 경제적 비용을 환경에 전가시키는 경제의 현실을 소비자들에게 보여주는 힘을 갖고 있다. 이 때문에 쓰레기는 기업의 '녹색세탁(greenwashing, 환경파괴의 실상을 은폐하기 위해 겉으로 환경보호를 내세우는 기업전략—옮긴이)'이 이루어지는 핵심적인 영역이 됐다. 제조업자들은 생산과정에서 사용하는 원료의 가격을 다 지불하지도 않고 오염행위, 에너지 사용 등 자기들의 활동이 장차 환경에 초래할 영향의 비용을 정확하게 고려하지도 않는다. 미국 기업들은 자원인 동시에 쓰레기 처리장이기도 한 자연에 자신들이 상대적으로 자유롭게 접근할 수 있는 상태를 유지하기 위해 대중으로 하여금 그들의 눈에 보이는 쓰레기는(그리고 그 연장선에서 그들의 눈에 보이지 않는 폐기물도) 무해한 것이며 위기의 징조가 아니라고 확신하도록 해야 했다.

미국 기업의 녹색세탁은 1950년대의 한 캠페인과 1980년대의 다른 한 캠페인, 이렇게 두 건의 캠페인에서 시작됐다. 두 캠페인 모두 소비자상품과 관련이 있으며, 에너지나 그 밖의 다른 생산이나 서비스와는 관련이 없는 것이었다. 1950년대에 미국 산업계는 일회용 재화인 포장재에 대해 법률적 규제가 가해지는 것을 막기 위해 '미국을 아름답게(KAB; Keep America Beautiful)'라는 단체를 만들었다. 이 단체는 정교한 홍보캠페인을 통해 쓰레기에 대한 책임을 산업계로부터 개인으로 옮기는 기능을 하는 대중적 담화를 만들어냈다. 1980년대에는 제조업자들이 늘어나는 쓰레기에 대한 개인적 죄책감을 대중에게 각인시키고 새로운 소비시장을 개척하기 위해 당시 주목받기 시작한 재활용을 이용했다. 이와 같은 산업계의 노력은 '녹색'을 더욱 노골적으로 드러내는 방식이었지만, 두 캠페인 모두 제약이 되는 간섭으로부터 생산을 보호하는 것이 목표였고, 그 결과 상품의 흐름을 지켜냈다.

　이 두 가지 캠페인은 개별 소비자의 선택이 환경파괴의 근원이 되기도 하고 환경구원의 원천이 되기도 한다는 의식이 오늘날 대중에게 퍼져 있는 원인을 일부 설명해준다. 이런 캠페인을 가리켜 오늘날에는 '녹색자본주의' 혹은 '녹색상업'이라고 부른다. 기업계뿐만 아니라 많은 환경운동가들과 점점 더 많은 소비자들이 녹색세탁과 녹색상업의 최근 발전을 열렬하게 환영하고 있다. 이들은 환경친화적인 제품을 사고파는 것만으로도 지구를 살릴 수 있다는 생각을 품고 있다.

　이런 시장 기반의 해법을 옹호하는 사람들에 따르면, 이론상으로 볼 때 산업계로 하여금 생태적으로 건전한 관행을 자발적으로 채택하도록 하는 유인이 소비자들의 수요에 의해 창출될 것이므로 시장 기반의 해법(일부에서는 이를 환경운동의 '투자 국면'에 상응하는 해법이라고 부른다)은 자연자원의 사용에 대한 법률적 규제를 불필요하게 한다는 것이다.[5] 하지만 그간의 기록이 보여주듯이 규제되지 않는 자본주의 산업은 자연자원의 보전을 위한 노력은 기울이지 않고 자신의 목적인 잉여가치 추구에만 몰두한다. 어떤 기업이 자연계의 건강을 증진시키겠다고 약속하거나 환경친화적인 상품을 만들겠다고 공언한다는 것만 가지고 그 기업이 자연과의 관계를 바꾸고자 한다고 말할 수는 없다. 경제구조와 국가역할의 변화(계획, 자연자원의 민주적 사용, 이윤보다 인간과 환경에 우선순위를 두기 등)가 동시에 일어나지 않는 한 기업의 '녹색화'에도 불구하고 지구 생태계에 파괴적인 기업의 관행은 지속될 것이다.

아름답게 유지하기

대체로 보아 미국 자본의 정교한 녹색공세는 1953년에 일회용품을 제한하는 노력과 함께 시작됐다. 버몬트 주의회가 통과시킨 법은 주 전역에 걸쳐 일회용 우유병의 판매를 금지시켰다. 이 법은 초기 환경론자들이 제안한 것이 아니라 불만을 가진 낙농업자들이 제안한 것이었다. 한 신문은 이렇게 보도했다. "건초더미 속에 우유병이 간혹 섞여들어 소들이 그 우유병을 삼키게 되는 것을 막아야 한다고 하원의 거의 3분의 1을 장악하고 있는 농민들이 말했다."[6] 농민들의 생계문제가 걸린 일이므로 농촌출신 의원들은 법안을 통과시켰다.

그로부터 몇 달 뒤에 포장산업계는 '미국을 아름답게(KAB)'라는 재원이 풍족한 비영리 단체를 만들었다. 이는 산업계의 녹색세탁용 간판으로서는 첫 사례였고, 그 뒤로 이와 유사한 녹색세탁용 간판이 많이 등장하게 된다. KAB의 목적은 갈수록 더 많은 쓰레기를 발생시킬 수밖에 없는 시장이 계속 존속할 수 있느냐는 의문을 대중이 제기하지 못하게 하는 것이었다. KAB의 설립을 주도한 기업은 일회용 캔과 일회용 병을 각각 개발한 아메리칸 캔 컴퍼니(American Can Company)와 오웬스-일리노이 글래스 컴퍼니(Owens-Illinois Glass Company)였다. 막강한 이 두 기업은 일회용품 산업과 관련이 있는 20개 이상의 막강한 대기업과 손을 잡았다. 코카콜라, 딕시 컵 컴퍼니, 리치필드 석유회사(나중에 회사이름이 애틀랜틱 리치필드로 바뀌었다) 등이 참여했고 회원사, 간부진, 이해관계를 KAB와 공유하는 단체인 전국제조업협회(NAM; National Association of Manufacturers)도 참여했다. 오늘날에도 영향력이 큰 KAB는 당시에 미국 전역에 걸친 미디어 캠페인에 막대한 자금을 쏟아 부었다.[7]

이 단체가 구사한 전략의 핵심에는 이 단체 스스로 창조해낸 '쓰레기 투기'라는 문화적 개념이 있었다. 공적인 장소에 쓰레기를 투기하는 일은 이전에도 있었지만, KAB는 능숙하게도 쓰레기 투기의 정치적, 문화적 의미를 변화시킴으로써 2차대전 이후의 전례 없는 쓰레기 급증 현상에 대한 토론의 용어를 바꾸어버렸다. KAB는 대량의 생산과 소비가 가져오는 광범위한 생태적 영향을 우려하는 시선을 대규모로 이루어지고 고도의 유독성을 지닌 산업계의 자연계 파괴로부터 떨어뜨려 놓으려 했고, 그러면서 그러한 자연계 파괴의 문제를 '보기 흉하게 투기된 쓰레기'의 문제로 축소시키고 그 원흉으로 '쓰레기 투기자'를 지목했다.[8] KAB는 이러한 책략을 취함으로써 일회용 상품의 생산 및 판매 증진을 위해 상품의 수명을 줄이는 관행을 지킬 수 있었다. 쓰레기의 양이 늘어나는 것이 문제가 아니라 쓰레기를 적절한 장소에 버리지 못하는 자들이 문제라는 식이었다.

1970년 이전에, 그러니까 주류 환경운동이 등장하기도 전에 KAB는 이미 기업들이 포장재 사용을 억제하지 않고도 쓰레기 관리가 이루어지도록 하는 '굉장한 도전'(이는 〈모던 패킹(Modern Packing)〉이라는 업계 잡지의 표현이다)'을 성공적으로 해나갈 수 있도록 도움을 주었다.[9] KAB는 노련한 반환경주의자이자 국면 전환에 능숙한 조직으로서 생태의 시대에 들어섰다. KAB이 두 번째 지구의 날인 1971년 4월 22일에 내보낸 텔레비전 광고에는 할리우드의 고참 배우인 아이언 아이스 코디(Iron Eyes Cody)가 사슴가죽옷을 입고 출연했다. 이 광고를 시작으로 이제는 전형적인 KAB의 것으로 여겨지는 일련의 광고들이 이어졌다. 그 첫편으로 코디가 출연한 광고는 환경문제에 관해 산업계가 대중에게 전달하는 메시지가 점점 더 정교해지고 있음을 보여주었다.

KAB의 광고는 미국인들의 죄의식을 파고들었고, 쉽게 잊혀지지도 않았다. 광고에서 코디는 카누를 타고 포장지와 캔이 버려진 강 하구의 삼각주 수역과 연기를 내뿜는 공장지대 근처를 지난 뒤에 쓰레기가 흩어져 있는 강둑 위로 카누를 끌고 올라온다. 전형적인 아메리카 인디언의 모습을 한 코디(사실은 그가 이탈리아계임이 사후에 밝혀졌다)는 많은 자동차가 몰려 정체상태인 고속도로의 길가를 걸어간다. 그때 제멋대로 행동하는 어떤 백인이 자동차 안에서 창밖으로 내던진 패스트푸드 봉지가 코디의 모카신(인디언의 신발―옮긴이)에 부딪친다. 그는 카메라를 응시하면서 한 방울 눈물을 흘린다. 감동을 일으키는 배경음악이 깔리고, 엄숙한 목소리가 들린다. "어떤 사람은 이 나라의 자연미를 존중하는 마음이 깊고도 변치 않습니다. 그러나 어떤 사람은 그렇지 않습니다. 사람들이 오염을

시작했습니다. 그러나 오염은 멈출 수 있습니다." [10]

자동차로 가득 찬 고속도로와 굴뚝을 광고에 포함시킨 것은 KAB의 변신을 상징하는 것이기도 했다. 생태적 각성이 지배적인 분위기가 되는 상황에 직면하자 KAB는 "쓰레기 투기를 하는 것이 모든 악의 근원"이라고 계속 주장하기가 점점 더 어려워졌다. KAB는 자신의 정당성을 유지하기 위해 이사진의 반발에도 불구하고 공기와 물의 오염을 인정하지 않을 수 없었다.[11] 하지만 KAB의 첫 광고도, 계속해서 코디가 출연한 후속 광고들도 눈물을 짜내는 저속한 시나리오에다 내용도 천편일률이었고, 오염의 책임이 개인에게 있다는 KAB의 한결같은 주장에서 벗어나지 않았다. 환경파괴는 개개인이 자연을 무시하거나 경시하는 이기적 행동이 가져오는 쓰디쓴 결과라는 식이었다.

아메리칸 캔 컴퍼니의 한 간부는 "포장지가 스스로 자기를 버리는 것이 아니라 사람들이 포장지를 버리는 것"이라고 말했다. 이처럼 개인을 비난하는 KAB의 핵심 전술은 사람들이 쓰레기가 증가하는 진짜 원인을 보지 못하게 한다.[12] KAB는 대량생산과 대량소비의 환경적 영향에 대한 사람들의 인식에 혼동의 씨앗을 뿌리는 데서 선도적인 역할을 했고, 오늘날 기업들이 녹색세탁을 하는 데도 이런 수법이 애용된다. 산업계가 책임감을 가지고 자연자원을 다루고 있다고 대중이 믿는다면, 자유시장 체제에서 생산이 지속가능하다고 대중이 생각한다면, 쓰레기가 통제 불능의 상태가 될 때 평균적인 소비자들이 그것을 자신들의 책임으로 여기게 된다면 필요한 법률은 제정되지 않을 것이고, 정부는 개입하지 않을 것이며, 생산은 산업계의 뜻대로 계속될 수 있을 것이다.

형식적으로만 녹색

쓰레기와 관련된 녹색세탁의 그 다음 물결은 의무적인 재활용 프로그램의 등장이었다. 의무적인 재활용 프로그램은 주요 쓰레기 매립지의 위기와 폐기보다 재처리를 요구하는 대중적 압력(이 압력은 환경정의운동을 시작한 다양한 단체들로부터 나왔다)의 산물이었다.

2차대전 이후 1980년대 후반까지 대다수의 쓰레기 매립지들은 다양한 위험물질도 받아들여 매립했지만 이로부터 발생하는 유해한 침출수나 가스를 통제하는 체계는 갖추지 못했다. 시간이 흐르면서 가장 잘 관리되는 위생적인 매립지조차도 토양, 지하수, 대기를 오염시켰다. 1980년대 후반에 이르면 많은 기존 매립지들은 유독성을 갖게 되고, 이에 따라 '슈퍼펀드 구역(Superfund site)'의 절반을 차지하게 됐다. 연방정부가 지정하는 슈퍼펀드 구역은 미국에서 가장 유해하다고 판단되는 장소들이다.[13]

이에 따라 쓰레기 관련 시설에 대한 연방정부 최초의 규제조치로 1976년에 제정된 '자원보전복구법(RCRA; Resource Conservation and Recovery Act)'의 한 조항이 마침내 쓰레기 매립지에 적용되기 시작했다. 연방정부는 쓰레기 매립지들에 대해 최소한의 안전기준을 충족시킬 것을 요구하고 노후시설은 재정비하거나 폐쇄하도록 강제했다. 이 조치는 극적인 효과를 낳았다. 1980년대 중후반에 미국 내 쓰레기의 90%는 매립되고 있었지만 매립지들 가운데 약 94%는 기준미달이었다.[14] 이런 상황에서 자원보전복구법이 적용되자 미국의 쓰레기 매립지들 가운데 수백 곳이 문을 닫게 되어 전체 매립지 수가 3분의 1로 급감했다.[15] 그러나 쓰레기 배출량은 폭발적으로 늘어나고 있었다. 1960년과 1980년 사이에 미국에서 버려지는 고형 폐기물의 양은 4배로 늘어났다.[16] 지방정부들은 뭔가 다른 해결책을 찾아야 했고 그것을 재빨리 찾아냈다.

의무예치금 법과 원천감축 제도와 같이 제조업체들에게 폐기물 발생을 줄이도록 요구하는 조치들이 산업계의 로비에 의해 폐지됨[17]에 따라 1980년대와 1990년대 초반에는 재활용이 부흥기를 맞이했다. 미국 전역의 학생들이 '재활용 순환고리 완성'의 미덕을 배우기 위해 미술공작용 색판지와 크레용을 쓰지 말아야 했다. 교외지역의 주부들은 캔과 병을 종이와 분리해 버리기 위해 또 하나의 쓰레기통을 부엌에 놔두어야 했다. 지방정부가 재활용 프로그램 시범사업을 추진하고 실제로 시행하기 시작하자 지역 활동가와 관련 단체가 활성화되고 정치인들도 재활용에 대해 새삼 관심을 보이게 됐다.

1980년대에 가두수거 방식의 재활용 체계가 코네티컷, 뉴저지, 뉴욕, 로드아일랜드, 메릴랜드 등의 주에서 채택됐고, 그 대부분은 의무적인 제도였다. 시나 카운티 수십 곳이 독자적인 조치를 입법화했다.[18] 1980년대 후반에는 지자체 단위의 재활용 프로그램이 미국 전역에 걸쳐 모두 5천 개 이상이나 운영될 정도에 이르렀다. 1975년만 해도 이런 프로그램이 10개에 지나지 않았던 것에 비하면 엄청나게 늘어난 셈이었다.[19] 미국 환경청에 따르면 첫 번째 지구의 날(1970년 4월 22일―옮긴이)로부터 23년 만인 1993년까지 미국 가정의 재활용 비율이 무게 기준으로 7%에서 22%로 세 배 이상으로 높아졌다.[20] 점점 더 많은 도시가 자발적이거나 의무적인 재활용 제도를 도입했고, 점점 더 많은 미국인이 자신의 생활 속으로 재활용이 끼어드는 것을 환영했다.

주요 기업들은 이러한 재활용 확산에 저항하기보다는 스스로 녹색으로 개종하기를 감수하는 듯했다. 얼마 지나지 않아 제조업체들은 포장지마다 재활용의 상징마크인 '꼬리를 물고 돌아가는 화살표'를 찍어 넣었고, 자사의 보다 계몽된 생태친화적 사업방식을 자랑스럽게 광고해댔다. 그러나 진실은 그렇게 간단한 게 아니었다. 산업계는 특정한 물질의 사용 금지, 특정한 산업공정의 운영 중단, 생산에 대한 통제, 제품의 내구성에 대한 최소기준 도입, 자원추출에 대한 더 많은 대가 지불 등과 같은 보다 급진적인 변화를 감수해야 하는 상황에 부닥치기보다는 재활용을 수용하는 게 낫다고 판단했던 것이다. 자본은 추후 부과될 가능성이 있는 여러 규제들에 비하면 재활용을 수용하는 것에 장점이 있음을 알아차렸다. 사용감축이나 재사용과는 달리 일회용 물건을 재생시키고 새로운 용기나 포장에 집어넣어 판매하는 것은 소비수준에도 타격을 주지 않고 기존의 제조공정에도 거의 영향을 미치지 않을 것으로 보였다. 이는 곧 재활용이 수용된다 해도 제조업체들은 수십 년간 해온 그대로 일회용 상품을 계속 만들어 판매할 수 있음을 의미했다. 이와 관련해 몇 해 전에 아메리칸 캔 컴퍼니의 이사인 윌리엄 메이는 일회용 포장재의 급증으로 인해 쓰레기가 홍수를 이룰 것이라는 우려에 대해 논평하면서 이렇게 말한 적이 있다. "국민의 일원으로서 우리는 해결책 또한 상당부분 기술에서 찾아질 수 있다는 점을 이해해야 한다. … 우리는 어떠한 종류의 생산성 감소에도 반대한다."[21] 산업계에서 보기에 재활용은 차악의 선택이었던 것이다.

1970년대 환경주의의 절정기에 환경주의의 조류가 자신들에게로 닥치는 것을 두려워한 많은 미국 기업들이 사용감축이나 재사용을 의무화하는 방식의 더욱 혹독한 조치에 대항하기 위한 보루로 재활용 정책을 이용하려 했고, 이를 위해 주, 지역, 연방의 정치인들을 상대로 로비를 벌였다. 당시 환경단체인 '환경행동(Environmental Action)'의 퍼트리셔 테일러는 쓰레기 발생을 줄이는 노력과 반대로 재활용은 "쓰레기 발생을 제도화하는 데 놀랄 만한 잠재력을 갖고 있다"고 했다.[22] 이런 그의 평가는 옳았다. 재활용은 높은 수준의 생산, 소비, 쓰레기 발생이 유지되면서 더욱 확고하게 자리 잡게 했다.

기업들에게 재활용은 또 다른 이점을 지니고 있었다. 1980년대와 1990년대에 산업계의 일부 기업들과 많은 환경주의자들의 노력으로 재활용의 관행이 확산되고 자리를 잡아가자 모든 종류의 제조업체들이 재활용과 녹색 브랜드를 이용해 얻을 수 있는 홍보의 효과와 마케팅의 기회를 포착하기 시작했다. 점점 더 많은 수의 미국인들이 자신을 환경주의자로 생각하고 있는데 거대 기업들은 왜 그렇게 하면 안 되는가? 실제로 재활용은 산업계를 두 가지로 도와주었다. 재활용은 한편으로는 대중이 산업계에 보다 급진적인 요구를 하는 것을 막아주었고, 다른 한편으로는 새로운 소비자 기반을 확보하는 수단이 돼주었다. 재활용의 이런 효과는 플라스틱 포장 부문에서 가장 두드러지게 나타났다.

1988년에 '합성수지 녹색세탁'이라고 부를 만한 일이 일어났다. 플라스틱산업협회(SPI; Society of Plastics Industries)가 재활용의 상징마크로 '꼬리를 물고 돌아가는 화살표'를 채택한 것이다. 이 재활용 상징마크는 1970년에 처음 만들어진 이래로 공공영역에만 머물러 있었고, 따라서 어떠한 제약이나 감시도 받지 않고 누구나 이 상징마크를 사용할 수 있었다.[23] 플라스틱산업협회는 다양한 플라스틱 제품에 1등급에서 9등급까지의 등급을 표시하는 숫자를 한가운데에 써넣는 식으로 상징마크의 모양을 조금 수정했고, 이렇게 수정된 상징마크를 일종의 '분류번호 체계'로 사용하도록 주정부들에게 권유했다. 사용금지, 의무예치금법, 의무적 재활용 기준 등을 이 분류번호 체계로 대체하라는 것이었다. 산업계가 지원하는 단체인 플라스틱포장협의회(Council on Plastics and Packaging in the Environment)는 1988년 소식지에서 이 분류번호 체계를 채택한 몇몇 주의 입법부들은 "더 엄격한 법령을 제정하는 대신 그 대안으로" 그렇게 한 것이라고 설명했다.[24] 당시에는 미국인들이 음식과 음료수를 사기 위해 10달러를 지출하면 그 가운데 거의 1달러는 포장지 값이었다. 이런 큰 시장에 힘입어 빠르게 성장한 플라스틱 산업은 규제를 차단하기 위해서라면 모든 일을 다 했다.[25]

주정부가 플라스틱 분류번호 체계를 채택한 곳에서는 합성수지 포장재에 등급을 나타내는 문양이 재활용 상징마크와 함께 새겨졌다. 이 삼각형의 상징마크는 재활용과 관련된 구체적인 정보는 전혀 담고 있지 않는데도 그것이 새겨진 물건을 선택한 소비자에게는 그 포장재가 재활용될 수 있으며, 아마도 재처리된 물질로 만들어졌을 것이라고 믿게 했다. 그러나 대개는 재활용되지도 않았고, 재처리된 물질로 만들어진 것도 아니었다.

이 분류번호 체계는 넓은 범위에 걸치는 여러 가지 유형의 플라스틱들을 구분하기 위한 것이었지만 그 분류범주들 안에 중요한 변종들이 많이 들어있는 탓에 분류번호 체계의 효과 자체가 의심스러웠고, 지금도 여전히 의심스럽다. 특히 결정적인 문제점은 버려진 플라스틱을 어떻게 만들어진 것인지에 따라 분류할 필요가 있는 생산업체들에게는 이 분류번호 체계가 도움이 되지 않는다는 것이었다.[26] 1990년대 초에 일부 재활용 센터들은 이 분류번호 체계가 실제로 어떤 것이 재활용되는지에 관한 대중의 판단에 혼동을 일으키고 지역의 쓰레기 처리시설 운영에 드는 비용부담을 크게 한다는 이유로 이 분류번호 체계를 비난하게 된다.[27]

1993년에 환경보호기금(Environment Defence Fund)은 재활용률이 "합성수지 생산의 증가세를 따라가지도 못한다"고 주장했다.[28] 4년 뒤인 1997년의 통계를 보면 합성수지 생산량이 재활용되는 플라스틱의 양에 비해 거의 5배에 이른다.[29] 하지만 재활용을 녹색 마케팅의 수단으로 활용한 플라스틱 업계의 홍보 때문에 대부분의 미국인들은 이와 다르게 알고 있었다.

생산업계는 재활용에서 유리한 홍보수단을 이끌어내고 있었으나 포장업계는 재활용의 확산을 방해했다. 플라스틱산업협회는 1990년대 중반에 미국플라스틱협의회(APC: American Plastics Council)라는 플라스틱 부문의 또 다른 단체와 협력해 재활용을 적극 홍보하면서도 다른 한편으로는 32개 주에서 제안된 180여 개의 규제조치나 법안에 반대했다.[30]

개별 기업들 역시 같은 전술을 채택했다. 대중의 관심이 재활용 문제에 집중되고 있을 때인 1990년대 초에 코카콜라는 재활용 비율 25% 달성을 목표로 내걸었다. 그러나 정부에서는 이 문제에 대해 아무런 책임도 지지 않고 재활용 상징마크의 사용에 대한 규제도 이루어지지 않는 가운데 정치적 압력과 소비자의 관심이 다른 사안으로 옮겨가자 코카콜라는 생태문제에 민감한 소비자들 사이에 자사의 녹색 이미지를 유지하기 위해 굳이 재활용을 실천해야 할 필요가 없음을 알아차렸다. 이렇게 규제가 완화된 분위기 속에서 코카콜라는 1994년에 재활용 플라스틱의 사용을 중단했다. 물론 그 결과로 코카콜라가 어떤 불리한 처지에 빠지지도 않았고, 적어도 법적이거나 지속적인 성격의 후유증은 겪지 않았다. 코카콜라는 2001년에 재활용을 확대하라는 대중의 요구에 다시 직면했으나 목표를 높게 설정해야 할 압력은 거의 느끼지 못했고, 이에 따라 재처리된 합성수지 중에서 겨우 2.5%를 사용하겠다는 약속을 하는 데 그쳤다.[31] 게다가 코카콜라에 플라스틱 병을 가장 많이 공급하는 '사우스 이스턴 컨테이너(South Eastern Container)'는 두 개의 공장을 업그레이드해 0.5리터짜리 새 탄산음료 병을 시간당 6만 개씩 생산할 수 있게 됐다. 이 회사는 자사의 이 새로운 시설이 세계에서 최고라고 주장했다.[32]

1990년대에는 마치 '어머니 자연'의 승인을 받기라도 한 듯 '꼬리를 물고 돌아가는 화살표'와 '재활용합시다'라는 문구가 모든 종류의 병, 캔, 봉투, 포장재를 장식했다. 재활용을 촉진하기 위한 이 모든 홍보는 그 전의 쓰레기 투기 반대 캠페인의 경우와 많은 부분 유사한 사회적, 정치적 영향을 초래했다. 이와 관련해 산업계가 실제로 어떤 활동을 벌였는가와는 무관하게 재활용 캠페인의 수사는 개인의 행동을 쓰레기 문제의 핵심으로 지목함으로써 대중적 논의의 초점이 생산에 대한 규제에서 멀어지게 했다. 하지만 가정, 지역사업체, 학교 등에서 나오는 쓰레기까지 더해 도시에서 나오는 쓰레기는 쓰레기 총량의 70분의 1에도 미치지 못한다. 나머지 대부분의 쓰레기는 제조업, 광업, 농업, 석유 및 가스 탐사 등 산업의 공정에서 발생된다.[33] 일상생활에서 나오는 쓰레기를 버려야 할 곳에 버리는 것만으로는 쓰레기 배출량 전체를 줄이는 데 아무런 기여도 하지 못하며, 오늘날 이루어지는 재활용의 형태는 가장 많이 발생되는 종류의 쓰레기를 줄이는 방향으로 산업생산 구조를 재편하는 데 별로 기여하지 못한다.

재활용이 가져다주는 이익이 분명히 있긴 하고 쓰레기를 소각하거나 매립하는 것보다는 재활용하는 것이 훨씬 낫긴 하지만 재활용이 애초의 인상대로 과연 만병통치약인지는 아직 입증되지 않았다. 재활용 비율은 1970년대 중반부터 20여 년 동안에는 상당히 상승했지만 1990년대 중반부터 정체하기 시작했다. 그리고 1990년대 말에 가까워질수록 쓰레기의 재처리 비율이 사실상 감소하는 지역이 점점 더 늘어났다.[34] 사람들은 자기 집의 부엌 한 구석에 재활용품 수집통을 갖다놓고는 자기가 버리는 쓰레기가 이제는 무해한 것이 됐다고 믿는다. 오늘날에는 아마도 투표를 하는 미국인보다 재활용을 하는 미국인이 더 많을 것이다. 하지만 그 어느 때보다 더 많은 양의 쓰레기가 매립지와 소각장으로 향하고 있다.[35]

재활용이라는 현상은 미래의 '녹색화' 개혁이 어떤 것일지를 잘 보여준다. 재활용의 내력을 보면, 끊임없는 성장해야 하는 자본주의의 특성이 낳는 환경적 결과를 완화하려는 시도는 바로 그러한 자본주의적 팽창의 정치적, 경제적 힘에 의해 쉽게 훼손될 수 있음을 알 수 있다. 자본은 위기를 통해 자신의 모순을 치유할 수 있고, 실제로 자주 그렇게 한다. 자본이 녹색화 노력을 조작해서 실제로는 소비의 불을 지핀 것도 바로 그런 경우다. 재활용 문제에서 자본은 그러한 녹색화 노력의 조작을 통해 상황을 반전시켰다. 환경비용의 반영을 요구하는 정치적인 압력은 자본으로 하여금 상품화를 더 많이 밀어붙이게 했고, 기업과 산업계는 재활용을 이용해 녹색 브랜드를 창출해냈다. 재활용에 대한 자본의 해석은 증가하는 소비를 보이지 않게 가리는 가운데 쓰레기 문제와 관련된 법률적 통제를 계속 어렵게 만들고 환경문제에 대한 책임은 개인에게 있다는 식의 담론을 유지시켰다.

이 모든 일은 대중홍보에 막대한 돈을 지출함으로써 가능했다. 마르크스가 쓴 글 중에 이런 구절이 있다. "나는 추하게 생겼다. 하지만 나는 내 자신을 위해 가장 아름다운 여성을 살 수 있다. 그렇다면 나는 추하게 생기지 않았다. 왜냐하면 추함의 효과(추함의 저지력)가 돈에 의해 무효화되기 때문이다. … 돈은 지고의 선이다. 따라서 돈의 소유자는 선하다."[36] 돈이 추한 것을 아름답게 바꾸고 나쁜 것을 좋은 것으로 바꿀 수 있다면 생태에 파괴적인 것을 녹색으로 바꿀 수도 있을 것이다.

올바른 구매를 통해 선을 행하기

산업생산이 아닌 개인이 환경훼손의 원인이라는 생각을 주입하는 문화적 메시지에 의해 40여 년간에 걸쳐 세뇌당해온 대중이 이번에는 녹색세탁의 다음 단계인 '녹색자본주의(green capitalism)'의 세례를 받게 됐다. 녹색자본주의는 '자연자본주의(natural capitalism)'라고도 불리고, 최근에는 좀더 부드럽게 들리는 '녹색상업(green commerce)'이라고도 불린다. 어쨌든 녹색자본주의라는 개념은 정책담당자, 기업가, 여피족, 기업임원, 환경주의자, 뉴에이저(New Ager) 등에게 인기를 얻고 있다. 1990년대 초반에 생겨나고 '기업의 사회적 책임'과 유사한 녹색자본주의는 겉으로 보기에는 기업과 산업에 의한 지구의 오염을 막는 것을 목적으로 하는 '생산에 대한 새로운 접근'을 형성하고자 하는 것 같다. 녹색상업 역시 환경적으로 책임성 있는 이미지를 다각적으로 홍보하는 동시에 '환경친화적인 것'으로 묘사되는 제품(화학물질이 들어가지 않은 제품, 지속가능한 원료조달에 근거한 유기농 제품 등)을 사고판다는 뜻을 담고 있다. 물건을 매매하는 대신에 임대하자는 것도 '자연자본주의자'들이 내놓은 또 하나의 제안이다. 제조업자들이 만약 사용된 제품을 회수해야 한다면 보다 재활용이 잘 되고 독성이 적은 제품을 만들고자 하는 동기를 갖게 될 것이라는 논리가 그 바탕에 깔려 있다. 이와 같은 '차세대 산업혁명'(이는 그 옹호자들이 붙인 이름이다)의 핵심은 '정부 불간섭의 원칙'과 '적절한 조정이 이루어진다면 소비수준의 증대가 변함없이 계속될 수 있다는 믿음'이다.

이러한 생각이 생산의 재구축이라는 다급히 요구되는 목표를 우선시하는 것처럼 보일지도 모르겠다. 하지만 대량으로 발생되는 쓰레기가 초래하는 환경 황폐화에 대해 녹색자본주의가 해법이 되는 것은 아니다. 그 이유는 첫째, 녹색상업이 가져다줄 것이라고 가정되는 변화들은 자발적인 것들이기에 그 결과가 미심쩍다. 생태적 비즈니스는 역사적으로 환경에 전가돼온 비용의 일부를 내부화하는 데 근거를 두기 때문에 가격의 상승을 가져온다. 그럼에도 자유시장 체제에서는 녹색기업이 비녹색기업과의 경쟁에서 살아남아야 한다. 따라서 생태적 기업은 두 방향 가운데 어느 한 방향으로 이끌리게 된다. 여기서 두 방향이란 생태적 기업이 시장에서 경쟁을 하기에 충분할 정도로 비용을 낮게 유지하지 못해 시장에서 퇴출되는 방향과 틈새시장을 겨냥한 고급 상품을 만들어내는 방향이다. 이는 곧 구매력이 더 큰 구매자만이 녹색상품을 살 능력을 갖고 있다는 뜻이기도 하다. 둘째, 녹색자본주의도 규제되지 않으면 환경파괴적인 기업관행을 보이지 않게 가리는 데 쉽게 악용될 수 있다. 또한 녹색자본주의는 재활용의 경우처럼 규제를 요구하는 압력을 줄여가면서 기업들로 하여금 높은 수준의 성장과 시장의 확대를 계속 추구할 수 있게 해주고, 부실한 노사관계의 관행을 지속시킬 수 있게 해주기도 한다. 기업이 환경적으로 책임성이 있는 것처럼 보이게 되면 사람들은 그 기업이 사회적으로도 책임성이 있는 것처럼 생각하게 될 것이다. 이러한 점들을 감안하면 현재 거세게 일고 있는 생태자본주의의 이면에 무엇이 있는가, 그리고 생태자본주의의 약속은 과연 실현될 수 있는가를 탐색할 필요가 있다.

녹색자본주의를 가장 강력하게 주장하는 사람들 중에는 고급 정원관리 서비스 체인점의 창립자인 폴 호켄(Paul Hawken)과 생태적 사고방식을 가진 건축가인 윌리엄 맥도너(William McDonough)도 있다. 이 두 사람은 디자인을 핵심에 두면서 보다 녹색인 비즈니스를 창출하기 위한 아이디어와 전략을 개괄적으로 서술한 책을 펴냈다. 이들을 비롯한 녹색자본주의자들은 자본주의는 환경악화의 원인이 아니라고 선언한다. 진짜 문제인 것은 자연자원의 엄청난 낭비를 가져오는 부실한 제품과 제조설계라는 것이다. 녹색상업은 정부의 개입을 피하면서 개별 기업이 자발적으로 상품의 생산과 유통을 다시 설계해 쓰레기와 독성물질을 그 과정에서 배제하는 것을 목표로 한다. 이러한 체제 아래서는 소비가 감소된 상태에서 사업을 해야 하는 위험을 발생시키지 않으면서 시장이 계속 확대되는 게 이론상 가능하다. 그리고 미국 안의 어디에서도 규제법이 제정되지 않을 것이라는 전망 아래서 녹색상업은 점점 더 확대되고 있다. 컴퓨터 제조업체인 델은 낡은 컴퓨터를 회수해간다. 패스트푸드 업계의 거인인 맥도널드는 종이 성분이 적게 들어가는 냅킨을 사용한다. 도요타는 하이브리드 자동차에 대한 주문을 따라가지 못하고 있다. 환경친화적인 제품을 만들고 판매하는 기업들은 호황을 맞고 있다. 유기농 슈퍼 체인인 홀푸즈(Whole Foods)는 〈월스트리트저널〉이 그 주가의 상승에 넋이 빠질 정도로 빠르게 성장하고 있다. 아베다(Aveda)와 같은 미용용품 기업들과 세븐스 제너레이션(Seventh Generation)과 같은 무화학물질 세제류 제조업체들도 날로 번성하고 있다.

이처럼 더욱 정교한 형태의 녹색세탁이 점점 더 입지를 다져가고 있다. 환경위기가 심화됨에 따라 과거의 방법들(예를 들어 1950~60년대에 대중에게 쓰레기를 어떻게 처리하라고 가부장적이고 권위적인 목소리로 요구하던 방법이나 1980~90년대에 유행하던 생태적 상표 부착과 같은 방법들)이 힘을 잃어가고 있기 때문이다.[37] 그 결과 녹색의 외관을 가꾸는 것이 점점 더 복잡한 일이 됐다. 2003년에 실시된 여론조사에서는 응답자의 80%가 구매결정 시에 그 상품이 환경적으로 안전한가의 여부에 영향을 받는다고 응답했다. 같은 조사에서 응답자의 70%는 환경친화적인 실천을 한다고 알려진 기업의 상품을 구매할 가능성이 그렇지 않은 기업의 상품을 구매할 가능성보다 높다고 응답했다. 그런가 하면 2003년의 여론조사에서는 응답자의 57%만이 실제로 재활용 제품이나 환경적으로 안전한 제품을 구매한다고 했지만, 최근의 여론조사에서는 이런 응답의 비율이 더 높아졌다.[38] 2005년에는 미국 소비자의 거의 3분의 2가 유기농 식품과 음료수를 구매했는데 이 비중은 전년의 두 배에 이르는 수치다.[39]

또 다른 조사에서는 응답자의 대략 절반가량이 자동차, 에너지, 집, 가전제품 등을 구매할 때 환경적으로 우수한 상품에 더 많은 돈을 지불할 의사가 있다고 대답했다. 하지만 그렇다고 해서 반드시 기업의 생태적 매출이 늘어나는 것은 아니다. 미국의 전력회사들은 절반에 가까운 고객들을 대상으로 일반 가격보다 조금 더 높은 '녹색가격'에 재생가능 에너지원으로 생산한 전력을 공급하는 사업을 운영하고 있지만 실제로 이에 응해 녹색가격을 내는 소비자는 대상자의 1% 미만에 그치고 있다.[40] 사람들은 자기가 구매하는 물건의 환경영향을 고려한다고 말하지만, 그렇다고 해서 반드시 환경영향에 대한 고려에 근거해 구매결정을 내리지는 않는다. 게다가 2003년의 여론조사 결과를 보면 응답자 가운데 대다수인 94%가 기업의 환경관련 실적을 주기적으로 살펴보지는 않는다고 대답했다.[41]

위와 같은 사실들에 내포된 의미는 이렇다. 우선 많은 사람들이 지구를 걱정한다고 밝히고 있다는 점에서 기업도 녹색으로 비쳐지는 것이 유리하다. 그러나 실제로 생태적으로 안전한 물품을 구매하는 소비자는 적고, 기업의 실제 운영을 캐보는 사람은 더 적기 때문에 기업이 진정으로 생산의 내용을 바꿀 필요는 없다. 기업은 단지 요구받는 것만 그대로 하는 것으로도 돈을 벌 수 있다. 이런 맥락에서 오늘날 기업들이 하는 일로는 제3의 기관으로부터 자사의 환경친화성을 인증 받는 것, 비영리 환경단체와 제휴해 녹색 프로젝트에 투자하는 것, 생태지향적 소비자 상품을 공급하는 것 등이 있다.[42] 이에 대해 〈애드버타이징 에이지(Advertising Age)〉는 "환경적인 이미지 구축을 위한 광고에 그저 돈을 쏟아 붓는 방식의 녹색세탁이 줄어들고, 그 대신 진실한 느낌을 주는 공동광고가 늘어난다는 의미"라고 지적했다.[43]

포드자동차는 2003년에 리버루지 공장을 재단장해 공개했다. 윌리엄 맥도너가 설계한 이 공장은 잔디옥상과 채광창이 설치된 것이 특징이며, 주위에는 폭우가 쏟아질 경우에 그에 따른 피해를 막아줄 습지가 조성돼 있다. 리버루지 공장의 이런 녹색단장은 포드자동차의 새 CEO인 빌 포드(Bill Ford, 헨리 포드의 손자)가 환경적으로 더욱 세련된 방향으로 계획한 이 기업의 미래를 실현하기 위해 가장 먼저 취한 조치들 가운데 하나였다. 포드자동차는 이어 2005년에는 자사의 첫 하이브리드 차인 '이스케이프 SUV'를 출시하면서 '녹색이 되는 것은 쉽다고 생각한다'라는 슬로건을 내걸었다. 이 기업은 원대한 '생태비전'도 제시했고,

많은 관심을 끌었지만 그 내용은 일급 기밀로 유지하고 있는 '피켓(Piquette)'이 라는 이름의 프로젝트를 통해 '자동차 제조의 녹색미래'를 실현하는 방안을 추진하고 있다. 〈타임〉에 따르면 이 피켓 프로젝트에는 재생과 재활용이 가능한 자동차를 만드는 것을 목표로 자동차 제조의 체계와 제품라인을 대대적으로 개편하는 내용이 포함돼 있다고 한다. 포드의 새로운 아젠다에는 2010년까지 연간 약 25만 대의 새로운 하이브리드 자동차가 도로 위를 달리게 한다는 목표와 자사가 대안연료 기술을 선도하는 기업이 될 것이라는 약속도 들어있다.[44] 이 거대한 자동차기업은 빌 포드가 직접 언론홍보를 주도하는 가운데 자사가 환경문제를 전체적으로 잘 이해하고 있다고 거듭 공언하기에 바쁘다. 환경주의를 향한 이러한 경주의 이면에는 과연 무엇이 있을까?

녹색자본주의는 공해를 많이 발생시키는 제품을 만드는 포드자동차와 같은 기업들이 환경보건의 옹호자로 변모할 수 있게 해준다. 아울러 녹색자본주의는 소비자들의 관심을 자극하고 정부의 통제를 억제하는 효과를 발휘한다. 포드자동차는 리버루지 공장을 새로 단장한 뒤에 자사의 녹색평판을 과시하는 데 이 공장을 활용했다. 이 공장의 '생태효율성'(맥도너의 표현)은 'F-150 트럭'이나 '익스플로러 SUV'(이 차는 휘발유 1갤런으로 10~15마일밖에 못 간다)와 같이 전 세계적으로 연료효율이 가장 낮은 자동차들이 포드자동차의 조립라인에서 생산되는 현실을 보이지 않게 가릴 수 있다. 심화되는 환경위기에서 지구온난화가 핵심적인 문제가 되면서, 그리고 자동차 배출가스가 기후변화의 주범으로 지목되고 있다는 점에서 포드자동차는 심각한 경영상의 후퇴를 겪어야 할 이유를 갖고 있다. 게다가 포드자동차는 연비가 더 좋은 소형차 부문에서는 손실을 보고 있는 반면에 기름도둑이나 다름없는 차량 부문에서 이윤을 가장 많이 내고 있다. 이런 상황이니 포드자동차가 소비자들로 하여금 자사 사업의 환경적 실체를 보지 못하도록 그것을 가리는 노력을 기울이는 것이 이상한 일은 아니다.

포드자동차는 또한 수익성과 성장 면에서 심각한 위기상황에 직면해 있다. 익스플로러 SUV라는 베스트셀러 상품에도 불구하고 포드자동차의 미국시장 점유율은 지난 5년간 급락했고, 이로 인해 2005년에 포드자동차 주식은 정크본드 수준으로 폭락했다. 2006년에 빌 포드는 포드자동차의 새로운 녹색 비전을 제시하는 동시에 대규모 구조조정 계획을 발표했다. 43개의 미국 내 공장 가운데 많게는 10개를 폐쇄하고 12만3천여 명의 북미공장 노동자 가운데 5분의 1을 해고한다는 내용이었다.[45] 포드자동차는 자사의 이미지를 환경의 첨단에 서있는 기업으로 재구축하는 것을 통해 자사의 노동정책에 대한 대중의 관심을 다른 곳으로 돌리려 하고 있다. 맥도너는 새로 단장한 리버루지 공장에 관한 글에서 포드자동차는 채광창 설치와 같은 건축 상의 변화를 통해 "생태의 보호와 사회적 형평성의 개선을 위한 노력"을 입증했다고 주장했다.[46] 그러나 포드자동차가 사회적, 생태적 형평성의 달성에 더 많이 기여할 수 있는 방법은 높은 연료효율성 기준의 도입에 반대하는 로비활동을 중단하는 것이다. 포드자동차는 규제를 강화하라는 압력을 줄이기 위해 자사가 지구에 대해 걱정하고 있다고 소비자들이 믿게 하기 위한 녹색화 노력을 기울이고 있을 뿐이다.

또 하나의 적절한 사례는 세계에서 가장 큰 기업인 월마트다. 이 기업은 현재 환경문제에 민감하게 대응하는 쪽으로 급작스럽게 방향전환을 하고 있다. 월마트의 대형 할인매장들은 2005년에 갑자기 유기농 제품 판매, 매장의 에너지 소비 감축, 연료효율성이 높은 트럭으로의 수송수단 전환, 2016년까지는 문 바깥으로 어떤 쓰레기도 배출하지 않도록 하겠다는 '쓰레기 제로화' 선언을 비롯한 일련의 환경 프로그램을 선보였다. 이어 월마트는 시장조사 결과를 토대로 '미국 어류 및 야생동식물 재단(National Fish & Wildlife Foundation)'과 협력해서 10년 동안 3500만 달러를 투자해 자사의 '생태발자국' 전체에 해당하는 면적만큼 야생동식물 서식지를 보전하겠다는 계획을 엄청난 홍보와 함께 발표했다.[47]

그러나 그 이면에서 월마트는 비행의 혐의로 자사의 성장에 심각한 위협이 되는 일들을 겪어야 했다. 월마트는 2005년에 미국에서 역사상 최대 규모의 성차별 관련 집단소송을 당했다. 160만 명의 현직 및 전직 여성노동자들이 부당한 대우를 당했다며 월마트를 고소했다.[48] 또한 월마트는 최근에 불법 이민자뿐만 아니라 어린이까지 고용했다는 혐의에 대해 유죄판결을 받았다. 현재 월마트는 기존의 매장들에서는 매출이 줄어들고 있고, 미국 북동부의 거대 시장에 의미 있는 수준으로 진출을 확대하는 데도 실패하고 있다. 이런 가운데 월마트는 생태적 관점을 활용하는 것이 자사의 이익을 증진시키는 길이라고 보고 있다.[49]

쓰레기 처리를 하는 기업들이 환경을 보호하는 회사가 되겠다고 나서는 것도 의미심장한 현상이다. 북미 최대의 쓰레기 기업인 '웨이스트 매니지먼트 인코퍼레이티드(WMI; Waste Management Incorporated)'는 교묘한 녹색 마케팅을 통해 대중으로 하여금 모든 것이 잘 되고 있다고 계속 믿게 하고 있다. 이 회사는 덤프트럭과 쓰레기 수집용 차량에 짙은 녹색 칠을 하는가 하면 10년 전부터 KAB와 협력해 '지역사회 프로그램과 교육사업'을 전개하는 등 자사의 지구친화적 미덕을 널리 알리는 홍보활동을 공격적으로 벌여왔다.[50] 이 회사의 CEO가 자사 홈페이지에 올려놓은 메시지에는 이런 구절이 들어있다. "우리는 우리 회사에 대해 자부심을 느끼며, 매일 여러 모로 '녹색으로 생각하기(Think Green®)'를 한다. 녹색으로 생각하기는 단순한 슬로건 이상이다. 이것은 우리의 쓰레기 매립 사업과 혁신적인 쓰레기 재활용 프로그램에 대해 우리 자신이 취하는 태도이고 … 우리가 봉사하는 수많은 지역사회에서 우리가 환경의 수호자로서 계속 수행해야 할 역할이다."[51]

쓰레기 처리 산업 전체에도 해당되는 말이지만, WMI의 이윤은 매립하는 쓰레기의 양에 비례해서 커진다. 그래서 WMI로서는 환경보전이 최우선 과제라고 대중으로 하여금 확신하게 해야 할 필요가 있다. 대중이 그렇게 확신한다면 쓰레기 감축을 의무화하는 법률적 규제가 더 엄격해지지 않더라도 쓰레기 처리 기업들은 매출을 늘려나갈 수 있을 것이고, WMI도 더 많은 이익을 올릴 수 있을 것이다. 2003년에 WMI는 115억 달러라는 기록적인 매출을 올렸다.[52] WMI는 재활용처럼 쓰레기가 전용되게 하는 데서보다는 쓰레기를 매립하는 데서 훨씬 더 많은 돈을 벌었다. '경쟁력 있는 쓰레기산업 센터(Center for a Competitive Waste Industry)'의 대표인 피터 앤더슨에 따르면 WMI와 같은 기업들에게 재활용은 5%의 마진 밖에 가져다주지 못하지만 매립은 25%의 마진을 가져다준다.[53] 그러므로 가능하면 쓰레기를 땅에 많이 묻는 것이 WMI에 이익이 된다. 이는 곧 WMI가 쓰레기 감축, 퇴비화, 의미 있는 재활용 같은 쓰레기의 대체용도에 대해서는 일관되게 방관하게 됨을 뜻한다. 그럼에도 불구하고 WMI는 지칠 줄 모르고 환경을 보호하는 고결한 '생태적 시민'인 것처럼 자사를 홍보하고 있다.

월마트, 포드자동차, WMI 같은 거대기업들이 이처럼 생태적 성격을 덧입힌 녹색상업을 활용하는 사이에 그동안 환경문제에 그다지 관심을 기울이지 못했던 중소기업들도 비슷한 홍보 및 마케팅을 목적으로 녹색 이미지를 내세웠다. 그러나 이와는 다소 다른 방법으로 녹색상업을 실행하는 기업들도 있다. 바로 환경주의를 자사 사업모델의 조직원리로 삼는 기업들이다. 이런 기업들은 환경주의에 대한 정의는 서로 매우 다르게 내리지만 생태계를 좀 더 많이 고려하는 생산을 하는 데 대한 관심은 다 똑같이 공유하고 있다.

미용용품 제조업체인 아베다(Aveda)는 1978년에 허브나 야생화 같은 자연성분이 들어간 샴푸, 비누, 화장품을 만들어 판다는 아이디어를 토대로 창업됐다. 오늘날에도 아베다는 전반적으로 환경주의 정신으로 운영되고 있다. 이 회사의 사장인 도미니크 콘세유는 "아베다는 지구를 보호하고, 자원을 보전하고, 미래세대가 스스로를 떠받칠 수 있는 능력을 훼손하지 않는 방식으로 사업을 해나갈 수 있다고 믿는다"고 말한다.[54] 실제로 아베다는 제조과정과 유통과정을 늘 점검하며, 이를 위해 자사의 에너지 사용량, 이산화탄소 배출량, 쓰레기 배출량 등을 꼼꼼히 살핀다. 아베다의 홈페이지에 이러한 노력의 일부가 소개돼 있다. "항공운송은 해상운송보다 73배나 많은 이산화탄소를 배출하기 때문에 아베다는 언제나 가능하면 비행기보다 배를 이용한다. 2001년 7월부터 2002년 6월까지 아베다는 항공운송량을 50% 줄였다. 더 나아가 아베다는 가장 착취가 덜한 원료조달 방식을 개발했고, 포장재에는 소비자들이 사용한 뒤 재활용으로 돌려진 원료를 25~45% 사용하고 있으며, 사내에 환경적 지속가능성에 관한 업무를 전담하는 부서를 두고 있다."[55]

문제는 아베다의 제품이 시장에서 최고가품이라는 점이다. 아베다와 같은 '최고급 브랜드'에도 비용이 상당한 장애가 될 수 있다. 2005년 봄에 아베다의 환경적 지속가능성 담당 대표인 메리 트카흐는 쓰레기 감축에 관한 회의에서 파워포인트로 프레젠테이션을 하면서 아베다가 달성하고자 하는 것들의 목록을 제시했다. 그 가운데는 쓰레기 배출량을 영(0)으로 만들기 위한 계획도 들어 있었다. 청중으로부터 아베다가 실제로 달성할 수 있는 것이 무엇이냐는 질문이 나왔다. 그러자 트카흐는 한계가 있다고 고백했다. 그는 "아베다는 쓰레기 배출량을 영으로 만들 수 있기를 원하지만, 실제로 그렇게 하는 데는 비용이 너무 많이 든다"고 말했다. 예를 들어 튜브와 같은 화장품 용기를 소독할 수 있는 기술을 적정한 수준의 비용으로는 확보할 수 없으며, 그렇다면 재활용할 수 있는 포장재를 화장품 포장에 사용하기가 불가능한 것이다.[56]

다른 많은 기업들에 비해 녹색에 더 가깝기는 하지만 아베다 역시 '지구의 관점에서 옳은 일'과 '주주의 관점에서 옳은 일' 사이에 끼어 있다. 아베다는 1998년에 화장품 업계의 거인인 에스테 로더(Estée Lauder)에 인수됐고, 그 뒤 자유시장 체제 속에서 영업하고 있다. 따라서 아베다는 자유시장 체제의 규칙에 따라야 한다. 제품이 만약 과도하게 비싸다면 팔리지 않을 것이고, 환경적 지속가능성을 위한 지출을 너무 많이 하면 업계에서 퇴출될 것이다. 이 기업이 환경적 실천을 계속하는 것이 다른 기업들로 하여금 생태적 책임감을 갖게 함으로써 자연자원을 보호해야 한다는 생각이 존중되는 문화를 정착시키는 데 기여할 수는 있겠지만, 이것만으로 산업의 관행을 녹색으로 전환시키지는 못할 것이다.

환경친화적 노력을 기울이는 기업들은 제품의 가격이 필연적으로 높아진다는 문제에 부닥치게 된다. 숀 투메이는 캐나다 오타와에 있는 녹색상품 가게의 사장이다. 이 가게는 화학물질이 들어있지 않은 세제, 퇴비화가 가능한 화장지, 유기농 면화로 만든 침대커버, 바이오연료에 관한 자체출판 도서 등 다양한 녹색상품을 판다. 투메이는 이와 같은 상품들은 모든 사람이 다 사다 쓸 수 있는 것이 아님을 장사를 해본 경험으로 잘 알고 있다. 그는 이렇게 말한다. "우리 가게가 부유한 동네에 있지 않았다면 지금까지 살아남아 계속 장사를 할 방법이 없었을 겁니다."[57] 생태적으로 건전한 물건을 살 수 있는 소비자는 구매력이 큰 사람이다. 북미에서도 대부분의 노동자 가족은 녹색상품을 살 여유가 없다.

녹색자본주의 옹호자들은 소비자들이 녹색제품에 큰 관심을 갖게 되면 생산이 저절로 환경적으로 지속가능하고 책임성 있는 방식으로 변한다고 주장한다. 하지만 현실의 상황은 이런 주장과는 다른 방향으로 나타나고 있는 것 같다. 이런 점을 보여주는 유용한 사례는 유기농 먹을거리 산업이다. 뉴욕의 유니언 광장에서 가장 최근에 문을 연 고급 홀푸즈 매장에 들어가 보면 트랙조명으로 밝혀진 매장 복도에 다양한 무독성 개인관리용품들은 말할 것도 없고 유기농으로 생산된 빵, 과자, 고기, 농산물, 우유, 치즈 등이 진열돼 있다. 자연식품 체인은 수익성이 높은 유기농 산업을 성공적으로 개척했다. 유기농 산업은 지난 10년 동안 매년 20%씩의 놀라운 성장률을 보였다. 홀푸즈의 주가는 1992년에 2달러 92센트였지만 지금은 64달러 92센트다(홀푸즈의 주가는 2006년 초에 80달러까지 올랐고, 2007년 가을 현재 40달러 수준이다—옮긴이).[58] 1978년 텍사스 주 오스틴에서 채소가게로 출발한 홀푸즈는 세계에서 가장 큰 자연식품 소매업체가 됐고, 히피족 거주지역에서 도시의 주류 상권으로 자리를 옮겨 성공적으로 자리를 잡았다. 〈파이낸셜 타임스〉는 2004년에 홀푸즈를 가리켜 "미국에서 가장 빠르게 성장하는 대중적 소매업체"라고 보도했다.[59]

유기농 식품과 같은 생태제품에 대한 수요의 급증이 녹색 비즈니스의 확장과 대기업의 시장진입을 유인하고 있다. 이런 추세가 심각한 상충관계를 내포하고 있는 것은 놀랄 일이 아니며, 이로 인해 산업생산 자체가 재구성되기보다는 녹색으로 간주될 수 있는 것이 무엇인지를 자본이 다시 정하는 현상이 나타나고 있다. 그 결과로 유기농 라벨이 붙은 제품의 구성성분에 화학물질이 포함돼 있지 않아도 그 제품의 생산과 유통은 환경을 파괴하는 방식으로 이루어질 수도 있게 됐다.

홀푸즈는 매장 진열대를 유기농 제품으로 채우기 위해 뉴질랜드와 같은 먼 곳에서 과일과 채소를 수입한다. 미국 두유업계의 1위인 실크(Silk)는 국내에서 생산된 원료만 사용하는 것으로는 모자라 멀리 브라질과 중국에서 유기농 콩을 수입하는 것으로 알려졌다.[60] 미국의 유기농 부문 전체가 2004년에 올린 연간 매출은 150억 달러였다. 이에 비해 2005년의 유기농 식품 수입액은 15억 달러였으니, 유기농 시장에서 수입품이 상당한 부분을 차지하고 있음을 알 수 있다.[61] 해외에서 수입된 무화학물질 식품이 합성화학물질을 사용하지 않고 재배됐는지는 몰라도 그것을 미국 국내로 운송하는 과정은 재생불가능한 탄화수소를 사용함으로써 이산화탄소를 배출해 대기를 오염시키기 때문에 지구온난화의 주범이 된다.

유기농 식품의 시장이 커지면서 그 판매방식이 점점 더 정교해지고 있다. 무화학물질 식품은 비료, 농약, 살충제, 호르몬 등의 물질을 사용해 재배된 '전통적'인 먹을거리보다 평균 50% 비싸다.[62] 유기농 식품의 가격이 비싼 것은 생산비용이 더 많이 들기 때문이다. 예를 들어 작물에 화학물질을 뿌리는 대신에 노동자들이 맨손으로 잡초를 뽑아야 한다면 생산에 필요한 노동의 양이 늘어나 생산비용이 커진다. 산업형 농민은 제초제 비용을 1에이커(1224평—옮긴이)당 약 50달러를 지출해야 하는 데 비해 유기농 농민은 잡초를 제거하는 데 1에이커당 최대 1천 달러까지 지출해야 한다.[63] 또한 유기농 작물은 전통적인 방법으로 재배한 다수확 작물보다 수확량이 적다. 플로리다에서 유기농으로 오렌지를 재배하는 농민은 화학물질을 사용하지 않으면 수확량이 30% 정도나 줄어들 수 있다고 말했다.[64]

유기농 식품은 최근 홀푸즈 같은 틈새시장 고급매장에만 머물러 있지 않고 월마트를 비롯한 주요 슈퍼마켓 체인의 진열대로도 진출하고 있다. 이런 추세는 보다 건강에 좋은 식품이 점점 더 많이 공급되고 있다는 뜻이기도 하지만, 반드시 그런 것은 아니다. 코카콜라, 엑손모빌, 유니레버, 몬샌토 같은 기업들의 자회사가 소규모 유기농 업체들을 인수하면서 산업의 집중이 발생하고 있다.[65] 유기농 업계의 이같은 변화는 가격인하를 추구하는 움직임으로 이어지고 있지만, 반드시 더 나은 생태적 관행을 통해 가격인하가 추구되는 것은 아니다. 네브래스카대학의 농학자인 피터 스켈턴(Peter Skelton)은 집약적 농업이 화학물질을 사용하지 않는다 해도 산업적 식품생산은 여전히 생태계에 부담을 줄 것이라고 설명한다. "유기농 축산농장에서는 젖소에게 전통적인 사료를 주는 대신에 유기농 사료를 준다. 그렇더라도 농장의 투입물은 다른 데서 싣고 와야 하고 이런 운송은 환경적인 영향을 수반한다. 반면에 소규모 축산농장처럼 목초지가 있어서 자체적으로 사료를 조달하는 시스템을 갖추고 있다면 그러한 외부로부터의 투입물이 전혀 필요하지 않을 것이다."[66]

소규모 농장이라고 해서 농기업들과 달리 수익성에 목표를 두지 않는 것은 아니다. 그러나 주주들의 요구와 지속적으로 성장을 해야 할 필요성으로 인해 대규모 기업들은 끊임없이 효율성 제고를 추구해야 한다는 것은 분명하다. 미국에서 가장 큰 유기농 우유 생산업체인 호라이즌 데어리(Horizon Dairy)는 비용이 많이 드는 유기농 기준을 우회하기 위한 노력을 여러 가지로 기울이고 있다. 미국 최대의 낙농가공업체 딘 푸즈(Dean Foods)의 자회사인 호라이즌 데어리는 젖소들을 들판에 풀어놓고 자연의 풀을 뜯어먹게 하는 대신에 축사에 가두어 놓고 키우는 것으로 알려져 있다. 〈컨수머 리포트(Consumer Report)〉는 "현재의 연방정부 규정에 따르면 유기적 축산은 가축이 목초지에 접근할 수 있게 해야 하지만 건강, 안전, 가축의 출산, 토양이나 수질 보호를 위해서는 가축을 일시적으로 가둘 수 있게 돼있다"고 한다. 이런 모호한 규정으로 인해 대규모 축산업체들은 일을 대충대충 처리할 수 있을 뿐 아니라 소비자들이 유기농 먹을거리에 대해 기대하는 것을 제대로 충족시키지 않아도 되는 것이다.[67] 호라이즌 데어리와 같은 기업들이 이용할 수 있는 법규상 허점이 또 있다. 축산농장에서 유기농 젖소 떼에 포함시킬 젖소에게 그전에 항생제, 유전자조작 곡물, 가축의 부산물 등이 함유된 사료를 먹여도 되는 것인지 여부가 법규상 불분명하다. 미네소타에 본부를 두고 있는 '유기농소비자연합'의 국내 담당 이사인 로니 커민스는 바로 이런 모호한 법규로 인해 호라이즌 데어리가 "정기적으로 산업형 농장에서 송아지를 가져와서 그것을 그냥 유기농 젖소라고 부르는 것"이 가능하다고 지적했다.[68]

거대기업들이 유기농 산업으로 진출하고 있지만 그 가운데 진정으로 녹색의 유기농 생산업체로 변신하는 기업은 별로 없다. 오히려 강력한 힘을 가진 기업들이 2002년에 미국 농무부가 유기농 표시기준을 채택한 뒤로 규제완화를 이끌어내기 위한 로비에 나서고 있다. 조지아 주의 한 닭 생산업체는 조지아 주 출신 의원들을 움직여 2003년도 연방 세출예산안에 유기농 기준을 완화하는 내용의 개정안을 추가하도록 했다. 한 설명에 따르면 이 개정안에는 "많은 양의 중금속, 농약, 가축 부산물이 포함될 수 있는 일반 사료의 가격에 비해 유기농 사료의 가격이 만약 두 배 이상으로 높아지면 축산업자는 비용이 적게 드는 비유기농 사료를 사용할 수 있고, 이런 경우에 실제로 비유기농 사료를 사용했어도 제품에 유기농 라벨을 붙일 수 있다"는 내용이 들어 있었다고 한다. 이 개정안은 소비자와 유기농 농민들 사이에 엄청난 반발을 불러일으킨 뒤에 결국 폐기됐지만, 그 뒤에도 유기농 기준에 대한 공격은 멈추지 않았다. 결국 2005년에 연방 의회는 유기농 라벨이 붙은 몇몇 식품 속에 합성물질 성분이 포함되는 것을 허용하는 내용으로 유기농 라벨 법안을 약화시켜 통과시켰다.[69] 이에 대해 로니 커민스는 "유기농 식품에 돈을 지출하는 소비자가 점점 더 많아지고 있는 가운데 거대기업들로 하여금 유기농 기준을 준수하도록 하는 대신에 규칙의 완화를 원하는 거대기업들이 기준을 준수하기 위해 들여야 하는 비용을 부담하지 않고도 자사 제품을 유기

농 식품으로 판매할 수 있도록 해준 것"이라고 지적했다.[70]

녹색상업은 과거의 '쓰레기 투기 안 하기' 캠페인이나 '재활용' 캠페인과 마찬가지로 기존의 '사회적 소비관계'를 건드리지 않을 뿐 아니라 기존의 경제질서에도 부합하기 때문에 많은 개인과 기업들에게 쉽게 받아들여진다. 녹색상업을 증진시키는 활동을 하는 비영리단체인 '코오프 아메리카(Co-op America)'에 따르면 미국의 가정들은 평균적으로 의식주와 개인관리용품 같은 생필품에 연간 1만7천 달러를 지출한다. 코오프 아메리카는 이렇게 주장한다. "각 가정에서 지출하는 돈이 모두 건강에 좋은 유기농 먹을거리의 생산을 촉진하는 데, 착취적인 공장을 문 닫게 하고 공정무역을 확대시키는 데, 그리고 녹색제품이 거래되는 전국적인 시장을 창출하는 데 쓰인다고 상상해보라. 바로 이것이 녹색제품을 구매해야 하는 이유다. 그것은 우리의 아이들을 비롯한 모든 아이들에게 더 나은 세상을 만들어주는 데 기여하는 구매결정을 내리는 것이다."[71]

듣기에 좋은 말인 것은 분명하다. 또한 녹색상품들 덕분에 미래의 생태적 손실이 다소 완화될지도 모른다. 그러나 녹색상품들은 여전히 최대한의 생산, 최대한의 소비, 최대한의 쓰레기에 의존하는 체제 속에서 순환한다. 게다가 자본주의는 팽창하는 성격을 지니고 있다. 팽창하는 자본주의 속에서 기업들은 계속 성장해야 한다. 녹색인 기업들도 마찬가지다. 생태적 상업을 옹호하는 사람들은 소비와 관련된 문제점을 극복하는 소비를 우리가 할 수 있다고 생각할지 모른다. 그러나 녹색자본주의는 자본주의적인 사회적 생산관계에, 그리고 자연에 대한 자본주의적 생산의 착취적 관계에 내장돼 있는 문제점을 해결할 수 없다.

정치로서의 소비

따라서 녹색상업은 산업자본주의 시절부터 미국의 기업들이 환경적 악영향에 대한 대중의 인식을 자기들에게 유리한 방향으로 유도해온 오랜 역사의 마지막 장을 장식하는 것일 뿐이다. 생태적 상업은 실상과는 반대되는 인상을 풍기면서 자본 자신이 진짜로 완전히 재구성되는 것을 피하기 위한 자본 일반의 수단이다. 자본 일반이 대중의 의식에 심어 넣은 잘못된 인식은 자본이 시장 기반의 해법과 연결된 개인적 책임성의 이데올로기를 계속적으로 발전시켜가면서 정부의 규제의 미리 막을 수 있도록 돕는다. 그리고 과거의 녹색세탁과 마찬가지로 녹색상업은 건강에 유해하지 않은 생태환경을 보호하기 위한 정치적 변화를 만들어내는데 사람들이 의미 있게 참여하지 못하도록 가로막을 수 있는 잠재력을 갖고 있다. 따라서 녹색상업은 환경운동이 폭로해온 침울한 현실을 자본이 호도할 수 있도록 돕는 동시에 심각한 생태위기의 한가운데서 계속되는 자연의 착취가 수용 가능한 것처럼 보이게 하려는 기업들의 작업을 돕는다. 제임스 오코너(James O' Conner)는 이렇게 지적했다. "기업들은 어떻게 해야 지속가능한 수익성 및 자본축적과 부합하는 방식으로 자연을 재구성할 것인가 하는 문제로 환경문제를 재설정한다. '자연의 재구성'은 '수도꼭지'이자 '수챗구멍'이기도 한 자연에 대한 접근의 증대를 의미한다. … 녹색운동은 자본으로 하여금 자연을 자신의 모습과 같게 재구성하게 하고, 이를 통해 자본주의 이전의 자연에 대한 원시적 착취는 끝내게 하고 있는 것인지도 모른다."[72]

자본주의가 지구 전체로 확산되면서 자연은 더 이상 인간과 독립된 존재로 남아 있을 수 없게 됐다. 이제는 가장 외딴 곳의 자연도 자유시장 체제의 사회적 관계를 중심으로 삶이 구조화돼 있는 사람들의 행동으로부터 영향을 받는다. "인류는 자신들이 접근할 수 있는 자연을 만들어왔다"는 닐 스미스(Neil Smith)의 주장은 역사적으로도 사실이지만 녹색상업 아래서의 삶에도 그대로 적용된다.[73] 녹색상업의 실천이 생산의 과정에서 내려지는 결정에 환경적 보건에 대한 고려를 반영하는 것처럼 보이지만, 실제로 일어나는 현상은 부의 축적을 가로막는 장애물을 제거하는 것을 목적으로 한 자연의 재창출이다.

녹색상업은 '생산주의적 헤게모니'(이는 토비 스미스(Toby M. Smith)의 표현이다)라는 폭넓은 문화적 담론의 일부다. 생산주의적 헤게모니는 경쟁과 성장을 환경위기에서 벗어나게 해주는 탈출구로 믿는 태도를 조장하는 동시에 자본주의적 생산을 '삶의 질을 개선시켜줄 유토피아적 계획'으로 설명한다. 신디 카츠(Cindi Katz)는 "깨끗한 자본주의는 분명 더러운 자본주의보다는 낫다. 그러나 다른 사안들이 문제다. 소비로서의 정치(그리고 정치로서의 소비)는 환경문제를 다루는 의미 있는 방식을 거듭 가로막고 모호하게 만듦으로써 환경문제와 그 해법이 개인화되도록 한다"고 지적한다.[74]

녹색상업에서는 이중의 기만이 작동하고 있다. 첫째, 사람들은 환경을 깨끗하게 관리해야 한다는 개별적이고도 개인적인 책임을 받아들이도록 설득당하며, 이와 동시에 자기들이 실제로 효과적인 무언가를 하고 있다는 자족감을 갖게 된다. 둘째, 해법은 개인적인 것이라고 말해지기 때문에 사람들은 권력을 가진 자들에게 맞서기를 피하게 되고, 현재의 경제체제에 내재하는 불평등과 착취에 도전하는 데 관심을 갖지 못하게 된다.[75] 생태자본주의(eco-capitalism)는 원료채취를 제한하고 제조업을 규제하고 소비와 쓰레기를 줄이는 등의 진정한 정치적 해결책을 확보하는 데 필요한 투쟁의 활력을 위축시킨다.

녹색상업은 또한 '환경정의운동'이라는 중요한 일을 탈선시킬 수 있는 잠재력을 갖고 있다. '코오프 아메리카'의 홈페이지에는 이렇게 씌어져 있다. "우리의 임무는 사회적으로 공정하고 환경적으로 지속가능한 사회를 창조하기 위해 경제적 힘(소비자, 투자자, 기업의 힘)을 이용하는 것이다."[76] 녹색자본주의자들은 환경적 의식을 갖춘 기업은 사회적, 경제적 책임성도 갖추고 있는 것처럼 말한다. 그러나 월마트와 홀푸즈의 악명 높은 반노조 정책이 극명하게 보여주었듯이 어떤 기업이 나무들에 충성을 맹세한다고 해서 그 기업이 자사 노동자들에게 공정한 태도를 취하는 것은 아니다.

녹색자본주의는 생태위기를 야기한 경제체제와 생태위기를 서로 동떨어진 것으로 다루고자 하는 주류 환경운동의 오래된 경향을 더욱 강화시킨다. 환경정의 운동과 달리 주류 환경운동은 직접보조금 지급,[77] 세금감면, 쓰레기 발생을 오히려 촉진하는 법률 제정 등을 통해 생태파괴적인 기업관행을 뒷받침하는 국가의 역할에 맞서 싸우기를 회피한다. 주류 생태운동은 환경의 악화, 인간(특히 노동자나 오염에 가장 취약한 사람들)에 대한 착취, 그리고 이런 것들을 조장하는 경제적, 정치적, 사회적 추세를 서로 연결해서 파악하기를 거부한다. 자연계의 건강은 환경파괴의 경제적 맥락을 무시해서는 보호되거나 개선될 수 없다.

(김민정 옮김)

13

더 많이 일하고, 팔고, 소비하기_
자본주의의 3차 모순

코스타스 파나요타키스

학자나 환경주의자들은 부유한 자본주의 국가들의 소비생활 수준이 일반화된다면 지구 생태계가 돌이킬 수 없는 손상을 입게 될 것이라고 오래전부터 지적해왔다.[1] 이런 인식은 저발전 국가들이 본받아야 할 모델로 떠받들어온 '고도 대량소비의 작은 섬'[2]이 자본주의 사회의 계급적 성격에서 비롯된 모순들을 과연 해결했다고 말할 수 있는가 하는 논란을 종식시킨다. 실버(Silver)와 아리기(Arrighi)는 이렇게 지적했다. "결국 여기에 21세기의 노동자들이 떠맡아야 할 거대한 과제가 있다. 단지 착취와 배제에 대항하는 투쟁이 아니라 모두에게 일반화될 수 있는 소비규범 및 안전한 생계기준을 확보하고 그 일반화를 실제로 촉진하는 정책을 실현시키는 투쟁이 바로 그것이다."[3]

그동안 많은 학자와 사회비평가들이 경제적 생산과 소비의 증대가 인간에게 더 부유하고 행복한 삶을 가져다주었는지에 대해 의문을 제기해왔다.[4] 하지만 자본주의 사회구조가 발생시키는 사회적, 생태적 모순이라는 관점에서 이런 의문을 제기한 사람은 거의 없었다. 이 글은 자본주의에서 소비주의가 지닌 공허한 성격과 강박적인 경제성장 추구를 '자본주의의 3차 모순'의 표출로 분석한다.

무대설정: 오코너의 2차 모순 이론

생태마르크스주의가 마르크스주의 이론체계에 기여한 것 가운데 하나로 제임스 오코너(James O'connor)의 '2차 모순' 이론이 있다.[5] 오코너는 마르크스주의가 늘 분석의 주된 대상으로 삼아온 자본주의의 모순을 '1차 모순'으로 부르고, 이에 부가되는 자본주의의 모순을 '2차 모순'으로 개념화했다. 자본주의 경제발전은 노동착취를 통한 자본의 잉여가치 실현이 어려워지기 때문에 촉발되는 경제위기에 의해 거듭 중단되는 경향이 있으며, 오코너는 바로 이런 경향을 '1차 모순'이라는 용어로 설명한다.[6] 이런 점에서 오코너는 전통 마르크스주의 역사이론이 역사발전의 원동력으로 확인한 생산력과 생산관계 간의 긴장이 표출되는 것이 1차 모순이라고 보고 있다.[7]

오코너가 말하는 2차 모순은 자본주의 생산관계(및 생산력)와 자본주의 생산조건 간의 모순이다. 오코너에 따르면 마르크스는 자본주의적 생산이 '상품으로 생산된 것이 아닌 조건'을 전제로 이루어진다는 점을 인식하고 그러한 조건, 즉 생산조건을 서로 구분되는 세 가지 형태로 유형화했다.

"첫째, '외부의 물질적 조건', 즉 불변자본과 가변자본에 끼어드는 자연요소가 있다. 둘째, 노동자의 '노동력'은 '개인적 생산조건'으로 정의된다. 셋째, 마르크스는 예를 들어 통신수단과 같은 공동체의 일반적인 사회적 생산조건을 거론했다."[8]

마르크스는 자본주의가 이런 조건들에 의존하고 있음을 인식했음에도 불구하고 그 함의를 완전히 파악하지는 못했다고 오코너는 주장한다.[9] 오코너가 폴라니의 저서 《거대한 변환(The Great Transformation)》[10]에서 제시된 분석을 이용해서 하고자 했던 것이 바로 그러한 함의의 완전한 파악이다. 《거대한 변환》에서 폴라니는 19세기에 영국에서 노동, 토지, 화폐와 같은 의제상품(fictitious commodity)을 시장의 변동에 종속시키는 것을 토대로 자유시장적 사회질서를 제도화하려고 했던 시도에 대해 고찰했다. 폴라니에 따르면 그 시도는 실패할 수밖에 없었다. 왜냐하면 노동조건과 자연조건이 악화되면서 노동, 토지, 화폐와 같은 의제상품이 사회적 삶의 통합에 매우 중요한 역할을 한다는 점이 분명해졌고, 따라서 순전한 시장의 힘이 그런 의제상품을 규율하도록 놔둘 수 없었기 때문이었다. 그 결과로 시장의 힘이 작용하는 데 제약을 가하는 일련의 사회적 개혁조치들이 취해졌다.

폴라니와 비슷하게 오코너도 자본주의 경제의 작동이 상품으로 생산된 것이 아닌 생산조건을 악화시키는 경향이 있다고 주장한다. 이런 경향은 자본주의 국가와 같은 비시장 기구가 상품으로 생산된 것이 아닌 생산조건을 규율하지 않으면 안 되게 한다. 규율의 내용은 자연조건에 대한 통제, 비교적 건강하고 숙련된 노동력의 재생산, 자본주의 생산에 필수적인 문화 및 도시 인프라 구축을 비롯해 다양한 영역에 광범위하게 걸친다. 이 때문에 "국내정책의 측면에서 국가는 생산조건에 대한 자본의 접근을 규율하며, 예를 들어 습지 정책, 도시에 대한 용도별 지구지정 정책, 아동보육 정책 등의 형태로 세 가지 조건(자연조건, 인프라, 노동력-옮긴이) 모두의 생산에 관여한다"[11]고 오코너는 지적했다.

더 나아가 폴라니와 마찬가지로 오코너는 생산조건의 악화는 자본이 위와 같은 조건들을 전유하는 상황에 도전하는 사회운동을 일으키는 경향이 있다고 주장한다. 오코너는 "폴라니의 용어로 말하면 새로운 사회운동은 '사회'가 생산조건의 상품화에 맞서, 또는 이미 상품화된 생산조건이 구체적인 형태로 자본주의적으로 재구조화되는 데 맞서 싸우는 것으로 정의될 수 있다"[12]고 주장한다. 그는 2차 모순 이론으로 새로운 사회운동의 의미를 완전히 규명할 수는 없음을 인정하면서도 "새로운 사회운동은 생산과정에서 객관적인 현상으로 나타나는 것 같다. 여기서 객관적인 현상의 예로는 자연적 조건에서는 생태와 환경주의, 도시 인프라와 지리적 공간에서는 도시운동, 개인적 생산조건에서는 노동력의 정의, 사람의 몸에 영향을 미치는 정치, 가정 내 아동양육 노동의 배분과 관련된 페미니즘 등을 들 수 있다"[13]고 지적한다.

이처럼 2차 모순은 오코너로 하여금 새로운 사회운동을 '보다 폭넓게 재정의된 사회주의 기획의 잠재적인 원동력'으로 해석하게 한다. 오코너의 관점에서 보면 2차 모순은 사회주의로의 두 번째 이행경로를 대변하는 것일 수 있고, 전통적인 마르크스주의가 오래전부터 1차 모순과 관련해 노동계급이 수행한다고 보았던 역할을 2차 모순과 관련해서는 새로운 사회운동이 수행할 수 있다.[14]

2차 모순 이론에 대한 평가

2차 모순 이론, 그리고 생산조건에 대한 이 이론의 분석은 마르크스주의 이론으로 하여금 자연적이거나 문화적인 요인과 과정의 중요성에 주목하게 하는 데 기여했다. 오코너는 위기로 치닫는 자본주의의 경향에 대한 분석에 자연적이거나 문화적인 요인과 과정을 통합해 넣음으로써 마르크스주의 이론이 종종 경제주의에 빠졌던 과거의 틀에서 벗어나게 하는 데 기여했다.[15] 하지만 자본주의의 모순에 대한 전통적 마르크스주의의 분석을 보충하는 식으로 오코너가 2차 모순에 대해 전개한 논의는 전통적 분석에 대해 충분히 비판적이지도 않고, 2차 모순 이론의 관점에서 전통적 분석이 재구성돼야 하는 정도를 충분히 인정하지도 않는다.

먼저 "사회주의로 이행하는 서로 다르면서도 유사한 복수의 경로가 생겨나는 기나긴 과정에 우리가 편입되고 있는 것일지도 모르며, 그렇다면 마르크스가 틀렸다기보다는 절반만 옳았던 것일 수 있다"[16]는 오코너의 추측에는 무비판적인 목적론의 요소가 들어있다. 오코너가 두 가지 모순을 '사회주의로 이행하는 유사한 두 길'로 해석할 때 어떤 종류이든 냉혹한 경제적 필연성에 호소한 것이 결코 아니다. 반대로 그는 자본주의의 위기가 자본주의의 재구성으로 귀결될지, 아니면 사회주의로의 이행으로 귀결될지는 "이데올로기적이거나 정치적인 상황, 대중적 운동과 그 조직화의 정도, 민족적 전통 등에, 그리고 특히 세계의 경제적, 정치적 상황이 어떤 국면에 있는가에 달려 있다"[17]고 강조한다. 그럼에도 불구하고 그는 위기가 자본주의 사회의 재구성을 통해 해결된다 하더라도 그 재구성은 "더 많은 협동이나 계획"을 낳고, 따라서 생산을 보다 분명하게 사회적인 것이 되도록 하는 동시에 상품과 자본의 물신성, 다시 말해 '자연스러운 것'으로 보이는 자본주의 경제의 외관을 허물어뜨리기 때문에 "위기의 궁극적인 결과는 사회주의로의 이행경로를 머릿속에 그려볼 수 있게 되는 것"이라고 말한다.[18] 바꿔 말하면 오코너의 분석은 자본주의의 1차 모순 및 2차 모순이 만들어내는 경제적 위기가 사회주의로의 이행을 가져올 것인가의 여부는 다양한 정치적, 이데올로기적 요인들에 달려있다고 하더라도 그러한 경제적 위기가 사회주의로의 방향을 가리키는 것은 틀림없다는 생각을 드러내며, 이런 점에서 목적론적이라고 할 수 있다.

1차 모순에 대한 오코너의 설명에 내재된 목적론적 가정들을 기각해야 할 필연적인 이유가 있다. 오코너가 인식하고 있듯이 위기는 '경제적 규율기제'의 일부이므로 자본주의적 축적과정에서 중요한 기능을 수행한다.[19] 특히 자본주의 경제위기는 자본주의 사회에서의 계급관계 재생산이 시장관계에 의해 매개된다는 점에서 비롯된다. 이러한 점은 또한 마르크스가 《공산당 선언》에서 지적한 대로 이전의 계급사회들과 자본주의를 차별화하는 경제적, 기술적 동학을 설명해준다. 이런 맥락에서 전통적인 마르크스주의가 분석했던 경제위기는 사회주의로의 이행경로 위에 인류를 올려놓을 것을 약속하는 질서파괴의 사건이라기보다는 자본주의의 활력이 표출된 것으로 보아야 더 잘 조명될 수 있다. 마셜 버먼(Marshall Berman)은 다음과 같이 지적했다.

> "마르크스는 이런 위기들이 자본주의를 점점 더 불구로 만들어가고 결국에는 파괴할 것이라고 믿었던 것처럼 보인다. 그럼에도 부르주아 사회에 대한 그의 견해와 분석은 어떻게 부르주아 사회가 위기와 파국을 극복하면서 번영할 수 있는지를 보여준다. … 파괴와 혼돈도 나름의 역할을 하도록 만드는 부르주아의 능력을 감안한다면 이런 위기들의 나선형적 확대가 무한히 계속될 수 없을 것이라고 생각해야 할 명백한 근거가 없다." [20]

마르크스의 역사이론이 이런 역설을 설명하는 데 도움이 될 수 있다. 내가 다른 곳에서 논의한 바 있듯이 마르크스의 역사이론은 자본주의 사회의 구조적 논리를 사회변화의 초역사적 원칙으로 격상시킨 다음 그것을 미래로 투사하는 것을 통해 자본주의 사회가 사회주의 사회로 대체됨을 예견한다.[21] 마르크스의 역사이론이 자본주의 발전의 주기적 순환성을 생산양식의 잇따른 변전으로 이해하고 자본주의도 그러한 생산양식 가운데 하나로 간주한다면 그 다음의 논리적 단계에서는 이전의 다른 생산양식들과 마찬가지로 자본주의도 한계에 봉착할 수 있다고 가정하는 것이다. 경제위기의 영향이 점점 더 파괴적으로 돼간다는 것이 곧 자본주의의 한계가 더욱 분명하게 감지되는 단계의 시작을 알리는 것이라고 한다면 버먼이 던질 법한 질문에 대한 마르크스의 대답은 적어도 부분적으로는 자본주의 사회의 구조적 논리가 마르크스의 역사이론에 가하는 이데올로기적 영향에서 도출될 것이다.

오코너의 저작에서는 마르크스의 역사이론이 자본주의의 생산력과 생산관계 간 모순이 사회주의로의 방향을 가리킨다는 가정의 형태로 나타난다. 자본주의적 발전과 인간역사 전체를 같은 꼴이라고 보는 암묵적이면서도 모호한 관점을 토대로 해서 마르크스의 역사이론이 구축됐음을 인정한다면 생산력과 생산관계의 관계에 대한 전통적 마르크스주의의 목적론적 해석은 분명 문제가 있게 된다. 그리고 그러한 목적론적 해석 대신에 생산적인 발전과 경제성장을 증진하는 자본주의의 능력이 전통적 마르크스주의가 가정했던 것보다 더 뛰어날 수도 있다는 인식이 등장한다. 사실 오코너 자신도 인정했지만, 자본주의는 바로 그러한 능력을 갖고 있었기에 과거에 정치적 도전을 무력화시킬 수 있었던 것이다.[22]

따라서 1차 모순이 자본과 노동의 대립을 수반한 것은 사실이지만, 생산적 발전을 증진시킬 수 있는 자본주의의 장기적 능력을 과소평가하면서 1차 모순에 대한 목적론적 해석을 조장한 것은 바로 마르크스의 역사이론이었다. 또한 이 글을 시작하면서 언급했듯이 경제성장을 통해 자본주의의 모순을 중화시키는 것은 생태적으로 지속가능하지 않을 수도 있다는 사실은 1차 모순과 2차 모순을 '사회주의로 가는 유사한 두 경로를 만들어내는 것'으로 바라볼 게 아니라 보다 폭넓은 총체적 자본주의 속에서 상호작용하는 두 계기로 바라볼 필요가 있음을 시사한다. 이 두 모순의 상호작용이 어떤 성격을 띠는가는 경제적, 정치적, 이데올로기적으로 어떤 국면에 있는가에 따라 달라질 수 있다. 또한 이러한 국면상의 상황은 두 모순 중 어느 하나가 다른 하나의 영향을 증폭시킬지, 아니면 제한시킬지가 결정되는 데도 영향을 미친다.

오코너는 '자본주의의 1차 모순과 2차 모순 간 관계'를 묻는 것은 정당하다는 입장을 취하고, 이를 '두 가지 모순 각각이 이윤에 미치는 영향은 서로 증폭시키는가, 아니면 서로 상쇄되는가'[23]라는 문제로 개념화한다. 오코너는 또한 자신이 보기에는 1차 모순의 표출[24]인 '1970년대 중반 이후 나타난 세계시장 수요 증가율의 상대적 둔화'[25]가 자본으로 하여금 '노동착취를 강화하고, 자원을 소진시키고, 지역사회의 통합성을 무너뜨리면서'[26] 이윤을 회복시키려는 시도를 하게 했다는 것을 두 모순의 관계를 보여주는 사례로 들었다. 이와 같은 자본의 대응은 1차 모순과 2차 모순 모두를 심화시킬 가능성이 높다. 왜냐하면 착취의 강화

와 불평등의 증대는 "소비재 상품에 대한 최종적 수요를 감소시킬"[27] 가능성이
크고, '사회적, 환경적 비용'[28]의 외부화는 "생산조건의 '생산성'을 감소시키고,
그 결과로 평균비용을 상승시키기"[29] 때문이다.

　자본주의의 두 가지 모순이 어떻게 서로를 더욱 심화시키는지를 보여주는 이
와 같은 설명은 선명한 대칭구조에 의해 뒷받침되고 있다. 오코너에 따르면 1차
모순에 대한 전통적 마르크스주의의 관심은 수요측면에 집중되는 경향이 있었던
반면에 2차 모순은 '공급측면'에서 비롯된 '자본가의 수익성을 위협하는 것들'
을 보여준다.[30] 하지만 그는 상이한 유형의 위기들은 상이한 유형의 정책대응을
요구할 수 있다는 사실에 내포된 의미를 인식하지 못했다.

　수요측면의 위기와 공급측면의 위기 사이에 존재하는 위와 유사한 차이에 대
해 연구한 보울스, 고든, 바이스코프[31]는 자본주의 체제의 기능적 요구라는 관점
에서 이런 두 가지 유형의 위기가 정반대되는 정책대응을 요구할 수 있다고 지적
했다. 수요측면의 위기에 대한 가장 적절한 대응은 총수요를 진작시키는 재분배
정책과 정부지출 확대겠지만 공급측면의 위기는 자본이 직면하는 비용을 줄여주
는 규제완화와 정부지출 삭감과 같은 정책을 요구하는 압력을 만들어내기 쉽다.
경제위기의 상이한 유형들에 내포된 정책적 함의에 대한 보울스, 고든, 바이스코
프의 통찰은 2차 모순에 대해 경제위기가 갖는 함의를 분석하는 데도 이용될 수
있다.

　수요측면의 위기는 1930년대의 불황 이후처럼 경제적 불평등의 축소를 목표
로 하는 진보적인 정책을 가져올 수도 있지만 2차 모순의 영향을 완화하는 정책
을 가져올 수도 있다. 그러므로 예를 들어 수요측면의 위기에 대응하기 위해 강
구되는 정부의 정책 프로젝트들은 적어도 부분적으로는 자연적인 생산조건의 복
구와 교육투자를 통한 노동력의 개발, 도시 인프라 및 공공 인프라의 구축에 집
중될 수 있었다. 뉴딜 기간의 정부 프로젝트들은 수요측면의 위기를 완화시키려
는 시도가 어떻게 생산조건의 악화로 초래되는 공급측면의 위기가 가해오는 위

협을 감소시키는 데 도움이 될 수 있는지를 보여준다.

상이한 유형의 경제위기들을 다루는 데 상이한 유형의 정책들이 요구된다는 사실로 미루어 볼 때 생산을 더욱 분명하게 사회적인 것으로 만드는 동시에 상품 및 자본의 물신주의나 자본주의 경제의 '자연스러워 보이는 외관'을 허물어뜨리는 정책을 지향하는 움직임은 만약 자본주의 경제를 괴롭히는 문제의 내용이 변한다면 역전될 수도 있다.[32] 이 때문에 오코너 자신이 인정한 것처럼 1차 모순과 2차 모순이 존속했지만, 그렇다고 해서 이것이 효과적인 규제 및 통제의 기제가 필요한 때에 사회와 환경에 대해 효과적인 규제를 할 수 있었던 국민국가의 힘을 무력하게 만들거나 물신주의 및 자본주의 시장의 우세를 다시 부각시키는 신자유주의적 추세를 막지는 못했다.[33] 다시 말하지만 1차 모순 및 2차 모순을 목적론적으로 '사회주의로의 이행경로를 머릿속에 그려볼 가능성'을 창출하는 변화를 촉발하는 것으로 개념화하는 것은 문제가 있어 보인다.[34] 그 대신 두 가지 모순의 상호작용이 각각의 모순에 따른 영향을 증폭시키거나 억제하는 효과가 부분적으로 작용한 결과로 계속 변화하는 총체적 자본주의 속의 두 계기로 1차 모순과 2차 모순을 분석하는 것이 더 적절한 것 같다. 자본주의 사회의 3차 모순에 대한 고찰은 이러한 결론을 한층 더 강화시켜 준다.

자본주의의 3차 모순

간단히 말해 자본주의의 3차 모순은 자본주의의 사회적 관계가 기술적, 생산적 발전의 진전을 유지시키지 못한다는 데서 기인하는 것이 아니라 그러한 발전이 모든 인간의 삶을 더욱 부유하고 만족스러운 삶으로 바꾸지 못한다는 데서 기인한다. 오코너는 2차 모순에 대해 논의하면서 자본주의 생산조건의 악화가 '자본의 경제적 위기' 뿐만 아니라 '국가의 정당성 위기'의 가능성도 높인다고 지적한다.[35] 3차 모순에도 경제적인 차원과 정당성의 차원이라는 두 가지 차원이 있다.

한편 자본주의가 스스로 만들어낸 기술적 잠재력을 비합리적으로 사용한다는 점은 그 잠재력을 더 잘 사용할 수 있는 민주적이고 비자본주의적인 사회에 대한 사실상 보편적인 관심을 사람들 사이에 불러일으킨다. 이러한 관심을 갖는 사람들이 많아질수록 그러한 관심이 자본주의 사회에 정당성의 위기를 불러올 가능성이 더 커진다. 이와 같은 정당성의 위기가 구체적으로 발생할 가능성이 있음은 1960년대에 급진적 운동이 사회적 정의와 정치적 권리만을 요구한 것이 아니라 전 세계 자본주의 사회에 만연한 일상적인 빈곤을 극복할 대안을 보다 이상주의적으로 요구하기도 했다는 사실로 입증된다. 다른 한편으로 3차 모순이 그 근원을 해소하는 개혁을 추동하는 사회운동을 일으킬 수 있다면 3차 모순이 경제적 차원도 가질 수 있다.

이 글의 나머지 부분은 두 가지 과제를 수행할 것이다. 첫째, 자본주의적 사회관계의 구조가 어떻게 3차 모순을 발생시키는지를 개관할 것이다. 둘째, 3차 모순이 전통적 마르크스주의자들과 오코너가 분석한 두 가지 모순과 상호작용하는 몇 가지 방식들에 대해 논의할 것이다. 이런 논의의 목적은 오코너가 개진한 생태사회주의 기획은 그의 연구에서 다뤄진 두 가지 모순뿐만 아니라 자본주의의 3차 모순도 인식해야 성립한다는 점을 분명히 하는 것이다. 나는 3차 모순의 두 가지 주요 원천, 즉 여가시간보다는 생산을 우선시하는 자본주의의 편향과 자본주의의 체계적인 소비주의적 열망 배양에 초점을 맞춤으로서 3차 모순을 인식하는 것이 필요함을 주장할 것이다.

자본주의의 생산주의적 편향

어떤 나라에서든 소득이 특정한 수준을 넘어서면 경제가 더 성장한다고 해서 평균적인 삶의 만족도가 반드시 더 높아지지는 않는다는 사실의 의미에 대해 그동안 많은 학자들이 논의해왔다.[36] 하지만 기존의 설명들은 자본주의 경제의 구조적인 특징들이 경제성장과 삶의 만족도 간 상관관계의 이러한 단절에 어떻게 연관되는지를 체계적으로 다루지 못했다. 오히려 학자들은 지위재(positional good)에 대한 개인적인 추구로 촉발되는 소비경쟁, 그리고 개인의 이기심과 그 사회적 결과 간의 상충되는 관계에 훨씬 더 관심을 기울였다.[37]

예를 들어 로버트 프랭크(Robert Frank)는 소비주의 양상의 확산이 쓰레기를 더 많이 발생시키고 이로 인해 인간의 복지가 증진될 기회가 사라지고 있다는 것을 설득력 있게 입증하고 있다. 또한 많은 학자들은 물질적인 안락함이 어느 정도 달성되고 나면 물질적 재화를 더 많이 소비하는 것보다는 여가시간과 같은 비지위재를 누리는 것이 인간의 복지에 더 크게 기여함을 시사하고 있다. 그럼에도 불구하고 미국인들이 소비주의적 생활양식을 유지하기 위해 스스로 과로하고 있다는 사실은 '인간의 복지를 증진할 기회의 상실'을 보여주는 것이라고 프랭크는 주장한다.[38]

또 다른 학자들은 지난 100년 동안 노동생산성의 증대가 노동시간을 단축시키기보다 압도적으로 경제적 산출과 소비를 증대시키는 쪽으로 작용해온 문제에 대해 그 경제적, 역사적 원인을 탐구했다.[39] 이러한 학자들은 자본과 노동의 이해관계나 관점의 차이를 이야기하지만 자본주의가 여가시간을 줄이는 경향을 갖고 있는 정도를 과소평가한다.[40] 예를 들어 게리 크로스(Gary Cross)는 자본주의 사회에 존재하는 경제성장과 여가시간 간 상충관계에 대해 역사적 개관을 한 뒤에 '여가보다 재화생산을 선호'[41]하는 산업주의의 경향에 대해 말한다. 그러나 이와 같은 진술은 우리의 사회경제 체제가 지닌 자본주의적 성격에서 생산주의적 편향이 생겨나는 현상을 보이지 않게 가리며, 생산과 여가시간 간의 불균형을 바로잡고자 하는 비자본주의적 대안의 가능성도 역시 보이지 않게 가린다.

생산주의적 편향이 경제의 자본주의적 성격과 연결돼 있다는 주장은 경험적,

이론적 근거로 뒷받침된다. 경험의 측면에서는 피에트로 바소(Pietro Basso)가 유럽의 노동시간 체제에 관한 연구를 통해 유럽 자본주의가 경제성장과 여가시간 간의 보다 균형 잡힌 관계를 달성했다는 쇼어(Schor)의 주장에 대해 의문을 제기한다.[42] 바소의 분석은 유럽 국가들이 미국 모델에 대응해 실행가능한 대안을 제시하기보다는 착취를 강화하고 여가시간을 줄이는 '유연한' 미국 모델로 수렴되고 있음을 시사한다.

이론의 측면에서는 생산과 여가시간 간의 상충관계가 최근 몇십 년간에 걸쳐 생산이 우선시되는 방향으로 기울어지면서 해소됐지만 이는 '공적인 토론의 결과'가 아니라는 사실은 자본이 자신의 이익에 맞게 사회발전의 형태를 결정할 힘을 갖고 있음을 보여주는 증거로 거론된다.[43] 쇼어는 노동자들이 시간당 임금을 받게 된 뒤에도 고용주들에게 장시간 노동의 호소력이 유지됐던 이유를 여러 가지로 논의했다.[44] 하지만 자본이 증대된 생산성을 노동시간 단축보다 경제성장으로 돌리려고 한 데는 또 다른 중요한 이유가 있다.

만약 증대된 생산성이 전부 노동시간을 단축하는 데 투입된다면 증대된 생산성의 편익이 모두 다 노동자들에게 돌아갈 것이다. 이로 인해 경제성장이 이루어지지 않는다면 소비는 물론 이윤도 증가하기 어려울 것이지만 적어도 노동자들은 여가시간의 증가라는 이득을 얻게 된다. 증대된 생산성이 경제성장으로 전환되는 경우에는 이와 반대가 된다. 이 경우 자본의 입장에서는 생산성 증대로부터 이득을 얻기가 더 쉬워지고, 자본 소유자들이 이득을 얻는 데 아무런 비용도 들지 않는다. 자본에게는 수익이 노동의 결과물이 아니라는 점에서 자본의 생산편향이 모든 사람이 직면한 상충관계(생산과 여가시간 간의 상충관계-옮긴이)를 설명해준다고 할 수 없다. 자본의 생산편향은 자본가가 다른 사람들의 여가시간을 희생시키는 것을 통해 더 많은 이윤을 올리려는 시도일 뿐이다.

따라서 허니컷(Hunnicut)이 '노동시간 단축의 추세'를 약화시킨 요인들에 대해 논의하면서 지적했듯이 '노동시간 단축과 생산성 증대 간의 연관성에 대한 산업계의 의문제기'[45]와 더불어 노동시간 단축에 대한 미국 자본의 반대가 더욱 강화된 것은 우연한 일이 아니다. 자본의 관점에서 볼 때 노동시간 단축이 생산성 증대의 원천이 될 수 없다면 노동시간 단축은 바람직하지 않은 것이다. 왜냐하면 노동시간 단축이란 증대된 생산성이 노동자들에게 빠져나가는 것이기 때문이다. 또한 허니컷은 노동 그 자체가 목적으로 간주되도록 한 20세기 초반의 역사적 추세를 추적했다. 노동 자체가 목적으로 간주되는 양상이 나타나게 된 것은 대공황의 경험이 작용한 결과이긴 했지만 그 과정에서 자본 및 자본의 대변자들도 당시의 주목할 만한 담론의 발전에 일역을 담당했다.

> "기업가들은 또한 노동은 불쾌한 것(일종의 시련이나 삶의 부정적인 일부)이라는 관념을 공격함으로써 노동시간 단축의 위협에 대항해 노동을 방어했다. 그들은 노동을 가리켜 '즐거운 것'이라고 말했다. … 사회적 가치로서의 노동이 '위기'를 겪었던 20년 전과는 대조적으로 이 시대(1920년대)에는, 적어도 이 시대에 발간된 경제계의 출판물에는 그러한 위기에 대한 의심이 거의 남아 있지 않았다."[46]

자본가들은 공적인 토론에 영향을 주기 위해 자신들의 경제적 자원을 활용할 수 있는 능력을 갖고 있다. 이런 자본가들의 능력은 우리 경제체제의 비합리적 생산주의와 소비주의에 대한 비마르크스주의자들의 설명, 즉 자본주의에 내재된 권력관계의 중요성을 가볍게 취급하는 설명의 또 다른 한계와 관련이 있다. 예를 들어 로버트 프랭크는 소비주의가 더 많은 여가시간만큼 효과적으로 사람들의 복지를 증진시키지 못하는 것은 무지 때문이라고, 다시 말해 우리가 소비주의의 근원을 이해하지 못하고 있을 뿐만 아니라 소비주의의 패턴을 바꾸는 데는 아무런 고통도 따르지 않는다는 점을 이해하지 못하고 있기 때문이라고 주장했다.[47] 이어 프랭크는 갤브레이스와 마찬가지로 이념의 시장에 기대를 걸고, 길게 보면

이 시장에서 좋은 이념이 우세하게 된다는 희망을 드러냈다. 그러나 그는 고도로 불평등한 자본주의 사회가 이념의 시장에도 고도로 생산주의적인 편향을 초래할 것이라는 점을 무시했다.[48] 그 어떤 이념의 시장도 고도로 불평등한 자본주의 사회 안에서는 그 기능을 제대로 발휘할 것이라고 기대할 수 없다.

증대된 생산성을 모두를 위한 노동시간 단축보다는 생산의 확대로 돌릴 수 있는 자본의 능력은 주류 경제학에서는 보통 무시되는 자본주의 사회의 또 다른 특성에 의해 뒷받침된다. 주류 경제학에서는 사람들이 노동에 투입하는 시간의 양은 여가시간과 소득 가운데 어느 것을 사람들이 선호하는가를 반영하는 경향이 있다고 본다. 그러나 줄리엣 쇼어는 사람들이 만족스러운 삶을 추구하는 것을 가로막는 중대한 장애물들이 있음을 확인한다. 그 한 예로 쇼어는 미국에는 여가시간을 위한 진정한 시장이 존재하지 않는다는 점을 지적한다. 이로 인해 노동자들은 '노동시간 단축분과 소득 증대분을 맞바꾸는' 선택의 권리를 누리지 못하며, 급여감소라는 형태로 부과되는 무거운 '경제적 벌칙'을 감수하지 않고는 파트타임 노동으로 옮겨갈 수 없다는 것이다.[49] 미국에서 장시간 노동이 행해지는 또 다른 이유는 초과노동 수당에 관한 법규가 봉급노동자를 적용대상에 포함시키지 않는다는 데 있다. 봉급노동자가 받는 보수는 노동의 양에 따라 달라지지 않기 때문에 고용주의 입장에서 보면 봉급노동자의 한계비용은 영(0)이다. 그래서 고용주들이 노동자들을 '19세기적 시간표'에 따라 일을 하도록 압박한다.[50]

이 모든 점이 신고전파 경제학자들의 작업도구인 추상적인 시장경제 모형과 자본주의 경제의 현실, 즉 자본주의 경제에는 권력관계가 내포돼 있으며 그 권력관계가 시장이 작동하는 방식을 결정하는 현실 간의 괴리를 드러낸다. 노동시장이 노동자들에게 '여가시간과 소득의 적정한 결합'을 선택할 권리를 얼마나 허용하는가는 사회법과 노동법에 달려 있다. 경제와 노동의 '유연성'을 지향하는 최근의 움직임이 노동자의 필요보다는 고용주의 필요에 더 맞춰지고 있는 것은 자본주의적 불평등이 자본과 그 대변자들에게 부여하는 경제적 권력과 정치적 영향력이 불균형적으로 크다는 사실을 반영하는 것이다.[51] 쇼어가 지적하듯이 여가시간을 위한 시장이 존재하지 않는다는 현실은 장시간 노동에 대한 자본의 관심과 일치하는 것이며, 따라서 여가시간을 위한 시장의 부재에 대한 도전은 필연적으로 자본에 대한 도전을 의미하게 된다. 더 나아가 이는 증대하는 생산적, 기술적 잠재력을 더욱 부유하고 만족스런 삶으로 돌리려는 노력을 좌절시키는 정책에 이해관계를 갖고 있는 특권적 소수에게 불균형적으로 큰 권력을 부여하는 사회경제체제에 도전하는 것이기도 하다.

소득과 여가시간에 대한 개인적인 선택이 성장과 소비로 기울어진 자본주의의 편향성으로 인해 왜곡되는 또 다른 방식이 있다. 콘래드 로지액(Conrad Lodziak)이 지적했듯이 자본주의 사회에서는 대부분의 사람들이 불필요하게 긴 시간 동안 노동을 해야 하고, 이 때문에 사람들의 에너지가 고갈된다. 이는 곧 사람들이 너무 많은 노동을 하는 탓에 여가시간을 가지게 되더라도 창조적인 활동 (노력을 요구하거나 쉽지 않은 일일 수도 있지만 여가시간에 해서 만족감을 얻을 수 있는 활동)을 추구할 여력이 없게 된다는 뜻이다. 대신 사람들은 쇼핑과 같이 소비에 집중하는 활동이나 텔레비전을 보는 것과 같이 끝없는 광고세례를 받아야 하는 활동을 하게 될 가능성이 높다. 이런 활동을 하는 데는 그다지 많은 노력이 필요하지 않다.[52] 따라서 악순환이 발생한다. 성장과 소비로 기울어진 자본주의의 편향성은 상품의 호소력은 강화되는 반면에 여가시간의 가치는 낮아지는 방향으로 사람들의 선호를 바꾼다. 그리고 이렇게 왜곡된 사람들의 선호는 자본주의가 증대된 생산성을 노동시간 단축이 아닌 소비의 확대로 전환시키는 현상을 더욱 두드러지게 만든다. 따라서 자본의 축적능력은 자본축적이 창출하는 거대한 기술적, 생산적 잠재력에서 도출되는 사람들의 즐거움이 증대되지 않고 정체되는 것을 전제로 해서만 성립된다.

판촉노력과 자본주의의 소비주의 배양

현대 자본주의가 체계적으로 인간의 즐거움을 좌절시키는 또 다른 방법은 '판촉 노력(sales effort)'의 중요성을 점점 더 키우는 것이다. 비판적 경제학자를 비롯해 비판적 성향의 학자들은 20세기 자본주의에서 이루어진 가장 중요한 발전 가운데 하나는 급격하게 성장하는 상품판촉 장치라고 오래전부터 지적해왔다.[53] 상품판촉 장치는 과학적인 조사에 근거해 창조적 재능을 지닌 디자인, 광고, 마케팅 전문가들을 대규모로 고용하며, 문화적으로 가치가 있는 것으로 평가되는 동시에 소비자 대중의 마음속에 깊이 숨어있는 갈망, 염원, 공포에 작용하는 의미가 상품에 부여되는 과정을 관리한다. 판촉의 중요성이 커지는 것은 20세기 자본가 엘리트들이 다소 의식적으로 추구한 기획의 한 가지 측면일 뿐이었다. 그 기획은 자본주의가 갖고 있는 경제위기로의 경향을 저지하고, 자본주의 사회에서 살아가는 문제와 관련된 사람들의 불만을 자본축적의 진전을 위한 동력으로 바꾸며, 작업장에서 노동자들의 저항이 줄어들게 해주는 소비자 문화를 구축하는 것이었다.[54] '상품기호 산업'을 통한 문화적 의미 동원은 현대의 다양한 '부분적 문화영역(서브컬처)'들의 문화적 창조성에 기생하여 이루어진다.[55] 표준화된 상품을 '사회적, 문화적 가치를 지닌 이미지나 부분적 문화'에 결부시키려는 현대 자본주의의 시도에서 활용되는 의미는 하찮고 사소한 것인 경우가 많다.[56]

그럼에도 불구하고 상품에 문화적 가치를 지닌 의미를 부여한다는 것은 문화적 가치가 그것에 적절한 상품과 점점 더 많이 결부된다는 뜻이기도 하다. 자본주의 소비문화가 아직 상업화되지 않은 지역문화들을 계속 해체해감에 따라 다른 사람들과의 관계 속에 존재하던 '의미와 가치'가 시장의 상품이나 극적인 볼거리와의 관계 속으로 옮겨가고, 이는 다시 사람들의 소비선호와 '좋은 삶'에 대한 이념을 소비주의의 방향으로 돌린다.[57] 그 결과로 앞서 논의했던 여가시간을 줄이는 편향성이 나타날 뿐만 아니라 사람들이 자율적인 의미창조를 통해 즐거움을 추구할 수 있는 능력을 체계적으로 잃는 소외를 겪게 된다.

이러한 소외는 자본주의 사회의 근간에 자리 잡고 있는 소외, 즉 '생산자의 생산수단으로부터의 소외'에서 자라나온 결과물이다. 이러한 소외는 대다수의 사람들로 하여금 생존을 위해 자신의 노동력을 팔도록 강요하는 것을 넘어서 자본축적에 유리한 방식으로 의미들의 사회적 구조를 조직하는 것도 가능하게 한다. 실제로 생산자(생산을 하는 노동자—옮긴이)가 생산수단에서 분리되는 것의 기능 중 하나는 의미의 창출을 수익성의 추구에 종속시킬 수 있는 자본의 능력과 광고의 유혹에 덜 취약해지기 위해 필요한 정보의 획득에 노동자들이 쏟을 수 있는 시간을 줄이는 것이다.[58] 생산수단과 생산자의 분리는 소비자로서의 개인의 자율성을 약화시킬 뿐만 아니라 문화적 의미를 포착하고 가공해서 자본가의 수익성 추구에 복속시키는 일을 전문적으로 하는 노동자들의 시간, 재능, 창조성을 자본이 이용할 수 있게 해준다. 전통적인 광고와 마케팅의 기능을 수행하는 노동자들에서부터 문화적으로 가치 있는 특징에 관한 늘 변하는 개념을 조사하고 활용하기 위해 도심지와 각종 부분문화 공간을 찾아다니는 '쿨 헌터(cool hunter, 유행 탐색을 위해 기업이 고용한 인력—옮긴이)'들에 이르기까지 점점 더 많은 노동자들이 이러한 종류의 일에 종사하고 있다.[59]

'좋은 삶'에 대해 자본주의가 낳은 소비주의적 개념은 인간의 즐거움을 여러 가지 방식으로 줄인다. 소득과 여가시간에 대한 사람들의 상대적인 평가를 왜곡시키는 것과는 별도로 이러한 개념은 자본주의가 낳은 능력주의 환상, 즉 사람들을 '승자'와 '패자'로 가르는 환상과 상호작용한다. 특히 자본주의 사회에서 계급관계의 재생산이 시장경쟁에 의해, 그리고 얼마간의 사회경제적 이동성에 의해 매개된다는 사실은 최상층의 사람들을 그들 자신의 재능과 노력만으로 성공한 가치 있는 개인들로 그리는 이데올로기적 묘사에 신빙성을 부여한다. 게다가 '승자'와 '패자'라는 딱지에 강한 정서적 내용이 주입되면서 소비규범에 순응하는 것 자체가 기쁨의 원천이 되어간다. 이리하여 만족감이 점점 더 절대적 소비수준의 함수가 아닌 상대적 소비수준의 함수가 되며, 그 결과로 소비의 평균적인 수준이 점점 더 상승하더라도 개개인이 만족감을 얻게 될 가능성은 변하지 않는다는 점에서 만족감은 지위재가 된다. 따라서 자본주의가 조장하는 소비주의적인 '좋은 삶' 개념은 낭비적인 소비경쟁(로버트 프랭크는 이와 같은 소비경쟁이 인류의 생물학적 진화와 같은 공상적인 원인에서 비롯된다고 주장한다)을 가져온다.[60]

문화적 의미를 자본축적이라는 자신의 지상과제에 예속시킬 수 있는 자본의 능력을 제어할 방법들을 상상해보는 것은 가능하다. 소비자를 설득하는 것보다는 소비자에게 믿을 만한 정보를 제공하는 것을 소임으로 하는 독립적인 공적 기구가 산업계를 대신해 광고를 수행하게 하는 대안의 규제 틀을 상상해보라. 이런 규제 틀 아래서는 광고되는 상품을 그것과 유사한 대체상품들과 비교해주는 내용이 광고에 포함될 수도 있을 것이다. 갤브레이스가 논의한 '사회적 균형'의 문제를 바로잡기 위해서라도 자사 제품을 광고하려는 기업들에게 상품화되지 않은 공공재를 광고하는 기금에 상당한 금액의 기부를 하도록 의무화할 수도 있을 것이다.[61]

이러한 규제 틀은 어떤 효과를 가져 올 수 있을까? 광고는 보다 믿을 만한 정보를 소비자들에게 제공하게 될 것이다. 광고가 소비재와 여가시간에 대한 사람들의 선택을 왜곡시키고, 소비주의를 조장하고, 우리 사회의 생산적, 기술적 잠재력이 낭비되게 하는 대신에 소비자들의 선택이 보다 쉽고 덜 불확실한 결정이 되도록 함으로써 사람들이 시간을 절약할 수 있게 해줄 것이다. 또한 양질의 제품을 파는 기업들만 광고를 하려고 할 것이기 때문에 아마도 광고에 투입되는 자원의 양이 줄어들 것이다.

이러한 제안은 너무 온건한 것으로 들릴지도 모르겠지만 경제성장을 높이고 여가시간을 줄이는 자본의 편향을 통해 인간의 만족도를 정체시키는 결과를 가져오는 소비주의 사회의 선호체계에 도전장을 던지는 것이 될 수 있다. 다시 말하자면, 자본주의가 자본과 그 대변자들에게 불균형하게 많이 부여하는 권력은 인간의 만족도를 높이고 삶을 풍요롭게 만들 수 있는 정책을 방해하는 장애물이 된다. 물론 그렇다고 해서 그러한 정책을 추구하는 것이 불가능하다는 뜻은 아니다. 오히려 그 뜻은 이 글에서 제시된 형태의 노동시장을 실현하거나 광고의 개혁을 추구하는 데서 사회운동이 성공을 거두는 정도에 따라 자본의 수익성이 부정적인 영향을 받을 수도 있다는 것이다. 이러한 점에서 볼 때 오코너가 2차 모순에 대해 말한 것은 3차 모순에도 적용된다. 3차 모순은 정당성과 수익성이라는 두 가지 차원을 다 갖고 있다. 3차 모순의 존재는 자본주의가 갖고 있는 근본적인 비합리성을 노출시킴으로써 자본주의의 정당성을 부정하고, 3차 모순이 불러일으킬 수 있는 사회개혁 운동은 자본가들의 수익성을 떨어뜨릴 수 있다.

결론

이 글에서 다룬 세 가지 모순은 특정한 사회적, 경제적, 정치적 국면, 그리고 그러한 국면들이 해방적 운동에 제기하는 과제와 가능성을 조명하는 데 사용될 수 있는 분석도구로 다루어져야 한다. 세 가지 모순에 대해 이 글에서 제시한 개념들은 세 가지 모순을 사회주의로 가는 유사한 경로들이라고 목적론적으로 해석하는 대신에 끊임없이 변하는 세 가지 모순 간 접합의 형태가 특정한 역사적 국면을 구성하는 요소가 되는 방식에 초점을 맞추게 해준다.

자본주의 사회의 절대적 이상으로서 경제성장이 갖는 지위는 1차 모순과 3차 모순의 관계를 말해준다. 자본주의 사회에서 경제성장이 갖는 호소력은 경제성장이 경제적 재분배의 대체물이자 자본주의 경제에서 많은 사람들이 직면하는 실업과 물질적 삶의 만성적 불안정성을 외면하게 하는 수단으로 기능한다는 사실에서 기인한다.[62] 따라서 경제성장은 1차 모순이 가진 두 가지 함의를 억제하는 데 기여한다. 그중 하나는 자본의 지배에 대항하는 계급투쟁의 잠재력이고, 다른 하나는 자본주의 사회 안에서 노동자의 지위가 지닌 위태로운 성격이다. 하지만 이는 1차 모순의 효과가 3차 모순의 핵심인 성장 선호의 편향을 강화시킬 수도 있음을 뜻한다. 이와 동시에 물질적 삶의 안정에 대한 요구의 시급성은 3차 모순에서 표출되는 자본주의 사회의 비합리성을 보이지 않게 가릴 수도 있다. 생산과 기술의 진보를 더 부유하고 만족스러운 삶으로 전환시키는 데 자본주의의 무능력하다는 점은 기본적인 물질적 생존을 확보하기 위해 고투하는 사람들에게는 부차적인 것이자 상대적으로 추상적인 것으로 비칠 수도 있다.

1차 모순은 경제성장에 대한 맹신을 조장함으로써 2차 모순의 영향을 증폭시킬 수 있다. 이는 또한 경제성장을 통해 1차 모순의 부정적인 영향을 저지할 수 있는 자본주의의 역량을 2차 모순이 제약한다는 뜻이기도 하다. 2차 모순에 대한 오코너의 정식화는 생산조건의 악화가 자본이 비용절감 조치를 채택한 결과일 수 있음을 시사한다.[63] 그러한 조치가 1차 모순이 낳은 경제적 압력에 대한 대응임을 감안하면 1차 모순이 2차 모순의 영향을 증폭시킬 수 있는 것이다. 오코너는 또한 1차 모순 그 자체가 자본이 취하는 비용절감 조치의 결과일 수 있음을 시사한다.[64] 그러한 조치가 2차 모순이 창출한 공급측면 위기의 결과이며 비용절감 조치가 수요측면 위기를 촉발시키는 수준까지 임금과 고용을 축소시킨다는 점을 감안하면 2차 모순은 1차 모순의 작동으로 창출된 경제위기의 잠재력을 더 키울 수 있다.[65] 하지만 위에서 지적한 것처럼 자본주의 경제의 작동에 의해 악화된 생산조건들을 복구함으로써 총수요의 진작을 시도하는 케인스주의적 정부 프로젝트가 시행된다면 1차 모순이 2차 모순의 영향을 경감시킬 수 있는 것 또한 사실이다.

2차 모순은 경제성장을 통해 1차 모순의 영향을 저지할 수 있는 자본의 역량을 제약하는 동시에 3차 모순과 연관된 강박적인 생산주의와 소비주의를 지탱하는 것을 더욱 어렵게 만든다. 동시에 3차 모순과 연관된 강박적 소비주의는 1차 모순에서 발생하는 경제위기의 경향을 저지하는 데 기여할 수 있다. 따라서 일례로 1920년대에 이러한 가능성을 인식했던 자본주의 엘리트들은 소비주의 문화의 구축과 '소비의 복음'(이는 허니컷의 교묘한 표현이다)의 정식화를 통해 미국 경제가 직면한 과잉생산의 위험을 다뤄나가는 의식적인 기획을 만들어냈다.[66]

하지만 지구적 자본주의의 현 국면(다른 어떤 자본주의와 마찬가지로 이 역시 세 가지 모순의 접합에 의해 규정되고 있다)을 살펴보면 사정이 매우 달라 보인다. 자본주의가 지구적 환경문제, 그중에서도 특히 지구온난화를 계속해서 악화시킨다면 3차 모순이 낙관론의 근거를 제공하게 된다. 우리의 사회체제가 낳은 강박적인 생산주의와 소비주의가 어느 정도의 물질적 풍요를 가져다주는 것을 넘어 사람들에게 삶에 대한 더 높은 만족도를 가져다주지 못하고 있다면 소비주의적 생활양식의 전면적인 수정이 필요하며, 이는 현재의 세대가 미래의 세대를 위해 대신 치러야 하는 희생이라기보다는 오히려 현재의 세대와 미래의 세대 모두의 자기이익과 관련된 문제다.

그러한 소비주의적 생활양식의 전면적인 수정은 기술적 잠재력의 증대가 인간의 더 큰 행복으로 전환되도록 촉진하는, 근본적으로 다른 사회로 이행하는 과정의 일환이 될 때에만 가능할 것이다. 그러한 수정은 또한 지구에 미치는 경제활동의 영향을 감소시키는 한편 1차 모순의 핵심에 있는 사회적 부정의의 문제를 풀어나가기 위한 자원의 지구적 재분배를 가능하게 해줄 것이다. 그리고 자본주의의 2차 모순이라는 저주가 사라지면 자연적, 문화적, 인간적 '생산조건'을 악화시키지 않으면서 기술이 인간의 발전에 봉사하도록 하는 것이 가능해질 것이다.

(김지은 옮김)

사회적 물질대사와 환경갈등

후안 마르티네즈_알리에르

경제를 물질과 에너지가 흐르는 물질대사(metabolism)의 체계로 바라보는 생태경제학은 역사유물론과 더불어 등장했고, 뒤에서 살펴보겠지만 역사유물론과 유사한 오랜 전통을 가지고 있다. 생태경제학자들은 환경이 농업경제나 교통경제와 같은 의미에서 또 하나의 경제영역이라고 생각하지 않는다. 생태경제학자들은 경제를 환경에 내재돼 있는 하나의 하위체계(에너지와 물질이 들어가고 이산화탄소와 같은 폐기물이 나오는 하위체계)로 본다. 이러한 '물질대사'의 관점은 자본축적이 스스로 발생하는 것이 아니며 노동과 기술변화의 이용을 토대로 하는 것만도 아니라는 생각을 함축하고 있다. 경제성장과 인구증가는 물질과 에너지 이용의 증대를 가져오며, 따라서 더 많은 폐기물을 만들어낸다. 불평등한 재산권 때문에, 그리고 사람들 사이에 존재하는 권력과 소득의 불평등(국제적, 국내적 불평등) 때문에 오염의 부담 및 자연자원에 대한 접근 또한 불평등하게 분배되고 있다.

자본주의(또는 일반적으로 산업체계)는 가능한 최대한의 상품생산을 하는 경향이 있다. 그 과정에서 자본주의는 더 많은 물질과 에너지를 사용하고 더 많은 쓰레기를 양산해낸다. 따라서 자본주의는 미래세대의 생계조건과 생존조건뿐만 아니라 동시대에 취약한 위치에 있는 사람들의 생계조건과 생존조건도 훼손함으로써 그들로 하여금 불만을 품게 하기도 한다. 환경정의운동은 자본과 노동 간 충돌의 문제로만 설명되지 않는다. 환경이용을 둘러싼 갈등은 가치평가를 담은 언어로 표출된다는 점에서 환경정의운동은 지속가능성과 생태사회주의를 옹호하고 시장근본주의에 반대하는 강력한 동력이 될 수 있다.

예를 들어 우리는 경제성장이 온실가스 배출 증대와 함께 이루어진다는 것을 알고 있다. 일부 사회적 주체들은 기후변화를 '외부성'으로 간주한다. 따라서 그들은 기후변화가 초래하는 피해의 비용이나 기후변화를 완화하는 데 드는 비용을 경제적 측면에서 계산할 수 있으며 그 비용을 경제성장의 편익과 비교할 수 있다고 본다. 반면에 그들과 다른 사람들은 지역주민이나 미래세대의 생계와 권리, 자연의 신성함, 나름의 단위로 측정한 생태와 경관의 가치를 내세우고, '환경인종주의'에 맞서 모든 인간의 동등한 존엄성을 주장한다.

왜 어떤 주어진 갈등(예컨대 페루나 인도 오리사 주의 금이나 보크사이트 채굴, 인도 북동부의 수력 댐 건설, 새우 수출을 위해 방글라데시나 온두라스의 맹그로브 숲을 희생시키는 것, 수용할 수 있는 이산화탄소 배출수준에 대한 유럽연합의 결정 등을 둘러싼 갈등)에 대한 모든 가치평가가 단일한 차원으로 환원돼야 하는가?[1] 가난해서 자신의 건강과 생활에 많은 돈을 쓰지 못하는 사람들은 대개 비화폐적인 가치평가의 언어에 호소한다. 상품물신주의를 갖고 있는 자본주의만이 단 하나의 방법만으로 세계에 대해 가치평가를 한다(의제상품(fictitious commodity)에 대해서조차 '조건부 가치평가'를 하는 신고전파 환경경제학의 이론에서 볼 수 있듯이).

생태경제학은 하나의 기준으로 다 잴 수 없는 가치의 다원성을 수용하고자 하며 복잡성을 단순화하기를 거부한다. 생태경제학은 이처럼 가치다원주의를 선호하고 화폐환원주의를 거부하는 것을 통해 분배에 관한 투쟁의 성공에 기여할 수 있다. 예를 들어 비아 캄페시나(Via Campesina)는 현대 농업에서의 에너지 이용 효율성의 하락, 화학적 오염, 종자다양성의 소실, 지역문화의 상실 등을 지적하면서 현대 농업이 생산성 증대를 달성하고 있다는 주장을 반박한다.[2]

지적 배경

사회나 산업의 물질대사를 연구하는 현대의 학자들은 경제를 에너지와 물질의 흐름이라는 관점에서 바라본다.[3] 경제에 대한 이러한 '물질대사' 관점의 연원은 경제학이었다기보다 19세기 자연과학자들의 연구작업이었다. 1960년대에 접어들어서야 니콜라스 조제스쿠-뢰겐(Nicholas Georgescu-Roegen), 케네스 볼딩(Kenneth Boulding), 카프(K. W. Kapp), 허먼 데일리(Herman Daly)와 같은 소수의 이단적 경제학자들이 경제를 물질과 에너지 흐름의 물질적 체계에 내장된 하위체계로 바라보기 시작했다.

이러한 접근법은 마르크스가 그랬듯이 오늘날의 사회주의자들도 진지하게 받아들일 만한 가치가 있다. 경제와 환경의 관계(특히 자본주의 농업과 관련해)에 대한 마르크스의 관심은 1857~58년 이후의 원고들과 《자본론》에서 사용된 경제와 자연 간 '물질대사(Stoffwechsel, Metabolism)' 개념으로 나타난다. 마르크스가 이 개념을 얼마나 좋아했는지는 아내에게 보낸 매력적인 편지(1856년 6월 21일)를 보면 잘 알 수 있다. 이 편지에서 그는 자기가 스스로를 남자로 느끼게 되는 것은 자기가 아내를 사랑하기 때문이지 몰레스호트(Moleschott, 1822~93. 네덜란드의 생리학자이자 철학자로 저서 《생명의 순환》(1852)을 통해 19세기의 유물론에 상당한 자극을 주었다. "인(燐)이 없으면 사상도 없다"는 말로 널리 알려져 있다—옮긴이)가 말한 '물질대사' 때문이거나 자기가 프롤레타리아를 사랑하기 때문이 아니라고 했다.[4] 농업수확량 감소에 대한 논쟁에서는 식물영양분(인, 질소, 칼륨)의 순환에 관해 1840년부터 연구성과를 발표해온 리비히(Liebig, 1803~73)나 부생고(Boussingault, 1802~87)보다 마르크스가 한 세대 아래였다. 구아노(guano, 건조한 해안지방에서 바닷새의 똥이 굳어지면서 퇴적된 것으로 화학비료가 개발되기 전에 비료로 많이 사용됐다—옮긴이)를 비롯해 농민들이 사용하는 퇴비나 비료의 성분구성에 관한 리비히와 부생고의 분석은 농화학의 주춧돌이 됐다. 영국에서는 토지에서 나는 수확물의 양이 그 토지 위에서 경작하는 일에 고용되는 노동자의 수보다 천천히 증가할 것이라는 가정이 새로운 윤작법과 새로운 비료들로 인해 더 이상 성립되지 않게 됐다. 당시에 농업생산은 늘어나고 있었지만 농업노동자의 수는 절대적으로 줄어들고 있었다.[5] 마르크스가 생계의 위기를 걱정하지 않은 이유가 부분적으로는 여기에 있었다. 마르크스는 수확체감에 대한 맬서스의 신념과, 빈민의 상황을 개선시키는 것은 그들의 자식 수를 늘리게 돼 오히려 반생산적이라는 맬서스의 가설을 비판했다. 1866년 2월에 마르크스는 엥겔스에게 보낸 편지에서 농업에서의 수확체감 개념을 부정하는 데는 모든 경제학자를 다 끌어 모으는 것보다 리비히의 화학이 더 중요하다고 했다.[6] 그 뒤 1900년경에는 '지구는 얼마나 많은 사람들을 먹여 살릴 수 있는가'에 관한 논쟁이 벌어졌다.[7] 몇몇 마르크스주의자들(예를 들어 레닌)은 맬서스뿐만 아니라 급진주의자이자 여성주의자인 경우가 많았던 19세기 후반의 신맬서스주의자들(예를 들어 폴 로빈(Paul Robin)과 엠마 골드먼(Emma Goldman) 같은 사람들)까지 공격했다.[8]

출간된 마르크스의 저작을 보면 그는 에너지 흐름을 고려하지 않았다. 그러나 물질대사(물질교환)와 세포 및 유기체 수준에서의 에너지 흐름 사이의 연결고리는 1840년대에 확인됐다. 농업은 식물영양분 순환의 변화만이 아니라 에너지 흐름의 변화도 의미한다는 사실에 대한 이해도 당시에 이미 이루어졌다(마이어(J. R. Mayer)는 1845년에 에너지 흐름을 가리키기 위해 '물질대사'라는 용어를 사용했다).[9] 물질은 어느 정도 재활용될 수 있지만 에너지는 그럴 수 없는 것이었다. 열은 운동으로 변환될 수 있고 운동이 열로 변환될 수도 있지만 후자, 즉 운동이 열로 변환되는 과정에서는 많은 에너지가 흩어진다. 에너지 흐름의 방향에 관한 이론은 1850년 열역학 제2법칙이 확립된 후에 발전했다.

마르크스와 엥겔스는 새로운 에너지원에 대해 큰 관심을 가지고 있었다. 이에 대해서는 한 가지 예를 드는 것만으로도 충분할 것이다. 당시 토론 중에는 전기 분해로 얻어질 수 있는 에너지의 양을 근거로 수소가 순 에너지원이 될 수 있다는 주장과 그렇지 않다는 주장에 관한 토론이 있었다. 1866년 4월에 마르크스는 엥겔스에게 보낸 편지에서 르부르(M. Rebour)라는 사람이 매우 적은 비용으로 물 속에 들어있는 수소와 산소를 분리해내는 방법을 발견했다고 알렸다. 한 가지 흥미를 끄는 점은 엥겔스가 열역학의 제1법칙과 제2법칙이 동시에 성립될 수 있다는 의견을 받아들이려 하지 않았다는 사실이다. 이 점에서는 '자연변증법'이 그를 저버렸다. 엥겔스는 클라우지우스(Clausius)의 엔트로피 개념을 접하고는 마르크스에게 보낸 편지에 이렇게 썼다. "열이 기계적 에너지로 전환되는 것과 같은 자연력의 전환은 독일에서 매우 부조리한 이론(세계는 점차 차가워지고 있으며 종국에는 생명이 전혀 존재할 수 없게 되는 때가 올 것이라는 이론)을 탄생시켰다. 나는 그저 성직자들이 이 이론을 활용하기를 기다리고 있는 중이다."[10] 그러나 열역학의 제2법칙에 대한 엥겔스의 반감은 그것이 종교적으로 남용될 것이라는 점에만 기인한 것이 아니었다. 엥겔스는 그와 동시대에 산 다른 저술자들과 마찬가지로 공중으로 방출된 열을 재이용할 수 있는 방법이 찾아질 것이라고 생각했던 것이다.

또 하나 흥미로운 점은 엥겔스가 1882년에 마르크스에게 보낸 편지에서 포돌린스키(S. A. Podolinsky)의 작업에 대해 부정적인 반응을 보였다는 것이다.[11] 포돌린스키는 엔트로피 법칙과 경제적 과정에 대해 연구했고, 마르크스에게 엔트로피 법칙이 마르크스주의의 분석에 접목될 수 있음을 납득시키려고 애썼다. 그는 정치적으로는 마르크스주의자가 아니었다. 그는 우크라이나의 연방주의적 나로드니키였다. 그는 1872년에 열린 인터내셔널 회의에서 아나키스트인 제임스 기욤(James Guillaume)을 칭송하고 마르크스의 거만한 행동에 대해 불평했다. 그렇지만 그는 농업에너지학 분야에서 자기가 수행한 연구작업이 마르크스주의에 기여할 수 있다고 생각했다. 포돌린스키는 1880년 4월에 마르크스에게 보낸 편지에서 다음과 같이 밝혔다. "나는 특별히 인내심을 갖고서 잉여노동 개념과 현재의 물질이론을 조화시키려는 나의 시도에 대한 당신의 의견을 기다립니다." 포돌린스키의 분석은 지구는 태양으로부터 엄청난 양의 에너지를 받고 있으며 매우 먼 미래까지 계속 그리할 것이라는 명제에서 출발했다. 그에게는 모든 물리적, 생물학적 현상이 에너지 전환의 표현이었다. 포돌린스키는 1880년 3월 30일에 자신의 저작물을 마르크스에게 보내면서 편지를 곁들였다. 그 편지에서 그는 에너지 흐름의 계산을 상이한 생산양식들에 적용하는 방법을 자기가 개발하게 되기를 희망하고 있었다. 그는 식물은 에너지를 흡수하고, 동물은 식물을 먹고 살면서 에너지를 소모한다고 설명했다. 이것이 '생명의 순환'을 형성한다는 것이었다.

"우리 앞에는 생명의 순환을 함께 형성하는 두 개의 과정이 있다. 식물은 태양 에너지를 축적하는 속성을 갖고 있는 반면에 동물은 식물을 먹이로 삼으면서 식물에 저장된 에너지 가운데 일부를 변형시킨 뒤 그것을 공중으로 방출한다. 만약 식물이 축적한 에너지의 양이 동물이 분산시킨 에너지의 양보다 크다면, 예컨대 식물의 생명활동이 동물의 생명활동보다 우세했던 석탄생성 시기에 그랬던 것처럼 에너지 스톡은 증가한다. 만약 이와 반대로 동물의 생명활동이 더욱 우세하다면 공급되는 에너지는 빠르게 분산돼 사라지고 동물의 생명활동은 식물이 축적한 에너지 스톡에 의해 결정되는 한계 안에 다시 갇히게 될 것이다. 따라서 에너지의 축적과 분산 사이에 어떤 균형이 확립돼야 할 것이다."[12]

포돌린스키가 보기에 식물뿐만 아니라 인간의 노동도 에너지의 분산을 지연시키는 덕목을 갖고 있었다. 인간의 노동은 농업을 통해 에너지 분산을 지연시킨다는 것이었다. 옷을 만드는 사람이나 제화공, 건축노동자의 작업도 '에너지가 공중으로 분산되는 것을 막아준다'는 점에서 생산적인 노동으로 불릴 자격이 있긴 하지만 인류는 주로 농업을 통해 에너지의 분산을 지연시킨다고 그는 보았다. 그리고 그는 인류가 이용할 수 있는 에너지는 주로 태양에서 온 것이라고 생각했다. 그는 태양상수(solar constant)의 값을 제시했다. 그는 어째서 석탄과 석유, 풍력과 수력이 모두 태양에너지가 변형된 것인지에 대해 설명했고, 조수를 또 하나의 가능한 에너지원으로 제시했다. 이어 그는 농업에너지에 대한 분석을 시작하면서 태양에너지 가운데 극히 일부만이 식물에 흡수된다고 지적했다. 인간의 노동은 인간의 지시에 의해 움직이는 동물의 노동과 더불어 농업활동을 통해 이용가능한 에너지의 양을 증가시킬 수 있다고 그는 생각했다.

포돌린스키는 노동을 할 수 있는 인간 유기체의 능력에 대한 설명으로 나아갔다. 인간에게 그런 능력이 없다면 "노동의 영향 아래서 지구의 표면에 에너지가 축적되는 것을 설명하기 어려울 것"이라고 했다. 그는 히른(Hirn)과 헬름홀츠(Helmholtz)의 말을 인용하면서 "인간은 음식으로 얻는 에너지의 5분의 1을 근육노동으로 변환시킬 능력을 갖고 있다"는 결론(이는 올바른 결론임)을 밝혔다. 그는 이 비율(5분의 1―옮긴이)에 '경제적 상관계수'라는 이름을 붙이면서 인간이 증기기관보다 더 효율적인 에너지 변환기라고 강조했다. 그는 에너지의 관점에서 인간이 생존하기 위한 최소한의 자연조건에 관한 일반화된 이론적 원리를 제시할 목적으로 인간을 증기기관에 비유했던 것이다. 그는 사디 카르노(Sadi Carnot)가 말한 의미에서 인간은 '완벽한 기계'라고 말했다. "인간은 열을 비롯한 물리력을 노동으로 바꿀 뿐만 아니라 자신의 필요를 충족시키기 위해 역으로 노동을 열을 비롯한 물리력으로 바꿀 수 있는 기계, 즉 열로 전환된 자신의 노동으로 보일러를 데울 수 있는 기계다."[13] 그가 보기에 어린이나 노인도 있으니 모든 사람이 다 노동을 할 수는 없다는 점과 식량 이외의 다른 에너지원이 필요하다는 점을 감안한다면 인구학적 문제를 적절하게 논의하려면 지구에 존재하는 에너지의 양과 지구에 살고 있는 인구수의 관계를 고려해야 했다. 이런 그의 고려는 맬서스의 예측보다 더 적절한 시각에 따른 것이었다.

포돌린스키는 자본축적을 금전적 측면에서 생산수단을 늘리는 과정이 아니라 이용할 수 있는 에너지의 양과 그 분산을 늘리는 과정으로 해석했다. 그는 태양에너지의 흐름을 이용하는 것과 석탄에너지의 스톡을 이용하는 것의 차이를 강조했다. 이미 지구상에 축적된 에너지를 노동으로 전환시키는 것만이 아니라 지구상에 태양에너지를 더 많이 축적시키는 것도 노동의 임무라는 것이었다. 왜 그러냐면 석탄 사용을 수반하는 노동은 엄청난 양의 열에너지가 공간으로 분산되는 현상을 가져오기 때문이었다. 석탄을 캐는 광부의 에너지 생산성은 원시시대의 농부보다 훨씬 높지만 석탄으로부터 얻는 에너지 잉여는 일시적인 것이었다. 하지만 포돌린스키는 경제를 비관적으로 전망하지 않았다. 그는 산업적 용도로 태양에너지를 직접 이용하는 데 희망을 걸었다. 그는 언젠가는 농업을 통하지 않고도 태양에너지를 직접 이용해 영양분을 화학적으로 합성할 수 있게 될 것이라고 상상했다.[14]

에너지 사용과 인간문화의 발전 간 연결고리가 1900년경 유럽에서 '사회에너지론(social energetics)'의 형태로 정리되면서 이에 대한 논쟁도 일어났다. 보그다노프(1873~1928)와 부하린(1888~1938) 등 몇몇 마르크스주의자들은 사회에너지론의 관점을 채택했고, 이들의 연구작업은 그 후 베르탈란피(Bertalanffy)가 생물학과 열역학의 연관관계로부터 개발해낸 체계이론(systems theory)의 선구로 간주돼왔다.[15] 하지만 마르크스주의의 역사적 문헌들 가운데 물질과 에너지의 흐름에 대해 양적인 연구를 해서 고도로 불평등한 그 흐름의 분배상태를 부각시킨 것은 없다.

오토 노이라트

필자는 1987년에 펴낸 책 《생태경제학(Ecological Economics)》에서 주로 포돌린스키의 농업에너지론에 대한 엥겔스의 부정적인 반응을 살펴보는 것을 통해 마르크스주의와 생태경제학의 관계를 설명했다. 또한 그 책에서 필자는 1919년부터 몇 년간에 걸쳐 전개된 '사회주의 계산 논쟁'에 대한 오토 노이라트(Otto Neurath)의 기여(이에 대해서는 이미 카프(K. W. Kapp, 1910~76. 독일의 제도주의 경제학자—옮긴이)도 이미 인정한 바 있다)도 살펴보았다. 오토 노이라트(1882~1945)는 비엔나 학파의 유명한 분석철학자였다. 노이라트는 또한 경제학자이자 경제사학자였고, 적어도 두 가지 의미에서 마르크스주의자였다. 첫째, 그는 사회주의 계산 논쟁에서 포퍼-링케우스(Popper-Lynkeus, 1838~1921. 오스트리아의 철학자, 사회개혁가, 발명가—옮긴이)와 발로드-아틀란티쿠스 Ballod-Atlanticus(1864~1931. 본명은 칼리스 발로디스(Karlis Balodis), 라트비아 출신으로 독일에서 아틀란티쿠스라는 가명으로 활동한 사회주의 경제통계학자. 경제의 목적은 인간의 기본적인 필요를 충족시키는 것이고, 인간의 필요는 계산될 수 있다고 보았다. 오늘날의 '지속가능한 발전' 개념과 유사한 개념을 제시했다—옮긴이)의 수량적이고 현실주의적인 '유토피아'를 지지하면서 에너지 및 물질 측면의 회계(자연회계, Naturalrechnung)에 기초를 둔 민주적 계획경제를 옹호했다. 그는 '경제에서 하나의 기준으로 잴 수 없는 가치'라는 개념을 도입했다.[16]

둘째, 몇 년 뒤 비엔나 학파의 '통합과학 백과사전' 프로젝트의 맥락 속에서 그는 구체적인 과정이나 사건에 대한 여러 과학의 발견들을 종합하는 방법으로서 변증법적 역사관을 옹호했다(그는 '변증법'이라는 단어를 좋아하지 않았음에도 그렇게 했다). 어떤 특정한 과정이나 사건에 대한 어떤 특정한 과학의 발견은 백과사전에 들어가는 다른 과학의 가정 또는 발견과 모순돼서는 안 된다는 것이었다. 그러한 모순이 있다면 그 모순을 제거하려는 시도가 이루어져야 했다. 나중에 에드워드 윌슨(Edward Wilson)이 한 말을 빌리면 '통섭(consilience)'이 백과사전의 규칙이 돼야 한다는 것이었다.

　오토 노이라트의 관점과 이론의 현실적합성을 파악하기 위해서는 존 오닐(John O'neil)이 지적했듯이 '사회공학'에 대한 하이에크의 강력한 비판이 생시몽 같은 사상가들뿐만 아니라 현재 생태경제학으로 불리는 전통도 겨냥한 것임을 인식해야 한다.[17] 생태경제학으로 불리는 전통은 경제적인 제도와 관계가 물질적인 세계에 내장돼 있으면서 물질적 선결조건을 필요로 하는 방식을 이해하고자 하며, 따라서 순수한 화폐적 가치평가에 기초를 둔 경제적 선택에 대해 비판적이다. 하이에크는 패트릭 게디스(Patrick Geddes, 1854~1932. 스코틀랜드 출신의 생물학자이자 도시계획가—옮긴이), 빌헬름 오스트발트(Wilhelm Ostwald, 1853~1932. 1909년에 화학평형, 촉매, 반응에 관한 연구로 노벨화학상을 수상한 독일의 화학자이자 과학철학자—옮긴이), 랜슬럿 호그벤(Lancelot Hogben, 1895~1975. 본명은 토머스 랜슬럿. 영국의 동물학자이자 유전학자로 1933년에 〈본성과 양육(Nature and Nurture)〉이라는 저서를 통해 사회생물학을 발전시켰다—옮긴이), 프레더릭 소디(Frederick Soddy, 1877~1956. 영국의 화학자로 1921년에 방사성 동위원소 이론을 개발해 노벨화학상을 수상했고, 과학과 사회의 관계에 관한 저술활동도 활발히 했다—옮긴이), 루이스 멈포드(Lewis Mumford, 1895~1990. 미국의 도시 및 건축 사학자. 도시, 문명, 과학기술에 관한 유명한 비평서를 다수 남겼다—옮긴이) 등을 거칠게 무시하는 태도를 취하기도 했지만, 사실 그의 주된 표적은 노이라트의 자연회계와 계획이었다.

오늘날의 사회적 물질대사

경제에서의 에너지 사용은 그 어느 때보다 오늘날의 현실을 잘 설명해준다. 인도와 중국을 비롯한 여러 나라의 경제성장 패턴과 그것이 석유와 가스의 가격에 미치는 영향, 인간이 다른 생물종들을 손상시키면서 바이오매스를 점점 더 많이 연료로 이용하는 추세, 임박한 '석유정점', 석탄 사용의 증가와 이것이 지구온난화에 미치는 영향, 핵발전의 증가 등을 숙고해보면 그러함을 알 수 있다.[18] 지구 전체로 보아 모든 에너지원의 사용이 증가하고 있다. 20세기에 바이오매스 에너지의 소비(먹을거리, 사료, 땔감으로)는 4배 이상으로, 석탄의 소비는 6배로, 석유의 소비는 이보다 훨씬 더 많이 늘어난 것으로 추정된다. '에너지 투입에 대한 에너지 산출의 비율(EROEI; Energy Return on Energy Input)'이라는 개념, 뒤집어 말하면 풍력, 오일샌드, 연료용 바이오매스 등 다른 체계에서 에너지를 획득하는 데 들여야 하는 에너지비용이라는 개념이 1970년대에 찰스 홀(Charles Hall)을 비롯한 생태학자들에 의해 경제에 적용됐고,[19] 그 경제적 의미에 관한 질문들이 제기됐다.

그 뒤로 물질의 흐름에 관한 연구는 많은 진전을 보였다. 유럽연합 통계청(Eurostat)의 통계는 1990년대의 논쟁을 통해 발전되고 합의된 방법으로 작성된다.[20] 그 방법의 분석틀에서는 '물질흐름 분석(MFA; Material Flow Analysis)'[21]의 방식으로 어떤 하나의 경제에 대해 그 완전한 균형상태를 계산해볼 수 있다. 물질흐름뿐만 아니라 에너지흐름의 측면에서도 물질대사 일람표(Metabolic Profile)가 작성된다. 화석연료와 바이오매스는 물질통계와 에너지통계 모두에서 나타나지만 원자력에너지와 수력전기는 물질흐름에 포함되지 않는다. 여기서 우리는 물질흐름에 초점을 맞추기로 한다.

유럽연합 통계청의 방법(〈그림〉)에서 물질흐름은 세 개의 주요 물질그룹(광물, 화석연료, 바이오매스)과 네 개의 주요 범주(국내채취, 수입, 수출, 폐기물)로 나뉜다. 폐기물은 자연순환에 의해 일부가 시장 바깥에서 재순환되고, 적은 일부(종이와 금속 등)는 시장에서 재순환(재활용)된다. 물질의 순축적량은 체계 속으로 들어오는 양과 체계에서 나가는 양의 차이로 계산될 수 있다.

경제 전체의 물질수지(대기와 물은 제외)[22]

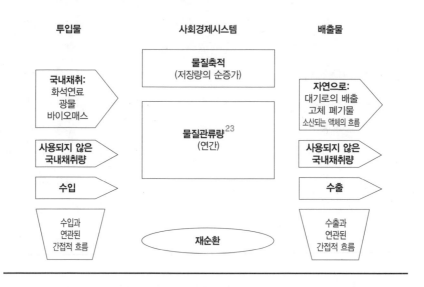

이러한 분석은 기존의 경제학이나 마르크스주의 경제학이 상정하는 경제와는 매우 다른 경제의 모습을 보여준다. 예를 들어 1980년부터 2000년까지의 스페인에 대한 MFA를 보면 1인당 국민소득이 유럽연합의 평균과 비등한 수준으로 접근해간 이 나라 경제의 견조한 추세는 물질대사의 측면에서 '최고의 수준으로 치닫는 경주'와 동반했다는 결론을 얻을 수 있다. 1980년부터 2000년까지 스페인 경제에 의해 이동되는 물질(즉 '직접물질투입=국내채취+직접물질수입')이 85% 증가하는 동안에 이 나라의 국내총생산(GDP)은 74% 증가했다. 다른 유럽국가들에서 상대적으로 탈물질화(즉 자원생산성의 증대)가 진행되는 동안에 스페인에서는 전형적인 개도국 경제의 추세가 나타났다. 건축자재용 물질의 사용이 현저하게 늘어나는가 하면, 국내 석탄채굴이 줄어들었음에도 불구하고 에너지가 담긴 물질의 사용이 두드러지게 늘어나기도 했다. 스페인 경제는 국제무역에 점점 더 많이 의존하게 됐다. 수입은 무게 기준으로 볼 때 수출의 두 배에 달했다.

순수입은 다른 곳의 환경부하를 대체하면서 연간 1인당 3톤에 이르렀다. 바이오매스의 수입, 특히 석유와 가스의 수입이 늘어났다. 또한 국내에서 생산되던 금속들이 이제는 수입되고 있다.

모든 물질(에너지가 담긴 물질, 광물, 바이오매스)을 다 합쳐놓고 보면 무게 기준으로 유럽연합 전체는 수출보다 네 배나 더 많은 양을 수입하고 있는 반면에 중남미는 수출이 수입의 6배 이상이다.[24] 더구나 브라질의 무역에 대해 그 에너지 및 탄소 집약도(무역액 대비 소산된 에너지 및 배출된 이산화탄소의 양)를 연구한 결과와 몇몇 금속에 대해 그 무역의 환경오염 측면을 연구한 결과가 보여주고 있듯이 개도국의 경우에는 수출품이 수입품보다 '생태배낭(ecological rucksack, 제품의 생산에 투입된 물질의 무게에서 제품 자체의 무게를 뺀 값—옮긴이)'이 더 무겁다.[25] 펜게(Pengue)는 아르헨티나의 대두 무역에 숨겨져 있는 영양분 손실의 흐름을 계산해냈을 뿐 아니라(리비히와 마르크스가 만약 살아있었다면 펜게가 이런 계산을 해낸 것에 대해 기뻐했을 것이다) 역시 대두 무역에 숨겨져 있는 토양 침식의 흐름과 '가상의 물(virtual water, 제품의 생산을 위해 사용된 물—옮긴이)'의 흐름도 계산해냈다.[26] 앞으로는 아르헨티나와 브라질이 연료용 바이오매스의 거대 수출국이 될 것인가?

페레스-린콘(Perez-Rincon)은 콜롬비아의 경우 수입은 연간 1천만 톤이고 수출은 7천만 톤이라는 계산결과를 제시했다.[27] 주변부는 중심부의 필요를 충족시키기 위한 자원을 채취해 수출한다. 프레비시(Prebisch)와 싱어(Singer)는 각각 독자적으로 주변부 국가의 교역조건이 악화된다는 이론을 정식화했다. 이에 따르면 주변부 국가는 동일한 양의 재화를 수입하기 위해 점점 더 많은 양의 1차산품을 수출해야 한다. 마르크스주의자들은 가난한 나라의 수출품은 노동집약적이고 값싼 노동에 의해 생산되며, 따라서 인간 노동의 측면에서 불평등한 교환이 발생한다고 지적했다.[28] 게다가 중심부와 주변부 간에는 화폐적 교환뿐만 아니라 물질적 교환도 일어난다. 선진국들이 사회경제적 물질대사를 유지하고 발전시킬 수 있도록 개도국들이 물질과 에너지를 제공하는 것이다. 현재 미국의 석유 수입량은 하루평균 1천만 배럴(연간 5억 톤, 즉 연간 1인당 2톤)을 넘는다. 그러나 개도국들이 모두 다 물질적 순수출국인 것은 아니다. 인도와 중국은 석유를 많이 수입하기 때문에 물질적 순수입국일 것이다. 인도와 중국의 일부 지역들이 국내에 석탄을 비롯한 광물을 공급하고 있다. 그렇지만 인도는 많은 양의 철을 수출할 뿐만 아니라 외주서비스도 수출한다(예를 들어 미국 기업이 글로벌 콜센터를 인도에 설치하면 인도는 외주서비스를 수출하는 것이 된다—옮긴이). 한편 인구는 적지만 1인당 물질 및 에너지 사용수준이 높은 몇몇 부유한 나라들(캐나다와 호주 등)은 자원 순수출국이다. 이런 나라들은 중남미와 아프리카의 나라들이나 인도네시아와는 달리 해롤드 이니스(Harold Innis, 1894~1952. 캐나다의 정치경제학자—옮긴이)가 자신의 일차산품 교역론에서 상정한 성장경로를 성공적으로 밟아왔다. 상이한 국가나 지역들의 위상이 역사적으로 어떻게 변하든 간에 세계체제의 중심부를 뒷받침하는 물질대사의 과정은 생태적으로 불평등한 교환, 자연자원의 교역조건 악화, 그리고 노동착취에 의해 지탱되고, 필요할 경우에는 군사력에 의해서도 지탱된다.

요약해 말하자면 오늘날의 경제는 GDP 성장률, 저축률, GDP 대비 재정적자, 대외부문의 경상수지, 실업률과 같은 경제지표로도 묘사될 수 있고 인간개발지수(HDI; Human Development Index, 이름은 이렇지만 그 국가별 순위는 1인당 GDP 순위와 크게 다르지 않다)에 포함되는 사회적 요소로도 묘사될 수 있지만 물질대사 일람표로도 정확하게 묘사될 수 있다. 국가나 지역 단위의 물질대사 상태는 '물질 및 에너지 흐름 회계(MEFA)'와 '바이오매스의 1차 순생산량 가운데 인간에 의해 이용되는 비율(HANPP)'로 파악되는 통계에서 볼 수 있다.[29]

경제적 지표, 사회적 지표, 물리적 지표는 경제의 상태를 서로 다른 기준에서 보여준다.[30] 어떤 하나의 경제를 상이한 측면에서 파악할 수 있게 해주는 것이다. 예를 들어 A라는 경제에 대해 이렇게 묘사할 수 있다. "1인당 연간 240기가줄

(GJ)의 에너지가 생산되고, 물질흐름은 1인당 연간 21톤(이 가운데 6톤은 화석연료)이다. 물질흐름 가운데 5톤은 수입의 흐름이고, 1톤은 수출의 흐름이다. 1인당 소득은 2만5천 달러다." 또 B라는 경제에 대해서는 이렇게 묘사할 수 있다. "1인당 연간 에너지 생산과 물질흐름이 각각 25기가줄과 3.5톤에 지나지 않는다. 1인당 소득은 1200달러(구매력평가 기준)다." 사람들도 집단별로 물질대사 상태에 따라 분류될 수 있을 것이다. 경제가 성장함에 따라 물질대사의 흐름을 구성하는 다양한 요소들이 상이한 추세들을 보이게 되며, 우리는 그 상이한 추세들을 연구해볼 수 있다.

물질대사 상태와 생태갈등

정치생태학(political ecology)이 자연의 자원 및 서비스에 대한 접근을 둘러싼 갈등에 대해, 오염을 비롯한 환경영향의 부담에 대해 연구하는 것은 바로 이러한 사고의 맥락에서다. 외부효과는 시장의 실패라기보다는 비용전가의 성공이다. 각 사회의 물질대사 상태와 그 사회와 관련된 지역적, 국가적, 지구적 생태갈등 사이에는 연관관계가 존재한다. 어떤 경제가 GDP에 비교하는 방식의 상대적인 의미에서가 아니라 절대적인 의미에서 '탈물질화'되고 있다면 그러한 갈등이 덜 파급되고 덜 격렬할 것이다. 여기서 생태갈등의 종류는 '상품사슬'의 어느 지점에서 발생하느냐에 따라 분류된다. 지면의 제약을 감안해 몇 가지 사례만 들어본다.

물질과 에너지 채취를 둘러싼 갈등

1. **광산과 석유채취**: 물과 대기를 오염시키고 광물 찌꺼기 등의 토지점유를 초래한다는 이유로 광산이나 제련소에 대해 제기되는 불만. 이런 종류의 갈등 중

에는 오랜 역사를 가진 것도 있다(예를 들어 일본 아시오 광산이나 스페인 남부의 리오틴토 광산에서는 1900년경에 이미 갈등이 발생했다). 석유와 가스 채취를 둘러싸고도 이와 비슷한 갈등이 발생한다(2006년 현재 활동 중인 네트워크인 '광산과 지역사회(Mines and Communities)'나 '석유감시(Oilwatch)'의 경우를 예로 들 수 있다). 경제가 성장하고 있는 인도에서는 주로 오리사 주나 자르칸드 주에서 국영기업, 사기업, 다국적기업의 석탄, 철광석, 우라늄, 보크사이트 채굴을 둘러싸고 분쟁이 발생하고 있다(오리사 주에서 알칸(Alcan)이나 베단타(Vedanta) 같은 기업들이 추진하는 프로젝트와 관련해 발생하고 있는 분쟁을 예로 들 수 있다).[31] 건축자재를 놓고도 갈등이 빚어진다. 인도의 타밀나두 주에서는 모래 채취를 중단시키려고 한 공무원이 '모래 마피아'에게 살해당하는 사건이 일어났다.[32]

2. **생물해적질:** 농민의 지식 또는 토착지식과 그 지식에 대한 소유권을 인정하거나 적절한 대가를 지불하지 않고 야생생물이나 농작물의 유전자원을 이용하는 행위(여기에는 인간게놈 프로젝트라는 극단적인 사례도 포함된다). '생물해적질(Biopiracy)'이라는 용어는 1993년에 국제농촌진흥기금(RAFI; Rural Advancement Foundation International)이라는 단체의 패트 무니(Pat Mooney)가 처음으로 사용하기 시작했다. 이 새로운 용어는 이미 오래전부터 저질러져 온 행위에 내포된 부정의한 측면을 겉으로 드러내준다(이 주제에 대해 이 글의 필자가 쓴 글 가운데 국내에 번역, 소개된 것으로 '생물다양성의 상품화'(〈농민과 사회〉 제21호, 한국농어촌사회연구소)가 있다―옮긴이).

3. **토질악화:** 불평등한 토지분배나 수출을 위한 생산으로 인한 토양의 침식. 예를 들어 에콰도르의 일부 지역에서는 가난한 농민들이 산지의 경사면에서 경작을 하고, 계곡 아래쪽의 비옥한 평지는 수출용 화훼를 생산하는 데 이용된다.

1987년에 블레키(Blaikie)와 브룩필드(Brookfield)가 지속가능한 토지이용을 훼손하는 인구의 압력과 생산의 압력을 구분하는 시도를 처음으로 했다.[33]

4. 플랜테이션은 숲이 아니다[34]: 목재, 종이펄프, 셀룰로오스(대개 수출용)의 생산을 위한 유칼립투스, 소나무, 아카시아의 플랜테이션에 대한 불만이 전 세계적으로 터져 나오고 있다.[35] 이와 같은 갈등과 바이오매스 수출의 흐름 사이에는 분명한 연관관계가 있다. 예를 들어 2005년에 우루과이에서 스페인 기업인 ENCE가 셀룰로오스 생산을 위해 심은 나무들로 인해 갈등이 빚어진 바 있다.

5. 맹그로브냐 새우냐: 태국, 온두라스, 에콰도르, 브라질, 인도, 필리핀, 방글라데시, 스리랑카, 인도네시아 등에서 수출용 새우를 양식하는 기업들에 대항해 주민들의 생계가 걸린 맹그로브 숲을 보전하려 하는 운동이 벌어지고 있다.[36]

6. 국가 또는 지역의 어업권: 바이오매스 사용의 형태에 따라 상이한 갈등이 빚어진다. 어업을 둘러싼 갈등에는 국가적인 갈등도 있고 지역적인 갈등도 있다. 국가적인 갈등이 있는 곳에서는 1940년대 이후 페루, 에콰도르, 칠레가 그랬던 것처럼 배타적인 어로구역을 설정함으로써 개방적 어로행위로 인한 수산자원 훼손을 막고자 하는 시도가 이루어진다. 국제법이 이런 규제의 근거가 된다. 인도 해안지역이나 아마존 하류지역과 같은 곳에서는 산업적 어업에 대항해 지역의 공동체적 어업권을 방어하거나 확립하려는 투쟁도 생겨나고 있다.

수송, 폐기물, 오염을 둘러싼 갈등

7. 유조선이나 송유관에서의 석유 유출, 새로운 도로, 항만, 공항, 전력공급망의 건설, 남미의 파라과이 강과 파라나 강에 운하를 건설하기 위한 '히드로비아' 프

로젝트 등에 대한 불만: 예를 들어 인도 남동부의 타밀나두 주와 스리랑카를 잇는 '세티사문드람 운하' 프로젝트는 인도의 동부 해안지역과 서부 해안지역 사이의 수송에 걸리는 시간을 단축시킬 수는 있겠지만 강을 준설해야 하기 때문에 관련 지역들의 어민에게 위협이 된다. 톤킬로미터와 같은 수송의 물리적 지표는 GDP나 '경제의 물질 및 에너지 관류량(throughput)'보다 더 빨리 증가한다. 또 다른 적절한 사례로 2005년 후반에 이탈리아의 수사(Susa) 계곡에서 벌어진 시위를 들 수 있다. 이 시위는 유럽 전체에 걸친 교통망 건설의 일환으로 이탈리아의 토리노와 프랑스의 리옹 사이에 철도를 새로 놓는 사업에 반대하기 위한 것이었다. 시위자들은 이 철도건설 사업이 산악의 경관을 파괴한다고 주장했다.

8. **독성물질 싸움(toxic struggle):** 이는 중금속이나 다이옥신이 일으키는 위험에 맞서는 싸움을 지칭하는 용어로 미국에서 만들어졌다.[37] 그러나 미국 이외의 다른 나라들에서도 오래전부터 독성물질에 의한 오염사고가 일어났다. 예를 들어 1950~60년대에 일본 구마모토 현에서는 화학업체 치소(Chisso)가 미나마타만 수은중독 사건을 일으킨 바 있다. 오늘날에도 이런 문제에 대한 불만이 계속 제기되고 있다.

9. **폐기물 투기:** 인도 구자라트 주의 알랑 지역에 있는 선박해체 공장은 환경에 파괴적인 영향을 끼치고 있다. 이 선박해체 공장은 2005년에 독성물질을 적재한 덴마크의 선박이 이곳에 보내진 것이 논쟁을 불러일으키면서 국제적인 관심을 모았다. 이어 2006년 2월에는 이곳에서 해체를 앞둔 항공모함 클레망소 호와 관련해 프랑스 법원에서 진행된 재판에서 그린피스가 승리함으로써 클레망소 호가 다시 유럽으로 돌려보내지는 일이 벌어졌다. 그린피스는 1988년에 부유한 나라가 가난한 나라에 폐기물을 버리는 행위를 지칭하는 '독성물

질 제국주의(Toxic Imperialism)'라는 용어를 만들어냈다.[38] 수천 톤의 전기전자 폐기물(e폐기물)이 인도, 파키스탄, 중국을 비롯한 아시아의 개도국들로 매년 불법으로 수출되고 있으며, 이런 무역에 대해 뉴델리의 '반독성물질 연대(Toxic Link)'라는 단체는 "절대적으로 불법이고 바젤협약의 정신에 반하는 것"이라고 비난하고 있다.

10. **국경을 넘나드는 오염(transboundary pollution):** 이는 1970~80년대에 유럽 국가들의 국경을 넘나들며 산성비를 유발한 이산화황 오염을 가리키는 데 주로 사용되던 용어다. 미국 중앙부의 오염이 뉴잉글랜드 지역에, 또는 중국의 오염이 일본에 산성비를 유발하는 것도 같은 경우다.

11. **소비자와 시민의 안전:** 핵이나 유전자조작과 같은 새로운 기술의 알려지지 않은 위험에 대한 정의 및 그러한 위험의 부담에 대항하는 투쟁은 독성 농화학 물질과 같은 것을 생산하는 기업들에 영향을 미친다. 이런 갈등 가운데는 새로운 것도 있고(예를 들어 광우병을 둘러싼 갈등) 오래된 것도 있다. 규제당국이 '사전예방의 원칙'을 적용하는 데 실패한 경우에 갈등이 발생한다.[39] 중국과 인도에서는 원자력 발전의 성장을 감안할 때 핵의 안전문제에 관한 논쟁이 앞으로 더욱 확대될 것으로 보인다.[40] 울리히 벡(Ulrich Beck)은 오래된 기술적 갈등(석면, DDT, CFC와 관련된 갈등)이나 잘 알려진 물질대사 흐름의 추세(이산화탄소 배출량 증대)보다는 충격적인 사건(예를 들어 체르노빌 사태)에 관심의 초점을 맞추었다.[41]

12. **기업의 책임:** 초국적기업이 관련된 갈등에서는 '기업의 책임'에 대한 요구가 제기된다. 예를 들어 셰브론-텍사코, 프리포트-맥모런 코퍼 앤드 골드, 서던 페루 코퍼 코퍼레이션, 다우 케미컬과 같은 기업들이 가난한 나라에 초래한

피해에 대해 외국불법행위배상법(ATCA; Alien Tort Claims Act, 미국의 독립운동을 돕다가 영국으로 돌아간 영국 국민이 영국 정부에서 박해를 받을 경우에 미국이 개입하는 것을 합법화하기 위해 미국이 1789년에 제정한 법으로, 외국에서 일어난 외국인의 불법행위도 미국 법원이 재판할 수 있다고 규정하고 있다─옮긴이)에 따른 보상을 요구하는 움직임이 있다. 또 다른 예로는 세계 최대의 금 생산 기업인 뉴몬트(Newmont Mining Corporation)가 인도네시아 술라웨시 섬의 부얏 만으로 유독성 물질을 방출해 그곳 주민들의 건강에 위해를 가했다는 이유로 인도네시아 당국이 이 기업을 형사고발한 것을 들 수 있다.[42] 이와 비슷하게 태국으로 이어지는 야다나 가스관과 관련해 미얀마(버마)의 주민들과 '지구권리 인터내셔널(Earth Rights International)'이라는 단체가 미국 캘리포니아에서 제기한 또 다른 ATCA 관련 소송에 대한 재판에서 유노컬(Unocal)이 보상금을 지불하기로 합의해 2004년에 이 사건이 법적으로 해결되기도 했다. 기업의 책임 문제는 1984년에 인도에서 일어난 보팔참사 이후 지금까지 계속 쟁점이 되고 있다.

13. **이산화탄소 흡수원에 대한 동등한 권리:** 이산화탄소 흡수원, 즉 이산화탄소의 일시적 저장고 역할을 하는 바다, 새로운 식생, 토양, 대기 등의 1인당 사용량이 전 세계 모두에게 동등해야 한다는 제안이 있다.[43] 앤드류 심스(Andrew Simms)의 표현에 따르면 이산화탄소 배출의 불평등은 '탄소부채(carbon debt)'를 발생시켰다.[44]

생태갈등과 관련된 용어들

선진국들이 개도국들에 지고 있는 '생태부채(ecological debt)'가 상환돼야 한다는 요구가 제기되고 있다. 선진국들의 생태부채에는 '탄소부채', 즉 1인당 배출량 기준으로 볼 때 과거와 현재를 통틀어 부유한 나라들이 이산화탄소를 과다하게 배출함으로써 개도국들에 초래한 피해도 포함되고, 선진국들의 생물해적질과 생태적 불평등 교환으로 인해 생겨난 개도국들의 청구권도 포함된다. 자신들의 자원으로 살아가는 '생태계 주민들(ecosystem peoples)'과 다른 지역이나 다른 사람들의 자원으로 살아가는 '생태계 침입자들(ecological trespassers)'을 대조시키는 논의도 있다. 이 개념은 레이먼드 프레드릭 대스먼(Raymond Fredric Dasmann)이 제시한 것이며, 가드길(M. Gadgil)과 구하(R. Guha)에 의해 인도에도 적용됐다. 가드길과 구하는 사람들을 '포식하는 사람들(omnivorous peoples)', '생태계 주민들(ecosystem peoples)', '생태적 난민들(ecological refugees)'이라는 세 가지 범주로 유형화했다.[45] 국제적 불평등의 관점에서 사용되는 또 하나의 용어로 '생태발자국(ecological footprint)'이라는 것이 있다(생태발자국에 대해서는 마티스 웨커네이걸, 윌리엄 리스 지음, 류상윤, 이유진 옮김,《생태발자국》, 이매진, 2006을 참고하라—옮긴이). 생태발자국은 먹을거리와 기타 바이오매스, 화석연료, 인조환경의 1인당 사용량을 합산한 것을 공간의 차원으로 옮겨 해석한 개념이다. 이 개념은 의사소통의 수단으로서 많은 장점을 가지고 있고 정치적으로도 성과를 거두고 있지만, 대체로 보아 에너지(먹을거리, 바이오매스, 화석연료)와 관련된 통계를 통해 이미 파악된 정보를 주로 포함하고 있다. 그러나 어쨌든 이 개념이 성공을 거두고 있는 것은 매력적인 공간적 용어로 문제제기를 한다는 점 덕분이다.[46]

때로는 노동자들의 투쟁이 다른 기치를 내걸지만 그 속에 생태적 내용이 들어 있는 경우도 많았다. 예를 들어 직업과 관련된 건강과 안전 문제에 대한 노동자들의 행동이 광산, 플랜테이션, 공장의 피해를 막기 위해 집단적 교섭의 틀 안에서, 또는 그 바깥에서 자본가에게 대항하는 투쟁의 형태를 취하기도 한다(이 경우의 노동자들은 겉으로는 '적색'이지만 속으로는 '녹색'이다). 깨끗한 공기, 녹지공간, 위생, 자전거 이용자와 보행자의 권리를 지키기 위한 도시의 행동주의 등도 이와 비슷하다. 도시의 이와 같은 생태갈등과 관련된 활동가나 분석자들은 최근에야 명시적으로 환경적 관점을 드러내는 용어들을 배웠다. 생태갈등은 또한 여성들이 처한 사회적 상황에 의해 동기부여가 된 여성들의 환경적 행동주의, 즉 환경페미니즘(environmental feminism, 이는 비나 아가르왈(Bina Agarwal)의 표현이다)을 불러왔다.[47] 그러나 환경페미니즘이 반드시 페미니즘이나 환경주의의 용어만을 구사하는 것은 아니다. '가난한 사람들의 환경주의(environmentalism of the poor)'는 과거에나 오늘날에나 상대적으로 부유한 이들에 대항하는 가난한 사람들의 '환경적 내용이 들어있는 사회적 투쟁'을 가리키며, 이런 투쟁은 전적으로 농촌에서만 일어나는 것은 아니지만 주로 농촌에서 일어나고 있다. 이런 투쟁으로는 인도의 칩코(Chipko) 운동(인도의 우타라칸드 주를 중심으로 1970년 대 중반부터 숲이 벌목되는 것에 맞서 여성들이 나무를 껴안고 벌였던 벌목반대운동—옮긴이)과 브라질에서 치코 멘데스(Chico Mendes, 1944~88. 고무채취 노동을 하다가 브라질의 아마존 열대우림 지역을 개간하려는 움직임에 반대하는 활동에 나섰던 환경운동가. 목축업자들에 의해 암살당했다—옮긴이)가 벌인 투쟁이 가장 유명한 1970~80년대의 사례로 꼽는다.[48]

자원채취를 둘러싼 갈등에서 일부 활동가들은 영토적 권리를 내세우고 민족적 저항을 호소하는 뜻이 내포된 '토착민 환경주의(indigenous environmentalism)'라는 용어를 사용한다. 2005년에 과테말라의 시파카파에서 벌어진 금광 반대 시위를 비롯한 몇몇 운동에서는 국제노동기구(ILO) 규약 169호(독립국 토착민과 부족민에 관한 규약—옮긴이)가 인용되곤 했다. 이와 비슷하게 인도에서는 아디바시 족을 보호하는 방법으로 헌법소원이 제기됐다.[49] 환경갈등에는 사람들의 생계와 삶을 위협하는 요소가 들어있다는 점에서 인권이라는 단어가 사용되기도 한다. 미국에서는 폐기물 처리과정이 흑인, 중남미계, 아메리카 인디언 등이 주로 거주하는 지역에 부당한 환경부담을 지운다는 의미에서 '환경인종주의

생태적 분배와 관련된 갈등의 시험적 분류

단계 \ 지리적 범위	지역	국가 및 광역	지구
채취	인도 오리사 주 카시푸르의 보크사이트 채굴 등 부족단위 지역에서의 자원갈등	맹그로브 숲 파괴, 수출용 나무 식재, 어업의 붕괴	초국적 기업의 세계적인 광물 및 화석연료 탐사와 생물 해적질, '기업의 책임성'에 관한 규제
운송 및 무역	도시의 자동차도로로 인한 소음과 오염, 경관훼손에 대한 불만 제기	만과 만 간의 수상교통, 석유와 가스의 수송관(버마−태국 간 수송관 등)	해양의 석유수출, 개도국에서 선진국으로의 대규모 물질흐름으로 인한 '생태적 불평등교환'
폐기물 오염, 소비 이후	소각시설(다이옥신)이나 도시지역의 대류권 오존을 둘러싼 갈등	이산화황으로 인한 산성비, 미국 네바다 주 유카 산의 핵폐기물	기후변화와 오존층 파괴의 원인인 CO_2와 CFC, 외딴 원시지역에서도 발견되는 잔류성 유기오염물질, '탄소부채'에 대한 청구권

(environmental racism)'라는 개념이 생겨났다. 남아프리카와 브라질, 그리고 노천탄광이나 폐기물 투기로 인해 고통을 받는 스코틀랜드 등의 상대적으로 빈곤한 지역사회에서 '환경인종주의'에 반대해 전개되는 운동에 대해 말할 때는 '환경정의(environmental justice)'라는 말이 사용되기도 한다.[50] 질병의 원인과 관련된 불확실성은 '대중역학(popular epidemiology)'을 탄생시켰다. '환경갈취(environmental blackmail)'는 지역에서 수용할 수 없는 '토지이용'이 실업 상태의 주민들을 위한 유일한 대안으로 끝내 수용되는 상황을 가리키는 말이다.

〈표〉는 갈등이 발생하는 상품사슬의 각 단계 및 지리적 수준(지역, 국가나 광역, 지구 등)에 따라 갈등을 분류한 것이다. 지역적인 운동은 자체의 지역적인 저항에 지구적인 환경주의의 힘을 보태는 것을 통해 강화될 수 있고, 이렇게 하면 광역적 네트워크와 지구적 네트워크도 더욱 강화된다.

정체성의 정치인가 구조적 갈등인가

석유채취나 광산, 대규모 댐, 벌목, 생물해적질 등에 대항하는 토착민 단체들의
방어활동, 그리고 환경인종주의에 맞서 싸우는 환경정의운동은 '정체성의 정
치'가 표출되는 것으로 보일 수도 있다. 하지만 이는 오해다. 왜냐하면 갈등 자체
가 구조적인 원인에서 기인한 것인데다가 환경적 저항운동들 사이에 문화적 유
사성이 존재하기 때문이다. 바이오매스를 둘러싼 세계 곳곳의 투쟁과 공유재산
의 사적 전유에 맞선 싸움의 과정에서 유칼립투스를 비롯해 바람직하지 못한 플
랜테이션 나무들이 뽑히고 대신 지역에 유용한 다른 나무들이 심어진다.

  1998년 6월에 나는 푼데콜(Fundecol, 에콰도르의 해안도시 무이스네에서 활
동 중인 약 300명 규모의 풀뿌리 지역단체)과 그린피스가 함께 벌인 행동에 동조
적 관찰자로 참여했다. 푼데콜과 그린피스는 불법으로 조성된 물웅덩이에 만들
어진 새우양식장의 둑에 새벽에 구멍을 뚫어 그 양식장을 파괴하고자 했다. 양식
장의 물을 빼내고 그곳에 맹그로브 묘목을 다시 심으려고 했던 것이다.[51] '레인
보우 워리어(Rainbow Warrior, 그린피스의 배—옮긴이)'의 출현이 지역단체인
푼데콜의 사기를 북돋아주는 역할을 했지만, 새우양식장을 파괴하고 그곳에 맹
그로브 묘목을 다시 심는다는 아이디어는 푼데콜이 스스로 낸 것이었다. 그 뒤
2003년 12월에 나는 인도의 오리사 주와 타밀나두 주를 여행했다. 그곳에서는 칠
리카 호수의 새우양식을 둘러싼 갈등이 한창이었다. 20만 명에 달하는 전통적인
어민들이 '개량된 전통적'(1996년 12월 11일 인도 대법원의 판결에 등장한 표현)
방식의 어업을 영위할 권리를 다른 사람들에게 부여하는 내용의 법안에 반대하
고 있었다. 어민들은 '개량된 전통적'이란 말 뒤에 상업적인 새우양식이 숨어있
다고 우려했다. '칠리카호 어민연합' 소속 어민 1만 명이 며칠 동안 부바네스와
르에서 진을 치고 농성을 벌이자 오리사 주 정부는 법안 처리를 유보하고 어민들
과 공적 협의에 들어갔다.[52] 이곳보다 남부에 있는 타밀나두 주 쿠달로르 지구의

킬라이는 약 8천 가구가 어업과 농사로 살아가는 마을이었다. 이곳에는 총 300헥타르에 이르는 경작할 수 있는 사유지와 국유지 인근에 60여 개의 새우양식장이 있었고, 이들 양식장이 물을 오염시키고 있었다. 에콰도르에서처럼 타밀나두에서도 새우양식장의 물을 빼버리자는 제안이 나왔다. 2003년 9월 18일 자정에 갑문이 열렸다. 다음날 아침에 경찰은 32명의 여성을 포함해 92명의 어민을 체포했다. '새우산업 반대 캠페인(CASI; The Campaign against the Shrimp Industries)'은 "체포된 사람들은 모두 파괴적인 새우산업에 의한 희생자들이며 당국은 주민들의 자원을 보호하는 데 실패(이는 1996년의 대법원 판결로 이미 예견된 결과였다)했으므로 모든 형사절차를 철회하는 것이 국가가 의무적으로 해야 할 일"이라고 선언했다.[53]

남미 태평양 연안의 맹그로브 숲을 보호하기 위한 운동을 벌이는 사람들은 빈번히 발생하는 엘니뇨에 맞서, 그리고 온실효과로 인한 해수면 상승의 위험에 맞서 해안을 지켜야 한다고 주장하고 있다. 특히 2004년의 쓰나미 사태 이후에는 방글라데시, 태국, 인도, 스리랑카에서도 해안을 보호해야 한다는 주장이 종종 나오고 있다(다만 이 경우에는 '태풍'으로부터 해안을 보호해야 한다고 주장한다는 점에 차이가 있다). 석유기업과 지역주민 간의 지역적 갈등에서 탄생한 단체인 '석유감시(Oilwatch)'는 온실가스 문제를 들어 석유채취에 반대하는 주장을 펴는 법을 익혔다. 지역단체들은 석유채취의 증대는 곧 이산화탄소 배출의 증대를 의미한다고 지적하면서 석유채취가 미치는 영향(나이지리아의 니제르 강 삼각주 지역과 마찬가지로 에콰도르와 페루에서도 이런 영향이 분명히 나타나고 있다)에 대한 불만을 드러내고 있다. 일부 유전에서 석유생산을 중단하는 것(이런 일은 종종 있다)이나 불안정한 지역에서는 석유채취를 중단한다고 선언하는 것은 기후변화를 저지하는 데 기여하게 될 것이며, 이런 기여는 지구적인 성격을 갖는 것이니 '탄소배출권'과 교환될 수도 있을 것이다. 처음부터 지구적인 영향에 의해 촉발되는 갈등도 적지 않다. 아야우아스카 덩굴(약용식물의 일종―옮긴이), 우냐데가토(약용식물의 일종—옮긴이), 상그레데드라고(약제로 사용되는 아마존 지역의 식물—옮긴이), 키누아(곡물의 일종—옮긴이), 중남미와 인도의 바스마티 쌀, 멀구슬나무, 심황(생강의 일종—옮긴이) 등의 재산권을 둘러싼 갈등에서 '생물해적질'이라는 용어가 사용되는 것도 그 때문이다. 따라서 생태갈등을 정체성의 정치가 표출되는 것으로 보는 시각은 설득력이 없다. 오히려 그 반대가 맞다. 정체성의 정치는 환경갈등이 표출되는 하나의 방식일 뿐이다.

생태사회주의를 향하여

그렇다면 환경갈등의 '계급적 성격'은 무엇인가? 제임스 오코너는 1988년에 자본주의의 '2차 모순' 이론을 통해 다양한 행위주체들을 환경갈등의 중심무대에 올려놓았다. '자본주의의 1차 모순'은 자본과 노동 사이에 존재하는 것이지만 '2차 모순'은 훨씬 더 광범위하게 퍼져 있어서 1차 모순에 포괄될 수 없다. 2차 모순과 관련된 행위주체들의 다양성, 그리고 그 가치평가적 언어의 다양성은 '역사는 산발적인 원시적 반역자들로부터 노동계급의 연대조직과 정당으로 진보해야 한다'는 교의를 신봉하는 사람들을 당황하게 한다. 그러나 그러한 저항의 사회적, 환경적 운동으로부터 현재의 경제체제에 대한 대안들이 자라나오고 있으며, 그 대안들은 '생태사회주의'라고 불릴 수 있는 것으로 나아가는 길을 가리키고 있다.[54]

(손원익 옮김)

15

생태사회주의와 민주적 계획

미셸 뢰비

> 인간의 생존이 이윤보다 우선되도록 자본주의가 개혁될 수 없다면 국가적, 지구적으로 계획되는 종류의 경제로 옮겨가는 것 말고 다른 무슨 대안이 있겠는가? 기후변화 같은 문제들은 직접적인 계획이라는 '보이는 손'을 필요로 한다. … 우리의 자본주의 기업 지도자들은 스스로를 구제할 수 없다. 그들은 경제와 환경에 대해 체계적으로 잘못이고, 비합리적이며, 그들이 운용하는 기술을 고려할 때 궁극적으로 지구 전체에 걸쳐 인류의 자멸을 불러올 결정을 내리는 것 외에는 다른 선택의 여지를 갖고 있지 않다. 그렇다면 진정한 생태사회주의적 대안을 고려하는 것 말고 우리에게 다른 어떤 선택이 있겠는가?
>
> – 리처드 스미스[1]

생태사회주의(Ecosocialism)는 마르크스가 '자본주의의 파괴적 진보'[2]라고 부른 것을 대체할 급진적인 문명적 대안을 제시하려는 시도다. 생태사회주의는 사회적 필요와 생태적 균형이라는 비화폐적이고 초경제적인 기준에 따른 경제정책을 내세운다. 생태사회주의는 생태운동의 기본적인 주장과 마르크스주의의 정치경제학 비판에 깔린 기본적인 논거에 토대를 둔 변증법적 종합이다. 이런 변증법적 종합은 앙드레 고르(André Gorz, 초기 저작)에서부터 엘마르 알트파터(Elmar Altvater), 제임스 오코너(James O'Connor), 조엘 코벨(Joel Kovel), 존 벨러미 포스터(John Bellamy Foster)에 이르는 광범위한 범위의 저작자들에 의해 시도돼왔다. 생태사회주의는 자본주의 체제에 도전하지 않는 '시장생태주의'에 대한 비판이자 자연적 한계라는 쟁점을 무시하는 '생산주의적 사회주의'에 대한 비판이기도 하다.

오코너에 따르면 생태사회주의가 달성하고자 하는 목표는 생태적 합리성, 민주적 통제, 사회적 형평성, 교환가치[3]에 대한 사용가치의 우위에 기초를 둔 새로운 사회의 실현이다. 이런 목표는 다음과 같은 것들을 요구한다고 나는 덧붙이고자 한다. ①생산수단의 집단적 소유(여기서 '집단적 소유'라 함은 공공적, 협동적, 또는 공동체적 소유를 의미한다) ②사회가 투자와 생산의 목표를 정하는 것을 가능하게 하는 민주적 계획 ③생산력의 새로운 기술적 구조. 이를 달리 말하면 혁명적인 사회적, 경제적 변혁.[4]

생태사회주의자들이 보기에는 대부분의 녹색당들에 의해 대표되는 주류의 정치적 생태주의가 안고 있는 문제점은 자본의 무제한적 팽창 및 이윤축적의 자본주의적 동학과 환경보전 사이에 존재하는 본질적인 모순을 고려하는 것 같지 않다는 점이다. 그래서 생산주의에 대한 비판이 제기된다. 생산주의는 때로는 현실적합성이 있지만 결국은 '생태적으로 개혁된 시장경제'를 넘어서지 못한다. 그결과 많은 녹색당들이 중도좌파의 사회자유주의(social-liberal) 정부를 위한 생태적 알리바이가 되고 말았다.[5]

반면에 20세기에 지배적이었던 주류 좌파, 즉 사회민주주의자들 및 소련에서 영감을 얻은 공산주의 운동에 속하는 좌파는 기존의 실제 생산력 패턴을 그대로 수용한다는 문제점을 안고 있었다. 사회민주주의자들은 자본주의 체제를 개혁하는 정도로(기껏해야 케인즈 학파가 주장하는 개혁의 수준으로) 스스로를 제한했던 데 비해 공산주의자들은 생산주의를 권위주의적 집단주의(또는 국가자본주의) 형태로 발전시켰다. 그러나 양쪽 모두 환경이라는 사안은 관심 밖에 두거나 적어도 주변적인 것이 되도록 밀어냈다.

마르크스와 엥겔스가 자본주의적 생산양식의 환경파괴적인 결과를 의식하지 않았던 것은 아니었다. 《자본론》을 비롯한 두 사람의 여러 저작에서 이러한 점에 대한 이해를 보여주는 구절들을 볼 수 있다.[6] 게다가 두 사람은 사회주의의 목적은 더욱 더 많은 상품을 생산하는 것이 아니라 인류에게 자유로운 시간을 부여해 각자가 자신의 잠재력을 완전히 발전시킬 수 있게 하는 것이라고 믿었다. 이러한 점에서 두 사람은 생산의 무제한적인 확장 그 자체가 목표라는 관념을 내포하는

'생산주의'와는 공통점을 거의 갖고 있지 않았다.

하지만 마르크스와 엥겔스의 저작 속에는 '사회주의는 자본주의 체제가 부과하는 한계를 넘어 생산력이 발전할 수 있도록 할 것'이라는 취지의 구절들이 들어있으며, 이런 구절들은 사회주의적 변혁이 생산력의 자유로운 발전에 장애물(이를 지칭하는 데 종종 '사슬'이라는 단어가 사용됐다)이 되는 자본주의적 생산관계와만 관련된 것이라는 뜻을 내포하고 있다. 사회주의는 무엇보다 그러한 생산능력의 사회적 전유를 뜻하며, 사회적 전유를 통해 생산력이 노동자들에게 봉사하게 된다는 것이었다. 여러 세대에 걸쳐 마르크스주의자들의 경전이 된《반뒤링(Anti-Düring)》의 한 구절을 인용하면, 사회주의에서는 사회가 기존의 체제에 비해서는 너무 거대해진 생산력을 "우회하지 않고 공공연히 장악한다"는 것이었다.[7]

그러나 소련의 경험은 자본주의 생산체제에 대한 그러한 집단적 전유에서 비롯되는 문제점을 잘 보여주었다. 소련에서는 처음부터 생산력의 사회화라는 테제가 압도했다. 10월혁명 직후 몇 년 동안에 생태를 고려하는 흐름이 발전될 수 있었고, 소련 당국이 몇몇 제한적인 환경보호 조치를 취했던 것은 사실이다. 그러나 스탈린주의적 관료화의 과정에서 산업과 농업 모두에 생산주의적 방법이 전체주의적 수단을 통해 강요됐고, 생태주의자들은 주변화되거나 제거됐다. 체르노빌의 대재앙은 서구의 생산기술을 그와 같이 모방한 데서 초래된 파멸적인 결과를 보여준 극단적인 사례다. 민주적 관리와 생산체제의 재편성을 수반하지 않는 소유형태의 변화는 오직 막다른 골목에 이를 뿐이다.

'진보'에 대한 생산주의적 이데올로기와 자연에 대한 '사회주의적 착취'라는 개념에 대한 비판은 이미 1930년대에 발터 벤야민(Walter Benjamin)과 같은 비주류 마르크스주의자들의 저작에서 나타났다. 그러나 20세기에 주류 좌파를 계속 지배한 생산력의 중립성 테제에 대한 도전으로 생태사회주의가 발전하게 된 것은 주로 최근 몇십 년간의 일이다.

생태사회주의자들은 파리코뮌과 관련해 마르크스가 한 발언에서 영감을 얻어야 한다. 노동자들이 자본주의 국가기구를 장악해서 자신들을 위해 그것이 작동하게 할 수는 없다고 마르크스는 지적했다. 노동자들은 그것을 '붕괴시켜서' 근본적으로 다른, 즉 민주적이고 비국가주의적인 형태의 정치권력으로 교체해야 한다는 것이다. 적절한 수정만 가하면 똑같은 말을 생산체제에 대해서도 그대로 할 수 있다. 생산체제는 '중립적'이지 않으며, 자본축적과 시장의 무제한적 팽창에 봉사하는 방향으로 발전해온 흔적을 그 자신의 구조 안에 갖고 있다. 이로 인해 생산체제는 환경을 보호해야 할 필요성 및 사람들의 건강과 모순을 일으킨다. 따라서 급진적인 변혁의 과정에서는 생산체제를 '혁신'해야 한다.

근대성이 이루어낸 수많은 과학적, 기술적 성취도 물론 소중하지만, 생산체제는 전반적으로 변혁돼야 한다. 그리고 생산체제의 변혁은 생태사회주의적인 방법에 의해서만, 즉 생태적 균형의 보존을 고려하는 민주적인 경제계획을 통해서만 이루어질 수 있다. 이는 어떤 생산분야에서는 생산이 중단돼야 한다는 의미일 수도 있다. 생산이 중단돼야 할 생산분야의 예로는 핵발전소, 일부 어종들을 멸종위기에 처하게 한 대규모의 산업적 어업, 열대우림 지역의 파괴적인 벌목을 비롯해 많이 들 수 있다. 하지만 무엇보다도 환경을 오염시키고 중독시킨 책임이 있는 현재의 에너지원(본질적으로는 화석에너지)을 물, 바람, 태양 같은 재생가능 에너지원으로 대체하는 에너지 체제의 혁명이 요구된다. 화석에너지(석유, 석탄)가 재앙적인 기후변화뿐 아니라 지구상 오염의 많은 부분에 책임이 있다는 점에서 에너지 문제는 매우 중대하다. 핵에너지는 잘못된 대안이다. 새로운 체르노빌 사고가 발생할 위험 때문만이 아니라 수천 톤의 방사성 폐기물(이는 수백 년, 수천 년, 아니 어떤 경우에는 수백만 년 동안이나 독성을 유지한다)과 수많은 오염된 폐발전소를 어떻게 처리해야 하는지는 누구도 알 수 없기 때문이다. 자본주의 사회에서는 결코 많은 흥미를 불러일으키지 않았던('수익성'이 없거나 '경쟁력'이 없기 때문에) 태양에너지가 집중적인 연구개발의 대상이 돼야 하며, 이것이 대안적인 에너지 체제를 건설하는 데서 핵심적인 역할을 해야 한다.

이 모든 것은 완전하고 평등한 고용이라는 필요조건의 실현과 더불어 달성돼야 한다. 이렇게 하는 것은 사회정의의 요건을 충족시키기 위해서뿐만 아니라 생산력을 구조적으로 변혁하는 과정에서 노동계급의 지지를 확보하기 위해서도 필수적이다. 생산력의 구조적 변혁은 생산수단에 대한 공적 통제와 계획이 없이는, 즉 투자와 기술변화에 대한 결정권을 은행이나 자본가 기업의 손에서 빼앗고 사회의 공동선을 위해 그 결정권이 공적으로 행사되도록 하지 않고는 불가능하다.

그러나 의사결정권을 노동자들의 손에 쥐어주는 것만으로는 충분치 않다. 마르크스는 《자본론》 3권에서 사회주의를 "연합한 생산자들이 합리적으로 자연과의 물질교환(Stoffwechsel)을 조직"하는 사회로 정의한다. 그러나 《자본론》 1권에서는 더 폭넓은 접근방식이 보인다. 여기서는 사회주의가 "공동의 생산수단을 갖고 일을 하는 자유로운 인간들의 연합"으로 파악된다.[8] 이것이 훨씬 더 적절한 개념이다. 생산과 소비를 합리적으로 조직하는 것은 '생산자'의 일일 뿐만 아니라 '소비자'의 일이기도 하며, 사회의 생산적인 인구뿐만 아니라 학생, 청소년, 주부(또는 가사노동만 하는 남편), 연금수령자 등 '비생산적'인 인구까지 포함한 사회 전체의 일이기 때문이다.

이러한 의미에서 어떤 생산라인이 우선돼야 하는지, 그리고 교육과 보건 또는 문화에 자원이 얼마나 투자돼야 하는지를 사회 전체가 민주적으로 결정할 수 있을 것이다.[9] 재화의 가격도 수요와 공급의 법칙에 맡겨지는 것이 아니라 가능한 한 사회적, 정치적, 생태적 기준에 따라 결정될 것이다. 이런 결정은 처음에는 특정한 생산물들에 대해 세금을 부과하거나 보조금을 지급하기로 하는 것일 뿐일지도 모른다. 그러나 이상적으로 사회주의로의 이행이 진전되면 점점 더 많은 생산물과 서비스가 시민들의 의사에 따라 무상으로 분배될 것이다.

민주적인 계획은 그 자체가 '독재적인 것'과는 거리가 멀며, 전체 사회가 의사결정의 자유를 행사하는 것을 뜻한다. 이것이 바로 물신화되고 소외를 일으키

는 '경제법칙'과 자본주의적이고 관료주의적인 구조의 '철창'으로부터 인류가
해방되기 위해 요구되는 것이다. 노동시간 축소와 결합된 민주적 계획은 마르크
스가 말한 '자유의 왕국'을 향해 인류가 내딛는 결정적인 한 걸음이 될 것이다.
자유로운 시간이 상당히 증가하는 것이 사실상 경제와 사회에 대한 민주적인 토
론 및 관리에 노동자들이 참여할 수 있기 위한 조건이기 때문이다.

자유시장 지지자들은 소련의 계획 실패를 그 어떠한 조직화된 경제에 대한 관
념도 즉각 거절하는 이유로 들이댄다. 그렇다고 해서 여기서 소련의 경험이 이룬
성취와 그 고난에 관한 토론을 시작할 필요는 없다. 지외르지 마르쿠시(György
Márkus)와 그의 부다페스트 학파 친구들이 사용한 표현을 빌리면, 소련의 체제는
분명 '필요에 대한 독재(dictatorship over needs)'의 형태였다. 다시 말해 그것은
기술관료의 소수 과두집단에게 모든 결정에 대한 독점권을 부여한 비민주적이고
권위적인 체제였다. 소련의 체제가 독재로 이어진 것은 계획 그 자체 때문이었던
게 아니라 소련에서 민주주의에 대한 제한이 확대되고 레닌이 사망한 뒤에 전체
주의적인 관료권력이 수립되면서 점점 더 비민주적이고 권위주의적인 계획체제
가 되어갔기 때문이었다. 사회주의가 '노동자와 일반 대중이 생산과정을 통제하
는 체제'로 정의된다고 한다면 스탈린과 그의 후계자들이 통치한 소련의 모습은
사회주의와 거리가 먼 것이었다.

소련의 실패는 비효율적이고 자의적인 관료적 계획의 한계와 모순을 잘 보여
준다. 그렇다고 해서 소련의 실패가 민주적 계획에 대한 반대의 논거로 사용될
수 있는 것은 아니다.[10] 계획에 대한 사회주의적 개념은 다름 아닌 경제의 급진적
인 민주화다. 정치적 결정을 소수의 엘리트 지배층에만 맡겨둘 수 없다는 원칙이
성립된다면 경제적 결정에도 같은 원칙이 적용되지 말아야 할 이유가 있는가? 계
획과 시장메커니즘 사이의 균형을 달성하는 것은 어려운 문제임이 분명하다. 그
리고 새로운 사회의 처음 단계에는 시장이 분명 중요한 위치를 차지할 것이다.
그러나 사회주의로의 이행이 진전됨에 따라 계획이 교환가치의 법칙에 대항해

점점 지배적인 위치를 차지하게 될 것이다.[11]

사회주의 사회는 특히 노동력을 포함한 생산수단을 고려해서 하나의 생산계획을 수립해야 할 것이라고 엥겔스는 주장했다. 종국에는 다양한 사용대상물들의 유용한 효과가 서로 간의 비교를 거쳐, 그리고 그 생산에 필요한 노동량과 관련되면서 계획을 결정하게 될 것이다.[12] 자본주의에서 사용가치는 단지 교환가치와 이익에 봉사하는 수단(그러나 이는 착각인 경우가 많다)일 뿐이며, 이런 점은 현대사회의 많은 생산물들이 본질적으로 쓸모가 없는 것들인 이유를 설명해준다. 계획에 의거한 사회주의 경제에서는 사용가치가 재화와 서비스의 생산을 위한 유일한 기준이 되며 광범위한 경제적, 사회적, 생태적 결과를 낳는다. 조엘 코벨(Joel Kovel)은 이렇게 말했다. "사용가치의 증진과 이에 따른 욕구의 재구축은 자본의 지배 아래에서는 노동자들의 시간이 잉여가치와 화폐로 전환되는 과정을 규율하지만 사회주의에서는 기술을 사회적으로 규율하게 된다."[13]

여기서 그려본 유형의 민주적 계획체제에서 계획이란 각 지역의 식당, 잡화점, 빵집, 작은 상점, 기술을 가진 개인들의 사업이나 서비스에 대한 계획이 아니라 중요한 경제적 선택에 대한 계획을 말하는 것이다. 계획은 노동자들이 그들 자신이 소속된 생산단위에 대한 자주적 관리와 상충되는 것이 아니라는 점을 강조하는 것도 중요하다. 가령 자동차 공장을 버스와 전차를 생산하는 공장으로 바꾼다는 결정이 계획체제를 통해 내려지고 사회 전체에 의해 채택된다면 그 공장 내부의 조직화와 공장의 가동은 노동자들 스스로에 의해 민주적으로 관리돼야 한다. 계획이 '중앙집중적'이어야 하느냐 '분권적'이어야 하느냐에 관한 토론이 많이 이루어져왔지만, 현실적으로 중요한 문제는 지역적, 광역적, 국가적, 대륙적 수준은 물론이고 바라기로는 국제적 수준까지 포함한(지구온난화와 같은 생태적 문제는 지구적 차원에서만 다루어질 수 있기 때문이다) 모든 수준에서 계획에 대한 민주적인 통제를 실현하는 것이다. 이러한 제안을 '지구 차원의 민주적 계획'이라고 부를 수도 있겠다. 지구적인 수준에서도 민주적 계획은 '중앙집중적 계획'으로 흔히 묘사되는 것과는 정반대일 것이다. 경제적, 사회적 결정이 어떤 '중앙'에 의해 내려지는 것이 아니라 관련이 있는 사람들에 의해 민주적으로 내려질 것이기 때문이다.

물론 자주관리의 기구 또는 지역의 민주적 행정기구와 보다 광범위한 사회집 단들 간에는 필연적으로 긴장과 모순이 발생할 것이다. 협상의 메커니즘이 그러한 갈등의 대부분을 해소하는 데 도움이 될 수 있겠지만, 궁극적으로는 관련이 있는 집단들 가운데 가장 넓은 범위에 걸치는 집단이 만약 다수를 이루고 있다면 그 집단이 자신의 견해를 관철할 권리를 갖게 된다. 예를 들어보자. 자주적으로 관리되는 공장이 강에 독성폐기물을 배출하기로 결정했다고 하자. 이로 인해 지역주민 전체가 오염의 피해를 입을 위험에 처했다. 그렇다면 민주적인 논의를 통해 폐기물 배출을 통제하기 위한 만족스러운 해법이 찾아질 때까지는 이 공장에서 생산을 중단한다는 결정이 내려질 수 있다. 바라건대 생태사회주의 사회에서는 공장노동자들 스스로가 지역주민들의 건강과 환경에 위험을 초래할 결정은 내리지 않을 수 있을 정도의 생태의식은 갖고 있을 것이다. 그러나 위의 사례에서처럼 가장 광범위하게 사회적 이해관계를 공유하는 집단이 결정적인 발언권을 행사하도록 제도적인 보장을 해준다고 해서 공장, 학교, 동네, 병원, 도시가 각각 내부적 관리를 자체적으로 해나갈 권리를 가져서는 안 되는 것은 아니다.

사회주의적 계획은 결정이 내려지는 모든 수준에서 민주적이고 다원적으로 이루어지는 토론에 토대를 두어야 한다. 그러면 정당이나 정책강령을 비롯한 정치운동의 형태가 조직되면서 계획기구에 파견될 대표가 선출될 것이고, 상이한 제안들이 관련이 있는 모든 사람에게 제시될 것이다. 다시 말해 지역, 국가, 그리고 더 나아가 지구 전체 수준에서 사람들이 주요 선택지들을 놓고 직접 선택권을 행사하는 직접민주주의에 의해 대의민주주의가 수정되고 완성돼야 한다. 대중교통은 무료화돼야 하지 않을까? 자가용 소유자들에게 특별세를 부과하고 이를 통해 거두어진 세금을 대중교통을 위한 보조금으로 써야 하지 않을까? 태양에너지가 화석에너지와 경쟁할 수 있도록 태양에너지에 보조금을 지급해야 하지 않을까? 노동시간을 줄이면 생산이 줄어든다고 할지라도 주당 노동시간을 30시간이나 25시간으로, 또는 이보다 더 적은 시간으로 줄여야 하지 않을까? 계획의 민주적인 성격이 전문가들의 존재와 양립할 수 없는 것은 아니다. 다만 전문가들의 역할은 의사결정을 하는 데 있는 것이 아니라 민주적인 의사결정 과정에서 자신들의 견해(이들의 견해는 서로 반대되지는 않다 하더라도 서로 다른 경우가 많다)를 개진하는 데 있다. 에르네스트 만델(Ernest Mandel)은 다음과 같이 지적했다. "정부, 정당, 계획위원회, 과학자, 기술관료를 비롯해 그 누구라도 사람들에게 영향을 미치기 위해 말로 제안을 할 수도 있고 제안서를 제출할 수도 있다. 다당제 아래서는 이러한 제안들이 결코 한 목소리가 아닐 것이다. 사람들은 각각 조리가 있는 여러 대안들 가운데서 선택을 할 것이다. 그리고 결정을 내릴 권리와 권한은 다른 사람이 아닌 생산자, 소비자, 시민의 대다수가 갖고 있어야 한다. 이렇게 하는 데에 권위적 간섭이나 전제의 요소가 있는가?"[14]

하지만 사람들이 자신의 소비습관을 얼마간 포기하는 것을 감수하면서까지 올바른 생태적 선택을 할 것이라는 보증이 있는가? 일단 상품물신주의의 힘이 무너진다면 민주적 결정의 합리성이 지배하게 될 것이라는 합리적인 기대 말고는 그러한 '보증'은 없다. 대중의 선택에 의해 실수가 저질러질 수도 있다. 하지만 전문가라고 해서 실수를 하지 않는다고는 누구도 믿지 않을 것이다. 대다수의 사람들이 투쟁과 교육, 그리고 사회적 경험을 통해 고도의 사회주의적, 생태적 의식을 갖게 되지 않고서도 그러한 새로운 사회가 수립될 수 있다고는 누구도 상상하기 어려울 것이다. 그러나 만약 대다수의 사람들이 그러한 고도의 사회주의적, 생태적 의식을 갖게 된다면 환경적 필요와 부합하지 않는 의사결정을 비롯한 심각한 오류들이 고쳐질 것이라고 가정하는 것은 합리적인 생각이다.[15] 어떠한 경우든 비록 한계가 있더라도 민주적인 절차가 그래도 맹목적인 시장이나 '전문가'들에 의한 생태독재(ecological dictatorship) 같은 것들보다는 훨씬 덜 위험하지 않을까?

계획은 결정된 것을 실행으로 옮기는 일을 담당할 기술적 집행기구를 요구하는 것이 사실이다. 그러나 아래로부터 민주적 통제가 지속적으로 이루어지고, 그 민주적 행정의 과정에 노동자의 자주관리가 포함된다면 그 기구가 반드시 권위적일 필요는 없다. 물론 대다수의 사람들이 자유로운 시간 모두를 자주관리나 참여적 회의를 위해 사용하기를 기대할 수는 없다. 만델은 이렇게 말했다. "자주관리 아래서 반드시 대표자에게 권한을 위임하는 현상이 사라지는 것은 아니다. 자주관리는 시민들에 의한 의사결정과 대표자들에 대한 유권자들의 보다 엄격한 통제를 결합시킨다."[16]

마이클 앨버트(Michael Albert)의 '참여경제(파레콘, parecon)'가 지구정의(Global Justice) 운동의 맥락에서 그동안 얼마간 논의의 대상이 돼왔다. 그러나 그는 생태를 무시하는 것으로 보이며, 관료적이고 중앙집권적인 소련모델의 관점에서 이해된 '사회주의'에 파레콘을 대립시킨다. 그의 이런 전반적인 접근법에는 몇 가지 심각한 결점이 있다. 그럼에도 파레콘은 이 글에서 제안된 종류의 생태사회주의적 계획과 공통되는 특징을 다소 갖고 있다. 그것은 자본주의적 시장과 관료적 계획에 대한 반대, 노동자의 자율적 조직화에 대한 신뢰, 권위주의에 대한 반대 등이다. 앨버트가 제시한 참여계획(participatory planning) 모델은 복잡한 제도의 구축에 토대를 두고 있다.

"참여계획에는 노동자들의 평의회와 연합체들, 소비자들의 평의회와 연합체들, 그리고 다양한 재순환촉진위원회(IFB; Iteration Facilitation Board)들이 참여한다. 개념적으로 보면 계획의 절차는 매우 간단하다. IFB는 모든 상품과 자원, 다양한 범주의 노동, 그리고 자본에 대한 '지시가격(indicative price)'을 발표한다. 소비자들의 평의회와 연합체들은 최종 재화 및 서비스의 지시가격을 그것이 생산되고 공급되도록 하는 데 드는 사회적 비용에 대한 추정치로 간주해서 소비계획안을 작성한다. 노동자들의 평의회와 연합체들은 지시가격을 투입물의 기회비용과 산출물의 사회적 편익에 대한 추정치로 간주해서 만들어내야 할 산출물과 그것을 생산하는 데 필요한 투입물의 목록을 담은 생산계획안을 작성한다. 그러면 IFB는 각각의 재화에 대한 초과수요량 또는 초과공급량을 계산하고 그 결과를 고려하면서 사회적으로 합의된 계산방법에 따라 각각의 재화에 대한 지시가격을 올리거나 내리거나 하는 조정을 수행한다. 소비자들의 평의회와 연합체들, 그리고 노동자들의 평의회와 연합체들은 이런 조정을 거쳐 새로 제시된 지시가격을 토대로 자신들의 소비계획안 및 생산계획안을 수정해 다시 제출한다. … 파레콘은 자본가들이나 조정당국자들이 노동자들을 지배하는 경제를 대체하는 것으로, 노동자들과 소비자들이 다 함께 평등, 연대, 다양성, 자주관리를 제고하는 방향으로 자신들의 경제적 선택과 그로부터 발생할 편익에 대해 협력적인 결정을 하는 경제다."[17]

이처럼 파레콘의 개념은 '매우 간단'하기는커녕 지극히 정교하고 때로는 매우 모호하기도 하며, 그 주된 문제점은 '계획'을 가격, 투입물, 산출물, 수요, 공급 등의 사안에 대해 생산자들과 소비자들이 벌이는 일종의 협상으로 축소시키는 것처럼 보인다는 데 있다. 예를 들어 자동차산업의 노동자평의회는 소비자평의회를 만나 가격을 협의하고 수요에 공급을 맞추는 방안을 논의할 것이다. 그런데 이런 논의에서는 생태사회주의 계획에서 주된 쟁점이 되는 것들, 예를 들자면 자가용의 비중을 급격히 축소시키는 방향의 운송체계 재편성과 같은 사안들은 배제될 것이다. 생태사회주의는 특정한 산업부문 전체(예를 들어 핵발전소 부문 전체)가 없어져야 한다고 요구할 수도 있고, 아직은 규모가 작거나 아예 존재하지 않는다고 말할 수 있을 정도로 미미한 산업부문(예를 들어 태양에너지 부문)에 대규모 투자를 해야 한다고 요구할 수도 있다. 이런 사안들이 어떻게 '투입물'과 '지시가격' 등에 대해 기존의 생산자평의회와 소비자평의회들이 벌이는

'협력적인 협상'에서 다뤄질 수 있겠는가?

앨버트의 모델은 기존의 기술구조와 생산구조를 반영하는 것이고, 사람들은 지구적, 사회정치적, 사회생태적 이해관계(즉 생산자나 소비자로서 사람들이 갖는 경제적인 이해관계로만 환원되지 않는 시민, 인간, 개인으로서의 이해관계)를 고려하기에는 너무나 '경제주의적'이다. 앨버트는 생각해볼 만한 선택지인 '제도로서의 국가'를 배제했을 뿐 아니라 상이한 경제적, 사회적, 정치적, 생태적, 문화적, 문명적 선택지들이 지역적, 국가적, 지구적으로 서로 대치하는 과정으로서의 '정치'도 배제했다.

이것은 매우 중요한 문제점이다. 왜냐하면 '자본주의의 파괴적 진보'에서 사회주의로의 이행은 사회, 문화, 정신의 영속적인 혁명적 변혁으로서의 역사적 과정이며, 그 과정에서는 방금 위에서 정의한 의미에서의 정치가 핵심적인 위치를 차지할 수밖에 없기 때문이다. 그 이행의 과정은 사회구조와 정치구조의 혁명적 변혁과 생태사회주의 프로그램에 대한 대다수 사람들의 적극적인 지지 없이는 시작될 수도 없음을 명심해야 한다. 사람들이 지역적이고 부분적인 대치를 넘어 급진적인 사회변혁으로 옮겨가는 집단적인 투쟁의 경험을 갖는다는 것이 결정적으로 중요하며, 이런 과정 속에서 비로소 사회주의적 의식과 생태적 의식이 성장한다.

위와 같은 이행의 과정은 돈의 지배를 넘어, 광고가 인위적으로 만들어낸 소비습관을 넘어, 그리고 쓸모없거나 환경에 유해한 상품의 무제한적 생산을 넘어 새로운 생산양식과 평등하고 민주적인 사회로 나아가는 것이자 새로운 생태사회주의 문명이라는 대안적인 '삶의 양식'으로 나아가는 것이다. 일부 생태주의자들은 생산주의에 대한 대안은 성장을 추구하는 대신에 성장의 완전한 중단이나 '마이너스 성장(negative growth, 프랑스에서는 이를 데크루아상스(décroissance, 성장감축)라고 부른다)'을 추구하는 한편 가구별 주택소유, 중앙집중식 난방, 세탁기 등을 포기함으로써 총 에너지 소비를 절반으로 줄이는 동시에 과도하게 높은 소비수준을 극적으로 낮추는 것밖에 없다고 믿는다. 그러나 이러한 방법이나 이와 유사하게 대대적인 긴축을 감수해야 하는 방법들은 인기가 없으며, 이 때문에 일부 데크루아상스 옹호자들은 일종의 '생태적 독재'에 가까운 생각으로 기울어지고 있다.[18] 이렇게 비관적인 관점을 가진 사람들과는 정반대로 사회주의적 낙관론자들은 기술진보와 재생가능 에너지원의 사용을 통해 각자가 '필요에 따라' 혜택을 받을 수 있을 만큼의 무제한적 성장과 풍요를 실현할 수 있을 것이라고 믿기도 한다.

내가 보기에는 두 부류 모두 성장(플러스 성장이든 마이너스 성장이든)과 생산력 발전에 대해 순전히 양적인 개념만을 갖고 있는 것 같다. 내 생각에는 보다 적절한 제3의 입장이 존재하며, 그것은 '발전의 질적인 변혁'이다. 발전의 질적인 변혁은 자본주의가 쓸모없거나 유해한 물건을 대규모로 생산하면서 엄청난 자원을 낭비하는 현상을 끝장낸다는 뜻이다. 이렇게 끝장내야 할 것의 대표적인 예로 군수산업을 들 수 있다. 그러나 군수산업만이 아니다. 자본주의에서 생산되는 재화(재화에 내재된 조기노후화의 특성도 포함해)의 상당부분은 대기업에 이윤을 창출해주는 것 말고는 쓸모가 없다. 문제는 추상적인 '과잉소비'가 아니라 과시적인 재화 사용, 대규모의 폐기물 발생, 상거래와 관련된 소외현상, 재화축적에 대한 집착, 유행의 압력에 따른 허구적인 새로움의 추구 등에 기초를 둔 지배적인 소비양식에 있다. 새로운 사회는 '신성한 것'이라고 부를 수 있는 물과 의식주에 대한 수요는 물론이고 보건, 교육, 교통, 문화와 같은 기초적인 서비스에 대한 수요도 진정으로 충족시키는 방향으로 생산이 이루어지도록 할 것이다.

이러한 필수적 수요가 충분히 충족되고 있지 못한 남반구 개도국들은 선진 산업국들에 비해 더 높은 수준의 발전(철도, 병원, 하수도, 기타 인프라의 건설 등)을 필요로 할 것이다. 이런 것들이 환경친화적이고 재생가능에너지에 기초를 둔 생산체계에서는 달성될 수 없다고 생각해야 할 근거는 전혀 없다. 비아 캄페시나의 네트워크를 통해 전 세계적으로 조직된 농민운동 진영이 오래전부터 주장해온 대로 개도국들은 굶주리는 국민을 먹이기 위해 많은 양의 먹을거리를 생산할 필요가 있는 게 분명하지만, 이는 살충제와 화학물질, 유전자조작 종자의 집약적인 사용에 토대를 둔 산업적 농기업의 파괴적이고 반사회적인 방식보다는 가족이나 협동조합, 집단농장에 토대를 둔 생물학적 농민농업에 의해 훨씬 더 잘 달성될 수 있다. 개도국들이 짊어지고 있는 거대한 채무와 개도국들의 자원에 대한 자본주의 선진산업국들의 제국주의적인 착취 대신에 북반구 선진국들에서 남반구 개도국들로 기술적, 경제적 지원이 계속되는 흐름이 생겨나게 할 수 있을 뿐 아니라, 일부 엄격한 금욕주의적 생태주의자들의 신념과 달리 유럽이나 북미 지역에 사는 사람들이 자신들의 생활수준을 절대적으로 끌어내리지 않아도 그와 같은 지원의 흐름이 생겨날 수 있다. 다만 유럽이나 북미 지역의 선진국 국민들은 소비를 보다 적게 하면서도 실제로는 더 부유한 삶의 양식을 담아낼 수 있도록 '생활수준'의 의미를 재정의하고, 진정한 필요에 부합하지 않는 쓸모없는 상품을 강박적으로 소비하는 관행(이는 자본주의 체제가 유도한 관행이다)을 제거하기만 하면 될 것이다.

인위적이고 거짓된 일시적 필요와 진정한 필요는 어떻게 구분할 수 있을까? 정신적 조작에 의해 필요를 유도하는 광고산업은 현대 자본주의 사회에서 인간 생활의 모든 영역으로 침투하고 있다. 우리가 먹고 입는 것 뿐 아니라 스포츠, 문화, 종교, 정치 등도 광고산업의 규칙에 따라 다시 형성된다. 광고산업은 영속적이고 공격적이며 교활한 방법으로 우리의 거리, 편지함, 텔레비전 화면, 신문, 자연경관에 침투하면서 우리가 두드러지게 충동적인 소비습관을 갖도록 하는 데 결정적으로 기여한다. 게다가 광고산업은 인간적인 관점에서 볼 때 쓸모가 없을 뿐 아니라 실제의 사회적 필요와 직접적으로 상충되는 '생산' 부문임에도 천문학적인 양의 석유, 전기, 노동시간, 종이, 화학물질, 기타 원료 등을 낭비하며 그 대가는 전부 소비자가 부담하고 있다. 광고는 자본주의 시장경제에는 그 필수불가결한 측면으로 존재하지만 사회주의 사회로 이행하는 사회에서는 소비자들의 결사체가 제공하는 재화와 서비스 정보로 대체될 것이므로 설 자리를 잃게 될 것이다. 인위적인 필요와 진정한 필요를 구분하는 기준은 관련 광고를 억누른 뒤에도 지속되는 필요인지 여부일 것이다. 물론 얼마 동안은 예전의 소비습관이 남아 있을 것이고, 그 누구도 사람들에게 각자의 필요가 무엇인지를 말해줄 권리를 갖고 있지 않을 것이다. 소비패턴의 변화는 교육의 과제이자 역사적인 과정이다.

자가용 승용차 같은 상품은 더욱 복잡한 문제를 제기한다. 자가용 승용차는 공중에 폐해를 끼친다. 자가용 승용차는 전 세계적으로 해마다 수십만 명의 사람들을 죽이거나 불구로 만들고, 대도시의 공기를 오염시켜 어린아이나 노인들에게 비참한 건강상의 해악을 끼치며, 기후변화도 상당히 더 악화시킨다. 하지만 오늘날 자본주의의 상황 속에서는 자가용 승용차가 현실적인 필요에 부응한다. 행정기관이 생태적 고려를 하는 유럽의 몇몇 소도시에서 시도된 지역적인 실험들은 자가용 승용차의 역할을 점진적으로 제한하면서 버스나 전차의 이용도를 높이는 것이 가능함을 보여주었고, 이러한 가능성을 대다수의 사람들이 인정해 왔다. 생태사회주의 사회로 이행하는 곳에서는 지상이나 지하의 대중교통이 광범위하게 확장될 것이고, 그 이용은 무료가 될 것이며, 보행자와 자전거 이용자는 안전하게 보호되는 전용도로로 통행할 수 있게 될 것이다. 또한 자가용 승용차는 부르주아 사회에서는 하나의 물신이 되면서 끈덕지고 공격적인 광고에 의해 권장될 뿐만 아니라 그 자체가 개인의 위신을 상징하는 것이자 정체성의 표시가 되며(예를 들어 미국에서는 운전면허가 신분증명서로 인정받고 있다), 더 나아가 개인적, 사회적, 관능적 생활의 중심이 되고 있지만 새로운 사회에서는 그 역할이 훨씬 줄어들 것이다.[19] 이 밖에 새로운 사회로 이행하는 과정에서는 트럭에 의한 수송(이는 끔찍한 사고와 엄청난 오염의 원인이 된다)을 철도에 의한 수송이나 프랑스어로 '페루타주(ferroutage, 트럭을 기차에 싣고 이 도시에서 저 도시로 옮기는 것)'라고 불리는 것에 의한 수송으로 대체함으로써 과감하게 감축하는 것이 훨씬 쉬울 것이다. 오직 자본주의적 경쟁력과 관련된 불합리한 논리만이 트럭에 의한 수송체계의 위험한 성장을 설명해준다.

비관주의자들은 그건 그렇다고 인정하면서도 개인들은 통제되고 저지되고 봉쇄되고 필요하다면 억제되기도 해야 하는 무한한 열망과 욕구에 의해 움직이며, 따라서 민주주의는 얼마간의 제약을 필요로 할 것이라고 대답할 것이다. 그러나 생태사회주의는 합리적인 예상에 기초를 두고 있고, 마르크스는 그러한 합리적인 예상을 했다. 그것은 계급이 없고 자본주의적 소외에서 해방된 사회에서는 '존재'가 '소유'를 압도할 것이라는 예상이다. 다시 말해 문화, 스포츠, 오락, 학문, 연애, 예술, 정치 등과 관련된 활동을 통해 개인적인 성취를 이루는 데 필요한 자유로운 시간을 갖고자 하는 욕구가 생산된 물질을 무한히 소유하고자 하는 욕구를 압도할 것이라는 얘기다. 강박적인 소유욕은 자본주의 체제 고유의 상품물신주의와 그 지배이데올로기, 그리고 광고에 의해 유발된다. 그 무엇도 강박적인 소유욕이 '영원한 인간본성'의 일부라고 입증해주지 않는다. 만델이 강조한 대로 "계속해서 점점 더 많은 재화를 축적하는 것은 '한계효용'의 감소를 수반하기도 하지만 인간행동의 보편적인 특징도, 지배적인 특징도 결코 아니다. 일단 기초적인 물질적 필요가 충족된 뒤에는 자기 자신을 위한 재능과 적성의 개발, 건강과 삶의 보전, 자녀 양육, 풍부한 사회적 관계의 발전…, 이런 것들이 모두 주된 행동의 동기가 된다."[20]

우리가 이미 주장해왔듯이, 그렇다고 해서 특히 이행의 기간 동안에 환경보호를 위해 요구되는 것들과 사회적 필요 사이에 갈등이 일어나지 않을 것이라는 말은 아니다. 또한 특히 가난한 나라들에서 당장의 생태적 과제와 기초적 인프라 개발의 필요성 사이에, 그리고 소비자들의 습관과 자원의 희소성 사이에 갈등이 일어나지 않을 것이라는 말도 아니다. 계급이 없는 사회라고 해서 모순과 갈등이 없는 사회는 아니다. 모순과 갈등은 피할 수 없다. 생태사회주의의 관점에서 다원적이고 열린 논의를 통해 사회가 의사결정을 내림으로써 모순과 갈등을 해결하는 것이 자본축적과 이윤추구의 압박에서 벗어난 민주적 계획이 풀어내야 할 과제일 것이다. 오류를 피한다기보다는 사회의 집단적 의사결정에 의해 오류를 교정할 수 있는 유일한 길은 바로 그러한 풀뿌리 참여민주주의다.

이것이 유토피아인가? 유토피아라는 말의 어원적 의미(아무데도 존재하지 않는 어떤 것)에서는 분명 그렇다. 그러나 유토피아는, 다시 말해 대안의 미래에 대한 비전이나 새로운 사회에 대한 희망 섞인 상상은 기존질서에 도전하고자 하는 운동이라면 모두 필수적으로 갖는 특징 아닌가? 대니얼 싱어(Daniel Singer)는 자신의 저서이자 정치적 유서라고 할 수 있는 《누구의 새천년인가?(Whose Millennium?)》 가운데 '현실주의 유토피아'라는 제목의 호소력 있는 장에서 다음과 같이 지적했다.

"만약 기존의 체제가 지금과 같은 상황에도 불구하고 강고하게 보인다면, 그리고 노동운동이나 넓은 의미의 좌파가 불구가 되고 무력해졌다면 그 이유는 급진적인 대안을 제시하는 데 실패한 데 있다. … 주장되는 것의 근본토대나 사회의 기초에 이의를 제기하지 않는 것이 게임의 규칙이 돼있다. 오로지 지구적인 대안만이 그러한 체념과 항복의 규칙을 깨뜨리고 해방의 운동에 진정한 비전을 부여해줄 수 있다."[21]

사회주의적이고 생태적인 유토피아는 자본주의적 모순이나 '역사적 철칙'이 가져올 필연적인 결과가 아니라 단지 객관적인 가능성일 뿐이다. 우리는 조건을 달지 않고는 미래를 예측할 수 없다. 우리가 예측할 수 있는 것은 만일 문명적 패러다임의 급진적 변화로서의 생태사회주의적 변혁이 이루어지지 않는다면 자본주의의 논리가 수백만 명에 이르는 사람들의 건강과 생명을 위협하고 더 나아가서는 아마도 인류의 생존까지도 위협할 엄청난 생태적 재난을 초래할 것이라는 점이다.

녹색사회주의를 향해, 또는 일부에서 '태양코뮌주의(solar communism)'라고 부르는 것을 향해 꿈을 꾸고 투쟁을 한다고 해서 구체적이고도 긴급한 개혁을 위해서는 싸우지 않는다는 것이 아니다. 우리는 '깨끗한 자본주의'에 관한 그 어떤 환상도 갖지 말고 시간을 들여 권력자들에게 몇 가지 기초적인 변화를 강제하는 노력을 기울여야 한다. 예를 들어 오존층을 파괴하는 수소염화불화탄소(HCFC, 프레온가스 대신 사용되는 물질—옮긴이)의 사용 금지, 유전자조작 생물체(GMO)에 대한 일반적 금지(모라토리엄), 온실가스 배출의 과감한 감축, 농산업의 농약 및 화학물질 사용과 어업에 대한 엄격한 규제, 오염물질을 내뿜는 자동차에 대한 과세, 대중교통의 획기적인 발전 유도, 트럭에서 열차로의 점진적인 수송수단 대체 등을 실현시키는 노력이 필요하다. 이러한 것들, 그리고 이와 비슷한 것들이 지구정의운동과 세계사회포럼의 핵심 의제가 됐고, 이는 1999년의 시애틀 시위 이래로 기존 체제에 대항하는 공동의 투쟁이 전개되는 가운데 그 속에서 사회운동과 환경운동이 수렴되도록 만든 중요하고도 새로운 정치적 발전이다.

위와 같은 긴급한 생태사회적 주장들이 '경쟁력'과 관련된 요구에 적응되지 못한다면 그 주장들이 과격화할 수 있다. 마르크스주의자들이 '과도기적 강령'이라고 부르는 것의 논리에 따르면 각각의 작은 승리, 각각의 부분적 전진은 곧바로 더 높은 수준의 요구와 더 급진적인 목표로 이어진다. 구체적인 사안들을 중심으로 하는 부분적인 투쟁들도 중요하다. 이는 부분적인 승리가 그 자체로 환영받을 만하기 때문이 아니라 부분적인 승리가 생태적이고 사회주의적인 의식을 고양시키는 데 기여하고 아래로부터의 활력과 자발적 조직화를 촉진하기 때문이다. 아래로부터의 활력과 자발적 조직화는 둘 다 세계를 급진적으로, 다시 말해 혁명적으로 변혁하는 데 필요한 조건이자 실로 결정적인 전제조건이다.

유럽의 몇몇 소도시들에서 시도한 '자동차 없는 지역', 브라질의 무토지농민운동(MST)이 시작한 '유기농 협동조합', 브라질의 포르투알레그레에서 실시됐고 리우그란데두술 주에서도 노동자당(PT) 소속인 올리비오 두트라(Olivio

Dutra)가 주지사로 있을 때 몇 년간 실시됐던 참여예산제 등의 지역적인 실험은 제한적이긴 하지만 사회적, 생태적 변화의 가능성을 보여준 흥미로운 사례들이다. 포르투알레그레 시가 2002년 지방선거에서 좌파가 패배하기 전까지 각급 지역의회에 예산의 우선순위를 결정할 권한을 부여했던 것은 비록 한계는 있었으나 '아래로부터의 계획' 시도의 가장 매력적인 사례였다.[22] 그리고 그동안 몇몇 국가의 정부들이 몇 가지 진보적인 조치들을 취하긴 했지만 전체적으로 보면 유럽이나 중남미에서 중도좌파 또는 '좌파-녹색 연합'의 경험은 다소 실망스러웠고 자본주의 세계화에 대응한 사회자유주의적 정책의 한계 속에 확실히 안주하는 것이었음을 우리는 인정해야 한다.

급진적인 사회주의적, 생태적 정책강령에 헌신하는 세력들이 그람시적 의미에서의 헤게모니를 잡지 못하는 한 급진적인 변혁은 이루어질 수 없을 것이다. 어떤 면에서는 우리가 변화를 위해 노력하고 있다면 시간은 우리 편이라고 말할 수 있다. 왜냐하면 지구 전체에 걸쳐 환경의 상황은 점점 더 나빠지고 위협은 점점 더 가깝게 다가오고 있기 때문이다. 그러나 다른 한편으로는 시간이 다 되어 간다. 왜냐하면 언젠가는(그게 언제일지는 아무도 알 수 없지만) 피해가 더 이상 되돌릴 수 없는 상태가 될 것이기 때문이다. 낙관적이어야 할 이유도 전혀 없다. 기존 체제의 견고한 지배엘리트들은 엄청나게 강력하며, 급진적인 반대편의 세력은 여전히 미약하다. 그러나 바로 그 급진적인 반대편 세력은 '자본주의의 파괴적인 진보'를 멈추게 할 수 있다는 희망을 우리가 가질 수 있게 하는 유일한 세력이다. 발터 벤야민은 혁명을 '역사의 견인차'로 정의하기보다는 '열차가 벼랑으로 굴러 떨어지기 전에 인류가 비상 제동장치를 가동할 태세를 갖추는 것'으로 정의했다.[23]

(최용식 옮김)

생태사회주의 정당 건설_
실패한 독일 녹색당 기획의 교훈

프리더 오토 볼프

1980년대 초에 독일 북부의 함부르크에서 상징적인 사건이 일어났다. 이곳의 화학공장에서 배출된 다이옥신과 푸란에 노동자들과 환경이 중독되고 있는 사실에 대해 몇십 년 동안 침묵이 계속되고 있었다. 그러더니 염소좌창의 초기증상인 세베소병(Seveso illness, 1976년 이탈리아 세베소 시의 농약회사에서 유독가스가 유출된 환경재앙 사건 때 발생한 질병—옮긴이)으로 고통 받던 몇몇 남성노동자의 아내들이 당시 새로 창립된 '녹색대안 리스트(Grün-Alternative Liste, 이 조직은 나중에 독일 녹색당의 함부르크 지부가 된다)'에 전화를 걸면서 그 침묵이 깨진다. "이럴 수는 없다. 우리 남편들은 회사에 건강을 팔았고, 우리에게 남겨진 건 집에서 환자를 간호하는 일, 그리고 시간이 더 지나면 일찍 과부가 되는 것뿐이다. 새로운 정당이 이에 대해 무언가를 해야 한다!"

이 움직임에는 노동자 계급의 급진주의, 자본주의의 거대산업에 의한 생태파괴에 대한 우려, 페미니즘의 측면, 그리고 투쟁의 새로운 영역을 열어줄 정당이 건설될 가능성 같은 요소들이 들어있었고, 이런 요소들은 당시에 구축되고 있던 새로운 정치진영에 대한 희망과 꿈을 만들어냈다. 그것은 낭만화된 자연을 염려할 수 있는 여가와 여유를 가진 유복한 자들의 중산층 환경주의가 분명 아니었다. 그것은 노동자 계급의 잠재능력과 보다 높은 수준의 급진정치로 나아가려는 생태운동 및 여성운동을 결합해 새로운 형태의 정당을 건설하려는 일상의 투쟁으로부터 새로 생겨난 반자본주의의 씨앗인 것처럼 보였다. 즉 그것은 1890년대에 1차 인터내셔널의 잿더미 속에서 2차 인터내셔널이 탄생된 사건에 비견될 만한 대도시 지역 반체제 정치의 새로운 시작이었다. 게다가 이러한 일이 독일에서 일어났다. 독일은 '국민국가의 파괴', '제국주의의 자멸', '베를린 장벽의 붕괴로 상징되는 스탈린주의의 역사적 실패' 등으로 인해 전통적인 정치와 깊이 단절된 것처럼 보이는 나라였다. 특히 독일은 1960년대에 서베를린에서 움튼 학생 및 청년들의 저항운동이 전통적으로 권위적이었던 문화를 '혁명'하기 시작한 곳이기도 했다.

그러나 사반세기가 지난 지금 돌아보면 그 모든 것이 허황된 꿈이었던 것처럼 느껴진다. 2002년에서 2005년까지 독일 녹색당은 통일독일의 집권여당이었다. 이 기간에 독일 녹색당은 새로이 부각된 '백인의 부담'을 나눠지기 위해 코소보와 아프가니스탄, 그리고 콩고에까지 군대를 파병하는가 하면 아프리카 북동부 지역의 테러활동 통제에 참여하기 위해 해군을 파병하는 등 국제적인 책임을 놓고 국제사회에서 경쟁하는 태도를 보였다. 당시 독일에서는 세르비아에 대한 나토(NATO)의 '인도적 개입주의'가 과거에 급진 평화주의자였던 사람들에 의해 합법화됐고, 핵산업에 대한 채무보증이 과거에 급진 생태주의자이자 반핵운동가였던 사람들에 의해 실시됐다. 그리고 독일 녹색당 의원들은 변형된 블레어주의에 의해 장악된 사민당과의 연정을 통해 열심히 신자유주의적 '개혁'을 추진하고 있었다. 연정의 파트너인 사민당이 2005년 가을에 실시된 연방선거에서 패배한 뒤에 녹색당의 몇몇 지도적 의원들은 중도우파 연립정부에 참여하는 문제를 논의하기 시작했다. 오늘날 매우 약화된 상태이긴 하나 독일의 사회운동 속에서는 녹색당의 사례가 정당정치에 참여해야 한다는 생각을 거부하는 논거로 이용되고 있다. 녹색당이 이렇게 부정적인 사례가 되고 있는 것은 2005년의 독일 연방선거에서 인상적인 첫 출현을 한 뒤에 공식화의 과정을 밟고 있는 새로운 독일 좌파 정당에 대한 편견을 강화시킨다는 측면에서 현실적인 중요성을 갖는다.

녹색당의 실패로부터 과연 어떤 것을 배울 수 있을까? 과거의 패배와 실패에 대한 분석보다 전략적 학습에 더 좋은 방법은 없다는 단순한 진술을 논외로 하면, 녹색당의 역사적 경험(필자에게는 이것이 매우 개인적인 경험이기도 하다[1])에서 끌어내야 몇 가지 구체적인 교훈이 있다. 이제부터 살펴볼 교훈은 정당건설과 관련된 현대 좌파의 국제적 논의에 상당히 적실성 있게 응용될 수 있을 것이다.

독일 녹색당의 기원

1960년대에 전 세계에 걸쳐 젊은이들의 반란이 일어난 뒤로 급진적인 반대의 '새로운 물결'인 자생적인 운동이 진압되지 않은 곳이면 어디에서나 정당건설이 높은 순위의 의제가 된 것은 많은 사람들에게 놀라운 일이었다. 몇 년 전까지만 해도 '히피'나 '문화적 반란자'로만 여겨졌던 사람들에 의해 그런 예기치 못한 전환이 일어난 데는 두 가지 이유가 있었다. 그 두 가지 이유는 각각 구분해 살펴보는 것이 유익하다. 사실 그 두 가지 이유는 관습적으로는 하나로 뭉뚱그려져왔지만 실제로는 서로 완전히 달랐다. 그중 하나는 도시 중산층의 보헤미안적 분위기를 넘어 기존의 권력관계를 위협할 수 있을 정도로 다중의 실천을 조직해내는 문제였고, 다른 하나는 기존의 권력관계를 재생산하는 핵심 기제인 선거정치에 어떻게 하면 효과적으로 참여할 수 있는가 하는 문제였다. 사실 전통적인 좌파는 이 두 가지 문제를 서로 연결하는 두 개의 방식을 발전시켜왔다. 한편으로는 포괄적이고 잘 조직된 노동자 계급의 대항문화를 창출하면서 계급적 충성을 통해 노동자들의 일상생활을 당과 연결시켰고, 다른 한편으로는 '합법적 전선' 조직들을 정치적 전문가들의 간부조직(이런 간부조직은 1848년의 억압 직후에 유럽 좌파가 처음으로 개발했고, 1890년대 초에 사민당(SPD)이 비스마르크의 박해에 맞서 더욱 육성했으며, 그 뒤 '새로운 형태의 정당'에 관한 레닌의 사상에 의해 체계화됐다)과 연결시켰다. 1960년대에 이르면 이러한 두 개의 연결고리가 기능을 멈추었다. 그 첫 번째 이유는 자본주의적 '소비주의'의 대중문화가 노동자들 고유의 계급문화를 해체하기 시작했다는 데 있었고, 두 번째 이유는 더욱 간접적인 형태의 차별과 정치적 배제가 흔한 일로 계속 이어졌음에도 불구하고 보통선거와 자유주의적인 '법의 지배'가 공공연한 박해를 거의 불가능하게 만들었다는데 있었다.[2] 유럽의 옛 좌파 정당들은 선거에서 살아남는 데 필요한 수준 이상의 강령이나 조직적인 토대를 더 이상 갖지 않게 되면서 모두 '선거기계'로 바뀌어 갔다. 1960년대에 서독 사민당은 선거형 정당으로 스스로를 개조하는 길을 걷고 있었고, 이는 곧 모든 종류의 사민주의 조직들을 통합할 책임이 있는 정당의 전통적인 근간조직인 지역적 '현장조직(Ortsverein)'들이 정치적 토론과 의사결정의 장으로서 갖고 있었던 중요성을 상실하는 것을 의미했다.

그러나 조직의 문제 때문에 정당이 건설된 것은 아니었다. 1960년대 후반부터 지역적으로 여러 운동들을 통합하고 조율하려는 수많은 시도가 터져 나왔다. 이런 시도는 청소년이나 여성들의 자율적인 '센터'들을 이용하면서 평화나 생태와 같이 넓은 범위에 걸치는 사안들에 대한 회의를 지속적으로 여는 것을 통해 네트워크를 구축해 나갔다. 이러한 흐름은 1960년대의 문화적 반란이 견습노동자와 이주노동자를 포함한 노동계급의 젊은이들에게 확산되면서 더욱 강화됐다. 이런 젊은이들의 새로운 투쟁정신은 노조 안에서 비공인파업(wildcat strike, 노조 지도부의 지침에 반하여 조합원들이 벌이는 파업—옮긴이)를 조직할 역량의 문제를 넘어 어떻게 하면 노조 내부에서, 그리고 지역정치에서도 반대세력을 규합할 수 있을 것인가라는 실천적인 문제를 제기했다. 룩셈부르크주의나 '평의회 공산주의' 성향의 자발주의(spontaneism)를 강조하는 움직임(예를 들어 1970년대 초반에 '사회적 해방은 정당의 일이 아니다'라는 구호를 내건 소규모 잡지가 서베를린에서 간행됐다)도 일부 있긴 했으나 조직에 관한 논의의 초점은 풀뿌리 조직화로부터 혁명적 대중정당 건설 문제에 대한 레닌, 스탈린, 트로츠키, 마오의 기여를 이론적으로, 또 실천적으로 재검토하는 쪽으로 급격하게 옮겨갔다.

1960년대의 반란을 주도한 힘은 당시의 반란에 참여했던 사람이라면 누구나 분명히 알고 있듯이 정당에서 나온 것이 아니었음은 물론이고 노동계급에서 나온 것도 아니었다. 오히려 학생과 젊은 노동자들은 노동계급 정당의 '재건'을 지향하는(과거의 노동계급 정당은 사민주의나 스탈린주의 지도자들에 의해 '배신'당했으므로) 다수의 상호 경쟁하는 조직들을 만들었다. 그러나 이런 조직들은 비생산적인 것으로 드러났다. 그것은 노동계급에게 의미 있는 존재가 되지도 않았고, 진정으로 혁신적인 형태의 조직이 되지도 않았다. 오히려 그것은 복사기, 팩시밀리, 컴퓨터 등 통신기술의 발전으로 인해, 그리고 자가용 소유를 확산시키고 누구나 차를 타고 먼 거리를 이동할 수 있게 한 교통기술의 발전으로 인해 이미 오래전에 낡은 것이 된 조직형태를 재생산하는 경향을 보였다.

폭력적인 수단을 이용하는 풀뿌리 행동주의의 발전도 있었다. 이런 유형의 풀뿌리 행동주의는 도시 게릴라를 자처한 그룹들(이들은 제3세계의 민족해방 투쟁을 본보기로 삼았고, 이탈리아의 '붉은 여단'이나 스페인의 '10월1일단(GRAPO)'과 유사한 성격을 띠었으며, 가장 악명이 높은 그룹은 독일 적군파(RAF)였다)이 채택했다. 정치 이데올로기의 영역에서 헤게모니를 잃은 뒤에도 실제의 일상적인 실천에서는 계속 지배적인 영향력을 갖고 있던 풀뿌리 활동가나 풀뿌리 네트워크들은 이같은 폭력적 행동주의에 당황했다. 하지만 1977년 가을이 되면 모든 부문에서 폭력적 행동주의가 패배하고 있음이 분명해졌고, 모든 종류의 도시 게릴라 그룹들이 정치적으로 고립된 가운데 현대화된 경찰력에 의

해 진압됐다. 하지만 이러한 패배가 풀뿌리 조직의 전투성 감소와 시기적으로 일
치하지는 않았다. 넓은 범위에 걸쳐 급진화된 젊은이들의 대부분은 보다 지역화
되고 강령상 '비폭력적'인 저항의 경로를 거의 10년 가까이 더 거쳤다.[3] 이런 상
황은 '조직논쟁'의 초점을 다소 음모적인 전위조직의 건설로부터 대중정치의 문
제로 완전히 돌려놓았다. 이때 처음으로, 그리고 주로 지역적으로 선거과정과 기
존 형태의 제도정치가 시야에 들어왔다.

독일 녹색당: 개관

논의를 좀 더 체계적으로 전개하기 전에 필자가 구체적으로 무슨 이야기를 하려
고 하는 것인지를 독자들에게 상기시키기 위해 여기서 약간의 경험적이고 역사
적인 이야기를 해둘 필요가 있겠다.[4] 녹색당은 1976년부터 1980년대 중반까지의
기간에 일련의 기초선거구 및 광역선거구 선거를 통해 발전하면서 의회 안에도
하나의 세력으로 등장했다. 녹색당은 스스로 녹색이고, 대안을 추구하고, 다인종
의 시민정당을 지향하고, 새로운 사회운동이 갖고 있는 일상적인 관심을 정치적
으로 대표하고자 한다고 밝혔다.[5] 이러한 광범위한 내용의 '선거운동'은 토대집
단(Basisgrup)들에서 활약했거나 단명했던 마오주의 조직들의 다양한 지역적 변
형체들에서 활약했던 활동가들을 재규합했다. 똑같이 학생운동에서 유래한 이들
두 세력은 전술적으로 '명망가'를 선출해 내세웠고, 이렇게 내세워진 명망가 중
일부는 우파의 경력을 가진 사람들이었다. 이런 움직임이 위로부터 정치적 공간
을 확보하려는 다소 '선동적'인 시도(예를 들어 그룰(Gruhl)의 녹색행동미래
(Grüne Aktion Zukunft) 또는 1979년의 유럽의회 선거에 녹색당 후보를 내기 위
한 페트라 켈리(Petra Kelly) 중심의 이니셔티브와 같은 시도)보다 녹색당의 부상
에 훨씬 더 결정적인 역할을 했다. 1980년의 정식 창당대회에서 녹색당은 그 누

구에게도 '집중된 권력'을 허용하지 않는 강력한 풀뿌리 민주주의 원칙으로 녹색 세력과 대안 세력을 위태롭게나마 통합하는 데 성공했다. 녹색당 내에 우파가 존재한다는 문제가 공론화됐지만(마치 녹색당이 좌파와 우파의 구분을 구시대의 유물로 만들었다는 듯이 이 문제가 제기됐다) 그런 문제는 대체로 보아 존재하지 않는 것으로 판명됐다. 녹색당에 참여한 활동가들 가운데 좌파 성향의 평화운동이나 생태운동에 참여했던 경력이 없는 사람들도 대부분은 비주류의 젊은 사회주의자나 자유주의자까지 포괄하는 정치적 풀뿌리 운동에서 정치적 경험을 쌓은 것으로 확인됐기 때문이다.

녹색당이 1983년에 독일 연방의회에 진입한 뒤로는 녹색당 안에서 좌파와 우파 간, 그리고 '녹색'과 '적색' 간의 대립은 더 이상 정치적 역할을 하지 못하게 됐다. 그 대신에 당 안에서 전략에 관한 논쟁이 벌어지면서 사민당과의 연정을 목표로 해서 완전한 의회참여 전략을 주장하는 소수파, 즉 '레알로스(Realos, 현실주의자들)'와 정부의 위기를 유발한다는 차원에서 의회전략을 활용하고자 하는 다수파, 즉 '푼디스(Fundis, 근본주의자들)'가 대립하게 됐다.[6] 푼디스 가운데 일부는 의회에 진출한 녹색당의 입지를 이용해 소수당 정부를 지원하는 대가로 뭔가를 얻어내는 거래(이는 나중에 관용전략(toleration strategy)으로 불리게 된다)를 추진할 기회를 '정부의 위기'가 제공해준다고 생각했다. 1979년의 '바로(Bahro) 회의'에서부터 1980~81년에 연달아 열린 '사회주의자 대회(Socialist Conference)'에 이르기까지의 과정에서는 더욱 폭넓은 범위의 독일 신좌파 차원에서 논쟁이 전개됐고, 그 결과의 하나로 녹색당과 좌파를 아우르는 월간지 〈모데르네 차이텐(Moderne Zeiten, 1981~84)〉의 창간이 추진됐다. 이 월간지는 적지 않은 수의 미래 녹색지도자들을 규합하는 역할을 해냈다.

1980년대 중반에서 1989년까지 푼디스가 명확한 전략적 방향성을 상실한 가운데 요슈카 피셔가 헤센 주정부에 참여(필요하면 연정을 깰 수도 있다는 명확한 조건 아래)한 것이 레알로스 측 전략의 신뢰도를 높였다. 그 결과로 녹색당 좌파의 재편이 일어났다. 좌파 지도부가 레알로스와 푼디스 간 대립에 몰두해있는 동안에 지도부로부터 무시를 당했던 각 지역[7]의 좌파 실용주의자들, 푼디스 안에서 '관용전략'을 지지하던 사람들, 그리고 녹색당에 입당한 옛 트로츠키주의자들이 '좌파포럼(Left Forum)'을 만들었다. 좌파포럼은 정부에 참여하는 문제보다는 녹색당이 내세울 정책의 내용에 관심을 집중했다. 그러는 사이에 '아래로부터'의 압력을 통해 푼디스와 레알로스 간 반목을 끝내자는 호소와 더불어 등장한 소규모의 '출범(Aufbruch) 그룹'이 결국 자유지상주의를 가장하면서 녹색당에 신자유주의적인 개념들을 도입하려는 세력의 선봉임이 드러났다. 통일독일의 첫 선거 때까지의 짧은 기간에는 오스카 라퐁텐이 이끄는 좌파 성향의 사민당과 연정이 합의되기를 바라던 좌파포럼의 희망은 포드주의의 위기에 대해 매우 개량주의적이긴 하지만 생산적으로 벗어날 길을 제시하는 것처럼 보였다. 그 길은 새로운 사회적 계약, 즉 '생태사회적인 사회적 계약'이라는 일반적 성격의 구호와 함께 주장됐다.

그러나 이 모든 것은 독일의 통일이라는 놀라운 사건과 함께 끝나게 된다. 1990년에서 1994년 사이에 푼디스는 녹색당을 떠났고, 1990년 선거의 폐허에서 서독 녹색당을 구해야 한다는 사명감을 느끼게 된 좌파포럼은 레알로스와 휴전에 들어가면서 서독 녹색당과 동독 시민운동의 계승자들 및 소규모 동독 녹색당 출신들로 이루어진 당의 여러 '그룹'들을 재규합하고자 했다. 그러나 좌파 세력들이 유타 디트푸르트(Jutta Ditfurth, 그는 경쟁력 있는 선거조직을 구축하고자 했으나 실패했고, 동독 사회주의통일당(SED)의 후신인 민주사회주의당(PDS)의 '서쪽으로의 확장'이 제시하는 것처럼 보이는 약속을 받아들였다)의 지도 아래 당을 떠나고 없는 상태에서, 그리고 시민사회를 장악하고 있는 좌파적 대안들을 강하게 부정하는 기류 속에서 그러한 재규합 노력은 시간 끌기에 지나지 않는 것으로 드러났다. 이 때문에 레알로스 파는 최종적인 헤게모니 확보를 8년여나 미뤄야 했다.

녹색당 좌파를 살려놓고 있었던 '바벨스베르크(Babelsberg) 그룹'과 그 급진적 네트워크에 대해서도 똑같은 이야기를 할 수 있다. 이 그룹은 1989년에 코소보 문제와 관련해 패배할 때까지는 옛 동독의 녹색당 지지자들에 의해 강화되고 있었다. 이들은 한동안은 녹색당 안에서 신자유주의적 경제정책 및 사회정책 개념의 물결을 저지할 수 있었고, 녹색당의 급진적이면서도 현실주의적인 외교정책에 토대가 될 정치적 평화주의를 공식화할 수 있었으며, 다른 한편으로 유럽의 다른 녹색당 좌파나 대안세력들과의 국제적 접촉을 유지하고 발전시켰다. 1998년에 최초의 적록 연합정부가 만들어진 때에는 이미 요슈카 피셔와 그를 따르는 레알로스의 영향력이 압도적임이 드러났다. 이들은 녹색당 좌파와의 세력균형을 유지하도록 강요되고 있었지만 의회참여 그룹에서는 다수파였다. 결국 녹색당 좌파는 군사적인 성격을 띤 '인도적 개입주의'를 반파시즘의 명분 아래 지지하는 레알로스의 전술과 언론을 통한 그들의 선동에 패배하게 된다.

1998년 이후 레알로스파는 각료들과 연방의회 의원들, 그리고 유럽의회 의원들이 이끄는 정부 내 좌파 그룹과 함께 독일 녹색당을 이끌어나가면서 필자가 이 글의 서두에서 서술한 결과들을 만들어내고 있다. 이들이 자유주의 정당을 밀어내고 독일 정당제도의 중심이 될 가능성은 없지만, 유권자들 가운데 의미 있는 부분(사회적인 문제에 관심을 가진 전문가들이나 '새로운 사회운동'에 참여했던 나이든 세대 등)을 대표하고 있기 때문에 소멸될 것으로 예측되지도 않는다. 이들은 지금 의회에서 새로운 도전에 직면해있다. 독일에 5대 정당 체제가 새로이 등장함에 따라 자유주의자들, 보수주의자들, 그리고 녹색당으로 구성된 우파 연합이 의회의 다수가 될지, 아니면 좌파 정당들, 사민주의자들, 그리고 녹색당의 좌파연합이 형성될지, 그도 아니면 두 가지 결과를 다 피하고 '대연정'을 다시 구축하는 방향으로 나아가게 될지는 레알로스파의 결정에 의해 크게 좌우되게 됐다.

의문의 여지가 있는 분석

나는 독일 녹색당이 지배적인 정치지형 속으로 통합돼 들어가는 과정에 관한 막대한 분량의 문헌들을 모두 다 검토하지는 않을 것이다. 그 대부분은 해방적 변혁이라는 관점과는 아무런 관련이 없기 때문이다.[8] 대신 나는 자본주의가 지배하는 현존 정치지형을 극복할 역사적 대안을 열어주는 정치세력으로서는 서독 녹색당이 역사적으로 실패(즉 해방적 변혁을 위한 기획으로서 실패)했다는 사실과 관련된 문헌들이나 독일에서 공적인 논의를 관통하고 있는 전형적인 설명이나 주장들을 검토할 것이다. 이러한 맥락에서 볼 때 기존의 설명들에는 두 가지 난점이 있다. 기존의 설명들은 한편으로는 역사적 변화의 대안적 경로를 추구하는 데 출발점이 되는 기존의 상황에 대해 잘못 기술하는 경향이 있다. 기존의 상황을 풀리지 않은 모순으로 보고 그 해소는 역사적 투쟁을 통해 이루어진다는 관점에서 분석을 하는 것이 아니라, 어떠한 진정한 대안도 인정하지 않고 모든 것이 완전히 다 결정된 상태라고 가정하는 것이다. 마치 역사가, 또는 생물권의 재생산이 어떠한 분기점도 없이 앞으로 나아간다는 식이다. 기존의 설명들은 다른 한편으로는 너무 많이 설명하려고 하거나 너무 적게 설명하려고 하면서 갈광질팡하는 것처럼 보인다. 예를 들어 정당이라는 형태에 내재돼 있는 국가주의나 선진 '제국주의' 정부에 참여하려는 노력의 기형성 등과 관련된 매우 포괄적이고 구조적인 설명은 정당을 해방의 도구로 활용하기란 절대적으로 불가능함을 암시하는 것이기도 하고, 다른 한편으로는 선진 '제국주의' 나라에서는 그 어떠한 점진적인 변혁도 불가능함을 암시하는 것이기도 하다.[9]

좌파 마르크스주의자들 사이에 가장 유행하는 설명의 형태는 위에서 말한 두 가지 난점과 관련된 오류를 거의 분리할 수 없도록 엮어놓는다. 좌파 마르크스주의자들은 녹색당의 활동가(혹은 유권자나 정당건설자)들이 계급, 젠더, 인종, 사회적 위치의 측면에서 잘못된 종류의 '성분'을 갖고 있다고 본다. 녹색당의 활동가들은 프티부르주아이고, 이성애자인 남성이고, 백인이거나 선진국 국민이고, 따라서 녹색당의 반란과 저항은 궁극적으로는 기존의 지배구조에 대한 의존이 강화되는 결과를 가져올 쇼 이상이 절대 될 수 없다는 것이다. 이러한 설명은 계급적 본질(이것이 저평가돼서는 안 되는 정치적, 지적 원천에서 도출된 것이라 하더라도)이 강조된다는 점에서[10] 현재의 상황을 심각하게 잘못 기술하고 있다. 왜냐하면 여러 지표들을 통해 활동가, 유권자, 정당건설자 같은 '녹색 인력집단'이 국가가 고용한 공공부문 노동자들과 함께 자본에 의해 착취당하는 노동계급 중에서 보다 현대적인 부분을 대표한다는 점이 드러나고 있음에도 불구하고 위와 같은 설명은 자본에 의해 착취당하는 계급을 산업적 육체노동자라는 특정한 역사적 유형만으로 부당하게 축소[11]시키기 때문이다. 성별과 연령 구성의 측면에서 보면 녹색 인력집단이 보다 전통적인 사민주의적 유권자들이나 공산주의적 유권자들보다 현존하는 노동계급을 더 잘 대표하는 것으로 볼 수도 있다.

모든 계급정치에 실질적으로 거스르는 존재인 '불안정하고 고용상의 지위가 유연한' 노동자의 범주가 확대되고 있다는 현실적인 문제도 분명 존재한다. 하지만 이러한 새로운 유형의 노동자들이 공산주의나 사민주의의 '인력집단'보다 녹색정치에 접근하기 어렵다고 생각하는 것은 환상일 수 있다. '녹색 인력집단'은 적어도 여성의 비중이 상대적으로 높은 성별 구성과 덜 표준화된 고용형태를 취하고 있다는 장점을 지니고 있다. 물론 고용의 위계상 상위의 자리에서 실질적으로 자신이 스스로 통제할 수 있는 '고용상의 유연성'을 누리는 사람들과, 새롭게 등장하는 '하류계급'은 물론이고 고용의 위계상 밑바닥 근처에서 다른 사람에 의한 통제를 받으며 '불안정성'에 노출된 사람들 사이에는 큰 관점의 차이가 존재한다.

이러한 접근방식에서는 자본에 의해 착취당하는 임금노동자들의 '계급구성' 변화라는 중요한 쟁점이 제대로 다뤄지지 않을 뿐 아니라 부불노동에 대한 간접적 착취과정과 지구적 자본주의 내 종속국가들에서 폭력적으로 이뤄지는 노동자들의 직접적 동원이 각각 어느 정도의 비중을 차지하는가라는 실질적인 문제도 다뤄지지 않는다. 그러나 어떤 경우에도 대도시 중심지의 젊고 교육수준이 더 높은 집단들은 기존 체제에 대해 진지하게 반대할 동기나 능력을 갖고 있지 않다고 간주할 수 있다는 가정, 다시 말해 오직 극빈층만 그러한 동기나 능력을 갖고 있다고 간주할 수 있다는 가정을 한다면 기존 체제에 대한 반대가 실제로 성공할 가능성은 낮아질 것이다. 폭력적인 한 방의 타격으로 '체제'를 뒤엎는 일이 일어나지 않는다면(이런 일은 그동안 일어난 적도 없고, 앞으로 일어날 것으로 예상되지도 않는다) 반체제 투쟁이 길어질 것이고, 그렇다면 그러한 투쟁은 노동계급 중 가장 빈곤하고 그래서 가장 절박한 부분을 조직하는 것보다 자본이 가장 급박하게 필요로 하는 종류의 노동자들을 포섭하는 능력을 통해 더 큰 힘을 발휘할 수 있을 것이다.

독일 녹색당의 정치적 실패에 대해 주류 사회과학계에서 가장 유행하는 설명은 위의 두 가지 오류를 아주 다른 방식으로 결합하고 있다. 사회운동을 주기적 순환으로 보는 '순환론(cycle theory)'은 인류의 역사에 비추어볼 때 모든 반대세력이 거쳐야 하는 일련의 국면들이 있는 게 분명하다고 주장한다. 단호한 반란의 국면을 지나면 창조적인 접합의 국면이 이어지고, 그 다음에는 일상화, 이데올로기화, 조직화의 국면이 전개되며, 이때 새로운 운동을 위한 대중적 토대가 형성된다는 것이다. 그러면 사회 내 권력관계가 결정되는 영역에서 새로운 운동의 '장소'를 확보하기 위한 투쟁의 국면이 뒤따르고, 또 그 다음에는 새로운 운동이 기존의 권력이 지배하는 '장소' 안에서 '자기 자리를 잡기' 시작하는 제도화의 국면이 펼쳐진다. 마지막 단계인 통합의 국면에서는 운동의 이전 대표들이 기존의 지배지형에 완전히 포섭되고, 운동에 대한 기억이 이런 새로운 체제에 정당성을 부여하는 이데올로기적 근거로 바뀐다. 이와 같은 유형화는 매우 폭넓은 경험적, 역사적 근거를 갖고 있다. 그리고 독일 녹색당의 역사는 이러한 범역사적인 '진리'를 입증해주는 또 하나의 두드러진 사례라고 어느 정도 확신을 갖고 쉽게 이야기할 수 있는 것이 된다.

대중적으로 세속화된 형태의 설명은 '녹색운동'을 기독교와 비교하는 방식으로 이루어진다. 즉 예수와 초기 기독교도들의 극단적인 급진주의로 시작된 기독교는 교회, 경전, 정통교리를 수립하는 과정을 거쳐 결국 콘스탄티누스 대제의 승인을 받게 되며, 그 뒤로는 국가권력과 연결된 기성종교가 된다. 이와 같은 기독교와 녹색운동을 비교하는 방식의 설명에서는 기독교가 500년의 역사를 거치며 실현한 것을 녹색운동은 10년 만에 실현했다고 본다. 다시 말해 녹색운동은 급진적 반대의 운동으로부터 지배적인 기성제도의 일부로 전환되는 과정을 밟았다는 것이다. 그러나 이는 공허한 주장임이 명백하다. 다른 급진운동들도 마찬가지였지만 녹색운동도 비록 좋은 삶의 문제(일부에서는 이를 영적인 문제라고 본다)를 건드리고 있지만, 그럼에도 불구하고 신앙운동이거나 종교운동이거나 천년왕국운동인 것은 아니다.[12]

오히려 녹색운동과 노동운동 사이의 유추가 근거가 되어 순환론의 가설이 은근히 터무니없는 인기를 끌었다고 봐야 할 것이다. 원래 갖고 있던 급진주의를 버리는 데 노동운동은 몇십 년이 걸렸다는 것이다. 구체적으로 급진주의를 버리는 데 사민주의자들의 경우는 1860년대부터 1차대전 때까지의 시간이 걸렸고, 공산주의자들의 경우는 스탈린주의가 볼셰비키 혁명을 배신할 때까지의 시간이 걸렸지만 녹색당은 불과 몇 년(1980~89)밖에 걸리지 않았다는 점에서 녹색당의 상대적으로 빠른 속도가 강조되는 것이다. 그러나 이러한 '설명'은 두 가지 문제점을 갖고 있다. 이러한 설명은 한편으로는 무언가를 '배신'으로, 즉 개인적이고도 집단적인 죄책감을 수반하는 주관적 범주의 측면으로 표현하고 있다. 그러나 그와 같은 배신은 복잡하고도 객관적인 역사과정이었다. 이러한 설명은 다른 한편으로는 역설적이게도 기성 권력구조에 재통합되는 결과가 불가피함을 단언하는 것이라는 문제점도 안고 있다. 위와 같은 비교가 조금이나마 유용한 것이 되려면 정반대의 전제를 근거로 삼는 것이 좋았을 것이다. 즉 주관적인 행위자들이 경험하고 견뎌낸 그러한 과정들을 객관적으로 분석하고, 어쩌면 그 비극적인 혼란상까지도 분석하는 동시에 대안적 결과와 객관적 '분기점'을 인정하고 객관적인 불확정성을 바라보는 것이 좋았을 것이다.

물론 두 가지 주장 모두의 핵심적인 결점은 귀납적인 추론에 있다. 즉 역사 전반을 통틀어 현재까지 사회적 해방과 자유를 위한 운동이 지속적으로 성공한 경우는 없었기 때문에 그런 운동은 불가능하다고 추론하고 있는 것이다. 하지만 불가능이라는 것은 이런 종류의 경험적 귀납주의에 근거해 성립될 수 있는 것이 아니다. 과거에 패배했거나 단순하게 실패한 것도 미래에는 효과적으로 작동할 수 있다. 중요한 문제는 이러한 순환적 발전이 과연 일어날 것인지의 여부가 아니라 (그와 같은 순환적 발전이 이루어진다는 것은 부정될 수 없다) 그러한 순환적 발전을 이해하게 해주는 설명과 근거를 찾아내는 것이다. 그리고 그러한 이론적 설명을 찾아낸다면 자기파괴의 기제를 피할 수 있고, 패배를 겪게 하거나 투쟁을 포기하게 하는 정책상의 유혹을 극복할 수 있는 다른 경로를 선택하는 것도 가능해질 것이다. 이렇게 좀 더 자세히 들여다보면 각각의 운동이 가진 특수성과 특유의 역동성이 보다 분명히 드러난다. 그런데 각각의 운동은 현재 사회운동에 대한 순환론에 포함된 유추적 사고에 의해 체계적으로 가려져 있다. 이런 관찰은 순환론이 상정하는 순환적 국면들의 순수성에 의문을 제기하게 할 수 있다. 예를 들어 노동운동이 초창기부터 오웬적 개혁주의, 프루동적 자유지상주의, 라살레적 국가주의, 그리고 마르크스와 엥겔스가 주창한 매우 특수한 형태의 변혁적 혁명주의 등으로 갈라지면서 드러낸 양면적 태도가 지적될 수 있다. 또는 녹색운동이 주류 쪽으로 이끌려가던 회복기보다 한참 전에, 즉 녹색운동이 막 시작되던 때에 녹색운동을 정당 형태로 이끌던 움직임 내부에 우파 반동세력이 존재했다는 사실이 강조될 수도 있다. 더 나아가 역시 녹색운동의 초창기에 지자체 실용주의가 강력하게 존재하면서 이것이 녹색당의 공적인 정치논쟁을 형성한 보편적인 이데올로기적 입장을 부분적으로는 항상 뒤엎었다는 점이 강조될 수도 있겠다.

　녹색당 안팎의 즉각적인 정치과정에만 집중하기 때문에 보다 근시안적이고, 많은 부분을 제대로 설명하지 못하는 더 소심한 설명방식들도 있다. 좌파 내부에서 요슈카 피셔가 이끄는 레알로스파와 맞선 세력 가운데 다수가 일관성 있는 전략을 수립하고 수행할 역량을 갖고 있지 않았다는 것은 그들의 커다란 약점이었다. 이런 무능함이 '이론'에 대한 본능적인 혐오나 거부와 연결돼 있었기에 더욱 그러했다. 게다가 오랫동안 억압당하며 위기를 겪어오던 마르크스주의 이론의 '순간적인 부활'이 예견된 실패를 겪은 뒤로는, 그리고 봉기에 대항하는 새로운 기술들이 과학적 이론을 자처하며 등장한 이후로는 경직된 직관과 역사적 경험이 더 나은 행동지침을 제공해주는 것처럼 보였다. 하지만 이론화되지 않은 실용주의는 수많은 근본적인 문제들을 '괄호로 묶어 배제한다'는 점에서 전략적 사고의 토대로는 적합하지 않다. 물론 그러한 실용주의가 '위로부터 규칙으로 제시되는 정교한 주장들'을 '아래로부터 또 다른 규칙으로 제시되는 보다 적절한 주장들'과 혼동하는 것에 대한 '완강하면서도 충분한 근거를 갖춘 거부'를 뒷받침할 수는 있다. 그러나 그것은 창조적인 새 전략의 특징인 새로운 사고와 구조적인 통찰로 이어질 수 없다. 독일 녹색당의 이러한 약점(한 줌의 지식인들로는 치유할 수 없는 약점)은 단순히 개인적인 무능함의 문제가 아니라 녹색당이 좌파 전체와 공유했었고 지금도 여전히 대체로 공유하고 있는 미해결의 전략적 문제다. 그것은 실제적인 경험과 이론적인 설명 간의 적절한 관계를 어떻게 찾아낼 것인가 하는 문제인 것이다.

　이와 똑같은 종류의 추론이 훨씬 더 구체적인 상황을 설명하는 데도 적용된다. 1991년에 노이뮌스터에서 열린 전당대회에서 레알로스파와 새로운 중도그룹, 그리고 동독 시민운동 다수파 간의 동맹이 당을 장악하려고 한 시도가 실패할 것이라고 예상한 것은 유타 디트푸르트가 지도하는 '근본주의자들'의 오류였던가? 그렇다면 그와 같은 새로운 우파를 제거하기 위해 당내 좌파의 광범위한 동맹을 지지한 것은 푼디스의 오류였던가? 아니면 조만간 레알로스에 의해 장악될 운명이었던 당을 쪼개거나 깨는 데 노이뮌스터 전당대회를 활용하지 않았다는 점에서 루트거 폴머(Ludger Volmer) 등이 주도한 좌파포럼 그룹이 오류를 저질렀던 것일까? 1998년에 빌레펠트에서 열린 전당대회에도 똑같은 추론을 적용할 수 있을까? 이 전당대회에서는 소수의 급진적 평화주의자들이 스스로 필요하다고 판단한 수준보다 덜 급진적이었던 반대 움직임을 지지하기를 거부했고, 이에 힘입어 코소보 문제에 대한 피셔의 '호전적'인 입장이 작은 표차이로 통과됐다. 여기서 가장 어려운 점은 어떻게 올바른 질문을 제기할 것인가 하는 것이다. 게다가 검토할 필요가 있는 질문들을 추려내고 그 질문들에 대답하는 적절할 방법이 찾아진다고 해도 그 대답은 매우 구체적인 것이 될 것이므로 관련 당사자가 아닌 사람들에게 뭔가 의미 있는 것을 가르쳐주지는 못할 것이다.

설득력 있는 설명들

하지만 녹색당의 실패에 대한 적어도 네 가지 유형의 설명은 흥미로울 뿐만 아니라 보다 주목할 만하다. 그 가운데 첫 번째 유형의 설명은 신좌파와 구좌파가 분열을 극복하지 못한 결과로 한편으로는 반자본주의가 시대에 뒤떨어진 '개량주의'나 '혁명적인 대안'으로 화석화돼버리고, 다른 한편으로는 새로운 자율적 사회운동이 자신의 요구가 가져올 반자본주의적 결과에 눈을 감아버림으로써 자신의 자율성을 보호하려고 하는 경향과 관련된 것이다. 이런 관점은 독일 녹색운동의 초기국면을 설명하는 데 특유의 강점을 갖고 있다. 독일 녹색운동은 노동운동과의 연계가 항상 약했다. 일부는 '노조 반대파'라는 좌파적 형태를 되살려보려는 낡은 시도에 몰두하고 있었고, 또 다른 일부는 여전히 충실하게 사민주의적인 노조 지도부와 화해를 이루게 되기를 희망했다. 공산주의 정당이나 마오주의 정당은 다양한 위기를 거치면서 고립됐음에도 여전히 전국적 산업에 종사하는 백인남성 노동자들의 투쟁이 아닌 다른 투쟁을 받아들이기를 꺼려했고, 독립적인 마르크스주의 지식인들의 유입과 그들의 영향력에 제한을 가했다. 그리고 소수의 생태사회주의자, 생태여성주의자, 사회주의적 여성주의자 등이 생태운동과 여성운동 전반에 뚜렷한 인상을 주는 데 실패했고, 이런 실패는 모든 종류의 비판적 경제문제 논의, 그중에서도 특히 1960년대 학생운동의 지도적 인물들이 엄청난 노력을 기울여 재구성한 마르크스주의적 정치경제학 비판에 녹색당이 접근하지 못하게 하는 데 일조했다. 녹색당이 최소한의 공통적 논쟁에 끼어들지 못하게 된 것은 다양한 대안적 운동들의 담론적 분열에 결정적인 역할을 했다.

녹색당의 활동가들 가운데 다수가 '유권자 운동'이라고 불리는 보다 사회주의적인 대안을 추구하는 활동에 참여했음에도 위와 같은 사실 때문에 녹색당에게는 '녹색'을 표방하는 것이 더 매력적이었다. 그러나 그 뒤에 당 안에서 이론적 논쟁의 공간(즉 생태사회주의적 조류가 일상적인 전략과 전술의 문제로 축소될 필요가 없는 공간)을 구축하려는 노력이 잇따라 실패하면서 그 한계가 드러났다. 이런 실패는 1983년에 녹색당 좌파의 지도부 중 다수가 좌파 대 우파의 게임을 그만두는 대신 푼디스 대 레알로스의 게임을 시작하는 운명적인 전략적 결정을 내리게 하는 데도 기여했던 것으로 보인다(이런 결정을 내린 이들은 결국은 푼디스 대 레알로스의 게임에서 보란 듯이 패배했다). 좌파의 전략변화는 곧바로 그들 자신이 원래 내세웠던 고유한 이론적 선언을 쓰레기통에 처넣어버리고, 대부분 1970년대의 극좌조직 출신인 지자체 실용주의자들을 레알로스파에 빼앗기는 결말로 이어졌다.

두 번째로 유용한 설명은 좌파의 일반적 위기에서 시작되며, 특히 지구적인 기존 지배체제에 대응하는 모든 종류의 급진적이고 해방적인 대안들의 신뢰도를 약화시킨 소련식 국가사회주의 모형의 몰락이라는 맥락 속에서 이루어진다. 이 두 번째 설명은 서독의 대안적 좌파, 특히 서독의 녹색당과 특별히 중요한 관련성을 갖고 있다. 1953년 동독의 노동자 봉기 이후, 아니면 늦어도 1956년의 헝가리 혁명 이후로는 독일의 공산주의가 대부분의 지식인들에게 뿐만 아니라 대중에게도 신용을 잃었다. 1961년에는 베를린 장벽이 세워짐에 따라 동구권과 그 정치적 대표자들에게 전혀 의존하지 않는 대안적 좌파가 서독과 서베를린에 구축돼야 한다는 생각이 강화됐다. 이와 동시에 사람들은 두 개의 블록이 서로 대치하는 냉전체제가 무한히, 혹은 적어도 예측할 수 있는 미래까지는 계속될 것이라고 예상했다. 그러므로 소련블록은 분명 대안으로 여겨지지 않았다(큰 파문을 일으킨 루돌프 바로(Rudolf Bahro)의 저서가 그 내용상 서구에 놀랄만한 것이 아니었던 이유도 여기에 있다[13]). 이처럼 서독의 대안적 좌파들에게 소련블록은 동맹세력으로 여겨지지 않았다. 하지만 그들 자신이 살아가고 투쟁하는 곳인 서구블록에 소련블록이 어느 정도의 압력을 행사하는 대항세력이 될 수 있다고는 생각했다. 적어도 자신들의 의제를 위한 정치적 이점을 확보하기 위해 소련블록의 압력을 활용할 수도 있다는 것이었다. 하지만 서독의 대안적 좌파들은 소련식 공산주의에 대한 진정한 흥미는 더 이상 갖지 못했다(오직 소수의 전문가들만이 소련식 공산주의에 대해 논의할 뿐이었다). 그래서 그들은 베를린 '장벽'의 붕괴에 대한 대비가 매우 미흡했고, '장벽 너머'에 있던 민주적 좌파와 재빨리 연계를 형성하지도 못했다. 그들은 소멸되어가는 정치적 영향력을 다시 보강하지도 못했고, '역사의 종언'과 함께 '사회주의의 종언'을 주장하는 선동의 물결에 대항할 논거도 충분히 갖추지 못했다. 이러한 상황은 보다 작은 규모이긴 했지만 독일이 통일된 뒤에 독일 녹색당 안에서도 되풀이됐다. 두 단계로 전개된 녹색당의 통합과정 중 첫 번째 단계는 동독의 소규모 녹색당이 서독의 녹색당 좌파에 통합되면서 포괄적 우산형의 급진적 네트워크인 '바벨스베르크 그룹(Babelsberg circle)'이 새로 형성된 것이었다. 그리고 두 번째 단계로 동독의 '시민운동'을 잇는 '뷘트니스 90(Bündnis 90) 그룹'이 협상을 통해 통합된다. 뷘트니스 90 그룹과의 통합은 녹색당 내 우파를 강화시키는 효과를 낳았다.

주목할 만한 세 번째 설명은 포드주의의 위기에 근거를 두고 있다. 이 설명은 1980년대 후반 이후에 레알로스파 내부에서 신자유주의 경제학의 핵심 교의들이 갑작스럽게 우위를 차지하게 된 현상을 구체적으로 설명하는 데 사용된다. 이런 현상의 출발점은 프랑크푸르트의 지자체 레알로스가 찾아낸 '지속가능한 재정 정책' 및 '세대 간 정의'라는 개념이었다. 이 세 번째 설명은 포드주의에 반대하던 대항 이데올로기들이 왜 그 대항력의 대부분을 상실했는지를 분석하는 데 이용된다. 대항 이데올로기가 약화된 가운데 '시장자본주의'를 지향하는 신자유주의적 개입으로 기존 체제가 와해되자 포드주의 아래에서는 막강했던 '정치적으로 부과된 모든 형태의 족쇄들'이 제거됐다. '거대한 기업, 거대한 노동세력, 거대한 정부'에 대한 녹색당의 우려는 환경적 관심을 약화시키는 것을 대가로 계급적 타협에 도달하는 과정에서 허공으로 사라져버린 것처럼 보였다. 이제는 오직 시장만이 남아 그 어떤 외부 권력의 간섭도 받지 않고 홀로 모든 종류의 이해관계를 중재하기에 이르렀다. 확고한 좌파 문화를 갖고 있지 않거나 자본주의적 착취를 직접 개인적으로 경험해보지 않은 사람들에게는 이런 상황이 직관적으로 받아들일 만한 것으로 여겨질 수도 있다. 이런 사람들은 이전의 모든 권력관계가 시장교환의 행위 속에서 소멸할 것이라고 가정하거나, 시장이 소비자와 시민들의 손에 각자의 개별적 선호를 표출할 진정한 자유를 쥐어줄 것이라고 가정한다. 물론 이 두 가지 가정은 모두 잘못된 것이다. 자본주의 시장은 사실 독점이나 카르텔이라는 다소 피상적인 수준의 모습에서는 보이지 않는 훨씬 더 깊은 권력관계로 구성돼 있다. 그리고 그러한 권력관계는 단순히 '시장적 평등'을 선언하는 가벼운 행위만으로 사라지지 않는다. 어쨌든 시장적 평등이란 1달러에 1단위의 권력이 주어진다는 원리에 국한될 뿐 사람들 사이의 인간적 평등으로 확장되지는 않는다. 그러나 포드주의의 위기라는 맥락 속에서 위와 같은 관념들이 실제적인 호소력을 발휘했고, 이런 점은 녹색당 안에서만 그런 것도 아니었다.

얼마간의 중요성을 갖는 네 번째 설명은 1989~90년의 동서독 통일로 독일 국민국가가 갑작스럽게 종말을 맞으면서 소멸하게 된 것이 녹색당에 미친 영향에 관한 것이다.[14] 통일 이전에 서독의 젊은 세대들에게 강한 호소력을 발휘했던 탈국민국가의 '계기'가 가시적인 실현 가능성을 보이더니 갑자기 현실이 되면서 그 계기의 호소력이 통일 이후에는 사라져버렸다. 이같은 예기치 못한 역사적 전환으로 인해 오스카 라퐁텐이 이끄는 적록연합이 그때까지만 해도 선거에서 패배할 것이 확실해 보였던 헬무트 콜을 이기지 못했다. 이길 것이 확실해 보였던 선거에서 패배한 것에 대해 연합 내 녹색진영과 적색진영 모두 한탄했다. 하지만 부분적으로는 두 진영이 다시 등장한 '국가문제'를 놓고 다툼을 벌였기 때문에 선거에서 패배했다고 볼 수 있었다. 오스카 라퐁텐은 콜 총리가 구사한 통일전략의 주된 동력이었던 화폐통합 문제를 걸고넘어졌고, 이는 동독 주민 대다수의 반감을 샀다. 여하튼 녹색당은 선거과정에서 '모든 사람이 독일에 대해 이야기할 때 우리는 날씨에 대해 이야기한다!'라는 구호를 핵심적으로 내거는 대담한 선거전략을 구사함으로써 자기들은 독일에 초점을 맞추고 있지 않음을 분명히 했다. 콜이 역사적인 성공을 거둔 뒤에 이어진 여러 차례의 선거에서도 서독의 녹색당은 5% 장벽을 넘지 못해 연방의회에서 대표권을 상실한 반면에 동독의 시민운동과 녹색 간 연합세력은 의회에 진입할 수 있는 수준의 표를 가까스로 얻었다.

고려해볼 만한 다섯 번째 설명은 미디어가 다른 모든 것을 과잉결정하는 경향을 보이는 스펙터클의 시대에 나타나는 좀 더 일반적인 정치의 위기와 관련된다. 이런 관점은 오늘날 좌파진영의 정당건설 논의에서 제시되는 많은 분석들의 출발점이 되고 있다. 다음 절에서는 독일 녹색당의 경험을 이러한 논쟁의 맥락 속에 위치시키면서 독일 녹색당에 적절한 교훈이 될 수 있는 것을 몇 가지 찾아보도록 하겠다.

오늘날의 정당건설을 위한 교훈

첫 번째 교훈은 사소한 것으로 보일지 모르지만 그렇다고 과소평가돼서는 안 된다. 그것은 아래로부터의 운동이 혁명적 변혁을 통해 기존의 지배적 지형을 대체하는 데 성공하지 못한다면 기존의 지형에 의한 '수동적인 혁명' 추진에 이용될 것이고, 그러면 수동적인 혁명의 생존기간이 연장될 수밖에 없다는 것이다. 물론 이러한 교훈이 단순히 위로부터의 '만회'를 막기 위해 '아래로부터'의 혁명적 운동을 중단시킬 목적으로 이용돼서는 안 된다. '오직 참여의 실천이 자유롭게 전개돼야만 상상력이 발휘되면서 반자본주의 투쟁이 비롯되는 수많은 지점들을 한데 모을 수 있다'는 것이 서독 녹색당의 역사적 경험을 통해 증명된 분명한 사실이다. 이에 대해 조엘 코벨(Joel Kovel)은 '생태사회주의 정당과 그 승리'에 관한 청사진 제시를 통해 자신의 주장을 강렬하게 전개한 바 있다(조엘 코벨은 미국의 저명한 생태사회주의자이며 〈자본주의, 자연, 사회주의(Capitalism, Nature, Socialism)〉라는 생태사회주의 잡지의 공동편집장이다. 국내에 번역, 소개된 그의 글로는 '전쟁의 생태학적 함의(The Ecological Implications of the War)'(이라크 국제전범재판 관련 발표문, http://www.gopeace.or.kr, 2005)가 있다―옮긴이).[15] 위와 같은 생각은 이미 서독 녹색당이 갖고 있던 '다양한 색깔의 대안적 노선'에 토대가 되는 관념과 거의 같았다. 그럼에도 불구하고 녹색당이 '의회화'의 과정으로 끌려가는 동안에 이 노선이 거의 아무런 저항력도 발휘하지 못한 이유가 무엇이냐는 질문을 던져볼 필요가 있다. 의회화의 결과로 녹색당은 '부르주아 민주주의 틀 속의 진보적 대중주의'로 스스로를 규정하게 됐고, 이에 따라 '변혁에 필요한 수준에는 상당히 못 미치는 어중간한 조직'으로 굳어지게 됐다.[16]

코벨은 정당건설의 중요성을 올바르게 강조하고 있다. "모든 투쟁에 대해 위로부터 제약을 가하지 않으면서 그 모든 투쟁에 공통의 목표를 설정해주는 정당 비슷한 형태의 조직만이 '견고한 연대'를 구축하고 권력을 향해 나아갈 수 있다"는 것이다.[17] 존 홀러웨이(John Holloway)가 최근에 주장한 것과 같은 유동적이기만 한 네트워크[18]에 의존하면 사회의 재생산 과정을 통제하는 국가의 역할이 과소평가될 것이며, 그 결과 대안적인 녹색 유권자들이 등장하기 전에 서독의 급진적 사회운동들이 겪었던 '사민주의적 간극'의 변종이 나타날 수 있다.[19] 과거의 급진적 사회운동들은 요구하는 바를 제도정치에 반영시켜 입법부와 정부가 그것을 이행하도록 하기 위해 사실상 '현실정치' 과정의 문지기 역할을 하던 동조적인 사민주의 정치인들의 손을 빌릴 수밖에 없었다. 이런 점에서 권력을 향해 나아가야 할 필요성은 충분한 근거를 갖고 있다. 하지만 '정당 비슷한' 조직이 정당이 흔히 겪는 변화무쌍한 우여곡절을 헤쳐 나갈 수 있을지, 헤쳐 나갈 수 있다면 어떻게 그것이 가능한지도 짚어봐야 한다(혁명적인 형태의 정당 조직도 결국은 국가의 이데올로기적 도구라고 분석된 적도 있다[20]). 그리고 서독 녹색당의 경험은 정당 형태의 잠재적으로 불길한 변증법적 변화에 대처하는 방법으로 코벨이 제안한 조치들이 구조적으로 불충분하다는 점을 보여주는 듯하다. 즉 그런 조치들을 현실에 적용하는 것이 불가능하거나 생태사회주의적 사회변혁의 전제조건으로서 정당 형태 자체를 변혁한다는 목표를 달성하는 데는 그런 조치들만으로는 불충분한 것처럼 보인다.

코벨이 제시한[21] 첫 번째 조직원칙은 "정당은 저항의 공동체들에 근거를 두고 그 공동체들의 대표단이 정당의 핵심 활동가 집단이 돼야 한다"는 것이다. 이 원칙은 서독 녹색당의 초기 형성단계에 받아들여졌던 것이기도 하다. 하지만 코벨 자신도 인정했듯이 정당 조직이 '개인들에게도 개방'되는 시점부터는 이 원칙의 실행이 불가능함이 이미 입증됐다. 사실 집단적으로 입당한 당원들만을 토대로 해서 정당을 건설하게 되면 개인주의적 법정신에 의해 구조화된 현실세계 속에서 책임성 및 참여와 관련된 문제들이 수없이 발생할 것이며, 특히 개별 참여단위 각각의 내부에 민주주의가 보장돼야 할 필요가 있게 될 것이다.[22]

코벨의 두 번째 조직원칙은 미국인들에게는 자명한 말로 들릴지 모르지만 "정당은 당원들이 돈을 내게 해서 자체적인 재정조달을 이루어야 하며, 어떠한 외부세력도 당의 재정에 대해 통제력을 갖지 못하게 하는 방식으로 조직돼야 한다"는 것이다. 수백만 달러에 이르는 선거자금을 '자발적으로 기부'해서 정치인을 매수하는 '후원자 제도'의 폐해를 생각해보면 이는 사실 자명한 주장이다. 하지만 유럽대륙의 최근 전통을 따라, 그리고 교회에 대한 국가의 재정보조를 본받아 헌법에 의해 국가가 정당의 재원을 보조해주는 것은 어떠한가? 이러한 틀 속에서는 국가가 사법부에 의해 통제되는 일반적인 법규에 근거해 자금지원을 하는 것이기에 국가가 '외부세력'으로서 개입하는 것이 아니다. 극좌나 극우의 정당도 합법적이라면 국가의 보조금 지원대상에서 제외될 수 없다. 국가가 정당의 재정을 보조하는 독일식 체제에서는 이런 법규가 갖는 '기성조직 강화 효과'도 약하다. 1.5% 이상을 득표한 모든 정당 혹은 후보자에게 국가가 지원하는 자금을 받을 자격이 주어지기 때문이다. 이렇게 지원되는 돈을 받기를 거부하는 정당은 그 돈을 받는 경쟁정당들과의 관계에서 타격을 입을 것이다. 반대로 돈을 받는 정당에서는 당직자들이 선거의 승리에 더욱 목을 매달게 됨으로써 선거주의로의 경향이 더욱 강해지는 경향이 초래될 것이 분명하다. 하지만 가령 획득한 의석수로 판가름되는 선거에서 승리하는 것이 정당의 성공을 재는 잣대라고 한다면 선거주의로의 경향은 정당에 대한 국가의 재정보조에 따른 결과라기보다는 그러한 정당 형태에 내재된 특성이라고 볼 수 있다.[23]

세 번째 조직원칙으로 코벨은 '위임된 권한과 의무 준수'의 원칙[24]을 유연하게 변형해 활용할 것을 주장한다. 다시 말해 모든 의원이나 행정기관 책임자들에 대해 주기적인 교체와 소환에 응하도록 해야 한다는 것이다. 이러한 풀뿌리 민주주의[25] 원칙은 서독 녹색당의 초기에 정교하게 다듬어져 널리 실행된 바 있다. 그러다가 1980년대 중반부터 1990년대 초반에 이르는 기간 중에 이 원칙이 궁지에 몰려 폐기된 사실에서 배울 만한 교훈이 있을까? 기본적으로 두 가지 교훈을 얻을 수 있다. 첫 번째 교훈은 그와 같은 규칙은 정치에서의 비전문가주의(현실에서 비전문가주의는 정치에 참여하기에 충분한 여유시간을 가진 전문가, 공무원, 교사들이 실제로 정치에 참여할 수 있게 해준다)라는 자유주의적 원칙과는 분명히 구분돼야 한다는 것이다.[26] 이것은 정치의 특정 영역에 대해 개인이 자기의 역량을 배양하고 자기의 발언이 영향력을 갖기 위해 요구되는 언론의 관심을 조성하고 풀뿌리 대중의 신뢰를 얻는 데 적지 않은 시간이 필요한데 그 시간 동안 막스 베버가 말했듯이 '정치를 위해서'만이 아니라 '정치를 통해 살아갈' 수 있을 가능성이 현실적으로 존재해야 한다는 의미다. 이런 가능성은 NGO나 사회운동 조직을 비롯해 정치영역에 존재하는 다양한 유형의 자리를 돌아가며 맡는 제도가 수용되거나, 좀 더 급진적으로는 관련된 '투쟁집단'들의 정치적 행동주의를 재정적으로 지원하는 체제가 수립되면 실현될 수 있을 것이다. 두 번째 교훈은 이 세 번째 원칙이 '민주집중제'의 경우처럼 강제로 인해 왜곡돼서는 안 되며, 자유주의 전통에서처럼 '견제와 균형'의 기제에 의해 왜곡돼 정당의 이니셔티브와 행동을 방해하는 수단이 돼서도 안 된다는 것이다. 이 원칙은 행동에서의 당의 통일성을 더 높은 수준에서 이룬다는 목표를 가지고 유연하게 추구돼야 하며, 그러면서 서로 다른 전망과 감각들을 급진적 변혁이라는 공통의 전망 속으로 한데 묶어내야 한다.

네 번째 조직원칙으로 코벨은 '특정한 전술적 문제(예를 들어 직접행동의 세부지침)'를 제외하고는 정당이 검토하는 모든 사안에 걸쳐 개방성과 투명성이 필요하다고 지적한다. 이런 개방성과 투명성이 필요한 것은 의문의 여지가 없다. 하지만 코벨은 현대 대중정당에서 이 원칙이 갖게 되는 '이면'을 전혀 인식하지 못한 것 같다. 그 이면은 독일 녹색당의 경험이 충분하게 예증해 주었으며, 이 글의 앞 절 끝부분에서 필자가 언급했던 녹색당의 실패에 대한 가장 중요한 설명과 직결되는 것이기도 하다. 미디어가 엄청나게 중요한 여과 및 매개의 역할을 수행하는 상황에서 개방성과 투명성은 실제로는 양면적으로 작동하며, 이로 인해 미디어 재벌들이 당내 논쟁에 덧칠을 하거나 당내 논쟁을 지배하면서 당이 발표하는 입장을 통제하게 될 가능성이 크다. 독일 녹색당의 경우 이런 점이 아마도 레알로스파에 무게가 실리는 데 가장 중요한 요인이었던 것으로 보인다. 레알로스파는 미디어를 통해 공공연히 의견을 밝힌 모든 사람의 지지를 일관되게 받았다. 미디어의 이런 기능은 당내 좌파의 패배를 확실하게 굳혔다. 1세대 당 활동가들 사이에는 당내 좌파가 훨씬 더 깊이 뿌리내리고 있었지만 미디어는 이들을 '근본주의자'로 규정했다. 이로 인해 당 활동가들의 구성 자체가 변하는 사태까지 빚어졌다. 정부에 남고 싶어 하는 일군의 좌파 인물들에 의해 강화된 레알로스파가 1998년 전당대회에서 최초로 실질적인 다수파가 되기에 이르렀던 것이다. 이러한 관점에서 보면 당 내부와 당을 지지하는 당 밖의 영역에서 강력한 대안의 미디어 문화를 발전시키는 것이 반드시 필요한 일이겠지만 이것만으로 충분하지는 않다. 좌파는 우선적인 과제로 미디어 개혁을 위한 싸움에 나서야 하겠지만, 이와 함께 당내 논쟁에 대한 일반 미디어들의 접근을 어느 정도 통제할 필요가 있으며 당원들의 미디어 접근에 대한 얼마간의 규율(예를 들어 특정한 타블로이드판 신문이나 텔레비전과의 인터뷰는 하지 말도록 하는 등의 규율)도 마련해야 할 필요가 있다.

그러나 코벨의 원칙들이 그가 요구한 진정한 '기교와 섬세함'을 갖추면서 완전히 적용됐다면 독일 녹색당(보다 일반적으로는 새로운 '기성 정치조직'이 되어가는 경로를 독일 녹색당만큼은 아니더라도 어느 정도는 독일 녹색당과 마찬가지로 밟았던 유럽대륙의 다른 녹색당들)이 실제로 보여준 변화가 나타나지 않았을 것인지는 의문이다. 왜냐하면 코벨의 원칙들은 해방적 정당이라는 형태 자체에 깔려있는 역설(즉 모든 지배구조를 극복한다는 목적을 갖고서도 '권력을 향해 나아가는 것'이 어떻게 가능한지, 그리고 지배와 패권의 구조적인 관계를 철폐하기 위해 사회를 해방적으로 변혁한다는 목적을 갖고서도 선거정치라는 기존 이데올로기적 체제에 참여하는 것이 어떻게 가능한지 등)을 제대로 다루고 있지 못하기 때문이다. 이러한 기초적인 역설을 다루는 데는 코벨이 제기한 '기존 사회를 뛰어넘는 미래지향적 비전'이 정말로 매우 유용할 것이다. 그러나 기존 사회 안에서 운신하는 데 수반되는 '모순'과 경향들에 대한 분명한 생각을 갖고 있지 못하다면(우리가 지구 전체의 상황을 고려한다면 이는 더 복잡한 문제가 된 다) 미래지향적 비전은 점점 더 메말라가는 유토피아주의 속으로 가라앉아 버릴 수도 있다. 따라서 사회운동 집단들이 대항하는 사회의 성격에 대한 과학적인 탐 구를 하고, 이를 통해 사회운동 집단들에게 적절하게 정보를 제공하는 것이 절실 하게 필요하다. 사회운동과 모든 해방적 정당들에게 사회에서 무엇이 변혁돼야 하는지에 대한 충분히 분명하고도 예리한 사상을 제공하기 위해서는 반자본주의 적, 반가부장제적, 반식민주의적, 반성차별주의적, 반인종주의적인 이론화 작업 이 필요하다. 마르크스주의적, 페미니즘적, 문화적인 분석들은 그런 새로운 종류 의 해방적 정당에 선도적인 사상을 제공하는 관점에서 재해석되고 종합돼야 할 것이다. 이것은 정말로 긴급하게 필요한 일이다. 하지만 운동가들이 자신들이 처 한 곤경의 근본적 원인들을 구조적으로 다루지 못했기 때문에 그렇다는 말은 아 니다(카우츠키와 레닌은 노동계급이 '자발적 의식'을 통해 개량주의적인 노조 주의에 얽매이게 된다고 여러 세대의 마르크스주의자들로 하여금 생각하게 만들 었지만). 이론적 작업이 필요한 것은 오히려 적절한 개념이 없이는 사회운동의 밑바탕에 깔린 경험들을 서로 접합시키는 것이 불가능하기 때문이다. 경험의 접 합은 서로 다른 경험을 지닌 사회운동들 사이에, 그리고 서로 다른 세대들 사이 에 의사소통이 이루어지도록 하기 위해 요구되는 것이다. 올바른 개념은 비판이 론의 핵심적인 작업인 '기존 개념에 대한 비판'을 통해서만 확보될 수 있다.

코벨은 충분한 정보에 근거한 해방적인 반자본주의를 준거점으로 삼아야 한 다(그는 프티부르주아적 편협함과 지역주의를 물리치는 데 이러한 태도가 매우 중요하다고 보았다)는 호소와 네 가지 조직원칙을 결합해 보다 효과적인 정당건 설의 길을 제시했다.[27] 하지만 여전히 우리는 생태사회주의를 향한 움직임을 급속히 가속화시킬 것으로 그가 기대하는 '일종의 자생적이고 비선형적인 변증법적 과정'과는 여전히 상당히 멀리 떨어져 있다고 느끼고 있다.[28] 이 때문에 이곳에서 그곳으로 가기 위한 노력을 어떻게 해야 효과적인지에 관한 교훈을 독일 녹색당의 경험에서 얻을 수 있을 것인가라는 질문이 제기된다. 급진 정당에 관한 스탠리 아로노위츠(Stanley Aronowitz)의 최근 주장들을 읽다보면 그 내용이 비록 미국의 상황에 초점을 맞추고 있기는 하지만 정당건설에 관한 보다 직접적인 질문들을 제기하고 있다는 점에서 그러한 교훈 몇 가지를 던져준다고 생각된다.[29]

아로노위츠는 독일 녹색당에 분명히 존재해온 또 다른 종류의 편협함(후기 비판이론의 편협함)에 대한 진단에서 논의를 시작한다.[30] 프랑크푸르트학파의 후기 비판이론은 여러 가지 방식으로 독일 녹색당 활동가들(이들은 영미권의 녹색당 활동가들에 비해 지적 일관성이 부족했다)의 근본적인 정치적 전망 형성에 기여했다.[31] 그러나 아로노위츠가 다룬 편협함이 이런 종류의 영향을 반드시 필요로 한 것은 아니다. 왜냐하면 그 편협함은 1960년대 이래로 독일 정치에 관여해온 사람들 대부분이 갖고 있었던 상식, 다시 말해 "오직 서유럽과 북미만이 관심을 가질 가치가 있는 곳이며, 백인남성만이 역사에 기록될 수 있다"[32]는 상식의 일부였기 때문이다. 그러므로 그들은 "초국적 자본주의에 대한 새로운 반대세력이 창출되는 데 있어서 최근 등장하고 있는 생태주의, 페미니즘, 노동운동의 지구적 비전에 내포된 심오한 함의를 볼 수 없었다"[33]고 아로노위츠는 설득력 있게 주장한다. 여기까지는 아로노위츠의 주장이 코벨의 의견과 일치한다.[34] 하지만 그는 그 다음으로 현재의 상황을 구체적으로 설명하면서 약간 다른 방향으로 비껴간다. "1999년 12월의 시애틀 시위, 글로벌 자본의 핵심 기구들에 반대하여 퀘벡, 제노바, 스페인에서 잇달아 발생한 대중시위, 세계사회포럼의 발전 등은 새로운 가능성을 제시하고 있다. 특히 세계사회포럼이 브라질의 포르투알레그레에 자리를 잡았다는 것은 새로운 시민사회를 창출하려는 시도인 동시에 9.11 사태 이후에도 저항을 계속하는 시도로서 지구적인 전환을 상징한다."[35] 이런 설명은 독일 녹색당의 경험에서 도출되는 가장 두드러진 교훈들 가운데 하나와 관련이 있다. 그 교훈은 정당의 건설과 발전에 결정적인 역할을 하는 요소는 정당 자체 안에서 찾아지는 것이 아니라 정당이 사회적, 이데올로기적, 정치적 실체로 존재하는 '국면'의 광범위한 경향과 긴장 속에서, 즉 정당이 의미 있는 정치적 기획으로 살아남기 위해 직면해야 하는 '기회'와 '불가능성' 속에서 찾아진다는 것이다.

아로노위츠는 그렇게 될 새로운 가능성이 미국에서 새로운 유형의 '제3정당'으로서의 '급진정당'을 건설할 수 있게 해주는 역사적인 기회라고 생각한다.[36] 좌파 정치조직에 대한 그의 숙고가 '미국 예외주의'를 가리키는 것은 아니다.[37] 그는 전후시기가 끝나면서 "정당이라는 개념 자체를 의식적으로 꺼리는 일련의 '새로운' 사회운동들이 등장"했고, "주요 좌파 정당들의 파산이 분명해진 뒤에는 모든 서구 국가에서 신좌파가 등장"했다고 분명히 주장하고 있다.[38] 아로노위츠가 이처럼 사회운동들의 '새로움'을 슬쩍 비꼰 것은 '녹색당이라는 이례적인 지구적 현상'에 대한 그의 간략한 진단과 연결된 것으로 보인다. 그는 녹색당을 새로운 급진정당의 시도로 보기보다는 사민주의적 주류에 대한 생태주의 운동의 반란이라는 관점에서 바라본다.[39] 그가 1960년대의 해방적 운동에 널리 퍼져 있던 '새로움'이라는 기억상실증적 환상에 의문을 제기한 것은 분명 옳은 태도다. 하지만 그는 이탈리아의 '아우토노미아 오페라이아(autonomia operaia, 노동자의 자율성(worker's autonomy)이라는 뜻으로, 1976~78년에 왕성했던 이탈리아의 좌파운동을 가리킨다. 1972년에 개혁주의에 반대하는 혁명적 좌익운동으로 시작됐고, 1970년대 자율주의 운동에서 중요한 역할을 했다—옮긴이)' 및 다른 선진국들에도 존재하는 이와 비슷한 운동들, 처음부터 초국적 규모로 등장한 자율주의적 여성해방 운동들, 그리고 반식민주의나 반인종주의, 생태주의의 새로운 운동들에 이르기까지 급진적인 '제2세대' 운동 전체의 특징을 이룬 '자율성에 대한 요구'가 갖는 중요성을 과소평가한 것 같다. 지금 돌이켜보면 이 모든 운동은 역사적으로 볼 때 자본주의적 지배의 포드주의적 형태에 반대하는 것이었고, 따라서 겉으로는 거대한 노조와 거대한 정부뿐만 아니라 거대한 자본까지도 종식시킬 것으로 여겨졌던 신자유주의적 반포드주의의 유혹에 취약했다는 것도 반박할 수 없는 사실이다. 이런 상황으로 인해 아로노위츠는 녹색당 건설의 야심이 사민주의를 변화시키는 수준을 넘어서지 못했다고 생각한 것이다. 사민주의의 변화는 사실 녹색당의 주된 성취이며, 레알로스파가 한동안(결국은 달성하는데 실패했지만, 자유주의 정당을 밀어내고 스스로 독일 정당체제의 중심이 되겠다는 목표를 내세우기 전부터) 전략적 목표로 내세웠던 것이기도 하다.

하지만 새로운 생태주의 운동에서부터 새로운 여성운동과 평화운동에 이르기까지 모든 급진적 반대운동을 아우를 수 있는 체계적인 정당을 새로 건설하는 것이 독일 녹색당 좌파 지도자들의 명시적 목표였던 것은 사실이다. 그들이 노력하지 않아서 실패했다고 말할 수는 없다. 아로노위츠가 시사한 대로 1990년대의 레알로스와 녹색 좌파 간 차이가 단순히 의회적 관점 대 탈의회적 관점의 문제와 관련된 것도 아니었다.[40] 그런 차이는 의회정치 전략에 관한 문제였으며, 그런 차이의 필요성 자체는 당내 모든 정파가 수용하는 것이었다.[41] '건설적'인 반대자 집단이 되거나 정부 내 파트너의 역할을 하기 위해 정부에 참여할 준비를 할 것인가, 아니면 급진적 정치 프로그램 아래서는 정부참여가 불가능한 일이라고 한다면 보다 장기적인 저항의 국면이 필요함을 인정하고 근원적인 변화가 가능해지는 지점까지 정치적 모순을 더 발전시켜나갈 것인가? 유럽대륙의 복지국가들을 공격해 약화시키는 신자유주의적 반혁명의 파고가 점점 더 높아지면서 전략에 관한 핵심적인 질문은 차차 다음과 같은 것이 되기에 이르렀다. 녹색당은 포드주의적 권력구조를 파괴하는 신자유주의적 '개혁'을 지지해야 하는가(이는 녹색당 내 중도파와 우파의 입장이다), 아니면 포드주의에 대한 향수에서 벗어나 새로운 형태의 민주적 정치와 새로운 종류의 지구적 반자본주의로 전환해야 한다는 입장에서 신자유주의적 개혁에 대한 저항을 지지해야 하는가(이는 녹색당 좌파의 입장이지만, 이에 대한 미디어의 관심은 훨씬 적다). 자본주의적 생산양식이 지배하고 있는 선진국들에서 급진정당의 건설을 현실적으로 주도해야 한다는 관점에서 배워야 할 교훈은 노조, 여성 주류화 이니셔티브에 참여하는 여성들, 환경운동과 같은 오늘날의 저항운동들의 핵심 세력을 포드주의의 유산에 얽매인 상태(분노의 형태로든 향수의 형태로든)에서 떼어내는 것이 얼마나 다급하고도 어려운 일인가에 대한 인식이다.

아로노위츠에 대한 이러한 비판에도 불구하고 그가 도달한 일반적 결론은 설득력이 있어 보인다. 그의 결론은 급진적이고 변혁적이며 체제를 넘어서는 정치를 위한 조직적 주체,[42] 즉 코벨이 생태사회주의 정당의 역할로 상정했던 것[43]을 구체적인 역사적 상황 속에서 효과적으로 구현할 수 있는 주체를 창출한다는 의미에서 정당건설에 진지하게 나서기에 앞서서 "이론과 실천, 인간과 역사를 매개하고자 하는 조직의 건설을 제안할 수 있다"[44]는 것이다. 여기서 다시 나는 반기를 들어야 할 대상으로서의 '좌파의 대부'도 없고 지원의 손길을 건네올 '형제'도 없이, 다 타버리고 잊혀진 옛 좌파의 잔존세력으로부터 신좌파를 만들어낸 서독의 경험이 경고성 교훈을 던져주지나 않을지 우려하게 된다. 서독의 경험에서는 독일 공산당의 재건이라는 과제가 진지하게 다뤄질 수 있게 되기도 전에 그 과제를 실현하기 위한 조건을 만들어내려고 서로 경쟁하는 일련의 정당건설 조직들(대부분은 마오주의자)이 생겨났다. 내가 잘못 생각하는 것이 아니라면, 그런 정당건설 조직들은 모두 독일 공산당 재건의 조건을 창출하기 위한 몇 차례의 시도에 실패했고 결국엔 그 근처에도 이르지 못했음에도 스스로를 재건된 독일 공산당이라고 천명했다(그리고 그 뒤에는 완전한 실패를 인정한 뒤 스스로 해산했고, 일부는 바로 녹색당으로 옮겨갔다).

아로노위츠가 정당건설 조직에 부여한 임무는 발전과정에서 그러한 노선전환이 일어날 가능성을 배제하지 않는다.[45] 다시 말해 '현 상태에 불만을 품고 있는 사람들의 규합'(이런 정식화는 우파적 반자본주의와 우파적 반세계화주의로까지 확장되고 있는 우파적 불만까지 부당하게도 포괄하게 되지만, 국제적으로 활동하는 급진정당이라면 조금의 주저함도 없이 이런 우파적 반자본주의나 우파적 반세계화주의에는 대항해 싸워야 한다)과 '대중 앞에 나서는 것'은 등장을 준비하고 있는 정당건설 조직뿐만 아니라 이미 등장하고 있는 급진정당에게도 과제가 된다. "사회이론 및 정치이론의 핵심 문제들을 국가적 상황에서뿐만 아니라 지구적인 현실 속에서도 폭넓게 논의하기를 시작하는 일"은 분명 아로노위츠가 옹호하는 종류의 급진정당이 건설될 토대를 마련하는 데서 중요한 과제다. 그러한 정당이 일단 출현하거나 형성되고 나면 그 정당도 역시 이러한 일을 계속 수행해야 하며, 그렇게 하지 않으면 현실과의 접점을 서서히 잃게 될 것이다. '좌파의 역사를 재검토'하고 '우리의 상황에 적합한 이론을 개발'하는 과제 또한 마찬가지라고 생각된다. 자기교육을 포함한 교육을 위한 폭넓은 연대라는 측면에서 필요한 종류의 정당건설 조직을 생각해보는 것이 어쩌면 더 나을 수도 있다. 사파티스타가 주도하는 '글로벌 민중연대(People's Global Alliance)'나 프랑스의 아탁(ATTAC)이 주도하는 국제적인 '아탁 네트워크'가 바로 그런 것이다. 아니면 세계사회포럼이나 대륙, 국가, 지역, 광역의 수준에서 자체적으로 조직된 토론의 장 등에서 당이 자연스럽게 형성되는 것이 더 좋을 수도 있다.[46]

결론

이 글에서 분석한 독일 녹색당의 역사에 대해 도널드 새슨(Donald Sassoon)은 이렇게 결론을 내렸다. "녹색당의 정치적 도전은 서유럽 사회주의에 진정한 위기를 유발할 정도로 충분히 강력하지 못했다."[47] 스탠리 아로노위츠는 이와 다소 상반된 관점에서 "녹색당은 사민주의적 주류에 대항하는 생태주의 운동의 반란으로 한정됐다"고 지적했다.[48] 독일 녹색당의 실패한 기획에서 우리가 배워야 할 가장 중요한 교훈은 어쩌면 그 실패에서 배워야 한다는 문제제기 자체가 올바르지 않다는 것일지도 모른다. 우리의 관점에서 볼 때 독일 녹색당이 기존의 좌파, 공산주의, 노동운동, 사민주의를 몰아내려고 했기 때문에 그 경험이 흥미롭거나 중요한 것이 아니다. 독일 녹색당의 경험이 흥미롭고 중요한 이유는 오히려 녹색당이 기존 좌파의 역사에서 풀리지 않은 난제를 다루어왔으며, 그 초기 형성기 때부터의 경험이 '해방적 반자본주의 운동에 적극적으로 목소리와 힘을 부여하는 명시적으로 정치적인 투쟁을 조직하려고 애쓰는 사람들'에게 교훈을 주기 때문이다. 물론 그 교훈은 구체적인 국면과 상황에 맞게 수정돼야 할 것이며, 보다 일반적인 급진 사회이론이나 급진 정치이론도 필요할 것이다. 하지만 무엇보다 필요한 일은 어떤 형태의 정당건설 조직이 생태사회주의적 대중교육과 자기교육을 정말로 효과적으로 할 수 있는지에 대해 주의 깊은 관심을 기울이는 것이다.

(황성원 옮김)

422

생태지역주의의 한계_규모, 전략, 사회주의

그레고리 앨보

현 시기 좌파의 전망에 드리워진 신자유주의의 그림자는 무자비하다. 중남미 좌파의 부활, 네팔 군주정의 패배, 그리고 지역 및 지구 수준에서 기초서비스의 사유화에 반대하는 다수의 캠페인 등을 통해 몇 줄기 희망의 빛이 비치고는 있다. 그러나 사회변혁을 위한 보편적인 기획과 집단적인 투쟁에 대한 회의론(통합적 패러다임에 대한 이론적인 적대감이 이런 회의론을 더욱 강화시키고 있다)이 광의의 좌파에 여전히 온존하고 있고, 이러한 회의론에서는 사회적으로 보다 제한적이고 공간상 국지적인 기획들이 혁명적 야망을 대체하고 있다.

지역의 수용은 매우 다양한 근원과 지지세력을 갖고 있다. 예컨대 세계은행은 "지역수준에서 정치적 책임과 참여를 증진시키고자 하는 정치적 목표는 공공자원 이용에 대한 더 나은 의사결정과 지역서비스에 대한 지불의사 증대라는 경제적 목표와 일치될 수 있다"[1]고 주장함으로써 지역주의(localism)에 대한 신자유주의적 옹호론을 대변하고 있다. 지역의 수용은 또한 사회민주주의적인 '제3의 길' 사고에서도 중요한 위치를 차지하고 있고, 지식경제에 대한 리처드 플로리다

(Richard Florida)의 베스트셀러 정책지침서에서, 그리고 도시쇠퇴 가설에 대한 이 정책지침서의 거부에서 전형적으로 드러난다. 도시로의 '회귀'는 도시를 경쟁력 있게 만들어주는 '창조적 계급의 태도와 입지선택'에 의해 많은 부분 주도되고 있다고 그는 주장한다. 창조적 계급은 자신들을 뒷받침해주는 인프라(적절한 생활양식의 환경, 도시 재활성화, 교육기관 등)를 제공하는 지역정부에 이끌릴 수 있다는 것이다. "도심은 오래전부터 창의와 혁신의 도가니였다. 이제 그런 도심이 되살아나고 있다"[2]고 그는 주장했다.

　지역의 매력은 급진 좌파들로부터도 주목받아 왔고, 이런 양상은 사회민주주의적, 권위주의적 공산주의의 '국가적 프로젝트'가 종언을 고하고 혁명에 대한 제3세계 국가들의 실망이 확산되면서 더욱 강화됐다. 세계시장의 경쟁이 가하는 압박에 대한 지역적 저항과 대안들은 반세계화 운동의 요구에서 두드러진 위치를 차지해 왔고, 특히 "모든 정책에서 지역을 적극적으로 우선하라"[3]는 세계화 국제포럼(IFG)의 요구에서 특히 그러했다. 로빈 하넬(Robin Hahnel)은 참여경제에 대해 살펴본 저서에서 지역적 교환 및 거래 체계(LETS), 지역적으로 네트워크된 협동조합, 지역적 참여예산 등에서 발견되는 '공평한 협동의 살아있는 실험'을 강조하는 것으로 결론을 삼는다.[4] 마이크 데이비스(Mike Davis)는 새로운 '다중'의 정치가 지구적 수준에서 떠오르고 있다는 주장에 대한 회의적인 입장을 밝히는 것으로 21세기의 지구적 도시화 전망에 대한 도발적인 평가를 마무리했다. 대신에 그는 이제 역사의 주체는 분명히 지역이라고 주장한다. "인류 연대의 미래는 새로운 도시빈민들이 지구적 자본주의 속에서 자신들의 최종적인 주변성을 수용하기를 투쟁으로써 거부하는 데 달려있다"[5]는 것이다.

　지역의 영역적 차원(때로는 '신체'적 차원)에 초점을 맞추는 정치적 행동을 옹호하는 것이 그동안 생태운동의 특징이기도 했다. '녹색주의자'들이 좌파에 기여한 정치구호들(예컨대 '지구적으로 생각하고 지역적으로 행동하라', '줄이고 재사용하고 재활용하라', '지구 위를 가볍게 걷자' 등)은 특히 좌파의 사회생태적 실천에서 지역주의가 강조되고 있음을 보여준다.[6] 미국 녹색당은 2000년에 대통령 후보로 나선 랠프 네이더(Ralph Nadar)와 함께 다음과 같은 입장을 내세웠다.

"부와 권력의 집중은 사회경제적 불평등, 환경파괴, 군사화를 부추긴다. 따라서 우리는 권력을 가진 소수에 이익이 되고 그들이 통제하는 체계를 민주적이고 덜 관료적인 체계로 바꾸기 위해 사회제도, 정치제도, 경제제도를 재편하는 것을 지지한다. 모든 시민에게 시민권을 보장해야 하지만, 이와 동시에 의사결정은 개인과 지역의 수준에 가능한 많이 남아 있어야 한다."[7]

영국 녹색당은 최근에 발표한 선언문에서 지역화를 거의 모든 사회악에 듣는 만병통치약이나 되는 것처럼 제시한다.

"경제적 지역화는 민중, 지방정부, 지역의 사업체에게 경제활동을 다각화할 수 있게 해줄 정치적, 경제적 틀을 제공한다. 이것은 과잉권력을 지닌 국가의 통제로 회귀하는 것을 뜻하는 것이 아니다. 정부는 단지 재다각화를 촉진하는 정책 틀만 제공한다. 그 정책 틀은 지역사회의 결속을 증진시키고, 빈곤과 불평등을 줄이고, 생계를 개선하고, 사회보장과 환경보호를 촉진할 뿐만 아니라 무엇보다 중요한 안전에 대한 믿음을 갖게 해준다."[8]

이러한 광범위한 합의의 관점에서는 사회생태적 변혁 프로젝트를 출범시키기에 적절한 규모로서 '지역'을 옹호하는 주장이 자명해 보일 것이다. 그리고 현대 자본주의가 세계역사상 획기적인 수준의 도시화 과정을 계속 촉진하면서 그러한 지역 옹호론은 더욱 강화될 것이 분명하다. 멕시코시티, 뉴욕, 도쿄, 뭄바이, 카이로와 같은 규모의 거대도시들이 지구 곳곳에 생겨나면서 이제 세계인구의 절반은 도시에 거주하게 됐다. 세계인구 증가율의 2배인 현재의 도시화 속도가 앞으로도 계속될 것이라고 전망하게 하는 이유는 얼마든지 있다. 그러나 쓰레기와 물에 대한 관리의 문제, 교통정체의 문제, 기존 및 신규의 바이러스성 전염병이 일으키는 공공보건 문제와 같은 생태적 문제들에 직면하지 않은 도시는 거의 없다.

그러나 이러한 문제들도 전 세계의 빈민촌 인구가 현재 10억 명으로 추정(유엔은 2020년까지 이들 인구가 14억 명으로 증가할 것으로 본다)되는 가운데 이들이 겪고 있는 긴박한 도시생태 재앙에 비하면 아무것도 아니다. 독성폐기물이 버려지는 곳, 산의 사면, 강 주변의 범람원 등에 쓰러질 듯한 집들이 모여 빈민촌을 이루고, 이런 빈민촌에는 위생설비가 제대로 갖춰지지 않아 배설물이나 폐기물이 그대로 자연으로 배출된다든가 상수도를 통한 물 공급이 부족하거나 아예 이뤄지지 않는 등의 기본적 생태문제가 만연해 있다. 온실가스 문제를 심화시키기도 하는 화석연료 연소에 주로 기인하는 도시의 대기오염으로 해마다 300만 명이 사망하는 것으로 추정된다. 또 다른 100만 명은 바이오매스 연료를 태울 때 배출되는 가스로 인한 실내공기 오염으로 인해 사망한다.[9]

신자유주의 세계화가 도시생활에 계속 이러한 '선물'을 줄 것이라고 결론을 내리게 하는 이유는 얼마든지 있다. 신자유주의가 세계시장과 규제의 틀을 지배하게 되면서 신자유주의적 제도와 논리가 농촌사람들을 내몰아 빈민촌으로 가게 하는 농업개발을 뒷받침하는가 하면 임금을 억제하고 환경규제를 줄이는 방향의 지역 간 경쟁을 조장해왔다. 하지만 이러한 상황은 지속가능성을 지향하고 신자유주의(그리고 자본주의)에 대항하는 의제를 추구하는 전략에서 '지역'이 감당해야 할 짐이 크다는 의미이기도 하다. 지구상 어느 곳에서나 실제의 도시생활은 리처드 플로리다가 그려 보인 도심의 모습, 즉 창조적 계급이 살 만한 여피풍의 도심이라는 모습과는 전혀 비슷하지 않음을 상기한다면 특히 그렇다고 생각된다. 만약 대안의 생활양식과 반신자유주의 정치를 구축하는 데 필요한 '실체 있는 연대'가 어떤 '장소'와 '지역공간'에서 형성돼야 한다면 우리는 그러한 기획

을 실현하기 위해 극복해야 할 체계적인 장애물과 맞서지 않을 수 없다. 지속가
능한 지역생태가 정치적 행동과 사회적 대안의 토대가 될 수 있다는 주장은 적어
도 조심스럽게 재검토돼야 할 필요가 있다.

다양한 생태지역주의

녹색자본주의나 시장을 개혁한다는 생태적 근대화론에서부터 심층생태주의, 소
집단 단위로 영적 재건을 추구하는 종류의 생태페미니즘, 새로운 소유제도를 중
시하는 아나키즘적 사회생태주의나 생태사회주의의 기획에 이르기까지 생태운
동은 산업자본주의보다 생태친화적인 경제를 제시하는 다양한 전망들을 수용해
왔다. 이처럼 다양한 생태적 사고에서 가장 먼저 확인되는 공통의 요소는 바로
전략적 초점의 핵심으로 지역주의를 내세우는 것이다.

레이철 카슨(Rachel Carson)의 《침묵의 봄》(1962)에서부터 개럿 하딘(Garret
Hardin)의 《공유지의 비극》(1968), 로마클럽의 《성장의 한계》(1972), 잡지 〈에콜
로지스트〉의 《생존을 위한 청사진》(1972)에 이르기까지 현대 환경운동의 초기
저작들은 한계, 소규모 생산, 자급에 대한 언급으로 가득 차있다.[10] 이러한 환경
운동의 초기 문헌들 가운데 그 어느 것도 명시적인 지역주의 전략을 제시하지 않
았지만, 지역주의는 자원이용과 인구를 끝없이 증대시키는 산업주의의 힘에 직
면한 지구의 '수용능력' 문제를 그런 문헌들이 핵심적으로 우려한 데서 논리적
으로 도출된 결과였다. 지역주의를 하나의 미덕이자 사회생태적 전략으로 만드
는 데서는 초기 문헌 가운데 슈마허(E. F. Schumacher)의 저서 《작은 것이 아름답
다》(1973)가 가장 큰 역할을 했다. 1950년대부터 슈마허는 자본주의 경제와 소련
경제 모두에 침투해 있던 '산업주의 논리'가 가져다주는 발전과 기술에 대해 민
주주의, 평등주의, 생태주의의 관점에서 의문을 제기하기 시작했다. 그는 산업주

의 논리가 가져다주는 발전과 기술은 성장, 생태, 사회에 적절한 것이 아니라고 주장했다. 산업주의 논리를 비판한 다른 학자들, 특히 갤브레이스는 산업사회의 '기술적 의사결정 집단(테크로스트럭처)'에 대항할 제도적 기구를 그러한 집단과 동일하게 고도로 집중된 형태로 구축하자고 제안했지만, 슈마허는 성장과 규모의 측면에서 사회경제적 삶의 중심부에서 벗어나 작고 인간중심적이며 생태적으로 지속가능한 삶의 방식을 추구해야 한다고 주장했다. 슈마허는 다음과 같은 유명한 말을 남겼다.

"따라서 불교경제학의 관점에서 볼 때 지역의 필요를 위해 지역자원을 갖고 생산을 하는 것이 가장 합리적인 경제적 삶의 방식이다. 반면에 먼 곳으로부터의 수입에 의존해야 하고 이 때문에 알지도 못하는 먼 곳에 있는 사람들에게 수출을 해야 하기에 생산을 하는 것은 매우 비경제적이며, 예외적인 경우에 소규모로 그렇게 하는 것만이 정당화될 수 있다. 어떤 사람이 집과 직장을 오가는 데 교통서비스를 많이 이용하는 것은 그의 높은 생활수준을 보여주는 것이 아니라 그의 불운을 보여주는 것임을 현대 경제학자들은 인정할 것이다. 이와 마찬가지로 불교도는 인간의 욕구를 충족시켜주는 것을 가까운 곳이 아닌 먼 곳의 원천에서 구하는 것은 성공이 아니라 실패를 뜻하는 것이라고 생각한다."[11]

슈마허의 '불교경제학' 옹호론은 널리 퍼지지 못했지만, 그가 제기한 적정기술과 지역적 발전의 개념은 널리 받아들여지면서 공동체적, 협동조합적, 장인적 개발을 위한 다양한 대안적 기획과 사고들로 확산됐고, 그런 기획과 사고들은 나중에 녹색 정치경제학과 녹색 생활양식에 중요한 부분으로 통합됐다. 배리 커머너(Barry Commoner)와 허먼 데일리(Herman Daly)가 각각 펴낸 주목할 만한 저서는 이러한 추세를 촉진하는 동시에 일반적인 관점에서 규모의 문제를 다룰 때

물질적 관점에서 지속가능성의 문제를 취급하는 쪽으로 논의의 초점을 이동시켰다.[12] 커머너는 인구와 관련된 지구의 수용능력 한계를 인정하는 견해에 내포된 '구명선 윤리(lifeboat ethics)'의 야만성을 받아들이기를 거부했다. 그는 자연적인 생산물보다 독성물질과 합성물질에 근거한 경제성장을 뒷받침하는 유형의 과학기술에 대해 우려했고, 그러한 과학기술을 통제하면서 그러한 성장으로부터 부당하게 많은 이익을 얻지만 오염을 제거하기 위한 기술변화를 방해하는 엘리트계층에 대해 정치적 문제제기를 했다. 데일리는 성장을 전혀 또는 거의 하지 않음으로써 물질과 에너지의 '물질적 관류량(material throughputs)'이 직접적으로 감축된 '안정상태의 경제(steady-state economy)'가 해답이라고 생각했다. 안정상태의 경제에서는 고엔트로피 배출로 인한 무질서의 원천이 제거된다는 것이었다.

성장의 한계에 대한 이러한 다양한 경고들은 일련의 개혁주의 시도들을 낳았다. 이러한 시도들은 적절한 정책과 시장상황만 주어진다면 자본주의적 성장과 지속가능한 생태가 양립할 수 있음을 보여주려고 했다. 〈브룬틀란트 보고서(Brundtland Report)〉(1987)는 녹색사고의 전개에서 다소 모호한 측면은 있으나 중요한 이정표였고, 자본주의적 발전과 부합하는 생태적 개혁방안들의 종합을 대표했고 지금도 얼마간은 대표하고 있다. 이 보고서는 지속가능한 발전을 "미래의 세대가 필요를 충족할 수 있는 능력을 훼손하지 않으면서 현 세대의 필요를 충족하는 것"이라고 정의했다. 따라서 이 보고서는 자원과 지역사회를 지속시키는 경제성장 유형을 찾는 과제와 관련해 필요와 한계라는 두 가지 쟁점을 다 제기하면서 지속가능한 생태를 유지하는 범위 안에서 소규모 개발 프로젝트에 보다 초점을 맞출 것을 호소했고, "각 도시의 정부가 개발의 핵심 주체가 돼야 한다"고 주장하면서 탈집중화, 자조, 자립을 핵심적인 개념으로 해서 개발과 관련된 다양한 제안들을 내놓았다.[13]

하지만 1990년대 초반까지 사실상 모든 지배구조 수준의 정치와 정책에 걸쳐 신자유주의가 공고하게 자리를 잡았다. 이는 브룬틀란트 보고서가 담론적 의제를 실행가능한 정책으로 옮길 통로를 찾지 못했음을 의미한다. 지속가능성을 위한 프로그램 가운데 일부는 교토의정서의 경우처럼 1990년대에 국제 경제기구들에서 형성된 시장 기반의 신자유주의적 합의에 흡수돼 들어갔다. 하지만 브룬틀란트 보고서가 확보했다고 말할 수 있었던 최소한의 '녹색합의'는 모두 다 사라졌다.[14]

현재 생태운동 전반에 걸쳐, 그리고 사상과 행동의 양면에서 '녹색상업'의 등장과 시장적 해법의 수용이 모든 종류의 생태적 사고에 영향을 끼치고 있다. 특히 몇 가지 입장은 그 지역주의 프로그램과 지지도라는 점에서 주목할 만하다. 오늘날 가장 만연해 있는 신자유주의적인 사회적 사고의 흐름은 시장생태주의(market ecology)로 불릴 수 있는 것이다. 프리드리히 하이에크에서 밀턴 프리드먼에 이르기까지 신자유주의는 활동의 어떠한 측면에서도 생태에 대해서는 거의 관심을 갖지 않았다. 다만 시장이 국가보다 우수한 자원배분 기구이고 가격은 자연적 희소성을 효과적으로 알려줌으로써 새로운 공급을 유도하거나 기존의 공급을 유지시켜 자연적, 사회적 균형을 회복시킨다는 주장을 했을 뿐이다.[15] 그럼에도 '시장생태주의'는 하나의 강력한 사고의 흐름으로 등장했고, 그 영향력은 생태적 회의론자들은 물론이고 자신의 정책적 활동에 시장생태주의적 수단을 포함시킨 거의 모든 선도적 환경NGO들(지구의 친구들, 그린피스, 시에라 클럽 등)로까지 확산됐다. 이에 따라 자본주의 시장에 대한 믿음이 거의 모든 곳에 퍼진 것처럼 보인다.

시장은 판매자와 구매자가 개별적으로 수용하는 가격을 통해 판매자와 구매자의 행동을 조절한다는 점에서 근본적으로 인간의 행동에 대한 탈집중적이고 장소에 기반을 둔 조절기구다. 그러나 가격이 공간을 가로질러 전파되면서 모든 시장이 균형을 이루게 될 뿐 아니라 각 시장과 시장 전체 사이에 정보가 오고간다는 점에서 시장은 어느 정도는 '지구적으로 생각하고 지역적으로 행동하라'는 구호에 이상적으로 들어맞는 해법이다. 환경전문 출판사 어스스캔(Earthscan)이 의제설정의 의미를 담아 1989년에 펴낸 책《녹색경제를 위한 청사진》에 실린 표현을 빌려 말하면 이러한 가격기제는 '성장과 환경의 상호보완 가능성'을 용인할 것이다. 이 상호보완 가능성을 정치적 관점에서 말하면 공기, 물, 공원, 해변에 대한 접근처럼 '이전에는 공짜였던 서비스에 대한 시장'을 새로 창출해야 할 필요가 있을 뿐 아니라 '환경서비스의 가치를 중앙에서 결정하고 그러한 가치가 재화와 서비스의 가격에 반영되도록' 시장을 수정해야 할 필요가 있다는 뜻이다.[16] 모든 상품이 시장화되고 외부성을 비롯한 모든 생산비용이 반영된다면 시장가격은 개인과 기업들로 하여금 스스로 생태적으로 무책임한 행동을 하지 않고 희소성을 통제하도록 강요할 것이라는 얘기다. 환경에 대한 규제가 가격이 결정되는 곳인 시장으로 넘겨져 탈중심화된다면 신자유주의가 추구해온 것과 같은 '국가에 의한 규제나 계획당국을 비롯한 포괄적인 집행기구를 없애는 것'이 가능해진다고 한다.

시장생태주의는 대개 지역 기반의 소규모 자본에 유리한 차별적 정책을 옹호해왔다. 이런 의미에서는 시장생태주의가 대기업과 정부의 신자유주의에 대항하는 대안을 제공한다. 예를 들어 데이비드 코튼(David Korten)은 지역적인 사업체에서는 "투자와 연관된 사회적, 환경적 비용이 투자자나 그 이웃들에게 보다 잘 보이게 되고, 그들에 의해 보다 쉽게 분담된다"[17]고 주장한다. 이와 비슷하게 폴 호켄(Paul Hawken)과 조너선 포릿(Jonathan Porritt)은 지역에 뿌리를 둔 소기업체들을 통해 상업의 수레바퀴를 원활히 작동시킬 수 있다는 주장을 폈다.[18] 지역적 기업은 지역의 자원을 보전하거나 아껴가며 활용하기 때문에 보다 지속가능한 경제를 유지하는 동시에 생태적 다양성을 보호할 가능성이 크다는 것이다. 이런 주장은 환경의 가치를 극대화(즉 보전)하기 위해서는 환경을 '축적된 자연자본'으로 간주해서 상품화해 거래하고 거기에 가격을 매기고 세금도 부과해야 한다고 생각하는 생태학자들의 보다 일반적인 사고경향 중 일부다.

생태적 근대화(ecological modernization)이라고 부를 수 있는 또 다른 오늘날의 기획은 경제가 보다 지속가능한 형태로 전환되도록 기업행위를 변화시키기 위해 환경세나 인센티브와 같은 여러 가지 시장생태주의적 수단들을 이용하기도 하지만 보다 폭넓은 기술적, 조직적 변혁을 촉진하기도 한다.[19] 이런 맥락에서 자원이 많이 이용되고 오염이 많이 유발되는 기술을 자원이 절약되고 오염이 덜한 기술로 대체하자는 제안도 나온다. 이와 비슷한 녹색 의제로 자연환경을 되살리는 방향으로의 인조환경 개조, 자동차 이용 감축, '연성에너지(soft energy, 재생가능에너지와 비슷한 개념임—옮긴이)'로의 전환, 지역적 유기농의 촉진 등이 있다. 생태적 근대화론은 거대기업의 생태적 구조를 변혁하고 지역사회 기반의 녹색산업을 발전시키기 위한 경제정책 대안도 포함하고 있다. 이런 제안들은 '외부효과의 내부화'에 그치지 말고 인조환경 전반의 '생태효율적' 변환으로 나아가자는 뜻으로 구상된 것으로 대중교통의 확대, 도시의 확장을 억제하기 위한 그린벨트 설정, 도시의 밀도와 녹지공간의 비율을 동시에 높이는 '녹색도시 프로젝트' 추진으로 곧바로 이어진다.[20] 이러한 전략은 산업전환에 대한 보조금 지급, 연구개발에 대한 지원, 지속가능성을 위한 조합주의적 노사협력 같은 지배구조 차원의 환경적 조치들에 의해 뒷받침된다.

생태적 근대화론은 생태에 대해 책임성이 있는 기술이 적용되고 생산과 노동이 재조직됨에 따라 '정보사회'가 산업주의의 조직논리를 '탈물질화'하고 있다는, 논란의 여지가 있는 가설을 수용한다. 레스터 브라운(Lester Brown)은 자신의 저서 《플랜 B 2.0(Plan B 2.0)》에서 오늘날의 경제적 과제는 '경제를 탈물질화해야 한다'는 생태적 과제와 맞물려 있다고 주장했다. 그에 따르면 경제가 탈물질화되려면 '새로운 생태적 산업들이 역사상 가장 커다란 투자기회를 제공해주고 있다'는 생태적 진실을 말해주는 정직한 시장의 창출이 필요하다는 것이다.[21] 또한 그는 선택할 수 있는 새로운 에너지의 등장과 원격근무의 실현이 지역의 의미와 그 가능성에 변화를 가져옴에 따라 탈물질화가 도시를 재편성할 수도 있다고 주장했다. 생태적 근대화의 사고방식에 따르면 이와 같은 생태적 이행은 '연성 에너지로의 전환'이나 '생산은 계속 증가하더라도 새로운 환경기술과 정보기술을 통해 기술규모와 수송규모가 축소되는 변화'에 대한 적응을 요구한다. 하지만 그것이 사회관계의 변혁을 요구하는 건 아니다.

물론 많은 사상가와 활동가들이 시장생태주의나 생태적 근대화론의 개혁주의를 받아들이기를 거부하고 있다. 시장생태주의나 생태적 근대화론은 성장을 위한 자본주의적 과제와 생태적 지속가능성 간의 모순에 주목하지 않는다는 이유에서다. 오늘날 이런 것들과 다른 종류의 지역주의를 상정하는 기획들 가운데 가장 먼저 눈에 띄는 것은 아마도 자립적인 형태의 공동체를 완전하게는 아니더라도 광범위하게 실현하는 직접민주주의 사회(또는 공동체)의 복원을 호소하는 아나키즘(또는 자유주의)의 전통에 깊은 뿌리를 갖고 있는 사회생태주의(social ecology)일 것이다. 사회생태주의는 좁게는 머레이 북친(Murray Bookchin)의 생태아나키즘 사상과 연관되는 것으로 흔히 이야기된다. 그러나 사실 사회생태주의는 공동체와 협동적 경제, 반(半) 자급자족적 거래, 지역적 통화체계, 기업과 지방정부별 직접민주주의 등의 결합에 근거를 두고 나름대로 철저하게 지역주의적인 성격을 가진 다수의 접근법들을 포괄한다. 이런 의미에서 사회생태주의는 나오미 클라인(Naomi Klein)이나 조제 보베(José Bové)의 운동과 같은 반세계화 운동에 내재돼 있는 핵심적인 아나키즘적 경향뿐만 아니라 반다나 시바(Vandana Shiva)와 커크패트릭 세일(Kirkpatrick Sale)과 같은 생물지역주의자(bio—regionalist)들의 사상도 포괄한다. 이러한 맥락의 사회생태주의적 관점에서 보면 탈집중화된 각각의 공동체에서 부정적 외부효과와 자원의 과잉사용을 제거하는 동시에 대량생산 산업주의(이것을 지탱하고 있는 소유제도가 어떤 것이든 간에)의 파멸적인 영향도 제거하는 지역적 해법을 찾아야 할 필요성에 의해 생태적 균형이 회복된다. 북친은 "탈집중화되고 상대적으로 자족적인 공동체들에 똑같은 소규모의 산업시설들이 수없이 들어설 것이 분명하다. 하지만 각각의 공동체가 자기 지역의 환경을 잘 알고 있다는 점과 자신의 생태적 뿌리를 자기 지역에 둔다는 점이 각각의 공동체로 하여금 환경을 보다 지적이고 애정에 입각한 방식으로 이용하게 할 것"[22]이라고 단언한다.

신자유주의적 세계화의 시대에 들어와 규모를 축소하고 생물지역주의적 자족성과 통합성을 추구하는 사회생태주의적 비전이 널리 퍼지고 있다. 지역사회의 발전을 도모하기 위한 모든 종류의 기획이 대안적 생산체계 및 교환체계를 제안하고 있다. 이런 제안들 가운데 일부는 기초적 공급을 절박하게 필요로 하는 데서 나온 것이고, 일부는 상품과 자본의 국제화에 대항해 각 지역이 자기 지역의 자원을 이용하도록 돕는 운동의 네트워크에서 나온 것이다. 이러한 제안들의 비전은 반자유무역 전략과 얽혀 있다. 그린피스의 활동가 출신인 콜린 하인스(Colin Hines)는 《지역화: 지구적 선언(Localization: A Global Manifesto)》에서 경제적 자체조직화, 지속가능성, 스스로 재화공급의 균형을 이룰 능력에 따른 최적의 경제공동체 규모 선택, 시장거래 규모의 축소 등을 주장한다.[23] 또한 원거리무역과 공급의 사슬을 축소함으로써 대량생산을 제한하고 생산의 다양성을 촉진해야 한다는 것이다. 하인스는 지역화가 정말로 생태적 이행과정이 되려면 지역화의 기제가 구체화될 필요가 있다고 보고 초국적 자본에 대한 다양한 통제수단(사회화가 아니다) 채택, 대안적 투자규범과 토빈세 도입, 차별적 세금구조 수립, 자립을 돕는 지원정책 요구, 공동체의 복원 등을 추진해야 한다고 주장한다.

이러한 접근방식은 보다 즉각적인 목표를 갖고 직접행동을 정치적 수단으로 삼는 다른 사회생태주의자들과는 다르다. 그들의 즉각적인 목표는 지역자치, 자급, 생물지역주의 등이고, 그들의 정치적 수단은 장인적 기술을 비롯한 적정기술의 수립, 대체시장의 설립, 필요에 대한 재규정, 농민경제의 보존, 종자다양성의 보존, 지역통화체계의 수립, 기존 배전망에서의 이탈 등과 관련된다.[24] 그들과 달리 위와 같은 접근방식을 취하는 사회생태주의는 시장이 사회경제적 삶을 조직하는 데 필요할 수도 있음을 암암리에 혹은 명시적으로 받아들이는 가운데 생태에 대한 책임성을 갖춘 지역사회의 시장들이 생태에 대해 무책임한 글로벌 시장들을 대체할 수 있다(신자유주의 시기에도)고 가정한다.

생태지역주의의 한계

지역주의에 대한 녹색의 옹호론은 자원을 집약적으로 사용하고 오염을 퍼뜨리는 기존의 산업화 체제에 대한 비판에 근거를 두고 있다. 기존 산업화 체제는 대부분 특정한 시장체계나 자본주의의 사회적 소유관계와는 독립적으로 존재하는 것이며, 따라서 그 체계 안에서 발전을 보다 생태적으로 지속가능한 궤도로 전환시키는 것이 가능하다는 것이다.[25] 이런 입장은 생산체제를 소유체제로부터, 그리고 그 다음에는 자본주의에 특유한 사회관계로부터도 분리하는 경향이 있는 아나키즘 성향의 사회생태주의자들까지 옹호한다(마르크스는 프루동이 바로 이런 옹호를 한다고 비난한 바 있다). 현대 자본주의에 대한 근본적인 녹색비판과 생태지역주의적 주장은 규모의 남용에 맞춰져 있다. 규모를 지향하는 무한정한 산업적 추동은 자본설비, 소비, 무역과 관련된 것이든, 기업 또는 정치의 지배구조와 관련된 것이든 자연의 한계에 대한 공격으로 여겨진다. 이것이 시장생태주의자로부터 사회생태주의자에 이르는 모든 녹색운동이 신자유주의에 수반되는 탈집중화 추세에서 얼마간의 위안을 얻게 되는 이유다. 이것은 또한 '정보사회'가 경제활동의 규모를 축소할 수 있고, 따라서 산업의 생태발자국을 축소할 수 있는 기술적 잠재력을 갖고 있다고 해서 녹색운동이 정보사회의 '탈산업화' 가설을 대부분 수용한 이유이기도 하다. 이런 의미에서 생태지역주의와 시장생태주의의 여러 가지 변종들은 흔히 말해지는 바와 달리 실제로는 서로 적대적이지 않다. 그들은 모두 '좌파도 우파도 아닌 녹색'의 정치성향을 대표한다. 이런 정치성향은 생태정치의 특징을 이루며 사회적, 정치적 활동에 대한 필수적인 규율기구로 자본주의 시장(지역 차원의 시장)을 수용한다.

생태지역주의에 대해, 그리고 지속가능한 경제로의 이행에 대한 생태지역주의적 관념에 대해 아래와 같은 비판이 가능하다. 그리고 각각의 비판은 ①장소에 기반을 둔 규율을 위한 '생태적으로 지속가능한 의사결정' 결과를 전달하는 데서 가격이 갖는 효과성의 문제 ②생태문제에 대한 해결책으로서 분배나 사회적 관계와는 별도로 기술적, 조직적 변화가 갖는 한계 ③생물지역적이고 지역사회에 기반을 둔 경제적 대안들의 조율과 그 생태적인 결과에서 나타나는 실패 ④모든 초지역적 규모는 과연 생태적으로 나쁜 것이냐는 문제 ⑤사회적으로 공정한 생태적 이행에서 요구되는 민주주의의 규모 및 역할과 관련된 문제 등 다섯 가지 측면의 문제점을 지적한다.

시장의 마술에 의존

생태문제를 다루는 데 시장적 수단을 사용하는 것은 자발적 환경주의에 속한다. 시장의 행위주체들은 시장의 유인에 자유롭게 반응하거나 그것을 무시하고 이윤과 관련된 조건과 소득이 가하는 제약 아래 자연을 오염시키고 소비를 한다. 생태적인 이행을 위한 시장생태주의자들의 전략은 말 그대로 '시장의 마술'에 의존한다. 그들의 전략이 의미가 있으려면 가격이 비용을 감당할 정도가 되어 기존의 자본이나 새로운 '생태자본'이 시장과정 속에서 증식될 수 있어야 하고, 소비자들이 자신의 필요를 충족시키면서도 생태친화적인 대안에 순응할 수 있을 정도로 소득분배가 이루어질 수 있어야 한다. 그들의 전략에서는 이러한 경제모델의 변수들 속에서, 그리고 분명하게 정의된 사유재산권과 완벽한 정보 및 전망 아래서 각 경제주체들의 생태관련 행위는 '그 자리에서 즉각' 변하는 것으로 상정된다. 즉 생산이 이루어지고 소비자가 구매하고 소비하는 바로 그곳에서 경제주체들이 각각 생태적 투입량을 조절하고 산출량을 통제할 것이라는 얘기다. 그러나 이때 구매자에게 위험부담이 있다. 시장 외부의 초지역적 집행당국을 불러들이지 않는 이러한 '장소 기반의 환경규율'은 그 배후에 깔린, 대단히 가설적인 모든 가정이 다 성립돼야만 작동할 것이다.

생태지역주의에 적용된 것과 같은 이상화된 '녹색자본주의'에도 처음부터 명백한 한계가 존재한다. 생태지역주의가 중시하는 각각의 장소는 자본주의 전체의 논리에 필연적으로 종속되며, 가치와 화폐의 축적으로 나아가는 반생태적 추동을 변화시킬 그 어떤 일도 할 수 없다. 시장이 홀로 모든 주체의 행동을 규율하기 때문에 그러한 반생태적 추동이 여러 가지 문제를 일으킨다.[26] 경쟁적인 시장에서 움직이는 자본가는 다른 장소들의 시장조건도 비슷하다면 그러한 문제로 인한 비용을 감내할 수밖에 없다. 자본가들이 만약 그렇게 하지 않으려고 한다면 시장이 그들에게 기술진보, 생태적 제약을 제거하거나 무시하는 것을 통한 비용 절감, 다른 사람들의 착한 생태적 행동에 편승하기 등의 방법으로 그러한 문제로 인한 비용을 떨어내도록 강요할 것이다. 자본가는 신자유주의 아래서 발전돼온 금융자본에서 보듯이 보다 유동적인 소유구조를 갖추게 되어 '장소'에 덜 묶이게 되고, 환경비용을 회피하기 위해 '규제 아비트리지(regulatory arbitrage, 지역 간 규제의 차이를 이용해 이득을 취하는 행동—옮긴이)'를 하게 될 가능성이 높다. 또한 환경에 가장 큰 영향을 주는 부문의 자본가는 자연자원에서 얻을 수 있는 지대(rent)에서 초과이윤을 뽑아내기 위해 얼마든지 이동한다. 생태적 세금을 내지 않아도 되는 다른 국가나 지역이 존재하는 한, 그리고 자본의 이동성을 규율하는 초지역적 통제력과 강제력이 없는 상태에서라면 그 어떠한 생태지역주의 전략도 자본주의에 내재하는 지역 간 경쟁의 압력에 의해 끊임없이 방해를 받을 것이다. 그리고 지역별 관할당국들이 공통의 정보, 미래에 일어날 영향에 대한 이해, 공통의 강제집행 기제, 고유한 생태보호 체제를 갖고 있지 않는 한 지역 간 규제의 차이를 이용하려고 하는 자본의 행동이 발생할 수밖에 없다.

자원의 이용이나 환경에 대한 생산의 영향이 갖는 집단적인 측면을 감안하면 '공유자원'이나 '외부성'과 관련된 환경문제들은 또 다른 우려를 불러일으킨다. 시장생태주의는 적절한 가격과 시장을 형성하고 이를 통해 기업과 소비자들이 스스로 자신의 행동을 조절하도록 강요하는 것을 통해 그러한 환경문제들을 다루자고 제안한다. 하지만 공유자원이나 외부성과 같은 '재화'의 집단적인 측면 그 자체로 인해 시장의 모든 행위주체가 그러한 재화의 모든 영향을 가격에 대한 판단에 반영하거나 그러한 재화의 이용을 현장에서 통제하기가 불가능하다. 이와 비슷하게 미래는 항상 미지의 세계이기 때문에 자원이용의 세대 간 배분을 시장적 수단만으로 설명할 수 있는 간단한 방법은 전혀 없다(미래를 현재의 판단에 반영하기 위해 필요한 할인율과 고려대상 기간을 설정하려면 미래에 대한 추정을 하는 어떤 비시장적 주체가 있어야 한다). 그리고 적절한 가격이 주어지지 않는다면 시장이 균형을 이룰 수 있는 방법이 전혀 없다. 마르티네즈-알리에르(Martinez-Alier)가 지적했듯이 "시장경제는 희소한 자원과 배출되는 폐기물의 시간적 배분을 합리적으로 하는 데 필요한 지침을 전혀 제공할 수 없다."[27]

이런 점들이 시장생태주의와 특정 지역에 국한된 지역생태주의가 갖는 한계이며, 그 한계는 일반적으로 인식되는 것보다 보편적이다. 엘마르 알트파터가 주장한 대로 일반적인 자본주의적 생산조건들은 자본주의적 방식으로 창출되지 않는다. 바꿔 말하면 자본가들은 자연과 공공인프라를 마치 '공짜 재화'인 것처럼 사용한다.[28] 자연과 공공인프라라는 '상품'에 가격을 매기려는 시도가 이루어질 때에도 시장이 그것을 배분하거나 보전하는 일을 수행할 수 있을 것이라는 생각에서 그런 시도가 이루어지는 것이 아니다. 사실 '공공재'는 시장에 의해서는 '부적절'하게만 공급되는 경향이 있기 때문에 국가가 나서서 그것을 공급하거나 규율하는 것이 불가피함은 이미 입증된 사실이다. 모든 사회생태적 과정은 원래부터 시장 바깥에서 창출되는 생산조건에 의존한다. 시장의 명령은 더 큰 가치를 축적하도록, 그리고 '자본의 기술적 구성'을 고도화도록 강요하며, 이에 따라 생산이 이루어지는 지역공간이라면 어디에서나 생태발자국이 커진다. 생태적 영향에 대한 책임을 반영해 가격과 유인을 조정하는 생태지역주의의 장소별 규제는 자본주의 시장에 내재하는 구조적 역동성에 대응할 수도 없고, 지역생태의 고유한 특성을 담아낼 수도 없다.

탈물질화의 환상

시장가격의 한계는 기술분야에서 종종 잘못된 생태지역주의적 희망을 낳는다. '무게가 없는 새로운 정보경제에서의 탈물질화'라는 희망보다 더 큰 착각을 일으키는 사회적 제안은 거의 없었다.[29] 정보경제는 케이블과 전송장치를 비롯한 방대한 인프라를 필요로 한다. 또한 소비자들과 산업계의 전력수요로 인해 에너지 사용량이 계속 늘어난다. 컴퓨터는 재활용이나 배출과 관련된 문제를 일으킨다. 이런 현상은 자본주의 경제의 장기적 동학으로 설명된다. 상품생산 단위당 물질관류량을 줄여나가는 자본주의의 장기적 추세는 상품유통의 전반적인 팽창이라는 반대추세에 의해 압도당한다. 따라서 생산되는 재화의 질과 형태를 고려하지 않고 보아도 폐기물 흐름의 총량이 계속 증가한다. 현 경제의 물질관류량을 추정하거나 더 폭넓게 인간활동의 물질대사 과정과 생태발자국을 측정한 연구들을 보면 '경제적 무게'는 상당히 커지고 있다.[30]

게다가 기존 고정자본 스톡은 그 생태적 효율성이 어떤 수준이건 간에 기술을 생태적으로 합리화하려는 모든 시도에 커다란 장벽으로 작용하며, 이런 점은 국가의 정책이 시장적 행위들을 고려하는 경우에도 마찬가지다. 제임스 오코너는 "자본은 돈이 되면 폐기물 배출을 최소화하고, 부산물을 재활용하고, 에너지를 효율적으로 사용하지만, 돈이 되지 않으면 그렇게 하지 않을 것"[31]이라고 설명한다. 그러므로 자본가들이 어떤 기술을 채택하느냐는 노동자들로부터 얼마나 가치를 추출할 수 있는가를 좌우하는 사회적, 분배적 조건들과 분리되지 않는다. 그 기술이 생태적으로 건전한지 여부는 부차적인 문제다. 계급관계는 노동과정에서만이 아니라 더 폭넓은 영역에 걸쳐 작용한다. 가장 적나라한 예를 들자면 선진국들의 소득구조는 부자들을 위한 생태효율적인 주거시설의 대량 과잉공급을 가능하게 하는 조건이 되는 반면에 개도국들의 빈민촌에 들어서는 주거시설은 재활용 물질들로 만들어진다. '시장'은 이런 두 가지 기술이 다 경제적으로 적절하다는 신호를 보내지만 둘 다 생태적으로 또는 사회적으로 공정하다고 할수 없다. 시장에서 이루어지는 선택들에 의해 형성되는 대규모 고정자본 복합체는 기술의 전환을 가로막는 '경로의존 유발형(path-dependent, 이미 선택된 경로에서 벗어나지 못하게 하는 특성을 가진—옮긴이)' 장애물이다. 도시를 확장시키는 기존의 투자가 더 많은 소비자 수요를 창출하는 데 기여하고 있다면 투자를 위해 새로운 세수를 필요로 하는 대중교통수단으로의 전환보다는 연료효율적인 자동차를 개발하는 것이 더 쉬운 일이다. 하지만 지역공간에서 사회적으로 공정한 생태적 근대화를 이루기 위해서는 단지 더 큰 시장적 능력만을 필요로 하는 것이 아니라 반시장적이거나 초지역적인 정치적 조건도 필요로 한다.

공간적 노동분업과 관련된 문제

자본축적 과정에 수반되는 공간적 노동분업을 심화시키는 것은 자본주의의 근본적인 경향이다. 생산체계, 인조환경, 대도시, 자연이용 등의 복잡성이 시간이 갈수록 커지면서 사회생태적 공간의 차별화가 일어난다. 지역공간이 세계시장에서 결정되는 상대적 가치에 반응한다는 점에서 공간적 노동분업은 신자유주의의 동학을 구성하는 일부가 된다. 경제적 조율과 관련해 등장하는 지역주의 기획에는 두 가지 문제가 있다. 우선 현존하는 신자유주의의 맥락 속에서 다양한 형태의 대안적 경제공간들(예를 들어 장인적 공동체 부문, 지역통화 체계, 사회적 경제, 민중적 계획위원회, 도시 차원의 공기업 등)이 생태지역주의적 실천에 의미 있는 측면을 더해주었지만 전반적으로 보면 여전히 주변적인 것으로 남아있는 동시에 도시 전체에 영향을 미치는 '공식적인 경제'의 가치증식 과정에 종속돼 있다는 문제가 있다.[32] 게다가 그러한 대안적인 부문들은 여러 수준의 정부들(유럽에서는 유럽연합(EU)의 기구들도 포함해)에 의한 조정과 지원을 비롯한 다양한 도시

계획 수단들에 긍정적인 방식으로든 부정적인 방식으로든 여전히 의존하고 있다는 문제도 있다.

지역화된 공동체들 사이의 거래 및 조율을 고려할 때에는 생태지역주의 기획의 정치적 비일관성이 더욱 증폭된다. 인구가 100만 명 이상인 도시가 500여 개에 이른다는 사실이 점점 더 중대한 사안이 되고 있는 상황임에도 불구하고 각각의 사회생태적 공동체에 적절한 민주주의의 규모에 관한 질문은 대개 회피되고 있다. 현재의 도시에서는 노동분업, 사용가치의 생산 및 교환, 잉여의 사용, 인프라 건설계획 등이 긴급한 사안이 되고 있다.[33]

경제적 조율의 문제 역시 각각 차별화된 특수성과 사회적, 생태적 수용력을 갖고 있는 상이한 도시들의 상태를 고려할 경우에 더욱 증폭된다. 가장 유토피아적인 사회생태주의 관점의 이상주의(반자급자족적인 도시를 상상할 경우에나 가능해 보이는 이상주의)에 부합하는 상황이 실현된다 하더라도 그러한 이상적 도시들 사이의 거래, 분배, 규제를 조율(시장을 통한 조율이든 계획을 통한 조율이든 간에)하는 데는 여전히 상당한 주의력 집중과 숙고가 필요할 것이다. 영토한 단위의 규모 안에, 그리고 그런 규모의 영토들 사이에 자본주의로 인해 생겨나는 경제적 조율의 모순은 지역의 사회생태 수준에서 집중적으로 나타나지만, 그렇다 하더라도 그 모순에 맞서는 것이 신자유주의에 대항하는 그 어떤 전략이라도 그 전략이 성공을 거두는 데 근본적으로 중요하다. 이행의 전략에서도 민주적 협상이라는, 마찬가지로 복잡한 문제와 대면해야 한다.

전략적 비전의 부재

생태지역주의의 관점에 대해서는 위에서 살펴본 대로 이 관점에서 사회생태적 대안으로 거론되는 방안들이 특히 시장지향적인 맥락에서 지역을 우선시한다는 문제점이 지적되고 있다. 이 밖에 네오아나키즘 성향의 생태지역주의 지지자들이 주장하는 것처럼 덜 복잡하고, 덜 간접적이고, 서로 덜 연결되고, 규모가 더 작은 생태공동체를 지향하는 생태지역주의 비전에 대해서도 심각한 반대의 목소리가 존재한다.

첫째, 실제로 현존하는 자본주의로부터 다소간 자립적인 생태적 지역공동체로의 이행을 어떻게 달성할 수 있는가 하는 문제에 대한 답변은 아직도 많은 부분 구체화되지 못한 상태다. 생태지역주의의 비전이 자본주의의 지배적인 경향을 급진적으로 바꾸려고 하면서 현대경제의 복잡성을 무시하고 있다는 점을 감안하면 이행의 문제에 대한 답변이 구체화되지 못하고 있다는 사실은 놀라운 일이다. 생태지역주의에는 자본가와 국가권력이라는 장애물을 어떻게 극복할 것인가에 관한 전략적 비전이 결여돼 있을 뿐 아니라 조율, 산출량 결정, 지배구조 등 이론과 실천의 차원 모두에서 시장의 사회화 및 계획과 관련된 모든 사회적 기획들이 직면해온 기본적인 문제들이 답변되지 않은 채 그대로 남아있다. 생태지역주의자들 사이에 폭넓게 공유되는 목표인 생산구조와 산출물 구성의 변경, 노동시간 단축, 물질관류량과 배출량 축소 등에 대한 생태지역주의의 비전은 일련의 선호들을 한데 합친 것에 불과하며 지역 수준의 정치적 조직화를 옹호하는 주장에 의해 뒷받침되지 않고 있다.[34]

둘째, 정보기술이 주요 경제부문들에서 규모의 축소를 가져오지 않았음이 분명하다. 공장의 규모와 기업자본의 규모가 모두 커지고 있다. 비공식적이거나 비정규적인 일자리의 증가에 따라 어쩔 수 없이 더 작은 생산단위에서 일하게 된 노동자들과 달리 자신의 선택에 따라 더 작은 생산단위로 일자리를 옮길 수 있었던 노동자들은 극소수에 지나지 않는다. 게다가 더 작은 생산단위가 그 자체로 과연 생태적인 책임성이 더 큰 지도 불분명하다. 대규모 생산단위가 생겨난 것이 부분적으로는 시장의 명령이 생산에 투입되는 자원을 절약할 것을 강요했기 때문이기도 하지만, 대규모 기업이 소규모 기업보다 첨단의 '환경기술'을 채택할 수 있는 능력이 더 큰 것도 사실이다. 소규모 생산단위에서는 투입물의 중복이 발생하고, 첨단기술을 채택하는 데 필요한 재원을 조달할 능력도 부족하며, 상대적으로 에너지자원을 더 많이 사용할 수도 있다. 생산규모의 문제는 충족돼야 하는 사회적 필요와 별개로 다뤄질 수 없다. 생태지역주의자들이 대개 그러는 것처럼, 그리고 사회생태주의 지지자들이 일부 그러는 것처럼 소규모 생산을 근본원칙으로 삼는 것은 공허한 낭만주의다. 자본주의에서 생산규모는 시장에서 결정되고, 가치증식 과정에서 확립된다. 그러나 만약 사회적 필요가 생산규모와 생태비용에 비추어 평가돼야 한다면 가격이 사회적 필요와 관련된 모든 관계를 다 반영하지는 못할 것이기 때문에 얼마간 민주적이고 협조적인 계획의 능력이 요구될 것이다.[35]

마지막으로 셋째, 경제적 피해를 야기하지 않도록 보장하는 지역적 지배구조가 심화되도록 하는 그 어떤 내재적 필연성도 없다. 자원관리에 대한 모든 형태의 지역적 참여가 민주화의 근본적인 측면임을 인정하더라도 그러한 지역적 참여가 어떤 생태적 결과를 가져오는지는 상황에 따라 다른 문제다. 감독되지 않는 시장이 존재하는 한 자본주의 기업들은 지역별 생태의 차이를 서로 먼저 이용하려는 경쟁을 하게 되며(이는 기업들이 모든 비용을 다 내부화한다 해도 마찬가지다), 어느 정도는 외부와의 거래에 의존하는 생물지역적 공동체들도 그렇게 하게 된다. 이런 점은 지역적 관리에서 발생하는 편익은 개인적 이익 또는 시장에서의 우위를 추구하는 강력한 지역적 이해관계에 의해 압도될 수 있다는 점에서 더욱 그러하다.

강력한 지역적 이해관계를 억누르기 위한 생태지역주의의 제안이 무엇인지는 명확하지 않다. 사유재산권이 사회화되거나 제한돼야 한다고 주장하는 가장 급진적인 사회생태주의 저작들도 이런 제안을 명확하게 제시하고 있지 않다. 계층화된 계급구조와 관료제가 온존하는 한 피할 수 없는 이런 물질적 정치논쟁을 이끌어나가는 것은 정치적 동원에 필요한 민주적인 제도와 역량을 갖추지 않고는 불가능하다.[36] 이런 민주적 제도와 역량은 사회변혁을 위한 제안에서는 다뤄져야 하는 중요한 개념적, 정치적 사안이며, 특히 환경정의를 실현하는 데 따르는 추가적인 부담을 지는 문제와 관련해서는 더욱 그렇다. 그러나 사회생태적 삶의 규모를 줄이는 내용의 생태지역주의 기획은 이 사안에 대해 대부분 침묵한다. 생태지역주의 기획을 옹호하는 주장은 너무도 흔히 '윤리적으로 우월'한 개인적 소비결정이나 개별적 생산결정, 그리고 대안적인 지역공동체 형성을 호소하는 것으로 귀착돼버린다. 이런 호소는 의미가 있다는 인정은 받을 수 있지만 사회생태적 사회변혁 기획에는 미치지 못하는 것이다.

민주주의를 진지하게 고려하는가

생태지역주의 기획은 지역을 진정한 민주주의의 공간으로 간주하고, 민주적 대표와 민주적 투쟁이라 하더라도 그것이 지역의 규모를 넘어서는 경우에는 지역의 민주주의를 침해하고 적절한 생태적 규모에 위반되는 외부의 정치경제적 기획을 강요한다는 점에서 무언가에 의해 매개된 것이자 잘못된 것이라고 보는 경향이 있다. 이러한 관념은 많은 혼동을 초래한다. 그 가운데 가장 중요한 것은 사회생태적 대안의 건설을 그 배경이 되는 비지역적 사건이나 과정과 분리해 추구할 수 있다는 사고를 낳는다는 점이다. 지역을 넘는 지배구조 수준의 민주적 과정이나 국가기구는 권력과 분배라는 무시할 수 없는 핵심문제를 제기한다. 국가기구는, 그리고 어떠한 기능의 수준에서든 국가는 권력관계가 물리적으로 제도화된 형태이며, 여기서 자원의 채취와 이용 및 자원에 대한 규제는 물론이고 장소들 사이나 사람들 사이의 분배를 둘러싼 갈등이 벌어진다. 지역의 자본주의적 권력관계는 이러한 더 넓은 범위의 관계들 속에 내장되는 동시에 그 초지역적 관계들을 지역의 권력구조 안으로 끌어들여 내부화한다. 이러한 관계들에서 빠져나오는 것이 아무리 바람직하다고 하더라도 그렇게 하고서도 자본주의 시장경제 속에서 남아있을 길은 없다. '대안적인 생태를 건설하는 보다 적극적인 지역적 시민민주주의'를 '지속가능하지 않은 생태정책과 계급관계를 뒷받침하는 부패한 형태의 대의민주주의'에 대치시키는 것은 딜레마를 잘못 설정하는 것이다.

그동안 자유민주주의가 위기에 처하고 사회주의적 대안이 곤경에 빠진 것과 핵심적으로 관련된 문제는 이러한 딜레마와 전혀 다르다. 그 문제는 지역의 모든 장소에서 새로운 형태의 직접민주주의 및 차별화된 사회생태적 과정을 촉진하는 동시에 대의민주주의의 중심부에서도 새로운 정치적 자유, 역량, 사회생태적 대안 등을 발전시킬 수 있는 새로운 형태의 국가 및 민주적 행정부를 실현해야 한다는 과제다.

데이비드 하비(David Harvey)는 이 문제를 약간 다른 방식으로 다루었다. 지역주의는 흔히 특정한 장소에 대한 통제권을 인정하지만, 그 통제권이 공간이나 자연이 생성되는 과정을 통제할 권한을 의미하는 것은 아니라고 그는 지적한다.[37] 자본가 계급은 자본을 이리저리 이동시키거나, 이 지역과 저 지역을 이간질하거나, 국가적 또는 지구적 지배구조 수준에서 정치적 권력을 휘두르는 것을 통해 지역의 전략을 훼손할 수 있다. 따라서 '해방된' 생태적, 정치적 공간은 자본주의적 시장활동의 규모와 범위가 축소되는 대신 민주주의의 규모와 범위가 확장되는 정도만큼만 지켜질 수 있다. 생태지역주의가 제안하는 대로 지역공동체를 발전시키고 생물지역주의를 촉진하는 노선에 따라 생산과 생태적 과정의 규모를 줄이는 동시에 지역을 넘는 수준의 정치적 삶에서 대표, 위임, 참여, 책임성의 체제를 무시하고 상호부조를 지지하면서 민주주의의 규모를 줄이려는 시도는 자본주의적 권력구조와 필수적 과제인 민주화를 완전히 잘못 해석하는 것이다.

지역적인 생태사회주의?

지역적 공간은 자본주의적 발전의 다른 공간적 층위들과 늘 모순관계에 있다. 자본축적에 관한 마르크스의 이론에서도 이 점에 대한 언급을 찾아볼 수 있다. 《자본론》의 첫 절에는 사용가치로서의 상품과 교환가치로서의 상품 사이의 모순이 포착돼 있다. 사용가치로서의 상품은 늘 특정한 지역사회와 그 지역사회의 관계들 속에 있는 노동자의 구체적인 노동이 특정한 자원을 갖고 만들어낸 특수한 것이다. 그러나 교환가치로서의 상품은 특정한 노동이나 생태가 일반적인 가치의 동질적인 공간으로 융합돼 들어가는 과정에서 모든 공간적 경계를 뛰어넘도록 유도된다. 그리고 "상품생산과 발전된 형태의 상품유통(즉 교역)은 자본이 등장하는 데 역사적 전제조건이 된다."[38] 특수한 것과 보편적인 것, 지역적인 것과 지구적인 것, 도시석 자연과 지구적 생물권(biosphere)은 상반되는 관계들이라기보다는 세계시장의 양적 구조를 보여주는 상이한 측면들이다.

자본축적의 동학은 이러한 추상적인 측면들을 보다 복잡한 형태로 드러낸다. 마르크스가 말했듯이 개별 노동자에 의해 가동되는 고정자본이 유기적 질량, 기술적 복잡성, 그리고 가치를 증가시킴에 따라서 자본축적은 생산력을 집약적인 형태로 증대시키는 경향을 갖는다. 부단한 생산수단의 혁신에서 초래되는 경쟁 압력 또한 자본의 생산능력과 소유형태를 집중화하는 경향을 갖는다. 자본의 조직적 복잡성이 심화되는 것은 역설적으로 그에 상응하는 국가화(statification)의 경향을 낳는다. 다시 말해 자본과 노동의 장기적 재생산이 점점 더 복잡해지면서 인프라, 연구개발, 기술훈련, 금융, 규제를 통한 개입 등에서 정부의 지원이 점점 더 많이 요구되게 된다.

또한 자본축적은 불균등한 지역화(마르크스가 말한 '도시와 농촌의 적대')의 과정이다. 자본축적은 공간을 '끊임없이 축적되고 변형되고 버려지는 인조환경'으로 만든다고 한 데이비드 하비의 주장은 바로 이런 뜻이다. 그는 "도시화를 통해 잉여가치가 동원, 생산, 흡수, 전유되며 도시의 쇠퇴와 사회의 퇴락을 통해 잉여가치가 축소되고 파괴된다"[39]고 지적했다. 자본주의는 지역, 광역, 국가, 전 지구 등 모든 층위에서 사회경제적 활동을 집약적으로 증대시키며, 이에 따라 생태적 물질대사 활동도 같은 방식으로 집약적으로 증대한다.

자본주의적 발전의 불균등성은 각 지역의 도시공간에 생산능력, 인구, 권력을 집중시킨다.[40] 이런 과정은 한편으로는 농촌이나 지역의 사회관계와 공간의 가치를 떨어뜨리는 대신 세계시장의 자본순환과 연결돼있는 도심의 가치를 높이고, 다른 한편으로는 농촌의 물질대사 관계를 변형시키면서 그것을 도시의 생태적 관계 및 '도시적 자연'에 의존하게 만든다. 이런 점은 좌파에게 어떻게 하면 중심부와 주변부, 도시와 농촌, '사회'와 '자연'(물론 이것들은 다 자연적, 사회경제적 과정에 의해 동시에 만들어지는 것이 분명하긴 하지만)을 골고루 발전시킬 것인가 하는 전략적 딜레마를 제기해왔다.

자본주의적 발전의 이러한 특징들은 사회주의 운동에서 서로 다르면서도 연관된 전략들을 부단히 등장시켰다. 그것은 바로 생산능력, 자원, 권력의 과잉집중을 완화하기 위한 탈중심화 전략, 그리고 도시 안에 조직적이고 정치적인 능력, 해방된 공간, 이웃관계를 구축하기 위한 지역주의 전략이다. 이러한 전략들은 오랜 역사를 가지고 있으며 협동조합 운동, 길드 사회주의, 도시 사회주의 등 다양한 사회주의 경향들에서 규정적 요소로 작용했다. 파리코뮌, 노동자평의회에 관심을 집중하고 국가권력을 둘러싼 투쟁에서 '적색구역'의 구축에 초점을 맞춘 마르크스주의의 전통은 경제적 삶의 재구성을 주장하는 데 그치지 않고 권력과 행정이 지역적 기반을 갖추어야 한다는 점도 강조해왔다. 이 점에 대해서는 앙리 르페브르(Henri Lefevre)가 그 누구보다도 적절하게 말했다. "새로운 공간을 만들어내지 못한 혁명은 자신의 잠재력을 완전히 실현하지 못한 것이다. 그런 혁명은 이데올로기적 상부구조, 제도, 정치기구를 변화시켰을 뿐이며 삶 자체를 변화시키지 못했다는 점에서 실패한 혁명이다."[41]

사회주의의 전략에서 지역이 갖는 위상을 재검토하자고 요구하는 목소리가 끊이지 않고 있다. 참여예산(participatory budgeting) 운동에서부터 '협상된 조정(negotiated coordination)'의 이론화[42]에 이르기까지 최근 몇 년 사이에 사회주의의 전략에 기여한 가장 중요한 제안들이 지역의 위상에 대한 재검토를 요구하고 있다. 그동안 사회주의자들은 민주주의의 확장에 기초를 두고 중앙권력을 탈집중화해 그 권력을 지역당국이나 광역당국으로 분산시키는 방안을 일반적으로 선호해왔다. 그러면서 그들은 중앙집중적 국가를 지키는 것보다는 중앙에 집중된 권력을 분산시키는 것이 신자유주의의 이데올로기적 호소력에 대항하는 최선의 방법이라고 주장해왔다. 사회경제적 삶에 대한 규율과 기업 및 각종 제도에 대한 규율은 확장된 시장이 아닌 확장된 민주주의가 담당해야 한다는 것이었다.[43] 하지만 대부분의 녹색 사고에서와는 달리 이런 최근의 사회주의적 사고에서는 권력의 분산이 그 자체로 보다 민주적이고 지속가능한 것으로 여겨지지는 않았다. 또한 보다 균등한 자원분배를 가능하게 하고, 기본적인 권리의 보장과 기본적인 필요의 충족을 실현하고, 허용될 수 없는 형태의 지역 간 경쟁을 차단하고, '탈집중화된 협력'을 권장하는 발전의 경로와 전략을 다양하게 확보하는 데는 국가별 의회와 국제적 의회(그 구성 및 대표의 방식에 관한 논쟁은 있었으나)가 근본적으로 중요한 수단으로 여겨졌다. 이러한 관점은 사회생태적 우선과제의 초점을 선험적인 지역 우대에서 민주화 그 자체가 지닌 의미의 중심적 실현 쪽으로 옮기고 있다. 이 점은 중앙집중적 명령의 경제질서를 수용하기를 거부하는 동시에 소규모 기업과 지역사회에서 시도되는 실험의 한계를 인정하기도 한 레이먼드 윌리엄스(Raymond Williams)가 가장 잘 지적했다.

"규모의 문제는 단순히 크냐 작으냐는 관습적인 대비보다 복잡하다. … 사회주의적 개입은 오직 경제적 생존과 지역사회들 사이의 납득할만한 형평성에 대한 배려와만 결합될 수 있고, 중앙집중적 국가의 행정편의라는 지배적인 기준과 결정적으로 단절된 자주관리의 극대화라는 특유의 원칙을 도입할 것이다. … 예측할 수 있는 미래의 사회주의 사회에서는 충분히 적절한 일반적 권력들이 존재해야 하며, 이와 동시에 그러한 권력들이 깊이 있게 조직되는 동시에 직접 참여하는 민중의 힘에 근거를 두어야 한다."[44]

이러한 정식화에 포함된 구체적인 요소들은 논란의 여지가 있지만, 정치적 투쟁의 규모를 국가의 민주화와 연결시킨 그 핵심 사고방식은 충분히 수긍할 만하다. 그 전제는 생태적 책임성이 있는 협동적 생산체계의 발전일 것이다. 생태사회주의를 위한 공간을 개척하는 지역적 과정에 정치적 개입을 하는 것은 얼마든지 생각해볼 수 있다.

이러한 정치적 개입과 관련해 생태적 운동의 첫 번째 주제는 인조환경을 재구축하는 과정에서 근본적인 생태적 권리를 보장하는 조치가 사람들의 기본적인 필요도 충족시키는 것이어야 한다는 점이다. 깨끗한 물과 공기, 주택과 공공녹지, 기본적인 에너지 공급, 대중교통을 이용할 권리 등을 확립하는 것은 생존을 위한 최소한의 물 공급, 재분배의 효과를 고려한 에너지 가격 책정, 기초서비스의 탈상품화 등과 직접 연결된다.[45] 그리고 이런 조치들은 사람들의 필요와 그 필요를 충족시키기 위한 사회적 공급이라는 측면에서 지역의 생태적 투쟁을 재편성할 것이다.

생태적 운동의 두 번째 주제는 모든 생태적 변혁은 환경정의를 위한 투쟁이어야 한다는 것이다. 인간활동의 생태적 영향은 계급, 젠더, 인종, 지역과 국가 간 관계의 측면에서 결코 중립적이지 않다. 예를 들어 배출과 폐기물 발생에 대한 생산자의 책임을 요구하는 운동은 사회적 계급, 이웃에 대한 영향, 국가들 사이의 관계에 대한 영향, 폐기물의 국제무역에 내재된 불평등교환 등에 대해 그것이 갖는 의미가 무엇인지를 묻게 한다.[46]

이러한 사회적, 환경적 사안들 사이의 복잡한 상호의존성으로 인해 그런 사안들을 다루는 데 요구되는 분배적, 물질대사적, 기술적 변화는 매우 다양한 정치적 이해관계나 의제들을 내포하게 된다. 이런 관점에서는 기존 형태의 자유민주주의는 어쩔 수 없이 부적절해 보일 수 있다. 또 새로운 민주적 능력의 개발이 지역 수준에만 한정돼서는 안 된다는 것도 분명하다.

따라서 생태적 운동의 세 번째 주제는 노동자, 생태주의자, 소비자를 참여시키는 '대중적 계획의 기제'와 생태적으로 책임성이 있는 생산 및 교환의 체계를 실현하는 데 필요한 '사회관계와 국가기구의 근본적인 민주화'를 탐구할 필요가 있다는 것이다.[47]

지역주의, 생태, 그리고 좌파

실험적인 수준에서도 생태사회주의적 의제의 밑그림은 정치적 행동의 규모와 신자유주의에 대응하는 대안의 건설이라는 문제를 놓고 '적색정치'와 '녹색정치'가 논쟁을 벌이게 하는 핵심 쟁점을 제기한다. 적색정치와 녹색정치의 대립은 반세계화 운동과 그 주된 상징인 세계사회포럼(이 포럼에서 제시되는 대안들은 정책강령 상의 차이로 화합되지 못한 제안들을 뒤섞어놓고 있다)에서도 나타난다.[48]

역사적으로 보면 영토적 국민국가는 자본주의적 권력관계의 형성과 합법화, 그리고 그 권력관계에 대한 규율과 논쟁의 중심에 위치해 있었다. 또한 영토적 국민국가는 진보적 정치의 틀로 작용했다. 사회민주적이거나 권위주의적인 공산주의 운동은 분명한 정치적 이유에서 집중화된 관료집단의 능력을 통해 국가 차원에서 생산력을 증대시키고 재분배 기능을 하는 사회체계를 건설하는 데 초점을 맞추었다. 불황과 전쟁의 격동을 거친 뒤인 전후시기에는 공산주의 운동의 이런 태도가 국가경제와 세계무역 체제의 재건 쪽으로 기울어진 중심부 국가들의 전략에 들어맞았고, 탈식민지 투쟁을 시작하거나 혁명을 거쳐 새로운 발전경로를 개척하기 시작한 해방된 주변부 국가들의 전략에도 들어맞았다. 1980년대 이후에는 기업들이 자산의 기반을 확대하고, 생산의 규모를 늘리고, 세계시장에 대한 의존도를 높여갔고, 그 과정에서 자본의 국제화가 지구적 규모의 축적과 지역적 규모의 축적을 동시에 촉진했다. 그러자 국민국가들은 국가를 기반으로 한 개발의 기획과 재분배 정책을 포기하는 대신 자본의 지구적, 지역적 흐름을 중재하기 위한 행정력 재정비에 나섰다. 지배구조 체제를 재구축하는 데서는 신자유주의가 적지 않은 역할을 했다. 신자유주의는 규칙에 기반을 둔 세계시장 체계를 법제화했고, 일자리와 환경기준을 둘러싼 경쟁을 촉진해 지역공동체에 대한 규율에서 시장의 명령이 수행하는 역할을 확대시켰다.[49]

이러한 불균등한 발전에 대한 사회민주주의 세력과 노동조합 세력의 전략적 대응은 이중적이었다. 일부 사람들에게는 무역 및 자본흐름과 관련된 지구적 지배구조의 틀을 다시 짜서 국가 차원의 '영토적 통합성'을 재확립하는 것이 과제였다. 그렇게 해야 국민국가 수준에서 전통적인 사회민주주의적 분배협상을 재개하는 데 필요한 제도적 조건이 국제적으로 마련될 수 있다는 것이었다. 그러나 이러한 제안은 정치적인 역관계를 급격히 변화시킬 것을 요구하는 것이기에 정치적인 견인력을 거의 발휘할 수 없었다. 다른 일부 사람들에게는 이제 신자유주의적 세계화는 '현실주의적'인 정치적 제안이 전제해야 할 틀이었다. 이런 관점을 가진 사람들은 기업과 지역사회 수준에서, 그리고 특히 새로운 '지식경제' 속에서 '경쟁력의 점진적 강화'를 실현하는 데 필요한 조건들을 갖추게 해줄 시장 외부의 제도를 발전시키는 것에 초점을 맞추었다. 필자가 서두에서 언급했듯이 이것이 바로 '제3의 길'이라는 사회민주주의적 기획이었고, 이 기획은 그 열성 지지자들을 정치적으로 다시 형성하는 데서 적지 않은 성공을 거두었다.

이러한 사회민주주의적 사고로의 전환에서 녹색당과 많은 환경NGO들이 적극적인 동맹세력의 역할을 수행하곤 했다. 녹색당과 환경NGO 세력이 선거에서 상당한 강점을 갖고 있고 행동력도 갖춘 유럽이나 북미에서 특히 그런 현상이 두드러졌다. 이들 세력은 지식경제가 사회생태적 조건들을 새롭게 재구성한다고 (즉 '더 현명하게 생각하는 것은 더 녹색으로 생각한다는 의미'라는 식으로) 생각했고, 앞에서 살펴본 대로 시장과 기술에 대한 신념을 공유했다. 이러한 정치적 동맹은 생물지역주의 및 지역적 민주주의와 연결되는 영토적 통합의 기획을 갖고 있었던 사회생태주의자들에게는 그다지 큰 정치적 매력을 발휘하지 못했다. 하지만 자치행정, 협동조합, 교토의정서의 취지에 부합하는 지역적 에너지 대안, 대안의 지역적 시장 등에 대한 사민주의적 지지를 둘러싸고 그러한 정치적 동맹이 구체적인 전술적 차원에서 종종 구축됐고, 이를 통해 많은 사회생태주의자와 환경NGO들이 개량주의 블록에 효과적으로 흡수됐다. 이러한 동맹은 '아래로부터의 제3의 길'에 해당하는 것이었고, 그 속에서 시민사회 세력은 사민주의 지도자들이 '위로부터' 추진해온 정치적 재편을 보강해주는 역할을 했다. 이 동맹이 어느 정도는 선거 때 유권자들에게 매력을 발휘했고 지속성도 있었음을 강조해둘 필요가 있겠다. 하지만 이 동맹은 신자유주의에 대응하는 대안이 될 생태적, 경제적 기획을 제시하지 않았고, 오히려 신자유주의에 종속적인 정책체계로 통합됐다.[50] 이렇게 볼 때 현재의 신자유주의 시대를 '청색, 녹색, 분홍색이 연합한 역사적 블록이 헤게모니를 장악한 것'이 특징인 시대라고 규정하는 것도 그럴듯해 보인다.

이들 세력 가운데 어느 세력도 신자유주의에 대한 대안을 제시하지 않았다는 측면에서 볼 때 생태사회주의의 동맹이나 기획은 이들과는 전혀 다르게 추진돼야 할 것이다. 생태사회주의 기획은 사회주의 기획과 생태주의 기획 둘 다를 새롭게 재구성하는 보다 폭넓은 과정과 분리시켜 생각할 수 없다. 생태사회주의 동맹의 토대를 여러 수준에서 동시에 구축하는 것도 필요하다. 이를 위해 먼저 인식할 필요가 있는 것은 생태지역주의의 여러 형태들은 사회와 자연을 '존재론적 이분법'의 관점에서 바라보는 태도를 재생산하며, 이런 태도는 나름의 정치적 효과를 발휘한다는 점이다. 이런 존재론적 이분법의 관점에서 보면 인간사회의 '내부적' 측면인 사회의 규모를 축소해야 한다는 요구는 인간사회와 떨어져 자연상태로 존재하는 '외부적' 측면인 자연의 규모를 확대시켜야 한다는 요구를 반드시 수반하게 돼있다. 그러나 인간은 사회 안에서 살아가는 동시에 자연 안에서 살아간다. 지역의 환경은 사회적 노동의 매개, 그리고 자연과 사회 둘 다를 재생산하는 자연의 지속적인 신진대사를 고려하지 않고는 올바로 이해될 수 없다.[51] 환경은 언제나 자연의 변화와 사회의 변화가 결합되는 데서 생성되며, 지역의 사회생태적 과정은 언제나 더 폭넓은 사회경제적, 자연적 과정 속에 존재한다. 특정하게 주어진 어떤 지리적 규모가 반드시 이론적, 정치적으로 우선돼야 할 이유는 없다. 어떤 지리적 규모가 이론적, 정치적으로 우선돼야 할 것인가는 규모를 구성하는 사회생태적 과정의 측면에서 파악되고 규정돼야 한다.[52]

이를 다른 방식으로 표현할 수도 있겠다. 시장의 압박이 가치를 창출하는 생산능력을 집약적으로 증대시키고 새로운 부가가치를 실현하기 위한 교통과 통신의 능력을 확대하는 방향으로 가해진다는 것은 자본주의 아래에서 지역적인 계급투쟁은 전개될 수 없고, 영구적인 국경으로 구획된 각각의 영토 안에서는 지역적인 생태가 형성될 수 없음을 의미한다.[53] 축적을 가로막는 지역적 장벽을 무너뜨리기 위해 지속적으로 시장과 지배구조의 경계를 재편하는 신자유주의에 대항하기 위한 정치적 기획을 수립할 때에는 이 점을 고려해야 한다.

이런 측면에서 생태사회주의적 동맹과 정치적 조직화를 새롭게 추진해야 한다는 만만치 않은 과제가 곧바로 제기된다. 정치적 조직화는 그 원래의 의미에서, 그리고 그 실천적인 의미에서 언제나 반드시 지역적인 과정이다. 지부, 세포조직, 정치클럽, 교육모임, 시위계획, 동맹구축, 전단배포, 토론 등은 모두 우리가 일하면서 살아가고 있는 곳에 토대를 두어야 하고 그곳에서 이루어져야 한다. 자본주의에 대항하는 계급적, 생태적 투쟁이 성립되려면 가정, 일터, 이웃, 지역사회에서의 운동이 성공해야 하며, 이 모든 차원의 운동은 각각 특수한 환경 속에서 전개된다. 정치적 조직화와 정치적 능력은 무엇보다도 바로 이러한 투쟁을 각각의 특정한 장소에서 시간적으로 거듭 재생산하는 것과 관련된다. 그리고 이러한 투쟁은 나름대로 자기의 반대편이 구축한 정치적 동맹을 허물어뜨리거나 흡수통합하거나 고립시키려고 하는 동시에 축적과정에서 배제된 그 어떤 생태와 자원도 다 상품화하려고 하는 자본주의 세력에 맞서면서 전개될 수밖에 없다.[54]

힐러리 웨인라이트(Hilary Wainwright)는 10년 전에 '다른 종류'의 사회주의 '정당'들을 옹호하면서 이렇게 경고했다. "그러한 대안을 향해 끊임없이 상상의 나래를 펴고 손을 내뻗는 과정이 없다면 최근의 좌파 운동에 의해 고무된 활동과 조직들은 붕괴할 위험이 있다. 그렇게 되면 그런 활동과 조직들은 기존의 전통적 정당체제에 흡수되지는 않는다 하더라도 배분되는 자원의 양은 적고 착취는 심한 제3섹터나 주변적인 영역의 일부로 전락할 것이다."[55] 웨인라이트가 경고한 상황이 이미 벌어지고 있는 것은 아닌지, 그리고 생태지역주의 정치와 취약한 적록 정치동맹이 웨인라이트가 말한 '붕괴'를 대표하는 것은 아닌지에 대해서는 논쟁이 있을 수 있다. 지역적인 축적과정을 문제 삼고 가장 가까운 정치공간에서 필요한 운동과 통제를 계속 해나가고, 그렇게 함으로써 일상생활에서 이루어지는 단편적 저항행위들이 시간을 건너 서로 연결되면서 조직적 대안의 구상과 건설에 전체적으로 힘을 보태게 하는 것이 사회주의적 혁신과 생태주의적 혁신의 가장 기본적인 요소다. 이런 기본적 요소가 실현되지 않는다면 지구적 사회정의 운동이나 세계사회포럼과 같은 것도 거의 아무런 의미가 없을 것이다.

또한 정치적 조직화는 지식의 측면에서나 활동적인 연대의 측면에서나 어떤 한 장소에서 전개되는 계급투쟁이 폭넓은 범위의 다른 장소들에서 전개되는 계급투쟁과 소통할 수 있게 하며, 그 결과로 개념적 추상의 차원에서 가능한 것을 현실에 실현할 수 있게 해준다. 물론 이런 일은 정치적 행동, 반성, 토론, 학습 등이 규모의 모든 수준을 유동적으로 넘나들며 이루어져야 가능하다. 정의로운 대안들을 나열하는 식의 국제적 활동도 물론 다양한 분야에 걸쳐 열린 대화를 하는 데 도움이 되긴 하지만, 정치적 조직화는 전략적 사고와 행동에 이런 식의 국제적 활동에서는 얻을 수 없는 깊이를 더해준다. 인터넷은 이메일을 통해 전 세계에 걸쳐 엄청난 양의 정보를 퍼뜨릴 수도 있고 공분을 불러일으킬 수도 있다. 하지만 인터넷을 통해 유기적 자발성을 전 세계의 다중에게 아무리 많이 전파한다 해도 인터넷을 통한 활동이 사회적 행동에 의해 뒷받침되는 경우는 거의 없다.

지역의 전투성을 보다 넓은 영토적 규모에서의 민주주의 및 생태적 지속가능성에 대한 요구와 그 실현을 위한 사회생태적 정책강령으로 전환시킬 수 있으려면 정치적 능력의 발전이 필요하다. 그렇게 된다면 정치는 변혁적인 성격을 갖게 되고, 실제 경험이 이루어지는 다양한 규모들을 넘나들면서 보다 포괄적인 사회적 세력을 형성하는 변증법적인 과정이 된다. 그람시가 말한 대로 "어떤 현실의 운동도 곧바로 자신의 지구적 성격을 인식할 수 없으며, 오직 경험을 통해 점차적으로만 그것을 인식하게 된다"[56]고 할 수 있다. 사회생태주의가 해내야 할 정치적 과제는 지역별 투쟁들을 서로 연결하고 일반화하는 동시에 자연과 사회를 조절하는 기제로서의 자본주의 시장과 신자유주의가 보편화하는 데 대항해 사회생태적 변혁을 추구하는 일반적 기획에 지역별 투쟁들을 연결하는 것이다.

그동안의 생태지역주의 정치는 어떤 의미에서는 이 글에서 간략히 제시하고 살펴본 의제와는 반대되는 것이었다. 생태지역주의는 지역을 이상적 규모로 내세우는가 하면 개별화하고 특수화하는 정치의 맥락에서 공동체의 성격을 지닌 생태적 이상향을 상정한다. 신자유주의 아래서 생태지역주의는 개인의 시장행동을 변화시키고, 지역생태와 지역공동체를 보다 폭넓은 투쟁이나 정치적 야망과 단절시키고, 그것을 지역 내부에 국한시키고자 하는 실용적인 시도로 전락했다. 그러나 국가적인 것이나 지구적인 것은 지역적인 것보다 덜 인간적이고 덜 실용적인 규모라는 생각[57]을 바탕에 깔고 있는 제안이라면 그게 어떤 것이든 지지할 이유는 없는 반면 반대할 이유는 얼마든지 있다. 그렇다고 해서 내가 신자유주의에 반대하는 정치에서 지역적인 것이 중요하다는 점을 부정하는 것도 아니고, 탈자본주의 사회의 적정한 규모라는 문제가 중요하다는 점을 부정하는 것도 아니다. 다만 나는 지역의 사회생태적 투쟁들은 세계적 규모에서 초월적으로 존재하는 자본주의의 보편적 기획으로부터 분리될 수 없으며, 사실 그러한 자본주의의 보편적 기획을 대변하는 것일 수 있다고 주장하고자 한다. 마르크스가 파리코뮌에 부여했던 의미도 이것이다. 마르크스에 따르면 바리케이드 뒤에서 탄생하고 있으면서도 동시에 야심과 함의에서는 '단언컨대 국제적인' 맹아적 지역사회, 그것이 바로 자본주의 체제에 대해 파리코뮌이 갖고 있었던 상징적인 의미다.

"만약 통합된 협동적 사회가 공동의 계획에 입각해 국가적인 생산을 규율하고, 그렇게 함으로써 그것에 대해 자체적인 통제를 하면서 자본주의적 생산의 숙명처럼 계속돼온 무정부 상태와 주기적인 혼란을 종식시킨다면, 여러분, 그것이 코뮌주의가 아니라면, '실현가능한' 코뮌주의가 아니라면 달리 무엇이겠습니까."[58]

그런데 이 구절에 과연 '실현가능한' 생태지역주의도 끼워 넣을 수 있을까?

(박주한 옮김)[59]

지구온난화 문제를 다룬 다큐영화 〈불편한 진실〉에 출연한 앨 고어 전 미국 부통령이 2007년도 노벨평화상을 받았다. 지구온난화 문제를 해결하기 위한 방안으로 탄소배출권을 사고파는 글로벌 마켓이 등장했다. 유가는 무서운 기세로 올라 배럴당 100달러를 위협하고 있다. 지구온난화와 관련된 사업을 하는 기업들에 투자하는 '지구온난화 펀드'가 우리나라에서도 절찬리에 팔리고 있다. 대통령선거에 출마한 후보자들도 이제는 지구온난화를 비롯한 환경문제를 도외시할 수 없게 됐다. 이런 작금의 현상들에서도 알 수 있듯이 우리는 지금 환경위기의 시대에 살고 있는 것이 분명하다. 하지만 간과해서는 안 될 것은 자본이 바로 이와 같은 환경위기를 새로운 투자처로, 축적의 기회로 보고 있다는 점이다. 환경문제도 시장을 통해 해결할 수 있다는 '자신감'의 표출이자 가히 놀라운 자본주의의 변신능력을 보여주는 것이 아닐 수 없다.

이 책은 물리적인 환경위기와 더불어 지금의 신자유주의 시대에 벌어지고 있는 자연의 상품화, 사유화, 민영화, 시장화, 금융화를 여러 사례들을 통해 보여주고 있다. 여기에는 기업, 국가, 지방정부 등이 환경담론을 차용해 기존의 반환경적 행태를 위장하는 녹색세탁(greenwashing)도 포함된다. 녹색세탁도 자연을 상품화하는 행위로 볼 수 있기 때문이다. 이와 같은 새로운 현상들에 대한 설명이 필요하지만 우리 사회에는 그런 설명이 부족하다. 물론 과거 개발독재 시절에 국가와 자본에 의해 저질러진 환경파괴 행위와 다소 다른 형태로 최근에 나타나고 있는 각종의 환경파괴, 국토파괴를 '신개발주의'나 '토건국가'의 경향으로 보고 그런 틀에서 문제점을 지적하는 흐름은 그동안에도 있었다. 하지만 그것만으로는 우리 눈앞에서 전방위로 펼쳐지고 있는 새로운 현상들을 설명하기엔 역부족이다. 우리는 녹색의 외피를 둘러쓰고 있는 국가, 자본, 시민사회, 과학기술계, 국제기구, 지방정부 간의 세력관계 변화를 정밀하게 분석하지 못하고 있다. 그가장 큰 이유는 '자연' 또는 '환경'이라는 문제를 단순히 환경오염에 따른 자연의 피해라는 관점에서만 다루는 경향에 있다고 하겠다. 그렇게만 해서는 누가 자연을 소유하고, 누가 자연을 생산해내고, 그 결과로 누가 이득을 보고, 누가 피해를 입는지를 제대로 설명할 수 없다.

해마다 발간되는 〈소셜리스트 레지스터〉의 2007년도 판인 이 책 《자연과 타협하기》는 전 세계의 자연 및 환경 문제에 대해 바로 그러한 설명을 좌파적 관점에서 종합적 분석을 통해 제시하고 있다. 사회학, 경제학, 정치학, 지리학, 인류학등 여러 학문분야에서 세계적으로 저명한 진보적 성향의 학자와 연구자들이 필자로 참여했다. 그들은 이 책에서 지구온난화와 에너지, 물, 자연재해, 농업과 먹을거리, 기업의 녹색세탁 등 중요한 현실의 쟁점들에 대해 심층적인 분석을 하는 동시에 이론적인 차원에서 자연의 생산과 상품화 경향, 자본주의의 모순과 환경문제, 환경적 갈등에 내재된 불평등 구조 등을 다루고 있다. 그들은 대체로 생태사회주의적 전망을 처방으로 내놓고 있지만, 생태사회주의가 빠질 수 있는 함정에 대한 경고도 잊지 않았다. 여전히 '환경이나 경제냐', '개발이냐 보전이냐'라는 피상적인 이분법의 방식으로 환경문제를 다루는 데 급급한 우리에게 이 책은 훨씬 더 깊이가 있고 구조화된 분석과 실현가능한 진보적 전망을 제시해준다.

이 책이 번역되어 국내에 선을 보일 수 있게 된 것은 번역에 참여해준 연구자들과 여러 선생님들 덕분이다. 모두 공간환경학회, 비판환경연구회, 정치생태학 연구모임 등을 통해 서로 알게 되고 관계를 맺은 분들이다. 이들 단체나 모임의 공통분모라 할 수 있는 최병두 선생님(대구대 지리교육과 교수)께서 이 책이 번역되고 출간되는 과정에서 결정적인 격려와 도움을 주셨다. 그리고 번역원고를 꼼꼼하게 손봐주고 멋진 책으로 세상의 빛을 보게 해준 필맥의 이주명 대표께 감사드린다. 모쪼록 이 책이 자연과 환경문제를 바라보는 한국사회의 시선을 좀 더 풍성하고 날카롭게 만드는 데 일조하게 되기를 바란다.

2007년 11월, 옮긴이들을 대표해 허남혁이 씀.

01 날씨에 관한 보고_기후위기의 실상

1 Andrew Ross, Strange Weather, New York: Verso, 1991, p. 170.

2 Julia Sereny와 Jennifer Kawaja(프로듀서), Glen Richards(편집자), Chris Romeike(카메라 담당).

3 Bruno Latour, We Have Never Been Modern, translated by Catherine Porter, Cambridge: Harvard University Press, 1993.

4 Ross, Strange Weather, p. 198.

5 http://unfccc.int에서 볼 수 있음.

6 Paul Brown, 'Corus Woes Help CO_2 Goals', Guardian, 2004년 4월 8일.

7 http://web.worldbank.org.

8 http://dieoff.org/page82.htm.

9 Boiling Point, New York: Basic Books, 2004; The Heat is On, Updated Edition, Reading: Perseus Books, 1998.

02 축적전략으로서의 자연

* 이 글을 준비하는 과정에서 통찰력 있는 주장과 제안으로 매우 큰 도움을 준 데보라 코웬과 스코트 프루덤에게 감사를 드린다.

1 Virginia Woolf, 'Mr. Bennett and Mrs. Brown', in The Captain's Bed and Other Essays, New York: Harcourt Brace, 1956, p. 25; Stephen Kern, The Culture of Time and Space, 1880~1918, Cambridge: Harvard University Press, 1983; Henri Lefebvre, The Production of Space, Oxford: Basil Blackwell, 1991, p. 96.

2 Federal Register. Federal Guidance for the Establishment, Use and Operation of Mitigation Banks, 60(28), 28 November 1995, pp. 58605~58614.

3 Morgan M. Robertson, 'No Net Loss: Wetland Restoration and the Incomplete Capitalization of Nature', Antipode, 32(4), 2000; Morgan M. Robertson, The Neoliberalization of Ecosystem Services: Wetland Mitigation Banking and Problems in Environmental Governance, Geoforum, 35(3), 2004.

4 이 책에 실린 아힘 브루넨그레버의 글을 보라.

5 R. Bayon, 'Making Money in Environmental Derivatives', The Milken Institute Review, March, 2002; Kevin St. Martin, 'Making Space for Community Resource Management in Fisheries', Annals of the Association of American Geographers, 91, 2001.

6 Cindi Katz, 'Whose Nature, Whose Culture? Private Productions of Space and the Preservation of Nature', in B. Braun and N. Castree, eds., Remaking Reality: Nature at the Millenium, New York: Routledge, 1998.

7 Friedrich Engels, The Condition of the Working Class in England, Moscow: Progress Publishers, 1973.

8 Robertson, 'The Neoliberalization', p. 362.

9 Bayon, 'Making Money'.

10 http://www.mitigationbankingconference.com.

11 Randy Martin, The Financialization of Everyday Life, Philadelphia: Temple University Press, 2002.

12 Scott Prudham, 'Commodifying GMOs in Canada: Some Recent (Mis)adventures', Antipode, forthcoming; Noel Castree, 'Commodifying What Nature?', Progress in Human Geography, 27(3), 2003; Robertson, 'The Neoliberalization of Ecosystem Services'.

13 Donna J. Haraway, Modest_Witness@Second_Millennium.Female©_Meets_OncoMouseTM, New York: Routledge, 1997.

14 Neil Smith, Uneven Development: Nature, Capital and the Production of Space, Oxford: Basil Blackwell, 1984, chapter 2; Neil Smith, 'The Production of Nature', in George Robertson and Melinda Mash, eds., FutureNatural, London: Routledge, 1996; Margaret FitzSimmons, 'The Matter of Nature', Antipode, 21(2), 1989; Noel Castree, 'The Nature of Produced Nature: Materiality and Knowledge Construction in Marxism', Antipode, 27(1), 1995.

15 Smith, Uneven Development, chapter 1.

16 Karl Marx and Friederich Engels, The German Ideology, New York: International Publishers, 1970.

17 Bruce Braun and Noel Castree, eds., Social Nature, London: Routledge, 2001.

18 Alfred Schmidt, The Concept of Nature in Marx, London: New Left Books, 1971; William Leiss, The Domination of Nature, Boston: Beacon Press, 1974.

19 가령 William Boyd, W. Scott Prudham and Rachel A. Schurman, Industrial Dynamics and the Problem of Nature, Society and Natural Resources, 14, 2001, p. 557을 보라.

20 가령 Braun and Castree, Social Nature를 보라.

21 Erik Swyngedouw, 'Modernity and Hybridity: Nature, Regeneracionismo, and the Production of Spanish Waterscapes', Annals of the Association of American Geographers, 89, 1999.

22 Matthew Wald, 'What's Kind to Nature Can be Kind to Profits', The New York Times, 17 May, 2006.

23 Smith, Uneven Development.

24 Prudham, 'Commodifying GMOs in Canada'.

25 Karl Marx, Capital, Volume I, New York: International Publishers, 1967, p. 386.

26 Boyd et al., 'Industrial Dynamics'.

27 Ibid., p. 555.

28 Ibid., p. 564.

29 Ibid., p. 557.

30 "가령 잡히지 않은 물고기가 어업의 생산수단이라고 우기는 것은 역설적인 말로 들린다. 그러나 지금까지 그 누구도 물고기가 없는 물속에서 고기를 잡는 기술을 발견하진 못했다." Marx, Capital I, p. 181을 참고하라.

31 Ibid., chapter 13.

32 Boyd et al., 'Industrial Dynamics', p. 568. 자연의 외재성 이데올로기에 대한 비판을 수정해 보다 정교하게 다듬은 것으로 Prudham, 'Commodifying GMOs in Canada'을 보라.

33 Karl Marx, Capital, Volume III, New York: International Publishers, 1967, chapters 25 and 29.

34 Michel Aglietta, A Theory of Capitalist Regulation, London: New Left Books, 1979 (미셸 아글리에타 지음, 성낙선 옮김, 《자본주의 조절이론》, 한길사―옮긴이).

35 Ibid., pp. 71~2.

36 Ibid. p. 79.

37 Haraway, Modest_Witness, p. 65; David Harvey, 'The Body as Accumulation Strategy', Society and Space, 40, 1998, pp. 401~21와 Cindi Katz, 'Whose Nature'도 보라.

38 이 책에 실린 헤더 로저스의 글을 보라.

39 Michael Schellenberger and Ted Nordhaus, 'The Death of Environmentalism. The Politics of Global Warming in a Post-environmental World', 2004 (http://www.thebreakthrough.org).

40 Aglietta, A Theory of Capitalist Regulation, p. 99.

03 화석자본주의의 사회적, 자연적 배경

* 이 글의 필자인 엘마르 알트파터의 저작 가운데 국내에 처음으로 번역, 소개된《자본주의의 종말》(염정용 옮김, 동녘, 2007)을 참고하라. (옮긴이)
* 이 글의 초고를 읽고 유익한 논평을 해주신 비르기트 만코프, 아힘 브루넨그레버, 어슐러 휴스를 비롯한 여러 분들과 이 글을 교열해준 퍼트리셔 마거리슨에게 깊은 감사의 마음을 전한다.

1 Andrew Mckillop, 'The Myth of Decoupling', in Andrew Mckillop, with Sheila Newman eds,, The Final Energy Crisis, Copenhagen, London: Pluto Press, 2005, pp. 197~216; Harry G. Frankfurt, On Bullshit, Princeton: Princeton University Press, 2005.

2 J. B. Opschoor, Environment, Economics and Sustainable Development, Groningen: Wolters Noordhoff Publishers, 1992; Wuppertal Institut für Klima, Umwelt, Energie, Zukunftsfähiges Deutschland. Ein Beitrag zu einer global nachhaltigen Entwicklung, Basel: Brikhäuser, 1995.

3 사전예방 원칙의 여러 측면에 대한 논의로는 Poul Harremoes, David Gee, Malcolm MacGarvin, Late Lessons from Early Warnings: The Precautionary Principle 1896~2000, Environmental Issue Report Number 22, Copenhagen: European Environment Agency, 2002를 보라.

4 보다 정교한 논문에서는 석탄, 석유, 가스를 차별화해 다룰 필요가 있을 것이다. 자본축적의 역사에서 이들이 수행한 역할은 사뭇 달랐다. 이 글에서 화석연료라고 하면 대부분 석유를 지칭하며, 석탄과 천연가스는 이 글에서 분석되지 않는다.

5 에너지의 종류는 역학적 에너지(운동에너지와 위치에너지), 빛에너지(복사에너지), 화학에너지, 열에너지, 전기에너지 등 매우 다양한데, 이것들 사이에 전환이 일어나는 과정에서 에너지의 총량은 일정하게 보존된다는 것이 '에너지 보존의 법칙'이며, 이를 '열역학 제1법칙'이라고 한다. 에너지가 전환되는 과정에서 필연적으로 일부 에너지는 열이나 진동(소리)과 같은 형태로 주변으로 흩어진다. 이처럼 주변으로 에너지가 분산되는 것을 '에너지 손실'이라고 한다. 에너지가 손실된다는 것은 에너지가 사라진다는 뜻이 아니라 열이나 소리 등의 형태로 주변으로 분산됨을 뜻한다. 즉 에너지의 '손실'과 '보존'은 배타적인 개념이 아니며, 오히려 에너지의 '손실'을 포함해야만 '보존'이 성립되는 것이다. 여기서 에

너지 분산의 정도를 보여주는 지표가 엔트로피(entropy)이며, 확률적 법칙으로서 '엔트로피는 증가한다'고 일반적으로 법칙화할 수 있다. 이를 '엔트로피의 법칙' 또는 '열역학 제2법칙'이라고 한다. 단 외부와의 에너지 출입이 있는 경우에는 엔트로피가 감소하기도 한다. 대표적인 예로 생물체나 지구 등의 계에서는 끊임없이 외부로부터 에너지가 유입되고 다시 외부로 에너지가 방출된다. 이런 경우에는 엔트로피가 작아지는 경우도 나타날 수 있다. (옮긴이)

6 William R. Clark, Petrodollar Warfare. Oil, Iraq and the Future of the Dollar, Gabriola Island: New Society Publishers, 2005, p. 79.

7 1956년에 미국의 셸 석유연구소에 근무하던 유명한 석유지질학자 매리언 킹 허버트(Marion King Hubbert)는 미국의 석유생산이 1970년 초에 정점에 달할 것이며 그 뒤에는 계속 내리막길을 걸을 것이라고 예측했다. 당시 거의 모든 석유전문가와 경제학자들은 허버트의 이같은 분석을 받아들이지 않았을 뿐만 아니라 그를 조롱하기까지 했다. 허버트의 예측을 둘러싼 논란은 미국의 석유생산이 실제로 감소하기 시작한 1970년까지 계속됐다. 허버트의 예측은 완벽하게 맞아떨어졌다. 세계의 산유량도 미국의 경우와 마찬가지로 최댓값에 달한 후 점차 감소하는 종 모양의 곡선을 그린다는 것이 입증됐다. 새로 발견되는 석유의 양은 1960년대에 최댓값에 도달했으며, 그 뒤에 발견되는 유전은 규모가 작았고 탐사 횟수에 비해 유전을 발견하는 데 성공하는 비율도 크게 떨어졌다. 반면에 전 세계의 석유소비량은 급속하게 증가해 1980년경부터는 새로 발견되는 석유의 양이 전 세계 석유소비량을 따라가지 못하게 되어 결국 우리는 이미 20년 전부터 석유대차가 적자인 시대에 살게 됐다. 이러한 석유부족이 전 세계에 미치는 영향을 우리는 이미 여러 차례 경험한 바 있다. 1973년의 1차 오일쇼크와 1979년의 2차 오일쇼크는 인류문명이 석유라는 에너지자원에 얼마나 크게 종속돼 있는가를 잘 보여주었다. 관련된 읽을거리로는 허버트의 방법을 토대로 석유생산량을 예측한 케네스 드페이스(Kenneth Deffeyes)의 《파국적인 석유위기가 닥쳐오고 있다(Hubbert's Peak)》(황의방 옮김, 중심, 2002)가 있다. (옮긴이)

8 Kenneth S. Deffeyes, Beyond Oil. The View from Hubbert's Peak, New York: Hill and Wang, 2005; Colin J. Campbell, The Assessment and Importance of Oil Depletion, in McKillop, The Final Energy Crisis, pp. 29~55.

9 비전통적 석유(non-conventional oil)란 전통적인 유정 방식이 아닌 다른 기법으로 생산되거나 추출된 석유를 말한다. 현재 비전통적 석유의 생산은 효율성이 떨어지고, 어떤 경우에는 전통적인 석유의 생산보다 환경에 더 큰 충격을 준다. 비전통적 석유 또는 그 채굴에 사용되는 기술의 종류에는 타르샌드(tar sand), 중유(heavy oil), 함유셰일(oil shale), 생물연료(biofuels), 열분해법(thermal depolymerization), 피셔-트로프슈 과정(Fischer-Tropsch process) 등이 있다. 전통적 석유가 고갈되면서 경제적으로 쓸모없는 것이 되어감에 따라 비전통적 석유자원에 대한 의존도가 점점 더 높아질 것으로 보인다. (옮긴이)

10 가령 Stephen Bunker, Underdeveloping the Amazon, Chicago: University of Illinois Press, 1985를 보라. 아울러 Hans Immler/Wolfdietrich Schmied-Kowarzik, Marx und die Naturfrage-Ein Wissenschaftsstreit, Hamburg: VSA 1994에 실린 '자연의 가치'에 대한 흥미로운 논의도 참고하라.

11 Juan Martinez-Alier, Ecological Economics: Energy, Environment and Society, Oxford: Basil Blackwell, 1987, p. 3.

12 지면의 제약 때문에 여기서는 핵에너지를 다루지 못한다. 그러나 핵에너지가 화석에너지의 대안이 될 수 없음은 분명하다. 핵에너지 또한 고갈되고 있으며(40년 내에 고갈될 것으로 보인다), 부정적인 외부효과(체르노빌에서 일어났던 것과 같은 핵사고부터 핵폐기물의 처리에 이르는 문제와 관련된 외부효과)가 매우 심각해서 핵에너지의 사용은 생태적으로 비합리적이며 윤리적으로도 정당화될 수 없다.

13 David Harvey, Justice, Nature & the Geography of Difference, Oxford: Blackwell, 1996; Elmar Altvater and Birgit Mahnkopf, Grenzen der Globalisierung. Politik, Ökonomie und Ökologie in der Weltgesellschaft, 4판, Münster: Westfalisches Dampfboot, 2004. 시간과 공간은 우리가 살아가는 자연의 좌표다. 시간과 공간의 압축은 노동과 생활의 자연적 조건, 즉 '외부환경' 및 '내부환경' (즉 인간의 건강)의 자연적 조건과의 단절을 수반한다.

14 Max Weber, Wirtschaft und Gesellschaft, Studienausgabe, Tübingen: J. C. B. Mohr Paul Siebeck, (1921) 1976, p. 534. (막스 베버 지음, 박성환 옮김, 《경제와 사회》, 문학과지성사, 1997—옮긴이)

15 Karl Polany, The Great Transformation: The Political and Economic Origins of Our Time, New York: Viking Press (1944) 1957. (칼 폴라니 지음, 박현수 옮김, 《거대한 변환—우리 시대의 정치적, 경제적 기원》, 민음사, 1997—옮긴이)

16 Karl Marx, Das Capital, Bände 3, in Marx-Engels-Werke, Bände 23~25, Berlin: Dietz Verlag, 1970. (칼 마르크스 지음, 김수행 옮김, 《자본론》, 비봉출판사, 1990—옮긴이)

17 Nicholas Georgescu-Roegen, Entropy Law and the Economic Process, Cambridge: Harvard University Press, 1971.

18 Angus Maddison, The World Economy: A Millennial Perspective, Paris: OECD Development Center Studies, 2001. 매디슨에 따르면 세계인구는 첫 번째 천년, 즉 0년에서 1000년 사이에 2억3080만 명에서 2억6830만 명으로 증가(연평균 0.02%)한 데 비해 1000년에서 1820년 사이에는 2억 6830만 명에서 10억4110만 명으로 증가했다. 1인당 국내총생산(GDP)도 비슷한 추세로 성장했다. 1990년 달러화 가치 기준으로 1인당 GDP는 첫 번째 천년에 444달러에서 435달러로 조금 감소한 데 비해 1000년에서 AD 1820년 사이에는 435달러에서 크게 증가해 667달러에 이르렀다.

19 Ibid., p. 28.

20 Richard A. Easterlin, Growth Triumphant: The Twenty-first Century in Historical Perspective, Ann Arbor: Michigan University Press, 1998.

21 Richard Heinberg, The Party's Over, Gabriola Island: New Society Publishers, 2003.

22 개방계는 물질과 에너지가 모두 교환될 수 있는 계(界), 폐쇄계는 물질은 교환되지 않고 에너지만 교환할 수 있는 계, 고립계는 물질과 에너지가 모두 교환될 수 없는 계다. (옮긴이)

23 Nicholas Georgescu-Roegen, The Entropy Law and the Economic Process, p. 303.

24 윤리를 배격하고 체제에 맞고 합목적적인 것만을 수행하는 논리. (옮긴이)

25 Ilya Prigogine and Isabelle Stengers, Dialog mit der Natur, München: Piper, 1986.

26 Nicholas Georgescu-Roegen, The Entropy Law and the Economic Process, p. 288을 보라.

27 Karl Marx, Capital, Vol 1, Penguin Books: Harmondsworth, 1976, p. 638~9.

28 Eric Hobsbawm, Age of Extremes: The Short Twentieth Century 1914~1991, London: Michael Joseph, 1994, Chapter 10. (에릭 홉스봄 지음, 이용우 옮김, 《극단의 시대: 20세기 역사》, 까치, 1997—옮긴이)

29 이용가능한 석유의 양과 매장량의 규모에 대한 분석가들의 의견에 어떠한 일치도 없다. 석유산업 쪽에서는 브리티시석유(BP)가 1조1500억 배럴의 석유가 아직 땅 속에 있다고 추정했지만, 석유정점연구협회(Association for the Study of Peak Oil)는 잔여 석유매장량은 약 7500억 배럴뿐이라고 추정했다. 하지만 석유산업 쪽의 추정을 근거로 삼고 수요증가분을 고려하지 않는다 해도 석유 매장량은 향후 41년, 즉 두 세대에 조금 못 미치는 기간 동안 사용할 수 있는 양에 불과하다는 것이 BP 스스로의 추정이다. BP Statistical Review of World Energy, 2005년 6월호를 참고하라. 이 문제에 대한 전체적인 개관을

보고자 한다면 Deffeyes, Beyond Oil: The View from Hubbert's Peak와 Seppo Korpela, Oil Depletion in the Unite States and the World, 2002년 5월 1일 미국 오하이오 주의 콜럼버스에서 열린 오하이오 석유판매자협회(Ohio Petroleum Marketers Association)의 연례총회 연설을 준비하기 위한 워킹 페이퍼(http://www.peakoil.com), 그리고 Korpela, Prediction of World Peak Oil Production, in Andrew Mckillop et al. eds., The Final Energy Crisis, pp. 11~28를 참고하라.

30 Deffeyes, Beyond Oil: The View from Hubbert's Peak와 새로운 데이터를 근거로 최근에 수정된 예측에 따르면 지구적 석유생산 정점은 2005년 12월 16일이었다고 한다. http://www.princeton.edu/hubbert/current-events-06-02.html.

31 셰브론(Chevron)은 2005년 7월 26일 〈파이낸셜 타임스〉에 실린 두 쪽짜리 광고에서 이렇게 지적했다. "1조 배럴의 석유를 다 쓰는 데 125년 걸렸습니다. 다음 1조 배럴은 30년 안에 다 쓸 것입니다."

32 금융 시스템이 세계 석유시장의 공급량과 유가에 대해 행사하는 또 다른 두 가지 압력이 존재한다는 점을 여기서 언급해두어야 하겠다. 그중 하나의 압력은 선물시장의 투기활동에서 발생한다. 2004년 이래 유가상승의 대부분은 금융투기 때문이었다. 다른 하나의 압력은 걸프만 지역의 부유한 석유생산국들이 벌어들인 '오일달러'를 금융자산에 과도하게 투자함으로써 이들의 소득이 석유수익뿐만 아니라 투자한 자본 및 이자의 흐름에도 의존한다는 사실에서 생겨난다.

33 연근해 채굴작업은 비용이 많이 든다는 단점이 있지만 석유에 대해 우려하는 사람들의 시야에서 채굴작업을 격려하는 것이 가능하기에 갈등을 피하게 해준다는 '이점'도 있다. 나이지리아 사례에 대해서는 David Hallowes and Mark Butler, Whose Energy Future? Big Oil Against People in Africa. groundWork Report 2005, Pietermaritzburg: groundWork, 2005를 보라.

34 Colin Campbell and Jean H. Laherrèrer, 'The End of Cheap Oil', Scientific American, 1998년 3월호, p. 44.

35 Ibid.

36 André Salem, 'Wundersame Ölvermehrung', Internationale Politik, 2006년 2월, pp. 44~49.

37 Colin Campbell, 'The Assessment and Importance of Oil Depletion', Andrew Mckillop, The Final Energy Crisis, pp. 38; 또한 http://www.energybulletin.net/9314.html도 참고하라.

38 Claudia Kemfert, 'Die ökonomischen Kosten des Klimawandels', DIW-Wochenbericht, 42, 2004.

39 나오미 클라인(Naomi Klein)이 신빙성 있게 지적한 것처럼, 2004년 크리스마스 즈음에 발생한 쓰나미와 뉴올리언스에 불어 닥친 파괴적인 허리케인의 경우에 구호단체와 각국 정부, 국제기구들이 벌인 구조작업이 어떤 면에서는 자연재해 자체보다 더 파괴적이었다. Naomi Klein, 'The Rise of Disaster Capitalism', The Nation, 2005년 5월 2일.

40 이것이 James O'Connor, Natural Causes: Essays in Ecological Marxism, London: Guilford Press, 1998의 논의주제다.

41 아프리카에서 청정개발체제(CDM)가 갖는 의미가 잘 논의된 글로는 Megan Lindow, 'A New Source of African Finance', Patrick Bond and Rehana Dada eds., Trouble in the Air. Global Warming and the Privatised Atmosphere, Durban: TNI/Centre for Civil Society, 2005, pp. 54~63가 있다. (국내에도 최근 CDM 사업이 늘어나고 있으며, 지자체들이 앞 다투어 이 사업에 뛰어들고 있다. 대표적인 사례가 2006년 9월 경북 안동시가 외국기업과 합작한 국내기업과 체결한 CDM 추진협약이다. 미국기업의 기술과 100억 원 정도의 영국기업 자본을 도입해 안동 지역의 위생매립장과 하수처리장에서 발생하는 메탄가스를 자원화함으로써 전력을 생산해 한국전력공사에 판매하고, 개선된 공정을 통해 확보하게 될 탄소

배출권을 외국자본에 돌려주는 대신에 안동시는 배출권 수익의 4%를 받는다는 것이 그 내용이다. 이런 방식을 통해 선진국 자본은 제3세계 국가들에서 비교적 저렴하게 탄소배출권을 확보하며, 향후 배출권 가격이 오를 경우에 상당한 차익을 남길 수도 있다─옮긴이)

42 금은 경제학이 자연의 영역에서 추상화해낸 것의 대표적 사례다. 금은 사회적, 경제적으로 화폐로 기능하긴 하지만 그 본질상 한정된 자원이다. 자본주의적 축적은 자연의 한계를 무시하고 화폐는 사회적 구성물이기 때문에 화폐의 기능은 자연적인 금의 형태와 분리되면서 지폐나 전자적인 형태인 비트와 바이트에 담기게 됐다. 자연적인 형태의 화폐는 거의 완전히 사라졌다. 자연적인 형태의 화폐로 금을 부활시키려는 시도(1960년대에 프랑스의 드골 정부 아래서 이루어졌던 사크 뤼프(Jacques Rueff)의 시도와 같은 것)는 시대착오적인 것으로 여겨져 조롱거리가 된다.

43 Peter Schwartz and Doug Randall, An Abrupt Climate Change Scenario and Its Implications for United States Security, Washington: Pentagon, 2003. http://www.ems.org.

44 Ibid., p. 9.

45 Ibid., p. 16.

46 석유정점에 관한 주장에 대해 '석유는 무생물과 화산활동에서 기원한 것'이라는 가설에 근거를 둔 반론이 존재한다. 만약 지표면 깊은 곳과 맨틀(mantle, 지구 내부의 핵과 지각 사이 부분─옮긴이)에 대량의 석유가 매장돼 있다면 석유공급이 가능한 시기는 먼 미래로 연장될 수 있을 것이다. 이 가설은 오래된 것이다. 그 기원은 19세기 초반에 알렉산더 폰 훔볼트(Alexander von Humbolt)가 쓴 저작으로까지 거슬러 올라간다. 이 가설은 과거 냉전시대에 소련에서 더욱 발전됐고, 생물에 기원을 둔 화석에너지를 기반으로 한 체제가 종말에 다가서면서 다시 거론되고 있다. 하지만 이 가설은 지구과학계에서 아직 증명되지 않았고, 기존의 화석에너지 체제에 안주하는 심리를 조장한다는 강력한 비판에 직면하고 있다. 설령 무생물에 기원한 석유가 땅 속에 매장돼 있다 하더라도 5천 미터 이상의 깊이까지 굴착을 해야 할 경우에 EROEI가 플러스로 나올지는 계산을 해봐야 한다. 생물 기원의 석유와 무생물 기원의 석유에 대한 논쟁을 전반적으로 잘 정리해 놓은 글을 읽고 싶다면 위키피디어(http://en.wikipedia.org)에서 '석유의 무생물 기원설(Abiogenic Petroleum Origin)'을 검색해보라.

47 석유는 다른 어떤 자연자원보다도 지구적 공공재라고 할 수 있다. 석유는 수억 년에 걸친 자연적 과정을 거쳐 만들어진 것이지 인간의 활동이 개입해 만들어진 것이 아니기 때문이다. 오늘날 지구적 공공재, 즉 자연적 풍요는 재산권 부여를 통해 사적인 부로 변환되고 있으며, 자원과 재화는 상품으로 변환되어 세계시장에서 팔리고 있다. 공공재의 사적 전유는 민중을 상대로 한 징발 또는 강탈의 또 다른 측면이다. 공공재를 사적인 재화로 변환시키는 가치부여의 양면적인 과정은 정치권력의 행사를 통해서만 가능하며, 따라서 역사상 이러한 과정을 추동한 것은 언제나 국가였다. 또한 대부분의 경우 이는 저항을 촉발했다.

48 Roy Harrod, 'The Possibility of Economic Satiety-Use of Economic Growth for Improving the Quality of Education and Leisure', Committee for Economic Development, in Problems of United States Economic Development, 1권, New York: Committee for Economic Development, 1958, pp. 207~13; Fred Hirsch, Die Sozialen Grenzen des Wachstums, Reinbeck: Rowohlt, 1978.

49 네 번째는 자선의 형태로, 베네수엘라의 우고 차베스 대통령이 2005년 말부터 2006년 초 겨울 사이에 시행했다. 그는 미국의 에너지 부족 사태를 기회로 삼아 국가의 보조를 받아 가격이 저렴한 베네수엘라의 석유를 미국 시민들에게 공급했다. 난방비, 주유비, 전기료를 감당할 수 없는 빈민들 또한 아직 남아있는 숲에서 땔감을 구하거나 인근 공장에서 주운 산업폐기물 같은 다른 연료로 난방을 해야 할

처지에 몰린다. 많은 빈민들은 비화석에너지 공급원을 찾거나 전기선을 몰래 끌어대어 에너지를 훔치는 것 외에는 다른 방법이 없다.

50 David Harvey, 'The 'New' Imperialism: Accumulation by Dispossession', Socialist Register 2004 (데이비드 하비 지음, 진보저널읽기모임 옮김, 《새로운 제국의 도전》, 한울, 2005—옮긴이); David Harvey, The New Imperialism, Oxford: Oxford University Press, 2003 (데이비드 하비 지음, 최병두 옮김, 《신제국주의》, 한울, 2005—옮긴이); Massimo de Angelis, Separating the Doing and the Deed: Capital and the Continuous Character of Enclosures, Historical Materialism, 12(2), 2004.

51 Michael Klare, Blood and Oil: The Dangers and Consequences of America's Growing Dependency on Imported Petroleum, New York: Metropolitan Books, 2004. 프리드먼(Freedman)이 한 말이나 그것과 비슷한 다른 발언들에 대해서는 Socialist Register 2004(진보저널읽기모임 옮김, 《새로운 제국의 도전》, 한울, 2005—옮긴이)에 실린 Leo Panitch, Sam Gindin, 'Global Capitalism and American Empire'를 보라.

52 Ibid.; Cheney-Report: National Energy Policy Development Group, National Energy Policy-Reliable, Affordable and Environmentally Sound Energy for America's Future, Washington: US Government Printing Office, 2001. 유럽에 대해 개괄적으로 소개한 글이 필요하면 Frank Umbach, 'Europas nächster Kalter Krieg', Internationale Politik, 2006년 2월호를 참고하라.

53 Adam Smith, An Inquiry into the Nature and Causes of the Wealth of Nations, E. Cannan edit, Ann Arbor: The University of Chicago Press, 1976, fifth book. (애덤 스미스 지음, 김수행 옮김, 《국가의 부의 성질과 원인에 관한 고찰》, 동아출판사, 1992—옮긴이)

54 전쟁비용을 합리적으로 정확히 계산해내기란 불가능하다. 비용의 여러 차원을 화폐가치로 환산하여 추정하는 것만이 가능할 뿐이다. 조지프 스티글리츠(Joseph Stiglitz)와 린다 빌메스(Linda Bilmes)는 미군의 이라크 점령이 2010년에 끝난다고 가정할 때 이라크에서 전쟁을 벌이고 이라크를 점령하는 데 소요되는 총 비용은 2조2천억 달러에 달할 것이라는 결론을 내렸다(Süddeutsch Zeitung, 2006년 4월 5일).

55 Chalmers Johnston, Der Selbstmord der amerikanischen Demokratie, München: Goldmann, 2004.

56 2007년 1월 초에 벨로루시가 천연가스 공급가격을 두 배로 인상한 러시아에 대한 보복으로 러시아산 석유에 대해 그동안 부과하지 않던 통과관세를 부과하겠다고 발표했다. 그러나 러시아가 통과관세 납부를 거부하자 벨로루시는 러시아산 석유를 유럽으로 보내는 송유관을 틀어막았다. (옮긴이)

57 William R. Clark, Petrodollar Warfare: Oil, Iraq and the Future of the Dollar, Gabriola Island: New Society Publishers, 2005를 참고하라.

58 David Hallowes and Mark Butler, Whose Energy Future? Big Oil Against People in Africa. groundWork Report 2005, p. 44에 인용돼 있는 앤드류 심스(Andrew Simms)의 말을 참고하라.

59 William R. Clark, Petrodollar Warfare: Oil, Iraq and the Future of the Dollar, p. 93을 참고하라. 앤디 스턴(Andy Stern)은 저서 《누가 석유전쟁의 승자가 될 것인가?(Who Won the Oil Wars?)》를 이렇게 시작한다. "19세기 중반에 근대 석유산업이 탄생한 이후 석유에 대한 인류의 추구는 인류의 세 가지 특성을 노출시켰다. 그것은 탐욕, 부패, 호전성이다." Who Won the Oil Wars? Why Governments Wage Wars for Oil Rights, London: Collins & Brown, 2005, p. 7.

04 생태적 질문_자본주의는 살아남을 수 있을까?

* 이 글의 초고에 대해 도움이 되는 논평을 해준 크리스 베너, 고든 클라크, 바버라 해리스-화이트, 에릭 스윈거두에게 감사의 뜻을 전한다.

1 '생태문제'는 마르크스주의 전통에서 다루어져온 다른 많은 문제와 맥을 같이 한다. 마르크스의 '유태인문제', 칼 카우츠키의 '농업문제', 마뉴엘 카스텔의 '도시문제' 등이 그것이다.

2 New York Times, 2006년 4월 18일.

3 이 책에 실린 엘마르 알트파터의 글. '시공간 압축'이라는 개념은 본래 데이비드 하비(David Harvey)가 발전시킨 것이다. David Harvey, The Condition of Postmodernity: An Enquiry into the Origins of Cultural Change, Cambridge: Blackwell, 1989 (데이비드 하비 지음, 구동회, 박영민 옮김, 《포스트모더니티의 조건》, 한울, 1996—옮긴이). 이 개념은 마르크스가 묘사했던 '시간을 통해 공간을 없애 버리려는' 자본의 충동에 근거하고 있다. 알트파터가 이 책에 실린 글에서 매우 날카롭게 설명하고 있는 대로 시공간의 탈압축(de-compression)은 거리와 시간이 압축되면서 시공간이 값싼 화석연료에 주로 의존하는 고도로 복잡한 운송체계와 얽혔던 상태가 해소되는 현상을 가리킨다.

4 석유에 어떤 유한한 끝이 존재하는 것은 틀림없겠지만 '석유정점'이라는 것은 하나의 신화에 불과하다는 주장도 강력하게 존재하고 있다. Retort (Iain Boal, T.J. Clark, Joseph Matthews, Michael Watts), Afflicted Powers: Capital and Spectacle in a New Age of War, London: Verso, 2005, pp. 38~78을 보라.

5 Karl Marx, Capital: A Critique of Political Economy, Volume 1, Translated by Ben Fowkes, London: Penguin Books, 1976, p. 283.

6 같은 책, p. 275.

7 같은 책, p. 290.

8 같은 책, p. 493.

9 같은 책, p. 283.

10 Karl Marx and Friedrich Engels, Manifesto of the Communist Party; cited from The Marx-Engels Reader, Second Edition, edited by Robert C. Tucker, New York: Norton, 1978, p. 476.

11 이 부분을 집필하는 데는 Michael Storper and Richard Walker, The Capitalist Imperative: Territory, Technology, and Industrial Growth, Cambridge: Blackwell Publishers, 1989를 많이 참고했다.

12 Marx and Engels, Manifesto, p. 476.

13 Harvey, Condition of Postmodernity; Storper and Walker, Capitalist Imperative, pp. 202~03; Robert Boyer, The Regulation School: A Critical Introduction, New York: Columbia University Press, 1990 (R. 브와예 지음, 정신동 옮김, 《조절이론: 위기에 도전하는 경제학》, 학민사, 1991—옮긴이).

14 Storper and Walker, Capitalist Imperative, p. 199.

15 같은 책, pp. 199~202. 또한 Peter Dicken, Global Shift: Industrial Change in a Turbulent World, Third Edition, New York: Guilford Press, 1998, p. 148을 보라.

16 Storper and Walker, Capitalist Imperative; Annalee Saxenian, Regional Advantage: Culture and Competition in Silicon Valley and Route 128, Cambridge: Harvard University Press, 1994.

17 Guy Debord, Society of the Spectacle, Detroit: Black and Red Books, 1977 (기 드보르 지음, 이경숙 옮김, 스펙타클의 사회, 〈현실문화연구〉, 1996—옮긴이); Henri Lefebvre, The Production of Space,

Translated by Donald Nicholson-Smith, Oxford: Blackwell, 1991도 보라.

18 David Goodman and Michael Redclift, Refashioning Nature: Food, Ecology, and Culture, London: Routledge, 1991.

19 David Harvey, The New Imperialism, Oxford: Oxford University Press, 2003 (데이비드 하비 지음, 최병두 옮김, 《신제국주의》, 한울, 2006—옮긴이).

20 이런 면에서는 기술변화에 대한 우리의 묘사도 충분히 강력하지 못하다. 자본주의가 점점 더 집중적인 방식으로 자연 자체의 과정을 생산의 순환회로 속으로 포섭하고 있음을 설명하는 보다 강력한 논의를 보려면 이 책에 실린 닐 스미스(Neil Smith)의 '자연생산'에 관한 설명을 참고하라.

21 중국은 점차 이러한 공간적 패턴을 모방하면서 고속도로를 급속하게 건설하고 교외 지역과 교외 쇼핑센터를 대규모로 건설하고 있다. 이런 현상은 이른바 중국을 이끌어가는 '기둥'인 자동차산업 및 가전산업과 결합된다.

22 캐롤 하임(Carol Heim)은 '도시건설'이 20세기 미국의 경제성장에서 매우 의미 있는 추동력이었음을 설득력 있게 주장한다. 강력한 기술변화에 관한 나의 견해는 그가 말한 '초시장적 힘(hypermarket force, 부동산개발과 토지가치 증대를 통한 거대한 자본이득 추구와 투기)'과 일맥상통한다. "대부분의 도시건설, 도시민의 교외이주, 재개발, 도심 재활성화의 뒤에 있는 동기는 생산에 투입되는 자본과 노동을 재배치함으로써 얻을 수 있는 더 높은 한계수익률이 아니라 바로 이러한 수익(부동산개발과 토지가치 증대를 통한 자본이득—옮긴이)이다." Carol E. Heim, 'Structural Changes, Regional and Urban', in Stanley L. Engerman and Robert E. Gallman, eds., The Cambridge Economic History of the United States, Volume 3 The Twentieth Century, Cambridge: Cambridge University Press, 2000.

23 Goodman and Redclift, Refashioning Nature.

24 David Harvey, The Limits to Capital, Oxford: Basil Blackwell, 1982.

25 물론 현재의 자본주의적 구성체 속에서 혁신과 기술변화는 단일한 자본가와 국가에 대한 이런 단순한 도식화를 훨씬 뛰어넘는 방식으로 고도로 조직화, 제도화, 더 나아가 산업화됐다. 벤처자본에서부터 산학협력, 광역 또는 심지어 국가적인 이니셔티브에 이르기까지 다양한 제도들은 적극적으로 새로운 가능성을 열고자 한다. 학자와 계획가들은 이제 혁신이 지니는 공간적 성격에 상당한 관심을 보이고 있다. 즉 개별 기업들을 초월하는 도시 및 광역 네트워크 속에 뿌리내리고 있는 주체들의 혁신잠재력에 주목하는 것이다. 그러나 자본축적의 논리가 기술변화에 있어서 가장 중요한 추동력이라는 여기서의 기본적인 주장을 강력한 '제도적, 금융적 매개'가 바꾸지는 못한다. 이런 점에 대한 문헌은 방대하게 존재하지만 그 가운데 몇 가지만 들면 다음과 같다. Annalee Saxenian, Regional Advantage: Culture and Competition in Silicon Valley and Route 128, Cambridge: Harvard University Press, 1994; Lewis M. Branscomb, Fumio Kodama, and Richard Florida, eds., Industrializing Knowledge: University-Industry Linkages in Japan and the United States, Cambridge: MIT Press, 1999; Storper and Walker, Capitalist Imperative; Michael Best, The New Competition: Institutions of Industrial Restructuring, Cambridge: Harvard University Press, 1990; Martin Kenney, Biotechnology: The University Industrial Complex, New Haven: Yale University Press, 1988; Manuel Castells and Peter Hall, Technopoles of the World: The Making of 21st Century Industrial Complexes, London: Routledge, 1994 (마뉴엘 카스텔, 피터 홀 지음, 강현수, 김륜희 옮김, 《세계의 테크노폴: 21세기 산업단지 만들기》, 한울, 2006—옮긴이); William Baumol, The Free-Market Innovation Machine: Analyzing the Growth Miracle of Capitalism, Princeton: Princeton University Press, 2002; Richard Florida, The Rise of the Creative Class: And How It's

Transforming Work, Leisure, Community and Everyday Life, New York: Basic Books, 2003 (리처드 플로리다 지음, 이길태 옮김, 《Creative Class: 창조적 변화를 주도하는 사람들》, 전자신문사, 2002—옮긴이).

26 우리의 주장이 자원을 보전하거나 지구온난화를 중단시키려는 노력에 오만하게도 찬물을 끼얹는 것으로 해석되어서는 안 된다. 이는 자본주의, 그리고 자연 및 지속가능성과 자본주의의 관계에 대한 특정한 사고방식들에 대한 비판이다.

27 Jack Ralph Kloppenburg, Jr., First the Seed: The Political Economy of Plant Biotechnology, 1492~2000, New York: Cambridge University Press, 1988 (잭 클로펜버그 지음, 허남혁 옮김, 《농업생명공학의 정치경제: 시작은 종자부터》, 나남출판, 2007—옮긴이).

28 이 책에 실린 에릭 스윈거두(Erik Swyngedouw)의 글.

29 Donna J. Haraway, Modest_Witness@Second_Millennium. FemaleMan©_Meets_OncoMouse™: Feminism and Technoscience, New York: Routledge, 1997.

30 이러한 상품화에 따르는 정치와 투쟁의 사례들을 보고자 한다면 이 책에 실린 스윈거두의 글에서 '물 사유화'에 관해 설명한 부분을 보라.

05 지속불가능한 자본주의_영국의 재생가능에너지 정치

* 이 글은 〈소셜리스트 레지스터〉의 홈페이지(www.socialistregister.com)에 게시된 글 '지속가능한 자본주의의 훼손: 재생가능에너지의 시장주도 정치(Undermining Sustainable Capitalism: The Market-driven Politics of Renewable Energy)'를 압축한 것이다. 이 글의 초고는 2006년 2월 영국 학술원(British Academy), 리프먼-밀리밴드 재단(Lipman-Miliband Foundation), 옥스퍼드대학교의 퀸엘리자베스하우스(QEH), 올프슨대학에서 후원하고 QEH가 주최한 '생태적 도전과 생태의 정치경제에 관한 워크숍'에서 발표됐다. 우리는 이 워크숍 참석자들에게 감사하며, 특히 정보를 제공해준(몇몇은 기밀정보도 제공해주었다) 프리탐 싱, 레베카 클라크, 조 해밀턴, 앨런 헌트, 조지 몬비어트에게 감사드린다. 워크숍에 참여해준 디터 헬름에게도 감사드린다. 또한 2005년 3월 바버라 해리슨-화이트와 의견교환을 해준 옥스퍼드 대학원생 벤 챔피언, 크리스 한센, 제임스 케어스테드, 토머스 심차크에게 감사의 뜻을 전한다. 우리는 이 프로젝트를 시동시킨 책의 저자인 엘마르 알트파터에게, 그리고 엘리너 화이트가 수행한 문헌조사에 연구비 지원을 해준 QEH 측에 감사의 말씀을 드린다. 잘못된 사실관계나 해석, 그리고 결론에 대해서는 바버라 해리슨-화이트에게 모든 책임이 있다.

1 John Bellamy Foster, 'The Scale of our Ecological Crisis', Monthly Review, 49(11), 1998 (존 벨러미 포스터 지음, 추선영 옮김, 《생태계의 파괴자 자본주의》, 책갈피, 2007—옮긴이); Tim Dyson 'On Development, Demography and Climate Change: The End of the World as We Know It', Population and Environment, 27(2), 2005.

2 이런 상상은 환경경제학과 발전에 관한 문헌들에서 가장 두드러지게 나타난다. 자본주의는 '시장', '경제', '민간부문', '성장'으로 완곡하게 표현되며, 환경은 비용이 수반되는 외부성으로 정형화된다.

3 Elmar Altvater, The Future of the Market. London: Verso, 1993. 특히 5장 '시장경제에 대한 생태적 비판을 향하여' pp. 181~235를 보라. 이 인용은 p. 202부터다. p. 213도 보라.

4 같은 책, p. 260.

5 원자력 에너지는 다음과 같은 이유에서 이 기획의 핵심이 아니다. ①점점 질이 떨어지는 우라늄을 채굴할 때 발생하는 이산화탄소 ②방사성 폐기물 관리 및 분열성 우라늄 동위원소 추출에 드는 비용과 물류 부담 ③발전소를 건설, 유지, 해체하는 과정에서 발생하는 이산화탄소와 사용 후 연료를 제거하는 문제 ④독성 및 비용 면에서 선례가 없는 폐기물의 생성, 처리, 보호(폐기물을 다시 원료로 사용할 수 있게 해줄 기술이 개발되기를 기다려야 한다) ⑤테러리스트가 공격목표로 삼기에 좋은 기술의 물리적 형태 ⑥역사적으로 드러난 재앙적인 누출과 사고의 위험에 대한 취약성(발전된 기체냉각로 기술로도 이런 위험은 줄어들지 않는다) ⑦핵무기 확산의 위험(현재는 이런 위험이 낮은 것으로 생각된다) ⑧역사적으로 늘 공적 보조금과 암묵적인 공적 보험으로 충당돼온, 비실용적으로 높은 수준의 비용과 외부성. 슈나이더(M. Schneider)는 프랑스의 원자력산업에서 발생하는 이산화탄소가 초래하는 비용이 프랑스 전체에서 이산화탄소가 초래하는 비용 전체의 10%에 이른다고 추정했다. M. Schneider, '그렇다. 핵은 온실가스를 발생시킨다(Oui, le nuclé qire produit des gaz à effet de serre)', L'Ecologiste, 1(2), 2000. 원자력은 화석에너지의 뒤를 이어 개발됐지만 저 엔트로피 해법이 아니다. 그렇다 해도 제임스 러브록(James Lovelock)이나 조지 몬비어트(George Monbiot) 같은 환경학자 겸 활동가는 만약 정치제도가 바뀌지 않고, 에너지 효율성이 지구 전체에 걸쳐 계속 떨어지고, 소비수준이 지속적으로 높아진다면 원자력 기술이 필요불가결하다는 결론을 내렸다. 만약 실제로 그렇게 된다면 숙련된 기술자의 부족이 사소하지 않은 문제가 될 것이고, 전 세계에 존재하는 천여 개의 원자로가 우리에게 알려진 우라늄 매장량을 전부 고갈시킬 것이다. 따라서 원자력은 장기적으로 일반화될 수 있는 해법이 아니다. A. Simms, P. Kjell and D. Woodward, Mirage and Oasis: Energy Choices in an Age of Global Warming, London: New Economics Foundation, 2005, pp. 31~2, 37, 42; D. M. Donaldson and G. E. Detteridge, 'Carbon Dioxide. Emissions from Nuclear Power Stations—A Critical Analysis of FOEY', Atom 400, 1990, pp. 18~22; New Scientist, 26 March 2005. 2003년에 영국 통상산업부 장관인 퍼트리셔 휴이트(Patricia Hewitt)는 영국에서 원자력 발전소의 단계적 폐쇄가 이루어지지 않을 것이라는 견해를 일축했다. 이 글의 필자 중 한 명인 바버라 해리슨-화이트는 2004년에 마이클 미처(Michael Meacher, 이라크전쟁 때문에 사임한 전 영국 노동당 소속 환경부 장관)로부터 '토니 블레어는 원자력을 지지하니' 이 글을 쓰는 데 시간을 낭비하지 말라는 조언을 들었다. 이러한 시각은 〈뉴 사이언티스트(New Scientist)〉(2004년 7월 17일)에서 되풀이됐다. 이 글의 초고가 씌어지고 있던 2006년에 영국의 대중은 심리적, 정치적으로 핵에너지의 부활에 대비하고 있는 중이었다.

6 계속 늘어나는 운송부문의 에너지 수요와 탄소격리 기술에 관해서는 Dieter Helm, Energy, the State and the Market: British Energy Policy since 1979, Oxford: Oxford University Press, 2004, pp. 346~52를 보라. 에너지 효율성에서 얻을 수 있는 즉각적인 편익을 주장하는 견해(40%까지 에너지 절감. B. Boardman, Prospects for Achieving the 40 per cent House, Oxford: Environmental Change Institute, Oxford University, 2005)와 이미 존재하는 기술 간의 극적인 대조, 그리고 그렇게 주장하는 견해와 연구비를 제대로 지원받지 못하는 미국과 영국의 에너지 절약 프로젝트 및 에너지 효율성을 정치적인 의제로 설정하려는 시도에 대한 적극적인 방해행위(Simms et al., Mirage and Oasis, pp. 4~5) 간의 극적인 대조에 대해서는 W. Keepin and G. Kats, 'Greenhouse Warming: A Comparative Analysis of Nuclear and Efficiency Abatement' Energy Policy, 15(6), 1988, pp. S38~S61를 참조하라. 2004년 10월 24일 〈더 타임스〉에 따르면 영국은 전력보다 운송이 이산화탄소 발생에서 더 큰 비중을 차지한다는 점에서 특이하다. 정부의 수석 과학자문관인 데이비드 킹(David King)에 따르면 탄소격리와 이산화탄소 오염원의 해

독 및 매립은 기후변화를 안정화시키는 데 필요한 기간 내에는 이용이 불가능한 기술적 해법이다(〈옵서버〉 2005년 7월 26일, 2006년 6월 11일). 이러한 기술의 막대한 비용과 가망 없는 지질학적 가능성은 그 목적의 진지함보다는 과학에 대한 하이테크 해법의 유혹에 대해 더 많은 것을 말해준다.

7 2004년 현재 영국의 최종 소비자들이 주로 사용하는 연료의 구성은 석유 47%, 천연가스 34%, 전기 17% 다. 발전에 사용되는 연료는 가스 38%, 석탄 35%, 원자력 22%, 기타 연료 3%이며, 석유와 수력이 각각 1%다. 영국의 전체 에너지 소비 가운데 가계부문의 비중은 28%, 산업부문은 21%, 상업부문은 6%를 차지하는 데 비해 운송부문은 33%를 차지한다. Digest of UK Energy Statistics, 2004: http://www.dti. gov.uk/energy/dukes/dukes2004/indexs.html.

8 Helm, Energy, p. 348.

9 Helm, Energy, p. 348. http://www.chemsoc.org/exemplarchem/entries/2004/plymouth_Whittleton /index.html. 이 웹페이지의 인용출처는 Europa 2004.

10 재생가능 에너지원으로 공인되고 있는 11개 부문의 숨겨진 이면정치를 이해하는 데 도움이 되는 문헌 은 사실상 존재하지 않는다. 풍력발전과 태양에너지가 언론에 많이 소개되면서 오히려 현 시점에서 훨씬 더 중요한 수력발전과 매립지 가스는 부각되지 못하고 있다. 아마도 매립지 가스는 온실가스 문 제에 대한 해결방안으로 간주되기 때문이라기보다 매립지에서 발생하는 오염문제를 다루는 데 도움 이 되기 때문에 재생가능에너지와 원자력 에너지를 비교한 신경제학재단(New Economics Foundation)의 2005년도 보고서에서 언급조차 되지 않은 것으로 보인다. 하지만 영국에는 174개의 매 립지 가스 프로젝트가 있고, 이들 프로젝트는 '비화석연료 의무(Non-Fossil Fuels Obligation)'에 관한 규정 아래서 시장이 보장될 뿐 아니라 성장의 가능성도 상당히 있다. 매립지 가스는 70만 가구에 전기 를 공급하면서 쓰레기 처리장 운영의 수익성을 높여준다는 점에 비추어 민간자본 축적의 정상적인 분 야라고 할 수 있다.

11 재생가능에너지에 대한 투자는 세계적으로 화석에너지에 대한 투자에 비해 미미하다. A. Simms, J. Oram, P. Kjell, The Price of Power: Poverty, Climate Change, the Coming Energy Crisis and the Renewable Revolution, London: New Economics Foundation, 1988, p. 9. 세계적인 경향은 반대방향이 다. 전 세계에서 재생가능에너지로 생산된 전기의 비중은 1970년에는 24%였지만 지금은 13%로 추락 해 있다. 그나마 이 정도의 비중이 유지되는 것은 땔감(wood-burning)이 사용되고 있기 때문이다. Andrew Simms, 'It's Time to Plug into Renewable Power', New Scientist, 2004년 7월 3일); Jenny Hogan and Philip Cohen, 'Is the Green Dream Doomed to Fail?', New Scientist, 2004년 7월 17일. 스웨 덴 정부가 모범적이다. 스웨덴 정부는 2020년까지는 석유 사용을 중단하기로 했고, 사브(Saab) 및 볼 보(Volvo)와 협력해 바이오 연료를 개발할 계획이다. John Vidal, 'Sweden Plans to be World's First Oil-Free Economy', Guardian, 2006년 2월 8일.

12 석탄이 초래하는 오염에 대해서는 Helm, Energy, pp. 180~1을 보라. 석탄을 녹색으로 포장하는 것에 대해서는 Guardian, 2005년 8월 25일을 보라.

13 Helm, Energy, pp. 303, 361.

14 'Community Renewable Energy Co-op planned for Oxfordshire', Energy4All web site 'Latest News', 2006년 6월 30일, http://energy4all.co.uk; 'Renewable Energy Crucial for Sustainable Communities says Minister', 2004년 8월 10일, PublicTechnology.net에 게시, http://www.publictechnology.net; 'The Need for Co-operative Solutions', Co-operatives UK, http://www.cooperatives-uk.coop/live/cme996.htm.

15 이는 장기적인 공익을 위해 보존되는 생산의 조건으로 이해된다. 하지만 실은 풍력터빈은 수명이 25년 밖에 안 된다.

16 Helm, Energy, pp. 349, 360~361. 'Britons "In Favour of Wind Farms"', BBC News online, 2004년 9월 19일, http://news.bbc.co.uk; Marcus Rand, 'Why We Need Wind Power', Guardian, Letters, 2004년 5월 10일.

17 R. Duke 와 D. Kammen, 'The Economics of Energy Market. Transformation Programs', The Energy Journal, 20(4), 1999; 'The Untimely Death of Salter's Duck', Green Left Weekly, 64, 1992; BBC Weather Centre: 대체 연료에 관한 게시물들, http://www.bbc.co.uk/climate/adaptation/renewable_energy.shtml; Ben Crystall, 'The Big Clean-Up', New Scientist, 2005년 9월 3일 기사; Simms, 'It's Time to Plug'.

18 베스타스(Vestas)와 술찬(Sulzan)은 인도에 지사를 두고 있고 풍력터빈을 유럽연합으로 수출한다.

19 운영비용에 관해서는 '영국 에너지연구센터(UKERC)'가 2006년 4월 5일에 웹사이트에 게시한 'UK Energy Research Centre Dispels Myths Surrounding Intermittent Renewable Energy'를 보라. http://www.ukerc.ac.uk; Greenpeace, Submission to the Stern Review on the Economic Aspects of Climate Change, London: Greenpeace, 2006; 'Untimely Death of Salter's Duck'; Helm, Energy, pp. 362~365.; Hogan and Cohen, 'Is the Green Dream'.

20 Simms et al., Mirage and Oasis, pp. 3~5. 심스 등은 태양, 풍력, 지열, 수력, 바이오매스, 해양에서 얻을 수 있는 에너지의 이론적인 잠재량은 현재 사용량의 대략 230만 배라고 주장한다. 또한 2004년 6월 1일부터 4일까지 독일 본에서 열린 'International Conference for Renewable Energy'에서 토마스 요한슨 등(Thomas B. Johansson et. al.)이 주제발표한 논문 'The Potentials of Renewable Energy'를 보라. 또한 파력과 조력의 예측가능성에 관해서는 Paul McGarr, 'Capitalism and Climate Change', International Socialism, 107, 2005. 을 보라. Greenpeace, Submission to the Stern Review도 보라.

21 Soumitra Ghosh, Climate Change and the Market Politics of Environment, Nagpur: National Forum of Forest People and Forest Workers, 2004. pp. 4~6. 이 책에는 침식과 홍수, 가뭄과 온도변화가 질병의 생태(disease ecologies)와 농업, 산림, 수자원, 토양구조에 미치는 영향이 요약되어 있다. A. Simms and J. Walter, The End of Development? Global Warming, Disasters and the Great Reversal of Human Progress, London and Dhaka: New Economics Foundation and Bangladesh Centre for Advanced Studies, 2002. pp. 3, 5를 보라.

22 Kari Norgaard, 'Denial, Privilege and Global Environmental Justice', Working Paper, 2003년 2월, Oslo: Centre for Environment and Development, University of Oslo, 2003. p. 1.

23 Guardian, 2005년 6월 10일.

24 정부의 지속가능발전위원회 의장인 조너선 포릿(Jonathan Porritt)에 따르면 중국은 2005년에서 2030년 사이에 550개의 석탄화력발전소를 건설할 계획이다(Observer, 2005년 7월 26일). 산업화를 위해서는 10테라와트의 전력이 필요하지만 교토의정서 아래서 창출된 청정개발체제(CDM)는 기껏해야 약 10~15%의 보조금을 오염유발 가맹국들이 에너지에 대해 제공하게 돼있을 뿐이다.

25 Simms et al., Mirage and Oasis, p. 30.

26 이 책에 실려있는 민치 리(Minqi Li)와 데일 원(Dale Wen)의 글을 보라. 중국의 원자력 에너지와 재생가능에너지 투자 계획에도 불구하고 이는 석탄에 기반을 둔 산업화이고, 따라서 중국 내의 지역 환경 피해는 지구온난화에 따른 파괴만큼이나 가속화되고 있다. Chinese Academy of Social Sciences, China

Modernisation Report, Beijing, 2006년을 Greenpeace China, 'The Story of Yellow River', Beijing, 2005년과 대조해가며 살펴보라.

27 Colin Leys, Market-Driven Politics, London: Verso, 2001; Beatrice Hibou, ed., Privatising the State, London: Hurst, 2004; George Monbiot, Captive State, London: Macmillan, 2000.

28 이에 관한 정보를 제공해주는 자료 역시 극히 다양하고 대부분은 빠르게 변한다. 에너지와 관련된 국가적 정치에 대한 안내서로는 Dieter Helm, Energy, the State and the Market: British Energy Policy since 1979를 권한다. 이 책은 영국의 모든 에너지정책 문서들에 대한 충실한 검토를 바탕으로 했고, 부문별로 정리가 돼있다. 시장과 시민사회의 정치에 대한 부분은 헬름(Helm)의 책에서는 다소 포괄적이지 못해서 좀 더 폭넓은 자료들을 참고했다.

29 이 부분의 집필에는 Helm, Energy, pp. 2~13, 295, 350~365, 481를 이용했다.

30 기후변화에 관한 총리의 연설, 2004년 9월 14일, http://www.number10.gov.uk/output/Page6333.asp.

31 지구의 친구들(Friends of the Earth)의 보도자료, 'Emissions Breach Kyoto Target', 2005년 9월 5일, http://www.foe.co.uk; Conal Walsh, Guardian, 2005년 6월 27일. 이 중 95%는 수력발전과 바이오 연료다. Simms et al., Mirage and Oasis, p. 8.; The Environmental Agency, 'Renewable Energy: Key Issues', http://www.environment-agency.gov.uk; Helm, Energy, p. 351. Bryony Wellington, 'Cash Point', Earthmatters, 2005년 봄.

32 Helm, Energy, p. 350.

33 http://www.transport2000.org.uk.

34 2002~3년에 미국은 2억5천만 달러였지만, 영국은 그 10분의 1을 조금 넘는 1220만 파운드에 그쳤다. Simms et al., Mirage and Oasis p.42에서 인용. '기후변화의 경제학'에 관한 영국 상원의 최근 보고서는 IPCC(기후변화에 관한 정부간 패널)의 '고배출 시나리오'를 비판하면서 "지구온난화에는 몇 가지 긍정적인 측면이 있으며" "(기후변화에) 적응하는 데 더 많은 관심을 기울여야 하고" "현재 원자력발전 용량은 유지돼야 한다"고 주장한다. House of Lords, The Economics of Climate Change, House of Lords, Select Committee on Economic Affairs, 2nd Report of Session 2005~06, 2005년 7월 6일.

35 Patrick Wintour, Guardian, 2006년 3월 28일.

36 Larry Elliott, Guardian, 2006년 6월 12일.

37 Patrick Wintour, Guardian, 2006년 3월 28일.

38 A. Oxman, D. Sackett, I. Chalmers와 T. Prescott, 'A Surrealistic Mega-Analysis of Redisorganisation Theories', Journal of the Royal Society of Medicine, 98, 2005, pp. 563~68.

39 국제개발부(DFID)는 보도자료 'United Kingdom position on the World Bank response to the Extractive Industries Review(EIR)'에서 세계은행을 가볍게 비판했다. http://www.dfid.gov.uk. 세계은행의 실제 투자에 관해서는, Simms et al., The Price, p.14를 보라. 세계은행은 재생가능에너지에 비해 22배나 많은 화석에너지 프로젝트를 벌이고 있다(Larry Lohmann of the Corner House, in Ghosh, Climate Change, p.16; Simms et al., The Price, p.14).

40 Monbiot, Captive State.

41 사기꾼이 운영하는 것으로 드러난 녹색 에너지기업들로부터 유출된 폭로. The Insight Team, 'Green Adviser Takes Cash for Access to Ministers'와 'The Conmen and the Green Professor', Sunday Times, 2005년 10월 2일.

42 이 부분은 Helm, Energy, pp. 2~12, 42, 179~92, 303, 345~80, 404~5를 참고해 집필했다.

43 예컨대 국가는 재생가능에너지에 보조금을 주어 시장실패를 보상한다. 국가는 재생가능에너지의 시장점유율에 대한 유동적인 목표치를 갖고 있으며, 재생가능에너지의 발전을 보조하기 위해 필요한 세수를 확보하는 방법으로 '기후변화세'를 통해 에너지에 세금을 부과한다.

44 Steve Morris, 'Estuary Energy Plan Makes Waves', Guardian, 2006년 4월 26일; Helm, Energy, p.349의 강 하구 조력 프로젝트에 관한 내용을 보라.

45 Paula Kirk, 'Gulf between Blair's Pledges and Action leaves Solar Power in the Lurch', SFL Project, Sustainable Energy Action Limited, London, 2005; McGarr, 'Capitalism and Climate Changes'; Simms et al., Mirage and Oasis, p.11; 'Scrapping the Clear Skies and Solar PVA Grand Funding Mechanisms', Renew, 155, 2005; R. McKie, The Observer, 2006년 6월 11일.

46 Margaret Beckett, Patrick Wintour에 의해 인용됨, Guardian, 2006년 3월 28일 기사; Gordon Brown, BBC News, 2006년 4월 22일.

47 세율에 관한 내용은 Helm, Energy, p.357을 보라.

48 http://www.dti.gov.uk/energy/nuclear/technology/history.shtml. 또한 Simms et al., Mirage and Oasis, p. 26을 보라.

49 지구의 친구들(Friends of the Earth)의 보도자료, 'Scottish M.P.'s Climate Change Bill "Needs Backing" says FoE', 2005년 2월 3일, http://www.foe-scotland.org.uk 'UK Needs New Climate Change Law, Says Coalition', 2005년 7월 13일, http://www.foe.co.uk.

50 Marco Verweij, 'Curbing Global Warming the Easy Way: An Alternative to the Kyoto Protocol', Government and Opposition, 38(4), 2003년을 보라.

51 'The Untimely Death of Salter's Duck'(주석 17)을 보라); Rand, 'Why We Need Wind Power'(주석 16)을 보라).

52 McGarr, 'Capitalism and Climate Change'.

53 '필요성의 정치(politics of necessity)'는 영국 사회과학연구위원회(ESRC)의 지원을 받는 주요 학제간 연구사업 중 하나인 '소비의 문화(cultures of consumption)'의 일부다. http://www.consume.bbk. ac.uk. 또한 브론원 모건(Bronwen Morgan)이 주도하는 프로젝트, 즉 공공설비 및 그 규제라고 불리는 것에 관한 프로젝트에 대해서는 http://seis.bris.ac.uk/~lwbmm/necessity-politics-details.html을 보라. Helm, Energy, p.42, 303, 362~8, 380도 참고.

54 Helm, Energy, p.380. 공공시설법(Utilities Act)에 관해서는 pp. 362~3과 p. 368을 보라; 유럽연합의 오염허용량(pollution permit)에 관해서는 지구의 친구들(Friends of the Earth)의 보도자료, 'Government Legal Challenge to Allow UK to Pollute more under EU Climate Scheme', 2005년 10월 18일, http://www.foe.co.uk를 보라. 건설업 또한 개탄스럽게도 규제가 빈약하며, 에너지 효율법을 따를 유인도 갖고 있지 않으며, 현재의 생산 조건을 유지하기 위하여 정치적인 활동을 한다(George Monbiot, Guardian, 2006년 5월 30일).

55 각각 http://www.labour.org.uk/manifesto와 http://www.greenparty.org.uk/files/reports/2004를 보라.

56 Patrick Wintour, 'Carbon Emission Targets Delayed by Government Row', Guardian, 2006년 1월 31일; http://www.sternreview.org를 보라.

57 Wintour, 'Carbon Emissions'. ('스턴 보고서(Stern Review on the Economics of Climate Change)'는 2006년 10월 30일에야 발표됐다. 700페이지에 이르는 방대한 이 보고서는 지구온난화를 방치할 경우 세계가 치러야 할 비용이 9조 6천억 달러에 달할 것이라고 추정했다. 이런 금액은 1, 2차대전의 비용을

상회하는 것이다. http://www.hm-treasury.gov.uk/independent_reviews/stern_review_economics_climate_change/sternreview_index.cfm에서 그 전문을 볼 수 있다―옮긴이)

58 P. Hetherington, Guardian, 2006년 2월 8일.

59 Helm, Energy, p. 362, p. 425.

60 A. Callari, C. Biewener, S. Cullenberg, eds., Marxism in the Postmodern Age, London: Guilford, 1994. p. 277에 실린 'Under the Falling Sky: Apocalyptic Environmentalism and the Production of Nature'에 나오는 신디 카츠(Cindy Katz)의 표현이다. 또한 Helm, Energy, p. 351, p. 353을 보라.

61 Michael Meacher M.P., 2004, 개인적인 대화에서.

62 이 부분은 Helm, Energy, 19장, pp. 345~7을 이용했다.

63 같은 책, pp. 356~7, p. 366.

64 에너지 기업들은 세금을 체납하는 경향을 갖고 있다. 엔론(Enron), 브리티시 에너지(British Energy), 캘리포니아의 NEUSA, 파워젠(Powergen), 센트리카(Centrica)의 경우를 보라(Helm, Energy, p.30); G. Monbiot, Guardian, 2006년 6월 13일.

65 Lord Oxburgh, Guardian, 2005년 6월 15일.

66 Robin McKie, 탄소 배출량 감축 실패는 "선택지가 아니다"라고 선언한 데이비드 킹(David King)과의 인터뷰. Observer, 2005년 6월 27일; 'Environment and Society'라는 제목 아래 있는 보고서 'What BP is Doing'(http://www.bp.com)을 보라.

67 Jonathan Porritt, Observer, 2005년 6월 23일.

68 K. Griffiths, Independent on Sunday, 2005년 6월 12일; Macalister, 'Shell wants London to be Windy City', Guardian, 2003년 12월 19일; Corporate Europe Observatory, 'Greenhouse Market Mania-UN Climate Talks Corrupted by Corporate Pseudo-Solutions', 2000년 11월 보도자료(http://www.corporateeurope.org); N. Mathieson, Observer, Special Report on Energy, 2006년 6월 11일 p. 3.

69 원자력에 찬성하는 전 노동당 하원의원 한 명은 BNFL의 한 고객을 대변한다. 또다른 의원은 미국의 원자로 폐기기업의 광고를 하기위해 정당정치를 접기까지 했다; 그런가 하면 또 어떤 의원은 '대서양 원자력 포럼(Transatlantic Nuclear Forum)'을 운영하기도 한다. T. Macalister, Guardian, 2006년 7월 11일, p. 22.

70 Helm, Energy, pp. 353~7.

71 http://www.ashdenawards.org.

72 Richard Wachman, Observer, 2005년 6월 26일 p. 15.

73 New Scientist, 2004년 7월 17일 p. 6.

74 Jonathan Porritt(지속가능발전위원회 의장), Observer, 2005년 7월 26일; Larry Elliott, Guardian, 2006년 6월 12일: Executives from Vodafone, Unilever, BAA, John Lewis Partnership, Tesco, Shell and eight other companies demanded urgent action from the prime minister.

75 Helm, Energy, p. 350; P. Brown, Guardian, 2005년 6월 24일. BWEA는 300개사가 회원으로 가입돼 있으며, 최근에는 풍력의 개념을 확장시켜 파력과 조력 에너지까지로 확장했다.

76 http://www.dti.gov.uk/news/newsarticle020106b.html.

77 Elliott, Guardian, 2006년 6월 12일.

78 http://www.climatechangecapital.com.

79 'The Wind Debate. New Anti-Wind Lobby', Renew On Line, 52(2004년 11~12월), http://eeru.open.

ac.uk/natta/rol.html.

80 A. Alderson, 'Prince Charles: Wind Farms are Horrendous', Telegraph, 2004년 8월 8일; D. Ward, Guardian, 2006년 3월 3일.

81 이 성명은 2005년의 '탄소 공개 프로젝트(Carbon Disclosure Project)'에서 미국 기업들이 거둔 침울한 성과의 맥락에서 나온 것이다: D. Adam, Guardian, 2005년 9월 15일.

82 'Joint Academies G8 Statement on Climate Change', http://www.royalsoc.ac.uk/landing.asp?id=1278.

83 미국에서 기후변화 과학은 석유 이익집단의 지지를 받는 공화당의 감시와 괴롭힘을 받고 있는 것으로 주장된다. P. Brown, Guardian, 2005년 8월 30일.

84 M. Grimston, The Importance of Politics to Nuclear Rebuild, London: Chatham House, 2005. '숙의 민주주의(deliberative democracy)'에 대한 옹호론은 Thomas Dietz, Elinor Ostrom and Paul Stern, 'The Struggle to Govern the Commons', Science, 302(5652), 2003, pp. 1907~12에서 찾아볼 수 있다. 정책 생산에서의 '실무전문가 과학'에 대한 옹호론은 정부의 수석 과학관료인 David King, 'Governing Technology and Growth', in Calestous Juma, ed., Science and Innovation in Africa, London: Smith Institute, 2005에서 폈다.

85 다음 두 사이트를 보라. http://www.foe.co.uk/campaigns/climate/press_for_change/, http://www.greenpeace.org/international/campaigns/climate-change/take_action.

86 국제개발부(DFID)의 지원금이 개발NGO들의 독립성을 제약하는 것처럼, 환경NGO들이 환경식품농촌부(DEFRA) 외무부(FCO)로부터 받는 지원금은 정부와 시민사회단체 간의 경계를 모호하게 한다.

87 래리 로먼(Larry Lohmann)에 따르면(http://www.thecornerhouse.org.uk) 세계야생기금(WWF)은 달성하기 어려운 품질관리 기준의 적용을 받는 제3세계의 탄소 투기장을 지원하고 있다.

88 'Blair Backs Nuclear Power Plans', BBC Newsonline, 2006년 5월 16일, http://news.bbc.co.uk.

89 Colin Leys, 'The Cynical State', Socialist Register 2006을 보라.

90 S. Ghosh, Climate Change. 재생가능에너지에 대한 소비자 수요가 어떻게 생겨나고, 추측되고, 구성되고, 대변되고, 조직되고, 억제되는가라는 질문은 너무 큰 문제이기 때문에 이 글의 범위를 벗어난다.

06 신자유주의 허리케인_누가 뉴올리언스 사태의 틀을 만들었나?

* 이 글은 〈Urban Geography〉에 실린 더 긴 글을 압축한 것이며, Victor Winston and Sons and Bellwether Publishing, Ltd.의 허락 아래 이 책에 실렸다.

1 New York Post, 29 August 2005, p. 2.

2 'The Shaming of America', Economist, 10 September 2005, p. 11.

3 Richard Cockett, Thinking the Unthinkable, London: Harper Collins, 1994; Lee Edwards, The Power of Ideas: The Heritage Foundation at 25 Years, Ottawa, IL: Jameson Books, 1997.

4 하원의 공화당 원내총무인 데니스 해스터트(Dennis Hastert)는 뉴올리언스의 재건은 "상식적인 게 아닐 수도 있다"고 솔직하게 밝혔다가 몇 시간 만에 이 발언을 철회해야 했다. Washington Times, 2 September 2005, p. A1에 인용돼 있음.

5 Michael Ledeen, 'The Doomed Cities', National Review Online, 1 September 2005, http://www.

nationalreview.com; Helle Dale, 'Preventing Future Catasrophies: Answers Needed on Katrina Response', Washington Times, 8 September 2005, A21.

6 Michael Novak, 'Hurricane Hysterics: A Message to Europe about Katrina', National Review Online, 14 September 2005, http://www.nationalreview.com. Helle Dale, 'Post-Katrina Frenzy', Washington Times, 14 September 2005, A19.

7 James K. Glassman, 'Katrina and Disgusting Exploitation', Tech Central Station, 31 August 2005, http://www.tcsdaily.com; Steven F. Hayward, 'Katrina and the Environment', Environmental Policy Outlook, American Enterprise Institute, Washington, DC, September/October, 2005. 기상학계에서 재배적인 견해는 지구온난화가 허리케인의 강도가 상당히 높아진(4급과 5급으로) 유력한 원인이라는 것이다. 그러나 이런 견해가 반드시 허리케인의 발생이 잦아진다는 뜻은 아니다. B. Henson and D. Hosansky, 'Busy Times in the Tropics', UCAR Quarterly, Fall, http://www.ucar.edu, and P.J. Webster et al., 'Changes in Tropical Cyclone Number, Duration, and Intensity in a Warming Environment', Science, 16 September 2005, pp. 1844~46을 보라. 카트리나 이후 몇 달 동안에는 이런 기상학적 쟁점이 정치적 동학의 한 원인이 됐다. Donald Kennedy, 'The New Gag Rules', Science, 17 February 2006, p. 917과 Valerie Bauerlein, 'Cold Front: Hurricane Debate Shatters Civility of Weather Science; Worsened by Global Warming?' Wall Street Journal, 2 February 2006, p. A1을 보라.

8 Stephen Johnson, 'Thanks, but No Thanks for Aid from Self-Serving Autocrats', Web Memo, No. 834, Heritage Foundation, Washington, DC, 2005.

9 Jamie Peck and Adam Tickell, 'Conceptualizing Neoliberalism, Thinking Thatcherism', in H. Leitner, J. Peck and E.S. Sheppard, eds., Contesting Neoliberalism: Urban Frontiers, New York: Guilford, 2006을 보라.

10 Jamie Peck, 'Liberating the City: Between New York and New Orleans', Urban Geography, forthcoming을 보라.

11 이 글에서는 '신자유주의'(즉 (신)보수주의, 자유지상주의, 자유시장론) 성향의 싱크탱크 연구자들이 쓴 글들이 인용되고 있다. 맨해튼연구소, 헤리티지재단, AEI, 카토가 주된 분석대상이다. 대체로 가장 '공적'인 형태의 글들이 이용됐다. 예를 들어 〈시티저널(City Journal)의 온라인 판이나 헤리티지재단의 웹메모(Web Memo)에 실린 글들 가운데 나중에 신문 칼럼란에 게재된 것들은 신문 칼럼을 기준으로 인용했다. 이런 칼럼들은 대개 싱크탱크들의 방대한 웹사이트에서도 그대로 찾아볼 수 있다. 각 글의 해석에 대해서는 싱크탱크의 연구자 및 활동가들을 대상으로 한 인터뷰 프로그램(이는 애덤 티켈(Adam Tickell)과 함께 수행한 싱크탱크 관련 프로젝트의 일환으로 실시됐다)의 도움을 받았다.

12 Nicole Gelinas, 'Will New Orleans Recover?', New York Sun, 1 September 2005, p. 9.

13 Ibid.

14 Nicole Gelinas, 'A Perfect Storm of Lawlessness', City Journal online, 1 September 2005, http://www.city-journal.org.

15 James G. McGann, Scholars, Dollars and Policy Advice, Philadelphia: Foreign Policy Research Institute, 2004.

16 Gelinas, 'A Perfect Storm of Lawlessness', p. 1.

17 마치 찰스 머레이(Charles Murray)의 Losing Ground: American Social Policy 1950~1980, New York: Basic Books, 1984에 등장하는 1970년대 뉴욕 도심의 허구적 커플인 해롤드(Harold)와 필리스(Phyllis)

와 같이.

18 George L. Kelling and Catherine M. Coles, Fixing Broken Windows: Restoring Order and Reducing Crime in Our Communities, New York: Free Press, 1996.

19 신 도시우파에 대한 더 폭넓은 분석은 Peck의 'Liberating the City'를 보라.

20 Theodore Dalrymple, 'The Veneer of Civilization', National Review, 26 September 2005, pp. 24~26; David Brooks, 'The Bursting Point', New York Times, 4 September 2005, p. 11.

21 카트리나에 대한 연방정부의 대응에 관해 쏟아져 나온 언론의 논평들(대개는 통렬한 비판) 가운데 특히 Angie C. Marek, 'A Crisis Agency in Crisis', U.S. News & World Report, 19 September 2005, pp. 36~38; Anna Mulrine, 'Lots of Blame', U.S. News & World Report, 19 September 2005, pp. 26~35. Compare Michael Parenti, 'How the Free Market Killed New Orleans', ZNet Commentary, 3 September 2005, http://www.zmag.org을 보라.

22 'President Outlines Hurricane Katrina Relief Efforts', Office of the Press Secretary, White House, Washington, DC, 31 August 2005.

23 Ben Lieberman, 'A Bad Response to Post-Katrina Gas Prices', Web Memo, No. 827, Heritage Foundation, Washington, DC, 2005. 이것은 결코 우연이 아니었다. AEI는 처음부터 이 사안에 몰두했고, 수요공급 법칙을 상기시키는 냉정한 글을 통해 '가격사기와 탐욕의 긍정적인 측면'을 칭송하기도 했다(John R. Lott, A Look at the Positive Side of Price-Gouging and Greed. Washington, DC: American Enterprise Institute, 2005).

24 Ben Lieberman, 'No Easy Answers for Post-Katrina Gas Prices', Web Memo, No. 831, Heritage Foundation, Washington, DC, 2005; Tim Kane, 'Labor Day Review: In Katrina's Wake', Web Memo, No. 827, Heritage Foundation, Washington, DC, 2005; James J. Carafano, 'Responding to Katrina: The Realities of a Catastrophic Disaster', Web Memo, No. 830, Heritage Foundation, Washington, DC, 2005.

25 Ronald D. Utt, 'The Katrina Relief Effort: Congress Should Redirect Highway Earmark Funding to a Higher Purpose', Web Memo, No. 832, Heritage Foundation, Washington, DC, 2005. '아무데도 못가는 다리' 이야기의 출처에 대해서는 Rebecca Clarren, 'A Bridge to Nowhere', Salon.com, 9 August 2005을 보라.

26 'Congress should Redirect Highway Pork to the Katrina Relief Effort', 9 September 2005, http://www.heritage.org.

27 Véronique de Rugy, 'Fools Rush In', Tech Central Station, 7 September 2005, http://www.tcsdaily.com; Chris Edwards, Both Parties Find Trough to Their Liking, Washington, DC: Cato Institute, 2005을 보라.

28 Edwin Meese, Stuart M. Butler and Kim R. Holmes, From Tragedy to Triumph: Principled Solutions for Rebuilding Lives and Communities, Special Report, No. 05, Washington, DC: Heritage Foundation, 2005, emphasis added.

29 Ronald D. Utt, 'President's Bold Action on Davis-Bacon will Aid the Relief Effort', Web Memo, No. 836, Heritage Foundation, Washington, DC, 2005. 데이비스-베이컨 법은 의회의 압력 때문에 두 달 후에 복구됐고, 이 결정에 대해 보수주의 싱크탱크들은 불만스러워했다(Tim Kane and David B. Muhlhausen, 'Should Federal Labor Policy be any Different after the 2005 Hurricane Season?', Backgrounder, No. 1893, Heritage Foundation, Washington, DC, 2005을 보라).

30 Stuart M. Butler, 'Lose the Rules', Los Angeles Times, 13 September 2005, p. B13.

31 Steven Malanga, 'New Orleans vs. New York?', City Journal online, 15 September 2005, http://www.city-journal.org.

32 'Death Tax Repeal/Katrina', Memorandum to Members of the United States Senate, 2 September 2005, http://www.atr.org.

33 Michael J. Graetz and Ian Shapiro, Death by a Thousand Cuts, Princeton: Princeton University Press, 2005, pp. 28~29.

34 Véronique de Rugy, 'Hurricane Relief Spending: How will we Pay for It?', Tech Central Station, 12 September 2005, http://www.tcsdaily.com;Brian M. Riedl, 'A "Victory" Over Wasteful Spending? Hardly', Web Memo, No. 839, Heritage Foundation, Washington, DC, 2005; Ronald D. Utt, 'Congress Faces Pressure to Surrender Pork for Flood Relief', Web Memo, No. 841, Heritage Foundation, Washington, DC, 2005.

35 Riedl, 'A "Victory" Over Wasteful Spending?'

36 Kevin A. Hassett, 'Let's Tie Katrina Aid to People, Not just Places', Bloomberg.com, 12 September 2005.

37 James K. Glassman, 'How to Rebuild a Great City', Scripps Howard News Service, 12 September 2005, http://www.shns.com, p. 2.

38 'President Discusses Hurricane Relief in Address to Nation', Jackson Square, New Orleans, Office of the Press Secretary, White House, Washington, DC, 15 September 2005.

39 Jonathan Weisman and Jim VandeHei, 'Bush to Request More Aid Funding; Analysts Warn of Spending's Impact', Washington Post, 15 September 2005, p. A1.

40 그 며칠 전에 하원의 다수당 원내대표인 톰 들레이(Tom DeLay)는 기자들에게 "상쇄할 예산을 가져오면 내가 기꺼이 처리하겠다. 그러나 누구도 아직까지 그런 것을 가지고 오지 못하고 있다"고 말했다 (Washington Post, 15 September 2005, p. A1에 인용돼 있음).

41 Stuart M. Butler, James J. Carafano, Alison A. Fraser, Dan Lips, Robert E. Moffit and Ronald D. Utt, 'How to Turn the President's Gulf Coast Pledge into Reality', Web Memo, No. 848, Heritage Foundation, Washington, DC, 2005, p. 3.

42 R. Glen Hubbard, 'A Post-Hurricane Action Plan Should Focus on People', Financial Times, 19 September 2005, p. 19.

43 Michael Franc, 'Legislative Lowdown — Week of September 19th', Human Events, 19 September 2005, http://www.humaneventsonline.com.

44 Ed J. Feulner, 'Don't Bind New Orleans in Red Tape', San Francisco Chronicle, 19 September 2005, p. B5.

45 Wall Street Journal, 15 September 2005, p. A20.

46 David Wessel, 'Small Government Rhetoric gets Filed Away', Wall Street Journal, 8 September 2005, p. A2. 또한 'Did Big Government Return with Katrina?', Cato Policy Report, Vol. XXVII, 2005, pp. 4~5; Michael Franc, 'Hurricane of Entitlements', National Review Online, 20 September 2005, http://www.nationalreview.com; William A. Niskanen, 'The End of Small Government?', American Spectator, 20 September 2005, http://www.spectator.org에서 표출된 반향을 보라.

47 공화당연구위원회(RSC)는 '미국과의 계약(Contract with America)' 프로젝트의 계승자인 공화당 우파의 재정 보수주의자들에 의해 장악돼 있다.

48 Wall Street Journal, 15 September 2005, p. B1에 인용돼 있음. Michael Franc, 'Legislative Lowdown — Week of September 26th', Human Events, 26 September 2005, http://www.humaneventsonline.com; Robin Toner, 'Thumbing Nervously through the Conservative Rulebook', New York Times, 11 September 2005, Section 4, p. 1; John R. Wilke and Brody Mullins, 'After Katrina, Republicans Back a Sea of Conservative Ideas', Wall Street Journal, 15 September 2005, p. B1도 보라. 헤리티지 계획에 대해서는 Meese et al., From Tragedy to Triumph.를 보라.

49 RSC [Republican Study Committee], Operation Offset: RSC Budget Options 2005, Washington, DC: Republican Study Committee, 2005.

50 Franc, 'Legislative Lowdown — Week of September 26th'; Alison A. Acosta Fraser and Michelle Muccio, 'The Growing Disconnect: Federal Spending and Congressional Leadership', Web Memo, No. 865, Heritage Foundation, Washington, DC, 2005. 헤리티지재단은 보수주의 활동가들 사이에서 블로그의 중요성이 점차 커지는 점을 고려해 '시민 저널리스트' 팀을 구성하고 이 팀으로 하여금 멕시코만 재건계획을 살펴보고 미심쩍은 지출의 사례들을 찾아내게 하자고 제안하는 한편 정보자유법(Freedom of Information Act)을 재건노력과 관계된 모든 문서들로 확대 적용할 것을 대통령에게 요구했다(Mark Tapscott, Using FOIA to Keep Katrina Recovery Honest, Washington, DC: Heritage Foundation, 2005). 마크 탭스코트(Mark Tapscott)도 실은 헤리티지재단의 열성적인 블로거들 가운데 한 명이다. 헤리티지재단의 '언론 및 공공정책 센터' 국장인 탭스코트의 블로그에 게시된 자기소개문에는 "예수를 따르고, 아내인 클라우디아의 헌신적인 남편이자 마커스와 지니를 너무도 사랑하는 아버지이고, 자유를 사랑하는 보수주의자이고, 저널리스트이고, 포뮬러 포드(Formula Ford) 차로 경주를 즐기는 레이서이고, 오클라호마 주에서 태어났지만 혈통으로는 텍사스 주 사람이고(두 곳 다 좋아함), 현재 사는 곳은 메릴랜드 주"라고 씌어 있다. 자신의 위치가 워싱턴이라는 사실은 숨기고 있는 것이다. 상위 250개의 정치 블로그 중 157개가 우파의 견해를 반영하고 있다. 맨해튼연구소는 CBS의 댄 래더(Dan Rather)와 〈뉴욕타임스〉의 하우얼 레인스(Howell Raines)가 물러난 것은 물론이고 2004년 대선에서 부시가 케리를 이긴 것도 블로그의 영향 때문이라고 믿고 있다. Brian C. Anderson, 'The Plot to Shush Rush and O'Reilly', City Journal, 16, 2005, pp. 16~28을 보라.

51 Wall Street Journal, 21 September 2005, p. A26. 그리고 8 September 2005, p. A18.

52 상원이 자체적으로 구성한 재정감시팀(Fiscal Watch Team)은 총 1300억 달러에 이르는 '상쇄 패키지'를 수용할 것을 요구했다. 여기에는 국가안보에 영향을 미치는 것들을 제외한 연방정부의 모든 정책 프로그램에 대한 지출의 5% 삭감, 연방정부 공무원들의 봉급 동결, 조제약에 대한 메디케어(Medicare, 노인과 장애인을 위한 의료보장—옮긴이) 혜택 적용의 2년 연기, 최근 통과된 고속도로법 관련 예산의 삭감 등이 포함됐다. http://www.coburn.senate.gov를 보라.

53 '선심예산 사냥꾼(Porkbusters)'의 홈페이지 주소는 http://www.truthlaidbear.com/porkbusters다. 이 홈페이지는 선심예산 감축법(Pork Barrel Reduction Act, S.2265)을 옹호하고 있고, '선심예산 명예의 전당(Pork Hall of Fame)'을 운영하고 있다('아무데로 못 가는 다리'로 명성을 얻은 알래스카 출신 상원의원인 테드 스티븐스가 이 '선심예산 명예의 전당'에 1위로 오른 것은 놀랄 일이 아니다). '선심예산 사냥꾼'은 흔히 '전쟁 블로그'로 알려져 있으며 전 세계에 걸쳐 가장 널리 읽히는 블로그들 가운데 하나인 '인스타펀딧(Instapundit)'에서 갈라져 나온 것이다. 선심예산 사냥꾼이 인스타펀딧에서 갈라

져 나온 이유는 인스타펀딧이 이라크 전쟁에 대해 강경한 입장을 취했기 때문이다.

54 Andrew M. Grossman and Ronald D. Utt, 'Pelosi Leads the Way on Highway Bill Give-Back', Web Memo, No. 852, Heritage Foundation, Washington, DC, 2005; Ronald D. Utt, 'Give up your Bike Path, Bridge for Hurricane Relief', USA Today, 28 September 2005, A11. 그러나 재정적 보수주의자들 사이에서 한동안(특히 2003년에 메디케어(Medicare) 법안이 통과된 뒤에) 공화당 지도부에 대한 불만이 형성된 바 있다. Véronique de Rugy and Nick Gillespie, 'Bush the Budget Buster', Reason, 19 October 2005, http://www.reason.com; Stephen Slivinski, The Grand Old Spending Party: How Republicans Became Big Spenders, Policy Analysis No. 543, Washington, DC: Cato Institute, 2005를 보라.

55 'President Holds Press Conference', Office of the Press Secretary, White House, Washington, DC, 4 October 2005. 대통령은 또한 카트리나 이후의 현실이 애국법(Patriot Act)의 시한 연장과 정유시설의 확장을 요구한다고 주장하고 그 논거를 나름대로 제시했다("멕시코만 연안을 강타한 폭풍은 주유소의 휘발유 판매가격을 끌어올려 미국인들 모두에게 영향을 주었다"는 등).

56 RSC, Pence Praises President's Call for Budget Cuts, Washington, DC: Republican Study Committee, 2005.

57 Michael Franc, 'Legislative Lowdown — Week of October 4th', Human Events, 4 October 2005, http://www.humaneventsonline.com.

58 Newt Gingrich and Véronique de Rugy, 'Pork, Pelicans, and Louisiana', Washington Times, 18 October 2005, A19; Véronique de Rugy, 'Pork Gumbo', Tech Central Station, 7 October 2005, http://www.tcsdaily.com.

59 Ed J. Feulner, Getting Serious about Spending, Washington, DC: Heritage Foundation, 2005; Michelle Muccio and Alison A. Fraser, 'House Leadership Reacts to Calls for Fiscal Responsibility', Web Memo, No. 879, Heritage Foundation, Washington, DC, 2005.

60 Ed J. Feulner, A Line in the Sand on Spending, Washington, DC: Heritage Foundation, 2005.

61 Ronald D. Utt, 'The Bridge to Nowhere: A National Embarrassment', Web Memo, No. 889, Heritage Foundation, Washington, DC, 2005; Press Room, Newspapers Across the Nation Agree: Congress Must Address Spending, Washington, DC: Heritage Foundation, 2005.

62 Ed J. Feulner, 'A Rainbow in the Aftermath of Katrina: Realization that Overspending Must Stop', Investor's Business Daily, 31 October 2005, p. A21.

63 Véronique de Rugy, 'Taming the Spending Beast', Press-Enterprise, 20 November 2005, p. D1. David C. John, 또한 'Providing Flood Insurance after the Disaster is a Mistake', Web Memo, No. 888, Heritage Foundation, Washington, DC, 2005도 보라.

64 Franc, 'Legislative Lowdown — Week of October 4th', p. 1.

65 Kane and Muhlhausen, 'Should Federal Labor Policy be any Different'.

66 Franc, 'Legislative Lowdown — Week of September 26th'.

67 Washington Times, 9 September 2005, p. A23에 인용돼 있음.

68 Thomas Sowell, 'Who will Rebuild New Orleans' Moral Levees?', Investor's Business Daily, 7 September 2005, p. A14.

69 George Neumayr, 'The Desolate City', American Spectator, November, 2005, p.50.

70 'President Discusses Hurricane Relief in Address to Nation'.

71 Robert Rector, 'How not to be Poor', National Review, 24 October 2005, p.28.

72 Charles Murray, 'The Hallmark of the Underclass', Wall Street Journal, 29 September 2005, p. A18.

73 Kay S. Hymowitz, 'Marriage and Caste', City Journal, 16, 2005, pp. 29~37.

74 Michael Harrington, The Other America, New York: Macmillan, 1962.

75 Nicole Gelinas, 'Who's Killing New Orleans?', City Journal, 15, 2005, p. 16.

76 Ibid., pp. 16, 21, 24~25.

77 Nicole Gelinas, 'Katrina Refugees Shoot up Houston', City Journal online, 4 January 2006, http://www.city-journal.org.

78 Joel Kotkin, 'Ideological Hurricane', The American Enterprise, January/February, 2006, p. 29.

79 Neil Smith, 'Giuliani Time: The Revanchist 1990s', Social Text, 16, 1998; Jamie Peck and Adam Tickell, 'Neoliberalizing Space', Antipode, 34, 2002; Neil Brenner and Nik Theodore, eds., Spaces of Neoliberalism, Oxford: Blackwell, 2002.

80 Neumayr, 'The Desolate City', pp. 48, 50.

81 Ibid., p. 50.

82 Franc, 'Hurricane of Entitlements'.

83 George Lakaff and John Halpin, 'Framing Katrina', The American Prospect, 7 October 2005, http://www.prospect.org.

84 'Press Conference of the President', White House, Office of the Press Secretary, White House, Washington, DC, 26 January 2006.

85 Spencer S. Hsu, 'Post-Katrina Promises Unfulfilled', Washington Post, 28 January 2006, p. A1.

86 Neil Smith, 'There is no Such Thing as a Natural Disaster', in Social Science Research Council, Understanding Katrina: Perspectives from the Social Sciences, 2005, http://www.understandingkatrina.ssrc.org.

87 Naomi Klein, 'Needed: A People's Reconstruction', The Nation, 26 September 2005, p. 12. 카트리나에 대한 진보적 대응에 대해서는 Eric Mann, Letter in Support of the Movement in New Orleans and the Gulf Coast, Los Angeles: Frontlines Press, 2005를 보라.

88 Mike Davis, 'Capitalisme de catastrophe', Le Monde Diplomatique, October, 2005, pp. 1, 4; Bruce Braun and James McCarthy, 'Hurricane Katrina and Abandoned Being', Society and Space, 23, 2005; Karen Bakker, 'Katrina: The Public Transcript of "Disaster"', Society and Space, 23, 2005.

89 Antonio Gramsci, Selections from the Prison Notebooks, New York: International Publishers, 1971, p. 10 (안토니오 그람시 지음, 이상훈 옮김, 《그람시의 옥중수고》 1, 2, 거름, 1999—옮긴이).

90 David Harvey, A Brief History of Neoliberalism, Oxford: Oxford University Press, 2005 (데이비드 하비 지음, 최병두 옮김, 《신자유주의의 짧은 역사》, 한울, 근간—옮긴이).

07 중국의 초고속 발전과 환경위기

* 이 글은 두 필자가 협력작업을 벌인 결과다. 그러나 두 필자가 각각 서로의 생각에, 그리고 이 글에 담긴 모든 생각에 완전히 동의하는 것은 아니다.

1 신자유주의 세계화가 중국에 미치는 영향과 중국이 실시한 시장지향적 개혁의 사회적 결과에 대해서는 Dale Wen, 'China Copes With Globalization: A Mixed Report' San Francisco: International Forum on Globalization, 2005와 Minqi Li and Andong Zhu, 'China's Public Services Privatization and Poverty Reduction: Healthcare and Education Reform (Privatization) in China and the Impact on Poverty', United Nations Development Programme Briefing Paper, 2004를 보라.

2 마오주의 시대와 시장지향적 개혁기에 중국이 보건의료와 교육 분야에서 이룬 성과에 대한 설명 및 그 성과를 다른 나라들의 경우와 국제적으로 비교한 내용에 대해서는 Li & Zhu의 'China's Public Services'를 보라.

3 중국의 시장지향적 개혁이 점진적으로, 그러나 필연적으로 자본주의적 경제사회 관계의 발전을 가져온 과정에 대해서는 Martin Hart-Landsberg and Paul Burkett, 'China and Socialism: Market Reforms and Class Struggle', Monthly Review, 56(3), 2004를 보라.

4 환경문제에 대한 기술적 해결책의 한계에 대해서는 John Bellamy Foster, Ecology against Capitalism, New York: Monthly Review Press, 2002를 보라 (존 벨러미 포스터 지음, 추선영 옮김,《생태계의 파괴자 자본주의》, 책갈피, 2007—옮긴이).

5 'The Chinese Miracle Will End Soon', Der Spiegel, 7 March 2005.

6 통계자료는 〈중국농촌경제통계연감(中國農村經濟統計年鑑)〉, 北京: 中國統計出版社, 1992에서 가져온 것이다.

7 중국의 농업 사유화가 가져온 경제적, 사회적, 환경적 영향에 대해서는 Mobo C. F. Gao, Gao Village: A Portrait of Rural Life in Modern China, Honolulu: University of Hawaii Press, 1999를 보라.

8 〈그림〉의 데이터는 China's State Statical Bureau, China Statistical Yearbook, 2004에서 가져온 것이다.

9 글로벌헥타르(global hectare)는 지구상에서 생물학적 생산성을 지닌 지역의 평균적인 생태적 수용능력 (biocapacity)을 말한다. 즉 지구의 생태적 수용능력을 모두 합산한 후에 지구의 표면적으로 나누면 1헥 타르 당 평균 생태적 수용능력을 구할 수 있으며 그 값이 바로 1 글로벌헥타르다. 글로벌헥타르의 값은 지역마다 다르다. 이는 동일한 생물량을 생산해내는 데 필요한 넓이가 지역마다 다르다는 뜻이다. 열대 림과 사막지역을 비교해보면 이해하기 쉬울 것이다. (옮긴이)

10 World Wide Fund for Nature, Living Planet Report 2002, Washington: WWF International, 2002.

11 국제적으로 비교해본 중국의 환경적 성과에 대해서는 Hua Wang, 'Environmental Performance Rating and Disclosure: China's Green-Watch Program', World Bank Policy Research Working Paper 2889, September, 2002를 보라.

12 중국의 물부족에 관해서는 Ma Jun, China's Water Crisis, Norwalk: East Bridge, 2004를 보라.

13 "7대강 수계 물의 30%가 5등급으로 분류되고 있다." 〈光民日報〉, 24 March 2005.

14 The State Environmental Protection Administration, China's Environmental Situation Brief, 2004.

15 중국의 토질저하와 토양침식에 관한 통계에 대해서는 주 14)의 자료를 참고하라.

16 Fang Xuanchang, 'How Much "Dirty Earth" is There in China?', China Newsweek, 4 July 2005.

17 Liu Liying, 'The Pearl River Delta: Poisoned Land', China Newsweek, 4 July 2005.

18 이 두 화합물질의 이름을 풀어 쓰면 각각 'Polycyclic Aromatic Hydrocarbon' 과 'Polychlorinated biphenyl'이다.

19 Chen Jiang, 'The Yangtze River Delta: The Dangerous Metal Land', China Newsweek, 4 July 2005.

20 국제 에너지 통계는 International Energy Agency, Key World Energy Statistics, Paris: International

Energy Agency, 2005를 보라.

21 중국의 에너지 수요와 공급 잠재력에 관한 조사 결과는 Shao Zhen, '能源', 鄭易生(Zheng Yisheng)—王世汝(Wang Shiwen) 編, 〈中國環境與發展評論〉, 北京: 社會科學文獻出版社, 2001, pp.191~203을 보라.

22 전 세계 석유생산의 정점과 관련된 쟁점과 증거에 관해서는 Andrew Mckillop with Sheila Newman, eds., The Final Energy Crisis, London: Pluto Press, 2005을 보라. 핵에너지와 재생가능에너지의 한계에 대해서는 Ted Trainer, 'Renewable Energy: What Are the Limits?'(미발표 원고)를 참고했다.

23 Chinese Academy of Agricultural Sciences & the Chinese Agrometeorology Institute, Investigating the Impacts of Climate Change on Chinese Agriculture, Report on Phase I of a China-UK collaboration project, 2004, Published online only and available from http://www.defra.gov.uk.

24 중국 도시민들의 환경의식 고양에 대해서는 Elizabeth Economy, The River Runs Black, Ithaca: Cornell University Press, 2005를 보라.

25 2001년 6월 초 〈工人日報〉에 '중금속이 마을의 암 발생률을 치솟게 한다'는 제목의 기사가 실렸다.

26 Wang Jiaquan, 'Riverside Villages Count Cancer Cases', China Daily, 19 October 2004.

08 아프리카의 생태포퓰리즘적 유토피아와 자본주의적 현실

* 바버라 해리스-화이트(Barbara Harriss-White)에 의해 조직되고 옥스퍼드 대학교에서 열린 '소셜리스트 레지스터 워크숍'에 참석해 이 글의 초고를 읽고 논평해준 동지들에게 감사한다. 이 짧은 글에 너무 긴 주석을 달지 않기 위해 여기에 참고문헌 목록을 제시하니 관심 있는 독자들은 참고하기 바란다. 이 참고문헌 목록은 우리가 이 글을 쓰면서 참고한 과거와 오늘날의 경험적 연구 결과물이거나 가령 소상품 생산이나 '현존 자본주의' 등에 대한 분석과 관련해 우리가 이 글에서 간략히 언급하고 만 이론적 논거를 훨씬 더 자세히 설명해놓은 자료들이다. Henry Bernstein, 'The Peasantry in Global Capitalism: Who, Where and Why?', The Socialist Register 2001; 'Considering Africa's Agrarian Questions', Historical Materialism, 12(4), 2004; 'Rural Land and Land Conflicts in Sub-Saharan Africa', in Sam Moyo and Paris Yeros, eds., Reclaiming the Land. The Resurgence of Rural Movements in Africa, Asia and Latin America, London: Zed Books, 2005; 'Land Conflicts in Sub-Saharan Africa: Political Economy and Moral Economy', Afriche e Orienti, forthcoming; Philip Woodhouse, 'African Enclosures: A Default Mode of Development', World Development, 31(10), 2003; Philip Woodhouse, Henry Bernstein and David Hulme, African Enclosures? The Social Dynamics of Wetlands in Drylands, Oxford: James Currey, 2000; Henry Bernstein and Philip Woodhouse, 'Telling Environmental Change Like It Is? Reflections on a Study in Sub-Saharan Africa', Journal of Agrarian Change, 1(2), 2001; Admos Chimhowu and Philip Woodhouse, 'Customary vs. Private Property Rights? Dynamics and Trajectories of Vernacular Land Markets in Sub-Saharan Africa', Journal of Agrarian Change, 6(3), 2006.

1 Melissa Leach and Robin Mearns, 'Challenging Receives Wisdom in Africa', in Leach and Mearns, eds., The Lie of the Land, Oxford: James Currey, 1996, p. 1. 리치(Leach)와 미언스(Mearns)는 물을 핵심자원으로 언급하지 않았고, 영향력 있는 이 책 The Lie of the Land에 실린 글의 필자 중 어느 누구도 물 문제를 다루지 않았다.

2 원래 출처는 John S. Saul and Colin Leys, 'Sub-Saharan Africa in Global Capitalism', Monthly Review, 51(3), 1999, p. 13다. John S. Saul, The Next Liberation Struggle. Capitalism, Socialism and Democracy in Southern Africa, Toronto: Between The Lines, 2005에 재수록돼 있음.

3 L. Taylor, T. Brown, A. Benham, P. Lusty and D. Minchin, World Mineral Production, 2000~2004, Nottingham: British Geological Society, 2006.

4 United Nations Environment Programme report: Fisheries and the Environment. Fisheries Subsidies and Marine Resources Management. Lessons Learned from Argentina and Senegal, UNEP.ch/etb/ publications, Geneva: United Nations Environment Programme, 2001, pp. 39~43.

5 아보카도(avocado) 나무처럼 키가 크고 잎이 넓어 그늘을 만들어주는 나무와 커피를 함께 심어 커피가 그늘에서 자라도록 하는 친환경적 커피재배 방식. (옮긴이)

6 케냐의 화훼수출에 대해서는 Alex Hughes, 'Accounting for Ethical Trade: Global Commodity Networks, Virtualism and the Audit Economy', in Alex Hughes and Suzanne Reimer, eds., Geographies of Commodity Chains, London: Routledge, 2004를 보라. 커피와 관련된 사례는 Benoit Daviron and Stefano Ponte, The Coffee Paradox. Global Markets, Commodity Trade and the Elusive Promise of Development, London: Zed Books, 2005, p. 178을 참고했다.

7 Joan Martinez-Alier, The Environmentalism of the Poor. A Study of Ecological Conflicts and Valuation, Cheltenham: Edward Elgar, 2002.

8 우리는 World Database on Protected Areas, 2005년에 나와 있는 Daniel Brockington의 추정치를 활용했고, 아프리카 보호지역의 현재 추세에 대해 조언을 듣는 등 그에게서 많은 도움을 받았다.

9 David McDermott Hughes는 강한 흡인력이 있는 저서 From Enslavement to Environmentalism: Politics on a Southern African Frontier, Seattle: University of Washington Press, 2006에서 현재의 환경보전주의적 모형과 개입이 어떻게 식민주의의 '원주민 문제'를 재생산하는지를 보여준다.

10 예컨대, FAO의 Global Forest Resources Assessment 2005, Rome: FAO, 2005와 UNEP의 Global Environmental Outlook, Geneva: United Nations Environment Programme, 2006(http://www.unep.org)을 보라.

11 M. E. Adams, 'Savanna Environments' in William M. Adams, Andrew S. Goudie and Antony R. Orme, eds., The Physical Geography of Africa, Oxford: Oxford University Press, 1996, p. 196.

12 Garrett Hardin, 'The Tragedy of the Commons', Science, 162, 1968. Eric B. Ross가 쓴 생동감 넘치는 책 The Malthus Factor. Poverty, Politics and Population in Capitalist Development, London: Zed Books, 1998은 Hardin의 불유쾌한 정치적 견해와 그의 인적 관계에 관한 정보를 담고 있다.

13 Ester Boserup, The Conditions of Agricultural Growth: The Economics of Agrarian Change Under Population Pressure, London: Allen and Unwin, 1965. Colin Clark and Margaret Haswell, The Economics of Subsistence Agriculture, London: Macmillan, 1964는 선구적인 경제통계학자이자 발전경제학자이며 가톨릭 신자인 클라크(Clark)가 집필한 반맬서스주의적이고 사실상 인구증가를 옹호하는 여러 개의 글 가운데 하나다.

14 Mary Tiffen, Michael Mortimore and Francis Gichuki, More People, Less Erosion. Environmental Recovery in Kenya, Chichester: John Wiley, 1994; Mary Tiffen and Michael Mortimore, 'Malthus Controverted: the Role of Capital and Technology in Growth and Environmental Recovery in Kenya', World Development, 22(7), 1994.

15 United Nations Environmental Programme, Global Environment Outlook GEO-3 Factsheet Africa, Geneva: United Nations Development Programme, 2006.

16 Jane Guyer, 'Women's Work and Production Systems: A Review of Two Reports on the Agricultural Crisis', Review of African Political Economy, 27, 1983은 산림지역에서 여성들이 재배하며 탄수화물을 제공하는 주식작물인 덩이줄기 및 뿌리작물이 식량생산 총량 추정에서 누락되는 경향이 있다는 점을 지적한다. 식량생산 관련 자료가 지닌 문제점과 그런 자료가 어떻게 잘못 사용되고 있는지에 대해서는 Sara Berry, 'The Food Crisis and Agrarian Change in Africa: A Review Essay', African Studies Review, 27(2), 1984; Philip Raikes, Modernising Hunger. Famine, Food Surplus and Farm Policy in the EEC and Africa, London: James Currey, 1988; Stephen Wiggins, 'Interpreting Changes from the 1970s to the 1990s in African Agriculture through Village Studies', World Development, 28(4), 2000를 보라.

17 William Beinart는 아프리카의 맥락 속에서 이렇게 지적한다. "정치경제학과 생태학의 관점에 입각해 체계적으로 구축된 환경사는 아직도 거의 시작되지 않았다." 'Environmental Destruction in Southern Africa', in Leach and Mearns, The Lie of the Land, p. 71.

18 Karl Marx, Capital, Volume 1, translated by Ben Fowkes, Harmondsworth: Penguin Books, 1976, p. 91, Saul and Leys, 'Sub-Saharan Africa', p. 13.

19 Mike Davis, Planet of Slums, London: Verso, 2006, p. 181 (마이크 데이비스 지음, 김정아 옮김, 《슬럼, 지구를 뒤덮다》, 돌베개, 2007—옮긴이).

20 예를 들어 남부 아프리카를 비롯한 아프리카의 여러 지역에 존재하는 이주노동 체계의 역사적 맥락 속에서 반(半)프롤레타리아화라는 개념은 '주변부 자본주의'에 대한 기능주의적 설명에서 반드시는 아니더라도 종종 활용된다.

21 Leo Panitch and Colin Leys, Socialist Register 2001, 'Preface', p. ix.

22 이런 점은 동질적인 노동빈민 대중을 창출하는 과정으로서의 '반(半)프롤레타리아화'를 강조하는 관점과는 달리 아프리카 남부의 노동이주 체계에 대해 오래전부터 보다 섬세하게 실시된 연구들이 보여주었다.

23 역사적으로 자본가의 토지재산이 강탈로부터 생겨난 곳(정착식민지)에 속하지 않았던 사하라 이남 아프리카의 대부분 지역에서는 중농이나 부농의 농장에 공급되는 상품을 생산하는 전문화된 소상품 생산 구역(소자본가에 의한 생산이 이루어지는 구역)에도 노동시장이 침투했음에도 농산물의 상품화와 농업의 사회적 분화 과정이 거대한 토지재산을 보유한 분명한 계급의 형성으로 이어진 경우가 매우 드물었다.

24 국가가 제공하는 신용, 투입물에 대한 보조금 지급, 기술적 지원, 마케팅 지원 등을 예로 들 수 있다. 공공재인 이러한 서비스의 제공은 미흡했지만, 그나마 그것이 아예 폐지되는 경우에는 농민들의 상황이 더욱 악화됐다. 소농들의 비료사용이 급격하게 감소한 것은 시장자유화의 효과를 가장 분명하게 보여주는 지표이며, 이는 농업생산성과 긴밀한 연관성을 갖는다.

25 Deborah Bryceson, 'Deagrarianization and Rural Employment in Sub-Saharan Africa: A Sectoral Perspective', World Development, 2(1), 1996, and 'African Rural Labour, Income Diversification and Livelihood Approaches: A Long-term Development Perspective', Review of African Political Economy, 80, 1999.

26 이 점에 대해서는 우리가 이 글을 완성하고 있을 때 출판된 마이크 데이비스의 책 《슬럼, 지구를 뒤덮다(Planet of Slums)》를 보라. 문체에 생기가 넘치는 이 책의 주제영역은 우리의 주제영역과 크게 다르

지만, 그가 '비공식 노동계급', '무자비한 미시자본주의'라고 부른 것에 대한 그 자신의 분석이 노동의 파편화(분화의 축들도 포함해), 노동계급, 그리고 노동계급의 재생산 위기에 관한 우리의 논제 및 아이디어와 많은 부분 비슷하다는 점이 우리를 놀라게 했다.

27 이 점에 대해서는 Pauline Peters가 'Inequality and Social Conflict Over Land in Africa', Journal of Agrarian Change, 4(3), 2004에서 사실에 관한 서술과 함께 설득력 있게 주장했다.

28 Kojo Sebastian Amanor, 'Night Harvesters, Forest Hoods and Saboteurs: Struggles over Land Expropriation in Ghana', in Sam Moyo and Paris Yeros, eds., Reclaiming the Land. The Resurgence of Rural Movements in Africa, Asia and Latin America, London: Zed Books, 2005.

29 Ben Cousins, 'The Zimbabwe Crisis in its Wider Context: The Politics of Land, Democracy and Development in Southern Africa', in Amanda Hammar, Brian Raftopoulos and Stig Jenson, eds., Zimbabwe's Unfinished Business: Rethinking Land, State and Nation in the Context of Crisis, Harare: Weaver Press, 2003을 보라. 2004년 제정된 남아프리카공화국의 '공동체 토지권리법(Communal Land Rights Act)'에 대해서는 이 분야에서 이 나라의 선도적 활동가 단체인 전국토지위원회(National Land Committee)도 비판을 가한다.

30 두 가지 예를 들 수 있는데, 하나는 토지의 개간, 파종, 잡초제거, 추수 등의 경작활동에서 이루어지는 협력의 '전통적' 형태이고 다른 하나는 토지 및 가축을 '대여'하는 '전통적' 관행이다. 두 가지 다 가난한 농민들의 노동을 그들의 부유한 이웃이 전유한다는 사실을 보이지 않게 가린다.

31 Stefano Ponte, Farmers and Markets in Tanzania. How Policy Reforms Affect Rural Livelihoods in Africa, Oxford: James Currey, 2002를 보라. 신자유주의의 시대에 수출작물 생산보다 식량생산의 실적이 일반적으로 더 낫다는 점을 감안한다면 '오늘날 세계시장에서 경쟁능력이 없는 아프리카 농업'이 '탈농업화'의 근본적인 원인이라는 브라이세슨의 견해('African Rural Labour', p. 185)는 아프리카 농업의 경향에 대한 보다 섬세한 파악과 세계 농업상품 시장에서 '경쟁'이 어떻게 구조화되는지에 관한 보다 비판적인 입장으로 보완될 필요가 있다.

32 Mahmood Mamdani, 'Extreme but not Exceptional: Towards an Analysis of the Agrarian Question in Uganda', Journal of Peasant Studies, 14(2), 1987, p. 208에 인용돼 있음.

33 Ibid.

34 Leach and Mearns, 'Challenging Received Wisdom', p. 3.

35 John Murton, 'Population Growth and Poverty in Machakos District, Kenya', Geographical Journal, 165(1), 1999, p. 44. 머튼 이전에 다이앤 로셀로(Dianne Rocheleau)가 티펜과 모티모어가 전개한 역사적이고 공간환경적인 설명의 여러 측면들뿐만 아니라 불평등의 과정과 양상에 대한 관심 부족에 대해 의문을 제기한 바 있다. 이에 대한 답변을 보면 티펜과 모티모어는 사회적 분화에 대해 '확정적인 말'을 하기에 충분한 정보를 갖고 있지 않음(물론 이들은 사회적 분화를 문제 삼지도 않았다)을 알 수 있다. 이들은 또한 "다른 사람보다 나은 개인과 가족은 언제나 있어 왔고 앞으로도 있을 것"이라는 견해를 갖고 있었다. 이런 견해는 불평등을 인간의 조건에 내재돼 있는 것이며, 따라서 보다 일반적으로 식민지 자본주의와 상품화의 고유한 특성이 아니라고 본다. 이들의 문답은 'More on Machakos', Environment, 37(7), 1995로 발표됐다.

36 Ian Scoones and Camilla Toulmin, Politics for Soil Fertility Management in Africa, London: Department for International Development(DFID), 1999, p. 51.

37 이 문제를 보다 넓은 관점에서 탐구한 책으로는 마무드 맘다니(Mahmood Mamdani)의 독창적인 저서

인 Citizen and Subject. Contemporary Africa and the Legacy of Late Colonialism, Cape Town: David Philip, 1996이 있다. 우리가 인용한 그의 논문 '극단적이지만 예외적이지는 않은(Extreme but not Exceptional)'에서 그는 "후원의 정치학(politics of patronage)은 해체효과를 가져온다. … 가난한 사람들은 사회적인 문제에 대해 개인적인 해결책을 찾기 때문에 서로가 타인에 대항해 개인적인 이익을 추구하게 되면서 원자화된다"고 지적했다.

38 John Iliffe, The African Aids Epidemic. A History, Oxford: James Currey, 2006, p. 156.
39 Hughes는 From Enslavement to Environmentalism, p. 172에서 '공동체 기반의 자연보전'을 비롯해 정부, 원조공여자, NGO 사이에서 널리 유포된 농촌공동체 담론이 갖고 있는 '고의적인 지역주의'가 '폭넓은 규모로 농민들이 행동에 나설 가능성'을 차단'하는 데 기여한다고 지적한다.

09 세계를 먹여 살리기_농업, 발전, 생태

* 이 글의 필자 필립 맥마이클의 글 가운데 한글로 번역된 또 다른 글로는 《이윤에 굶주린 자들》(울력, 2006)에 실린 '세계의 식량정치'가 있다. (옮긴이)
* 이 글을 쓰는 데 도움을 준 매리언 딕슨과 이 글의 초고에 대해 사려 깊은 논평을 해준 엘마르 알트파터, 헨리 번스타인, 그리고 해리엇 프리드먼에게 감사한다.

1 Farshad Araghi, 'The Great Global Enclosure of Our Times: Peasants and the Agrarian Question at the End of the Twentieth Century', in Fred Magdoff, John Bellamy Foster and Fredrick H. Buttel eds., Hungry for Profit: The Agri-business Threat to Farmers, Food and the Environment, New York: Monthly Review Press, 1999 (파샤드 아라기 지음, 윤병선 외 옮김, '현대의 전 지구적 규모의 인클로저: 20세기 말 농민과 농업 문제', 프레드 맥도프 외 지음, 윤병선 외 옮김, 《이윤에 굶주린 자들》, 울력, 2006—옮긴이).
2 Gilbert Rist의 The History of Development: From Western Origins to Global Faith, London: Zed, 1997을 보라.
3 기획(project)이라는 말은 자본축적의 지배적 구조들이 표현되고 실행되는 이데올로기적, 정치적 관계를 의미한다. 이런 이데올로기적, 정치적 관계에는 모순이나 갈등도 존재한다.
4 이러한 기획들의 정치적, 경제적 원리에 대한 깊이 있는 논의에 대해서는 Philip McMichael, 'Globalization and Development Studies', in Richard P. Appelbaum and I. William Robinson, eds., Critical Globalization Studies, New York: Routledge, 2005를 보라.
5 '농업을 주변화한다'는 표현은 문화 및 지식으로서의 농업을 지역생태로부터 추상화된 산업적 농업으로 대체한다는 뜻이다. Colin Duncan, The Centrality of Agriculture. Between Humankind and the Rest of Nature,Montreal: Macgill-Queen's University Press, 1996을 보라.
6 Jules Pretty는 전 세계에 걸쳐 지속가능한 농업 프로젝트가 실천되고 있음을 강조하고, 이것이 평균적으로 93%의 수확량 증가를 가져올 수 있을 뿐 아니라 "세계를 먹여 살리고 생물다양성을 보존할 수 있는 새로운 방법"이라고 주장한다. Agri-culture, London: Earthscan, 2002, pp. 84~95.
7 Lynne Phillips and Suzan Ilcan, "A World Free From Hunger": Global Imagination and Governance in the Age of Scientific Management, Sociologia Ruralis, 43(4), 2003, pp. 433~53에 인용돼 있음.

8 "미국에서는 1930년대와 전쟁기간 동안 성장한 노동계급의 힘이 자본으로 하여금 완전고용과 임금수준의 상승을 제공하도록 했을 뿐 아니라 값싸고 충분한 양의 식량에 대한 도시 노동자들의 요구도 충족시키도록 했다. 이를 위해서는 농업생산성의 상당한 향상이 필요했고, 따라서 가격지지를 통해 농민소득을 높게 유지시켜야 했다. 가격에 대한 보장이 없다면 농민들이 생산성을 향상시키는 신기술에 투자하기를 거부할 것이기 때문이었다." Harry Cleaver, 'Food, Famine, and the International Crisis', Zerowork, 2, 1977, p. 16.

9 유엔의 선언은 사회계약과 관련해 국가들을 제 권리의 배타적인 보호자로 규정함으로써 식민주의에 연원을 갖는 국가주권과 생명정치(biopolitics)를 승인했다는 점에 주목하라. Rajeev Patel and Philip McMichael, Third Worldism and the Lineages of Global Fascism: The Regrouping of the Global South in the Neoliberal Era, Third World Quarterly, 25(1), 2004, p. 241을 보라.

10 Phillips and Ilcan, 'A World Free From Hunger', p. 436.

11 Tim Lang, 'What is Food and Farming For? — The (Re)emergence of Health as a Key Policy Driver', in Frederick H. Buttel and Philip Mcmichael eds., New Directions in the Sociology of Global Development, Oxford: Elsevier, 2005.

12 Philips and Ilcan, 'A world Free from Hunger'를 보라.

13 냉전 초기의 맥락에서는 어떤 지역들은 다른 지역들에 비해 더 평등했고, 따라서 산업적 농업의 도입과 식량원조의 실행은 아시아, 중남미, 중동에 초점이 맞춰진 '예측가능한 봉쇄'의 유형을 따랐다.

14 Harriet Friedmann, 'The Political Economy of Food': The Rise and Fall of the Postwar International Food Order, American Journal of Sociology, 88(Special Supplement), 1982, pp. 248~86.

15 Richard Walker는 '석유의존 농업(petrofarming)'을 "기계, 물, 석유화학제품 가운데 어느 한 가지가 아니라 농업관행, 기술, 원자재 등으로 이루어진 복합체 전체"로 정의한다. Richard Walker, The Conquest of Bread, 150 Years of Agribusiness in California, New York: The New Press, 2005, p. 151. 나는 이 정의를 확대해 식료품의 운송에 있어서의 농업자본의 순환까지 포함시켜야 한다고 생각한다.

16 Leo Panitch and Sam Gindin, 'Global Capitalism and American Empire', Socialist Register 2004 (리오 패니치, 샘 긴딘 지음, '전지구적 자본주의와 미제국', 리오 패니치 외 지음, 진보저널 읽기모임 옮김, 《새로운 제국의 도전》, 도서출판 한울, 2005 — 옮긴이).

17 Harriet Friedmann, 'Distance and Durability: Shaky Foundations of the World Food Economy', in Philip McMichael, ed., The Global Restructuring of Agro-Food Systems, Ithaca: Cornell University Press, 1994. 예를 들어 이집트에서는 미국과 이집트 정부의 보조금이 콩류와 옥수수에서 밀과 육류로의 식습관 전환을 촉진했고, 그 결과 이집트에서 미국 사료곡물의 시장이 확대됐다. "1970년부터 1980년 사이에 실질가치로 농작물 생산은 17% 늘어난 데 비해 축산물 생산은 그 2배에 가까운 32% 늘어났다. 이후 7년 동안에는 농작물 생산은 10% 늘어났고, 축산물 생산은 거의 50% 늘어났다." Timothy Mitchell, 'America's Egypt, Discourse of the Development Industry', Middle East Report, March-April, 1991, p. 21.

18 Laurence Tubiana, 'World Trade in Agricultural Products: From Global Regulation to Market Fragmentation', in David Goodman and Michael Redclift, eds., The International Farm Crisis, New York: St. Martin's Press, 1989.

19 Harriet Friedmann, 'From Colonialism to Green Capitalism: Social Movements and Emergence of Food Regimes', in Frederick H. Buttel and Philip McMichael, eds., New Directions in the Sociology of Global

Development, Oxford: Elsevier, 2005.

20 Ibid., p. 245.

21 Ibid.

22 From the World Bank, World Development Report, Washington DC, 1980.

23 John Walton and David Seddon, Free Markets & Food Riots: The Politics of Global Adjustment, Oxford: Blackwell, 1994.

24 Sophia Murphy, 'WTO, Agricultural Deregulation and Food Security', Globalization Challenge Initiative, 4(24), 1999, http://www.foreignpolicy-infocus.org.

25 John Madeley, Hungry for Trade, New york: Zed Books, 2000, p. 79에서 인용.

26 Thomas Reardon, C. Peter Timmer, Christopher B. Barrett and Julio Berdegue, 'The Rise of Supermarkets in Africa, Asia and Latin America', American Journal of Agricultural Economics, 85(5), 2003, pp. 1140~46.

27 Mark Ritchie, Breaking the Deadlock. The United States and Agricultural Policy in the Uruguay Round, Minneapolis: Institute for Agriculture and Trade Policy, 1993.

28 이것이 어떻게 작동되는지에 대한 보다 자세한 논의는 Emelie Peine and Philip McMichael, 'Globalization and Governance', in Vaughan Higgins and Geoffrey Lawrence, eds., Agricultural Regulation, London: Routledge, 2005를 보라.

29 Mark Ritchie, 'The World Trade Organization and the Human Right to Food Security', Presentation to the International Cooperative Agriculture Organization General Assembly, Quebec City, 29 August 1999. http://www.wtowatch,org. The Economist, 17 April 1999, p.75.

30 Madeley, Hungry for Trade, p. 75.

31 J. Bailey, 'Agricultural Trade and the Livelihoods of Small Farmers', Oxfam GB Discussion Paper-3/2000, http://www.oxfam.org.uk; Madeley, Hungry for Trade, pp. 75, 87.

32 Laura Carlsen, 'The Mexican Farmers' Movement: Exposing the Myths of Free Trade, Americas Program Policy Report, Silver City, NM: Interhemispheric Resource Center, 2003. Available at:http://www.americaspolicy.org.

33 Ibid., p.75

34 Deborah Bryceson, 'Agrarian Vista or Vortex? African Rural Livelihood Policies', Review of African Political Economy, 31(102), 2004, pp. 618~9.

35 Henry Bernstein, 'Rural Land and Land Conflicts in Sub-Saharan Africa', in S. Moyo and P. Yeros, eds., Reclaiming the Land. The Resurgence of Rural Movements in Africa, Asia and Latin America, London: Zed Books, 2005; Rachel Bezner-Kerr, 'Informal Labor and Social Relations in Northern Malawi: The Theoretical Challenges and Implications of Ganyu Labor for Food Security', Rural Sociology, 70(2), 2005, pp. 167~87

36 N. Kabeer and Tran Thi Van Ahn, 'Leaving the Rice Fields, but not the Countryside. Gender, Livelihoods Diversification, and Pro-poor Growth in Rural Vietnam', in S. Razavi, ed., Shifting Burdens. Gender and Agrarian Change under Neoliberalism, Bloomfield, CT: Kumarian Press, 2002.

37 Moyo and Yeros, Reclaiming the Land, pp. 28~9.

38 1999년 필리핀 하원의원인 위그베르토 타나다(Wigberto Tanada)가 진술한 바와 같이 필리핀의 경험

은 시사하는 바가 많다. "세계화된 무역규정 아래 우리의 쌀 수입은 1993년과 1998년 사이에 20만1000톤에서 220만 톤으로 10배 이상 증가했고, 옥수수 수입은 640톤에서 46만2000톤으로 500배 가까이 늘어났으며, 쇠고기 수입은 거의 4배, 그리고 돼지고기는 164배 늘어났습니다. 의장님, WTO 하에서 우리는 농산물의 주요 수입국이 됐으며, 농산물의 순수출국은커녕 자급국가가 되리라는 희망도 모두 잃었다는 점이 명백해졌습니다. 우리는 이제 쌀, 옥수수, 설탕, 쇠고기, 돼지고기, 닭고기, 과일과 수산물 등 모든 것을 수입합니다. 우리의 식량안보는 이제 수입할 수 있는 농산물, 특히 수입할 수 있는 곡물을 구할 수 있는가에 완전히 의존하게 되었습니다. 1994년에서 1998년 사이 우리나라의 연평균 인구 증가율은 2.4 %인데 농업생산 증가율은 인구 증가율에 비하면 깜짝하게 낮은 0.23 %로 동남아 지역에서 가장 낮은 축에 듭니다." 'Are we ready for the Millennium Round of Trade Liberalization?', Integrated Rural Development Foundation, 1999, 마크 리치(Mark Richie)로부터 구할 수 있음 (mritchie@iatp.org).

39 Harriet Friedmann, 'What on Earth is the Modern World-system? Food-Getting and Territory in the Modern Era and Beyond', Journal of World-Systems Research, VI(2), 2000, pp. 480~515.

40 Alfred W. Crosby, Ecological Imperialism, New York: Cambridge University Press, 1986, p. 288 (앨프레드 크로스비 지음, 안효상 외 옮김, 《생태제국주의》, 지식의풍경, 2000—옮긴이).

41 Duncan, The Centrality of Agriculture, p. 65. 영국의 고도농법이 구아노(guano, 새의 분뇨가 쌓여 변질된 것. 조분석(鳥糞石)이라고도 한다—옮긴이)에 의존하는 정도에 대한 Foster와 Clark의 논평과 대조해보라. John Bellamy Foster and Brett Clark, 'Ecological Imperialism: The Curse of Capitalism', Socialist Register 2004(존 벨러미 포스터, 브렛 클락 지음, '생태제국주의: 자본주의의 저주', 리오 패니치 외 지음, 진보저널 읽기모임 옮김, 《새로운 제국의 도전》, 한울, 2005—옮긴이). Richard Walker는 구아노가 식물의 생장에 필요한 질소를 보충해준다고 지적한다. Richard Walker, The Conquest of Bread. 150 Years of Agribusiness in California, New York: The New Press, 2005, p. 181.

42 Ibid., p. 102

43 Harry Cleaver, 'Food, Famine, and the International Crisis', Zerowork, 2, 1977, p. 17.

44 Ibid., p. 28.

45 Alain de Janvry, The Agrarian Question and Reformism in Latin America, Baltimore: The Johns Hopkins University Press, 1981.

46 이 개념은 마르크스의 것이다. Foster and Clark, 'Ecological Imperialism', p. 188.

47 Jason W. Moore, 'Environmental Crises and the Metablic Rift in World-Historical Perspective', Organization & Environment, 13(2), 2000, p. 123.

48 Duncan, The Centrality of Agriculture, p. 123.

49 Ibid., p. 122.

50 Ibid., p. 114.

51 Mark Briscoe, 'Water: the Untapped Resource', in Andrew Kimball, ed., The Fatal Harvest Reader. The Tragedy of Industrial Agriculture, Washington: Island Press, pp. 182~3에 인용돼 있음.

52 Roger Segelken, 'Fewer Foods Predicted for Crowded Future Meals', Cornell Chronicle, 23 February 1995, p. 5.

53 Patrick Herman and Richard Kuper, Food for Thought. Towards a Future for Farming, London: Pluto Press, 2003, pp. 21~2.

54 Steven C. Blank, The End of Agriculture in the American Portfolio, Westport, CT: Quorum Books, 1998.

55 Public Citizen, Down on the Farm: NAFTA's Seven-Year War on Farmers and Ranchers in the U.S., Canada and Mexico, 26 June 2001, Washington, DC: Public Citizen, http://www.citizen.org.

56 R~P. Paringaux, 'The Deliberate Destruction of Agriculture. India: Free Markets, Empty Bellies', Le Monde Diplomatique, 1~9 September 2000, p. 4.

57 Katherine Ainger, 'The Market and the Monsoon', New Internationalist, 353(January/February) 2003. pp. 25~6.

58 Kate Ravilious, 'Food Crisis Feared as Fertile Land Runs Out', Guardian Weekly, 16~22 December 2005, p. 21.

59 Eric Millstone and Tim Lang, The Atlas of Food, London: Earthscan Publications, 2003, p. 66.

60 Peter H. Tyedmers, quoted in Cornelia Dean, 'Fishing Industry's fuel Efficiency Gets Worse as Ocean Stocks Get Thinner', The New York Times, 20 December 2005, p. F3

61 Jeremy Rifkin, Beyond Beef. The Rise and Fall of the Cattle Culture, New York: Penguin, 1992, p. 147 (제러미 리프킨 지음, 신현승 옮김,《육식의 종말》, 시공사, 2002—옮긴이).

62 Hilary French, 'Linking Globalization, Consumption, and Governance', in Linda Starke ed., State Of the World, 2004: The Consumer Society, Washington, DC: The World Watch Institute, 2004, p. 148 (월드워 치연구소 엮음, 남원석 외 옮김,《지구환경보고서 2004》, 도요새, 2004—옮긴이).

63 Larry Rohter, 'Relentless Foe of the Amazon Jungle: Soybeans', The New York Times, 17 September 2003, p. 3.

64 Derek Hall, 'The International Political Ecology of Industrial Shrimp Aquaculture and Industrial Plantation Forestry in Southeast Asia', Journal of Southeast Asian Studies, 34(2), 2003, pp. 251~64.

65 Millstone and Lang, The Atlas of Food, p. 34

66 Greenpeace, 'Eating up the Amazon', 2006, p. 5, http://www.greenpeace.org.

67 프랜시스 무어 라페(Frances Moore Lappé가 사반세기 전에 펴낸 저서《작은 행성을 위한 식사(Diet for Small Planet)》에서 지적한 바와 같이 동물성 단백질의 대량생산에는 인간의 식량으로 쓰기 위해 가축을 기르는 경우보다 7배나 많은 곡물이 사료로 쓰인다. 이는 곡물을 비효율적이며 불평등하게 이용하는 방식이다. 구체적으로 예를 들면 '1년에 400억 달러를 벌어들이는 미국의 쇠고기산업은 미국과 여타 지역에서 사료로 사용되는 작물 가운데 사람이 먹을 수 있는 것은 10%도 남기지 않는다. 화학회사들 역시 사료를 생산하기 위한 경작에서 큰 이익을 얻는다. 왜냐하면 동물사료는 사람들이 먹는 곡물에 비해 훨씬 덜 엄격한 살충제 기준을 적용받기 때문이다. 동물을 먹이기 위해 유전자조작 작물을 사용하는 것의 결과는 더 많은 화학물질을 쓰는 것이다.' Frances Moore Lappé and Britt Bailey, Against the Grain. Biotechnology and the Corporate Takeover of Your Food, Monroe, ME: Common Courage Press, 1998, p. 87.

68 Nicholas Hildyard, 'Foxes in Charge of Chickens', in Wolfgang Sachs, ed., Global Ecology, London: Zed, 1993, p. 30.

69 Billie DeWalt, 'Mexico's Second Green Revolution: Food for Feed', Mexican Studies/Estudios Mexicanos, 1, 1985, pp. 29~60.

70 Per Pinstrup-Andersen, R. Pandya-Lorch and M.W. Rosegrant, World Food Prospects: Critical Issues For the Early Twenty-First Century, Washington, DC: IFPRI, 1999, pp. 12~14.

71 FAO Statistical Tables, 2000.

72 Andrew Kimbrell, The Fatal Harvest Reader. The Tragedy of Industrial Agriculture, Washington: Island Press, 2002, p. 16.

73 Millstone and Lang, The Atlas of Food, p. 38.

74 Mike Davis, The Monster at Our Door. The Global Threat of Avian Flu, New York: The New Press, 2005, p. 107~8.

75 GRAIN, The Top-Down Response to Bird Flu, April 2006. http://www.grain.org.

76 Tim Lang, M. Heasman and J. Pitt, 'Food, Globalisation and a New Public Health Agenda', International Forum on Globalisation, San Francisco, 1999.

77 Richard Manning, 'The Oil We Eat', Harpers Magazine, February, 2004, p. 43.

78 Gary Gardner and Brian Halweil, Underfed and Overfed. The Global Epidemic of Malnutrition, WorldWatch Paper #150, March, 2000, p. 7.

79 World Commission on Environment and Development, Our Common Future, Oxford: Oxford University Press, 1987, p. 22 (세계환경발전위원회 지음, 홍성태 옮김, 《우리 공동의 미래》, 새물결, 2005—옮긴이).

80 A. J. McMichael, Planetary Overload. Global Environmental Change and the Health of the Human Species, Cambridge: Cambridge University Press, 1993, p. 336.

81 Ibid.

82 Vandana Shiva, Stolen Harvest. The Hijacking of the Global Food Supply, Boston: South End Press, 2000, p. 95 (반다나 시바 지음, 류지한 옮김, 《누가 세계를 약탈하는가》, 울력, 2004—옮긴이).

83 Debi Barker, 'Globalization and Industrial Agriculture', in Andrew Kimbrell, ed., The Fatal Harvest Reader, Washington: Island Press, 2002, p. 261.

84 Jeremy Rifkin, The Biotech Century. Harnessing the Gene and Remaking the World, New York: Tarcher/Putnam, 1998, p. 110~11 (제러미 리프킨 지음, 전영택 외 옮김, 《바이오테크 시대》, 민음사, 1998—옮긴이).

85 Vandana Shiva, Stolen Harvest. The Hijacking of the Global Food Supply, Boston: South End Press, 2000. p. 104.

86 Ibid, p. 103.

87 사실 우유, 콩, 사료, 카놀라, 사탕무, 옥수수, 감자 등 식품에 대한 몬샌토의 유전자조작은 그 대부분이 세계의 굶주리는 이들에게 식량을 공급하기 위한 것이 아니라 자사의 화학사업을 더 성장시키기 위한 것이다. Kenny Bruno, 'Monsanto's Failing PR Strategy', The Ecologist, 28(5), 1998, p. 293.

88 Philip McMichael, 'Biotechnology and Food Security. Profiting on Insecurity?' in Lourdes Beneria and Savitri Bisnath, eds., Global Tensions. Challenges and Opportunities in the World Economy, London: Routledge, 2004.

89 Sergey Vasnetsov. quoted in John Vidal, 'Global GM Market Shows Signs of Wilting', Guardian Weekly, September 20~26, 2001, p. 26.

90 ActionAid, 'Crops and Robbers. Biopiracy and the Patenting of Staple Food Crops', p. 9, http://www.actionaid.org.

91 Philip McMichael, 'Rethinking Globalization: The Agrarian Question Revisited', Review of International

Political Economy, 4(4), 1997, pp. 630~62.

Annette Desmarais, 'The Via Campesina: Consolidating an International Peasant and Farm Movement', Journal of Peasant Studies, 29(2), 2002, pp. 91~124.

Via Campesina, 'Our World Is Not For Sale. Priority to Peoples' Food Sovereignty', Bulletin, 1 November 2001, http://www.viacampesina.org.

Judit Bodnar, 'Roquefort vs Big Mac: Globalization and Its Others', European Journal of Sociology, XLIV(1), 2003, pp. 133~44.

Via Campesina, 'Statement on Agriculture after Cancun', Bulletin, 15 December 2003, p. 5.

Jose Bové and Francois Dufour, The World Is Not For Sale, London: Verso, 2001, p. 168 (조제 보베 외 지음, 홍세화 옮김, 《세계는 상품이 아니다》, 울력, 2002—옮긴이).

Jules Pretty, Agri-culture. Reconnecting People, Land and Nature, London: Earthscan, 2002, p. 84; and Helena Norberg-Hodge, Peter Goering and John Page, From the Ground Up. Rethinking Industrial Agriculture, London: Zed, 2001, p. 61.

Laura Raynolds, 'Re-embedding Global Agriculture: The International Organic and Fair Trade Movements', Agriculture and Human Values, 17(3), 2000, pp. 297~309를 보라.

"세계에서 가장 큰 식품기업 중 하나인 유니레버(Unilever)는 궁극적으로 모든 1차 농산물을 지속가능한 체계로부터 들여오도록 하기 위한 과정과 정책을 개발하고 있다." ibid., p. 124.

Harriet Friedmann, 'From Colonialism to Green Capitalism: Social Movements and Emergence of Food Regimes', in Frederick H. Buttel and Phillip McMichael, eds., New Directions in the Sociology of Global Development, Oxford: Elsevier, 2005와 대조해보라.

이에 대한 심층적 논의로는 Tim Lang and Michael Heasman의 Food Wars. The Global Battle for Mouths, Minds and Markets, London: Earthscan, 2004를 보라 (팀 랭, 마이클 헤즈먼 지음, 박중곤 옮김, 《식품전쟁》, 아리, 2007—옮긴이).

Emir Sader, 'Free Trade in Reciprocity', Le Monde diplomatique, February, 2006, p. 7.

Frances Moore Lappé and Anna Lappé, Hope's Edge. The Next Diet for a Small Planet, New York: Jeremy P. Tarcher/Putnam, 2002, p. 93 (프란시스 무어 라페, 안나 라페 지음, 신경숙 옮김, 《희망의 경계》, 시울, 2005—옮긴이)

Jules Pretty, Agri-Culture. Reconnecting People, Land and Nature, London: Earthscan, 2002, pp. 117 and 185.

Philip McMichael, 'Peasant Prospects in a Neo-liberal Age', New Political Economy, 11(3), 2006.

Orlanda Pinnasi, Maria Fatima Cabral and Miriam Claudia Lourencao, 'An Interview with Joao Pedro Stedile', Latin American Perspectives, 27(5), 2000, pp. 46~52.

Maria Fonte, 'Slow Foods Presidia: What Do Small Producers Do with Big Retailers?', in Terry Marsden and Jonathan Murdoch, eds., Between the Local and the Global: Confronting Complexity in the Contemporary Agri-Food Sector, Research in Rural Sociology and Development, Oxford: Elsevier, 2006.

John Gerard Ruggie, 'Territoriality and Beyond: Problematizing Modernity in International Relations', International Organization, 47(1), 1993, pp. 139~74을 참고하라.

10 물, 돈, 권력

* 이 글이 다룬 상황을 잘 보여주는 최근의 책으로 데이비드 홀 지음, 전국공무원노동조합 옮김, 《세계화
와 물》, 노기연, 2006이 있다. (옮긴이)

1 Anita Roddick, ed., Troubled Waters, White River Junction: Chelsea Green Publishing Company, 2004,
Introduction에 인용돼 있음.

2 The Abolition of Man, New York: Macmillan, 1965, p. 69.

3 World Health Organization, Water for Life — Making it Happen, WHO/UNICEF Joint Monitoring
Programme for Water Supply and Sanitation, Geneva: World Health Organization, 2005. World Health
Organization, Meeting the MDG Drinking Water and Sanitation Target — A Mid-Term Assessment of
Progress, Geneva: World Health Organization and United Nations Children's Fund, 2004.

4 그린피스 홈페이지 http://www.greenpeace.org의 SE Asia 섹션에 게시된 'Climate Change' report of
the Asia Energy Revolution Ship Tour 2005에서.

5 Erik Swyngedouw, Social Power and the Urbanisation of Water: Flows of Power, Oxford: Oxford
University Press, 2004.

6 Erik Swyngedouw, 'Technonatural Revolutions: Scalar Politics and Paco Rana's Wet Dream for Spain,
1939~1975', 2006.

7 Karl Wittfogel, Oriental Despotism: A Comparative Study of Total Power, New Haven: Yale University
Press, 1957.

8 Donald Worster, Rivers of Empire: Water, Aridity, and the Growth of the American West, New York:
Pantheon, 1985.

9 Worster, Rivers of Empire, p. 7.

10 예를 들어 Mike Davis, City of Quartz: Excavating the Future in Los Angeles, London: Verso, 1990;
Robert Gottlieb, A Life of its Own: The Politics and Power of Water, London: Harcourt Brace
Jovanovich, 1988; Robert Gottlieb and Margareth Fitzsimmons, Thirst for Growth, Tucson: The
University of Arizona Press, 1991; Norris Hundley Jr., The Great Thirst, Los Angeles: University of
California Press, 1992; Marc Reisner, Cadillac Desert: The American West and its Disappearing Water,
London: Secker & Warburg, 1990을 보라.

11 Richard A. Walker, The Conquest of Bread — 150 Years of Agribusiness in California, New York: The
New Press, 2004를 보라.

12 Charles Moore and Jane Lidz, Water and Architecture, London: Thames and Hudson, 1994.

13 Swyngedouw, Social Power를 보라.

14 Iraïdes Margarita Montano and Henri Coing, Le Service d'Eau Potable dans les Villes du Tiers-Monte:
Modes de Gestion et d'Organisation, Paris: Ecole Nationale des Ponts et Chaussées, Centre d'
Enseignement et de Recherches, 1985.

15 Dominique Lorrain, Gestions Urbaines de l'Eau, Paris: Economica, 1995.

16 예를 들어 Danilo Anton, Thirsty Cities — Urban Environments and Water Supply in Latin America,
Ottawa: International Development Research Centre, 1993을 보라. Iraïdes Margarita Montano와 Henri

Coing은 Le Service d'Eau Potable에서 이를 다음과 같이 간결하게 요약하고 있다. "따라서 물의 관리는 언제나 물의 전유와 사용을 중심으로 구현되는 사회적 관계의 결과다. 그것은 지리기후적 제약과 사용자들 간의 권력관계가 작용하면서 다양하게 변화한다." 물을 둘러싼 사회적 투쟁은 매우 배타적이고 주변화를 일으키며 도시의 팽창을 이끄는 정치적, 경제적, 생태적 과정의 결과임이 분명하다.

17 예를 들어 Esteban Castro, Water, Power and Citizenship: Social Struggles in the Basin of Mexico, New York: Palgrave, 2006을 보라.

18 예를 들어 Karen Bakker, 'Deconstructing Discourses of Drought', Transactions of the Institute of British Geographers, New Series, 24(3), 1999; Graham Haughton, 'Private Profits — Public Drought: the Creation of a Crisis is Water Management for West Yorkshire', Transactions of the Institute of British Geographers, New Series, 23(4), 1998을 보라.

19 Leonard Nevarez, 'Just Wait until there's a Drought: Mediating Environmental Crisis for Urban Growth', Antipode, 28(3), 1996.

20 Maria Kaïka, City of Flows, London: Routledge, 2005.

21 Ilaria Giglioli, 'Let's Drink to the Great Thirst! An Investigation into the Nature of Sicilian Water Politics', Dissertation, School of Geography, University of Oxford, Oxford, 2006.

22 예를 들어, Karen Bakker, An Uncooperative Commodity — Privatizing Water in England and Wales, Oxford: University Press, 2003을 보라.

23 Erik Swyngedouw, Ben Page and Maria Kaïka, 'Sustainability and Policy Innovation in a Multi-Level Context: Crosscutting Issues in the Water Sector', in Panyotis Getimis, Hubert Heinelt, Grigoris Kafkalas, Randall Smith and Erik Swyngedouw, eds., Participatory Governance in Multi-Level Context: Concepts and Experience, Opladen: Leske & Budrich, 2002, pp. 107~131.

24 Mike Davis, Ecology of Fear: Los Angeles and the Imagination of Disaster, New York: Metropolitan Books, 1998.

25 Giorgos Kallis and Harry Coccossis, Water for the City: Critical Issues and the Challenge of Sustainability, METRON Research Project, European Commission DG-Research, Environment and Climate Programme, Mytilini: University of the Aegean, 2001.

26 David Hall, The Water Multinationals, Public Services International Research Unit, London: University of Greenwich, 1999; David Hall 'The Private Water Industry — a Global Assessment from the Perspective of Trade Unions', 2001년 10월 29~30일 아테네에서 열린 Conference on Achieving Participatory Governances: Sustainability and Innovation Policies in a Multi-Level Context에서 발표된 논문; Ann-Christin Sjolander Holland, The Water Business — Corporations versus People, New York: Zed Books, 2005; The Centre for Public Integrity, The Water Barons, Washington: Public Integrity Books, 2003.

27 Steven Graham and Simon Marvin, Splintering Urbanism — Networked Infrastructures, Technological Mobilities and the Urban Condition, London: Routledge, 2001.

28 David Hall and Emanuele Lobina, "Water Privatization in Latin America" (2002년 7월 코스타리카 산호세에서 열린 PSI Americas' Water Conference에서 발표된 논문); Swyngedouw, Social Power.

29 Bakker, An Uncooperative Commodity.

30 UN Conference on Environment and Development, Agenda 21, Rio de Janeiro, 3~14 June 1992.

31 World Water Vision, Commission Report. A Water Secure World: Vision for Water, Life and the

Environment, Marseille: World Water Council, 2000; William Cosgrove and Frank Rijsberman, World
Water Vision, London: Earthscan, 2000.

32 George Pitman, Bridging Troubled Waters: Assessing the World Bank Resources Strategy, Washington:
Operations Evaluation Department, The World Bank, 2002.

33 Peter Gleick, The World's Water 2004~2005 — The Biennial Report on Freshwater Resources,
Washington: Island Press, 2004 ; Corporate Europe Observatory, Reclaiming Public Water, Amsterdam:
TransNational Institute(TNI), 2005.

34 James Winpenny, Financing Water for All: The Report on the World Panel on Financing Water
Infrastructure(미셸 캉드쉬(Michel Camdessus)가 의장을 맡았다), Marseille: World Water Council,
Global Water Partnership, 2003.

35 Ibid.

36 Nataniel Amann-Blake, 'Turbid Waters: Globalization, Water, Development, and Private Capital?', 복
사본, 저자에게서 구할 수 있음, 2006, p. 16.

11 교토의정서의 정치경제학

* 이 글은 베를린 자유대학의 '지구적 지배구조와 기후변화'라는 연구과제의 일부로 집필됐다. '사회생
태 연구의 골격 프로그램' 아래서 이 글을 쓸 수 있게 해준 연방교육연구부(BMBF)에 감사한다. 또한 유
용한 논평을 해준 울리 브란트와 레오폴드 아론에게도 감사한다.

1 E. U. von Weizsäcker, Das Jahrhundert der Umwelt. Vision: Öko-effizient leben und arbeiten, Frankfurt
am Main: Campus Verlag, 1999. Cf. also J.N. Rosenau, 'Globalization and Governance: Bleak Prospects
for Sustainability,' Internationale Politik und Gesellschaft, 3, 2003, on global governance of the
environmental crisis.

2 I. Kaul, P. Conceicao, K. L. Goulven and R. U. Mendoza, eds., Providing Global Public Goods.
Managing Globalization, Oxford: Oxford University Press, 2003.

3 BUND and Misereor, eds., Zukunftsfähiges Deutschland. Ein Beitrag zu einer global nachhaltigen
Entwicklung, Basel: Wuppertal Institut für Klima, Umwelt, Energie, 1996.

4 D. Messner and F. Nuscheler, Global Governance. Herausforderungen an der Schwelle zum 21,
Jahrhundert, Bonn: Stiftung Entwicklung und Frieden, 1996. Wissenschaftlicher Beirat der
Bundesregierung Globale Umweltveränderungen(WBGU), Climate Protection Strategies for the 21st
Century: Kyoto and Beyond, Berlin: WBGU, 2003.

5 Worldwatch Institute, ed., Zur Lage der Welt 2005: Globale Sicherheit nue denken, Münster,
Westfälisches Dampfboot, 2005.

6 환경쟁점에 대한 논의의 부족도 이런 맥락에서 문제다. 지역적, 국가적, 지구적 맹점을 구별하는 게 중
요하다. 지역과 국가의 환경문제들은 '외부화' 될 수 있고, '님비(NIMBY) 현상'을 부추길 수도 있다.

7 Intergovernmental Panel on Climate Change (IPCC), Climate Change 1995. Impacts, Adaptations and
Mitigation of Climate Change: Scientific-Technical Analyses. Contribution of Working Group II to the

Second Assessment Report of the Intergovernmental Panel on Climate Change, Cambridge: Cambridge University Press, 1996.

8 국제적 정치과정이 국가적, 지역적 차원의 논쟁과 독립적으로 이루어지는 것은 아니라 하더라도 이 글에서 나는 국제적 정치과정에 집중한다. 기존의 지역적, 광역적 권력관계, 그리고 문제에 대한 해석과 문제를 다루는 정당한 형식은 국제적 수준에서와 유사할 수 있지만 반드시 그런 것은 아니다. 그러나 여기서 다차원적 지배구조의 형태로 인해 나타나는 얽히고설킨 관계를 체계적으로 다룰 수는 없다. 구체적인 사례분석으로는 A. Brunnengräber의 '퀸즈랜드의 온난화? 기후변화와 다차원 활동영역에서의 정책대응'을 보라. Discussion Paper 02/03, BMBF-Project 'Global Governance and Climate Change,' Berlin: Free University of Berlin, 2005.

9 P. Schwartz and D. Randall이 쓴 Pentagon Report인 An Abrupt Climate Change Scenario and its Implications for United States National Security, Emeryville: Global Business Network, 2003도 참조하라.

10 Cf. U.E. Simonis, 'President Bushs klimapolitische Wegfahrsperre,' in G. Altner, B.M.-v. Meibom, U.E. Simonis and E.U. von Weizsäcker, eds., Jahrbuch Ökologie 2002, München: C.H. Beck, 2001.

11 이를 실현시키기 위해 적어도 55개 국가가 의정서를 비준해야 했고, 이들 국가의 CO₂ 배출량이 세계 배출량의 최소 55%가 돼야만 했다(좀 더 징확하게 말하면 55개국의 CO₂ 배출이 아니라 의정서를 비준한 '부속서 I 국가'들의 CO₂ 배출량이 1990년의 부속서 I 국가 CO₂ 배출량의 55%가 돼야 했다—옮긴이). 이 조항은 러시아가 2004년 말에 교토의정서를 비준함으로써 충족됐다.

12 DIW, Wochenbericht, 6, 2001.

13 http://www.unfcc.int.

14 F. Jotzo and A. Michaelowa, 'Estimating the CDM market under the Bonn Agreement,' HWWA Discussion Paper 145, Hamburg: HWWA, 2001.

15 EIA, International Energy Outlook, Washington: Energy Information Administration, 2003.

16 DIW, Wochenbericht, 37, 2004.

17 European Commission — Directorate-General for Research, ed., World Energy Technolgoy and Climate Policy Outlook 2030, Luxemburg: Office for Official Publications of the European Communities, 2003.

18 1986년 4월 26일에 일어났던 체르노빌 참사 또한 우리가 우리 자신의 기술을 통제하지 못함을 극명하게 보여주었다.

19 C. Görg, Gesellschaftliche Naturverhältnisse, Munster: Westfälisches Dampfboot, 1999, p. 10.

20 IPCC, Third Assessment Report, Climate Change 2001: Impacts, Adaptations and Vulnerability, Cambridge University Press, 2001.

21 BUND and Misereor, Zukunftsfähiges Deutschland, 1996.

22 예를 들어 WBGU's Assessment in Climate Protection Strategies for the 21st Century: Kyoto and Beyond, Berlin: WBGU, 2003을 보라.

23 H.~J. Schellnhuber, M. Schulz-Baldes and B. Pilardeaux, 'Umweltveränderungen und ihre Folgen,' in Bundesakademie für Sicherheitspolitik, ed., Sicherheitspolitik in neuen Dimensionen. Kompendium zum erweiterten Sicherheitsbegriff, Hamburg: Mittler, 2001.

24 BUND and Misereor, Zukunftsfähiges Deutschland, 1996.

25 고전적인 '국가 환경정책(national environmental policy)'을 확장하거나 대체하는 과정에 있는 '지구

적 변화 연구(global change research)'에서는 이러한 측면이 완전히 무시되고 있다. '사회의 생태적 위기(ecological crisis of society)'는 용어 자체의 측면에서조차 그 극적인 의미가 제거됐다. 지구적 변화에 대한 분석에는 실용적인 관리의 개념과 기술혁신, 새로운 지구적 제도가 이용된다. D. Harvey, Justice, Nature and the Geography of Difference, Cambridge: Blackwell Publishers, 1996, p. 131 and C. Gorg, Gesellschaftliche Naturverhältnisse, Münster: Westfälische Dampfboot, 1999를 보라.

26 A. Missbach, Das Klima zwischen Nord und Süd. Eine regulationstheoretische Untersuchung des Nord-Süd-Konflikts in der Klimapolitik der Vereinten Nationen, Münster: Westfälisches Dampfboot, 1999.

27 A. Taalab, Stimmen gegen den Treibhauseffekt, Frankfurt am Main: IZE, 1998, IV.

28 A. Michaelowa, 'Klimapolitik fünf Jahre nach Rio: zwischen Ernüchterung und Konsolidierung,' Nord-Süd aktuell, 2, 1997, p. 259. A, Herold, 'Kopfgeburt oder praktikables Konzept? Öko-Institut beurteilt Pilotprojeckte für Joint Implementation im Klimaschutz skeptisch,' epd-Entwicklungspolitik, 1, 1998, pp. d1~d2.

29 Michaelowa; Klimapolitik fünf Jahre nach Rio; p. 245.

30 WBGU의 한 특별보고서는 흡수원 문제를 다루고 있다. 이 기구는 기후 보호와 흡수원 보호가 서로 연관된다는 생각을 지지했지만, 교토의정서에서 토지이용 변화와 산림경제 영역에서의 활동이 '계산 결과 불충분해서 개선이 필요' 하다고 한 부분을 높이 평가했다. 현재의 계산법은 기후의 보호에도 생물다양성 및 토양의 보호에도 부정적인 유인을 낳을 수 있다. cf. WBGU, Die Anrechung biologischer Quellen und Senken im Kyoto-Protokoll: Fortschritt oder Rückschlag für den globalen Umweltschutz? Sondergutachten 1998, Bremerhaven: WGBU, 1998, p.1. WBGU의 흡수원에 대한 입장은 Die Chance von Jonannesburg — Eckpunkte einer Verhandlungsstrategie. Politikpapier 1/2001, Berlin: WGBU, 2001, p. 8을 보라.

31 B.~O. Linnér and M. Jacob, 'From Stockholm to Kyoto and Beyond: A Review of the Globalization of Global Warming Policy and North-South Relations,' Globalizations, 2(3), 2005. J. Paavola, 'Seeking Justice: International Environmental Governance and Climate Change,' Globalizations, 2(3), 2005.

32 Wirtschaftswoche, 9 August 2001.

33 M. Goldman, 'Allmacht und Allmende. Die "Commons" — Debatte und der Aufstieg der globalen Ressourcenmanager,' in M. Flitner, C. Görg and V. Heins, eds., Konfliktfeld Natur. Biologische Ressourcen und globale Politik, Opladen: Leske & Budrich, 1998.

34 H. Scheer, 'Klimaschutz durch Konferenzserien: eine Fata Morgana,' Blätter für deutsche und internationale Politik, 9, 2001.

35 민간의 경제적 이익집단과 국가 간의 협력관계에 대해서는 D.L. Levy and D. Egan, 'A Neo-Gramscian Approach to Corporate Political Strategy: Conflict and Accommodation in the Climate Change Negotiations,' Journal of Management Studies, 40(4), 2003을 보라.

36 H. Walk and A. Brunnengräber, Die Globalisierungswächter. NGOs und ihre transnationalen Netze im Konfliktfeld Klima, Münster: Westfälisches Dampfboot, 2000, pp. 141ff.

37 C. Görg, 'Schutz durch nachhaltige Nutzung? Der Konflikt um die biologische Vielfalt,' in K.-W. Brand, ed., Nachhaltige Entwicklung. Eine Herausforderung an die Soziologie, Opladen: Leske & Burdrich, 1997, p. 112.

38 U. Brand and C. Görg, 'Neue Akteure der Biopolitik. Nichtregierungsorganisationen und ihr Beitrag

zum 'Netzwerk internationaler Regulation,' in M. Flitner, C Görg and V. Heins, eds., Konfliktfeld
Natur. Biologische Ressourcen und globale Politik, Opladen: Leske & Budrich, 1998; U. Brand and C.
Gorg, Access & Benefit Sharing. Zugang und Vorteilsausgleich — das Zentrum des Konfliktfelds
Biodiversität, Bonn: Germanwatch/Forum Umwelt & Entwicklung, 2001.

12 쓰레기 자본주의의 녹색상업

* 필자가 이 글을 쓰는 과정에서 티모시 더건이 연구보조를 해주었다.

1 Office of Solid Waste and Emergency Response, Municipal Solid Waste in the United States: 2001 Facts
and Figures, Washington: US Environmental Protection Agency, 2003, pp. 3~4.

2 Neil Seldman, 'Recycling — History in the United States', Attilio Bisio and Sharon Boots eds.,
Encyclopedia of Energy Technology and the Environment, Hoboken: John Wiley, 1995, p. 2352.

3 Heather Rogers, 'Titans of Trash', The Nation, 281(21), 2005, p. 22.

4 Hillary Mayell, 'Ocean Litter Gives Alien Species an Easy Ride', National Geographic News, 2002년 4월
29일 전자판. Paul Gottlich, 'The Sixth Basic Food Group' 2003년 11월 16일. http://www.mindfully.org
을 보라.

5 '투자'에 대해서는 Eliza Strickland, 'The New Face of Environmentalism', East Bay Express, 28(4), 2005
년, p. 17을 보라.

6 John H. Fenton, 'Vermont's Session Has Budget Clash', New York Times, 1953년 2월 1일.

7 Heather Rogers, Gone Tomorrow : The Hidden Life of Garbage, New York: New Press, 2005, pp. 141~2.

8 Bernard Stengren, 'What Makes a Litterbug?', New York Times, 1954년 12월 5일.

9 'The Waste-High Crisis', Modern Packaging, 41(11), 1968년, p. 102.

10 Keep American Beautiful 홈페이지 http://www.kab.org. 'Iron Eyes Cody'에 대해서는 Snopes 홈페이
지 http://www.snopes.com을 보라.

11 Peter Harnik, 'The Junking of an Anti-Litter Lobby' Business and Society Review, 21(Spring), 1977, p.
50. Daniel Zwerdling, 'Iron Eyes', All Things Considered, National Public Radio, 1999년 1월 10일.

12 Louis Blumberg and Michael Gottlied, War on Waste: Can America Win Its Battle with Garbage?,
Washington: Island Press, 1989, p. 19에 인용돼 있음.

13 Seldman, 'Recycling — History in the United States', p. 2354.

14 Center for Investigative Reporting and Bill Moyers, Golbal Dumping Ground: The International Traffic in
Hazardous Waste, Washington : Seven Locks Press, 1990, p. 7.

15 Travis W. Halleman, A Statistical Analysis of Wyoming Landfill Characteristics, Wyoming 대학교, 건축
토목공학과 석사논문, 2004년 전자판.

16 Seldman, 'Recycling — History in the United States', p. 2352.

17 1976년까지 미국의 주 의회, 많은 수의 소읍 및 도시, 카운티의 지자체(1200곳 이상)가 여러 가지 형태
의 포장규제법안을 제안했다. 그러나 산업계의 거센 압력 때문에 1970년대 말까지 8개 주만이 음료수
용기에 대한 규제조치를 채택했다. Thoman W. Fenner and Randee J. Gorin, Local Beverage Containet

Laws: A Legal and Tactical Analysis, Stanford: Stanford Environmental Law Socity, 1976, p. 3. Harnik, 'The Junking of an Anti-Litter Lobby', pp.49~51을 보라.

18 Blumberg and Gottlibe, War on Waste, p. 208.

19 Seldman, 'Recycling — History in the United States', p. 2356.

20 Susan Strasser, Waste and Want: A Social History of Trash, New York : Henry Holt, 1999, p.285.

21 Lerza, 'Administration "Pitches in"', Environmental Action, 6(2), 1974, p.5에 인용돼 있음.

22 Patricia Taylor, 'Source Reduction: Stemming the Tide of Trash', Environmental Action, 6(7), 1974년 8월 17일, p.11.

23 재활용 상징마크는 종이제품 생산업체인 '컨테이너 코퍼레이션 오브 아메리카(Container Corporation of America)'의 게리 앤더슨(Gary Anderson)이 디자인했다. 'The History of the Recycling Symbol', Dyer Consequences!, 을 보라(http://www.dyer-consequences.com).

24 Ecology Center, Report of the Berkeley Plastics Task Force, Berkeley, California, April, 1996, p. 7.

25 Cynthia Pollock, World Watch Paper 76: Mining Urban Wastes: The Potential For Recycling, Washington: Worldwatch Institute, 1987, p. 8.

26 Neil Seldman과의 인터뷰(2005.1.20)에서.

27 Ecology Center, Report of the Berkeley Plastics Task Force, pp. 6~7.

28 ibid., p. 7에 인용돼 있음.

29 Neil Seldman and Brenda Platt, Wasting and Recycling in the United States 2000, Athens, Georgia: GrassRoots Recycling Network, 2000, p. 12.

30 Ecology Center, Report of the Berkeley Plastics Task Force, p. 6.

31 'Setting the Record Straight', Container Recycling Institute의 홈페이지 http://www.container-recycling.org에서 볼 수 있음.

32 Des King, 'Calling the Shots', Packaging Today International, 25(9), 2003, electronic version.

33 Seldman and Platt, Wasting and Recycling in the United States 2000, p. 13.

34 Ibid., p. 10.

35 Ibid., p. 9.

36 Karl Marx, 'Economic and Philosophic Manuscripts of 1844', The Marx-Engels Reader, Robert Tucker, ed., New York: W.W. Norton, 1978, p. 103.

37 1990년대의 초기 자료들을 보면 구매자들은 생태 라벨로 인해 혼동을 느꼈고, '생분해성(biodegradable)' 등의 용어가 무슨 뜻인지 알지 못했다. 또한 소비자들은 기업들이 자사 제품의 환경적 이득에 관해 내놓는 주장이 사람들을 오도하는 기만적인 것이라고 여기고 있었다. Lucie I. Ozanne and Richard P. Vlosky, 'Certification from the U.S. Consumer Perspective: A Comparison from 1995 and 2000', Forest Products Journal, 2003, 53(3), 전자판을 보라.

38 Rebecca Gardyn, 'Eco-friend or Foe?', American Demographics, 25(8), 2003, electronic version. 유사한 수치가 1993년도 여론조사에서도 나왔다. E. Howard Barnett, 'Green with Envy: the FTC, the EPA, the States, and the Regulation of Environmental Marketing', Environmental Lawyer, February, 1995, electronic version을 보라.

39 Start the Year Right: When it Pays to Buy Organic, Consumer Reports, 71(2), 2006, electronic version.

40 Cait Murphy, 'The Next Big Thing', Fortune Small Business, 13(5), 2003, p. 64.

41 Gardyn, 'Eco-friend or Foe?'.

42 Ibid.

43 Dale Buss, 'Eco-efforts Rely on Authenticity', Advertising Age, 76(24), 12 June 2005, electronic version.

44 Dorinda Elliott, 'Can This Man Save The American Auto Industry?', Time, 167(5), 2006, pp. 38~48.

45 Elliott, 'Can This Man Save The American Auto Industry?', pp. 41~44.

46 William McDonough and Michael Braungart, Cradle to Cradle, New York: North Point Press, 2002, p. 163.

47 Buss, 'Eco-efforts Rely on Authenticity'.

48 Liza Featherstone, Selling Women Short: The Landmark Battle for Workers' Rights at Wal-Mart, New York: Basic Books, 2004, p. 4.

49 Kris Hudson, 'Wal-Mart Sticks With Fast Pace of Expansion Despite Toll on Sales', Wall Street Journal, 13 April 2006.

50 Waste Management Inc. website(http://www.wm.com/WM/ThinkGreen/Community/kab.asp).

51 Waste Management Inc. website(http://www.wm.com/WM/ThinkGreen/ceo.asp).

52 The 2004 Waste Age 100, Waste Age, 1 June 2004, electronic version.

53 Peter Anderson과의 인터뷰(2005년 9월 15일)에서.

54 Aveda website(http://www.aveda.com/customerservice/ourmission.tmpl).

55 Company Profile: Aveda, GreenMoney Journal, online version, http://www.greenmoneyjournal.com.

56 Zero Waste conference in New York City, May, 2005.

57 한 인터뷰 자료(2006년 2월)에서.

58 Steven Shapin, 'Paradise Sold', The New Yorker, 15 May 2006, p. 84.

59 주 58에 소개된 책에 인용돼 있음.

60 'The Rotten Side of Organics: The Satya Interview with Ronnie Cummins', Satya, April, 2006, p. 10.

61 2004년도 수치에 대해서는 Shapin, 'Paradise Sold', p. 84를 보라. 2005년도 수치에 대해서는 Matt McKinney, 'Demand Up for Organic Milk', Grand Forks Herald, 22 May 2006, electronic version을 보라.

62 The Rotten Side of Organics, p. 10.

63 Kymberlie Adams Matthews, 'Defining Organic', Satya, April, 2006, p. 14.

64 Pallavi Gogoi, 'Going Organic, the Profits and Pitfalls', Business Week Online, 25 May 2006, electronic version.

65 Food Guide: Who Owns What, Satya, April, 2006, p. 11.

66 저자와의 인터뷰(2006년 6월 2일)에서.

67 Ibid.

68 The Rotten Side of Organics, p. 10에 인용돼 있음. 'Start the Year Right'도 보라.

69 'Start the Year Right'.

70 Ibid.

71 Co-op America website, 'Buying Green', http://www.coopamerica.org/.

72 James O'Connor, Natural Causes: Essays in Ecological Marxism, New York: The Guilford Press, 1998, pp. 238~39.

73 Neil Smith, Uneven Development: Nature, Capital and the Production of Space, Oxford: Basil Blackwell,

1984, p. 57.

74 Cindi Katz, 'Whose Nature, Whose Culture?', Bruce Braun and Noel Castree, eds., Remaking Reality: Nature at the Millennium, London: Routledge, 1998, p. 52.

75 Toby M. Smith, The Myth of Green Marketing: Tending Our Goats at the Edge of Apocalypse, Toronto: University of Toronto Press, 1998, p. 107.

76 Co-op America website, http://www.coopamerica.org/cabn/.

77 미국의 최근 사례로는 역사상 최고의 이익을 거두고 있는 석유산업계에 10억 달러가 넘는 보조금을 제공한다는 내용의 2005년도 에너지법을 들 수 있다.

13 더 많이 일하고, 팔고, 소비하기_자본주의의 3차 모순

1 예를 들어 Herman Daly의 'Steady-State Economics', in C. Merchant, ed., Key Concepts in Critical Theory: Ecology, Amherst: Humanity Books,1994와 Saral Sarkar의 Eco-socialism or Eco-capitalism? A Critical Analysis of Humanity's Fundamental Choices, New York: Zed Books, 1999를 보라.

2 Cf. W.W. Rostow, The Stages of Economic Growth: A Non-communist Manifesto, New York: Cambridge University Press, 1965 (로스토우 지음, 《경제성장의 제단계》, 법문사, 1987—옮긴이).

3 Beverley Silver and Giovanni Arrighi, 'Workers North and South', Socialist Register 2001, p. 72.

4 Alan Durning의 How Much is Enough?, New York: W.W. Norton&Company, 1992와 Robert E. Lane의 The Loss of Happiness in Market Democracies, New Haven: Yale University Press, 2000을 보라.

5 James O'Conner의 'The Second Contradiction of Capitalism', in Ted Benton, ed., The Greening of Marxism, New York: Guilford, 1996을 보라.

6 Ibid, p. 202.

7 Ibid, p. 200.

8 Ibid.

9 James O'Conner의 Natural Causes, New York: Guilford, 1998, p. 307을 보라.

10 Karl Polanyi, The Great Transformation, Boston: Beacon Press, 1957. (칼 폴라니 지음, 박현수 옮김, 《거대한 변환》, 민음사, 1997—옮긴이).

11 O'Conner, Natural Causes, p. 307.

12 Ibid, p. 308.

13 Ibid.

14 O'Conner, 'The Second Contradiction of Capitalism', p. 211.

15 예를 들어 'Culture, Nature and the Materialist Conception of History', in Natural Causes를 보라.

16 O'Conner, 'The Second Contradiction of Capitalism', p. 211.

17 Ibid, p. 205.

18 Ibid, p. 203.

19 Ibid.

20 Marshall Berman, All that is Solid Melts into Air: The Experience of Modernity, New York: Simon and Schuster, 1982, p. 103 (마셜 버만 지음, 윤호병 옮김, 《현대성의 경험》, 현대미학사, 2004—옮긴이).

21 Costas Panayotakis, 'A Marxist Critique of Marx's Theory of History: Beyond the Dichotomy Between Scientific and Critical Marxism', Sociological Theory, 22(1), 2000. 그 절의 나머지는 이 글 안에서 전개된 논쟁에 대한 개요를 제공한다.

22 O'Conner, Natural Causes, p. 10.

23 Ibid, p. 176.

24 수요측면 위기로서의 1차 모순에 대해서는 James O'Conner의 'Is Sustainable Capitalism Possible?', in Martin O'Connor, ed., Is Capitalism Sustainable? Political Economy and the Politics of Ecology, New York: Guilford, 1994, pp. 160, 162를 보라.

25 Ibid, pp. 272~73.

26 O'Conner, Natural Causes, pp. 272~73.

27 O'Conner, 'Is Sustainable Capitalism Possible?', p. 165.

28 O'Conner, Natural Causes, p. 272.

29 O'Conner, 'The Second Contradiction of Capitalism', p. 160.

30 Ibid, p. 162.

31 Samuel Bowles, David M. Gordon과 Thomas E. Weisskopf, After the Waste Land: A democratic Economics for the Year 2000, Armonk: M. E. Sharpe, 1991, p. 28을 보라.

32 O'Conner, 'The Second Contradiction of Capitalism', p. 203.

33 O'Conner, Natural Causes, p. x iii.

34 O'Conner, 'The Second Contradiction of Capitalism', p. 203.

35 O'Conner, Natural Causes, p. 150.

36 예컨대 Richard A. Easterlin, 'Does Satisfying Material Needs Increase Human Happiness?', in Richard A. Easterlin, ed., Growth Triumphant: The Twenty-First Century in Historical Perspective, Ann Arbor: The University of Michigan Press, 1996; and Lane, The Loss of Happiness를 보라.

37 예컨대 Robert H. Frank, Luxury Fever: Why Money Fails to Satisfy in an Era of Excess, New York: Free Press, 1999와 Fred Hirsch의 Social Limits to Growth, Cambridge: Harvard University Press, 1976을 보라.

38 예컨대 Frank의 Luxury Fever, p. 92를 보라.

39 예컨대 Juliet B. Schor의 The Overworked American: The Unexpected Decline of Leisure, New York: Basic Book, 1991과 Gary Cross의 Time and Money: The Making of Consumer Culture, London: Routledge, 1993을 보라.

40 《과로하는 미국인(The Overworked American)》에서 쇼어는 "노동시간의 증대를 초래한 것은 산업이 아니라 자본주의"라고 정확히 지적했다(p. 164). 그러나 그가 아래 책을 저술했을 때에는 어조에 미묘한 변화가 일어났다. 즉 여가시간을 줄이는 자본주의의 편향에 대한 체계적인 비판이 경제성장과 여가시간 사이의 더 나은 균형에 도달할 수 있다고 매력적으로 묘사된 유럽 자본주의 모델에 대한 논의로 대체됐다. Juliet B. Schor, The Overspent American: Upscaling, Downshifting, and the New Consumer, New York: Basic Books, 1998, pp. 171~73을 보라.

41 Cross의 Time and Money, p. vii를 보라.

42 Pietro Basso의 Modern Times, Ancient Hours: Working Hours in the Twenty-First Century, edited and translated by Giacomo Donis, London: Verso, 2003을 보라.

43 Schor, The Overworked American, p. 3.

44 이러한 이유에는 '19세기 후반의 기계화, 20세기 들어 나타난 작업장 규율 증진을 위한 장시간 노동과 고용-지대(employment rent)라는 개념 사용, 그리고 2차대전 이래로 부가급여 구조에 의해 만들어진 편향 등'이 있다. Schor, The Overworked American, p. 59를 보라.

45 Benjamin Kline Hunnicut의 Work Without End: Abandoning Shorter Hours for the Right to Work, Philadelphia: Temple University Press, 1988, p. 310를 보라.

46 Ibid, p. 47.

47 Frank, Luxury Fever, p. 278.

48 John Kenneth Galbraith의 The New Industrial State, Fourth Edition, New York: New American Library, 1985, pp. 200~01과 Frank의 Luxury Fever, p. 279를 보라.

49 Schor, The Overworked American, pp. 3; 133~34.

50 Ibid, p. 68.

51 Basso, Modern Times and Carmen Siriani, 'The Self-Management of Time in Postindustrial Society', in Karl Hinrichs, William Roche, Carmen Siriani eds., Working Time in Transition: The Political Economy of Working Hours in Industrial Nations, Philadelphia: Temple University Press, 1991, p. 263을 보라.

52 Conrad Lodziak의 The Myth of Consumerism, London: Pluto Press, 2002를 보라.

53 예를 들어 Galbraith, The Affluent Society (존 케네스 갤브레이스 지음, 노택선 옮김, 《풍요한 사회》, 한국경제신문사, 2006—옮긴이)와 The New Industrial State; Paul A. Baran and Paul M. Sweezy, Monopoly Capital: An Essay on the American Economic and Social Order, New York: Modern Reader Paperbacks, 1968, ch. 5 (폴 바란, 폴 스위지 지음, 최희선 옮김, 《독점자본: 미국의 경제와 사회질서》, 한울, 1984—옮긴이)를 보라.

54 20세기에 소비자문화가 만들어진 역사적 과정에 대한 유용한 설명으로는 Cross, Time and Money; Hunnicut, Work Without End; Stuart Ewen, Captains of Consciousness: Advertising and the Social Roots of the Consumer Culture, New York: McGraw-Hill, 1977; 그리고 Richard H. Robbins, Global Problems and the Culture of Capitalism, Third Edition, Boston: Allyn and Bacon, 1999, ch. 1.을 보라.

55 Robert Goldman and Stephen Papson, 'Advertising in the Age of Accelerated Meaning', in Juliet B. Shor and Douglas B. Holt, eds., The Consumer Society Reader, New York: The New Press, 2000, p. 85을 참고하라.

56 Ibid, pp. 81, 91.

57 Douglas B. Holt, 'Does Cultural Capital Structure American Consumption?', in Schor and Holt, The Consumer Society Reader, p. 247.

58 스태펀 린더(Staffan Linder)와 같은 신고전파 경제학자들조차도 시간의 부족과 광고에 대한 취약성 사이의 연관성을 인정했다. 린더는 다음과 같이 썼다. "사람들은 비합리적이어서가 아니라 오히려 합리적이기 때문에 설득에 넘어갈 수 있다. … 사람들은 사실 완전한 정보를 얻기 위해 모든 시간을 소비자 보고서를 읽는 데, 아니면 경제문제에 관한 정보를 얻는 데 써야 한다. 대다수의 사람들은 계산과 숙고를 통해 이렇게 하는 것은 자기가 가진 시간을 배분하는 방법으로는 비경제적일 수 있음을 알아차리게 된다. … 사람들이 많은 오류를 저지르는 것을 감수함으로써 더 많은 시간을 얻게 되면 노동에서 더 많은 소득을 올려 그것으로 오류를 저지른 데서 오는 손해를 벌충할 수 있다. 그러나 정보가 부족해지면 광고의 영향을 받게 될 가능성에 노출된다." (Staffan Burenstam Linder, The Harried Leisure Class, New York: Columbia University Press, 1970, pp. 73~4를 보라.) 이 인용문이 보여주듯이 린더는 광고에 대

한 사람들의 취약성이 자신의 시간을 상이한 용도들에 합리적으로 배분한 결과라고 가정한다. 이처럼 그는 자기가 앞에서 논의했던 가능성, 즉 광고가 좋은 삶에 대한 소비주의적 개념을 배양하는 과정에서 노동과 여가 사이에 차선의 시간배분을 하는 데 기여할 수 있을 가능성조차 고려하지 않는다. 그는 또한 자본주의 사회가 개인들로 하여금 자신의 삶에서 불필요하게 큰 부분을 할애해 기본적인 생존을 추구하는 데 바치도록 강요하기 때문에 시간이 더욱 부족해진다는 사실도 고려하지 않는다.

59 Malcolm Gladwell, 'The Coolhunt', in Schor and Holt, The Consumer Society Reader를 참고하라.

60 Frank의 Luxury Fever를 보라.

61 Galbraith의 The Affluent Society를 보라.

62 Galbraith의 The Affluent Society, pp. 98~9 와 Frithjof Bergmann, 'Ecology and New Work: Excess Consumption and the Job System', in Juliet B. Schor and Douglas B. Holt, eds., The Consumer Society Reader, New York: The New Press, 2000, pp. 489~90을 보라.

63 O' Conner, 'Is Sustainable Capitalism Possible?', p. 165.

64 Ibid, p. 160.

65 Ibid, p. 162.

66 Hunnicut의 Work Without End를 보라.

14 사회적 물질대사와 환경갈등

1 S. Funtowicz and J. Ravetz, 'The Worth of a Songbird: Ecological Economics as a Post-Normal Science', Ecological Economics, 10(3), 1994.

2 D. Pimentel, et al., 'Food Production and the Energy Crisis', Science, 182, 1973.

3 R.U. Ayres, 'Industrial Metabolism', in J. Ausubel, ed., Technology and Environment, Washington, DC: National Academy Press, 1989; M. Fischer-Kowalski, 'Society's Metabolism. The Intellectual History of Material Flow Analysis, Part I, 1860~1970', Journal of Industrial Ecology, 2(1), 1998; H. Haberl, 'The Energetic Metabolism of Societies, Part I: Accounting Concepts', and 'The Energetic Metabolism of Societies, Part II: Empirical Examples', in Journal of Industrial Ecology, 5(1) and 5(2), 2001.

4 K. Marx and F. Engels, Lettres sur les sciences de la nature et les mathematiques, Paris: Mercure de France, 1976.

5 Karl Marx, Capital, Volume I, London: Penguin, 1992, chapter 13.

6 Marx and Engels, Lettres. 리비히(Liebig)라는 이름은 그 자신이 바랐던 대로 비료산업 같은 새로운 경제 부문을 연상시킨다. 그는 또한 생태학이라는 이름이 만들어지기 전에 생태학을 창시한 인물로 여겨지고 있다. E. J. Kormondy, Readings in Ecology, Englewoods Cliffs, NJ: Prentice-Hall, 1965. 그는 식물영양분을 토양으로 되돌리지 않는다는 이유에서 대농장식 농업과 농업수출에 반대하는 주장을 전개했고, 대신 소규모 농업과 주거의 분산을 옹호했다. 마르크스는 리비히와 의견을 같이했다. 존 벨러미 포스터(J. B. Foster)는 마르크스의 '물질대사' 개념을 재발견했으며, 마르크스가 리비히를 비롯한 다른 저술가로부터 받은 영향을 깊이 있게 분석했다. 그런데 그는 '생명순환'과 동식물의 물질대사 생리학에 대한 몰레스호트의 책을 인용하지 않음으로써 그의 영향을 무시하는 오류를 범했다. Foster, Marx's Ecology. Materialism and Nature, New York: Monthly Review Press, 2000.

7 L. Pfaundler, 'Die Weltwirtschaft im Lichte der Physik', Deutsche Revue, 22(April~June), 1902, pp. 29 ~38, 171~82; J. Cohen, How Many People Can The Earth Support?, New York: Norton, 1995.

8 L. Gordon, Woman's Body, Woman's Right. A Social History of Birth Control in America, New York: Grossman, 1976; F. Ronsin, La grève des ventres. Propagande néo-malthusienne et baisse de la natalité en France, 19~20 siècles, Paris: Aubier-Montagne, 1980; E. Masjuan, La ecologia humana y el anarquismo ibérico: el urbanismo 'orgánico' o ecológico, el neo-malthusianismo y el naturismo social, Barcelona: Icaria, 2000.

9 J. R. Mayer, Die organische Bewegung in ihrem Zusammenhang mit dem Stoffwechsel, C. Drechsler: Heilbronn, 1845; Haberl, 'The Energetic Metabolism'.

10 21 March 1869, in Marx and Engels, Lettres.

11 Marx and Engels, Lettres. S.A. Podolinsky, 'Trud cheloveka i ego otnoshenie k raspredeleniiu energii', Slovo, 4/5, 1880, pp. 135~211. 이 제목은 '인간의 노동 및 에너지의 분배에 대해 인간의 노동이 갖는 관계'라는 뜻이다. J. Martinez-Alier, ed., Los principios de la Economia Ecológica, Madrid: Argentaria-Visor, 1995에 이 글의 스페인어 번역본이 실렸다. 독일어 번역본은 'Menschliche Arbeit und Einheit der Kraft'라는 제목으로 Die Neue Zeit, Volume I, 1883, pp. 413~24, 449~57에 실렸다.

12 Author's translation of Podolinsky, 'Menschliche Arbeit und Einheit der Kraft', p. 420.

13 Ibid., p. 453.

14 포돌린스키의 연구작업과 생애는 마르크스 및 엥겔스와의 간단했던 조우와는 별도로 그 자체로서 중요하다. 그는 에너지의 사회적 물질대사 흐름에 대한 최초의 연구서들 가운데 하나를 저술했다는 점에서 생태경제학의 역사에서 중요한 위치를 차지하는 인물이다. 의사와 생리학자로 훈련받은 그의 인생은 짧았지만 드라호마노프(Drahomanov)의 친구로서 우크라이나의 연방정치에 발자취를 남겼다. 그는 또한 '인민의 의지(Narodnaya Volya)'파에 속하는 친구들을 갖고 있으면서 표트르 라브로프(Piotr Lavrov)의 젊은 동지이기도 했고, 러시아의 독재에 반대한 나드로니크 운동에 강한 흔적을 남겼다. 에너지와 경제에 관한 그의 연구작업은 베르나드스키(Vernadsky)의 《지구화학(La Géochimie)》(Paris: Alcan, 1924)에서 칭송되기도 했다. 엑트로피스무스(Ektropismus)라는 개념을 사용한 펠릭스 아우어바흐(Felix Auerbach)와 존 졸리(John Joly) 등 몇몇 저술가들은 생명을 '에너지의 분산을 되돌리거나 늦추는 과정'으로 설명했다. 이런 설명에 베르나드스키가 기억해둘 만한 구절을 추가했다. "포돌린스키는 생명의 에너지학을 연구했고, 자신의 성과를 경제연구에 적용해보려고 노력했다."(pp. 334~5)

15 I. Susiluoto, The Origins and Development of Systems Thinking in The Soviet Union. Political and Philosophical Controversies from Bogdanov and Bukharin to Present-Day Reevaluations, Helsinki: Suomalainen Tiedeakatemia, 1982.

16 J. Martinez-Alier, with K. Schlüpmann, Ecological Economics: Energy, Environment and Society, Oxford: Blackwell, 1987; J. O'Neill, Ecology, Policy and Politics, London: Routledge, 1993; J. Martinez-Alier, G. Munda and J. O'Neill, 'Weak Comparability of Values as a Foundation for Ecological Economics', Ecological Economics, 26, 1998; J. O'Neill, 'Socialist Calculation and Environmental Valuation: Money, Markets and Ecology', Science and Society, 66(1), 2002; J. O'Neill, 'Ecological Economics and the Politics of Knowledge: The Debate Between Hayek and Neurath', Cambridge Journal of Economics, 28, 2004; T.E. Uebel, 'Incommensurability, Ecology and Planning: Neurath in

the Socialist Calculation Debate, 1919~1928', History of Political Economy, 37(2), 2005.

17 John O'Neill, 'Socialist Calculation and Environmental Valuation: Money, Markets and Ecology', Science and Society, 66(1), 2002, p. 137; F.A Hayek, The Counter-Revolution of Science: Studies on the Abuse of Reason, Second Edition, Indianapolis: Liberty Press, (1952) 1979.

18 F. Cottrell, Energy and Society: The Relations between Energy, Social Change and Economic Development, New York: McGraw Hill, 1955; R.P. Sieferle, Der unterirdische Wald. Energiekrise und industrielle Revolution, Munich: Beck, 1982 (English trans., Cambridge: White Horse Press, 2001); J. C. Debeir, J.P. Deléage and D. Hémery, Les servitudes de la puissance. Une histoire de l'energie, Paris: Flammarion, 1986; C. Hall, C.J. Cleveland and R. Kaufman, Energy and Resources Quality: The Ecology of the Economic Process, New York: Wiley, 1986; C.J. Cleveland, 'Biophysical Economics: Historical Perspectives and Current Recent Trends', Ecological Modelling, 38, 1987.

19 H. T. Odum, Environment, Power and Society, New York: Wiley, 1971.

20 S. Brigenzu and H. Schütz, 'Total Material Requirement of the European Union' in European Environmental Agency, ed., Technical Report No. 55, Copenhagen: EEA, 2001; EUROSTAT, 'Economy-wide Material Flow Accounts and Derived Indicators — A Methodological Guide', Luxembourg: Office for Official Publications of the E.C., 2001; A. Adriaanse, et al., Resource Flows. The Material Basis of Industrial Economies. Washington, DC: World Resources Institute, 1997; E. Matthews, et al. The Weight of Nations. Material Outflows from Industrial Economies. Washington DC: World Resources Institute, 2000.

21 물질흐름 분석은 경제체계에 들어가는 모든 투입물을 바이오매스, 화석연료, 건축자재, 기타물질(금속)의 범주로 나누고 톤으로 계산한다. 또한 스톡으로 축적되는 부분과 경제 속의 관류량이 되어 배출물(폐기물)로 나타나는 부분도 모두 톤으로 계산한다. 배출물 중 가장 큰 비중을 차지하는 것은 이산화탄소다. 유럽연합 통계청은 유럽연합 국가들에 대해 이러한 계산을 하고 그 결과를 발표한다.

22 개념정의는 다음과 같다.

국내채취(DE; Domestic Extraction)=연간 국내에서 채취된 물질.

직접물질투입(DMI; Direct Material Input)=국내채취(DE)+직접물질수입(I) (DMI=DE+I).

국내물질소비(DMC; Domestic Material Consumption)

　=직접물질투입−직접물질수출(E) (DMC=DMI−E=DE+I−E).

물은 물질흐름보다 백배나 더 무게가 크기 때문에 다른 추세들의 효과를 가리게 되므로 MFA에서 제외된다. 하지만 물질대사 일람표에는 물 사용이 추가돼야 한다. 물의 정치생태학은 인도의 나르마다 강 보전 운동 같은 댐 관련 갈등이나 풀리친탈라 지역이나 북동부에서 발생한 새로운 갈등, 그리고 '강과 강을 연결하는 사업'에 대한 불만 등에 초점을 맞춘다. 또한 지하수층의 사용과 오염에 관한 갈등도 있다. 이와 관련해 케랄라 주의 플라치마다에서 농민들과 코카콜라 간에 벌어진 갈등은 세계적으로 유명하다. 뿐만 아니라 카스트와 젠더 차원의 불평등을 수반하는 다른 많은 갈등도 존재한다. 브라질에는 '댐의 영향을 받는 사람들(atingidos por barragens)'이라는 조직적인 운동이 있다. 2005년에 이 지역 주교들이 주도해 성공적인 시민저항을 이끌어낸 이 운동은 상프란시스쿠(Sao Francisco) 강에서 물을 끌어가는 것을 중단시켰다(http://www.irn.org 참조). 물의 정치생태학은 또한 폐기물을 강이나 바다에 투기하는 행위나 새로운 탈염화 프로젝트가 에너지와 환경에 미치는 영향, 물의 이용과 가격 등에 대해 연구한다. 최근에는 '가상의 물(Virtual Water)'에 대한 논의가 새로이 진행되고 있다. '가상의 물'이란 각각의 생산물 생산에 수반되는 '물 비용'을 말한다. A. Y. Hoekstra and P.Q. Hung, Virtual Water Trade: A Quantification of Virtual Water Flows Between Nations in Relation to International Crop Trade, Value of Water Research Report Series No. 11, Delft: UNESCO-IHE, 2002. See: http://www.waterfootprint.org를 참고하라.

23 관류(throughput)란 자연생태계에서 경제시스템으로 유입되어 경제활동에 이용되고 오염물질의 형태로 자연생태계로 방출되는 모든 에너지와 물질의 흐름을 지칭한다. (옮긴이)

24 S. Cañellas, et al., 'Material Flow Accounting of Spain', International Journal of Global Environmental Issues, 4(4), 2004.

25 S. Giljum and N. Eisenmenger, 'North-South Trade and the Distribution of Environmental Goods and Burdens', Journal of Environment and Development, 13(1), 2004.

26 G. Machado, R. Schaeffer and E. Worrell, 'Energy and Carbon Embodied in the International Trade of Brazil: An Input-Output Approach', Ecological Economics., 39(3), 2001; R. Muradian, M. O'Connor and J. Martinez-Alier, 'Embodied Pollution in Trade: Estimating the "Environmental Load Displacement" of Industrialized Countries', Ecological Economics, 41(1), 2002.

27 Walter A. Pengue, 'Transgenic Crops in Argentina. The Ecological and Social Debt', Bulletin. of Science, Technology and Society, 25(4), 2005.

28 M. A. Pèrez-Rincón, 'Colombian International Trade from a Physical Perspective: Towards an Ecological "Prebisch Thesis"', Ecological Economics, in press, 2006.

29 R. Prebisch, El desarrollo económico de la America Latina y algunos de sus principales problemas, Santiago de Chile: ECLAC, E/CN, 12/89, 1949; H.W. Singer, 'The Distribution of the Gains between Investing and Borrowing Countries', American Economic Review, 40, 1950; A. Emmanuel, Unequal Exchange: A Study of the Imperialism of Free Trade, New York: Monthly Review Press, 1972.

30 HANPP(Human Appropriation of Net Primary Production of Biomass)는 아직 공식적인 통계는 아니다. 이것은 세 단계를 거쳐 계산된다. 첫째, 잠재 1차 순생산(잠재 NPP; 주어진 지역이나 국가의 자연생태계 안에서의 순생산)을 계산한다. 둘째, 실제 1차 순생산을 계산한다(실제 NPP; 대개 농업의 단순화와 토양의 밀폐로 인해 잠재 NPP보다 적다). 그리고 셋째, 실제 NPP 가운데 얼마나 많은 부분이 인간이나 인간과 관련된 존재(가축 등)가 이용하는지를 계산하는데, 이것이 바로 생물다양성의 손실을 나타내는 지표인 HANPP다. 따라서 HANPP가 높을수록 야생종이 이용할 수 있는 바이오매스의 양이 적다는 뜻이 된다. 이렇게 가정된 관계들은 그 자체가 연구주제다. 오스트리아에 대한 연구의 결과가 F. Krausmann et al., 'Land-Use Change and Socio-Economic Metabolism in Austria, Part I: Socio-Economic Driving Forces of Land-Use Change 1950~1995' and H. Haberl et al., 'Land-Use Change and Socio-Economic Metabolism in Austria, Part II: Land-Use Scenarios 1995~2020', both published in Land Use Policy, 20(1), 2003에 나온다. 또 다른 연구주제는 MEFA(Material and Energy Flow Accounting)와 HANPP 변수들 간의 관계를 모델링하는 것이다. 예컨대 집약농업과 화석연료의 사용은 1950년대와 비교해볼 때 유럽에서 HANPP를 약간 감소시켰다. 인도에서 요리용 화석연료(등유나 LPG)의 사용 증가는 HANPP를 약간 감소시키는 효과를 가져오며, 따라서 야생의 생물다양성에 대한 압력은 작아진다(따라서 등유와 LPG는 호랑이에게는 좋은 것이다). 반면에 화석연료 대신 연료용 바이오매스를 더 많이 사용하면 이산화탄소 순배출량은 줄어들겠지만 HANPP는 증가할 것이다.

31 M. Giampietro, Multiple-scale Integrated Assessment of Agroecosystems, Boca Raton, FL: CRC Press,

2003.

32 Down to Earth, 15 April 2005, pp. 26~35.

33 The Hindu, 17 December 2004.

34 P. Blaikie and H. Brookfield, Land Degradation and Society, London: Methuen, 1987.

35 R. Carrere and L. Lohman, Pulping the South: Industrial Tree Plantations and the World Paper Economy, London: Zed, 1996.

36 http://www.wrm.org.uy.

37 런던에 있는 환경정의재단(Environmental Justice Foundations, http://www.ejfoundation.org)의 보고서들을 보라.

38 L. M. Gibbs, Love Canal: My Story, Albany: SUNY Press, 1981; R. Hofrichter, ed., Toxic Struggles: The Theory and Practice of Environmental Justice, foreword by Lois Gibbs, Philadelphia: New Society Publishers, 1993.

39 Down to Earth, 31 May 2005, pp. 16~17을 보라. 인용의 출처는 The Hindu, 18 December 2004.

40 European Environment Agency, Late Lessons from Early Warnings, Environmental Issue Report No. 22, 2003 (reports.eea.eu.int)을 보라. 사례연구가 추가된 새로운 보고서는 준비 중에 있다.

41 유럽과 일본에는 증식로에 대한 불신이 존재한다. 유럽에서는 크레-말빌(Creys-Malville)이 폐쇄됐고, 일본에서는 법원에 의해 후쿠이 현의 몬주(Monju) 프로젝트가 중단됐다. 반면에 인도에서는 2005년에 폰디체리(Pondicherry) 근처에서 칼파캄(Kalpakkam) 증식로의 건설이 엄청난 환호 속에 착수돼, 마치 이 증식로가 현대 인도의 힌두교 사원이 아닌가 하는 착각을 불러일으켰다.

42 U. Beck, Risk Society: Towards a new Modernity, London: Sage, 1992 (울리히 벡 지음, 홍성태 옮김, 《위험사회》, 새물결, 2006—옮긴이).

43 International Herald Tribune, 3 December 2004.

44 A. Agarwal and S. Narain, Global Warming: A Case of Environmental Colonialism, Delhi: Centre for Science and Environment, 1991.

45 http://www.deudaecologica.org.

46 M. Gadgil and R. Guha, Ecology and Equity: The Use and Abuse of Nature in Contemporary India, London: Routledge, 1995.

47 M. Wackernagel and W. Rees, Our Ecological Footprint, Philadelphia: New Society Publishers, 1995.

48 B. Agarwal, 'The Gender and Environment Debate: Lessons from India', Feminist Studies, 18(1), 1992.

49 R. Guha, The Unquiet Woods: Ecological Change and Peasant Resistance in the Himalaya, Delhi: Oxford University Press, 1989.; R. Guha and J. Martinez-Alier, Varieties of Environmentalism, Delhi: Oxford University Press, 1997.

50 Samata, 'Surviving a Minefield. A Landmark Supreme Court Judgement Restoring the Rights of Tribals', Hyderabad, January 2003; V. Das, 'Democratic Governance in Tribal Regions — A Distant Dream', Economic and Political Weekly, 18 October 2003.

51 R. Bullard, Confronting Environmental Racism: Voices from the Grassroots, Boston: South End Press, 1993; P. Bond, Unsustainable South Africa, London: Merlin Press, 2002; K. Dunion, Troublemakers: The Struggle for Environmental Justice in Scotland, Edinburgh: Edinburgh University Press, 2003; H. Acselrad, S. Herculano and J. A. Padua, eds., Justica Ambiental e Cidadania, Rio de Janeiro: Relume

Dumara, 2004.

52 J. Martinez-Alier, The Environmentalism of the Poor: A Study of Ecological Conflicts and Valuation, Cheltenham: E. Elgar, 2002 (New Edition, Delhi: Oxford University Press, 2005).

53 Debrata Mohanty, 'Chilika Bill in Troubled Waters', The Telegraph, 22 December 2003.

54 CASI, 'Velippalayam, Nagapattinam, Tamil Nadu. Struggles against Shrimp Industries and the Role of the Campaign against Shrimp Industries. An Update', January 2004, pp. 41, 52~64.

55 이런 관점은 2006년 2월에 영국 옥스퍼드에서 열린 '소셜리스트 레지스터 회의'에서 이 글이 발표됐을 때 일부 참가자들에 의해 '낭만적'이라는 평가를 들었다. 낭만주의는 나쁜 뜻의 단어가 아니다. 낭만주의자들은 산업혁명이 빚어낸 사회적, 생태적 참상을 비판했다. 그들은 악취가 진동하는 어두침침한 공장의 오염과 지역공동체로부터의 자원강탈을 알아차리는 예민한 감각을 갖고 있었다.

15 생태사회주의와 민주적 계획

* 이 글의 필자인 미셸 뢰비가 생태사회주의에 대해 언급한 또 다른 글로는 미셸 뢰비 지음, 이수강 옮김, '비판적 맑스주의에서 자기해방의 중심성', 〈읽을거리〉, 제3호, 1998이 있다. (옮긴이)

1 Richard Smith, 'The Engine of Eco Collapse', Capitalism, Nature and Socialism, 16(4), 2005, p. 35.

2 Karl Marx, Das Kapital, Vol. 1, Berlin: Dietz Verlag, 1960, pp. 529~30. 자본의 파괴적인 논리에 대한 주목할 만한 분석은 Joel Kovel, The Enemy of Nature: The End of Capitalism or the End of the World?, New York: Zed Books, 2002을 보라.

3 James O'Connor, Natural Causes: Essays in Ecological Marxism, New York: The Guilford Press, 1998, pp. 278, 331.

4 존 벨러미 포스터는 '생태혁명(ecological revolution)'이라는 개념을 사용하면서 이렇게 주장했다. "그 이름에 걸맞은 지구적인 생태혁명은 오직 더 큰 사회적 혁명(내 생각에 이것은 사회주의적 혁명이기도 해야 한다)의 일부로서만 일어날 수 있다. … 그러한 혁명은 마르크스가 주장했듯이 연합한 생산자들이 인간과 자연의 물질대사 관계를 합리적으로 규율할 것을 요구할 것이다. … 또한 그것은 칼 마르크스를 따른 사람들 가운데 가장 독창적이고 생태적이었던 인물들 가운데 하나인 윌리엄 모리스(William Morris)로부터, 간디로부터, 그리고 마르크스 자신에서부터 에피쿠로스로까지 거슬러 올라가는 그 밖의 급진적이고 혁명적인 유물론자들로부터 영감을 얻어야 한다." Foster, 'Organizing Ecological Revolution', Monthly Review, 57(5), 2005, pp. 9~10.

5 기존의 생태정치(녹색경제학, 심층생태론, 생물지역주의 등)에 대한 생태사회주의의 비판에 대해서는 Kovel, The Enemy of Nature, 7장을 보라.

6 John Bellamy Foster, Marx's Ecology: Materialism and Nature, New York: Monthly Review Press, 2000을 보라.

7 F. Engels, Anti-Dühring, Paris: Ed. Sociales, 1950, p. 318.

8 K. Marx, Das Kapital, Vol. 3, Berlin: Dietz Velag, 1968, p. 828과 Vol. 1, p. 92. 현대 마르크스주의에서도 유사한 논의를 볼 수 있다. 예를 들어 에르네스트 만델은 '노동자들의 대다수로 구성된 노동자평의회 전국회의가 주도하는 민주적이고도 중앙집권적인 계획'을 주장한다(Mandel, 'Economics of

Transition Period', in E. Mandel, ed., 50 Years of World Revolution, New York; Pathfinder Press, 1971, p. 286). 만델은 그 뒤의 저술에서는 오히려 '생산자'와 '소비자'를 거론한다. 그가 민주적 계획에 대한 가장 논리정연한 사회주의 이론가라는 점에서 우리는 흔히 그의 저작을 인용한다. 그러나 1980년 대 후반까지도 그는 자신의 경제적 논의에 생태적 사안을 핵심적인 측면으로 포함시키지 않았다는 점은 지적돼야 한다.

9 에르네스트 만델은 다음과 같이 계획을 정의한다. "계획에 의해 통제되는 경제는 … 사회의 상대적으로 희소한 자원이 가치법칙의 작용에 따라 맹목적으로('생산자와 소비자의 등 뒤에서') 배분되는 것이 아니라 미리 제정된 우선순위에 따라 의식적으로 배분됨을 뜻한다. 사회주의적 민주주의가 우세한 이행기 경제에서는 노동자 대중이 이러한 우선순위의 선택을 민주적으로 결정한다." Mandel, 'Economics of Transition Period', p. 282.

10 노동자 대중의 입장에서는 관료들이 자의적으로 강요하는 희생은 시장의 맹목적인 메커니즘이 강요하는 희생만큼이나 '수용할 수 없다.' 이 두 가지는 '동일한 소외의 서로 다른 형태'를 보여주는 것일 뿐이다. Ibid., p. 285.

11 아르헨티나의 마르크스주의 경제학자인 클라우디오 카츠(Claudio Katz)는 사회주의에 관한 자신의 주목할 만한 최근 저서에서 대중 다수에 의해 아래로부터의 감독을 받는 민주적 계획은 절대적인 중앙집중화, 완전한 국유화, 전시공산주의, 명령경제 등과 동일한 것이 아니라고 강조한다. "이행은 시장보다 계획을 우위에 둘 것을 요구하지만 시장변수에 대한 억압을 요구하지는 않는다. 이 둘의 조합이 각각의 상황에서 각각의 국가에 의해 채택돼야 한다. 하지만 사회주의적 과정의 목적은 계획과 시장 간에 불변의 균형상태를 유지하는 것이 아니라 시장지위의 점진적인 상실을 촉진하는 것이다." Claudio Katz, El Porvenir del Socialismo, Buenos Aires: Herramienta/Imago Mundi, 2004, pp. 47~8.

12 Anti-Dühring, p. 349.

13 Kovel, The Enemy of Nature, p. 215.

14 Mandel, Power and Money, London: Verso, 1991, p. 209.

15 만델은 이렇게 말한다. "우리는 '다수는 항상 옳다'고 믿지 않는다. … 사람은 모두 다 실수를 저지른다. 다수의 시민, 생산자, 소비자들도 분명 그럴 것이다. 그러나 그들과 그들보다 앞선 세대 사이에는 한 가지 기본적인 차이가 있다. 불평등한 권력의 체제 속에서 자원배분에 관한 잘못된 결정을 내리는 사람이 그로 인한 결과에 따르는 대가를 지불하는 당사자가 되는 경우는 드물다. … 진정한 정치적 민주주의, 문화적 선택권, 그리고 필요한 정보가 주어져 있는데도 대다수가 잘못 결정된 배분을 신속히 바로잡기보다 죽어가는 숲과 의료인력이 부족한 병원을 그저 바라보고만 있기를 선호할 것이라고는 믿기 어렵다." Mandel, 'In Defence of Socialist Planning', New Left Review, 1/159, 1986, p. 31.

16 Mandel, Power and Money, p. 204.

17 Michael Albert, Participatory Economics: Life After Capitalism, London: Verso, 2003, p. 154.

18 '마이너스 성장'에 관한 부분은 Majid Rahnema(with Victoria Bawtree) eds., The Post-Development Reader, Atlantic Highlands, N.J.: Zed Books, 1997와 Michel Bernard et al., eds., Objectif Décroissance: vers une société harmonieuse, Lyon: Éditions Parangon, 2004를 보라. '데크루아상스'에 관한 프랑스의 주된 이론가는 《난파한 행성(La planéte des naufrages: essai sur l'aprèsdévéloppement)》(Paris: La Devouverte, 1991)의 저자인 세르주 라투르(Serge Latour)다.

19 에르네스트 만델은 자가용 승용차를 굴리는 것과 같은 소비습관이 급속하게 변할 가능성에 대해 회의적이었다. "환경적 주장을 비롯해 그 어떠한 주장에도 불구하고 그들(생산자와 소비자들)이 자가용

승용차의 지배적 지위를 유지하고 도시를 계속 오염시키기를 원한다면 그렇게 하는 것은 그들의 권리에 속할 것이다. 장기적인 소비성향 변화는 일반적으로 느리다. 미국에서 사회주의 혁명이 일어날 경우 바로 그 다음날에 미국의 노동자들이 자가용 승용차에 대한 애착심을 버릴 것이라고 믿는 사람은 극소수일 것이다." Mandel, 'In Defense of Socialist Planning', p. 30. 소비패턴의 변화는 강요돼야 할 것이 아니라는 만델의 주장은 옳다. 하지만 그는 오늘날 이미 유럽의 몇몇 도시들에서 실시되고 있는 것과 같은 자가용 승용차의 통행 제한에 대한 시민들의 찬성이 가져올 수 있는 영향과 무료 대중교통 체계의 광범위한 구축이 일으킬 수 있는 효과를 대단히 과소평가하고 있다.

20 Mandel, Power and Money, p. 206.

21 Daniel Singer, Whose Millenium? Theirs or Ours?, New York: Monthly Review press, 1999, pp. 259~60.

22 S. Baierle, 'The Porto Alegre Thermidor' in Socialist Register 2003을 보라.

23 Walter Benjamin, Gesammelte Schriften, Volume I/3, Frankfurt: Suhrkamp, 1980, p. 1232.

16 생태사회주의 정당 건설_실패한 독일 녹색당 기획의 교훈

* 프리더 오토 볼프의 또 다른 글로는 '독일 녹색당, 어떻게 된 일인가?', 〈이론과 실천〉 2003년 9월호, 민주노동당, http://2001.kdlp.org/zboard/view.php?id=tp0309&no=13이 있다. (옮긴이)
* 이 글의 초고를 읽고 논평을 해준 마티아스 오베르크(Matthias Oberg)에게 감사의 말을 전하고 싶다.

1 이 글은 '내부에서부터' 분석을 하려는 시도다. 따라서 자기비판의 시도이기도 하다. 1970년대 끝 무렵부터 나는 특히 새로운 선거정치 분야에서 새로운 사회운동의 추동력을 잘 활용해 좌파의 위기에서 벗어날 방안을 찾는 소규모 활동가집단에 적극적으로 참여해왔다. 이 때문에 나는 독일에서 '사회주의자 회의(1980~81)' 시기부터 3세대에 걸친 주도적 '좌파-녹색 그룹'들에 참여했고, 그 그룹들을 서로 조율하는 일을 맡기도 했다. 또한 이런 활동의 일환으로 '사회주의 정치를 위한 이니셔티브(Initiative für Sozialistische Politik)'의 기초강령과 같은 전략문서들을 만드는 데 참여했고, 1982년에 〈모데르네 차이텐(Moderne Zeiten)〉이라는 좌파녹색 월간지를 창간하는 일 및 녹색당의 미래에 대한 토마스 에베르만(Thomas Ebermann)과 라이너 트람페르트(Rainer Trampert)의 팸플릿(Die Zukunft der Grünen, Hamburg: Konkret, 1983)을 발간하는 일에 참여했다. 그 뒤 독일에서 녹색당 좌파가 나토의 유고슬라비아 전쟁에 반대하다가 전략적으로 패배할 때까지는 당시 출범준비를 하던 녹색당 안에서 좌파를 조직화하는 일에 참여했다. 1980년대 중반에 에베르만-트람페르트 노선이 처음으로 전술적인 패배를 한 뒤로는 특히 유럽에서 전개된 전략적인 논쟁들에 참여하는 데 초점을 두었다. 그 과정에서는 1970년대부터 내가 쌓아온 국제적 인맥(주로 알튀세르주의자, 반체제 트로츠키주의자, 그 밖의 다양한 공산주의 개혁가들)이 많은 도움이 됐다. 나는 유럽의회의 녹색당 의원으로서 누릴 수 있었던 지위 덕분에 유럽의 논쟁에 더욱 활발히 참여할 수 있었다. 유럽의회 의원으로서 나는 프랑스, 영국, 그리고 이베리아 반도에서 부상하고 있었던 '녹색-대안 좌파'와 전략적으로 연락을 하는 책임을 맡았다. 당시 프랑스의 녹색-대안 좌파는 '무지개 운동(Rainbow Movement)'을 출범시켰고, 영국의 녹색-대안 좌파는 다양한 적록연합 회의를 열고 있었다. 나는 피에르 쥐킨(Pierre Juquin)이 발의한 '생태사회주의자 선언'을 함께 작성하기도 했다(A. V. Europe's Green Alternative, Montréal: Black Rose, 1992). 1979년에서 1999년까지의 20년간을 돌아보면 나는 항상 내 능력 이상이 일을 하느라 그 결과를 통제할 수 없었다(심가친

정치적, 철학적 실천과 관련된 문제에서는 늘 그랬던 것 같다)고 고백하지 않을 수 없다. 하지만 이 글은 개인적 자기비판을 하려는 것이 아니라 독일의 녹색-대안 좌파의 첫 성공과 연이은 패배의 저변에 깔려 있었던 전략적 결함들을 드러내 보임으로써 새로운 세대의 급진정치 이니셔티브가 그러한 역사적 경험에서 배울 수 있도록 하려는 것이다. Erwin Jurtschitsch, Alexander Rudnick and Frieder Otto Wolf, eds., Grüne Perspektiven(Grün-Alternatives Jahrbuch 1988), Köln: Kölner Volksblatt, 1988, pp. 88~117에 실린 나의 글 'Warum Fällt es uns in den Grünen so schwer, über unsere Perspektiven zu diskutieren?'과 이보다 훨씬 짧기는 하지만 좀 더 최근의 글인 'What Happened to the West German Greens(서독 녹색당에 무슨 일이 있었나)', Red Pepper, 110(August), 2003, pp. 8~9 ('독일 녹색당, 어떻게 된 일인가?', 〈이론과 실천〉 2003년 9월호, 민주노동당—옮긴이)에 이미 서술된 일련의 반성을 참고하라.

2 이와 관련해 서독의 사례는 시사적이다. 그 이유는 서독은 1956년에 이미 주변화된 공산당을 아예 금지시킴으로써 정치적 영역의 개방성이 한계를 갖는다는 점이 명백해졌기 때문이다. 그러나 물론 이러한 한계는 미국의 매카시즘에서, 더 나아가 이탈리아의 연정에서 공산당이 배제된 것에서도 입증된다.

3 비폭력 시위대가 무자비하게 폭행당하고 몇 명은 무장경찰에 의해 죽음을 당하면서 말 그대로 프랑스 저항운동의 목이 부러진 프랑스의 1977년 '말빌(Malville) 전투'에서와 같이 저항운동에 대해 경찰이 폭력으로 진압한 사례가 독일에서는 없었다. 그러나 독일에서는 1981년의 '브로크도르프(Brokdorf) 전투'에서 20만 명의 시위대가 잘 조직된 저항행동을 통해 핵발전소 건설에 반대하는 '불법' 시위를 벌였으나 경찰력이 대규모로 동원되고 합법의 한계까지 집행됨에 따라 승리를 거두지는 못했다. http://www.piecesetmaindoeuvre.com에서 볼 수 있는 Simples Citoyens, Memento Malville. Une histoire des années soixante-dix, Grenoble, 14 June 2005를 참고하라.

4 1970년대 끝 무렵부터의 내 경험에 근거해 이 부분을 서술한다. 녹색당의 발전에 대해서는 의미 있는 연구가 많이 있다. 일반적인 배경지식을 얻고자 한다면 Werner Hülsberg, The German Greens. A Social and Political Profile, translated by Gus Fagan, London: Verso, 1988을 추천한다. 우리의 논의관점에서 이루어진 가장 적절한 연구는 요르케 리히만(Jorge Riechmann)이 빈틈없고 이론적으로 날카로운 분석을 전개한 Los Verdes Alemanes. Historia y análisis de un experimento ecopacifista a finales del siglo XX, Granada: Comares, 1994가 있다. 물론 요아힘 라슈케(Joachim Raschke)의 훌륭한 연구인 Die Grünen: Wie Sie Wurden, Was Sie Sind, Köln: Bund, 1993과 Die Zukunft der Grünen, Frankfurt: Campus Sachbuch, 2001도 경험적 세부묘사와 지적인 논평에서 뒤지지 않는다. 다만 리히만이 급진정치적 관점을 환상이나 체념 없이 옹호하고 있다면, 라슈케는 그다지 계몽적이지 않은 주류적 관점에서 사물을 정치적으로 보려는 경향이 있다.

5 독일 녹색당에 관한 영미권 문헌들은 영국의 생태주의자 사라 파킨(Sara Parkin)이 독일의 녹색당 사람들 대부분에서 좌파주의를 발견하고 전율했다고 한 진술(그의 Green Parties: An International Guide, London: Heretic, 1989를 보라)이나 도널드 새순(Donald Sassoon)이 'The New Left of the 1960s in green clothes'(그의 One Hundred Years of Socialism: The West European Left in the Twentieth Century, London: Fontana, 1996, p.678에 실린 글)에서 역시 비슷한 감정적 반응을 보여준 데서 전형적으로 나타나듯이 전체적인 핵심을 놓치고 있다. 그 핵심은 독일 녹색당(레알로스뿐만 아니라 푼디스도)이 1960년대의 꿈과 소망을 효과적인 정치로 옮기려고 했던 것과 관련이 있었다.

6 새순(Sasson)이 One Hundred Years of Socialism, p. 677에서 밝힌 대로 이런 현상은 처음부터 나타났던 것은 아니었고, 1983년 여름에 루돌프 바로(Rudolf Bahro) 및 유타 디트푸르트(Jutta Ditfurth)와 전략적 동맹을 모색하던 좌파의 토마스 에베르만이 주도한 전략적 재편성의 결과였던 것이 사실이다. 이로 인

해 녹색당 좌파 중에서 실용주의적인 지역활동가들은 '추운 바깥'에 남겨지게 됐다.

7 독일 녹색당의 건설과 기능에서 지역정치가 수행한 결정적인 역할에 대해서는 Bodo Zeuner와 Jörg Wischermann이 Rot-Grün in den Kommunen, Opladen: Leske & Budrich, 1994에서 분석해놓았다.

8 Margit Mayer and John Ely, eds., The German Greens: Paradox between Movement and Party, translated by Michael Schatzschneider, Philadelphia: Temple University Press, 1998과 관련 문헌(Markovits, Scharf, Frankland/Schoonmaker, Hülsberg 등이 쓴)에 대한 John Ely의 논평인 'Green Politics and the Transformation of the Left in Germany', New German Critique, 72(Antumn), 1997에서 유용한 개관적 설명을 볼 수 있다.

9 진정으로 혁명적인 관점에서 보았을 때 이것이 진실이라고 말하는 사람이 있다면 나는 그에게 이것이 적어도 '제국주의 중심국가'에서는 무기한으로, 또는 적어도 오랫동안 혁명이 지연될 것임을 의미한다고 말해줄 것이다.

10 한편으로 전통적인 노동운동가들, 다시 말해 공산주의나 사민주의 노동운동가들의 관심은 자본주의를 넘어서는 경로에서 한 걸음 더 나아간다는 강한 의미에서 '개혁적'이라고 볼 수 없는 조직화된 노동계급을 위해 '개선'을 획득하려는 자신들의 일상적인 노력을 혁명적인 원칙들과 연결시키는 것이었다. 그리고 다른 한편으로 급진적 지식인들은 노동운동에 접근하거나 노동운동 내부에 자기들의 생각을 전달하는 데 어려움을 겪다 보니, 그러한 '개선'을 시도하는 것조차 불가능하다는 설명으로 자기들을 위안해주는 이데올로기에 빠져드는 경향이 있었다. 역설적이게도 당 노선에 대한 복종을 강조한 스탈린주의 이데올로기(이는 György Lukács, Lenin: Studie über den Zusammenhang seiner Gedanken, Wien: Arbeiterbuch, 1924에 훌륭하게 '이론화'돼 있다)와 기존 지배지형의 '잘못된 전체성'으로 전락하지 않는 실천은 완전히 불가능하다는 '부조리 이론'(이는 아도르노(Adorno)와 호르크하이머(Horkheimer)의 후기 저작들에 나타난다)은 둘 다 이러한 필요를 충족시킬 수 있다. 이런 이론들의 상대적으로 상이한 '근거'는 지적 논쟁 바깥의 노동운동 정치조직들의 상대적인 운명을 통해 주로 만들어지는 것이다.

11 이렇게 한 고전적인 사례로는 에릭 홉스봄(Eric Hobsbawm)이 영국 '노동계급'의 역사적 형성을 마르크스주의 계급분석 상의 '노동계급'으로 오해하고 나머지 전부를 '중간계급'으로 간주한 것(그의 'Labour's Lost Millions', Marxist Today, October, 1983가 하나의 예가 될 수 있다)이나 도널드 새순(Donald Sassoon)이 임금노동자라는 새로운 계급을 언급하면서 '중간계급'에 대해 고집스럽게 이야기한 것(One Hundred Years of Socialism, pp. 697, 699, 712)을 들 수 있다. 또 다른 버전의 그러한 계급분석에서는 프티부르주아와 소작농, 혹은 여성주의자들의 봉기가 왜 결코 진정한 사회적 해방의 과정으로 이어지지 못하는지를 설명하는 과정에서 결국 그런 해방은 일어나지 않을 뿐이라는 입장을 견지하는 것으로 심술궂게 끝을 맺는다. 이 주장에 따르면 진정한 해방을 가져올 주체로 기대되는 프롤레타리아 운동은 비프롤레타리아 정치의 모든 여지를 공간적, 시간적으로 완전히 소모할 때와 그런 장소에서만 실현되기 때문에 이는 결국 해방을 결코 오지 않을 미래로 연기하는 것과 같은 뜻이다. 그때가 되면 프롤레타리아 반자본주의의 모든 잠재적 동맹군들이 자신들의 정치적 자원을 소진하게 될 것이며, 따라서 프롤레타리아 스스로가 자신들의 계급투쟁을 통해 자본주의적 지배에 도전하게 될 가능성이 매우 희박할 것이다.

12 루돌프 바로와 1980년대 후반에 그를 따르던 사람들이 저지른 치명적 오류는 이와 다르게 생각한 것이었다(Rudolf Bahro의 Apokalypse oder Geist einer neuen Zeit, Berlin: Edition Ost, 1995에 실린 회고적 글모음을 참고하라). 이들은 실제의 사회운동, 정치운동으로 녹색당이 발전되는 과정에서 가시적인

영향력을 상실함으로써 그 대가를 치르게 된다(루돌프 바로에 대해서는 문순홍, '사회생태학과 루돌프 바로', 《생태학의 담론》, 아르케, 2006과 로빈 에커슬리, '루돌프 바로: 녹색 근본주의의 예언자', 〈녹색평론〉 제39호, 1998, 그리고 바로의 글 '사회주의, 에콜로지, 유토피아', 〈녹색평론〉 제39호, 1998을 보라—옮긴이).

13 Rudolf Bahro, Die Alternative: Zur Kritik des real existierenden Sozialismus, Köln: EVA, 1977. 놀라운 점은 저자가 동독 출신이라는 것, 그리고 그가 특정한 종류의 공산주의적 관점을 유지했다는 것이다.

14 '통일'에 대해 이야기하는 것은 얼마간 오해를 불러올 수도 있다. 이전에도 영토로 통합된 상태였던 여러 지역들이 단일한 독일 국민국가를 형성했던 적은 없으며, 영토 밖에 있는 상당수의 지역들이 독일제국에 포함돼 있기도 했기 때문이다. 독일제국은 1860년대에 비스마르크에 의해 '더 작은 독일'로의 방향전환이 일어나기 전에는 항상 독일의 정치전통의 일부였던 오스트리아는 말할 것도 없고 폴란드 같은 다른 나라들을 식민지로 만들었다.

15 Joel Kovel, The Enemy of Nature: The End of Capitalism or the End of the World?, New York: Zed, 2003, pp. 232~8.

16 Ibid., 233.

17 Ibid.

18 John Holloway, Change the World Without Taking Power: The Meaning of Revolution Today, London: Pluto, 2002 (존 홀러웨이 지음, 조정환 옮김, 《권력으로 세상을 바꿀 수 있는가》, 갈무리, 2002—옮긴이).

19 도널드 새순은 이 문제를 '새로운 사회운동과 좌파 정당 간의 난처한 분업'이라고 지적했다(One Hundred Years of Socialism, p. 673). 하지만 그는 독일에서 녹색당 건설이 사회운동을 위한 '의회지부'를 창출함으로써 이러한 문제에 대해 무언가를 하려는 시도였다는 점을 이해하지 못하고 있다(p. 674 참고).

20 알튀세르(Althusser)의 유명한 일반적 테제는 나중에 '프랑스 공산당 안에서 무엇이 이처럼 될 수 없는가'에 대한 구체적인 서술에서뿐만 아니라 '공산주의자의 자유'에 대한 강렬한 호소에서 그 자신에 의해 구체화됐다. 그의 Ce qui ne peut plus durer dans le parti connuniste, Paris: Maspéro, 1978 (알튀세르 지음, 이진경 옮김, 《당내에 더 이상 지속되어선 안 될 것》, 새길, 1992—옮긴이)을 참고하라.

21 여기에 인용된 것들은 모두 Kovel, The Enemy of Nature, p. 233에서 가져왔다.

22 이 지점에서 좀 더 깊은 성찰을 하려면 공산주의 '당 세포'의 개념에 대한 알튀세르의 '급진화와 전복'을 출발점으로 삼을 수 있을 것이다.

23 이러한 관점에서 1990년대 후반 이후로 독일 녹색당이 당 기금에 후원자들의 돈을 보태려고 노력하기 시작한 것은 의미 있는 일이다.

24 좌파 전통에서 거론되는 이같은 민주적 통제 수단에 대한 보다 상세한 논의로는 W. F. Haug, ed., Historisch-Kritisches Wörterbuch des Marxismus, Bd. 6.1, Hamburg: Argument, 2004, pp. 837~47에 실려 있는 나의 글 'imperatives Mandat'를 참고하라.

25 '풀뿌리 민주주의(grassroot democracy)'는 '토대민주주의(Basisdemokratie)'라는 독일어 표현과 그 뜻이 매우 가깝다. 이 번역어는 특히 '토대(base)'와 연결돼 있는 양면적인 '형이상학'에 의미를 두지 않는다. 이 '토대'는 당내 민주적 절차의 제도에 반대하는 요슈카 피셔나 유타 디트푸르트 같은 비공식 지도자들에 의한 소극적 국민투표 방식의 동원 대상이기도 했다. 이 점은 로베르트 미헬스(Robert Michels)나 알프레도 파레토(Alfredo Pareto)의 '과두제 철칙'을 연상시킨다. 파울 티펜바흐(Paul Tiefenbach)가 '녹색 풀뿌리 민주주의'의 진정한 기능에 대해 매우 철저하고 비판적인 회고의 관점에

서 쓴 'Wie hat die grüne Basisdemokratie funktioniert?', Tiefenbach, Die Grünen: Verstaatlichung einer Partei, Köln: PapyRossa, 1998를 참고하라.

26 이 차이를 구별하지 못한 것이 티펜바흐의 주요한 결점이다.

27 Tiefenbach, 'Wie hat die grüne Basisdemokratie funktioniert?', p. 234. 특히 독일에서는 우파 반자본주의의 존재를 잊기가 불가능하다. 우파 반자본주의의 본질에는 반유대주의가 있다. 코벨은 어떻게 이 같은 반자본주의가 녹색정치의 '프티부르주아적' 측면을 극복할 수 있을 것인가에 좀더 관심을 가졌다. 하지만 이것이 서독 녹색당의 경우에는 '사회진보' 신드롬의 형태를 취했는데, 이는 코벨이 생각하는 것처럼 지역주의와 편협성의 반영이라기보다는 현재까지 독일 녹색정치의 장점 중 한 가지를 실현한 것으로 평가받는 이민자들의 정치적 표현이었다.

28 Ibid., p. 236.

29 Situations: Project of the Radical Imagination, 1(1), 2005에 있는 'The Retreat to Postmodern Politics'와 Situations: Project of the Radical Imagination, 1(2), 2006에 있는 'Is It Time for a Radical Party?'를 참고했다.

30 Aronowitz, 'The Retreat', p. 42.

31 그리고 독일 녹색당의 당내 투쟁 중 많은 부분을 차지하고 있는 레알로스와 푼디스 간 반목이 프랑크푸르트학파의 이름이 유래한 프랑크푸르트에서 비롯됐다는 것은 분명 우연이 아니었다.

32 Aronowitz, 'The Retreat', p. 42.

33 Ibid., pp. 42 ff.

34 특히 Kovel, The Enemy of Nature, pp. 234 ff를 참고하라.

35 Aronowitz, 'The Retreat', p. 43.

36 Aronowitz, 'Is It Time', p. 117.

37 Ibid., pp. 124 ff.

38 Ibid., p. 140.

39 Ibid.

40 Ibid., p. 140.

41 초창기부터 지적인 근본주의자들의 주장은 당이 전체 입법부(혹은 그보다 더 많은 부분)를 포괄하는 연정합의보다는 의회 내의 중요한 상황에서 경우에 따라 합의를 맺는 것이 더 낫다는 것이었다.

42 민주사회당(PDS, 녹색당을 다시 떠나거나 당 밖에 계속 머물러 있던 서독의 대안 좌파들과 동독 사회주의통일당의 조직적 유산을 불균등 결합한 조직)과 '노동과 사회정의를 위한 선거대안(WASG, 노조활동가, 일부 사민당 비주류파, 트로츠키주의 성향의 일부 새로운 급진활동가들을 결합한 조직)'을 토대로 공동의 의회정당을 만들려는 현재의 노력은 만약 성공하기만 한다면 독일 안에서 의회의 균형에 변화를 일으키는 중요한 계기가 될 수도 있다. 하지만 아로노위츠의 관점에서는 물론 이것이 아직까지는 '정당형성'의 과정은 아니다('Is It Time', p. 156). 이 새로운 정당은 일반 노조원들 사이에서는 실질적인 존재이긴 하지만 아직은 상당한 규모의 대중적 토대를 갖고 있지 않으며, 초기 몇십 년 동안 독일의 녹색당 좌파를 괴롭혔던 '풀리지 않는 전략적 문제들'에 대한 손쉬우면서 정파주의적인 '해법들'에 빠져들기 쉽다. 또한 아직까지는 민주사회당의 조직적, 이데올로기적 유산에 많이 의존해야 하는데, 이는 이론적이고 실용적인 측면에서 스탈린주의의 전통을 극복하는 자기비판 과정의 완성에는 크게 못 미친다.

43 Kovel, Enemy of Nature, pp. 232 ff.

44 Aronowitz, 'Is It Time', p. 156.

45 이하의 모든 인용문은 ibid., pp. 156~7에서 가져왔다.

46 다른 한편으로 필요한 논쟁 중 적어도 몇 가지가 갖는 복잡성과 예측가능한 장황함을 생각할 때 제도
화된 사회과학 내의 몇몇 거점을 유지하거나, 더 나아가 획득하지 않고서는, 즉 학계 내에서의 입지를
유지하지 못하고서는 모든 것이 효과적으로 기능할 수 없을 것이다.

47 Sassoon, One Hundred Years of Socialism, p. 679.

48 Aronowitz, 'Is It Time', p. 140.

17 생태지역주의의 한계_규모, 전략, 사회주의

1 이는 'What, Why and Where' posted on the World Bank's resource site for decentralization and
subnational regional economics라는 문서(http://www.worldbank.org에서 찾아 볼 수 있음)에서 인용된
것이다.

2 Richard Flordia, The Rise of the Creative Class, New York: Basic Books, 2002, pp. 285~6 (리처드 플로리
다 지음, 이길태 옮김, 《Creative Class: 창조적 변화를 주도하는 사람들》, 전자신문사, 2002―옮긴이).

3 John Cavanagh et al., Alternatives to Economic Globalization, San Francisco: Berrett-Koehler, 2002, p.
109 (세계화국제포럼 지음, 이주명 옮김, 《더 나은 세계는 가능하다―세계화, 비판을 넘어 대안으로》, 필
맥, 2003―옮긴이). 또한 Walden Bello, Deglobalization: Ideas for a New World Economy, London: Zed,
2002 (월든 벨로 지음, 김공회 옮김, 《탈세계화: 새로운 세계를 위하여》, 잉걸, 2004―옮긴이); Martin
Khor, Rethinking Globalization: Critical Issues and Policy Choices, London: Zed, 2001을 보라.

4 Robin Hahnel, Economic Justice and Democracy: From Competition to Cooperation, New York:
Routledge, 2005, p. 341.

5 Mike Davis, Planet of Slums, London: Verso, 2006, pp. 201~2 (마이크 데이비스 지음, 김정아 옮김, 《슬
럼, 지구를 뒤덮다》, 창비, 2007―옮긴이).

6 그렇다고 지역생태가 생물권(biosphere)이나 가이아(gaia)(이 두 용어는 1970년대에 〈사이언티픽 아메
리칸(Scientific American)〉과 제임스 러브록(James Lovelock)이 각각 도입한 것임)와 연결된 것으로 가정
될 수 없다는 말은 아니다. 하지만 정치적 행동의 규모는 절대적으로 지역인 경향이 있고, 경제적 해법
이 구성되는 규모는 특히 그렇다. 정치적 입장의 이중성에 대해서는 Wolfgang Sachs, Planet Dialectics:
Explorations in Environment and Development, London: Zed, 1999, pp. 105~7, 197~212를 보라.

7 Green Party USA, Ten Key Values, at http://www.greenpartyus.org/tenkey.html.

8 Michael Woodin and Caroline Lucas, Green Alternatives to Globalisation: A Manifesto, London: Pluto,
2004, p. 70.

9 UN-Habitat, State of the World's Cities, 2006~07, http://www.unhabitat.org.

10 Rachel Carson, Silent Spring, Boston: Houghton-Mifflin, 1962; Garrett Harden, 'The Tragedy of the
Commons', Science, 162, 1968; D. Meadows et al., The Limits to Growth: A Report for the Club of
Rome's Project on the Predicament of Mankind, Boston: Universe Books, 1972; The Ecologist, 'A
Blueprint for Survival', The Ecologist, 2(1), 1972.

11 E. F. Schumacher, Small is Beautiful: Economics as if People Mattered, London: Abacus, 1973, p. 49 (E.

F. 슈마허 지음, 이상호 옮김, 《작은 것이 아름답다: 인간 중심의 경제를 위하여》, 문예출판사—옮긴이). 슈마허의 주제를 이어받아 다룬 문헌으로는 Paul Ekins, ed., The Living Economy, London: Routledge, 1986이 있다.

12 이러한 주제는 중요한 여러 저서들에서 다루어졌지만, 그 원천이 된 저서는 다음과 같다. Barry Commoner, The Closing Circle, New York: Knopf, 1971 (배리 커머너 지음, 송상용 옮김, 《원은 닫혀야 한다》, 전파과학사, 1980—옮긴이); Herman Daly, ed., Toward a Steady-State Economy, San Francisco: W. H. Freeman, 1973.

13 World Commission on Environment and Development, Our Common Future, Oxford: Oxford University Press, 1987, pp. 43, 249 (세계환경발전위원회 지음, 홍성태 옮김, 《우리 공동의 미래》, 새물결, 2005—옮긴이). 이 보고서의 발간에 이어 리우 지구정상회의가 열리고 여기서 〈의제 21(Agenda 21)〉(New York: United Nations, 1992)이 발표됐으며, 국제기구 주도로 지역생태주의와 시장생태주의가 더욱 강조되는 방향으로 일련의 지속가능성 이니셔티브가 추진됐다. Peter Brand and Michael Thomas, Urban Environmentalism, London: Routledge, 2005, chapter 2를 보라.

14 이 책에 실린 아힘 브루넨그레버의 글을 보라.

15 나는 언젠가 잘 알려진 신고전파 경제학 교수의 설명을 들은 적이 있다. 그는 성장모델과 '성장의 한계'에 대해 1980년대까지 계속됐던 논쟁을 소개하면서 가격은 효율적인 규율기제이기 때문에 자본주의가 성장하는 동안에는 어떤 종류의 자연적 한계도 있을 수 없다고 말했다. 올바른 가격이 기업가들로 하여금 필요하다면 지구와 가까운 태양계 행성들로부터도 자원을 조달하게 할 것이기 때문이라는 것이었다. 이러한 우화는 물론 계속되고 있다.

16 David Pearce et al., Blueprint for a Green Economy, London: Earthscan, 1989, pp. 21, 155.

17 David Korten, 'The Mythic Victory of Market Capitalism', in Jerry Mander and Edward Goldsmith, eds., The Case Against the Global Economy, San Francisco: Sierra Club Books, p. 187.

18 Paul Hawken, The Ecology of Commerce, New York: Harper, 1993 (폴 호켄 지음, 정준형 옮김, 《비즈니스 생태학》, 에코리브르, 2004—옮긴이); Jonathan Porritt, Capitalism as if the World Matters, London: Earthscan, 2005.

19 Joseph Huber, 'Towards Industrial Ecology: Sustainable Development as a Concept of Ecological Modernization', Journal of Environment Policy and Planning, 2(4), 2000; Wolfgang Sachs et al., Greening the North: A Post-Industrial Blueprint for Ecology and Equity, London: Zed, 1998.

20 지속가능한 도시에 관한 도시계획 분야 문헌들은 이러한 계획의 제안들로 가득하며, 그 대부분은 비록 사회적 시야는 좁더라도 좋은 취지에서 제시된 것들이다. Nicholas Low et al., The Green City, London: Routledge, 2005; Mark Roseland, ed., Eco-City Dimensions, Gabriola: New Society, 1997을 보라.

21 Lester Brown, Plan B 2.0, New York: Norton, 2006, pp. 227, 247 (레스터 브라운 지음, 여형범 옮김, 《플랜 B》, 도요새, 2004—옮긴이).

22 Murray Bookchin, Post-Scarcity Anarchism, Montreal: Black Rose Books, 1971, p. 80.

23 Colin Hines, Localization: A Global Manifesto, London: Earthscan, 2000.

24 Fred Curtis, 'Eco-localism and Sustainability', Ecological Economics, 46(1), 2003; Woodin and Lucas, Green Alternatives to Globalization.

25 루돌프 바로(Rudolph Bahro)의 저술이 이런 관점을 전형적으로 대표하지만, 반산업주의적 관점도 폭넓게 존재한다. Rudolph Bahro, From Red to Green, London: Blackwell, 1986; Andrew Dobson, Green

Political Thought, London: Routledge, 1995, chapter 3 (앤드류 돕슨 지음, 정용화 옮김, 《녹색정치사상》, 민음사, 1990—옮긴이)을 보라.

26 John Bellamy Foster, Ecology Against Capitalism, New York: Monthly Review Press, 2002 (존 벨러미 포스터 지음, 추선영 옮김, 《생태계의 파괴자 자본주의》, 책갈피, 2007—옮긴이), 1~3장과 Hahnel, Economic Justice, pp. 67~71을 보라. 지속가능한 발전 프로젝트의 일부였던 '비공식 경제부문의 자립적 기업가주의'에 대해서도 이런 비판을 그대로 적용할 수 있다. 이런 기업가주의도 시장경쟁이 야기하는 과잉착취의 문제에 시달리게 된다.

27 Juan Martinez-Alier, 'Ecological Economics and Ecosocialism', in Martin O'Connor, ed., Is Capitalism Sustainable?, New York: Guilford, 1994, p. 26.

28 Elmar Altvater, The Future of the Market, London: Verso, 1993, pp. 219~22.

29 Ursula Huws, 'Material World: The Myth of the Weightless Economy', in Socialist Register 1999를 보라.

30 이 책에 실린 마르티네즈-알리에르의 글; R. York and E. Rosa, 'Key Challenges to Ecological Modernization Theory', Organization and Environment, 16(3), 2003; World Resources Institute, The Weight of Nations: Material Out? ows from Industrial Economies, Washington: WRI, 2000을 보라.

31 James O'Connor, Natural Causes: Essays in Ecological Marxism, New York: Guilford, 1998, p. 204.

32 Michael Pacione, Urban Geography, New York: Routledge, 2005, chapter 16; Andrew Leyshom, Roger Lee and Colin Williams, eds., Alternative Economic Spaces, London: Sage, 2003. 제이미 고프(Jamie Gough)가 쓴 많은 글들이 이런 문제들에 대해 가장 창의적이고도 냉정한 분석을 하고 있다. 예를 들어 'Changing Scale as Changing Class Relations: Variety and Contradiction in the Politics of Scale', Political Geography, 23(2), 2004를 보라.

33 이런 개념적 논쟁의 일부를 John Friedmann, Planning in the Public Domain, Princeton: Princeton University Press, 1987, chapters 9~10; David Schweickart, Against Capitalism, Boulder: Westview, 1996, pp. 286~7에서 볼 수 있다.

34 Hahnel, Economic Justice, p. 182.

35 Joseph Berliner, The Economics of the Good Society, Oxford: Blackwell, 1999, pp. 228~9; Joel Kovel, The Enemy of Nature, London: Zed, 2002, pp. 166~75.

36 Laurie Adkin, 'Democracy, Ecology, Political Economy', in Fred Gale and Michael M'Gonigle, eds., Nature, Production, Power: Towards an Ecological Political Economy, Cheltnham: Edward Elgar, 2000; Josée Johnston et al., eds. Nature's Revenge, Peterborough: Broadview, 2006.

37 David Harvey, Justice, Nature and the Geography of Difference, Oxford: Blackwell, 1996, pp. 320~4.

38 Karl Marx, Capital, Volume 1, London: Penguin, 1976, p. 247.

39 David Harvey, The Urban Experience, Baltimore: John Hopkins University Press, 1989, p. 54.

40 Neil Smith, Uneven Development: Nature, Capital and the Production of Space, Oxford: Blackwell, 1990, pp. 136~9.

41 Henri Lefebvre, The Production of Space, Oxford: Blackwell, 1991, p. 54.

42 Pat Devine, Democracy and Economic Planning, Boulder: Westview, 1988, chapter 9.

43 Ralph Miliband, Socialism for a Sceptical Age, London: Verso, 1994, p. 80.

44 Raymond Williams, Resources of Hope, London: Verso, 1989, pp. 273~5.

45 Patrick Bond, Unsustainable South Africa, London: Merlin Press, 2002가 이러한 문제들을 주제로 삼았다.

46 생태학의 분배적 관계는 Enrique Leff, Green Production, New York: Guilford, 1995와 Andre Gorz, Ecology as Politics, Montreal: Black Rose, 1980에서 논의됐다.

47 O'Connor, Natural Causes, chapter 15; Michael Jacobs, The Green Economy, London: Pluto, 1991.

48 이런 의견들을 살펴보려면 William Fisher and Thomas Ponniah, eds., Another World is Possible: Popular Alternatives to Globalization at the World Social Forum, London: Zed, 2003; Jose Correa Leite, The World Social Forum: Strategies of Resistance, Chicago: Haymarket, 2005를 참고하라.

49 Neil Brenner, New State Spaces, Oxford: Oxford University Press, 2004; Andrew Herod and Melissa Wright, eds., Geographies of Power, Oxford: Blackwell, 2002.

50 Gerassimos Moshonas, In the Name of Social Democracy, London: Verso, 2002; Greg Albo, 'Contesting the "New Capitalism"' in D. Coates, ed., Varieties of Capitalism, Varieties of Approaches, London: Palgrave, 2005; Ash Amin, 'Local Community on Trial', Economy and Society, 34(4), 2005.

51 Paul Burkett, Marx's Nature, New York: St. Martin's Press, 1999; Roger Keil, 'Urban Political Ecology', Urban Geography, 24(8), 2003; Noel Castree, 'Commodifying What Nature?', Progress in Human Geography, 27(3), 2003; Maria Kaika, City of Flows: Modernity, Nature and the City, London: Routledge, 2005.

52 Erik Swyngedouw and Nikolas Heynen, 'Urban Political Ecology, Justice and the Politics of Scale', Antipode, 35(5), 2003, p. 912; Nik Heynen, Maria Kaika and Erik Swyngedouw, eds., In the Nature of Cities, London: Routledge, 2006.

53 데이비드 하비는 이를 '계급투쟁 동학에서 공간적 조직이 지닌 비중립적 성격'이라고 표현했다. Spaces of Capital, New York: Routledge, 2001, p. 381을 보라.

54 노동자들의 '정치적 탈조직화(political disorganization)' 과정에서 생산관계의 '고립효과(isolation effect)'를 재생산하는 국가의 적극적인 역할(니코스 풀란차스(Nichos Poulantzas)가 논의한 것)과 '강탈에 의한 축적'(데이비드 하비(David Harvey)가 논의한 것)도 맞서야 할 대상이다. 각각 Political Power and Social Classes, London: Verso, 1973, p. 287 (니콜라스 풀란차스 지음, 홍순권 옮김, 《정치권력과 사회계급》, 풀빛, 1986—옮긴이)과 The New Imperialism, Oxford: Oxford University Press, 2003 (데이비드 하비 지음, 최병두 옮김, 《신제국주의》, 한울, 2005—옮긴이)를 보라.

55 Hilary Wainwright, Arguments for a New Left, Oxford: Blackwell, 1994, p. 264.

56 Antonio Gramsci, Selections from the Prison Notebooks, New York: International Publishers, 1971, p. 158 (안토니오 그람시 지음, 이상훈 옮김, 《그람시의 옥중수고》 1, 2, 거름, 1999—옮긴이).

57 이러한 입장에 대한 가장 중요한 옹호자는 미국의 생물지역주의자(bioregionalist)인 커크패트릭 세일이다. Kirkpatrick Sale, Human Scale, New York: Coward, McCann & Geoghegan, 1980.

58 Karl Marx, The Civil War in France, Moscow: Progress Publishers, 1972, pp. 61, 58 (칼 마르크스 지음, 안효상 옮김, 《프랑스 내전》, 박종철출판사, 2003—옮긴이).

59 생태마르크스주의/생태사회주의에 관한 참고문헌은 다음과 같다(옮긴이).

[단행본]

라이너 그룬트만 지음, 박만준, 박준건 옮김, 《카놀라맑스주의와 생태학》, 동녘, 1995.

존 벨러미 포스터 지음, 추선영 옮김, 《생태계의 파괴자 자본주의》, 책갈피, 2007.

존 벨러미 포스터 지음, 김현구 옮김, 《환경과 경제의 작은 역사》, 현실문화연구, 2001.

알랭 리피에츠 지음, 박지현, 허남혁 옮김, 《녹색희망: 생태주의자가 되길 주저하는 좌파 친구들에게》,

이후, 2003.

폴 먹가 지음, 조성만 옮김,《녹색은 적색이다》, 북막스, 2002.

[논문/에세이]

존 베리 지음, 허남혁 옮김, '보론: 맑스주의와 생태학', 허남혁, 추선영 옮김,《녹색사상사》, 이매진, 2004.

제임스 오코너 지음, 이강원 옮김, '자본주의, 자연, 사회주의: 이론적 서설', 〈공간과 사회〉 제3호, 한국공간환경연구회, 1993.

제임스 오코너 지음, 문순홍 옮김, '생태맑스주의: 지속가능한 자본주의는 가능한가', 문순홍 엮음,《생태학의 담론》, 솔, 1999.

제임스 오코너 지음, 이가림 옮김, '자본주의의 두가지 모순에 대하여', 그리고 여러 논자들의 답글들, 〈읽을꺼리〉 제6호, 카피레프트(http://copyle.jinbo.net), 2000.

테드 벤튼 지음, 추선영 옮김, '맑스주의와 자연의 한계: 생태주의적 비판과 재구성', 〈읽을꺼리〉 제6호, 카피레프트(http://copyle.jinbo.net), 2000.

라이너 그룬트만 지음, 홍원표 옮김, '벤튼에 답함: 맑스주의에 대한 생태주의의 도전', 〈읽을꺼리〉 제6호, 카피레프트(http://copyle.jinbo.net), 2000.

앙드레 고르 지음, '에콜로지스트 선언', 조홍섭 엮음,《현대의 과학기술과 인간해방》, 한길사, 1984.

엘마르 알트파터 지음, '정치경제학의 생태학적 비판 서론 11개 테제', 위르겐 쿠친스키 외 지음,《전환기의 마르크스주의》, 공동체, 1991 (《전환기의 세계와 마르크스주의》, 경남대 극동문제연구소, 1990).

프리드리히 오토 볼프 지음, 문순홍 옮김, '21세기 문턱에 선 생태사회주의', 문순홍 엮음,《생태학의 담론》, 솔, 1999.

엔리케 레프 지음, 허남혁 옮김, '자연의 사회적 재전유를 위하여', 〈공간과 사회〉 제16호, 한국공간환경학회, 2001.

엔리케 레프 지음, 임완철 옮김, '맑스주의와 환경문제: 생산비판에서 지속가능한 발전을 위한 환경적 합리성으로', 〈읽을꺼리〉 제3호, 카피레프트(http://copyle.jinbo.net), 1998.

[국내 저자의 글]

최병두, '생태정치와 정치생태학, 그리고 맑스주의', 〈ECO〉 제1호, 한국환경사회학회, 2001.

홍성태, '한국에서의 생태맑스주의 논의', 최병두 외 지음,《녹색전망: 21세기의 환경사상과 생태정치》, 도요새, 2002.

이성백, '맑스주의와 생태론 패러다임의 전환', 〈진보평론〉 제14호 (http://jbreview.jinbo.net), 2002.

이성백, '마르크스의 자연문제와 생태론',《사회철학대계 4》, 민음사, 1998.

최병두, '자연의 지배, 탈소외, 승인: 맑스주의적 생태학에서 인간과 자연 간 관계의 고찰', 〈도시연구〉 제3호, (http://www.kocer.re.kr), 1997.

박준건, '생태학적 마르크스주의에 관한 연구', 〈인문논총〉 제48집 (http://www.riss4u.net), 1996.

지은이, 엮은이, 옮긴이 소개 ──────────────

[지은이]

그레고리 앨보(Greg Albo)
캐나다 요크대학 정치학부 교수.

엘마르 알트파터(Elmar Altvater):
독일 베를린 자유대학 오토주어(Otto Suhr) 정치학연구소 교수.

헨리 번스타인(Henry Bernstein)
영국 런던대학 부설 동양아프리카대학(SOAS) 교수.

아힘 브루넨그레버(Achim Brunnengraber)
독일 베를린 자유대학 오토주어 정치학연구소 연구원.

대니얼 벅(Daniel Buck)
영국 옥스퍼드대학 지리학부 및 중국연구소 교수.

엘리너 해리스(Elinor Harriss)
영국 옥스퍼드대학 사회정책 및 사회복지 전공 대학원생.

바버라 해리스-화이트(Barbara Harriss-White)
영국 옥스퍼드대학 국제개발학부(퀸스 엘리자베스 하우스) 교수.

민치 리(Minqi Li)
미국 유타대학 경제학부 교수.

브렌다 롱펠로(Brenda Longfellow)
영화제작자 겸 캐나다 요크대학 영화학부 교수.

미셸 뢰비(Michael Löwy)
프랑스 국립과학원(CNRS) 연구이사로 재직 중인 사회학자 겸 인류학자.

후안 마르티네즈-알리에르(Joan Martinez-Alier)
스페인 바르셀로나 자율대학 경제학부 교수.

필립 맥마이클(Philip McMichael)
미국 코넬대학 발전사회학부 교수.

코스타스 파나요타키스(Costas Panayotakis)
미국 뉴욕 시립공과대학 사회과학부 교수.

제이미 펙(Jamie Peck)
미국 위스콘신매디슨대학 지리학부 교수.

헤더 로저스(Heather Rogers)
미국 뉴욕에서 활동 중인 작가, 저널리스트, 영화제작자.

닐 스미스(Neil Smith)
미국 뉴욕 시립대학 대학원 인류학과 교수.

에릭 스윈거두(Erik Swyngedouw)
영국 맨체스터대학 환경발전학부 지리학 교수.

데일 원(Dale Wen)
미국 샌프란시스코에 본부를 두고 있는 세계화국제포럼(IFG)의 객원연구원.

프리더 오토 볼프(Frieder Otto Wolf)
독일 녹색당 소속의 유럽의회 의원(1994-99)을 역임한 철학자.

필립 우드하우스(Philip Woodhouse)
영국 맨체스터대학 환경발전학부 교수.

[엮은이]
리오 패니치(Leo Panitch)
캐나다 요크대학 정치학부 교수. 저서로 《의회제 사회주의의 종언(The End of Parliamentary Socialism)》 《사회주의의 혁신(Renewing Socialism)》 등이 있다.

콜린 레이스(Colin Leys)
캐나다 퀸스대학 정치학부 명예교수. 저서로 《개발이론의 흥망(The Rise and Fall of Development Theory)》 《신식민주의의 정치경제학(The Political Economy of Neocolonialism)》 등이 있다.

[옮긴이]

김민정

성공회대 사회학과 박사과정 수료. 환경문제의 계급적 성격에 관심을 갖고 있다. 번역서로《기후변화, 지구의 미래에 희망은 있는가?》(이후, 2007)가 있다.

김지은

서울대 환경대학원 석사과정. 자본주의 체제에서 나타나는 자연의 사유화와 대안의 사회체제 등에 관심을 갖고 있다.

김철규

고려대 사회학과 교수. 환경운동연합 정책위원. 저서로《한국의 자본주의 발전과 사회변동》(고려대출판부, 2003),《한국 시민운동의 구조와 동학》(공저, 집문당, 2007) 등이 있다.

김희선

서울대 환경대학원 석사과정. 재생가능에너지의 확대 문제에 관심을 갖고 있다. 저서로《바이오에너지 희망을 찾아서》(공저, 한국지속가능발전센터, 2007)가 있다.

박주한

서울대 환경대학원 석사과정. 경관생태학 및 유역 수준의 물순환 체계에 관심을 갖고 있다.

서범석

서울대 환경대학원 석사과정. 시민교육센터(http://civiledu.org)의 공동대표. 경제학과 생태학 분야에 관심을 갖고 있다.

손원익

서울대 환경대학원 석사과정. 기후변화 문제와 생태경제학 분야에 관심을 갖고 있다.

윤순진

서울대 환경대학원 교수. 시민단체인 에너지전환의 대표. 환경정책, 에너지정책, 기후변화의 정치경제학, 환경사회학 등에 연구관심을 두고 있다.

이유진

서울대 환경대학원 박사과정. 녹색연합 정책위원. 저서로《바이오에너지 희망을 찾아서》(공저, 한국지속가능발전센터, 2007), 번역서로《생태발자국》(이매진, 2006, 공역)이 있다.

최영래

영국 옥스포드 대학교 지리환경학과 석사. 한국해양연구원 연구원. 번역서로 《환경정의》(공역, 한울, 2007)가 있다.

최용식

서울대 환경대학원 석사과정. 환경갈등과 그 해결방안에 관심을 갖고 있다.

추선영

번역가. 《환경정의》(공역, 한울, 2007), 《자본의 세계화, 어떻게 헤쳐 나갈까》(이후, 2007), 《생태계의 파괴자 자본주의》(책갈피, 2007), 《세계사, 누구를 위한 기록인가?》(이후, 2007) 등을 번역했다.

허남혁

대구대 지리교육과 박사과정 수료. 번역서로 《농업생명공학의 정치경제》(나남, 2007), 《환경정의》(공역, 한울, 2007), 《로컬푸드》(이후, 2006, 공역) 등이 있다.

홍덕화

서울대 사회학과 석사과정. 정치생태학, 환경사회학, 과학사회학에 관심을 갖고 있다. 신자유주의와 자연의 시장화 및 상품화를 주제로 논문을 준비하고 있다.

황성원

대학에서 영문학과 지리교육을 전공하고 고등학교에서 비정규직 교사로 일하고 있다. 번역서로 《세계의 빈곤, 누구의 책임인가》(이후, 2007), 《불경한 삼위일체》(공역, 삼인, 2007) 등이 있다.

자연과 타협하기

엮은이 | 리오 패니치, 콜린 레이스
옮긴이 | 허남혁 외

1판 1쇄 펴낸날 | 2007년 12월 1일

펴낸이 | 이주명
편집 | 문나영
표지디자인 | 준디자인
출력 | 문형사
종이 | 화인페이퍼
인쇄 | 한영문화사
제본 | 한영제책사

펴낸곳 | 필맥
출판등록 | 제2003-63호
주소 | 서울시 서대문구 충정로2가 184-4 경기빌딩 606호
홈페이지 | www.philmac.co.kr
전화 | 02-392-4491
팩스 | 02-392-4492

ISBN 978-89-91071-51-3   03300

잘못된 책은 바꾸어 드립니다.
값은 뒤표지에 있습니다.

이 도서의 국립중앙도서관 출판시도서목록(CIP)은 e-CIP홈페이지(http://www.nl.go.kr/cip.php)에서 이용하실 수 있습니다. (CIP제어번호 : CIP2007003529)